Research Methods for Social Welfare

사회복지조사론

김기원 지음

교육과학사

머리말

이 책은 한국사회복지교육협의회가 발간한 2016년도 사회복지교과목 지침서의 내용 가운데 사회복지조사론의 지침서 내용을 반영하여 새로이 저술한 책으로, 사회복지조사방법에 관한 전반적인 내용을 다루고 있다.

사회조사방법이란 사회적 현상을 과학적으로 설명하기 위한 탐구활동이다. 원론적으로 말하면, 사회복지조사방법의 궁극적인 목적은 사회복지라는 학문을 과학화시키는 데 있다. 사회복지조사(social welfare research)는 개인의 욕구를 충족시키고 행복을 증진시키며, 사회적 문제를 해결하기 위한 방안을 강구함에 있어 직면하는 문제에 대한 해답을 구하는 데 필요한 자료를 수집하는 지식탐구절차를 말한다. 사회복지조사는 이러한 지식탐구절차에서 반드시 필요한 학문적 수단이다.

과학적 지식탐구절차인 사회복지조사는 무엇보다 과학적으로 수행되어야 한다. 과학적 조사(scientific research)는 과학적 방법을 활용하여 현상을 분석하고, 기존 이론상의 변수나 또는 새로이 관찰된 변수들 간의 가정된 관계를 경험적으로 검증하여 기존의 이론과 법칙을 강화하거나 새로이 형성하는 과정을 말한다. 과학적 조사는 일반현상 가운데서 관계가 있으리라고 생각되는 가설적인 명제들을 체계적, 통계적, 경험적, 비판적으로 탐구하는 활동을 수행한다. 조사가 과학적으로 수행되기 위해서는, 조사는 논리성, 검증가능성, 반복가능성, 일반성, 기타 과학이 갖고 있는 특징을 갖추어야 한다. 이와 같은 수행이 이루어질 때, 사회복지조사는 조사자가 수행한 조사결과에 대해 사회적 신뢰를 받을 수 있고, 이를 통해 수행하는 학문적 활동들이 사회복지학이라는 학문의 발전에도 의미 있는 기여를 할 수 있게 된다.

사회복지조사론을 학습함에 있어 내용의 암기가 필요한 부분도 일부 있지만, 사회복지조사론은 대체적으로 이해를 필요로 하는 학문영역이다. 그동안 사회복지조사론이나 유사과목을 강의하시거나 배우는 분들로부터 공통적으로 전해듣는 이야기는 이해하기가 어렵다는 것이다. 이러한 문제는 일부 저서들이 외국 서적을 번역하여 전하는 과정에서 본래의 저서 내용이 다소 불분명하게 전해지기 때문이기도 하고, 때로는 배우는 사람의 눈높이에서 저술되지 않았기 때문이기도 하다. 이 책 역시 이러한 문제점에서 완전하게 자유롭지는 못할 것이다. 그러나 필자는 이러한 문제점들을 깊이 인식하고 다소나마 이러한 점들을 해결해보고자 노력하였다. 또한 지나치게 알기 쉽게만 저술을 하다 보면 내용이 지나치게 평이하게 구성될 수 있어, 대학에서 강의를 하시는 분들이나 현장의 사회복지전문가들이 필요로 하는 전문적 지식 수준에 미치지 못할 수도 있다는 점도 염두에 두고 저술하였다.

필자는 미국 유학시설 University of Texas(Dallas)에서 교수님들로부터 배운 내용들, Research Assistant로서 4년여 동안 근무하면서 필자에게 맡겨진 사회조사와 통계분석에 관한 업무를 수행하면서 얻게 된 지식들, 귀국 후 대학교수로서 사회복지조사방법론을 강의하면서 직접 교육현장에서 듣고 배운 내용들, 그리고 수차례의 연구과제들을 수행하면서 터득한 사항들을 사회복지학 또는 관련 학문들을 공부하는 학부와 대학원의 학생들, 동료 학자들, 사회복지현장의 전문가들, 그리고 이 분야에 관심을 갖고 있는 많은 분들과 함께 나누고 싶은 생각에서 이 책을 저술하였다.

이 책은 필자가 저술하여 수차례 반복 출판해 온 「사회복지조사론」의 내용을 수정 · 보완하여 출판한 책이다. 이 책의 개정 작업을 마치면서 무엇보다 감사한 것은, 하나님께서 일할 수 있도록 건강을 주시고 부족한 지혜를 깨우쳐 주심이다. 늘 사랑으로 필자를 지켜주는 사랑하는 나의 가족들, 날카로운 지적과 격려를 함께 베풀어 준 동료 학자들, 그리고 늘 믿음으로 함께하여준 나의 제자들에게도 감사의 마음을 전한다. 편집과 출판과정에서 많은 정성을 쏟아 주신 교육과학사 식구들에게도 감사를 전한다.

2016년 6월
안골 연구실에서 저자 씀

contents

contents

contents

contents

contents

chapter_1 | 과학과 조사

Chapter 1

과학과 조사

사회조사방법의 궁극적인 목적은 학문의 과학화에 있다. 사회조사방법이란 사회적 현상을 과학적으로 설명하기 위한 탐구활동이다.

1. 과학의 정의

과학이 무엇인가를 명확하게 정의하기란 쉬운 일이 아니다. 많은 학자들이 과학에 대해서 서로 다르게 정의한다. 칸트는 과학이란 일정한 대상에 대하여 행해지는 체계적인 지식이라고 정의한다. 일반적으로 정의하면 과학이란 일정한 대상에 대한 미지의 현상을 탐구하고 습득한 지식을 체계화하여 이론을 도출해 나아가는 지식체계이며 인간의 지성적 활동 과정을 말한다.

사전적으로 과학이란 체계적으로 정리된 일련의 사실과 진리를 다루며 일반 법칙의 작용을 보여주는 지식 또는 탐구의 한 부문이다(a branch of knowledge or study dealing with a body of facts or truths systematically arranged and showing the operation of general laws). (Flexner, 1987, 1716). 어원적으로 과학을 뜻하는 영어의 science는 '알다'를 뜻하는 라틴어 동사인 scire에서 유래한다. 과학이란 단어는 어원적으로 미지의 세계를 아는 것 또는 다양한 현상에서 지식을 습득하고 그 지식을 탐구하는 방법(a method of inquiry)을 의미한다.

2. 과학의 목적

과학의 근본목적은 이론을 제시하는 것이다(채서일, 1992: 5-32; 김광웅, 1988: 11-25; 박용치, 1989: 25-31). 과학의 근본목적은 사회현상 및 자연현상을 포함하여 모든 현상을 설명하는 것이며 이러한 설명을 이론이라고 한다. 이론이란 현상을 설명하고 예측할 목적으로 변수 간의 관계를 구체화시키는 과정을 통해 현상에 대한 체계적인 견해를 제시하는 일련의 상호 관련된 구성(개념), 정의 및 명제이다.

과학의 유용성은 이론의 개발과 설명에 있다. 과학의 기본적 기능은 사회 및 자연현상을 제대로 설명하는 데 있으며 그러한 설명체계를 이론이라 할 수 있다. 이론이란 변수들 간의 관계를 규정함에 있어서 현상에 대한 체계적인 관점을 형성하고, 더 나아가 현상을 체계적으로 설명하고 예측할 수 있도록 하기 위한 상호 관련된 개념, 정의, 전체들의 집합을 의미한다. 과학은 사회현상과 자연현상에 대해 이해시켜 준다. 이들 현상을 이해시키기 위해서 과학은 기술(description), 규칙의 발견(discovery of regularity) 및 이론과 법칙의 형성(formulation of theories and laws) 등의 활동을 한다.

과학의 목적인 이론개발을 통해 다음과 같은 하위목적들을 달성할 수 있다. 과학의 목적은 동시에 과학의 기능이기도 하다. 통상적으로 제시되는 과학의 목적을 구체적으로 정리하면 다음과 같다.

첫째, 과학은 지식을 제공하는 데 그 목적이 있다. 과학은 무엇이 어떤 상태로 존재하며, 왜 그렇게 존재하고 있는가, 그리고 어떻게 될 것인가에 관한 지식을 제공한다. 과학은 존재(sein: what is)에 관심을 가지며 가치관이 개입된 당위(sollen: what should be)에 대해서는 관심을 갖지 않는다.

둘째, 과학은 규칙성을 알리는 데 그 목적이 있다. 과학적 이론은 자연 및 사회현상 속에 존재하는 논리적이고 지속적인 패턴을 알리는 데 목적이 있다. 과학은 발견된 규칙성을 이론과 법칙으로 일반화시키려 한다. 이러한 과정에서 과학적 연구가 갖추어야 할 기본조건은 객관성(objectivity)이다. 과학적 연구에서 말하는 객관성이란 모든 사람이 어떤 사실을 동일하게 느껴야 한다는 의미 이상의 의미를 지닌다. 과학적 연구에서는 증거를 중요시하기 때문에 모든 명제들은 경험적으로 검증되어야 한다.

셋째, 과학은 변수들 사이의 관계를 기술하고 설명하려는 데 그 목적이 있다. 변수들 사이의 관계를 설명하는 진술(statement)을 이론이라 한다. 기술(description)은 사물의 현상에 대해 정확성과 유용성의 각도에서 행해져야 한다. 이러한 설명을 가능하게 하기 위해서는 무엇보다 변수들 사이의 인과관계(causality)를 밝히는 것이 중요하다.

넷째, 과학은 이론을 바탕으로 현상을 예측하는 데 그 목적이 있다. 예측은 이론의 한 측면으로 이론의 기초적인 명제로부터 보다 복잡한 명제를 추론하는 것을 뜻한다. 과학의 기능은 관심의 대상이 되는 경험적 사건이나 대상의 형태를 모두 포괄하여 설명할 수 있는 일반법칙을 개발하고, 그것에 의하여 개별적으로 알려진 사건들에 관한 단편적인 지식들을 결합하여, 사건들에 대해서 보다 신뢰성 있는 예측을 하거나, 현재까지 알려져 있지 않은 사건들을 신뢰성 있게 예측하는 데 있다.

3. 과학의 종류

통상적으로 과학은 크게 경험과학(empirical science)과 비경험과학(nonempirical science)으로 나뉜다. 현실세계에서 발생하는 여러 가지 사실들을 탐구, 묘사, 설명, 예측하려는 경험과학은 경험적 검증 없이도 성립 가능한 윤리학이나 순수수학과 같은 비경험과학과 구별된다. 경험과학은 다시 크게 자연과학과 사회과학으로 구분된다.[1)]

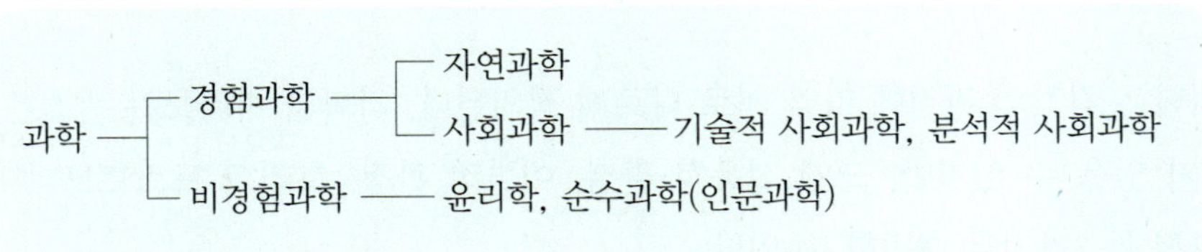

그러나 특정 분야의 학문은 이와 같은 전통적인 구분을 그대로 적용하기가 다소 어려운 측면이 있다. 일부 학문의 경우 특징상 종합학문적(multidisciplinary)이고 학제적(學制的, interdisciplinary)인 특징을 갖고 있다. 이들 학문분야의 경우, 학문상 의도한 목적을 최대한 가장 적절히 달성하기 위해서, 여러 학문분야가 이해와 분석을 위해 관련됨으로써 경험과학과 비경험과학으로 분류되는 학문분야들을 체계적으로 융합

1) 웹스터(Webster) 사전에 의하면 과학은 정밀과학(자료의 수량 중심), 순수과학(자명적 원리에서 연역), 그리고 자연과학(관찰과 경험)의 세 가지로 분류된다.

하여 새로운 영역을 구축하고 있다. 즉 경험과학이나 비경험과학의 어느 한 영역에 속하는 것이 아니라 양자의 특성을 지닌 제3의 학문분야(the third discipline)가 탄생하고 있다. 이는 경험과학과 비경험과학 양자의 특징을 겸비한 '최적경험과학(optimizing empirical science)'에 속한다.

여기서 최적경험과학이란 경험과학의 합리성뿐만 아니라 비경험과학의 도덕, 계시나 창의와 같은 초합리성(extrarationality) 및 감정과 같은 비합리성(irrationality)도 체계적 분석의 근거가 되는 학문분야를 말한다. 최적경험과학은 통상적으로, 경험과학과 비경험과학의 융합으로 이루어진다. 예를 들면, 사회과학인 경제학과 비경험과학인 철학의 융합으로 경제철학이라는 학문영역이 만들어진다. 자연과학과 철학의 융합으로 과학철학이 만들어진다. 사회복지분야에서는 사회과학인 사회복지학과 비경험과학인 철학이나 윤리학이 융합되어 사회복지철학이나 사회복지윤리학이라는 학문분야가 만들어진다.

〈 새로운 학문의 구분 〉

- 과학
  - 경험과학
    - 자연과학
    - 사회과학 — 기술적 사회과학, 분석적 사회과학
  - 비경험과학 — 신학, 윤리학, 인문과학
  - 최적경험과학 — 경제철학, 과학철학, 사회복지철학, 사회복지윤리학

과학은 각각의 관점에 따라 서로 다르게 정의된다. 과학을 바라보는 관점은 여러 가지가 있을 수 있지만, 크게 실용적 관점, 이론적 관점, 그리고 포스트모더니즘적인 관점 등 3가지로 대별할 수 있다.

첫째, 실용적 관점(practical perspective)에서의 과학이란 인간이 자신의 주변 환경을 지배하기 위해 사용하는 제반 행동 유형이라고 정의할 수 있다. 이 경우 과학에 대한 정의는 기술과 밀접한 관계를 갖는다. 둘째, 이론적 관점(theoretical perspective)에서 살펴보면 과학이란 자연 현상에 대한 질서 정연하고 체계적인 파악과 기술(記述) 혹은 설명을 말한다. 과학이란 이론적 지식의 한 형태인 반면, 기술은 실제적인 문제를 해결하는 데 이론적 지식을 응용하는 것이다. 이를 위해서 수학이나 논리학 등을 활용하기도 한다. 셋째, 포스트모더니즘은 인간의 이성에 대한 전적인 신뢰를 바탕으로 한 합리주의와 과학주의가 '합리성의 위기'에 처해 한계를 드러내게 되면서 나타난 패

러다임으로, 인간의 이성을 절대적으로 신뢰해 온 모더니즘과의 단절을 표방하고, 하나의 개념, 하나의 진리로 규정짓는 전체적 사고방식을 벗어나야 하며 더 나아가 절대적 진리는 없다고 주장한다. 포스트모더니즘적인 관점(postmodernistic perspective)에서 살펴보면 자연과학, 인문학, 사회과학, 예술 등 명백한 학문적 경계 가능성에 의문을 제기하고, 교과목에 대한 전통적인 엄격한 규정과 범주화를 근대성(modernism)의 유산에 불과한 것으로 간주한다. 포스트모더니즘에서는 학제간(學制間, interdisciplinary) 중첩이 급진적인 경향을 보인다. 포스트모더니즘은 모든 것을 규명하기보다는 의미 정립을 추구하며 판단을 회피한다. 또한 발견보다는 해석을 제안하며 각각의 주제에 대해 심사숙고하나 결코 검증하지는 않는다(Rosenau, 1992: 23-35).[2)]

과학은 정태적 견해(the static view)와 동태적 견해(the dynamic view)로 구분되기도 한다(박용치, 1989: 25-6). 정태적인 견해에 따르면, 과학이란 새로운 사실을 발견하여 이미 존재하는 정보체계에 이를 첨가함으로써 세상에 체계적인 정보를 제공하는 활동을 말한다. 동태적 견해에 따르면, 지식의 현재상태는 더 나은 과학적 이론과 연구를 위한 기초가 된다는 점에서 중요하며, 이를 발견적 견해(heuristic view)라 한다. 발견적(heuristic)이란 용어는 그것과 관련된 자기발견(self-discovery)의 개념을 갖고 있다. 과학에 있어 발견적 견해는 더 나은 연구에 유리한 이론과 상호연결된 개념적 틀을 강조하고 있다. 동태적 견해에서는 과학을 과학자들이 수행하는 활동 그 이상으로 간주한다.

4. 과학의 특징

1) 과학의 특징

과학은 인간을 둘러싸고 있는 사회현상이나 자연현상을 이해하도록 설명해 준다. 과학적 연구의 요건으로 논리성, 검증가능성, 재생가능성(반복가능성), 일반성 등을

2) 포스트모던주의자들은 근대성이 산출한 모든 것들, 즉 서구문명의 축적된 경험, 산업화, 도시화, 첨단기술, 국민국가, 생존경쟁을 비판한다. 그들은 근대에 우선시되었던 경력, 직위, 개인적 책임, 관료제, 자유민주주의, 관용, 인간주의, 평등주의, 중립적 절차, 몰인격적 규칙, 합리성에 도전한다. 그들은 근대성이 해방의 원동력이 아니라 복종, 탄압, 억압의 원천이라고 비판한다.

논하기도 하나, 여기서는 과학이 갖는 특성을 바비(Babbie)의 주장을 중심으로 보다 구체적으로 정리한다(Babbie, 1973: 12–19; 정영숙 외, 1998: 3–5).

① 과학은 체계적(systematic)이고 논리적(logical)이다. 경험적 자료를 체계적으로 분류 · 정리하는 일이다. 종교가 계시, 관습, 전통에 근거를 두고 있는 것이라면, 과학은 논리적 이유에 근거한다. 즉 과학은 근본적으로 합리적인 사고활동으로 과학적 설명은 이치에 맞아야 한다. 논리적이라는 것은 서로 배반적인 것을 동시에 가질 수 없다는 것이다. 예를 들어 동전을 던졌을 때 동전의 앞뒤가 동시에 나타난다고 하는 것은 있을 수 없으므로 비논리적이다. 고등교육을 받았다고 반드시 교양이 있다는 것도 비논리적이다. 과학의 논리성을 이야기할 때 기억해야 할 것은 타당성을 도출하는 논리전개방법에 귀납법(induction)과 연역법(deduction)이 있으며 양자는 과학적 논리전개에 필수적이라는 점이다.

② 과학은 결정론적(deterministic)이다. 과학에서는 모든 현상이 자연발생적인 것이 아니라 어떤 원인에 의해서 발생하는 것이며, 그 원인이 논리적으로 확인되어야 함을 전제로 한다. 선거 때 어떤 후보자에게 투표를 한다는 것은 그 사람이 그냥 좋다고 느껴서 선택하는 것이 아니라 투표자에게는 사회계급, 지연, 교육수준 등의 여러 요소가 작용하여 후보자를 선택하게 된다는 것이다. 과학이 결정론이라는 뜻을 달리 표현하면 추계적 결정론(推計的 決定論, stochastic determination) 또는 확률적 결정론(probabilistic determination)에 근거를 두고 있다. 단정적(斷定的)이기보다는 개연성(蓋然性)을 가지고 얼마나 더 가까우냐에 따라 확실히 해 보는 그런 논리이다. 즉 어떤 특정한 행위를 100%의 정확도를 가지고 예측한다기보다는 비록 정확도는 다소 떨어진다 하더라도 다수 사람들의 일반적인 행위를 예측할 수 있다.

③ 과학은 일반적인(general) 것을 추구한다. 과학이 일반적이라는 말은 과학이 개별적인 현상들을 하나하나 설명하기보다는 그것들에 대한 일반적인 이해를 추구한다는 것을 뜻한다. 한두 사람의 특정 행위를 관찰하고 그 원인을 밝혔다고 해서 많은 사람이 그러한 행위를 한다고 말할 수는 없기 때문에 과학자들은 되도록 많은 사람을 대상으로 일반적 성향을 밝혀내려 한다. 과학적 발견 가운데 중요한 특성 중 하나는 일반화의 가능성(generalizability)이다.

④ 과학은 간결한(parsimonious) 것을 추구한다. 과학자들은 현상의 유형별로 되도

록 적은 수의 공통적인 요소를 찾아내어 일반적으로 설명해보려고 한다. 동시에 과학자들은 현상의 유형을 구분하는 데 도움이 되지 않는 요소를 발견해내고 그러한 요소를 일반화된 이론에서 배제하려 한다. 과학자는 단순성(simplicity)과 설명력의 정도(degree of explanation) 사이에서 하나를 선택하도록 강요받고 고민하기도 하는데 결국에 가서는 양자를 모두 극대화시키려 노력한다.

⑤ 과학은 구체적(specific)이다. 과학이 일반적 특성을 가지고 있지만 어떤 논제를 연구할 때 분명히 밝혀야 할 개념의 뜻은 조작적 과정을 거쳐 특정되어야 한다. 즉 개념의 조작화(operationalization)를 통해 개념을 보다 정확히 측정하고 정의해야 한다. 연구결과로 새로운 사실이 발견되고, 발견한 것을 해석할 때도 특정시킨 범위 내에서 해석되어야 한다.

⑥ 과학은 경험적으로 검증 가능(empirically verifiable)해야 한다. 과학적 지식은 경험성(empiricism)을 갖고 있다. 경험성이란 연구대상이 궁극적으로 인간의 감각기관에 의해 지각될 수 있음을 뜻한다. 경험적인 자료를 모아 분석하여 검증함으로써 이론이나 법칙을 도출할 수 있다. 경험적 세계는 측정될 수 있고 관찰할 수 있는 현상만으로 국한된다. 경험적으로 검증한다는 의미 속에는 다른 주장을 반증(反證)함으로써 본래의 주장을 보다 확고하게 입증한다는 뜻도 포함되어 있다. 따라서 경험적으로 자료를 수집하여 얻은 결론이 아니거나, 자료의 분석을 통하여 예측하지 않은 결론은 과학적 이론이라 부르기에 부족하다.

⑦ 과학은 간주관적(間主觀的, intersubjective)이다. 과학적 연구는 연구과정이 같으면 같은 결론을 얻어야 한다. 간주관성(inter-subjectivity: 間主觀性)이란 말은 두 과학자가 실험을 행하는 경우 서로 다른 주관적 동기가 있더라도 결과가 같게 나타나야 한다는 것을 의미한다. 어떤 연구의 조작화를 정확히 기술한다면 똑같은 조작화를 통한 다른 연구의 결과도 같게 나타나야 한다. 이것이 과학의 간주관성이다. 만일 학자들이 내린 개념의 조작화가 다르다면, 즉 변수들이 모두 혹은 부분적으로 다르게 정의되고 측정된다면, 같은 현상 내지 같은 주제를 연구하여도 같은 설명이 되지는 않는다.

⑧ 과학은 수정 가능(open to modification)하다. 과학의 역사를 살펴보면 수많은 과거의 과학적 이론이 부정되었거나 다른 이론으로 대체되어 오고 있다. 궁극적으로 영원불변의 진리를 찾는 것은 불가능할 것이다. 과학이라고 하는 것은

당시의 상황에 맞게 수정된다는 것을 부정하지 말아야 한다. 과학은 진리를 추구한다기보다는 효용(utility)을 탐색하는 것이다. 즉 자연현상과 사회현상을 이해하는 데 도움을 주면 된다.

⑨ 과학은 설명적이다. 과학적 활동은 사실을 수집하는 데 그치지 않고 그것을 토대로 설명, 즉 이론을 수립한다. 과학의 기능은 연구대상을 개선하기 위해 지식을 개발하고 사실을 학습하고 새로운 사실을 발견하는 데 있다. 과학의 기능은 관심의 대상이 되는 경험적 사상이나 사건을 모두 망라하여 설명할 수 있는 일반법칙을 개발하고, 단편적인 지식들을 결합하여 사건에 대해 보다 신뢰성 있는 예측을 하거나, 현재까지 할 수 없었던 예측을 해내도록 하는 데 있다.

⑩ 과학은 재생가능(reproducible)하다. 즉 반복가능하다. 일반적으로 사용되는 모든 이론은 한 번의 검증이나 관찰로 이루어진 것이 아니라, 여러 차례 반복적으로 검증되거나 관찰된 후 정립된 것이다. 따라서 이론으로 정립되기 위해서는 그 이론에 대한 신뢰성을 확보하기 위해 조사를 반복적으로 수행할 수 있어야 한다. 재생가능성(reproducibility) 내지 반복가능성은 연구과정의 객관성과 밀접한 관계를 지니며 간주관성과 유사하나, 여기서는 별도로 다룬다. 과학적 조사에 있어서 재생가능성이란, 만일 연구대상이나 현상에 대한 조사설계 및 자료수집과정을 포함한 연구과정이 객관적이라면, 서로 다른 연구자가 각기 독립적으로 조사한다 하더라도 동일한 결론을 얻을 수 있다는 것이다. 재생가능성 내지 반복가능성을 확보하기 위해서 연구자는 개념의 조작화, 조사설계, 자료수집과정, 자료분석과정 등에 관해 상세하게 기술하여야 한다.

⑪ 과학은 객관성(objectivity)을 가져야 한다. 객관성이란 건전한 감각기관을 가진 여러 사람이 같은 대상을 인식하여 얻은 인상의 일치를 말한다. 즉 누구에게나 동일하게 인식되는 사건이나 현상은 객관성이 있다고 말할 수 있다. 과학적 사실은 모든 정상인에 대하여 객관적으로 인식되어야 한다. 객관적이란 ㉠ 상이한 사람들의 감각기관을 동일하게 자극하여 이들로 하여금 동일한 지각에 이르도록 객관적 도구를 발달시키고 ㉡ 감각경험을 정밀하게 기술하고 전달할 수 있는 표준화된 기초와 용어체계를 필요로 하게 된다. 이를 위해 질문지, 조사표, 채점표, 척도와 같은 객관성을 확보하기 위한 도구들이 개발된

다. 여기서 한 가지 주의할 것은, 다수결은 객관성과 같은 의미는 아니라는 점이다. 다수결이란 선택수단에 지나지 않으며 어떤 상황이 과학적 객관성을 가지고 있느냐의 여부를 판단해 주는 것은 아니다.

2) 과학적 사고방식과 비과학적 사고방식

과학적 사고방식과 비과학적 사고방식 간의 차이는 다음과 같다.

(1) 비과학적 사고방식(nonscientific way of thinking)

① 관습에 의하는 방법(method of tenacity)

이는 어떤 명제나 주장을 관철시키기 위하여 단순히 우리가 믿고 있는 선례나 전통 또는 습성을 그 근거로 제시하거나 준용하는 것을 말한다. 이 방법은 일정한 문화형태를 형성하는 측면이 있지만 반드시 옳은 것은 아니며 인간의 보수성과 변동 시 예상되는 고통 때문에 사용되는 것일 수 있다.

② 권위에 의하는 방법(method of authority)

이 방법은 자신의 주장의 타당성과 설득력을 높이기 위하여 인품이 뛰어나거나, 전문기술을 갖고 있거나, 사회적 지위가 높은 사람을 인용하는 경우 신뢰할만한 정보출처를 대거나, 신뢰도가 높은 공공기관의 유권해석을 요구하는 경우에서 찾아볼 수 있다. 이러한 방법의 한계는 그것이 합리적이든 또는 비합리적 권위형태를 취하든 간에, 권위의 원천(source)이 다른 경우에는 견해의 일치를 볼 수 없게 된다는 점이다. 또한 전문가 사이에도 의견의 합치가 이루어지지 않는 경우가 많으며, 일단 의견이 일치한 경우에도 반드시 타당한 지식으로 받아들여질 수는 없다.

③ 직관(直觀)에 의한 방법(method of intuition)

직관이란 추론 등을 개입하지 않고 대상을 직접 인식하여 스스로 분명한 명제에 호소하는 방법이다. 이 명제는 너무나 명백한 사실에 속하기 때문에 그 뜻을 이해하는 사람이면 누구나 그것이 곧 진실이라는 확신을 갖게 된다. 그러나 이러한 직관에 의한 방법으로 인정되거나 되고 있는 명제라 하여 언제나 자명성(自明性, self-evidence)을 갖고 있는 것은 아니다. 자명성이란 당시 유행의 영향으로 조성되거나 어릴 때 교육에 의해 조성되는 경우가 많다(예: 지구는 평평하다). 따라서 직관은 시험되지 않으면 안 된다.

(2) 과학적 사고 방식(scientific way of thinking)

비과학적 사고 방식들은 명제의 정확성이나 응용이란 측면에서 부족하며, 잘못하면 맹목적 확신에 빠질 위험이 있다. 과학적 사고 방식은 가능한 한 많은 의문을 제기하고 또한 과학적으로 증명하는 과학적 조사를 수행한다는 점에서 비과학적 사고 방식과 차이가 있다.

5. 과학적 조사

1) 과학적 조사의 의의

과학적 조사(scientific research)는 과학적으로 수행되는 조사를 말한다. 과학적 조사는 기존의 이론을 통해서 개발되거나 관찰된 변수들 사이의 가정된 관계를 경험적으로 검증하는 과정을 말한다. 과학적 조사는 일반현상 가운데서 관계가 있으리라고 생각되는 개념들을 조작적으로 정의하여 변수로 전환한 후 이들 변수들의 관계를 나타내는 가설들을 체계적이고 경험적으로 검증하는 탐구활동이다. 따라서 과학적 조사는 조사자가 조사결과에 대한 확신을 가질 수 있도록 조사과정이 철저히 통제되고 체계적이어야 하며, 이러한 조사과정은 간주관적이어야 한다. 즉 동일한 통제상황하에서 타인에 의해 조사되어도 동일한 결과가 발생할 수 있도록 객관적이어야 한다(김영종, 2007: 46-52: 남세진 & 최성재, 1988: 44-45: 황성동, 2006: 25-28: 채서일, 1992: 23-27).

(1) 과학적 조사의 논리

① 연역법(deduction)

전통적인 과학적 조사의 접근방법은 연역적 접근방법이다. 연역법은 보편적이거나 일반적인 원리나 법칙으로부터 구체적이고 특수한 현상에 대한 지식을 이끌어 내는, 즉 일반적인(general) 것으로부터 특수한(specific) 것을 추론해 내는 접근방법이다.

기본적인 연역법의 유형은 다음과 같다.

가설 ➡ 조작화 ➡ 관찰 ➡ 검증: 가설 채택 또는 기각

전통적인 과학적 접근방법은 가설 → 조작화 → 관찰 → 검증을 거치는 연역적 접근방법이다. 연역법은 일반적인 사실에서 특수한 사실을 이끌어 내는 방법이다. 이는 실증주의자들(positivists)들이 주로 사용하는 방법이다.

연역법은 일정한 연구주제를 연구가설의 형태로 만든 후 이 연구가설을 현실적 경험사회에서 실증적으로 증명할 수 있을 것이라는 가정하에 출발하는 이론의 형성 방법이다. 연구주제나 연구가설을 우선적으로 결정하는 일이 연역법의 핵심사항이다. 연역법의 세 단계는 다음과 같다. 첫째, 선택한 연구주제나 연구문제를 하나 또는 수 개의 명제로 구성한다. 이때 명제를 구성하는 개념 등을 정확하게 정의하고, 정의된 개념으로 형성된 명제가 연구주제와 연구목적에 타당하고 적절한지 판단한다. 둘째, 명제를 검증할 수 있도록 하나 또는 수 개의 가설 형태로 구성한다. 명제란 경험적으로 검증될 수 있는 수준으로 명제를 구성하고 있는 개념이나 변수 등을 조작시키지 아니한 상태이다. 반면 명제를 구성하고 있는 개념과 변수를 실제로 경험사회에서 검증될 수 있도록 조작시킨 것이 가설이다. 명제를 증명하기 위해서는 가설을 만들어야 하고 가설을 검증하면 자연히 명제가 증명되고 나아가 연구주제가 증명되면서 이론이 형성된다. 셋째, 필요한 자료를 수집하고 분석해서 연구가설을 증명하면 이론이 형성된다. 과학적 연구방법의 핵심은 연구주제를 정하고 여기서 연구가설을 만들어서 이것을 실증적으로 증명하기 위해 필요한 관련 자료를 수집하는 방법과 기법에 관한 것이다.

연역법의 대표적인 예는 '모든 사람은 죽는다 → 소크라테스는 사람이다 → 그러므로 소크라테스는 죽는다'로 전개되는 삼단논법이다. 이 삼단논법에 의해 추출된 이론을 검증하기 위해서는 '소크라테스가 죽었다'는 사실을 경험적으로 검증해야 한다. 이와 같은 방식으로 논리를 전개시켜 경험적으로 검증될 때 과학적 법칙을 발견하게 된다.

㉠ 일반화된 설명이나 논리: 모든 사람은 죽는다.

ⓛ 조작화: 소크라테스는 사람이다.

ⓒ 관찰, 경험: 그러므로 소크라테스는 죽는다.

ⓔ 검증: '모든 사람은 죽는다'는 논리를 검증

사회복지 현장의 예로써 '클래식 음악을 듣는 횟수와 청소년 스트레스 사이의 관계'를 연역법에 따라 추론하면 다음과 같다.

ⓖ 클래식 음악 청취 횟수와 청소년 스트레스 간에는 부정적인(−) 상관관계가 있다는 가설을 설정한다.

ⓛ 많은 수의 청소년들을 대상으로 양자 간의 관계를 관찰하거나 조사한다.

ⓒ ⓖ의 가설과 ⓛ의 관찰 내지 조사결과를 비교한다.

ⓔ 가설을 채택하거나 기각한다. 가설과 관찰의 결과가 어느 정도 일치하는지에 따라 클래식 음악 청취 횟수가 증가하면 청소년 스트레스가 줄어든다는 가설을 검증한다. 일치하는 정도가 크면 가설을 채택하고, 일치하는 정도가 작으면 가설을 기각한다.

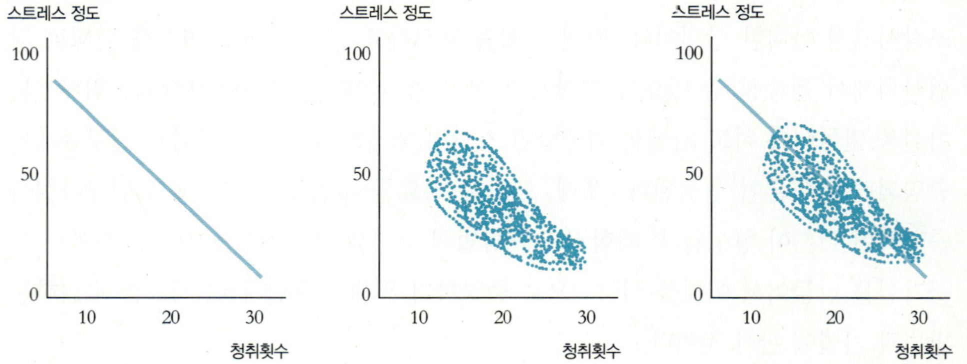

〈가설 설정〉 〈관찰-조사〉 〈결과 비교 가설검증: 기각 또는 채택〉

② 귀납법(induction)

귀납법은 관찰에서 시작하여 일반적인 원리나 이론으로 전개해 나가는 논리적 과정이다. 귀납법은 경험의 세계에서 관찰된 많은 사실들이 모두 공통적인 유형으로 전개되는 것을 발견하고 이들의 유형을 객관적인 수준에서 증명하는 것이다.

주제선정 ➡ 관찰 ➡ 유형발전 ➡ 임시결론

귀납법의 과정을 정리하면 다음과 같다. ㉠ 연구주제를 선정한다. 조사자가 가설이나 이론 등을 가정하지 않고, 그 대신 이해관계가 있거나 관심 있는 분야 또는 문제를 인식하는 차원에서 출발한다. ㉡ 조사자가 연구대상이 된 경험세계의 환경이나 현상을 객관적으로 관찰하고, 관찰한 결과를 기록한다. ㉢ 기록된 관찰결과가 어떤 규칙에 따라 또는 일정한 유형으로 전개되는 것을 발견한다. ㉣ 그런 후에 왜 일정한 유형(pattern)이나 규칙성(regularity)이 존재하는지를 객관적인 수준에서 설명하고, 임시적 결론(tentative conclusion)을 내린다. '임시적'이라는 것은 이 유형이 검증된 것이 아니고 단지 관찰에 의해 나타난 유형이나 규칙이라는 것을 의미한다.[3)]

이들 유형이나 규칙성을 객관적인 수준에서 증명하기 위해서는 연구대상의 현상을 분석하는 분석절차와 방법이 계량적이어야 할 것이며, 이를 위해 통계적 분석이 필요하게 된다.

소크라테스의 죽음을 예로 들면 먼저 인간의 죽음이란 주제를 선정한다. 소크라테스의 죽음을 발견하고 다른 많은 사람들도 죽은 것을 관찰하게 된다. 그러면 조사자는 모든 관찰한 사람들이 죽는 것을 알고 모든 사람이 죽는다는 임시적인 결론에 이르게 된다.

㉠ 주제선정: 인간의 죽음
㉡ 관찰: 소크라테스의 죽음을 발견
㉢ 유형 및 규칙성 발견: 다른 많은 사람들이 죽은 것을 관찰
㉣ 임시결론: 그러므로, 모든 사람은 죽는다.

앞에서 사용한 예인 클래식 음악을 듣는 횟수와 청소년 스트레스 사이의 관계를 귀납법에 따라 설명하면 다음과 같다.

㉠ 청소년 스트레스와 클래식 음악과의 관계에 관심을 갖는다.
㉡ 여러 개의 관찰을 통해 클래식 음악 청취 횟수와 청소년 스트레스에 관해 객관적으로 관찰하고 관찰한 결과를 기록한다.

3) 수학적 귀납법: ① 자연수 n에 관한 명제가 n=1일 때 성립한다. ② 그 명제가 n=k일 때 그 명제가 성립한다고 가정하면, n=k+1일 때도 성립한다. ③ ①과 ②가 증명되면 그 명제는 모든 자연수 n에 대해 성립한다. 이와 같은 증명방법을 수학적 귀납법이라고 부른다.

㉢ 관찰결과 기록을 정리한 후 이들 자료들의 공통된 유형 내지 규칙성을 발견한다.

㉣ 발견한 유형을 활용하여 두 변수 간의 관계에 대해 임시적 결론을 내린다. 즉 '청소년들이 클래식 음악을 듣는 횟수가 증가하면 일정 횟수까지는 스트레스가 감소하나, 일정 횟수 이상 듣게 되면 오히려 스트레스가 증가한다'는 임시적 결론을 내린다.

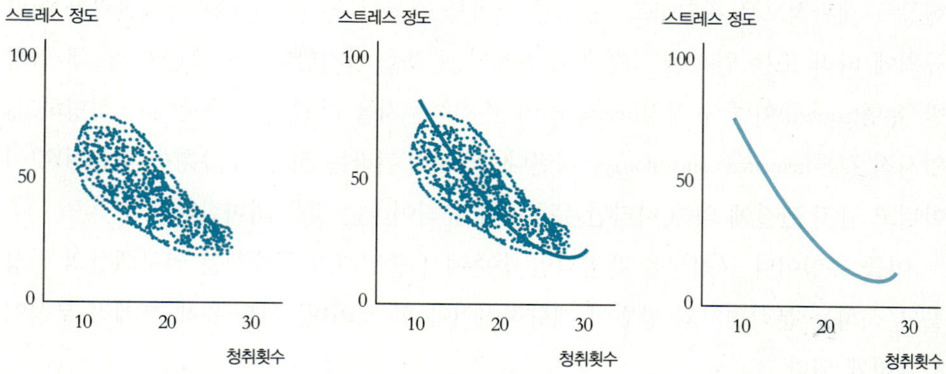

〈관찰〉 〈유형발견〉 〈임시결론〉

③ 연역법과 귀납법의 자기순환과 상호관계

㉠ 귀납법의 자기순환

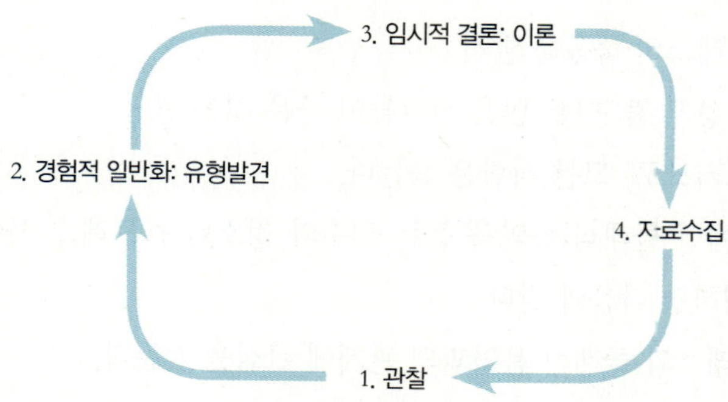

귀납법의 자기순환은 관련 자료의 수집을 통해 임시적 결론이나 이론을 보강하기 위해 이루어진다.

㉡ 연역법의 자기순환

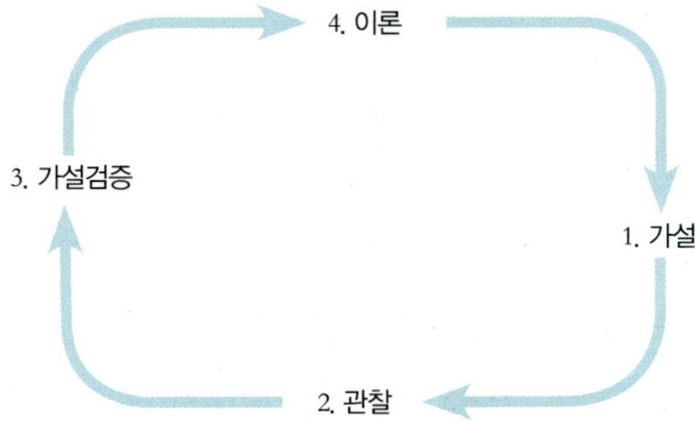

연역법의 자기순환은 관찰을 통해 가설을 검증하고 채택된 가설은 이론을 구성한다. 생성된 이론으로부터 새로운 가설이 만들어지고 동일한 과정을 반복한다.

④ 연역법과 귀납법의 상호관계

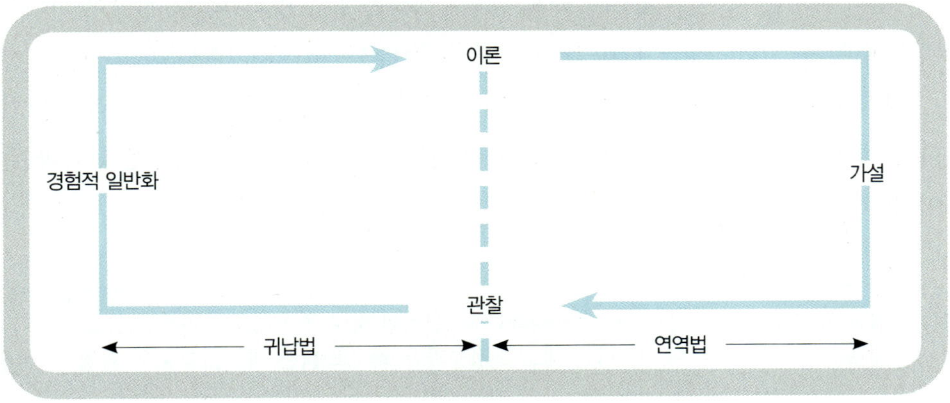

분석적인 연역법과 경험적인 귀납법은 상호대립적인 관계가 아니라 상호보완적인 관계이다. 연역적인 추론과 귀납적인 추론은 서로 교대로 이루어지는 과정이다. 현실적으로 귀납적인 관찰과 자료 수집방법으로 가설이 설정되면, 이를 다시 현실에서 검증하여 연역적인 방법으로 이론을 형성하는 것이 일반적이다. 사회과학에서 지식을 탐구하기 위한 논리는 어느 한쪽에만 치우쳐선 안 된다. 즉 연역적 추론이 논리적 필연성을 갖는다는 의미에서 그 중요성이 인정되는 반면, 귀납적인 논리도 경험적 사실을 바탕으로 예측을 한다는 측면에서 중요성이 인정되어야 한다. 통상적으로 기존의 이론이 존재할 때 연역법을 사용하며, 기존의 이론이 존재하지 않을 때 귀납법을 사용한다.

6. 과학적 혁명

쿤(Thomas S. Kuhn)은 기존의 패러다임(paradigm)을 부정하고 새로운 출발을 할 때 과학은 혁명적으로 발달한다고 주장한다. 쿤의 중심 개념은 패러다임(paradigm)이다. 패러다임이란 '세상을 바라보는 방식'을 뜻한다. 이는 한 연구분야에 대한 과학적 연구를 가능케 하는 일정한 지배적 이론 또는 접근방법이 일관성 있게 정립되어 그 분야의 연구문제 해결을 위해 조직화하고 방향을 제시해 주는 준거 또는 모형이다. 패러다임은 동시대 학자들의 공통적인 세계관을 구성하게 되며, 형이상학적인 몇 개의 특정한 이론들을 포함하거나 이론 평가를 위한 기준이나 사회문제의 해결책을 포함한다. 패러다임의 예로는 다윈의 진화론, 프로이트의 정신분석학, 마르크스의 과학적 사회주의 등을 들 수 있다(황성동, 1006: 25-26; 한승준, 2000: 45-51; Sayer, 1999: 326-334).

패러다임은 고정된 이론체계가 아니라 과학적 혁명 동안 끊임없이 변화하고 발전하는 체계이며, 새로운 패러다임에 의해 혁신되고 대체된다. 패러다임은 다음과 같이 몇 가지 단계를 거쳐 변화한다.

> 전과학(前科學) ➡ 정상과학(正常科學) ➡ 위기와 혁명 ➡ 새로운 정상과학 ➡ 새로운 위기와 혁명 ➡ 또 다른 새로운 정상과학 ➡ 또 다른 새로운 위기와 혁명

전과학의 단계란 패러다임으로서의 지위를 획득하지 못하여 조직화되지 않고 서로 경쟁하는 시기의 연구들이다. 정상과학(normal science)의 단계란 특정 시기에 하나의 패러다임이 확고한 위치를 차지하며 타당한 것으로 받아들여지는 시기이다. 이러한 정상과학은 새로운 패러다임에 의해 위기를 맞이하고 혁명적 과정을 거쳐 새로운 패러다임으로 대체되며, 또 하나의 새로운 정상과학을 탄생시킨다.

과학의 발전은 개별적인 발견이나 발명들의 축적에 의해 이루어지는 것이 아니라, 어느 한순간의 급격한 변화에 의해서 이루어진다. 급격한 변화란 기존의 패러다

임을 완전히 부정하고 이를 대체하는 새로운 패러다임의 출현, 즉 패러다임의 이동(paradigm shift)을 의미한다. 쿤은 이러한 변화를 과학적 혁명(scientific revolution)이라 부른다.

7. 과학으로서의 사회과학

사회복지학은 응용과학으로서 사회과학에 속한다.

1) 사회과학의 의의

사회과학이란 사회현상이나 인간의 사회적 행위를 분석하고 종합하여 미지의 사실이나 일반적 법칙을 찾아내려는 인간의 지성적 활동에 의한 지식체계를 말한다. 사회과학은 인간의 모든 행위를 연구대상으로 한다. 연구대상이 되는 인간의 행위는 개인의 독자적인 행동과, 개인이 다른 사람과의 상호관계를 맺으면서 행하는 공동행위, 즉 사회적 행위의 두 가지로 구분할 수 있다. 사회적인 인간행위에 의해 일어나는 모든 현상을 사회현상이라 부른다. 즉 사회현상이란 사람들 사이에서 이루어지는 인간의 상호작용(human interaction) 또는 상호소통(inter-communication)의 사회과정 속에서 일어나는 일련의 사회적 행태들(social behaviors)이다. 사회과학은 성격상 경험과학이고, 역사과학이며, 실천과학이고, 사회현실에 대한 전체적(holistic) 인식과학이다.

사회과학은 크게 기술적 사회과학과 분석적 사회과학으로 나뉜다. 기술적 사회과학(descriptive social science)은 고고학, 인류학, 사회학과 같이 과거와 현재의 사회들, 그 사회들의 구조와 상호작용 및 발전을 기술한다. 분석적 사회과학(analytic social science)은 현대사회에 특별한 중점을 두면서 사회행태(the behavior of societies)의 제 측면을 결정하는 기저(基底)의 관계들을 발견한다. 분석적 사회과학의 예로는 사회복지, 경제학, 법학, 정치학, 교육학, 심리학 등이 포함된다.

2) 과학으로서의 사회과학

사회과학의 역사를 통해 사회과학 실행가들은 물리과학에 대해서 그리고 적어도 인문학에 대해서 사회과학 영역의 적절한 위치를 찾아왔다. 오늘날까지 사회과학 내에서는 두 부류의 사람들을 발견할 수 있다. 하나는 엄격한 의미의 과학자로 자신들을 간주하는 사람들이고, 다른 하나는 사회의 연구에 대한 보다 주관적인 접근방법을 가지고 자신들을 과학자라기보다는 인문학자로 간주하는 사람들이다.

사회학의 창시자들은 이 중심적인 문제를 해결하려고 노력하였다. 근본적인 문제는 사회현상의 속성과 어떻게 사회현상들이 가장 잘 이해될 수 있느냐는 것과 관련이 있다.

가장 극단적인 견해의 하나는 19세기 사회학자인 Wilhelm Dilthey에 의해 지지되었다. 그는 인간은 자유의지를 가지고 있으며 그래서 어느 누구도 그들의 행동을 예측하거나 일반화할 수 없다고 보았다. 극단적인 형태로, 이 견해는 단지 독특한 사건의 연구만을 허용하지 설명이나 예측은 허용하지 않는다. 따라서 오늘날 일반적으로 설명과학(explanatory science)으로 인식되는 사회과학은 배제가 된다.

Durkheim은 근본적으로 반대 견해를 옹호한다. 그는 사회적 현상은 질서정연하며 일반화될 수 있다고 말한다. 그의 견해는 마치 물리적 현상들이 물리적 법칙을 따르듯이, 사회적 현상은 근본적인 사회적 법칙을 따른다는 가정에 기초하고 있다. Durkheim의 견해에서는, 물리 및 자연과학과 사회과학 간에는 대상의 문제를 제외하고는 거의 차이가 없다. 연구(조사)의 논리는 근본적으로 똑같다. 이러한 엄격한 과학적 견해는 흔히 실증주의(positivism)라 명명된다. Durkheim에 따르면 사회학자들은 마치 다른 사람들이 물리적 현상을 연구하기 위해 실험과 같은 자연과학의 방법들을 사용하는 것처럼, 사회적 현상을 연구하고 설명하기 위해서 실험과 같은 자연과학의 방법들을 사용할 수 있다고 주장한다. 예를 들면, Durkheim은 유럽국가들 내에서 자살률의 질서 있는 변화를 논하였다. 비록 비율이 시간이 지남에 따라 변화하지만 비율의 서열은 동일하게 유지되는 경향이 있다. 즉 만일 A국가가 특정 시기(time 1)에 B라는 국가보다 더 높은 비율을 나타내고 있다면, 비록 특정시기와 다른 특정시기(time 2) 간에 양 국가 모두에서 비율의 변화가 있을지라도, A라는 국가의 자살률은 B라는 국가의 자살률보다 다른 특정시기(time 2)에서 더 높게 나타나 있다. Durkheim에게 이러한 질서정연함은 국가의 자살률은 어떠한 사회적 법칙을 따르고 있다는 증거가 된다. 따라서 사회과학자의 과업은 과학적 방법을 사용해서 이러한 법칙을 발견하는 것이다. Durkheim은 자살률은 사회통합 정도와 반대로 변화한다는 자살의 법칙을 가정하였다. 즉 자살률과 사회통합은 부정적인 관계이다.

Durkheim 시대나 오늘날의 모든 사회과학자들이 Durkheim과 같이 전적으로 물리과학 또는 실증주의적 접근방법을 찬성하는 것은 아니다. 많은 사회학자들은 Max Weber의 업적을 모방한 접근방법을 선호한다. Weber는 한편으로 인간의 행동은 예측할 수 없다는 Dilthey가 지지하는 극단적 견해와 다른 한편으로는 사회과학은 자연과학의 방법을 사용해야 한다는 Durkheim의 극단적 견해 사이에서 중간적인 접근방법을 취한다. Weber에 따르면, 사회적 현상은 사회적 법칙에 의해 결정될 뿐만 아니라 인간의 의지적 행동의 산물이다. 그의 견해에서는 사람들이 자유의지를 가지고 있다는 사실은 그들의 행동이 무작위적이고 완전히 예측할 수 없다는 것을 의미하지는 않는다. 오히려 자유의지는 합리적인 형태로 행사되고 있으며 그리고 인간의 행동은 합리적 행동의 이해에 의해 예측될 수 있는 것이다.

Weber에 따르면, 자연과학방법의 사용은 사회조사에 있어서 일정한 역할을 수행하지만 배타적인 역할을 수행하는 것은 아니다. Weber는 물리과학자들은 그들이 연구하는 현상이 사회과학자들이 연구하는 현상과 서로 다르다고 주장한다. 예를 들면, 물리학자들은 흔히 이론적 진술을 양적인 용어, 일반적으로 수학방정식을 사용해서 기술한다. Weber의 연구에서 수학의 사용은 수학기호가 연구자와 연구되는 현상의 중개를 의미한다. 따라서 이 같은 연구를 통한 이해는 어느 정도 항상 간접적이다.

Weber는 사회과학의 상황을 좀 다르게 본다. 그에 따르면 물리 및 자연과학에서 따르는 과학적 방법의 사용은 이치에 맞지만 모든 사회현상을 연구하는 데는 부적당하다. 과학적 방법은 가치가 있는 것처럼 보일 때 사용되어야 한다. 그 이상의 과학적 방법은 '직접적 이해(해석)(direct understanding)'로 대체되어야 한다. Weber가 논하는 류의 직접적 이해는 연구자와 자료가 서로 다르기 때문에 물리과학에서는 불가능하지만 사회과학에서는 가능하다. 가스를 연구하는 물리학자와 광물을 연구하는 광물학자는 그들의 자료 간에 공통점이 없어 직접 그 자료를 이해할 수 없는 반면, 사회학자는 실제 그들이 연구하는 바로 그 집단의 멤버일 수 있다. Weber 견해의 이점은 또 다른 종류의 이해—직접적 이해 또는 Verstehen(듣거나 보고 깨닫는 것)—를 위한 가능성을 열어 놓는다. 이것은 당신이 똑같은 또는 유사한 상황에 처한 적이 있기 때문에 당신이 어떤 사람이 특별한 상황이나 곤경에 처해있는 것을 관찰하고 그들에게 감정이입될(감정을 함께 나눌) 수 있고, 어떻게 그들이 느끼는지를 이해할 수 있을 때

경험하는 종류의 이해이다.

현대사회과학자들 가운데 사회적 현상들이 임의적(무작위적)이고 예측할 수 없다는 Dilthey의 극단적 견해를 가진 사람이 전혀 없지는 않지만 상대적으로 드물다. 대부분의 사회과학자들은 인간의 행동이 실제 임의적(무작위적)이라면, 과학적 사회과학은 불가능하다고 느낀다. 그들은 사회적 현상은 설명하고 예측할 만큼 충분히 질서정연하다고 생각하는 경향이 있다. 그러나 많은 사람들은 모든 사회적 현상들이 현재 완전히 정확하게 예측되고 설명될 수 없다는 데 동의한다. 이것은 사회적 현상 그 자체가 100% 질서정연하거나 예측가능한 것이 아니라 항상 어떤 무작위적 요인이나 잘못의 여지를 갖고 있기 때문이다. 또는 현상은 질서정연하고 예측 가능하다 해도 오늘날 우리가 가지고 있는 자료분석기법, 자료수집방법, 이론들이 이러한 현상을 완벽하게 설명하는 데 충분하지 못하다는 주장도 있다.

사회적 현상이 임의로 발생한다고 믿는 사회과학자들은 거의 없지만, 어떻게 사회현상을 연구하고, 심지어 어떤 현상을 연구할 것인가에 대한 의견의 불일치가 존재하는 것이 사실이다. 아마도 사회과학자 간에 가장 압도적인 견해는 실증주의의 어떤 형태를 지지하는 것일 것이다. 본래 실증주의란(Durkheim과 관련해 앞에서 논했지만) 사회과학은 물리과학의 방법을 사용해야 한다는 견해를 지닌다. 이것은 본래 사회적 현상을 객관적으로 발생하는 현상으로 간주하기 때문이다. 사회과학은 독특한 역사적 사건들을 묘사하거나 설명하는 것이 아니라, 우선 과학적 법칙 형성과 관련된다. 이것이 실증주의의 근본적인 원칙이다. 과학적 법칙들은 모든 시대와 모든 장소에 대해 적용된다. 실증주의적 접근방법을 지지하는 사람들은 그들이 추구하는 사회과학법칙들이 반드시 인과적 법칙이어야 하느냐에 대해 약간의 의견이 대립된다. 어떤 사회과학자들은 우리가 사회적 현상의 실제 원인 발견을 요구하는 것은, 적어도 현재의 사회과학 발달수준에서는 너무 이르다고 생각한다. 그들은 인과적 설명은 궁극적인 목적으로 삼고, 당분간은 단지 사회적 현상에 따른 부수물의 상관관계를 단순히 추구하고, 이러한 요인들을 원인으로 언급하는 것은 중단하는 것이 보다 현실적이라고 생각한다.

비록 일부 연구자들은 이러한 분류를 거부하겠지만, 서베이 조사자들과 실험가들은 일반적으로 실증주의적 전통의 범위 내에 있는 것으로 간주된다. 실험가들은 일반적으로 인과관계의 확립을 추구한다. 반면, 서베이 조사자들은 인과관계는 아니지만 상관관계를 찾는다. 대부분 실증주의자들은 컴퓨터 시뮬레이션, 자료정리기법, 척도, 통계분석 등 양적인 기법을 사용하는 경향이 있다. 그들은 또한 시험(입증)하기에 적합한 다소 엄격한 가설을 형성하는 경향이 있다.

모든 사회과학이 Durkheim적(Durkheimian) 실증주의의 전통 범위 내에서 실행되는 것은 아니다. 관찰, 민속방법론(ethnomethodology) 그리고 서류조사(document study)는 다른 류의 연구를 제시한다. 관찰적 연구자는 Durkheim보다는 Weber와 유사한 접근방법을 사용한다. 그들은 엄격한 가설과 계량화를 피하는 경향이 있다. 그들은 주로 언어분석에 의존하며 연구대상에 대한 보다 주관적 이해에 관심이 있는 것처럼 보인다. 서류분석 또한 엄격한 양적 가설검증에 의존하기보다는 주관적 언어분석에 보다 의존하고 있다. 어떤 관찰적 연구와 서류조사는 예외적으로 구조화되고 양적이다.

민속방법론은 아마도 가장 극단적일지 모른다. 많은 민속방법론자들은 자신을 엄격한 과학자로 간주한다. 그러나 민속방법론은 과학이란 라벨(호칭, 분류)을 실증주의와 공유하지만, 그것이 일반적인 과학적 법칙의 형성을 추구하지 않는다는 점에서 실증주의와 근본적으로 다르다. 민속방법론자들은 심지어 일반적 개념이나 일반적 사회 법칙 개발의 중요성을 덜 강조하는 경향이 있다. 대신 그들은 사회적 현상의 의미에 관한 독특한 상황적 속성에 초점을 맞추며, 사회조사에서 우선을 두는 초점으로 일반법칙의 형성을 추구하지 않지만, 특수한 환경 내에서 특정 현상의 의미가 형성되는 방법을 연구하는 데 관심을 갖는다(Bailey, 1987: 6-10).

*** Social science as science**

:The essential problem concerns the nature of social phenomena and how they can best be understood. One of the most extreme positions was espoused by Wihelm Dilthey. He believed that humans had free will, and thus no one can predict their actions and generalize about them. In its extreme form, this view would allow only for the study of unique events and not for explanation and prediction. Thus, social science as it is generally conceived today as an explanatory science would be precluded.

Emile Durkheim espoused essentially the opposite view. He said that social phenomena are orderly and can be generalized. His viewpoint was based on the assumption that phenomena adhere to underlying social laws, just as physical phenomena follow physical laws. In Durkheim's view, then, there was little difference between physical and natural science and social science except for subject matters. The logic of inquiry was essentially the same. This strictly scientific view is often labeled positivism. According to Durkheim, social scientists could use the methods of natural science, such as experimentation, to study and explain social phenomena just as others used them to study physical phenomena. For example, Durkheim discussed the orderly change in suicide rates in European countries...... The task of the social scientist is to use scientific methods to discover this law. Durkheim postulated his law of suicide, i.e., that the suicide rate varies inversely with the degree of social integration.

Max Weber took an intermediate approach between the two extremes espoused by Dilthey on the one hand(that human actions were unpredictable) and Durkheim on the other (that social science should use the methods of the natural sciences). According to Weber, social phenomena were not merely determined by social laws but were the product f human volitional action.

* 출처: Baily, 1987; 7-10.

3) 사회과학과 자연과학 방법론 차이

자연과학과 사회과학은 방법론에서 원천적인 차이를 나타내고 있다. 사회조사방법론에서 응용되는 사회통계학을 자연과학에서 논의되는 순수과학과 혼동하게 되면 자연과학과 사회과학 간의 근본적인 차이점을 도외시하게 된다. 사회과학은 자연과학과 달리 피란델로효과(Pirandello effect)에서 벗어나기 어렵다. 피란델로 효과란 자연과학에서는 관찰대상물과 관찰자가 분명히 구별될 수 있지만, 사회과학에서는 이들 양자가 대부분 혼연일체가 되는 경우가 많음을 의미한다. 이는 마치 연극에서 배우와 관객과 연출가의 구분이 없어지는 것과 유사하다. 사회과학에서는 관찰의 대상이 관찰자 자신이 되기도 하므로, 사회현상을 분석하는 과정에서 객관성이 결여될 가능성이 그만큼 크다. 사회과학과 자연과학의 방법론 차이를 정리하면 다음과 같다(이홍탁, 1994: 13-17).

사회과학과 자연과학 방법론 차이

사회과학	자연과학
1. 사고의 가능성은 제한되어 있다.	1. 사고의 가능성은 무한정하다.
2. 사고의 도식화에 관한 타당성에 의문을 제기한다. 분석기법은 단순한 하나의 걸치레에 지나지 않으며 중요성이 없다.	2. 수학의 공식과 같은 분석방법에 의한 사고의 도식화를 강조한다.
3. 누적적이 아닌 독창적이고 유일한(singular) 성격의 학문이다.	3. 누적적인(cumulative) 성격을 가진 학문이다.
4. 사회문화적 특성에 의해 영향을 받는다.	4. 사회문화적인 특성에 의해 영향을 받지 않는다.
5. 연구자 개인의 심리상태나 개성 또는 가치관이나 세계관에 의해 영향을 받는다.	5. 연구자의 개성이나 사회적 지위에 의해 영향을 받지 않는다.
6. 명확한 결론을 내리기 어렵다.	6. 명확한 결론을 내릴 수 있다.
7. 새로운 이론이라도 기존의 이론과는 단절되지 않은 성격을 가진다.	7. 기존의 이론과는 전혀 다른 새로운 이론이 빈번히 대두한다.

4) 사회과학의 한계

사회과학의 대상인 인간행위가 갖는 속성 때문에 사회과학은 다음과 같은 한계점을 지닌다.

첫째, 사회과학의 주된 연구대상인 인간의 행태는 복잡하고 가변적이기 때문에 정확히 예측하기 어렵다.

둘째, 인간행태의 본질을 파악해 낼 수 있는 방법적 절차, 즉 실험 같은 방법이 완전하지 못하다.

셋째, 인간에게는 예측을 전복시킬 수 있는 능력이 존재하기 때문에 객관적 예측이 항시 들어맞는 것은 아니다.

넷째, 인간에 대한 상징적 연구이기 때문에 연구대상이 규범적인데, 이를 과학이라는 이름으로 분석하고 기술하여야만 한다.

다섯째, 방법상의 정확도와 신뢰도를 지나치게 강조하여 사회과학의 적합도와 타당도를 무시할 수 있다.

여섯째, 비인간화를 재촉하는 폐단을 낳을 수 있다.

일곱째, 가치중립의 문제와 가치개입의 불가분성 문제점을 가진다. 과학적 활동의 세계는 원래 경험적 합리성(empirical rationality)뿐만 아니라 선험적 비합리성(a priori irrationality)이 동시에 공존하는 세계이다.

사회과학의 연구에서 가치판단의 개입이 발생하는 이유는 다음과 같다. 첫째, 연구를 위한 문제를 선정할 경우 가치가 개입된다. 둘째, 수집된 자료와 이들의 관계를 형성하는 명제나 이론의 전개와 관련 있는 개념 및 그 구성과정에서 가치가 개입한다. 셋째, 연구자 자신의 가치관과 그 연구자가 준거하고 있는 개별과학 내지는 학문세계의 지배적인 가치가 은연중에 작용한다.

8. 사회과학으로서의 사회복지학

사회복지학이란 사회복지 현상의 구성요소들과 요인들을 체계적으로 분석하고, 이들 간의 인과관계를 탐구하며, 개념과 변수 이론을 체계적으로 정립하는 학문영역이다. 사회복지학이 사회과학으로서 인정받기까지에는 나름대로의 고유한 연구주제와 연구방법 그리고 이론체계의 면에서 사회과학이 될 수 있는 최소한의 과학적 기준을 충족시켰다고 보아야 한다.

사회복지학은 인간의 구체적인 욕구를 충족시키기 위해 과학적인 지식을 사용한다. 또한 인간의 구체적인 욕구를 충족시키고, 다양한 사회문제를 해결하기 위하여 인접 분야에서 개발된 기술과 지식을 사용하는 응용과학이다. 사회복지학은 실제 현장에서 실천되는 실천과학이다.

사회복지학은 사회과학이다. 사회과학은 사회현상과 인간관계 현상을 연구대상으로 하고 있고 사회복지학이 인간의 욕구충족과 그에 따른 사회문제를 대처하기 위한 사회적 노력의 한 형태이므로 사회복지학은 그것이 어떠한 연구주제와 연구방법을 취하든 간에 사회과학적 형태를 가질 수밖에 없다. 따라서 정치학, 행정학, 경제학, 사회학, 심리학, 경영학, 정보과학 등 사회과학의 영역과 연구영역이 일부 중복되며, 이들 학문분야에서 개발된 지식과 기술이 인간의 욕구충족과 사회문제해결에 적극 활용된다.

사회복지학은 사회과학의 범위를 넘어서 인문과학, 자연과학, 의학, 법학 등 다른 학문영역의 지식과 기술을 활용하는 종합과학적(interdisciplinary) 특색을 갖고 있다.

chapter_2 | 연구방법론과 사회복지조사

Chapter 2

연구방법론과 사회복지조사

1. 연구방법론

1) 연구방법론의 정의

사회복지는 인간이 갖고 있는 문제를 해결하고 욕구를 충족시킴으로써 인간의 삶을 향상시키기 위해 체계적으로 수행되는 사회적 노력이다. 사회복지는 인간의 존재와 인간이 살고 있는 사회의 현상을 과학적으로 설명하고 보다 행복하고 합리적인 삶을 영위하도록 한다는 점에서 사회과학에 속한다(사회과학연구원, 1999: 15-28; 이해영, 1999: 31-53).

인간의 존재와 사회현상은 때로는 무질서하게 보이기도 하지만, 거기에는 질서와 규칙이 존재하고 나아가 이를 과학적으로 설명할 수도 있다. 사회과학의 과학성은 논란의 여지가 있기는 하지만 대체로 인간의 존재와 사회현상을 과학적으로 설명할 수 있는 일반적인 이론이나 법칙을 완성할 수 있어야 가능하다. 인간의 존재와 사회현상을 과학적으로 탐구하기 위해서는 다양한 연구방법들(research methods)이 활용이 된다. 이들 연구방법들을 기술하고 분석하는 일체의 지식을 연구방법론(research methodology)이라 한다.

방법론이란 methodology인데, 가끔 methods(방법)란 말이 방법론이란 말로 사용되기도 한다. 그러나 엄밀히 말하면 방법론이란 methodology로서 methods와 차이가 있다. 방법론(methodology)이란 가설을 설정하고 이를 입증하기 위한 방법에 대한 연구(study of methods)를 의미한다. 반면 방법(method)이란 과학에 공통적으로 또는 특정

부분에 적용되는 기법이다. 이는 학문분야의 관심사와 주제를 중심으로 이론을 전개하는 논리적 절차일 뿐만 아니라 개념과 가설의 도출, 연구대상의 관찰과 측정 및 실험, 모형과 이론의 구성, 설명과 예측의 절차, 그리고 그러한 절차를 제시하는 형식을 의미한다. 과학에서 방법은 연구대상에 대한 인식, 분석 및 해석을 위한 수단이며, 이 수단은 항상 조작(操作, manipulation)을 통해 이루어진다. 이 방법이 적합한 것이 되기 위해서는 연구대상과 연구대상에 관한 이론적 인식 사이에 객관적이고 합리적인 연관성이 존재해야 한다.

방법(method)과 유사하게 사용되는 용어가 기법(technique)이다. 과학에서 방법은 연구절차와 그 절차를 제시하는 형식인 반면, 기법은 방법을 수행하는 특정 수단이다. 예를 들어 지역사회 욕구조사에서 필요한 자료를 수집하기 위해 수행되는 우편조사나 개별면접 등은 일종의 기법에 속한다.

〈 기법-방법-방법론 관계 〉

기법(technique) ➡ 방법(method) ➡ 방법론(methodology)

방법론(methodology)은 이와 같은 방법들을 기술하고 분석하는 일체의 지식을 의미한다. 다시 말하면, 방법론은 연구절차와 그 절차가 제시하는 형식에 관해 기술하고 분석하는 일체의 지식을 의미한다. 방법론은 방법들의 능력과 제한점 등을 설명하고, 그 전제와 결과를 명백히 하며, 잠재력과 연구발전과의 관계를 연관시킨다.

방법론에서는 연구자가 자료수집과정과 연구방법들을 선택함에 따라 수반되는 문제점을 이해하도록 하기 위해 각 방법이 지닌 장단점을 비교 · 검토한다. 과학이 합리적이며 논리적이라고 하지만, 개별과학은 제각기 특수한 방법론적 문제를 지니고 있다. 그리고 방법론은 영원불변한 것이 아니라, 연구상황이 변화하고 사람들의 지식체계가 발전함에 따라 변화되어 간다.

연구방법론(research methodology)은 연구방법이나 기법으로 수집하고 분석한 자료를 해석하는 기준이나 가치체계 또는 연구과정 전체를 지배하고 있는 이념, 철학 및 지식체계이다. 사회과학에서 연구방법론은 전통적으로 사회현상과 인간사를 지배하고 있는 규칙적이고 반복적인 법칙을 발견하는 것이다. 그러나 이러한 인식과학적이고 해석과학적인 양적 접근방법이 인간의 내면적인 생각과 가치를 설명할 수 없다는 비판이 제기됨에 따라, 질적 접근방법이 이러한 문제에 대한 해결책으로 시도되고 있다(Bailey,

1987: 20; Rubin & Babbie, 1993: 6).

2) 연구방법론의 목적

연구방법론의 목적은 연구방법을 기술하고 분석하는 것이다. 연구방법론은 연구를 체계적으로 수행하기 위한 지식체계이다. 따라서 연구방법론의 목적은 연구의 목적과 대동소이하다. 일반적으로 연구방법론의 목적은 보고, 기술, 설명, 예측이다.

첫째, 보고(announcement)는 연구수행의 결과를 추론이나 결론을 내리지 않고, 간단한 자료나 통계수치를 요약 정리하여 발표하는 것이다. 둘째, 기술(description)이다. 누가 언제 어디서 무엇을 어떻게 하였는가 등에 대해서 사람이나 사건들에 발생하는 현상을 기술하거나 정의한다. 기술은 '왜(why)'에 관한 질문에 대해서는 대답하지 않는다. 셋째, 설명(explanation)이다. 연구방법론은 기술된 현상이 왜 발생했는지 그 원인을 밝히려 한다. 현상이 발생하는 원인과 그 결과를 설명하기 위해서는 일반적으로 가설을 설정하고 가설상의 인과관계를 검증하여 이론으로 발전시키려 한다. 넷째, 예측(forecasting)이다. 예측은 수집된 자료를 분석하여 알려지지 않은 미래의 상황을 추정하는 것이다.

3) 연구방법론의 특성

사회복지와 같은 사회과학분야에서 연구방법론의 특성을 설명하면 다음과 같다.

첫째, 연구방법론은 사회현상과 인간행태에 관한 사회법칙을 찾고자 경험주의 방법을 주로 사용한다. 이는 전통적인 과학주의 연구방법론이다.

둘째, 사회과학은 인간과 사회현상에 관한 법칙을 찾으려 한다. 따라서 연구방법론은 인간과 사회현상에 관한 법칙인 인간존재의 가치와 목적을 설명해야 하고 이것이 하나의 이론으로서 사회과학의 과학성을 향상시킬 수 있어야 한다.

셋째, 연구방법론은 인간의 이성적이고 합리적인 사고작용을 기초로 하고 있다. 논리적 오류나 모순을 제거하고 질서 정연한 논리적 체계를 사용함으로써 사회현상의 규칙적인 법칙을 발견하고, 객관적이고 합리적인 이론형성을 추구한다.

넷째, 연구방법론은 종합학문적(multidisciplinary) 접근방법을 사용한다. 연구방법론은 어느 한 분야의 이론만을 가지고 접근하는 것이 아니라, 기존의 다양한 과학적 이론들을 활용하여 여러 측면에서 종합적으로 연구문제를 해결하려고 시도한다.

다섯째, 연구방법론은 간주관적이다. 동일한 사회현상이나 인간존재를 이해하고 설명하는 방법은 자신의 주관적 관점이나 인식방법에 따라서 다양할 수 있다. 연구방법론은 이 다양한 설명을 공통적인 하나의 설명내용으로 일반화시키려고 노력한다. 즉 인간의 주관적인 인식과정을 어떻게든 보편타당하게 만들어서 누구든지 동일한 판단을 할 수 있고, 연구결과가 사회의 법칙으로 발전될 수 있도록 하려 한다. 자신의 설명과 그 설명의 도출방법이 타인의 것과 비교해서 어느 정도로 일치되는가, 만일 일치되지 않는다면 어느 것이 보다 더 타당한가 하는 점 등을 끊임없이 살펴가면서 사회현상과 인간존재의 법칙을 탐구한다.

4) 연구방법론의 역할

앞에서 일부 언급한 연구방법론의 역할을 정리하면 다음과 같다.

첫째, 연구목적상 필요한 자료수집이나 분석을 위한 기준이나 방향을 제시하는 준거틀의 역할을 한다.

둘째, 사회현상과 인간사를 지배하고 있는 규칙적이고 반복적인 법칙을 발견하도록 해 준다.

셋째, 학문활동을 과학적으로 하도록 해 줌으로써 연구결과를 객관화시키고 이론화시키는 데 도움을 준다.

넷째, 간주관주의(間主觀主義, inter-subjectivity)에 의해 서로 다른 연구자들이 다양하게 경험하고 인식한 사회현상을 다수가 공감할 수 있도록 전환시키는 역할도 수행한다. 간주관주의란 객관적인 사회현상을 주관적인 가치와 기준을 가진 인간들이 단지 과학적인 결론에 의해서만이 아닌 원만하고 합리적인 절차에 의해 도달된 합의, 즉 주관적인 목표에 따라서 객관적인 합리성을 동시에 추구할 수 있는 합의는 경험사회에서 반복해서 검증을 거칠 수 있으며, 따라서 이것은 이론이 될 수 있다는 의미이다. 여기서 간주관주의란 주관주의(主觀主義, subjectivism)와 객관주의(客觀主義, objectivism)의 중간이라는 의미는 아니다.

다섯째, 연구방법론은 양적방법을 통해 경험적으로 인식할 수 있는 사회현상을 설명할 뿐만 아니라 질적 연구를 통해서 인간의 내면적 가치와 생각들을 설명하는 역할도 한다.

여섯째, 연구방법론은 종합과학적 접근방법(multidisciplinary approaches)을 취함으로써 다양한 학문이론들을 체계적으로 융화시키는 역할도 한다.

일곱째, 연구방법론은 연구결과를 체계적으로 보고하고, 기술하고, 설명하고 예측하게 하여주는 역할을 한다.

5) 연구과정

연구방법론에서 연구를 진행시키는 일반적인 일련의 과정은 다음과 같다(이해영, 1999: 53-66).

〈 연구과정 〉

연구문제와 가설의 설정 ➡ 연구방법설계 ➡ 자료수집 ➡ 자료분석 ➡ 연구주제 해석 및 연구가설 검증

㉠ 연구문제를 선정하고 가설을 설정하는 단계이다. 무엇을 연구하겠다는 연구내용과 구체적인 연구주제를 선정한다. 연구문제는 개인적인 경험, 기존의 이론, 연구자와의 이해관계, 연구용역 기관의 요구, 연구자의 가치 · 이념 · 역사의식 · 문제의식 등으로부터 파생된다. 연구문제상의 개념을 경험적으로 인식할 수 있도록 조작적으로 정의하고 구체적으로 세분화한 가설을 설정한다. 이 단계는 연구자의 주관적이고 가치판단적인 사항이다.

㉡ 연구방법을 설계하는 단계이다. 연구문제와 가설이 설정된 후에 실질적으로 연구하고 과학적인 이론으로 발전시키기 위한 방법을 설계하는 단계이다. 연구방법을 선택하는 기준은 여러 가지가 있으나 일반적으로 연구문제에 따라 결정하게 된다. 연구문제가 계량적인 연구라면 계량적이고 분석적인 양적연구방법이 채택될 것이고, 연구대상의 내면적 심리상태나 정신적 측면에 관한 연구라면 질적 연구방법이 채택될 것이다. 연구기간이 주어진 특정 시점이라면 횡단적 연구방법이, 장기간이라면 패널연구, 경향연구, 군단(cohort)연구 등과 같은 종단적 연구방법이 사용될 것이다. 분석단위가 개인이라면 미시분석방법이, 집단이라면 거시분석방법이 사용될 것이다.

㉢ 자료를 수집하는 단계이다. 연구방법이 결정되면 그 결정된 방법으로 연구를 진행하기에 가장 타당하다고 판단되는 자료를 수집해야 한다. 자료를 수집하

는 방법은 크게 모집단 전체로부터 자료를 수집하는 전수조사와 표본조사로 구분되고, 표본조사는 다시 확률표집방법과 비확률표집방법으로 구분된다.

㉣ 자료분석단계이다. 수집된 자료는 연구목적을 달성하기 위해 요약-정리되고 분석되어야 한다. 수집된 자료는 일단 정리되고, 부호화(coding)시켜 컴퓨터 등에 입력하게 된다. 입력된 자료는 다양한 통계기법을 활용하여 연구목적에 맞게 분석된다.

㉤ 자료분석결과에 기초해서 연구문제에 대한 해답을 찾고, 가설상에 설정된 변수 간의 관계를 검증하는 단계이다. 연구자가 가설을 검증하고 연구문제를 해석하는 작업은 과학적이고 객관적이어야 한다.

6) 사회복지와 연구방법론의 관계

사회복지와 연구방법론의 관계는 여러 측면에서 설명할 수 있다. 첫째, 사회복지는 인간의 욕구를 충족시키고 문제를 해결함으로써 행복을 증진시키려는 사회적 노력이다. 연구방법론은 사회복지의 이와 같은 노력을 체계적이고 과학적으로 수행할 수 있도록 기준과 방향을 제시함으로써 사회복지가 궁극적으로 추구하는 목적을 효과적이고 효율적으로 달성할 수 있도록 해 준다. 연구방법론은 사회복지의 구체적인 실천을 체계적이고 과학적으로 수행하기 위한 준거틀의 역할을 한다.

둘째, 연구방법론은 학문적으로도 사회복지학을 과학화시키는 데 기여한다. 연구방법론에 따라 현상을 체계적으로 분석하고, 기존 이론상의 변수나 또는 새로이 관찰된 변수들 간의 가정된 관계를 경험적으로 검증하여 기존의 이론과 법칙을 기각하거나 강화하거나 새로이 형성함으로써 사회복지를 학문적으로 발전시킨다.

셋째, 연구방법론은 사회복지 현장에서 발생가능한 오류를 방지하는 역할을 수행한다. 오류를 방지할 수 있는 방법과 절차를 제시함으로써 사회복지현장에서 시행착오를 줄이고, 연구목적을 정확하게 달성할 수 있는 실천방법을 고안하는 데 도움이 된다.

넷째, 연구방법론은 사회복지 실천현장에서 문제를 측정하고, 문제 해결을 위한 적합한 개입유형과 적절한 개입시점을 찾아내고, 개입 결과 개입의 효과성을 평가하는 기준이 되는 방법들을 제시하여 줄 뿐만 아니라 사회복지 실천현장에서 사회복지 서비스나 프로그램의 효과성을 높이고 결과적으로 귀중한 인적-물적자원을 효율적으로 사용할 수 있도록 해 준다.

다섯째, 연구방법론은 사회복지가 해결하고자 하는 개인이나 사회가 안고 있는 문제의 원인을 정확하게 발견하고 적절한 해결책을 강구하는 데 기여한다. 잠재적인 개인적-집단적-사회구조적 요인들과 문제간의 관계성을 가설로 설정하고 이를 검증함으로써 문제의 원인과 결과 간의 인과관계(causality)를 설명하고, 밝혀진 인과관계를 토대로 개입프로그램을 개발하고 서비스를 제공함으로써 문제해결의 효과성과 효율성을 제고할 수 있다.

2. 사회조사

1) 조사의 개념

조사(research)란 현상을 파악하거나 문제를 해결하기 위한 방안을 강구하기 위해서, 합리적인 과학적 절차와 타당한 논리적 원칙에 입각하여 기존의 지식을 강화하거나, 기존의 지식에 새로운 내용을 추가하거나, 전혀 새로운 지식을 획득하려는 실천적인 지식탐구활동을 말한다(남세진, 1988: 3-4).

폴랜스키(N. Polansky)는 조사란 기존의 지식에 첨가하려는 의도에서 전달될 수 있고 입증될 수 있는 형식으로 체계적 발전을 하는 것이라고 설명하였다. 그린우드(E. Greenwood)는 조사란 지식탐구를 위한 표준화된 절차의 이용을 의미한다고 한다.

조사란 일종의 지식탐구활동으로 과학적 절차와 논리적 원칙에 따라 수행되며 그 목적은 질문에 대한 해답을 제공하는 것이다. 연구자는 조사활동을 통해서 잘못된 이론을 반증하거나 새로운 증거를 통해서 기존의 이론을 강화하고, 또는 새로운 원리나 일반적인 규칙성을 제시함으로써 새로운 이론을 형성해 나가기도 한다. 조사는 다양한 수준에서 다양한 방법을 통해 수행된다.

조사의 특성 가운데 하나는 공공성이다. 조사는 공공성을 갖고 있기 때문에 개인적인 목적을 달성하는 데 그치는 것이 아니라 보고되고 공개되어야 한다. 만일 조사가 보고되지 않고 공개되지 않았다면 조사는 완전히 수행되었다고 볼 수 없다.

조사는 타인에게 전달되고 검증되어야 하기 때문에 조사과정에서 사용된 개념은 명확하여야 하며, 조사내용이 경험적으로 입증되어야 하고, 다른 사람들이 동일한 조사를 원할 경우에 이를 반복할 수 있어야 한다. 조사는 간주관성을 가져야 한다. 조사를 시작할 때 조사자들의 개인적인 목적이나 동기는 서로 다를 수 있겠지만, 동일한 절차를 통해 조사가 이루어진 경우, 조사가 종료된 이후 그 결과가 동일하여야 한다.

조사는 이미 알려지지 않은 사실들을 발견하기 위한 탐구활동인 동시에 대부분의 경우 표본을 분석하여 모집단의 특성을 추정하기 때문에 항상 오류를 범할 위험에 노출되어 있다. 따라서 조사에는 발생 가능한 오류를 최소화시킬 수 있는 방안들이 강구되어야 한다. 이를 위해서 조사과정이 과학적이어야 하며, 과학적인 조사가 되기 위해서는 연구문제와 가설을 올바로 설정하고, 적합한 조사단계를 거쳐 합당한 표집 및 분석방법이 채택되어야 한다.

2) 사회조사

사회복지조사(social welfare research)는 사회조사의 일환으로 실시된다. 전통적으로 정의하면, 사회조사(social research)는 사회의 여러 측면에 관한 의문을 푸는 데 도움을 주어 사람들이 사회를 이해하는 데 도움을 주는 자료 수집과 관련되어 왔다. 이러한 질문들은 어떻게 하면 사회사업가들이 클라이언트의 욕구를 보다 잘 충족시킬 수 있는가 또는 어떻게 특정 병원에서 의료전문가들 간의 갈등을 줄일 것인가와 같은 매우 세부적이고 특수한 문제와 관련되기도 한다. 반면, 특정 사회과학분야의 이론적 관심사에 대한 해답을 제공하기 위해 사회조사가 수행되기도 한다. 예를 들면, 관료제가 산업국가에서 점차 확대되어 온 이유는 무엇인지, 왜 직업적 전문화가 계속 증가되어 가는지, 또는 어떻게 동료집단구조가 형성되었다가 나중에 해체되는지에 대한 질문에 해답을 주기 위해 사회조사가 실시된다. 따라서 사회과학에서 자료수집기술 사용이 암묵적으로 시사하는 바는, 조사방법이란 목적을 달성하기 위한 수단이라는 것이다. 조사방법은 사회적 해악을 개선하는 데 사회조사를 통해 발견한 것들을 직접 적용함으로써, 그리고 사회과학에서 이론적 이슈를 시험하기 위해 사회조사를 통해 발견한 것들을 사용함으로써, 사회에 유익한 정보를 수집하기 위해 사용된다. 최근에는 발견을 통해서뿐만 아니라, 조사방법 그 자체가 사회에 영향을 미치며 사회과학 이외의 사회영역에서도 점점 더 많이 사용되고 있다. 예를 들면 신문, TV방송망, 그리고 정당이나 공직후보자들에 의해서 조사가 점차 더 많이 사용되고 있다(Bailey, 1987: 4).

사회조사는 과학적 방법으로 수행되어야 한다. 일반적으로 과학적 방법이란 연구하려는 대상을 체계적으로 관찰, 분석, 해석, 일반화하는 접근방법을 말한다. 이를 위하여 과학적 방법은 형식성, 엄격성, 검증가능성, 보편타당성을 지녀야 한다. 과학은 논리와 경험을 특징으로 한다. 이론은 논리적 측면을 다루는 반면 조사는 관찰의 측면을 다룬다. 사회조사가 과학적 방법으로 수행되기 위해서는, 기존의 이론을 기반으로 연구대상에 존재하는 변수 간의 상관관계나 인과관계를 설명하고, 조사를 통해서 실제 이들 관계가 존재하는지를 파악하게 된다.

사회조사(social research)와 유사한 용어들이 종종 등장한다. 사회서베이(social survey)와 서베이조사(survey research)는 경우에 따라 사회조사와 같은 의미 또는 다른 의미로 사용된다.

사회조사(social research)는 사회문제를 실제로 해결하기 위한 실천적 목적 외에도 사회현상 설명 이론을 정립하려는 목적을 가지고 있다. 사회조사는 여러 가지 경험적 사실을 기반으로 개념을 형성하고 이를 경험적으로 측정가능한 변수로 전환한 후, 합당한 논리와 체계적인 방법을 통해 필요한 자료를 수집, 분석, 이를 토대로 변수 간의 상관관계나 인과관계를 검증, 사회적 현상을 설명할 수 있는 지배적 원리를 형성함으로써 기존의 이론을 강화하거나 새로운 이론을 형성하고, 사회적 현상을 요약 정리하며, 사회문제를 해결하기 위한 해답을 제공한다.

사회서베이(social survey)는 문제해결이나 개혁을 위한 실천적 목적을 지닌 조사로서 주로 현지답사적 성격을 지닌 현장조사활동을 의미한다. 사회문제를 해결하고 사회개혁을 의도하는 목적을 지닌 이 조사의 특성은 과학적 방법을 활용하여 사회구성원의 개별적-집단적 욕구(needs)를 사정하고 사회적 문제와 사회구조적 상황을 파악한 후, 욕구 충족, 문제 해결, 구조 개혁을 위한 계획 수립에 필요한 자료를 수집하고 분석하는 것이다.

서베이조사(survey research)란 모집단(population)을 대상으로 추출된 표본(sample)에 대하여 설문지나 조사표(면접조사표나 관찰조사표)와 같은 표준화된 조사도구를 사용하여 직접 질문함으로써 필요한 자료를 수집하는 방법이다. 서베이조사는 모집단 전체를 조사대상으로 하는 전수조사(census)가 아닌 표본조사로서, 질문지나 면접조사표를 이용하지만 실험을 행하지 않는 조사를 의미한다.

사회조사는 조사자가 사람이고 조사대상자가 사람과 사회적 가공물이라는 측면에서 몇 가지 한계가 있다.

첫째, 조사 자체의 제한성이다. 사회조사는 조사된 것 이외의 것에 대해서는 직접 주장할 수 없는 한계가 있다. 설문지나 관찰이나 면접 등과 같은 방법을 통한 사회조사는 인간의 감각기관과 정신능력에 의존하기 때문에 감각기관과 정신능력으로 파악할 수 있는 범위 이외의 것에 대해서는 직접적으로 아무것도 주장할 수 없으며, 조사결과와 일치된 내용에 한해 기존의 이론이나 사실과 관련하여 설명할 수 있다.

둘째, 조사자의 개인적 특성이나 가치의 영향이다. 사회조사는 조사를 계획하고 자료를 수집하여 분석하며 결과를 해석하고 문제해결방안을 강구하는 과정에서, 조사자의 개인적 특성이나 가치가 영향을 미칠 수 있어, 이러한 영향을 완전히 통제하고 오류를 방지할 수 있는 제도적 장치를 마련하는 데에는 한계가 있다.

셋째, 사회조사는 정치적, 경제적, 사회적 요인으로부터 영향을 받는다. 사회조사는 사회의 지배적인 여론, 정치적 통제, 조사비용, 재정적 원조, 표본 획득의 용이성, 문화적인 요인, 조사결과에 따른 이득 등 여러 가지 요인들로부터 영향을 받는다. 이들 요인들은 사회조사의 실시를 용이하게 또는 어렵게 만들 수 있을 뿐 아니라 조사 결과를 수용함에 있어서도 직간접적으로 영향을 미칠 수 있다.

3. 사회복지조사

1) 사회복지조사의 의의

사회복지조사(social welfare research)는 개인의 욕구를 충족시키고 행복을 증진시키며, 사회적 문제를 해결하기 위한 방안을 강구함에 있어 직면하는 문제에 대한 해답을 구하는 데 도움을 주는 자료를 수집하는 지식탐구절차를 말한다. 때로는 사회복지이론과 관련된 이슈의 해답을 구하기 위해 사회복지조사가 수행된다. 사회복지조사는 사회복지의 목적을 수행하기 위한 수단이다.

사회복지조사는 과학적으로 수행되어야 한다. 과학적 조사(scientific research)는 과학적 방법을 거쳐 현상을 분석하고, 기존 이론상의 변수나 또는 새로이 관찰된 변수들 간의 가정된 관계를 경험적으로 검증하여 기존의 이론과 법칙을 강화하거나 새로이 형성하는 과정을 말한다. Kerlinger에 따르면 과학적 조사는 일반현상 가운데서 관계가 있으리라고 생각되는 가설적인 명제들을 체계적, 통계적, 경험적, 비판적으로 탐구하는 활동이다. 과학적 조사가 되기 위해 조사는 논리성, 검증가능성, 반복가능성, 일반성, 기타 과학의 특징을 겸비하여야 한다. 따라서 과학적 조사는 조사자가 조사결과에 대한 확신을 가질 수 있도록 철저히 통제되고 체계적이어야 한다. 이러한 탐구과정은 동일한 통제상황하에서 타인에 의해 조사되어도 동일한 결과가 발생할 수 있도록 객관적이어야 한다. 조사를 처음 시작할 때는 조사자마다 서로 다른 개인적 동기나 감정을 갖고 시작할 수 있겠지만, 조사가 종료된 이후, 이 조사를 다른 사람이 동일한 과정을 따라 반복하게 되면 동일한 결과가 나올 수 있도록 간주관적이어야 한다. 또한 조사는 전달되고 증명될 수 있는 형태로 이루어져야 하기 때문에 용어가 상세히 규정되고, 주장이나 진술은 증거로서 실증되어야 한다.

사회복지조사는 일반적인 조사와 마찬가지로 미지의 세계를 탐사하는 것이기 때문에 오류를 방지할 수 있는 절차를 발전시켜야 한다. 따라서 올바른 질문이나 가설이 중요하며 오류를 방지할 수 있는 절차가 확립되어야 하고 유용한 응답과 기존의 지식에 보탬이 되는 해답을 제공해야 한다.

2) 과학적인 사회복지조사

사회복지는 실천을 강조하는 경험과학이자 응용과학으로 사회과학의 한 분야에 속한다. 사회복지분야에서 복지이론을 체계적으로 발전시키고 실천현장에서 복지사업을 효과적으로 수행하기 위해서는 사회복지를 과학화시켜야 한다.

사회복지 실천과정에서 사회복지전문가는 인간이 지닌 사회문제와 사회적 기능 장애요인들을 개별적 집단적 조직적 지역사회적으로 파악하여 해결을 위한 원조를 제공한다. 이를 위해서 사회복지전문가는 인간체계가 어떻게 기능하고 변화하며, 직면하고 있는 문제는 무엇인지, 개인이나 집단과 환경 간의 불균형에서 발생하는 문제는 무엇이고 개인 또는 집단과 환경 간의 잠재적인 불균형의 영역이 무엇인지, 나아가 개인, 집단, 지역사회 내에 존재하는 잠재능력이 있는지를 규명하는 역할을 수행하게 되는데 이러한 경우에 사회복지 전문가가 사회복지 조사방법을 적절히 활용하게 되면 체계적으로 업무를 수행할 수 있고, 사회복지 실천을 향상시킬 수 있다.

과학적인 사회복지 조사방법은 사회복지 실천현장에서 문제를 측정하고, 문제 해결을 위한 적합한 개입유형과 적절한 개입시점을 찾아내고, 개입 결과 개입의 효과성을 평가하는 기준이 되는 방법들을 제시해 줄 뿐만 아니라 사회복지 실천현장에서 사회복지서비스나 프로그램의 효과성을 제고하고, 결과적으로 귀중한 인적–물적자원을 효율적으로 사용할 수 있도록 해 준다.

과학은 사회복지 실천활동을 위한 기본적인 골격을 제공한다. 과학적인 사회복지 실천은 클라이언트의 문제에 대한 체계적이고 정확한 자료를 수집하고, 이 자료를 근거로 주의 깊은 추리를 함으로써 심층적인 질의를 통해 모순을 해결하려 하며, 필요한 이해를 위해 관련된 조사연구를 활용하는 활동을 하게 된다.

사회복지 전문가가 과학적 실천을 위해 조사방법을 활용하는 사례를 살펴보면 첫째, 사회복지 전문가는 개념에 대한 조작적 정의(operational definition)를 행한다. 사회복지 실천의 주요 요소인 의사소통과 개입의 과정에 있어 관찰되고 측정가능한 경험적 용어를 사용하는 것이다. 둘째, 사회복지 전문가는 개입과정에 있어 먼저 기존의 연구나 이론 또는 경험 등에 입각하여 개입과 관련된 논리적인 가설을 설정하고, 가설의 검증과정을 거침으로써 개입의 효과를 평가하고, 평가 결과를 환류(feedback)하여 개입내용을 강화 또는 수정하거나 새로운 개입방법을 도입한다. 또한 잠재적인 개인적–집단적–사회구조적 요인들과 문제 간의 관계성을 가설로 설정하고 이를 검증함으로써 문제의 원인과 결과 간의 인과성(causality)을 설명하게 된다. 셋째, 사회복지 조사과정에서 밝혀진 인과성을 토대로 문제를 진단하고, 그 과정에서 검증된 기술과 이론을 바탕으로 개입프로그램을 개발하고, 서비스를 제공함으로써 문제해결 대안의 효과성과 효율성을 높일 수 있다.

사회복지조사는 가설의 검증을 통해 경험적으로 입증된 이론을 형성함으로써 사회복지의 다양한 현장에 일반적으로 적용할 수 있는 표준화된 지식을 제공한다. 사회복지조사를 통해서 사회복지 현장에 폭넓게 적용할 수 있는 지식이 산출되고, 산출된 지식은 사회복지 실천방법과 정책형성–집행–평가 과정을 발전시키는 데 기여하게 된다. 사회복지 실천방법과 복지정책기술을 발전시키는 데 직접적으로 기여하기 위해 전략적으로 활용되는 사회복지조사를 개발적 조사(developmental research)라 부른다.[4] 개발적인 사회복지조사는 사회복지조사과정에서 사회복지 실천가들이 사회복지현장에 활용할 실천모델을 검증하고 수정하며 재검증함으로써 기존의 실천모델을 개선하고 새로운 실천모델을 고안할 수 있다.

---

4) 개발적 조사는 협의로는 사회조사와 실천기술의 개발에 국한하나, 복지정책기술을 검증하고 개발하는 데에도 사회조사는 활용될 수 있다.

3) 사회복지조사의 특징

사회복지조사는 다음과 같은 특징을 지닌다. 첫째, 사회복지조사는 응용조사와 순수조사(기초조사)의 양면성을 갖고 있다. 사회복지조사는 주로 응용조사의 특성을 지니나 순수조사(기초조사)의 측면도 있다. 사회복지조사는 사람들의 욕구를 충족시키고 사회문제를 해결하기 위하여 사회복지 정책이나 프로그램 계획 및 수행에 즉각적으로 활용되고 직접 적용될 수 있는 유용한 정보를 산출한다. 따라서 조사를 실시하는 이유나 목적이 순수조사와는 달리 현실 문제 해결을 위한 지식을 산출하는 것이기 때문에 응용조사적 성격을 지니고 있다.

그러나 동시에 사회복지조사는 지적 이해와 지식 그 자체만을 획득하려는 순전히 조사자의 호기심의 충족에 있다. 조사자는 단순히 그의 주변의 세계에 관하여 관심을 가지고 이것을 이해하려는 목적으로, 직접 또는 간접으로 어떠한 이용을 하고자 하는 생각은 없는 것이다. 순수조사는 조사대상에 대한 일반적인 사항에 대한 지식을 얻거나 가설을 설정하기 위한 기초지식을 획득하기 위해 활용된다.

둘째, 사회복지조사는 사회개량적 특징을 갖고 있다. 사회복지조사는 빈민이나 노동자들의 생활향상을 도모하거나, 장애인의 사회재활을 강구하고, 아동의 학대를 방지하며, 노인요양시설을 개선하는 등 사회개량적 성격을 갖고 있다. 또한 빈부격차를 해소하기 위해 사회구조를 재구성하거나 효과적인 복지서비스전달체계를 구축하기 위한 지식을 얻기 위해 사회복지조사가 행해진다. 초기 사회복지 조사자들도 사회개량을 위해 조사활동을 실시하였다. Le Play의 조사는 노동자계층의 생활을 개선함에, Booth와 Rowntree는 빈곤선을 계측하고 빈곤문제를 해결하기 위한 대책 수립에, Dix는 정신질환자에 대한 처우를 개선하는 데 기여하였다.

셋째, 사회복지조사는 계획적인 특징이 있다. 사회복지조사는 사회복지프로그램이나 정책을 계획할 때 누가 어떤 서비스를 어디에서 필요로 하는지 정확히 파악할 필요가 있다. 사회복지조사의 하나인 욕구조사(needs assessment)는 복지수급대상자의 욕구의 종류와 수준을 파악함으로써 수급대상자들이 필요로 하는 프로그램이나 정책대안을 식별하고, 우선순위를 정하는 데 필요한 정보를 제공하며, 프로그램이나 정책대안을 실시하는 데 필요한 예산을 할당하는 기준을 제공하고, 기존 프로그램의 효과성과 효율성을 평가하는 기초자료를 제공함으로써 사회복지서비스를 계획적으로 제공할 수 있도록 해 준다.

넷째, 사회복지조사는 평가적 특징을 갖고 있다. 사회복지조사는 사회복지프로그램이나 정책의 효과성을 평가하기 위한 도구로 활용된다. 사회복지조사는 사회복지 서비스가 본래 의도한 목적을 어느 정도 달성하였으며 얼마나 효과가 있었는지를 평가하는 방법을 제공한다.

평가를 함에 있어 표적집단에 대한 개입이 제3의 변수에 의한 결과인지 여부, 즉 매개변수관계(intervening variable relation)인지 가식적 관계(spurious relation)인지 여부를 조사하여야 한다. 이와 같이 사회복지 프로그램이나 정책대안의 개입적 효과를 평가하는 조사를 평가조사(evaluation research)라 부른다.

다섯째, 사회복지조사는 시험적 특징을 갖고 있다. 사회복지조사는 사회복지프로그램이나 정책대안들 자체에 대한 체계적인 연구를 통해 이들 프로그램이나 대안들의 내용이 정확한지 여부를 시험해야 한다. 또한 사회복지조사를 통해서 이들 프로그램이나 대안이 다른 프로그램이나 대안들과 어떠한 상호작용(interaction)을 하고 있으며 이들과의 상관관계(correlation)는 어떠한지를 직간접적으로 시험할 수 있다.

여섯째, 사회복지조사는 과학적 특징을 갖고 있다. 사회복지조사는 사회복지에 관한 사실, 원칙, 현상, 경향 등을 체계적으로 분석하고, 실험을 통해 내용상 진실 여부를 증명하는 특징을 갖고 있다. 특히 사회복지와 관련된 실태를 정확히 파악하여 이를 계량화함으로써 객관적이고 통계적으로 검증할 수 있는 과학적인 연구를 지향하고 있다. 또한 실험을 통한 사회복지조사의 임상적 기법은 프로그램이나 대안들의 개입효과를 과학적으로 측정하는 데 기여하고 있다.

4) 사회복지조사의 유용성

사회복지조사는 과학적인 과정을 통해서 인간의 욕구를 충족시키고 사회문제를 해결하기 위해 질문에 대한 해답을 찾는 것으로, 수집된 정보가 타당성과 신뢰성이 있으며 편견이나 선입견(bias)이 없다면 사회적 복리를 향상시키고 사회문제를 해결하며 프로그램을 평가하는 데 의미 있는 기여를 할 수 있다(남세진 & 최성재, 1988: 8–14).

첫째, 사회복지조사는 사회복지를 과학화시키는 데 도움을 준다. 사회복지는 실천을 강조하는 경험과학이자 응용과학으로 사회과학의 한 분야에 속한다. 조사방법이 사회과학에서 획기적 발전을 이룩하였지만 사회복지는 그 실천을 위한 경험적 기초를 완성하지 못하고 있다. 그 이유는 사회복지가 학문적 성격상 순수과학이라기 보다는 응용과학(applied science)이고 종합학문적이며(multi-disciplinary) 동시에 학제적인(inter-disciplinary) 특징을 갖고 있기 때문이다. 사회복지는 성격상 관련 학문의 연구결과를 적극 활용해야 하기 때문에 연구결과가 단편적이고 상반되며 비현실적으로 나타나 실천을 위한 과학적 기초를 구성하는 데 한계를 드러내곤 하였다. 따라서 보다 적절한 지식과 이론 그리고 보다 효과적인 실천을 발전시키기 위해 과학화를 도모해야 한다. 사회복지를 과학화시키는 방법으로 체계적 조사방법이 활용된다. 복지수급대상자들의 개인적 정보나 복지 관련 사례들을 수집하고 관찰된 내용을 분류 · 분석하며 이에 근거하여 추론하고 이론이나 가설을 입증한다.

둘째, 사회복지 조사방법은 과학적 실천을 가능하게 해준다. 사회복지 전문가들은 사회복지의 과학적 실천활동에 대한 체계적 지식을 수집하기 위한 수단으로 조사방법을 활용한다. 사회복지 조사방법을 활용함으로써 사회복지 실천가는 클라이언트의 문제에 대한 체계적이고 정확한 자료를 수집하고, 이 자료를 근거로 주의 깊은 추리를 하여 보다 심층적인 질의를 통해 모순을 해결하려고 하며, 필요한 이해를 위해 관련된 조사연구를 활용하는 활동을 하게 된다.

사회복지사는 개입표적과 과정을 서술함에 있어서 관찰되고 측정될 수 있는 경험적 언어를 사용한다. 사회복지사는 논리적으로 구성된 실천모델을 이용한다. 프로그램을 수행함에 있어서 가설을 설정하고 개입과 개입 이후의 결과적 변화를 평가함으로써 가설적 연관성을 증명할 수 있을 뿐 아니라 프로그램 그 자체의 실효성을 검증할 수 있다. 사회복지사는 조사방법을 현장의 실천활동에 통합적으로 활용한다. 사회복지 전문가는 조사방법에 기초한 지식과 기술을 활용하고 과학적 합리성을 추구하며, 개입대상을 찾고 개입결과에 대한 직접적 평가를 하기 위해서 조사도구를 사용한다.

셋째, 사회복지조사는 사회복지 이론과 기술체계를 구축하는 데 유용하다. 이론은 현상을 설명하고 예측할 목적으로 변수 간의 관계를 구체화시키는 과정을 통해 현상에 대한 체계적인 견해를 제시하는 일련의 상호관련된 개념, 정의 및 명제이다. 사회복지조사는 경험적 증거를 제공함으로써 지식체계를 구축하고 일반화시키며, 이를 통해 간접적으로 사회복지 실천기술을 구축하는 데에 기여한다. 즉 조사가 지식을 산출하고 지식은 실천방법을 발전시키는 지침으로 활용된다. 그러나 조사가 개입방법의 검증, 수정, 재검증이라는 계속적 과정을 통해서, 즉 조사와 기술 사이의 직접적 연관성을 통해서 사회사업기술을 발전시킴에 활용될 수 있다. 이 전략을 개발적 조사(developmental research)라 부른다. 이 조사는 실천모델을 고안하고 구축하기 위해 설계되는 것으로서 실천에 활용되는 절차를 서술하는 형식을 갖춘다. 조사와 동시에 실천을 담당하는 기능을 가진 사람에 의해서 그들 자신의 실천모델을 개발하는 데 활용된다.

5) 사회복지조사의 한계

사회복지조사는 인간의 욕구를 충족시키고 사회문제를 해결하며 사회복지 관련 이론과 기술을 개발하는 데 의미 있게 기여하지만 몇 가지 제한점도 지니고 있다.

첫째, 경험적 인식의 제한성이다. 사회복지조사는 다양한 방법을 통해 이루어지지만 조사는 경험적으로 인식된 내용만을 포함한다. 그러나 인간이 경험적으로 인식할 수 있는 대상과 범위는 제한되어 있다. 또한 조사자에 따라서 동일한 사건이나 현상을 다르게 인식하는 경우도 있다. 이러한 인간의 한계는 사회복지조사의 한계를 의미한다.

둘째, 시간적 제한성이다. 사회복지조사는 일정한 기간 동안 조사가 수행된다. 제한된 일정 기간 내에 조사될 수 있는 내용은 양적으로도 제한될 수밖에 없다. 또한 조사상 필요한 내용이 조사기간 동안에는 발생하지 않고 조사가 종료된 이후에 발생할 가능성도 있다. 조사기간을 무한정으로 연장할 수도 있겠으나 이는 상당하는 대가를 요구한다.

셋째, 지리적 제한성이다. 조사는 일정한 제한된 지역 내에서 행해진다. 인구센서스와 같이 전국에 걸쳐 행해지는 전수조사도 있지만 대부분 제한된 지역 내지 공간 안에서 이루어진다.

제한된 지역 내지 공간에서 얻어진 정보가 전체를 얼마나 대표할 수 있느냐 하는 대표성의 문제가 표집과정에서 대두하게 된다. 그러므로 부분이 전체를 대표할 수 있도록 다양한 표집방법들이 개발된다. 인터넷 조사나 전화나 팩스조사는 지리적 한계를 벗어날 수 있으나 이들 매체에 접근할 수 있는 대상에 조사가 한정된다는 한계를 갖고 있다.

넷째, 비용적 제한성이다. 사회복지조사가 자원봉사자들을 통해 이루어지기도 하지만 전문조사원을 통해 이루어질 경우 상당한 조사비용을 지불하여야 한다. 사회복지조사는 할당된 예산 범위 내에서 조사를 수행해야 한다. 조사대상의 확대나 조사기간의 연장 및 새로운 조사기법의 도입은 추가 비용을 수반한다.

다섯째, 조사자 개인의 가치와 선호의 차이로 인한 제한이다. 사회복지학은 가치중립적이라기보다는 가치개입적 학문이다. 따라서 사회복지 조사자들도 조사자의 개인적 가치가 조사과정에 영향을 미칠 가능성이 있다. 또한 개인적 선호, 감정, 열망 등이 조사문제의 선정이나 조사방법의 선택에 영향을 미칠 수 있다. 이들 개인적 가치나 선호의 차이는 조사결과를 분석하고 해석하는 과정에도 영향을 미칠 가능성이 있다.

여섯째, 사회적 요인에 따른 제한이다. 조사는 여러 가지로 사회로부터 영향을 받는다. 우선권이 주어지는 문제, 재정적 후원이 쉬운 주제, 조사의 결과가 제공하는 여러 가지 반대급부 등은 그 사회의 가치를 반영한다. 조사의 결과는 논리적 타당성이나 합리적 이유 때문만이 아니라 당시의 지배적 사상과 이념 때문에 수용되기도 하고 거부되기도 한다.

6) 사회조사의 일반적 단계와 순환성—반복성

사회조사는 일정한 단계를 거쳐 수행된다. 사회조사의 일반적 과정과 조사단계에서 나타나는 순환성과 반복성의 의미를 설명한다(Bailey, 1987: 10−18).

(1) 조사의 일반적 과정

사회복지조사는 다양한 접근방법이 존재하지만, 사회에 대한 이해를 촉진시키려는 공통된 목적을 공유함으로써 어떤 기본적 단계를 지닌다. 모든 연구프로젝트는 비록 이들 조사단계의 특수한 세부사항에는 약간의 차이가 있지만, 반드시 가설로서 진술될 수 있는 명백히 언급된 연구문제나 목적을 가져야 한다. 그 밖에 각 프로젝트는 자료가 어떻게 수집되고 분석될 것인가에 대하여 언급하는 조사설계를 지녀야 한다. 더욱이 각 프로젝트는 자료수집, 자료분석, 자료해석을 필요로 한다. 이들 단계는 다음과 같다.

① 조사문제를 선택하고 가설을 설정한다.

② 조사설계를 형성한다.

③ 자료를 수집한다.

④ 자료를 코딩하고 분석한다.

⑤ 가설을 검증하기 위하여 결과를 해석한다.

이들 단계의 각각은 서로 다른 단계에 의존하고 있다. 세 번째 단계인 자료를 수집하기 전에 네 번째 단계인 자료분석을 할 수 없음은 명백하다. 그러나 주제에 대한 지식이 없어 자료를 어떻게 분석할 것인가에 대해 잘 모르는 연구자는 그들 자신이 적절한 가설을 형성할 수 없다고 단정적으로 말하기는 어렵다. 연구자는 그들이 이전의 선행조건을 수행할 수 있기 전에 다음 단계에 대한 적절한 지식을 가질 필요가 있다. 연구자는 이전 단계의 하나를 부적절하게 수행함으로써, 예를 들면 검증할 수 없는 가설을 작성하거나 부적절한 표본을 확보함으로써, 조사에 돌이킬 수 없는 해를 끼칠 수 있다. 그리고 연구는 상호의존적으로 관련된 단계의 체계이다.

각각의 단계는 서로서로에게 의존되어 있고, 전체 조사과정은 매우 순환적이다. 만일 그 가설이 기각된다면, 조사자는 반드시 조사를 수정해서 다시 시작해야 한다. 심지어는 그 가설이 기각되지 않았을지라도 조사자는 종종 그 발견이 정확하다는 것을 확실히 하기 위해서 그 조사를 반복하기를 원한다.

(2) 순환성(circularity)

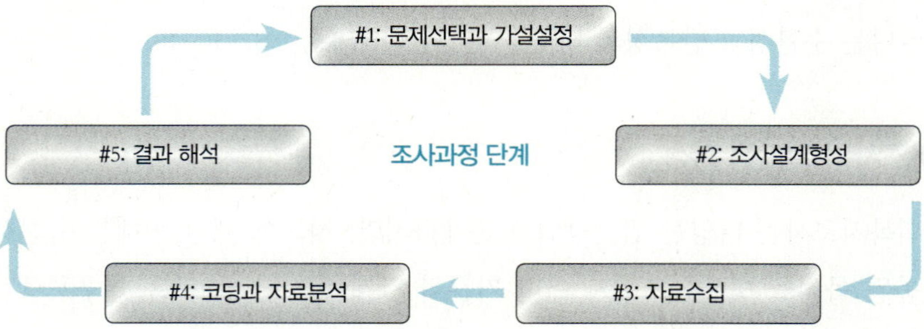

조사절차는 위와 같이 하나의 원(circle) 형태, 즉 순환과정으로서 설명될 때 가장 잘 이해될 수 있다. 사람들은 보통 특정 프로젝트를 위해 그림상의 1단계로 들어간다. 그러나 조사자는 일반적으로 가설을 형성하는 데 있어 과거의 연구를 이용할 수 있다. 조사자가 5단계를 마친 후 조사자는 종료할 수 있다. 그러나 조사절차 그 자체는 이 단계에서 완료되는 것은 아니다. 만일 조사가 성공적이지 않거나 또는 단지 부분적으로 성공적이라면(즉 만일 그 자료가 가설을 지지하지 못하거나 단지 부분적으로 지지한다면), 그 조사자는 반드시 조사의 이전 단계로 돌아가야 한다. 종종 자료의 분석(5단계)은 조사자에게 가설(1단계)을 수정하기 위한 유용한 지식을 제공한다. 조사자는 가설을 수정하고 전과 똑같은 방식으로(2-5단계) 가설을 검증하고자 할지도 모른다. 또는 가설이 적절하다고 결정하고 그것을 증명하지 못하는 것은 아마도 다른 단계에서의 잘못 때문이라고 결정할지도 모른다. 즉 부적절한 표본설계(2단계), 질문지나 다른 자료수집도구에 있어서의 주요 개념에 대한 부적절한 측정(3단계), 또는 부적절한 자료분석방법(4단계) 등과 같은 잘못으로 생각할 수 있는 것이다. 이러한 경우 조사자는 잘못된 단계 이전에 수행된 작업을 구해낼 수 있지만, 잘못된 단계에서 시작해 모든 단계를 반드시 반복해야 한다.

(3) 반복성(Replication)

만일 조사가 성공적이고 5단계의 발견이 1단계의 가설을 입증하였다 할지라도, 그 발견이 뜻하지 않은 사건이거나 우연의 일치가 아니라는 것을 보여주기 위해 그 연구를 반복해보는 것은 종종 권장할 만한 일이다. 만일 그 조사가, 특히 다른 표본을 가지고 정확히 반복된다면, 발견한 내용을 두 번째 확인한 것은 그 가설을 기각할 수 없다는 주장을 더욱 지지하게 된다. 이 같은 조사의 정확한 반복을 반복성(replication)이라 부른다.

조사자는 자신이나 다른 사람들에 의해 그 조사가 반복될 수 있도록 자신의 조사를 설계하는 것이 중요하다. 만일 그렇게 하지 않는다면, 그 발견은 다른 사람들이 그 조사의 반복을 통해 발견을 검토할 수 있는 경우만큼의 설득력을 지니지 못할 것이다.

그러나 조사를 잠재적으로 반복 가능하게 만드는 것이 중요함에도 불구하고, 실제로 극소수의 조사만이 반복된다. 이는 나중에 조사하는 사람이 조사에서 일종의 결함을 발견하여 이를 개선하려 할지 모르기 때문이다. 조사자가 조사를 반복하지 못하는 주요한 이유는 자금의 부족이다. 일부 사회학자들은 조사가 한두 번 이루어진 후 그 조사를 '낡은 모자(old hat)'로 간주하고 새롭고 이전에 연구되지 않은 분야에서 조사를 수행하길 선호할지도 모른다. 조사를 엄격히 반복하기보다는 일부 수정을 해서 본질적인 요소 내에서 조사가 반복되는 것이 더 일반적이다. 그럼에도 불구하고 기본적인 논점은, 조사는 끊임없이 순환되는 것(a never ending cycle)이라는 것이다. 우리는 모든 발견이 향후 조사과정에서 잘못된 것으로 판명될지 모른다는 사실을 알기 때문에, 모든 발견을 임시적으로 받아들인다.

7) 사회복지조사의 과학적 수행 과정

과학적인 사회복지 조사의 과정(research process)은 문제의 유형, 조사 종류에 따라 조금씩 차이가 나지만 일반적으로 문제의 형성 → 가설구성 → 조사설계 → 자료의 수집 → 자료의 분석 → 보고서 작성이라는 6개 부분으로 구성된다. 그러나 이러한 과정은 모든 조사들이 조사가 계획되어 완성될 때까지 반드시 거쳐야 하는 과정은 아니고 조사의 목적과 성격에 따라 달라질 수 있다. 이러한 조사과정은 넓은 의미의 조사설계이다. 예를 들어 국민들의 복지권(welfare right) 의식을 알아보려는 경우에는 간단한 절차를 거쳐도 좋을 것이다. 반면 청소년 비행문제를 연구할 때는 과학적 조사과정에 따라 조사를 실시하여야 편견이나 오류를 줄일 수 있다. 사회복지조사는 대부분 개인이나 집단 또는 사회의 문제를 해결하기 위한 응용조사이기 때문에 문제해결을 위해서는 가능한 한 과학적인 조사과정에 따라 조사가 이루어져야 한다. 이들 조사과정은 각각 서로 분리되어 있는 것이 아니라 논리적으로 상호 간에 밀접하게 연관되어 있다(이해동, 1982: 90–93; 황성동, 2006: 49–63). 사회복지조사의 과정은 항상 순차적으로 이루어지는 것은 아니며, 어느 단계를 거치지 않고 이루어지는 경우도 있다. 각각의 조사과정에 대한 구체적인 내용은 해당 분야에서 설명하기로 하고 여기서는 전체적인 윤곽을 파악하기로 한다.

(1) 조사문제의 형성

문제의 형성(formulation of problems)이란 전체적인 조사의 방향을 설정하기 위한 과정이다. 사회복지조사에서 문제의 형성이란 조사자가 개인적, 집단적, 사회적 문제들을 해결하기 위한 지식을 얻기 위해, 조사에서 취급하려는 주제, 조사의 목적 및 실천적–이론적 중요성 등을 파악하고 이를 체계적으로 정립하는 과정이다. 문제를 보다 명확히 설정하고 문제해결을 효과적으로 하기 위해서는 조사를 통해 해결하려는 문제와 그러한 문제를 초래한 배경적 상황이나 환경적인 요인들에 대한 분석이 병행되어야 한다. 이를 위해서는 기존의 관련 통계자료나 출간된 문헌 조사, 전문가의 의견 조사, 특정 사례 연구, 기타 탐색적 예비조사를 실시할 수 있다.

문제형성과정은 주제선정과 문제형성으로 나누어진다. 주제를 선정하고 문제를 형성하는 것이 간단히 이루어질 수도 있지만 경우에 따라서는 조사과정상에서 수정되고 재구성되기도 한다.

〈 과학적 사회복지조사과정 〉

문제의 형성 ➡ 가설형성 ➡ 조사설계 ➡ 자료의 수집 ➡ 자료의 분석 ➡ 보고서 작성

① 주제선정

주제선정은 문제를 찾는 과정으로서 문제를 의식하는 데서 시작하여 특정 사람이나 사물 또는 현상이 실제 존재하는지를 확인하는 과정이다. 조사의 주제는 연구자의 개인적인 특성과 사회적 요인, 그리고 기존의 이론들에 의해 영향을 받는다. 조사주제는 종종 연구자의 개인적인 관심, 경험, 흥미, 가치관 등에 의해 선정되기도 하며, 때로는 연구자가 주로 접촉하고 있는 대상들과 관련하여 선정되기도 한다. 조사주제는 사회문제, 사회현상, 사회여론, 의뢰자, 기타 사회적 이슈에 의해 선정되기도 한다. 사회복지조사의 주된 목적 가운데 하나가 사회문제의 해결이기 때문에 사회적 요인들은 조사주제가 선정되는 주된 근원이 된다. 의뢰조사인 경우 조사의 주제는 연구자가 아닌 의뢰자로부터 선정되기도 한다.

조사의 주제는 기존의 이론이나 연구결과에서 선정되기도 한다. 이론은 특정 상황에 대한 보다 깊은 이해와 관심을 고조시키며 사고를 체계적으로 하도록 하여 연구자로 하여금 조사의 주제로 삼게 한다. 때로는 기존의 이론이 실제적인 문제 상황과 일치하지 않거나 기존 이론과 상충되는 새로운 이론이 등장할 때, 관련 내용이 주제로 선정되기도 한다. 이론은 보다 의식적 이해를 가지고 행동하도록 도움을 주며 사고를 조직하고 확대하여 기존지식에 맞춘 행동을 할 수 있는 능력을 향상시키는 데 활용된다.

② 문제의 형성

문제를 형성한다는 것은 선정된 주제와 관련하여 연구대상의 문제를 보다 구체적이고 분명하고 체계적으로 표현하여, 앞으로 그 문제가 실제 가설로 발전하여 과학

적 검증을 할 수 있도록 체계화하는 과정이다.

조사문제는 연구목적상의 문제에 대한 해답을 도출해 낼 수 있는 질문이 되어야 한다. 가장 좋은 질문은 조사를 통해 수집된 자료에 의해 그 해답이 나올 수 있는 경우이다. 조사문제가 어떻게 형성되느냐에 따라 연구목적상 해결하고자 하는 문제는 직접적으로 영향을 받는다. 만일 조사문제가 명확하고 구체적으로 설정된다면, 무엇을 해결해야 할 것인가라는 문제해결의 대상이 뚜렷하게 되어 문제해결을 위해 필요한 지식이 무엇인가를 결정하는 데 많은 도움을 주게 되고, 문제해결과 직접 관련된 해결책이 강구됨으로써 조사의 근본 목적을 달성할 수 있게 된다.

조사문제를 설정함에 있어 이론은 정확하고 체계적인 질문을 하기 위한 지침이 될 수 있다. 이론은 문제와 관련된 배경적 상황, 문제해결의 근본 목적 및 중요성, 다른 문제와의 관련성, 문제해결과정에 영향을 미치는 사회적 환경적 요인들, 효과적인 문제해결을 위한 개입방법 등을 파악하고 관련된 문제를 여러 측면에서 이해하는 데 도움을 주어, 조사문제를 구체적으로 세분화시키는 데 체계적이고 타당한 기준을 마련하여 준다.

(2) 가설의 형성

가설의 형성(hypothesis formation)이란 선정된 조사문제를 조사가능하고 실증적으로 검증 가능하도록 구체화하는 과정이다. 가설이란 연구를 통해 검증하고자 하는 현상의 사실이나 변수 간에 어떠한 관계가 있음을 가정적으로 진술한 것이다. 이러한 가설이 조사를 통해 얻은 자료를 기반으로 실증적으로 검증되면 이론이 된다. 가설은 기존의 이론이나 연구로부터 도출되기도 하고, 경험적 사실이나 현상에 대한 관찰에서 도출되기도 한다.

가설은 향후 현장에서 실제적으로 조사가 어떠한 방향으로 전개되어야 하며, 구체적인 조사대상은 무엇이고, 어떠한 표본수집방법과 어떠한 검증방법을 사용해야 할 것인지 등을 실제적으로 제시해주고, 선정된 조사문제에 대한 구체적인 해답을 가정하는 역할을 수행한다. 이러한 잠정적인 해답이 실제로 옳은지에 대한 판단은 가설을 형성하는 과정에서는 할 수 없고, 자료의 수집과 이를 분석한 결과를 가지고 실제적인 판단을 하게 된다.

가설을 정립함에 필수적으로 유념해야 할 것은 가설이 선정된 조사문제와 일관성을 유지해야 하며, 조사문제에서 제시한 질문에 대한 해답을 구체적으로 제시할 수 있어야 하고, 이를 위해서 조사문제에서 사용된 추상적인 개념들을 경험적으로 측정 가능한 용어로 전환하는 조작적 정의가 이루어져야 한다는 점이다. 조작적 정의는 추상적인 것을 유형적 내지 경험적인 것으로 전환함으로써 이론적 개념을 특정한 지표로 연결시키는 절차이다.

가설은 세부적이고 경험적이어야 한다. 형성된 가설이 지나치게 포괄적이거나 추상적이면 문제해결을 위해 정확한 해답을 제공해줄 수 없을 뿐 아니라 실제 조사과정에서 혼란을 초래하게 되고 이러한 과정에서 많은 시간과 비용을 낭비하게 된다. 따라서 가설은 가능한 한 연구목적과 조사문제와 일관성을 유지하면서도 가능한 한 세분화시켜 가설의 참-거짓 여부를 실제적으로 검증함으로써 문제에 대한 구체적이고 현실성 있는 해답을 제공할 수 있어야 한다.

가설에 포함된 변수 간의 관계는 명확히 구성되고, 내용상 중복되지 않아야 하며, 조사대상인 모집단이 분명하고, 시간적으로나 지역적으로 특정화되어야 한다. 무엇보다 가설은 현실적으로 연구가능해야 한다.

(3) 조사설계

조사설계(research design)는 조사연구를 효과적, 효율적, 객관적으로 수행하기 위한 논리적 전략을 말한다. 광의의 조사설계란 연구의 주제를 선정하고, 조사문제를 설정한 후, 구체적인 조사설계를 행하고, 이에 따라 자료를 수집, 분석, 보고하고, 또한 분석 결과를 환류(feedback)함으로써 보다 향상된 조사를 위해 활용하는 전반적인 전략이나 계획을 의미한다. 반면 협의의 조사설계는 조사자가 연구문제를 선정하고 가설을 설정한 이후에 필요한 절차를 계획하는 것이다. 즉 설정된 가설을 검증하기 위하여 자료를 수집하고, 수집된 자료를 분석, 해석하는 전반적인 과정을 계획하고 통제하기 위한 구조이자 전략을 말한다. 즉 자료수집-분석에 관한 계획과 전략을 수립하는 것이다. 협의의 조사설계는 조사자가 자료를 수집하고 분석하고 보고하는 과정에서 조사자가 구체적으로 무엇을 수행해야 할 것인가를 알려주며, 조사자가 어떠한 모집단이나 표본을 대상으로 어떻게 표본을 수집할 것이고, 수집할 조사내용이 무엇인가, 그리고 가설을 검증하기 위하여 실험을 할 것인가 하지 말 것인가, 어떠한 변수들을 선택해서 어떻게 이들을 논리적으로 연결시켜 이론으로 발전시킬 것인가, 실험효과는 어떻게 측정할 것인가, 조사결과는 어떻게 체계적으로 보고할 것인가 등에 관해 기본적인 설계를 하는 것이다.

조사설계는 논리적으로 타당하고 질서정연하여야 한다. 논리가 타당하지 못한 설계는 자료수집과 분석과정의 절차를 잘못되게 만들어 비용적으로나 시간적으로 많은 낭비를 가져올 뿐만 아니라, 문제에 대한 정확한 해답을 제공하지 못한다. 일반적으로 통용되고 있는 것은 연역적 논리와 귀납적 논리이다.

연역적 논리는 어떤 이론을 가지고 구체적인 관찰에 의하여 그것을 검토해 보는 이론적 검증의 방식을 취한다. 연역적 논리과정을 살펴보면 다음과 같다.

> 기존의 이론을 발견 ➡ 가설이나 경험적 진술을 도출 ➡ 경험적 연구 ➡ 연구결과와 가설 또는 경험적 진술을 비교 ─┬─ 경험적 진술을 비교 ➡ 새로운 가설도출 · 검증
> └─ 일치 안 되면 새로운 가설을 설정하거나 이론을 탐색

반면 귀납적 논리는 관찰된 자료를 가지고 단계적으로 추상하여 이론을 형성해 가는 과정을 말한다. 귀납적 논리과정을 살펴보면 다음과 같다.

> 특정 현상의 속성을 열거 ➡ 여러 상황에서 그 속성을 관찰 및 측정 ➡ 자료들을 분석하여 규칙성이나 일치성 발견 ➡ 발견된 규칙성과 일치성을 공식화하여 이론을 형성

광의의 조사설계는 조사의 주제와 문제설정, 분석단위, 표본수집전략, 자료의 측정, 자료의 수준(탐색적-기술적-인과적 설명), 결과분석과 해석, 보고서 작성과 발표 등으로 구성된다. 이들에 관한 구체적인 내용은 해당 분야에서 설명되고 있다.

(4) 자료의 수집

자료의 수집(data collection)은 관찰, 면접, 질문지 등 여러 방법을 통해 이루어진다. 과학적 조사자료는 크게 1차 자료와 2차 자료로 구분된다. 1차 자료는 조사자가 조사를 시행하는 가운데 직접 수집하여야 할 자료이다. 2차 자료는 조사를 수행하고 있는 조사자가 아닌 다른 주체에 의해서 이미 수집된 자료이다. 2차 자료는 손쉽고 저렴하게 획득할 수 있으므로 2차 자료를 효과적으로 획득하여 이용하는 것이 조사의 성공

여부에 중요한 변수로 작용한다. 일반적으로 2차 자료는 연구기관이나 공공기관 등 여러 원천으로부터 구하게 된다. 2차 자료만으로 문제해결이 불가능한 경우가 많으므로 특정조사의 목적을 위해 1차 자료를 수집하게 된다. 1차 자료의 수집은 일반적으로 직접적인 방법과 간접적인 방법으로 구분된다. 직접적인 방법은 조사대상자에게 직접 질문을 하여 얻어 내는 방법이다. 이는 자료수집을 위한 수단에 따라 면접을 통한 방법, 전화를 이용하는 방법, 우편을 이용하는 방법 등 3가지 방법으로 나뉘나 어느 경우나 조사대상자로부터 협조와 승낙이 선행되어야만 한다. 간접적인 방법은 관찰에 의한 방법을 포함하여 흔적조사법, 내용분석법 등의 방법이 있다.

자료의 수집은 일반적으로 다음과 같은 단계를 거친다.

> 자료유형 결정 ➡ 자료수집방법 결정 ➡ 설문지 작성 ➡ 구체적 조사대상자 선정 ➡ 표본 선정 ➡ 표본추출방법 결정 ➡ 조사원과 책임자 선발 ➡ 실제조사 실시(실사과정)

(5) 자료 분석-해석

자료 분석(data analysis)은 수집된 자료의 편집과 코딩과정이 끝난 뒤에 통상적으로 통계기법을 이용해 이루어진다. 자료의 편집은 조사설계에 따른 분석을 행하기 위해 완전하고 일관성 있는 자료를 확보하기 위한 작업이다. 이 과정에서는 주로 자료의 정정, 보완, 삭제 등이 이루어진다. 코딩(coding)은 자료의 분석을 용이하게 하기 위해서 관찰된 내용에 일정한 숫자를 부여하는 과정이다. 통계적 분석방법은 그에 맞는 자료의 형태를 갖추어야 하므로 조사설계를 계획할 때부터 수집할 자료의 성격과 분석방법을 일관성 있게 결정하여야 한다.

수집된 자료에 대한 분석이 이루어진 후 결과에 대한 의미 있는 해석이 이루어져야 한다. 분석자의 통계기법에 대한 이해의 차이나 분석관점의 차이에 의해 결과가 달라질 수 있으므로 분석자의 통계기법과 사회과학의 각 분야에 대한 명확한 이해가 선행되어야 한다.

(6) 보고서 작성

조사가 이루어진 후 그 결과를 연구분야 내의 어떤 동일한 현상이나 조건에나 적용시킬 수 있도록, 이를 경험적으로 일반화하고 일정한 형식으로 기술하여 타인에게 전달하기 위한 보고서를 작성하게 된다.

조사보고서는 조사결과와 결론을 연구의 주체에게 그들의 연구목적에 도움이 되도록 문장이나 도표로 정리해 놓는 것이다. 주의해야 할 사항은 연구의 주체(정보이용자)와 조사담당자 사이의 의사소통이 원활히 이루어져야 한다는 점이다. 조사내용과 결과가 아무리 좋아도 실제로 정보의 이용자가 이를 이해하지 못한다면 아무런 효과가 없으므로 보고서의 작성은 이용자의 이해도와 조사에 관한 지식의 정도에 맞추어 작성되어야 한다.

8) 사회복지조사의 윤리

사회복지조사 실시에는 윤리성이 요구된다. 이러한 조사윤리를 '한국사회조사연구학회의 조사윤리강령'을 토대로 사회복지조사에 적합하게 재구성하면 다음과 같다(사회조사연구학회, 2000: 1-3; Rubin & Babbie, 1993: 64-64).

미국사회사업가협회(National Association of Social Workers: NASW)의 윤리강령 가운데 사회조사와 관련된 부분을 소개하면 다음과 같다. 첫째, 연구와 조사에 관계하는 사회사업가는 학문적 탐구규약을 따라야 한다. 첫째, 사회연구에 관여하는 사회사업가는 인간에게 나타날 수 있는 가능한 결과들을 주의 깊게 고려해야 한다. 둘째, 조사에 관계하는 사회사업가는 참여를 거부하면 벌을 받거나 암묵적 불이익 없이 그리고 참여자의 프라이버시와 존엄성을 적절히 존중해가면서, 조사에 참여하는 사람의 동의가 자발적이라는 것과 주지되었다는 것을 확신할 수 있어야 한다. 셋째, 조사에 관계하는 사회사업가는 부당한 신체적 정신적 불안, 긴장, 피해, 위험 또는 박탈로부터 보호해야 한다. 넷째, 서비스나 사례를 평가하는 사회사업가는 오로지 전문적 목적을 위해, 오로지 그와 직접적으로 그리고 전문적으로 관련된 사람들과만 논의를 해야 한다. 다섯째, 조사과정에서 참여자들에 관해서 얻은 정보는 비밀스럽게 다루어야 한다.

우리나라의 사회조사연구학회에 따르면, 사회복지조사는 사회복지조사의 과학성을 제고하고 건전한 여론 형성에 기여하기 위하여 조사수행 시 그리고 조사결과 발표 시 조사윤리를 필요로 한다. 사회복지조사 윤리는 조사자의 윤리적 의무를 규정하고, 조사연구의 윤리적 요소에 대한 일반인의 이해를 고취함을 목적으로 한다. 조사자는 조사과제 수행에서, 그리고 조사의뢰자 및 일반인과의 관계에서 높은 수준의 전문성과 정직성을 유지한다. 또한 조사자는 조사윤리에 어긋나는 일체의 작업이나 조사과제를 거부해야 한다.

사회복지조사를 수행할 때 준수하여야 할 원칙은 다음과 같다.

첫째, 조사자는 조사결과의 정확성을 확보하기 위하여 모든 합리적인 단계를 밟으면서 자료수집과 처리에 세심한 주의를 기울인다.

둘째, 조사자는 연구설계와 자료분석에 세심한 주의를 기울인다. 구체적으로, 조사자는 연구과제에 적합한 조사기법과 분석방법을 사용한다. 조사자는 조사결과를 왜곡하는 조사기법과 분석방법을 선택하지 않는다. 조사자는 자료에 어긋나게 조사결과를 해석하지 않으며, 그러한 해석을 묵인하지 않는다.

셋째, 조사결과 발표 시 준수하여야 할 원칙이 있다. 조사자는 조사결과를 조사의뢰자에게 보고하거나 일반인에게 공표할 때 다음 사항을 밝힌다. 조사자, 조사의뢰자, 조사목적, 조사시기, 조사장소, 모집단과 표집틀, 표본크기 및 산정방법, 표집방법, 조사방법(면접조사, 전화조사, 우편조사, 인터넷조사 등), 질문지(질문내용), 재통화 · 재방문 · 재발송 횟수, 표본대체 규칙, 응답률, 표집오차, 가중치 부여 방식, 기타 조사 및 분석 절차에 관한 사항.

넷째, 조사자는 조사결과가 일반인에게 잘못 해석되어 전달될 때 그것을 바로잡기 위하여 필요한 모든 관련 자료를 공개한다.

다섯째, 조사관련자들에 대한 책임이다. 먼저 조사의뢰자에 대한 책임이다. 조사자는 조사의뢰자의 사업정보 및 조사결과에 관한 정보를 비밀로 한다. 단, 조사의뢰자가 그 정보의 배포를 명시적으로 승인하였을 경우, 또는 본 강령의 제7조에 의하여 배포가 불가피한 경우는 예외로 한다. 또한 조사자는 조사기법 · 인력 · 장비 등의 한계 내에서 완수할 수 있는 조사과제만 수용한다.

여섯째, 조사관련자 가운데 조사대상자에 대한 책임이다. 조사자는 조사대상자에게 응답을 강요하지 않고, 그들을 기만하는 행위를 하지 않으며, 그들을 모욕하여 수치심을 유발하는 조사방법을 사용하지 않는다. 조사자는 조사대상자의 익명성을 보호한다. 단, 조사의 타당성을 검토하기 위한 목적이나 추가적인 분석을 위하여 꼭 필요한 경우는 예외로 한다. 조사자는 조사대상자가 자유의사로 조사를 거절하거나 도중에 중단할 수 있는 권리를 존중한다.

일곱째, 조사정보제공의 의무이다. 조사자는 일반적인 조사윤리를 위반하였다고 사회적으로 이의가 제기되었을 때 이들 조사윤리의 위반 여부를 판단하기 위하여 관련 기관이나 협회가 공식적으로 자료를 요구할 경우 조사에 관한 정보를 제공하여야 한다.

4. 사회복지조사의 유형

사회복지조사의 유형은 기존의 과학적 조사유형을 바탕으로 몇 가지로 재구성할 수 있다. 이를 각각의 기준에 따라 분류하면 다음과 같다(김해동, 1982:69-93, 남세진 & 최성재, 1988: 65-78; 박용치, 1988:46-49).

1) 조사정도의 수준에 의한 분류: 탐색적 조사, 기술적 조사와 설명적 조사

조사정도의 수준에 따라 분류하면 탐색적 조사(探索的 調査, exploratory study), 기술적 조사(記述的 調査, descriptive study)와 설명적 조사(explanatory study)가 있다. 탐색적 조사와기술적 조사와 설명적 조사는 조사정도 내지 조사결과의 수준에 의한 분류이지만, 이는 결코 조사의 난이도나 복잡성의 정도에 따른 분류는 아니다. 또한 일반적으로 기술적 조사는 많은 경우에 실태조사의 형태를 띠는데 기술적 조사 그 자체로서는 아무런 의미가 없는 경우가 많다. 예를들면 빈곤의 원인-결과간의 관계를 파악하여 그 대책을 유발하거나 어떠한 가설이나 아이디어를 제시하지 않고 빈곤현상을 단순히 기술하는 것만으로는 큰 의미를 찾기 어렵다.

(1) 탐색적 조사

탐색적 조사(exploratory study)는 예비조사(pilot study)라고도 한다. 탐색조사는 특정 조사설계를 확정하기 전에 주로 문제를 규명하기 위해서 예비적으로 실시되는 조사를 말한다.

탐색적 조사는 미개척 분야를 개척하기 위한 도구로서, 또 가설을 설정하기 위한 명제를 정립하거나 가설이 정립된 이후 보다 충실한 조사를 위해 실시되는데, 기술적으로 엄밀한 제한을 받지 않고 조사를 할 수 있는 것으로 본조사와 다르다. 탐색적 조사는 대부분의 경우 보다 정확한 연구문제 및 가설을 정립하기 위해 실시한다. 탐색적 조사는 향후 보다 조직적인 조사를 실시할 경우 조사의 대상이나 환경 등에 익숙해지기 위해서, 개념규정을 보다 명확하게 하기 위해서, 조사를 보다 철저히 하기 위한 예비과정으로서, 어떤 분야에서 중요하다고 인정되는 여러 문제에 대한 실태를 파악하기 위해서 실시되기도 한다.

탐색적 조사의 주된 목적은 문제의 규명이다. 연구자가 문제를 정확히 파악하지 못하고 있을 때, 탐색조사를 통해 연구문제를 확인하고, 고려해야 할 변수들을 파악한 후, 이들 변수 간의 개괄적인 상관관계를 파악하고, 이를 바탕으로 가설을 설정한다.

또한 연구하려는 문제가 조사자들에게 생소하여 사전 지식이 부족할 경우, 주어진 문제에 대한 예비지식을 넓히고 문제에 익숙해지기 위해서 탐색조사를 하기도 한다. 탐색조사는예비적인 성격을 띠고 있기 때문에 융통성 있게 운영할 수 있으며, 필요한 경우 그 절차를 수정할 수도 있다. 탐색조사를 수행하는 과정에서 연구자는 정교한 통찰력과 독창적인 사고력을 발휘하여 연구문제를 발견하거나, 관련된 변수와 이들 상호간의 관계를 파악하고 문제의 해결에 필요한 단서를 포착하여야 하고, 본조사를 실시하는 데 필요한 정보를 입수해야 한다.

탐색적 조사에 사용되는 방법으로는 문헌조사, 경험자조사, 특례분석이 있다.

경험자조사는 관련된 조사문제에 대해 경험이 있거나 충분한 지식을 소유한 사람으로 그런 경험이나 지식을 과학적으로 전달해 줄 수 있는 사람을 대상으로 실시하는 조사로서 초보연구자나 미경험연구자에게 필요한 조사이다. 특례분석은 사례조사에 속하는 것으로 문제설정이 빈약하거나 가설구성에 지침이 될만한 연구가 결여된 분야에 사용되는 방법으로, 선정된 몇 개의 특례를 철저히 연구함으로써 통찰을 자극시켜주고 가설을 시사받는 것을 말한다.

탐색조사를 하는 방법에는 문헌조사, 경험자조사 내지 전문가 의견조사, 특례조사 등이 있다.

① 문헌조사

문헌조사는 조사의 대상이나 분야에 대하여 잘 모르는 경우에 행하는 최초의 조사로서 기존에 발간된 관련 분야의 각종 문헌을 조사한다. 문헌조사는 문제를 규명하고 가설을 정립하기 위한 가장 경제적이고 빠른 방법이다. 여기서 문헌이라 함은 연구논문집, 학술지와 통계자료집 및 각종 도서 등 다양한 분야에서 출판된 자료를 포함한다. 문헌조사를 통해 얻어지는 자료는 2차자료이다.

② 경험자 조사 또는 전문가 의견조사

경험자조사는 관련된 조사문제에 대해 전문적인 지식이나 경험을 소유한 사람으로서 그런 경험이나 지식을 과학적으로 전달해 줄 수 있는 사람들로부터 필요한 정보를 획득하는 방법이다. 경험자조사는 문헌조사에 대한 보완적인 조사방법으로 초보연구자나 미경험연구자에게 도움이 된다.

이 방법은 전문가들로부터 일치된 견해나 문제의 해결책을 찾기보다는 문제의 성격에 대한 보다 명확한 이해와 관련 변수들 사이의 관계에 대한 여러 사람들의 견해를 듣고 참조하여 새로운 아이디어를 찾고 문제해결과정에서 조언을 구하기 위해 실시되는 조사이다. 조사대상의 선정은 대개 조사자의 판단과 편의에 따라 특정인들이 선정되는 것이 보통이다. 여기서 경험자 내지 전문가라는 의미는 해당문제와 관련하여 도움이 되는 정보를 제공해 줄 수 있는 사람을 포괄적으로 지칭하는 것이다.

③ 특례분석 또는 특례조사

특례분석은 사례조사의 일종으로 연구문제의 설정이 미비하거나, 가설을 설정하는데 도움이 될만한 기존의 이론이나 연구가 부족한 경우 사용되는 방법으로, 선정된 몇 개의 실제사례나 가상의 사례를 깊이 조사함으로써 가설을 설정하는데 도움을 받는 조사를 말한다. 실제 사례는 사건의 기록이나 목격한 사실을 분석하는 경우이고, 가상의 사례는 시뮬레이션에 의해 만들어진 상황이다.

특례분석은 본조사의 상황과 유사한 사례들을 찾아내어 심도있게 분석하는 방법으로 이를 통해서 주어진 문제에 대한 간접적인 경험과 사전지식을 갖게 됨으로써, 현 상황에 대한 논리적인 유추에 도움을 주는 방법이다.

특례분석은 문제의 규명과 관련된 변수들의 관계를 명확히 해주는데에 매우 효과적이지만, 사후적인 조사방법이므로 그 결과가 결정적인 것은 아니며 단지 시사적인 의미를 갖고 있을 뿐이다.

(2) 기술적 조사

기술적 조사(descriptive study)는 조사가 단순히 무엇이 어떠한가에 대한 해답을 구하는 것, 즉 어떠한 사건이나 현상의 모양이나 분포, 크기나 비율 등 단순통계적(simple statistics)인 것에 대한 해답을 구하기 위해 실시되는 조사를 말한다.

기술적 조사란 조사대상의 현황을 전체적으로 나타내고, 영향 요인간에 어떠한 관계가 있는지를 파악하기 위해 실시하는 조사이다. 사회복지분야에서 정책적인 상황요인들 그리고 사회복지 실천과 관련하여 사회적 시스템이나 표적집단의 문제 그리고 문제 해결을 위한 개입 등의 특성을 서술하고, 관련 변수 간의 관계성을 파악하고, 관련된 상황을 예측하는데 기술적 조사가 활용된다. 첫째, 기술적 조사는 발생빈도나 비율을 파악할 때 사용된다. 예를 들면, 사회복지정책분야에서, 사회복지 예산의 증액에 찬성하는 견해를 가진 국회의원의 정당별, 성별, 연령별, 지역별, 종교별 특성과 비율을 파악하거나 이익집단들의 유형과 행태를 파악하려 할 때 기술적 조사가 활용된다. 사회복지 실천분야에서, 수혜자의 욕구와 문제, 서비스의 내용과 방법, 서비스전달과정에서 사회복지사의 태도, 제공된 서비스에 대한 수혜자의 만족도 등에 대해 파악하려 할 때 기술적 조사가 활용된다.

둘째, 기술적 조사는 관련 변수 간의 상호관계성을 파악한다. 좀 더 발전된 기술적 조사는 어떤 특성이나 비율을 기술하는 정도를 넘어서둘 이상의 변수 간에 관계를 통계적으로 파악하는 것이다. 예를 들면, 일인당 GDP와 일인당 사회복지예산간의 관계, 교회출석빈도와 청소년비행빈도와의 관계, 교육수준과 소득간의 관계 등을 파악할 때도 기술적 조사가 활용된다. 그러나 한 가지 주의해야 할 점은 이러한 관계성의 기술은 상관관계(correlation)를 기술하는 것이지 인과관계(causality or causal relation)를 기술하는 것은 아니라는 점이다. 즉 둘 이상의 변수들이 일정한 관계(긍정적 또는 부정적)를 갖고 그 관계가 얼마나 강한지에 대해서는 기술할 수 있지만, 특정 변수가 다른 특정 변수에 영향을 미친다는, 즉 영향의 방향에 대해서는 기술할 수 없다. 기술적 조사는 상관성까지는 설명할 수 있으나 인과성은 설명할 수 없으며, 인과성 내지 인과관계는 설명적 조사에서 파악할 수 있다.

〈 상관관계:기술적 조사 영역 〉	〈 인과관계:설명적 조사 영역 〉
X ←——→ Y	X ——→ Y 또는Y ——→ X

셋째, 미래 상황에 대한 예측이다. 기술적 조사는 기존의 자료에 나타난 정보를

기초로 하여 미래의 상황을 예측하는 데 사용된다. 기술적 조사에서는 관심의 대상인 변수의 미래상황을 이와 관련이 있는 변수의 변화를 통해 개략적으로 예측 한다. 예를 들면, 금년도 정부가 복지지출을 증가시킨다면, 내년에 국민들의 소득불평등 정도는 감소될 것이라는 것을 기술조사를 통해 개략적으로 예측할 수 있다. 그러나 보다 정확한 예측은 설명적 조사에서 회귀분석 등을 활용한 인과조사를 통해 이루어진다.

기술적 조사는 통상적으로 탐색조사와는 달리 연구문제와 가설을 설정하고 난 이후 실시 된다. 따라서 기술적 조사는 통상적으로 탐색적 조사를 통해 획득된 지식을 토대로 행해지기 때문에, 계획적이고 체계적으로 이루어지며, 설정된 연구문제에 대한 해답을 주고 가설을 검증하는데 활용되기 위해 신뢰도와 타당도가 높은 정보를 획득해야 한다.

기술적 조사는 통상적으로 종단조사(longitudinal study)와 횡단조사(cross sectional study)로 구분할 수 있다.

① 횡단조사

횡단조사(橫斷調查, cross−sectional study)는 일정 시점에서 인구의 횡단을 조사하는 것으로 사회복지분야에서 널리 사용된다. 여기서 횡단(cross−section)이란 서로 다른 연령, 교육수준, 소득수준, 인종, 종교 등 광범위한 사람들의 표집을 의미한다.(One that studies a cross−section of the population at a single point in time is cross−sectional study. By cross−section we mean a broad sampling of persons of different ages, different educational and income levels, different races, different religions and so on.)

횡단조사는 주로 표본조사를 행하며, 측정이 단 한번만 이루어지고 반복해서 이루어지지 않는다. 따라서 횡단조사의 목적은 일정 시점에서 특정 표본이 갖고 있는 특성을 파악하거나 이들 특성에 따라 집단을 분류하려는 것이다. 횡단조사는 일정 시점에 측정이 이루어지기 때문에 정태적인(靜態的, static) 성격을 갖는다. 횡단조사는 조사대상의 특성에 따라 여러 집단으로 분류해야 하기 때문에 상대적으로 표본의 크기가 커야 한다. 횡단조사의 결과는종종 교차분석(cross classification analysis)을 활용해 분석한다.

② 종단조사 – panel study, trend study, cohort study

종단조사(longitudinal study)는 시간의 흐름에 따라 조사대상이나 상황의 변화를 측정하는 것으로 일반적으로 수주일, 수개월, 수년간 동안 장기간에 걸쳐 일정한 시간 간격을 두고 반복적으로 여러 차례 측정함으로써 자료를 수집하는 조사방법을 말한다. 종단조사는 서로 다른 시점에 여러 차례에 걸쳐 조사가 이루어져야 하기 때문에 상대적으로 비용이 많이 든다. 또한 종단조사의 유형에 따라서는 서로 다른 시점에서 동일 대상자를 추적해 조사해야 하는데 이것이 쉽지 않은 경우도 있다. 이러한 이유로 종단조사는 조사대상자의 수가 상대적으로 적게 되어 적은 수의 응답자를 대상으로 조사를 해야 한다.

종단조사는 장기간에 걸쳐 조사대상자와 상황의 변화 또는 특정한 경향을 조사할 수 있다는 점이 장점이다.

종단조사를 통해 얻은 자료는 주로 변화분석(turnover analysis)에 의해 분석되어진다. 이는 시간의 변화에 따라 연구문제와 관련된 각종 변수의 변화상태를 도표로 작성하여 변화가 일어난 원인을 분석하는 기법이다. 또한 시점을 달리하여 반복 측정함으로써 시계열자료를 얻을 수 있어서 경향분석(trend analysis)에도 이용할 수 있다.

종단조사는 패널조사(panel study), 경향조사(trend study), 동년배조사(同年輩調査, cohort study)로 나뉜다. 패널조사란 장기간에 걸쳐 동일한 주제에 대해, 동일한 응답자에 대해, 반복해서 면접이나 관찰을 행하는 조사이다. 즉 특정 조사대상들을 선정해 놓고 이들에 대해 일정기간동안 매번 반복적으로 실시하는 조사방법을 말한다.(Surveys that are conducted over a longer period of time, with the same respondents being reinterviewed, are called panel studies.)

패널조사시 일정 간격으로 조사가 이루어지는 각각의 시점을 웨이브(wave) 또는 파동이라 한다. 예를 들어 2000년부터 2020년까지 20년에 걸쳐 매 2년마다 조사가 이루어 진다면 10개의 waves가 있게 된다. wave1은 2000년이고, wave2는 2002년, wave7은 2014년이 해당된다. 패널조사는 장기간에 걸쳐 반복해 조사가 이루어지기 때문에 간혹 조사대상자가 사망하거나, 이민을 가거나, 원거리로 이사를 가거나, 행방불명되거나, 장기간 질병으로 격리치료를 받을수 있기 때문에 조사대상에서 탈락하는 경우가 있다. 이러한 경우를 패널사망(panel mortality)이라 부른다.

가장 널리 알려진 패널조사는 미국의 미시간 대학에서 나오는 PSID(Panel Study of

Income Dynamics)와 오하이오주립대학에서 나오는 NLSY(National Longitudinal Study of Youth)가 있다.[5] 최근 우리나라의 한 경제연구소에서 1994년부터 한국가구패널조사(KHPS)를 매 웨이브마다 약 6,500명을 대상으로 추적조사를 하고 있다.

경향조사란 장기간에 걸쳐 동일한 주제에 대해 반복해서 면접이나 관찰을 행하지만, 응답자는 매번 조사할 때마다 동일하지 않게 이루어지는 조사이다. 패널조사와 유사하나 조사대상이 매번 동일하지 않다는 점에서 차이가 있다.(Studies in which the same topic is studied by reinterviewing over a period of time, but with no attempt to reinterview the same individual respondents each time, are called trend studies.)

동년배조사는 보다 좁고 구체적인 범위에 속한 인구집단의 변화를 연구하기 위한 조사이다. 예를 들면 X세대의 결혼관을 조사한다면 여기서 X세대란 1970-80년 사이 출생한 세대를 의미한다. 386세대나 n-세대에 관한 조사도 동년배조사에 속한다. 미국의 경우 2차세계대전이 끝난 후 탄생한 세대, 소위 다산세대(多産世代, baby-boomer)는 1945-64년 사이 출생한 세대로 종종 동년배연구의 대상이 된다.

③ 횡단조사와 종단조사의 비교

비용이 적게 든다.

횡단조사는 주로 표본조사를 행하며, 종단조사와 같이 현장조사를 필요로 하긴 하지만측정이 단 한번만 이루어지고 반복해서 이루어지지 않는다는 점에서 종단조사와 차이가 있다. 종단조사의 목적은 시간의 흐름에 따른 조사대상이나 상황의 변화를 측정하여 어떤 의미를 찾고자 하는 데 반해서, 횡단조사는 일정 시점에서 특정 표본이 갖고 있는 특성을 파악하거나 이들 특성에 따라 집단을 분류하려는 것이다. 종단조사가 일정 기간 변화하는 상황에 대해 조사함으로써 동태적인(dynamic) 성격을 갖는데 반해, 횡단조사는 정태적인(static) 성격을 갖는다. 횡단조사는 조사대상의 특성에 따라 집단을 분류하여 비교분석하여야 하기 때문에, 종단조사보다 표본의 크기가 상대적으로 커야만 한다. 또한 종단조사는 횡단조사에 비해 비용이 많이 소요된다. 횡단적 조사는 특정한 모집단을 대표할 수 있는 자료를 제공해주는 반면 종단조

5) The Panel Study of Income Dynamics (PSID) is a longitudinal survey of a representative sample of U.S. individuals (men, women, and children) and the families in which they reside. It has been ongoing since 1968. Data are collected annually, and the data files contain the full span of information collected over the course of the study. PSID data can be used for cross-sectional, longitudinal and intergenerational analyses, and for studying both individuals and families.

사는 일정기간 동안에 반복하여 이루어지는 조사 때마다 새롭게 표집된 표본에 대해 조사한다.

(3) 설명적 조사

설명적 조사(說明的 調査, explanatory study)는 원인이 되는 사실과 결과가 되는 사실간의 인과관계(causal relation, causality)를 규명하거나, 미래의 사실에 대해 미리 예측(prediction)하는 조사를 말한다. 설명적 조사 가운데 인과관계의 규명을 목적으로 한 조사를 진단적 조사(diagnostic study)라 부르기도 하고, 미래의 변화나 방향을 예측하는 조사를 예측적 조사(predictive study)라 한다.

기술적 조사는 요인들의 특성이 어떠하고, 이들 요인들이 어떻게 상호 관련되어 있는가를 보여주는 데 반해 설명적 조사는 이 단계를 넘어서 이들 요인들이 어떠한 인과관계를 갖고 있으며 어떻게 미래를 예측하고 있는지를 설명해 준다.

설명이란 '왜(why) 이러한 결과가 발생하였나'라는 문제의 원인을 묻는 질문에 대해 문제를 어떻게 해결할 것인지에 대한 해답을 제공하는 것이다. 설명은 인과관계를 밝히는 과정이다. 사회복지 실천에서 표적문제의 원인을 파악하고 동태적인 사회체계를 이해하며 문제해결을 위한 개입활동이 어떠한 효과가 있는지를 파악하려할 때 설명적 조사를 활용한다.

설명적 조사는 주로 인과조사를 행한다. 과학적인 문제해결을 위해서는 특정 사회현상이 야기된 원인과 그 결과 사이의 관계를 정확히 밝혀내야만 근본적인 문제해결과 올바른 의사결정을 할 수 있다. 특정 변수에 영향을미치는 변수들을 찾기 위한 조사 등이 인과조사의 예이다. 모든 사회현상에 대한 이해와 상황의 변화와 그 영향을 파악하기 위해서는 인과관계가 중요한 역할을 한다. 인과관계를 규명하기 위한 조사는 주로 실험설계에서 이루어진다.

인과관계를 증명하는 방법은 외생적 요인을 통제하고 원인적 요인(독립변수, 실험변수, 실험조치, 실험자극)을 조작해서 영향관계를 조사하는 실험적 방법과 원인적 요인들을 실험상황이 아닌 자연적 현상 속에서 발견해내는 방법이 있다.

과학적인 문제해결을 위하여는 특정 사회현상이 야기된 원인과 그 결과 사이의 관계를 정확히 밝혀내야만 근본적인 문제해결과 올바른 의사결정을 할 수 있게 된다. 특정 변수에 영향미치는 변수들을 찾기 위한 조사 등이 인과조사의 예이다. 모든 사회현상에 대한 이해와 상황의 변화와 그 영향을 파악하기 위해서는 인과관계가 중요한 역할을 한다. 인과관계를 규명하기 위한 조사는 주로 실험설계에서 이루어진다.

2) 다른 기준에 의한 분류

사회복지조사는 서로 다른 기준에 의해 서로 다르게 분류되기도 한다.

(1) 조사동기 내지 응용정도에 의한 분류: 순수조사와 응용조사

사회복지조사는 응용정도에 따라 응용조사(applied research)와 순수조사(pure research)로 나뉜다. 순수조사는 기초조사(basic research)라고도 불린다. 응용조사는 조사결과를 직간접적으로 사회적 현상에 응용함으로써 문제의 해결이나 개선을 하기 위해 수행되는 조사를 의미한다. 즉 현장응용의 정도가 매우 높은 조사를 의미한다. 반면, 순수조사는 순수하게 사회적 현상에 대한 지적인 이해와 지식 그 자체만을 획득하기 위해 수행되는 조사로서 직간접적인 어떠한 이용을 의도하지 않는다. 따라서 현장응용정도가 매우 낮은 조사를 의미한다.

순수조사와 응용조사는 조사 목적 내지 동기에 의해서도 구분이 된다. 순수조사는 오로지 조사자의 지적 호기심을 충족하기 위해 실시되는 조사이다. 순수조사를 실시하는 동기는 현상에 대한 지적인 이해와 지식 그 자체만 획득하려는 것이다. 따라서 순수조사는 결과적으로 어떤 개념이나 이론에 대한 새로운 지식을 얻는 것이다.

응용조사의 동기는 조사결과를 사회구성원이 안고 있는 실제 문제를 해결하기 위해 구체적으로 이용하는 데 있다. 따라서 조사과정에서 조사자의 노력은 조사결과를 구체적으로 이용하는데 초점을 맞추고 있다. 사회복지분야에서 응용조사는 사회복지 프로그램이나 정책대안들이 보다 효과적이고 효율적으로 실시되도록 하기 위한 지식이나 자료를 획득하기 위해 종종 실시된다. 기업분야에서는 이러한 응용조사를 개발적 조사(development research) 내지 생산조사(product research)라고도 부른다.

순수조사와 응용조사는 정의상 구분은 하지만 실제상으로는 정확히 구분하기 어렵다. 대부분의 사회복지조사는 인간관계와 직접적으로 관련된 문제를 해결하기 위한 응용조사에 속한다.

(2) 평가조사(evaluation research)

평가조사는 어떤 사회적 프로그램이나 정책이 얼마나 효과적인지, 또는 이들 프로그램이나 정책을 지속할 것인지 아니면 중단할 것인지의 여부를 평가함에 있어 제기되는 의문에 대한 해답을 구하기 위해 실시되는 조사를 말한다. 평가조사의 결과는 단순히 지식을 축적하거나 이론을 형성하는데 그 목적이 있는 것이 아니라 프로그램의 계속적인 실시여부, 예산 및 인원의 증감여부를 결정하는데 사용되는 조사이다. 평가조사는 사회복지 분야에서 새로이 중시되는 조사로서 응용조사의 하나이다. 예를 들면 프로그램 개입이 실제 효과가 있는지 여부 또는 복지정책의 효율성이나 효과성 등을 평가하기 위해 실시되는 조사를 들 수 있다.

(3) 조사대상의 통제정도에 의한 분류: 도서관조사, 실험실조사, 현지조사.

조사대상을 어느 정도 통제하느냐에 따른 분류이다. 첫째, 도서관 조사는 조사대상에 인위적인 조작이나 영향을 거의 주지 않는 조사이다. 인터넷 상의 정보를 검색하거나 도서관의 서적을 찾아 조사하는 것은 조사대상에 거의 영향을 주지 않는다. 둘째, 실험실 조사이다. 실험실에서의 실험은실험조건을 인위적으로 조성하는 조사로서 가장 통제의 정도가 크다. 셋째, 현지조사(field study)이다. 현지조사는 조사시점과 장소를 선정하는 것 이외는 조사대상에대한 통제는 없다. 물론 현지조사의 면접이나 관찰을 수행하는 경우 이 과정에서 조사대상, 특히 사람등이 조사대상인 경우에는, 실험실에서 처럼 외생적 요인들을 통제하기 어렵다. 현지조사의 경우 통제의 정도는 실험실조사에 비하면 훨씬 작고 도서관조사에 비하면 크다.((6) 참고)

(4) 통계조사(statistical study): 전수조사와 표본조사

통계조사는 주로 양적 분석을 위한 것이나 통계기법의 발달로 질적인 분석도 가능하다.

전수조사(complete enumeration, census)는 조사대상이라고 생각되는 모든 부분들을 전부 조사하는 것이다. 대표적인 것이 인구조사나 국세조사이다. 최근 서울특별시의 경우 서울특별시 거주 장애인에 대해 전수조사를 시도한 바 있다. 표본조사(sampling study)는 조사대상 전체인 모집단의 일부를 선출하여 조사대상 전체를 추정하는 조사를 말한다. 최근 발표되는 우리나라 장애인 실태조사는 일정 지역을 표본으로 채택하여 표본내 장애인 수를 파악하고, 이를 토대로 전국의 장애인 수와 특징들을 추정한 것이다.

(5) 사례조사와 서베이 조사

사례조사(case study)는 어떤 특정 사례에 대하여 조사를 행함으로써 해당 사건이나 현상을 전체적으로 파악하고 실증적으로 분석하는 조사를 말한다. 사례조사는 조사대상이 소수일 때 소수의 조사대상이 시간이 지남에 따라 그 대상의 행동이나 특성이 전개되고 변화하는 과정을 연구하고, 조사대상의 독특한 성질을 구체적으로 상술하며, 행동이나 특성의 변화와 영향요인들간의 인과관계를 파악하는데 유용하다.

서베이조사(survey research)란 모집단(population)을 대상으로 추출된 표본(sample)에 대하여 설문지나 조사표(면접조사표나 관찰조사표)와 같은 표준화된 조사도구를 사용해서 직접 질문함으로써 필요한 자료를 수집하는 방법이다. 서베이조사는 모집단 전체를 조사대상으로 하는 전수조사(census)가 아닌 표본조사로서, 질문지나 면접조사표를 이용하지만실험을 행하지 않는 조사를 의미한다. 지역사회욕구조사나 갤럽여론조사와 같은 조사가 대표적이다.

(6) 현지조사

현지조사(現地調査, field study)는 연구문제를 설정하거나 가설을 형성하기 위해서 직접 현장에 나가서 문제점을 찾고 필요한 자료를 수집하는 조사이다. 조사자는 먼저 그 조사대상이 처한 사회적 상황이나 배경적 환경을 검토하고, 그러한 상황이나 환경하에서 개인이나 집단의 행동, 태도, 가치 등을 파악하고 이들 간의 관계를 연구한다. 예를 들면 노숙자의 문제를 파악하기 위해 현지조사자는 노숙자들이 많이 모여 있는 역주변이나 지하도에 직접 나가서 노숙자의 생활을 관찰하거나 직접 면접을 통해 노숙자의 실태를 파악하고 노숙을 하게 만든 개인적-사회적 요인들을 파악하는것이다. 현지조사는 현지에서 영향요인에 대한 실험조작을 가하지 않고 있는 상황을 그대로 조사한다. 현지조사에서 주로 사용되는 자료수집방법으로는 관찰, 면접, 사례연구 등이 있다.

(7) 실험조사

실험조사(experimental study)는 조사자가 조사대상에 직접 또는 간접적으로 영향을 미치게 되는 외생적인 요인들에 대해 의도적으로 통제하고 인위적으로 관찰조건을 조성함으로써, 실험처치(experimental treatment) 또는 독립변수가 결과변인인 종속변수에 영향을 미치는 인과관계(causal relation) 내지 인과성(causality)에 대한 가설을 검증하거나 독립변수의 효과를 측정함하는 조사방법이다.

(8) 양적조사와 질적조사

양적조사(quantative study)는 대상의 속성을 가능한 한 계량적으로 표현하고 그들의 관계를 통계분석을 통해 밝혀내는 조사이다. 반면 질적조사(qualitative study)는 행위자의 말, 글, 몸짓, 관찰가능한 행동, 흔적, 상호작용의 상황과 환경적 요인들을 현지조사, 민속방법론 등의 방법으로 수행하는 조사이다. 이들 조사를 통해 이루어지는 양적연구와 질적 연구의 특성을 구분하면 다음과 같다.

양적조사는 조사방법이 계량적이다; 개인들의 주관적 상태에는 관심을 두지 않고, 사회현상의 사실이나 원인들을 탐구한다; 정형화된 측정과 척도를 사용한다; 조사가 객관적으로 수행되어진다; 현상과 다소 유리된 조사가 될 수 있다; 가설 검증, 사실 확인, 추론을 지향하며 논리적으로 연역법을 사용한다; 축소주의적이며 결과 지향적이다; 신뢰성있는 경성의 반복가능한 자료를 산출한다; 조사결과를 일반화할 가능성이 크다; 조사대상이 안정적이라고 가정한다; 논리실증주의 적이다. (조사가 특정적(particularistic)이다)

질적조사는 질적인 조사방법을 사용한다; 조사자 자신의 준거틀에 입각하여 인간의 행동을 이해하는 데 초점을 맞춘다; 통제되지 않은 자연상태에서 관찰을 한다; 조사가 주관적으로 수행되어진다; 현상과 밀접한 조사가 될 수 있다; 탐색, 발견, 서술을 지향하며 논리적으로 귀납법을 사용한다; 확장주의적이며 과정지향적이다; 타당성 있고, 실질적이며, 내용이 풍부하고, 깊이 있는 자료를 산출한다; 조사결과를 일반화하기 어렵다; 조사대상이 동태적이라고 가정한다;현상학적 이다. (10.총체론적(holistic)이다)

(9) 미시조사와 거시조사(micro research and macro research)

미시조사(micro research)란 분석단위가 개인이거나 개별적 개체인 조사를 말한다. 거시조사(macro research)는 주(states)와 같은 큰 지역들이나 사람들의 집합체들(aggregates of persons)을 대상으로 비교하는 조사를 말한다. 예를 들어, 경기도내 특정 아동복지시설에 수용중인 아동의 심리적 특성을 하나 하나 조사하는 경우는 조사단위가 아동 개인이기 때문에 미시조사에 해당된다. 반면 전국 아동복지시설내 아동들의 취학률을 비교조사하는 경우 는 조사단위가 아동복지시설내 수용중인 아동들의 집합이기 때문에 거시조사에 해당한다.

chapter_ 3 | 조사연구의 기초와 조사설계

Chapter 3

조사연구의 기초와 조사설계

Ⅰ. 조사연구의 기초

연구설계란 조사문제를 적절히 설정하고, 연구대상을 명확히 규정하며, 적합한 연구방법을 결정하기 위해 필요한 계획을 수립하는 것이다. 즉 연구가 과학적인 연구가 될 수 있도록 계획을 수립하는 것이다. 사회복지조사에 있어서 연구설계는 사회복지와 관련된 현상에 대한 설명이 체계적으로 이루어지도록 계획을 한다. 연구설계는 일련의 이론화과정이다.

1. 조사문제

사회복지조사는 연구자가 어떤 대상의 행태나 사회적 현상이 반복적으로 또는 구조적으로개인이나 사회구성원 다수의 복지를 저해한다고 인식하거나 기존의 이론과 상충된다고 인식하는 데에서 시작된다. 조사문제는 어느 경우에 도출되는지, 조사문제의 원천은 무엇인지, 어느 경우에 선정될 가능성이 큰지, 해결가능성에 영향을 미치는 요인은 무엇인지에 대해 살펴본다(채서일, 1992: 69-74).

1) 조사문제의 도출

조사문제가 도출되는 경우는 대체로 다음과 같다; 첫째, 기존의 지식이 미비한 경우이다. 둘째, 연구결과가 서로 일치하지 않는 경우이다; 셋째, 새로운 사실이나 현상들이 발생했을 때 이것이 기존의 이론이나 지식체계와 어떠한 연관성이 있는지를 규명하기 어려운 경우이다; 넷째, 연구결과가 학문적 공헌도와 실질적 효용성을 갖고 있는 경우이다. 다섯째, 사회적 관심이 집중되는 경우이다.

사회복지조사에서 조사문제로 도출되기 위해서는 조사문제에 대한 해답을 구하는 조사가 사회복지분야의 이론형성과 실천적인 지식을 축적하는데 상당한 공헌을 할 수 있는 경우이다. 이를 위해서는 조사문제의 해결이 사회복지의 학문적 발전에 의미있는 기여를 하거나, 조사문제에 대한 해답이 실천현장에 실질적으로 활용될 수 있는 정보를 제공할 수 있어야 하며, 또한 기존의 사회복지학이나 관련 학문 분야의 연구결과와 연관성이 있거나 아직 검증되지 못한 주장이나 이론들을 평가하는데 도움을 주는 경우, 그리고, 학계나 사회복지 전문가들뿐만 아니라 사회구성원 다수의 관심을 끌 수 있는 경우에 조사문제로 도출되기 쉽다.

2) 조사문제의 근원

사회복지의 영역은 사회보험분야, 공공부조분야, 사회복지서비스 및 관련 복지제도분야 등으로 크게 분류되지만 이들 각각의 영역은 다시 매우 다양하게 세분되어진다. 따라서 이들 각각의 영역을 대상으로 하는 사회복지조사에서 조사문제는 다양한 근원(sources)에서 생성되어진다. 이러한 조사문제의 다양한 근원을 일반적으로 사회조사에서 소개되는 조사문제의 근원을 기준으로 재정리하면 다음과 같다.(김해동, 1997:110-16)

(1) 기존의 복지이론과 지식

사회복지조사에서 가장 보편적인 조사문제의 근원은 기존의 이론과 지식이다. 사회적 현상이나 행태를 기존의 이론이나 지식으로 설명하기 어려운 경우, 또는 기존의 이론이나 지식과 전혀 관련이 없이 발생하거나 이루어지는 경우, 또는 기존의 이론과 지식들이 서로 일치하지 않은 상태에서 다른 이론에 의해 확실히 검증되거나 반증되지 않고 계속 존재하는 경우 조사문제는 조사문제는 생성된다.

(2) 사회적 욕구와 사회문제

사회복지조사는 대체로 응용조사에 속한다. 이론의 형성만을 위한 순수조사인 경우도 있지만, 대부분의 경우, 사회구성원의 욕구를 충족시키고 사회문제를 해결하기 위해 사회적 자원을 효과적이고 효율적으로 사용하기 위한 기초자료로서 사회복지조사가 응용조사로서 실시된다. 따라서 사회구성원의 욕구충족과 사회문제해결이라는 현실적 요청에서 조사문제는 산출된다.

(3) 사회복지의 가치

사회복지조사의 조사문제의 근원 가운데 하나는 사회복지의 기본적인 가치와 규범이다. 통상적으로 사회복지의 가치는 인간의 존엄성, 자발성 존중, 기회균등, 형평, 사회연대, 민주주의 등이다. 조사문제는 이러한 사회복지의 가치들을 구체적으로 구현하기 위한 방안들을 강구하기 위해 생성된다. 즉 사회구성원 모두가 인간으로서의 가치와 품위를 누리고 있는지, 사회구성원들이 무엇을 요구하고 있으며 그들의 요구를 어떻게 충족시키고 있는지, 사회적 기회가 장애인 등 한계계층들에게 평등하게 보장되고 있는지, 더불어 살아가기 위한 사회적 노력은 어떻게 실천되고 있는지, 사회구성원들의 자신의 행복에 영향을 주는 제도나 정책이 결정되는 과정에 어떻게 참여하고 있는지 등과 같은 조사문제들이 사회복지의 가치와 관련하여 생성된다.

(4) 사회적 규범

사회복지분야에서 관습, 도덕, 종교, 법과 같은 사회규범도 조사문제의 근원이 된다. 남존여비(男尊女卑)와 같은 잘못된 전통적인 관습이나, 경로효친이나 생명존중과 같은 도덕률이나, 이웃사랑이나 자비사상과 같은 종교적 교리나, 사회권이나 행복추구권을 천명한 헌법이나 이를 구체적으로 실현하기 위한 사회보장기본법이나 국민기초생활보장법과 같은 사회복지관련법률 등과 같은 사회규범들은 사회복지조사과정에서 조사문제를 생성하는 근원이 되고 있다.

(5) 연구자의 개인적 경험

연구자의 개인적 경험은 조사문제의 근원이 된다. 연구자는 기존의 이론과 관계 없이 자신의 과거 경험에서 축적된 지식에 기초하여 조사문제를 만들어 내곤 한다. 경험이 없는 사람에게는 아무런 의미가 없는 행동이나 상황이라 하더라도, 경험이 있는 사람에게는 그러한 행동이나 상황이 사회복지수혜대상자나 사회구성원 전체의 행복에 의미있는 영향을 미친다는 것을 인식할 수 있다. 이러한 개인적 경험은 조사문제를 생성하는 근원이 된다.

(6) 강한 탐구욕이나 호기심

연구자의 강한 탐구욕이나 호기심은 조사문제의 근원이 된다. 특정 대상이나 주제에 대한 연구자의 강한 탐구심이나 호기심은 그 대상이나 주제에 관해 좀 더 알고 싶어하고, 해결하고 싶어하기 때문에, 그것들과 관련된 문제를 조사문제로 발전시키게 된다. 예를 들어, 흡연이 신체에 미치는 영향에 관해 호기심이 큰 사람은, 단순한 호기심을 갖은 사람이 지나쳐버릴 수 있는 '임신모의 흡연과 출생아동의 지능간의 관계'를 조사문제로 삼게 된다.

3) 조사문제의 해결가능성

조사문제가 학문적으로 그리고 실질적으로 의미를 갖기 위해서는 조사문제는 해결가능해야 한다. 따라서 조사문제를 선정할 때에는 문제의 해결가능성에 대한 평가가 이루어져야 한다. 일반적으로 문제가 구조화되지 못하고 애매모호하게 표현되어 있을 때, 문제에 내포되어 있는 특정용어가 불명확하거나 정의가 잘못내려져 있을 때, 또는 문제에 대한 연구를 수행할 가능성이 없을 때 조사문제의 해결가능성은 뒤떨어지게 된다.

첫째, 조사문제가 명확히 구조화되어있지 못할 때 조사문제의 해결가능성은 낮다. 즉 문제를 제기한 정확한 의도가 무엇이고, 문제의 범위가 어디까지인지를 명확하게 규정하여야 한다. 예를 들면, 다음과 같은 과정을 거쳐 조사문제는 명확히 구조화되어 간다; '청소년의 욕구를 충족시킬 수 있는가?'--〉 '청소년의 자아실현 욕구를 충족시킬 수 있는가?' --〉 '청소년의 사회봉사욕구를 충족시킬 수 있는가?'

둘째, 사용된 용어가 애매모호할 때 조사문제의 해결가능성은 낮아진다. 문제의 진술에 포함된 용어가 명확하게 정의되어 있지 않은 경우에는 문제에 대한 정확한 이해를 할 수 없고, 의사소통을 정확히 할 수 없기 때문에 문제의 해결가능성이 낮아지게 된다. 이를 위하여 조사문제에 포함된 용어들에 대해 경험적으로 관찰가능하고 측정가능한 용어로 정의하여 용어의 명확성을 기함으로써 문제의 해결가능성을 향상시킬 수 있다. 즉 정확한 조작적 정의(operational definition)를 통해 문제의 해결가능성을 높일 수 있다. 특히 사회복지와 관련된 용어들은 추상적인 용어들이 많기 때문에 조작적 정의는 그 중요성이 매우 높다.

셋째, 연구의 경험적 검증가능성(empirical testability)이 낮으면 조사문제의 해결가능성은 낮다. 만일 조사문제가 경험적 검증과정을 거쳐 수행될 수 없다면 조사문제에 대한 정확한 해답을 구하기 어렵다. 예를 들면 인간의 생체실험과 같이 도덕적-윤리적 차원에서 실험이나 조사를 실행할 수 없거나, 또는 조사문제에 관련된 변수들에 대한 명확한 개념정의와 측정이 불가능한 경우는 연구를 경험적 검증과정을 거쳐 수행하기 어렵다.

넷째, 연구의 실현가능성(feasibility)이 낮은 경우 조사문제의 해결가능성은 낮다. 연구를 위한 자료의 획득이 불가능하거나 어려운 경우, 연구에 필요한 시간과 비용이 매우 적은 경우, 연구대상자를 확보하기가 어려운 경우, 연구에 필요한 시설이나 기구가 부족한 경우, 연구수행과정에서 협조자를 구하기 어려운 경우는 연구를 실행하기 어렵기 때문에 조사문제를 해결할 가능성은 낮아지게 된다.

4) 조사문제의 선정기준

사회복지는 인간의 욕구를 충족시키고 사회적 문제를 해결하려는 제도적 노력이기 때문에 개인적으로나 사회적으로 관심의 대상이 되는 크고 작은 문제들은 매우 많다. 사회복지조사의 대상이 되는 조사문제는 이들 모든 문제들을 다 다루는 것이 아니라, 그러한 문제들 가운데 연구할 가치가 있다고 판단되는 문제만을 선정하여 다루고 있다. 일반적으로 조사문제를 선정하는 기준은 다음과 같다; 창의성(originality), 시험가능성(testability), 도의적 배려(ethical consideration) 등을 들고 있다.(김해동,1997:96-104)

(1) 독창성 (originality)

조사문제는 독창성이 있어야 한다.독창성이란 기존의 것을 답습하거나 그 대로 전달하지 않고, 기존의 것과는 전혀 다른 새로운 관점이나 견해를 제시하거나 또는 기존의 것들을 비교분석하거나 재구성하는 것을 말한다. 사회복지조사에서 조사문제는 주로 지금까지 사회에 만족스런 해결책이 제시되지 않거나 설명이 이루어지지 않은 문제를 선정한다. 따라서, 이미 학계나 사회적으로 널리 수용되고 검증된 해결책이나 이론을 설명하고 전달하고 교육하는 활동은 사회복지학문의 발달과 실천기술의 향상에 크게 기여하였다 하더라도 이를 독창적인 활동이라고 인정하기 어렵기 때문에 조사문제를 창안하는 활동과는 구분이 된다.

(2) 경험적 검증가능성(empirical testability)

사회복지조사는 과학적으로 이루어지는 조사이다. 과학적 조사(scientific research)에서는 문제에 대한 경험적 검증가능성을 중시한다. 경험적 검증가능성이란 문제에 대한 해답이 가능할 뿐만 아니라 그것에 대한 진위(眞僞) 여부를, 즉 참-거짓 여부를, 경험적 차원에서 증명할 수 있다는 것이다. 사회복지조사에서 조사문제로 선정되기 위해서는 그 문제에 대한 해답이 가능해야 할 뿐만 아니라, 이 조사문제로부터 구체적인 가설이 도출될 수 있어야 하고, 가설에서 사용된 개념은 조작적 정의(operational definition)를 통해 경험적으로 측정될 수 있어야 하고, 이 가설의 진위 여부는, 참-거짓(true or false) 여부는, 조사된 사실이나 자료를 토대로 겸험적으로 검증할 수 있어야 한다.

그러나 여기서 언급하는 진위 여부는 100%의 가능성을 전제로하는 절대적인 판단이 아니라, 발생 가능성 내지 개연성(degree of probability)을 0%에서 100% 사이로 놓고 상대적으로 판단을 한다. 즉 확률론적 내지 추계적(推計的,stochastic) 판단을 한다. 사실 사회복지분야에서는, 수 많은 외생적인 변수들이 독립변수와 종속변수 간의 인과관계에 영향을 미치고 있는데 이들 외생적 요인들을 완전하게 통제하기란 거의 불가능하기 때문에, 양자간의 관계를 100% 확신하며 주장할 수 없으며 추계적으로 주장할 수 밖에 없다.

따라서 조사문제로부터 도출된 가설의 진위여부를 개연성의 정도에 따라 추계적으로 검증할 수 있다면, 이는 사회복지조사에서 조사문제로서 선정되어진다.

(3) 윤리적 배려(ethical consideration)

사회복지조사에서 조사문제를 선정함에 있어서 윤리적인 배려 내지 도덕적인 배려가 있어야 한다.사회복지조사는 전반적으로 일반적인 사회조사윤리가 지배하고 있다. 사회복지조사에서 조사문제는, 그 조사문제에 대한 해답이 사회구성원의 행복을 증진시키는데 기여해야 하는 동시에, 개인의 사생활을 부당하게 침해하거나, 관련 당사자의 수치심을 유발하거나, 정신적으로나 신체적으로나 피해를 주지 않아야 한다.

사회복지 조사자는 조사문제를 선정하는 과정에서 합리적인 단계를 밟으면서 연구과제에 적합한 조사기법을 사용하여야 한다. 또한 연구자의 단독조사가 아닌 외부로부터 의뢰받은 조사인 경우, 조사문제는 조사의뢰자와 협의한 연구과제의 범위를 벗어나지 않아야 한다. 불가피한 경우 조사의뢰자의 명시적 승인을 받아야 한다.

(4) 현실적 제한

조사문제를 선정함에 있어서 현실적인 문제들을 고려하여야 한다. 연구자는 조사문제에 대한 해답을 찾는 조사과정에서 소요되는 비용, 시간, 노력 등을 현실적으로 고려하여야 하며, 이들이 허용되는 범위내에서 조사문제를 선정하여야 한다. 또한 조사자의 조사능력, 필요한 조사인력, 조사장비등을 고려해야 하며등을 고려해야 하며, 조사자는 이러한 한계 내에서 완수할 수 있는 조사문제만을 수용한다.

2. 조사문제 선정에 영향을 미치는 요인

연구를 위한 문제의 궁극적인 선정에 영향을 미치는 몇 가지 요인들이 있다. 이러한 요인들을 베일리의 설명을 기초로 하여 정리하면 다음과 같다.(Bailey, 1987:20-35)

첫째, 사회과학 패러다임(social science paradigm)이다. 패러다임은 조사자가 일체감을 갖는 학파나 모델이다. 사회과학내에는 수 많은 독특한 패러다임이 있는데 이들 대부분은 가치, 방법론, 관련된 반응성의 성도, 범위 그리고 시간 등에 있어 차이가 있다. 둘째, 조사자의 가치(researcher's values)이다. 가치는 조사의 가치가 있다고 간주되는 문제에 영향을 미칠 뿐 아니라 적당하다고 간주되는 방법과 조사자가 그 자신과 조사대상간의 관계를 바라보는 방식에도 영향을 끼친다. 셋째, 선택된 조사문제에 대해 자료를 수집하는데 적당하다고 간주되는 특정 방법에 내재하는 반응성의 정도(degree of reactivity)이다. 반응성이란 피관찰집단이 관찰자의 면전에서 일정 방식으로 행동하고 그리고 관찰자가 없을 때는 다르게 행동하는 것과 같이 조사가 자료에 영향을 미칠 수 있는 것(the study can affect the data)을 의미한다. 네 번째, 조사자의 방법론(researcher's methodology)이다. 이는 가설이 입증되었다고 간주하기 위해서 좌자가 필요로 하는 증거의 정도를 포함한다. 예를 들면 어떤 조사자들은 현장노트에 관찰되고 기록된 행동에 관한 진술에 만족하는 반면, 다른 조사자들은 일정 수준의 통계적 의미를 갖는 상관계수를 필요로 한다. 다섯째, 선택된 분석단위(unit of analysis chosen)이다. 예를 들면 개인과 같이 분석단위가 작냐 아니면 국가와 같이 크냐하는 것이다. 여섯째, 시간요인(time factor)이다. 연구가 일정 시점에서의 인구의 횡단(cross-section)을 다루느냐 아니면 장기간에 걸쳐 수행되어진 종단조사(longitudinal study)이냐 하는 것이다.

1) 연구패러다임(research paradigms)

조사문제 선정에 영향을 미치는 요인으로 연구패러다임이 있다. 사회과학내에는 수 많은 독특한 패러다임이 있는데 이들 대부분은 가치, 방법론, 관련된 반응성의 정도, 범위 그리고 시간 등에 있어 차이가 있다. 사전적으로 패러다임은 패턴, 예, 또는 모델로 정의되는데 통상적으로 연구자가 일체감을 갖는 학파나 모델을 말한다. 사회복지학과 같은 사회과학에서 '패러다임이란 사회적 현상을 바라보기 위해 일련의 개념과 가정으로 구성된 관점이나 준거틀'을 의미한다.[6)]

패러다임은 연구자가 세상을 바라보는 정신적인 창이다. 사람들이 창밖의 객관적인 실체를 서로 다른 창을 통해 바라볼 때, 서로 다르게 인식하고 해석할 수 있다. 마찬가지로, 두 연구자가 서로 다른 패러다임에 입각해서 동일한 객관적인 대상을 탐구할 때, 그들은 각기 서로 다른 설명을 하게 될지 모른다. 두 개의 상이한 패

6) 패러다임의 개념은 사회조사에서 오래된 것이지만 쿤(Thomas Kuhn)이 '과학적 혁명의 구조(The Structure of Scientific Revolution)'라는 저서의 출간함으로써 새로이 강조되었다.

러다임에서 동일한 현상을 바라보고 서로 다른 주장을 하는 예로 맬더스(Malthus)의 패러다임과 마르크스(Marx)의 패러다임을 들 수 있다. 맬더스와 마르크스는 인구과잉문제란 동일한 객관적인 현상을 서로 다른 관점에서 바라보고 서로 다른 주장을 하고 있다. 맬더스는 그의 인구론(An Essay on the Principle of Population)에서 식량의 공급은 산술적으로(1, 2, 3, 4, 5, 6.....) 증가하는 데 반해, 일반적으로 인구는 기학학적(geometric, 1, 2, 4, 8, 16, 32....)으로 증가하므로, 만일 인구증가를 억제하지 않고 자연대로 나둔다면, 식량부족으로 인해 기아(飢餓)는 불가피하다고 주장한다. 맬더스는 이러한 현상을 인구증가의 자연법칙이라 부르면서, 이 법칙은 국가의 정치체제가 어떠하든간에 모든 국가에적용된다고 하였다. 결론적으로, 맬더스는 인구증가를 회피하기 위해서는 개인주의가 증진되어야 하며, 복지제도와 사회주의는 개인의 창의성을 파괴하기 때문에 복지제도와 사회주의를 반대하였다.

이와는 대조적으로, 마르크스는 인구의 자연법칙은 존재하지 않지만, 반면에 생산을 통제하는 모든 양식은 그 자신의 인구법칙을 갖고 있다고 주장한다. 마르크스에 따르면, 자본주의 생산양식하에서 생산수단의 사유자인 자본가는 노동력을 상품으로 구입하고, 잉여가치를 보다 많이 창출하기 위해서, 즉 착취하기 위해서, 잉여노동공급을 필요로 하며, 따라서 인구과잉이 발생하게 된다. 결국 인구과잉은 착취를 위해 필요한 것이며, 인구과잉의 문제는 자본주의가 사회주의로 전환되어지면 사라지게 된다고 주장한다.

이와 같이 이들 두 학파, 맬더스두의자와 맑스주의자,는 서로 다른 패러다임 또는 관점에서 인구과잉이라는 똑같은 객관적 현상을 바라보고 서로 다른 결론을 내었다.

모든 패러다임은 그 자신의 개념들과 특수용어를 가지고 있다. 패러다임들은 개념과 가정에 있어 다를 뿐만 아니라 그들이 중요하다고 간주하는 조사문제에 있어서도 다르다. 예를 들면, 맬더스적 패러다임에서는 인구과잉이 중심적인 조사문제이고 아마도 세계가 직면한 가장 중요한 문제이다. 맬더스는 빈곤은 인구과잉 때문이지 정치의 기능, 계급갈등 또는 생산수단 때문이 아니다. 그러나, 맑시스트 패러다임에서는 중심적인 조사문제는 계급투쟁과 생산수단을 통제하고 있는 계급들에 의한 하위계급의 착취이다.

2) 조사자의 가치(researcher's values)

조사문제 선정에 영향을 미치는 또 다른 요인으로 조사자의 가치가 있다. 가치는 조사의 가치가 있다고 간주되는 문제에 영향을 미칠 뿐 아니라 적당하다고 간주되는 방법과 조사자가 그 자신과 조사대상간의 관계를 바라보는 방식에도 영향을 끼친다.

가치는 단순히 바람직하고 바람직하지 않은 것에 관한 개념이다. 패러다임들은 가정과 가치 측면에서 서로 다르다. 비록 숨겨져 있거나 잠재되어 있어서 저자 자신도 자신의 가치를 알지 못할지라도, 가치는 분명히 맬더스와 마르크스의 패러다임 내에 존재한다. 맬더스의 가치는 독립성, 근면 등을 강조하는 보수주의적 프로테스탄티즘이며, 사회문제는 객관적이고 합리적으로 탐색되어지고 과학적으로 다루어질 수 있다는 논리-실증주의적 견해를 갖고 있다. 맑스주의 패러다임은 자본주의는 악이고, 대중을 착취하며, 그리고 소수를 이롭게하기 위해 다수를 해치므로 자본주의 국가는 사회주의적으로 되어야 한다는 생각을 구체화하고 있다. 따라서 맬더스주의와 마르크스주의 패러다임은 사물이 경험적 세계에 존재하는 방식에 관한 가정 뿐 아니라 사물이 어떻게 존재해야만 하나(should be)하는 방식에 관한 가치판단과 진술도 포함하고 있다.

또 하나의 문제는 가치는 검증이 불가능할 뿐만 아니라 연구자로 하여금 편견을 갖게하여 객관성을 상실하게 한다. 가치와 가치판단에 관해 기억해야 할 주된 사항은 모든 연구자는 각자의 가치를 갖고 가치판단을 하고 있으며, 그의 가치와 가치판단은 패러다임에 따라 서로 다르다.

비에르스타트(Bierstedt)는 사회학과 같은 순수과학은 가치중립적(value-free)이라고 한다. 즉 객관성(objectivity)과 윤리적 중립성(ethical neutrality)을 가지고 있다. 객관성이란 탐구와 조사의 결과 도달한 결론이 인종, 피부색, 국적, 종교, 도덕적 선호, 정치적 성향 등과는 관련이 없다는 것이다. 윤리적 중립성이란 과학자는 도덕적 또는 윤리적으로 중요한 이슈에 대해 한 쪽편으로 치우치지 않는다는 것이다. 그러나 사회학의 응용과학적 특성을 가진 사회복지학이나 사회사업학은 순수과학이 아닌 응용과학으로서 가치중립적 판단을 하기 보다는 가치개입적 판단(value judgment)을 하고 있다. 따라서 연구자의 가치가 서로 다른 경우 조사문제가 서로 달라질 수 있다. 또한 가설이나 조사결과를 해석함에 있어서도 가치는 영향을 미칠 수 있다.

3) 반응성의 정도(degree of reactivity)

특정 자료수집방법에 내재하는 반응성의 정도도 조사문제에 영향을 미친다. 반응성이란 조사자가 있을 때는 조사대상자가 조사를 의식하여 일정한 방식으로 행동하고, 반면에 조사자가 없을 때는 다르게 행동함으로써 조사 그 자체가 자료에 영향을 미칠 수 있는 것(the study can affect the data)을 의미한다.

반응적 조사기법은 조사기법의 적용이 조사대상자에게 반응을 일으켜 연구자가 조사하기 원하는 바로 그 사회적 상황을 변화시킴으로써 조사자료에 영향을 미치는 것이다. 이러한 조사의 반응적 영향은 종종 '호쏜 영향(Hawthorne effect)'으로 불리운다.[7] 당시 조사자들은 휴식시간, 작업종료시간, 점심식사와 같은 다양한 요인들이 전화계전기를 조립하는 여성근로자들의 업무수행에 어떠한 영향을 미치는가에 대해 관심을 갖고 있었다. 이들 요인들을 변화시키면서 관찰한 결과, 조사자들은 휴식시간이 없어지고 작업종료시간이 늦춰졌을 때에생산이 오히려 증가한 사실을 발견하였다. 처음에 조사자들은 생산성 증가를 가져온 원인이무엇인가에 대해 설명을 하지 못해매우 난감해 하였으나, 마침내 조사자들은 생산성의 증가가 바로 반응적 영향 때문이었다고 판단하였다. 즉 여성근로자들이 조사대상자로서 자신들에게 주어지는 관심과 그리고 생산성 증가와 같은 문제를 해결하기 위해 그들이 제시한 제안들에 대해 보여진 관심 때문에 근로자의 사기가 향상되었고, 그에 따라 생산성이 향상된 것이다. 조사자들이 보여준 이러한 관심으로 인해 조사대상근로자들이 반응을 일으켜 조사자들이 연구하고 싶어하는 바로 그 행동에, 즉 근로자의 생산성에, 변화를 가져온 것이다.

반응성 문제는 다른 분야에도 존재하지만 그 문제는 특히 사회조사분야에서 심각하다. 만일 사람들이 사회조사자에 의해 자신이 관찰되어지고 있다는 사실을 안다면, 사람들은 종종 자의식(self-conscious)을 느끼게 되어 의식적으로든 무의식적으로

---

7) Hawthorne effect란 말은 반응적 영향이 발견되어진 시카고의 서부전기회사의 Hawthorne 공장의 조사에서 그 이름이 유래하였으며 사실상 하버드 대학교수 G.E.Mayo의 주도하에 F.J.레슬리스버거, G.C.호먼스 등이 추진하였다. 연구의 중심은 작업능률과 인간적 여러 요인(태도 · 인간관계 등)의 관련을 구명하는 것으로, 조명실험(照明實驗:1924~1926) · 계전기(繼電器) 조립작업에 종사하는 여공(女工)에 대한 실험(1927~1932), 2만 1000명 종업원들의 불만조사와 감독자 훈련 등을 통하여, 산업사회의 기능향상에 있어서는 종래부터 강조되어온 공식 조직 외에, 비공식 조직이 무시할 수 없는 영향력을 미친다는 사실이 입증되었다. 작업능률과 생산성은 인간관계, 감독 방식, 작업자 개개인의 노동의욕 등과 밀접한 관계가 있다는 것, 고충의 청취에 의한 의사소통의 개발, 비정규 그룹과 비정규적 리더의 존재를 밝혀낸 것 등이 이 실험의 큰 성과이다.

든 자신의 행동을 변화시킨다. 따라서 아이러니칼하게도 단지 조사자들이 있다는 사실 때문에 조사자들이 관찰하고 싶어하는 정상적인 행동이 나타나지 않는다는 것이다. 또한 종종 서베이조사자들은 그들의 질문이 응답자로 하여금 응답자 자신이 이전에 생각해 본 적이 없는 주제에 대해 생각하게 자극하여 응답자가 아무 견해가 없었던 상황에서 어떤 견해를 갖도록 할지도 모른다. 또는 그 질문이 응답자로 하여금 그들이 조사자가 원하는 식으로 대답하거나 또는 단순히 조사자를 즐겁게 하기 위해 의견이 없는 때에도 의견을 진술하도록 유도할지도 모른다.

사회과학자들은 인간을 연구하고 그리고 종종 그들이 연구하는 바로 그 집단의 구성원이되기도 한다. 이러한 경우 그들이 응답자와 행하는 사회적 상호작용(social interaction)은 사회조사에 있어서 반응성의 주된 원인이 된다. 사회과학에 존재하는 이러한 특징인 반응성은 물리과학과 다른 하나의 특징이다.

4) 조사자의 방법론(researcher's methodology)

조사자의 방법론도 조사문제의 선정에 영향을 미친다. 물리과학과 사회과학간의 차이점에 관한 논쟁의 중심은 방법(method)이 아니라 방법론(methodology)에 있다. 방법이란 자료를 수집하기 위해 사용되는 조사기법이나 도구를 말한다. 물리과학에서 서용되는 도구는 사회과학에서 사용되는 도구와 다르다는 것은 분명하다. 물리학자들은 여론조사를 사용하지 않으며 그리고 사회학자들은 전자현미경을 사용하지 않는다. 그밖에, 물리과학과 사회과학간에 방법상의 차이는 종류의 차이라기 보다는 정도의 차이이기도 하다. 예를 들면, 조사자가 전파망원경이나, 전자현미경, 구형잠수장치, 편도거울(one-way mirror), 또는 참여관찰을 사용하던간에, 그는 똑 같은 조사방법, 즉 관찰을 사용한다. 그러나 관찰의 정도에 있어 물리과학과 사회과학간에는 차이가 있다.

방법론이란 조사과정의 원리(philosophy of the research process)를 의미한다. 방법론은 조사자가 자료를 해석하고 결론을 내기 위해 사용하는 표준 또는 기준과 조사의 근본적 이유로서 작용하는 가정과 가치를 포함한다. 조사자의 방법론은 조사자가 어떻게 가설을 작성하고 가설을 기각할 것인가, 아니면 기각하지 말아야 할 것인가를 결정하는데 필요한 증거의 수준과 같은 요인들을 결정한다.

물리과학의 방법론은 통상 사회과학의 방법론보다 정밀하고 정연하지만 항상 그렇지는 않다. 특히, 물리과학은 사회과학보다 변수 간의 관계를 보통 수학적 항등식을 사용하여 정확한 용어로 진술할 가능성이 크다. 이렇다고 해서 물리과학이 사회과학보다 더 우월하다는 것은 아니다. 사실 일부 사회과학자들은 양적인 설명은 인위적이고, 사회현상을 비인간화시키거나 지나치게 단순화시키는 경향이 있다고 느끼고 있다. 이들 양적인 설명에 비판적인 조사자들은 조사대상과의 상호작용을 통하거나 경험을 공유함으로써 얻어지는 보다 감정적인 종류의 이해가 수학적 모델을 통해서 얻어지는 논리적으로 정확한 설명보다 더 만족스러운 설명을 할 수도 있다고 생각한다. 경우에 따라서는 이같은 공감적 또는 몸으로 느끼는 이해가 논리적인 설명을 대체할 지도 모른다. Weber는 이같은 공감적 감정이입(sympathetic empathy)를 훼르스텐 방법(method of Verstehen)이라 부른다.

조사자가 명확하고 논리적인 방법론에 입각하여 조사를 행하는가, 아니면 공감적 이해에 입각하여 조사를 행하는가의 차이는, 즉 조사자의 방법론의 차이는 조사문제의 선정에 영향을 미치게 된다.

5) 선택된 분석단위(unit of analysis chosen)

선택된 분석단위도 조사문제의 선정에 영향을 미친다. 사회복지조사에 있어서 분석단위는 매우 다양하다. 개인뿐만 아니라 집단에 대해서도 분석해야 하는 사회복지학에 있어서, 사회복지조사는 주제에 관해서 뿐만 아니라 분석단위에 관해서도 매우 다를 수 있다. 예를 들면 사망에 관한 연구에서, 개별 사람들이 죽음에 어떻게 적응하는가의 연구에서 분석단위는 개인이다. 반면 국가별 국민들의 사망률을 비교한다면 분석단위는 국가이다.

사회복지조사에서 분석단위는 일반적으로 개인, 집단, 공식적 사회조직, 사회적 가공물 등으로 구분된다. 첫째, 사회복지분야에서 개인은 전형적인 연구대상으로 가장 일반적으로 선택되는 분석단위이다. 클라이언트의 개별적 속성을 연구하거나, 지역사회주민들의 욕구를 조사하는 경우, 일반 국민들의 복지의식을 조사하는 경우 모두 분석단위가 개인이 된다. 둘째, 집단도 종종 연구대상으로 등장한다. 집단을 분석단위로 사용하는 경우는 부부, 또래집단, 동아리, 인구조사표준지역(census tracks), 읍-면-동, 시, 도, 국가 등이 있다. 한 가지 주의해야 할 점은 집단구성원을 분석단위로 하는 경우와 집단 자체를 분석단위로 하는 경우는 차이가 있다. 집단구성원을 대상으로 하는 경우 분석단위는 개인으로 미시조사에 속하지만, 집단 그 자체를 대상으로 하는 경우 분석단위는 집단으로 거시조사에 속한다. 예를 들어, 장애인고용에 대해 알기 위해 장애인 개개인의 고용시 어려웠던 점을 조사한다면 분석단위는 개인이 되지만, 장애유형별(예: 지체장애, 시각장애, 청각장애, 언어장애 등) 고용율을 비교분석한다면 분석단위는 장애인 집단이 된다. 셋째, 공식적 사회조직도 분석단위가 된다. 예를 들어 지역사회복지관이나 노인복지시설과 같은 복지기관, 초-중-고학교나 대학과 같은 교육기관, 교회나 성당과 같은 종교기관, 참여연대나 환경연합과 같은 시민단체, 정당과 같은 정치단체등이다. 예를 들면, '가'형 종합사회복지관의 프로그램 종류와 '나'형 종합사회복지관의 프로그램 종류를 비교 분석하는 경우, 공식적 사회조직이 분석단위가 된다. 넷째, 사회적 가공물(social artifacts)도 분석단위가 된다. 사회적 가공물이란 신문사설, 도서, 그림, 대중음악, 인터넷 광고물 등과 같이 사회적 존재에 의해 만들어진 산출물이나 행위의 결과를 의미한다. 예를 들면, 언론사의 인터넷여론마당에 올린 글들을 분석하면서 국민여론의 움직임을 파악하는 경우 사회적 가공물인 여론마당에 실린 글이 분석단위가 된다.

분석단위와 관련해 주의해야할 점은 생태학적 오류와 개인주의적 오류, 축소주의를 범하지 않아야 한다는 것이다. 생태학적 오류(ecological fallacy)는 집단을 대상으로 한 조사결과에 근거해서 개인에 대해서도 똑 같을 것이라고 가정할 때 발생하는 오류이다. 예를 들어 '기독교국가의 자살률이 힌두교국가의 자살률보다 높다'는 가설을 검증한 결과 결과를 근거로하여 '기독교신자의 자살률이 힌두교신자의 자살률보다 높다'는 가설을 세운다면, 이는 국가라는 집단을 분석단위로 한 결과에 근거해서 신자라는 개인을 분석단위로 한 연구에 적용하였기 때문에 생태학적 오류를 범하게 될 수 있다. 반면 개인주의적 오류(individualistic fallacy)는 개인을 분석단위로 한 조사결과에 근거해서 집단에 대해서도 똑 같을 것이라고 가정할 때 발생하는 오류이다. 즉 개인적 특성에 관한 정보를 가지고 집단의 특성을 파악하려 할 때 발생하는 오류이다. 예를 들면 기독교신자들이 가계예산 가운데 빈민구제활동에 지출하는 비율이 비기독교인보다 크다는 조사결과를 가지고 기독교국가들이 국가예산 가운데 공공부조예산이 차지하는 비율이 비기독교국가와 비교할 때 더 크다고 가정할 때 발생하는 오류가, 즉 신자라는 개인을 분석단위로 한 조사결과를 가지고 국가라는 집단을 분석단위로 한 상황에 적용하려 할 때 발생하는 오류가 개인주의적 오류이다.

축소주의(reductionism)란 어떤 넓은 범위의 인간의 사회적 행위를 이해함에 적합한 개념이나 변수를 지나치게 한정시키거나 한 가지로 귀착시키려는 경향을 말한다. 일부에선 환원주의라고 번역되기도 한다.

일반적으로 분석단위의 규모가 큰 조사는 거시조사(macro research)라 불린다. 대륙, 국가, 주, 카운티, 인구조사표준지역(census track) 등과 같이 사람이 거대 집합체나 거대한 지역을 비교하는 조사는 거시조사이다. 반면에, 분석단위가 개별 사람들인 경우는 미시조사(micro research)라 불린다. 일반적으로, 개별 사람들뿐만 아니라, 두명에서 네명의 사람들이 관련되는 소집단 연구도 미시적이라 불리어지기도 한다. 그러나 미시와 거시간의 명백한 경계선은 없다. 분석단위는 무엇을 연구할 것인가, 무엇을 조사하고 결론을 내릴 것인가하는 조사문제 설정과 밀접하게 관련되어 있다.

6) 시간요인(time factor)

시간요인도 조사문제 선정에 영향을 미친다. 조사가 일정 시점에서의 인구의 횡단(cross-section)을 다루느냐, 아니면 조사가 장기간에 걸친 시간적 종단(longitude)을 다루느냐에 따라 횡단조사(cross-sectional study)와 종단조사(longitudinal study)로 나뉜다.

횡단조사는 어느 하나의 특정 시점에서 인구의 횡단을 조사하는 것으로 사회복지 분야에서 널리 사용된다. 여기서 횡단(cross-section)이란 서로 다른 연령, 교육수준, 소득수준, 인종, 종교 등등의 사람들의 광범위한 표집을 의미한다.횡단조사의 목적은 일정 시점에서 특정 표본이 갖고 있는 특성을 파악하거나 이들 특성에 따라 집단을 분류하려는 것이다. 횡단조사는 일정 시점에 측정이 이루어지기 때문에 정태적인(靜態的, static) 성격을 갖는다.

종단조사는 둘 이상의 시점에서 시간의 흐름에 따라 조사대상이나 상황의 변화를 측정하는 것으로 일반적으로 수주일, 수개월, 수년간 동안 장기간에 걸쳐 일정한 시간 간격을 두고 반복적으로 여러 차례의 측정함으로써 자료를 수집하는 조사방법을 말한다. 종단조사는 장기간에 걸쳐 조사대상자와 상황의 변화 또는 특정한 경향을 조사할 수 있다.

조사가 어느 특정 시점에 이루어지는가, 아니면 장기간에 걸쳐 이루어지는가는 조사문제가 선정되는데 영향을 미친다. 특정 시점에 이루어지는 횡단조사인 경우 동태적인 조사문제는 선정할 수 없다. 또한 장기간에 걸쳐 이루어지는 종단조사의 경우 정태적인 조사문제의 경우 비용낭비적이다.

3. 사회적 설명의 구성

사회적 설명은 기술적 조사, 설명적 조사, 이론, 명제, 변수 간의 관계 등으로 구성된다(Bailey, 1987: 38-58).

1) 기술적 조사

종종 조사자는 공식적 가정을 가지지 못한다. 이것은 탐색적 조사에서 특히 사실이다. 이같은 탐색은 현상을 구체적으로 묘사하려고, 즉 무엇이 일어났는지를 묘사하려고(describe what happened) 시도하기 때문에 종종 기술적 조사(記述的 調査, descriptive studies)라 부른다.

2) 설명적 조사

설명적 조사(explanatory study)는 일반적으로 사회적 현상이 왜 그리고 어떻게 일어났는지를 상술함으로써사회적 현상을 설명하려고 시도한다.

① 설명

많은 조사는 단순한 기술(記述)을 넘어서 현상을 설명하려고 노력한다. 사회조사의 목적은 사회에 대한 사람들의 이해를 증대시키는 것이라는데 의견의 일치가 있다. 어떻게 우리가 이해하는지 아니면 이해하지 못하는지를 판단할 수 있을까? 설명의 가장 기본적인 형태는 '왜 장애인복지시설에 대한 NIMBY 현상이 존재하는지?' 또는 '어떻게 자원봉사운동이 시작되는지?'와 같은 '왜 그리고 어떻게 질문(why and how questions)'에 대답하는 것이다.

② 예측

설명이외에, 관련된 목적은 예측이다. 사람들은 어떤 사건이 발생한 후 그 사건을 설명할 수 있는 것 이외에 언제 그 사건이 발생할 것인가 또는 향후 어떻게 전개될 것인가를 예측할 수 있기를 바란다. 때로는 그 사건의 발생을 통제하고 싶어하기도 하는데실험실내에서는 가끔 가능하겠지만 실험실 밖에서는 매우 어렵다.

3) 이론

설명과 예측은 이론에의해 제공되어 진다. 이론은 '왜 그리고 어떻게 질문(why and how questions)'에 대답하는 것을 시도한다. 이론화(theorizing)란 일반적으로 관심사(예: 청소년 비행)를 어떤 다른 현상(예: 결손가정)에 관련시킴으로써 사회적 현상을 예측하고 설명하는 과정으로서 정의될 수 있다. 항상 그런 것은 아니지만, 종종, 이론은 인과적 용어로 진술될 수 있다. 예를 들면, 결손가정이 청소년 비행의 원인이 된다.

이론은 어떤 특별한 현상을 설명하려고 시도한다. 무엇인가 예측하거나 설명하려고 하지않는 진술은 이론이 아니다. 또한, 이론은 적어도 궁극적으로는 반드시 검증가능해야 한다. 즉 단순히 검증하는데 감당할 수 없을 만큼 비용이 많이 들기 때문에 현재로서는 검증될 수 없는 진술들도, 본래 검증이 가능하다면, 그럼에도 불구하고 이론이다. 반면 정의상으로는 진실이지만, 본래 자기모순적이거나 너무 모호해서 이해될 수 없는 진술은 적절한 이론이라고 할 수 없다.

이론의 기본적 요소는 개념(concepts)과 변수(variables)인데, 이들은 명제(命題,propositions)로 일반적으로 알려진 진술 가운데 존재하고 있다. 명제는 공리(公理,axiom), 공준(公準,postulate, 정리(定理,theorem), 경험적 일반화(empirical generalization), 가설(hypothesis)일 수 있다.

(1) 개념과 변수(concepts and variables)

설명적 진술은 범위와 복잡성에 있어 매우 다양하다. 그러나 모든 설명적 진술은 개념과 변수를 포함하고 있다. 개념(concept)은 단순히 정신적 이미지 또는 인식이다. 개념이란 단어 또는 용어를 사용해서 어떤 현상이나 사물의 의미를 추상적인 용어를 사용하여 관념적으로 구성한 것이다. 개념은 특정 대상의 속성을 추상화하여 의미를 부여한 것이므로 개념 자체를 직접 경험적으로 측정할수 없다. 개념은 사회정의나 사랑과 같이 직접 관찰할 수 없거나 또는 지체장애나 나무와 같이 쉽게 관찰될 수 있는 대상물을 가지고 있을 수도 있다.

개념은 경험하고 관찰되어진 것에대한 의미를 전달하고, 이를 기존의 이론이나 지식에 연관시키고, 따라서 조사문제가 기존의 이론이나 지식과 연관됨으로써, 연구가 체계적으로 수행될 수 있도록 한다. 개념이 갖고 있는 추상적인 언어적 상징이 갖고 있는 의미는 가능한 한 명백하고 상세하게 규정하여야 한다.

〈개념과 변수〉

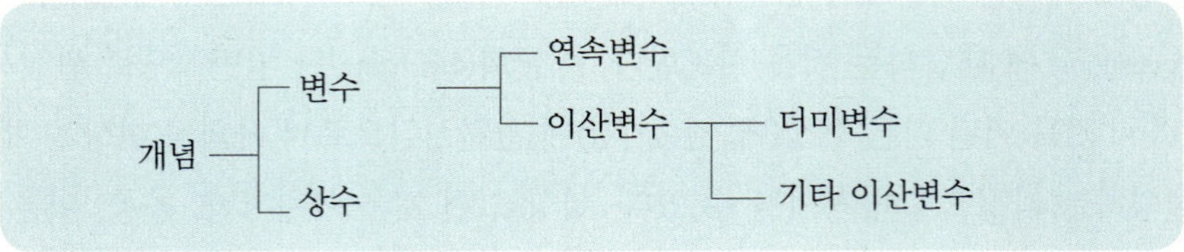

한 연속선상에서 하나 이상의 의 값을 가지는 개념을 변수(variable)라 부른다. 변수란 연구대상의 경험적 속성에 계량적인 수치를 부여하여 경험적으로 측정 가능한 개념이다. 변수는 특정 대상의 속성을 나타낸다는 점에서는 개념과 같으나, 경험적 세계의 속성을 나타낸다는 점에서 개념과 구분된다. 예를 들면, '장애'는 개념이지만 '장애'라는 단어 자체는 변화할 수 없으므로 변수는 될 수 없다. 그러나 '장애등급'은 1급에서 6급까지 다양한 가치값을 가지므로 변수라 할 수 있다. 지역사회복지관은 개념이지만, 지역사회복지관의 유형은 가형 복지관, 나형 복지관, 사회복지관으로 세가지 가치값을 가지므로 변수라 할 수 있다.

단지 하나의 결코 변하지 않는 값을 가지는 변수를 상수(常數, constant)라 부른다. 보통 변수의 값이나 범주는 양적으로 정해져 있지만(즉 연령의 경우처럼 숫자로 나타나지만), 일부 변수는 숫자에 의해서라기 보다는 낱말부호로 지정된 범주를 갖고 있다. 예를 들면 성(性, gender)은 남자(M)와 여자(F)라는 부호에 의해 지정된 범주를 가진 변수이다. 이들 낱말부호로 지정된 범주를 갖는 변수들은 입력(coding)과정에서 숫자로 대체되어 입력되어지지만, 그 숫자는 숫자가 갖고 있는 양적 의미는 없다. 성(性)을 남자는 M, 여자는 F로 지정하지만 조사결과를 분석하기 위해 컴퓨터에 입력할 때는 남자=1, 여자=0 또는 반대로 남자=0, 여자=1으로 입력할 수 있다. 일반적으로, 연령이나 몸무게와 같이 양적으로 정해진 변수들을 연속변수(continuous variables)라 하고, 성별이나 종교형태와 같이 지정된 범주를 갖는 변수들을 이산변수(discrete variables)라 부른다. 범주적 변수의 대표적인 예는 더미변수(dummy variable)이다. 더미변수는 이분적 변수이다. 예를 들면, 성(性)(남자=1, 여자=1), 약물경험 유무(1=있음, 0=

없음), 구직등록 유무(1=등록했음, 0=하지 않았음) 등이다.

(2) 변수의 종류

① 독립변수와 종속변수(independent variables and dependent variables)

'X는 Y에 영향을 미친다 또는 X의 변화는 Y의 변화를 초래한다'라는 진술에서 X는 독립변수, Y는 종속변수를 의미한다. 인과관계(causal relationship)에서, 원인(cause)은 독립변수이고 결과(effect)는 종속변수이다. 예를 들면, 만일 흡연이 폐암을 유발한다고 가정하면, 흡연은 독립변수이고 그리고 암은 종속변수이다. 독립변수(independent variables)란 비대칭적 관계에서, 다른 변수의 변화를 야기할 수 있는 변수이다. 독립변수란 종속변수의 논리적인 선행조건으로 종속변수에 영향을 미치는 원인이다. 실험연구에서 독립변수는 연구자가 의도적으로 조작한 변수인 실험자극 또는 처치(experimental stimulus or treatment)이다. 독립변수는 원인변수(causal variable), 설명변수(explaining variable), 예측변수(predictor variable), 선행(antecedent variable)변수라고도 부른다. 실험설계에서는 실험처치(experimental treatment) 또는 실험자극(experimental stimulus)이 독립변수에 해당한다.

종속변수(dependent variables)란 그의 값이 다른 변수에 의존하지만 다른 변수에 영향을 미칠 수 없는 변수이다. 종속변수란 독립변수의 영향을 받아 일정한 결과를 나타내는 변수이다. 종속변수는 결과변수(effect variable), 피설명변수(explained variable), 피예측변수(predicted variable)라고도 부른다. 실험설계에서는 실험처지에 따라서 변화하는 것으로 예측되는 변수가, 즉 관찰의 대상의 속성이 종속변수가 된다.

통계문헌에서는 일반적으로 대칭적 관계는 설명과 동일시 하고, 그리고 비대칭적 관계는 예측과 동일시한다. 즉 사회복지조사에서 설명적 단계는 먼저 상호관련되어 있는, 대칭적으로 서로 관계되어 있는, 모든 변수들을 확인한다. 일단 상관관계가 발견되어지면 다른 변수의 값으로부터 한 변수의 값을 예측하기 위해서 회귀계수(regression coefficient)와 같은 비대칭 계수를 사용할 수 있다.

일반적으로 종속변수는 사람들이 설명하고 싶어하는 변수이다. 그리고 종속변수는 가설적 설명이다. 종종 한 변수가 단순히 다른 변수보다 먼저 발생하기 때문에 그 변수가 독립적이라고 인정할 수 있다.

② 매개변수(intervening variable)

〈 매개변수 관계 〉

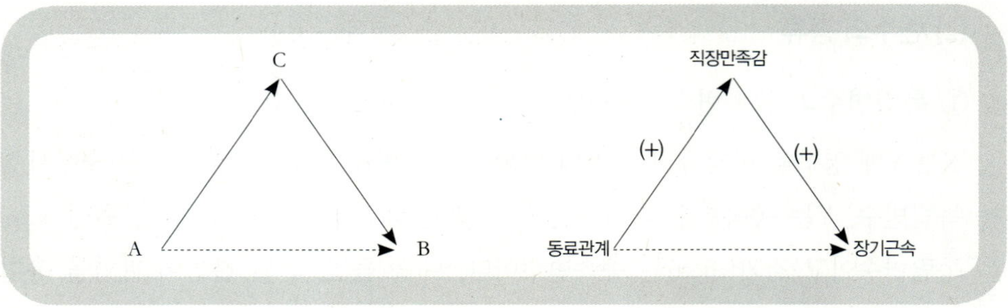

종종 두 변수 간의 명백한 관계가 매개변수에 의해 기인하는 경우가 있다. 즉 변수 A와 B는 고도로 상호관련되어 있을지 모르지만, 그러나 이는 단지 변수 A가 제3의 변수 C의 원인이 되고, 차례로 변수 C가 변수 B의 원인이 되었기 때문이다. 이러한 경우에 변수 C는 매개변수(intervening variable)라 부른다. 매개변수는 독립변수가 매개변수를 통해 종속변수에 간접적으로 영향을 미치게 하고 있다. 매개변수는 독립변수와 종속변수 사이에서 독립변수의 결과인 동시에 종속변수의 원인이 되는 변수이다.

화살표 꼬리쪽의 변수가 화살표 머리쪽의 변수의 원인이다. 매개변수관계에서는 A가 C의 원인이 되고 차례로 C가 B의 원인이 되고 있다.

매개변수는 독립변수에서 종속변수에 이르는 시간적 전후관계와논리적 과정에 대한 이해를 가능케 함으로써 인과관계에 대해 정확히 규명할 수 있도록 한다.

예를 들어 장애인근로자가 근무하는 직장에서 장애인근로자와 동료근로자간의 관계가 장애인근로자의 장기근속에 미치는 영향을 조사함에 있어, 장애인근로자와 동료와의 관계가장애인근로자의 장기근속에 직접 영향을 미치는 것이 아니라, 동료관계가 직장만족을 가져오고, 직장에 대한 만족이 이직을 방지하고 장기근속이 가능하게 하여준다. 여기서 독립변수는 동료관계이고, 종속변수는 장기근속이며, 매개변수는 직장만족감이다.

③ 외생변수(extraneous variable)

외생변수란 독립변수가 종속변수에 표면상으로는 영향을 미쳐 인과관계가 있는 것처럼 보이지만, 실제로는 독립변수(X)와 종속변수(Y)가 각각 제3의 변수(Z)와 밀접한 관계를 갖고 있어 독립변수가 종속변수에 영향을 미치는 것처럼 보일 뿐이다. 즉 독립변수와 종속변수 간의 인과관계는 가식적 관계(spurious relation)이다. 이 때 제3의 변수가 독립변수와 종속변수에 미치는 영향을 통제하면, 즉 외생변수를 통제하게 되면, 가식적 관계는 사라지게 된다. 이와 같이 가식적 관계임을 밝히기 위해서 통제되어야 하는 제3의 변수를 외생변수라 한다.

외생변수(extraneous variable)는 간혹 외적변수 또는 외재변수라고 번역되기도 한다.

〈 외생변수: 가식적 관계 〉

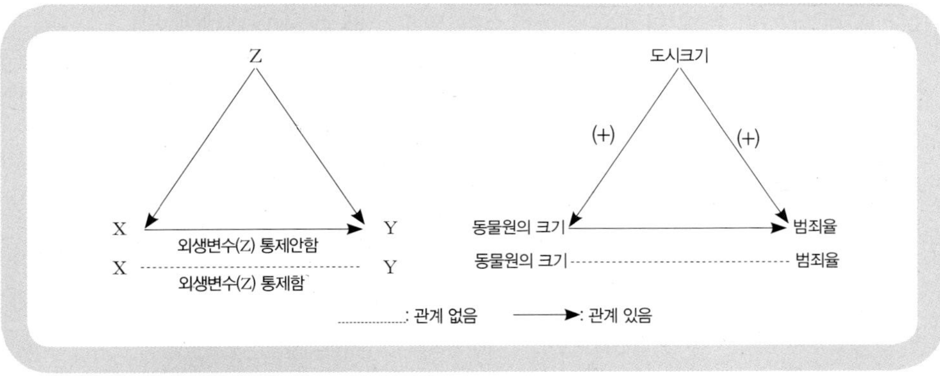

사람들은 가끔 두 변수 간의 명백한 관계를 발견하지만, 궁극적으로는 그 두 변수들이 실제로 서로에게 결코 영향을 미치지 못한다는 사실을 발견하게 된다. 예를 들면, 만일 사람들이 30만명 이상의 인구를 가진 미국내 모든 도시들을 조사한다면, 도시동물원내 동물의 수와 범죄율간에 상관관계를 발견할 것이다. 그러면 이러한 관계로부터 코끼리와 호랑이가 범죄의 주된 원인이라고 결론을 내릴 수 있을까? 가장 현실적인 결론은 아직 조사되지 않은 어떠한 제3의 요인이 동물원의 크기와 범죄율의 원인이 되고 있어서, 양자가 함께 변화하게 만드는 원인이 된다는 것이다. 도시의 크기가 동물원의 크기와 범죄율과 밀접히 상호관련되어 있고, 그래서 이것 때문에 독립변수인 동물원의 크기와 종속변수인 범죄율이 서로 관련이 있는 것처럼 보인다. 독립변수와 종속변수 간의 인과관계가단지 제3의 변수로 말미암아 발생하였기 때문에, 두 변수가 서로 관련되어 있는 것처럼 보이는 관계를 가식적 관계(spurious relationship)라 부른다.

화살표 꼬리쪽의 변수가 화살표 머리쪽의 변수의 원인이다. 따라서 〈가식적 관계〉에서는 C가 변수 A와 B의 원인이 된다.

④ 억압변수와 왜곡변수(supressor variable or distorter variables)

두 변수(X와 Y)가 각각 제3의 변수(Z)와 상관되어 있기 때문에실제로 관련이 되어 있는 두 변수들(X와 Y)이 관련이 되어있지 않은 것처럼 보이는 관계를 '가식적 영 관계(spurious zero relationship)'라 부른다. 여기서 제3의 변수는 두 개의 다른 변수 간의 관계를 억압하기 때문에 '가식적 영 관계'의 원인이 되는 제3의 변수를 억압변수(suppressor variable)라 부른다. 억압변수는 하나의 변수와 긍정적으로 상관되어있고 그리고 다른 변수와는 부정적으로 상관되어 있음으로서 두 변수 간의 관계를 억누르고 있다. 두 변수 간의 참된 관계는 억압변수가 통제될 때 다시 나타나게 된다.

〈 억압변수 · 왜곡변수: 가식적 영 관계 〉

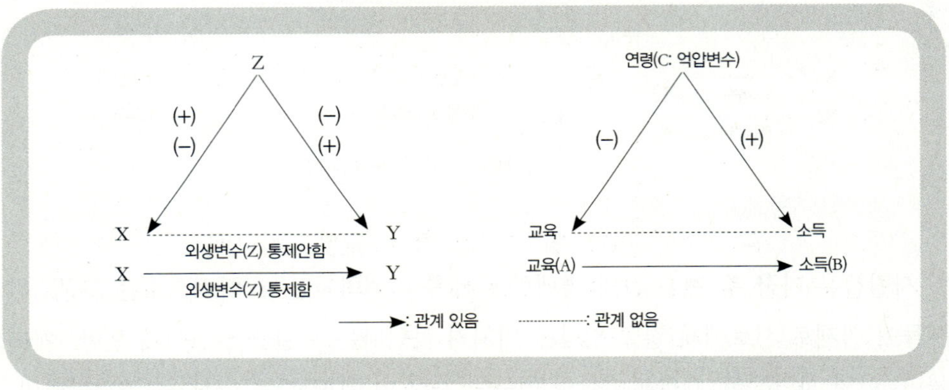

사람들이 '교육과 소득수준 사이에 긍정적인 관계가 있다(교육수준이 높을수록, 소득수준이 높다)'고 가정하지만, 그러나 조사를 행하고는 관계가 없음을 발견하게 된다. 그 후에 사람들은 실제 관계가 존재하지만 그 관계가 연령이란 변수에 의해 억압되어지고 있는, 즉 연령이 표본들의 교육수준과 부정적으로 상관되어있고(연령이 높을수록, 교육수준이 낮다) 그리고 소득과는 긍정적으로 상관되어 있는(연령이 높을수록, 소득수준이 높다) 사실을 발견하게 된다. 따라서 낮은 연령은 교육수준을 끌어 올리게 되지만 소득은 끌어내리게 되고, 반면 높은 연령은 소득을 끌어올리지만 교육수준은 끌어내리게 되어, 만일 연령이 통제되지 않으면 교육과 소득간의 관계를 효과적으로 상쇄시키게 된다. 만일 교육수준과 소득이 어떤 동일연령의 단일 인구집단에 대해 조사가 되어진다면, 그 관계(교육수준과 소득간의 관계)는 다시 나타나게 된다. 이 제3의 변수는 두 변수 간의 관계를 어떤 식으로 왜곡시킨다는 것을 나타내기 때문에 '왜곡변수(distorter variable)'라고도 불리어진다.

⑤ 통제변수(control variable)

통제변수(control variable)란 독립변수와 종속변수 간의 인과관계에 영향을 주는 제3의 변수이다. 독립변수와 종속변수 간의 관계에 영향을 미치는 요인들을 방치한 채 통제하지 않는다면 양자간의 진실된 관계는 정확히 규명될 수 없다. 따라서 이들 제3의 영향요인들은 통제되어야 한다. 여기서 통제한다는 의미는 두 변수 간의 인과관계를 논함에 있어 제외한다는 의미가 아니라 인과관계를 분석함에 있어서 이들 제3의 요인들이 미치는 영향을 고려하여 분석한다는 의미이다. 즉 분석시 독립변수와 종속변수뿐만 아니라 이들 제3의 요인들을 포함시킨다는 것이 '통제(control)'라는 의미이다. 통제변수는 독립변수가 종속변수에 미치는 영향의 정도를 보다 정확하게 알기 위하여 통제되는 변수이다. 통제변수에는 여러 가지 종류가 있는데 앞에서 언급한 외생변수, 매개변수, 억압변수 내지 왜곡변수 등이 있다.

⑥ 선행변수(antecedent variable)

선행변수란 독립변수 보다 먼저 발생된 변수로서 독립변수와 종속변수에 직간접적으로 관련된 변수를 말한다. 선행변수가 통제되더라도 독립변수와 종속변수 간의 관계는 계속 유지가 되지만, 만일 독립변수가 통제되면 선행변수는 종속변수와 아무런 관계를 갖지 못하게 된다.

선행변수 ➡ 독립변수 ➡ 종속변수

선행변수는 독립변수와 종속변수 간의 관계에 미치는 영향을 보다 광범위하고 명확하게 이해하고자 할 때 규명되어진다.

⑦ 이산변수와 연속변수

변수의 척도 수준에 따라 이산변수와 연속변수로 나뉜다.

이산변수(discrete variables)는 명목척도(nominal scale)와 서열척도(ordinal scale)로 측정되는 변수들이다. 사람이나 사물의 속성을 분류할 목적으로 숫자나 기호를 부여하는 명목척도로 측정된 변수(예:성별, 장애유형, 종교 등)와 사물의 속성에 대해 크기, 정도나 양의 많고 적음, 크고 작음, 심한 정도에 따라 순서를 비교하는 서열척도로 측정된 변수(예:장애등급, 학력, 직급 등)들이 이산변수이다. 이산변수는 양적척도가 아닌 질적척도로서 질적 연구분야에 많이 활용되고 있다. 이산변수는 다양한 범주를 갖는 범주적 변수(categorical variables)로 되어 있다.

이산변수의 대표적인 예는 더미변수(dummy variables)이다. 더미변수는 대학교육의 유무, 구직등록 유무, 산재보험 가입 여부, 성(gender) 등과 같이 단지 질적인 설명변수 내지 독립변수가 종속변수에 미치는 영향을 나타낼 때 사용된다. 이 경우 서로 다른 두 집단을 구분하는 변수와 종속변수 간의 인과관계를 나타낼 때 사용된다. 이 경우 서로 다른 두 집단을 구분하는 변수와 종속변수 간의 인과관계를 나타내는 회귀선(regression lines), 즉 서로 다른 두 집단들 각각의 회귀선간에는 기울기계수(slope coefficients)에 있어 차이가 없고 단지 절편(intercept terms)에서만 차이를 나타낸다. 예를 들면, 남성장애인근로자와 여성장애인근로자간에 학력수준과 소득간의 관계는 다음과 같이 더미변수를 사용하여 나타낼 수 있다(Kennedy, 1985:180–188; Maddala, 1988, 252–260; Pyndick & Rubinfeld, 1981:114–115, Schroeder & et.a., 1986:56–61).

Y = a1 + b1D + b2X　　D(dummy variable)
D = 1(남성장애인근로자)
D = 0(여성장애인근로자)
만일 남성장애인 근로자인 경우 D=1 이므로 Y = al + b1 + b2X
만일 여성장애인 근로자인 경우 D=0 이므로 Y = a1 + b2X

따라서 두 집단간 기울기 (b2)는 같으나 절편(a1 + b1, a1)이 서로 다르다. 이러한 현상을 그래프로 나타내면 다음과 같다.

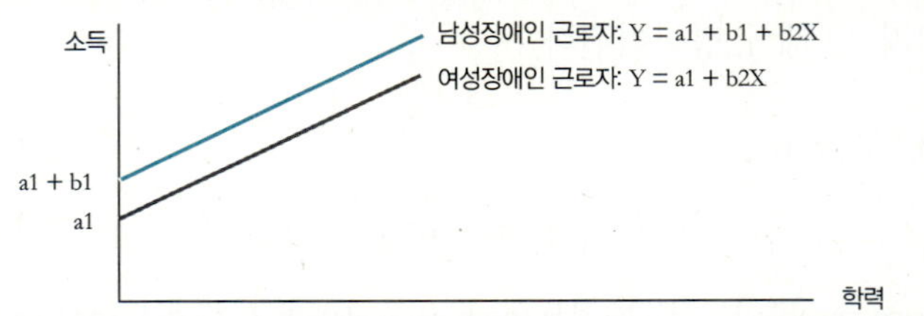

단, 더미변수와 연속변수인 다른 독립변수가 결합되어 상호작용변수(interaction

terms)로 사용된 경우에는 절편은 같으나 회귀선의 기울기에 차이가 있다.

Y = a1 + b1DX + b2X　D(dummy variable)
D = 1(남성장애인근로자)
D = 0(여성장애인근로자)
만일 남성장애인 근로자인 경우 D=1 이므로 Y = a1 + b1X + b2X = a1 + (b1+b2)X
만일 여성장애인 근로자인 경우 D=0 이므로 Y = a1 + b2X

양 집단간에 절편(a1)은 같으나 기울기는 (b1+b2, b2)는 서로 다르다. 이러한 현상을 그래프상에 나타내면 다음과 같다(b1>0 & b2>0인 경우).

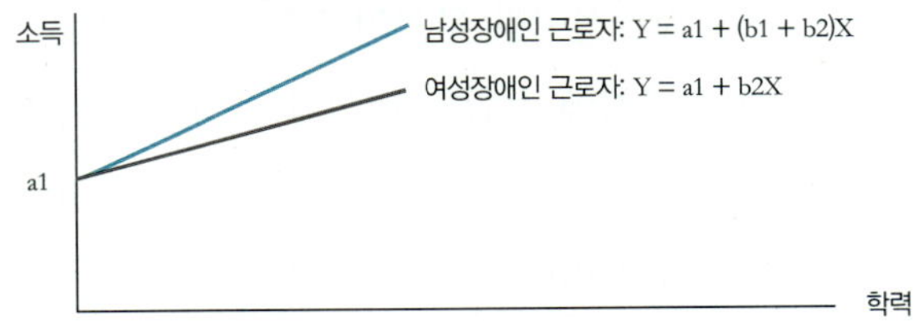

연속변수(continuous variables)는 등간척도(interval scale)와 비율척도(ratio scale)로 측정된 변수이다. 서열화되어 있을 뿐 아니라 척도간의 간격이 같아 수치간에 가감(+,−)이 가능한 등간척도로 측정된 변수들(예:직무만족도,직업선호도,IQ,EQ,온도 등)과 수치간에 가감승제(+,−,)가 가능하고 절대영점(absolute zero)이 존재하는 비율척도로 측정된 변수들(예:소득,장애인고용율,국민연금갹출금,연령 등)이 연속변수이다. 연속변수는 주로 양적연구에서 많이 활용된다.

4. 개념적 정의와 조작적 정의

사회복지조사에서 조사문제를 정확히 서술하기 위해서는, 그 문제에 포함된 개념과 변수들에 대한 구체적이고 명확한 정의들이 이루어져야 한다. 개념은 특정 대상의 속성을 추상화하여 의미를 부여한 것이므로 개념 자체를 직접 경험적으로 측정할수 없다. 따라서 개념들은 그 의미가 명료하게 정의되어야 의미가 정확히 전달될 수 있다.

이와 같이 개념들에 대해 구체적인 정의를 내리고 적절한 가설을 세웠다면 이를 검증하기 위해 개념적인 정의를 경험적으로 측정가능하도록 조작적 정의를 내려야 한다(김영종, 2007: 81-83; 남세진 & 최성재, 1988: 60-64; 채서일, 1992: 126-127; Rubin & Babbie, 1993: 124-125).

1) 개념적 정의(conceptual definition)

개념적 정의는 연구의 대상이 되는 사람이나 사물의 행태나 속성, 그리고 사회적 현상을 개념적으로 정의하는 것이다.개념적 정의는 추상적이고 일반적이고 사전적이고 주관적일 수 있다. 예를 들어, 사회복지제도들은 법의 테두리 안에서 적합하게 실시된다. 그런데 여기서 법률적합성이란 무엇인가? 혹자는 법을 인간 사회의 질서와 정의를 위해 존재하는 당위 법칙에 적합한 것이라고 정의한다. 반면 다른 사람은 법은 정치적으로 조직된 사회의 강제성을 띤 규범에 적합한 것이라고 정의한다. 또 다른 사람은 법은 정의를 실현하기 위한 문화 규범에 적합한 것이라고 정의한다. 이와 같이 법이란 속성에 대한 개념적 정의는 추상적이고 사람마다 다르게 정의될 수 있다.

추상적으로 정의된 개념들로 구성된 가설은 그 자체만으로는 검증될 수 없다. 따라서 추상적인 개념들은 경험적으로 측정이 가능하도록 실증적인 지표로 변환시켜야 한다. 이러한 작업을 조작적 정의라 한다.

2) 조작적 정의(operational definition)

조작적 정의란 추상적인 개념을 실증적이고 경험적으로 측정가능하도록 구체화한 정의를 말한다. 즉 조작적 정의는 개념적 정의를 연구목적에 적합하도록 관찰 가능한 지표로 변환시킨 것이다. 여기서 조작이란 操作(operation or manipulation)을 의미하며 造作(fabrication)을 의미하는 것이 아니다. 조작적 정의는 측정할 수 없는 추상적인 개념을 측정할 수 있는 지표로 전환하는 작업이다. 따라서 추상적이고 다의적인 개념이 구체적으로 조작되는 과정에서 본래의 의미를 모두 반영하지 못하기 때문에 의미가 손실될 가능성이 있다. 따라서 조작적 정의에 대한 평가는 연구자가 얼마만큼 조작적으로 재구성한 정의가 본래 조작의 대상이 된 개념과 적합하게 연관되어 있느냐에 달려있다. 예를 들어, 기업들은 특정 유명한 복지재단에 후원을 하길 선호하는 경향이 있다. 이와 같은 '재단충성'이란 용어에 대한 개념적 정의는 '특정 복지재단에 대한 지나친 선호'라고 할 때, 이에 대응하는 조작적 정의는 '지난 1년간 전체 후원금 가운데 특정 복지법인에 후원금이 90% 이상일 때 후원기업은 특정 복지재단에 대해 재단충성적'이라고 내릴 수 있다. 이와 같이 추상적인 재단충성이란 개념이 측정가능하게 조작적으로 정의될 수 있다.

5. 명제(命題, propositions)

1) 명제의 의의

기본적인 개념들이 형성된 후, 이론 형성에 있어 다음 단계는 한 개 이상의 명제를 작성하는 것이다. 일반적으로 명제란 단순히 한 두 개의 개념이나 변수에 관해서 참-거짓(true or false)을 분명하게 구분하고 있는 진술이나 문장을 말한다(김영종, 2007: 83-89; 채서일, 1992: 75-84; Bailey, 1987: 38-44). 이변량(二變量, bivariate) 명제는 두 개의 변수를 관련시키는 명제를 말한다. 반면 세 개 이상의 변수들을 관련시키는 명제를 다변량(多變量, multivariate) 명제라 한다. 다변량 명제는 보통 두 개 이상의 이변량 명제로도 작성될 수 있다.

〈 이론화 과정 〉

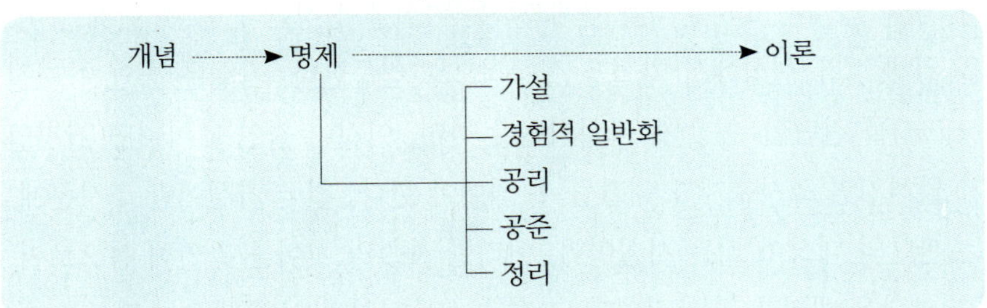

이변량 명제(가설)의 예는 다음과 같다; 도시의 인구밀집도가 높을수록, 도시의 청소년약물중독율이 높다. 다변량 명제(가설)의 예는 다음과 같다; 도시의 인구밀집도가 높을수록, 청소년약물중독율과 결손가정의 비율이 높다. 이러한 다변량 명제는 다음과 같이 두 개의 이변량 명제로 분리해 작성할 수 있다; i)도시의 인구밀집도가 높을수록, 청소년약물중독율이 높다; ii)도시의 인구밀집도가 높을수록, 결손가정의 비율이 높다.

변수 X와 Y가 관련되었다고 말할 때, 단순히 두 변수가 같이 변해서, X에 있어서의 변화는 Y에 있어서의 변화를 동반하고 그리고 Y에 있어서의 변화는 X에 있어서의 변화를 동반하고 있을 때, 즉 그 역(逆)도 성립할 때(vice versa) 이같은 변화를 종종 동반적 변화(concomitant variation)라고 부른다.

2) 명제의 유형

개념들이 명제의 기초적 요소가 되는 것처럼, 명제는 이론의 기초적 요소가 된다. 명제의 세부적인 형태로서 가설, 경험적 일반화, 공리, 공준, 정리가 있다.

(1) 가설(Hypotheses)

① 가설의 의의

가설은 두 개 이상의 변수나 현상간의 특별한 관계를 검증가능한 형태로 서술하여 이들 관계를 예측하려는 진술이나 문장이다. 조사과정에서, 만일 어떤 관계가 존재한다고 생각하면, 먼저 그 관계를 가설로 진술하고 그리고 실증적으로 그 가설을 검증한다.(채서일,1992:79-84) 과학적 방법에 의해 문제를 해결하는 첫째 단계는 문제가 무엇인가, 그리고 그 문제를 어떻게 찾아야 하는가이다. 즉 조사문제를 설정하는 것이다. 둘째 단계는 조사문제를 구체화하는 가설을 설정한다. 셋째 단계는 이 문제해결을 위해 실제 현상에서 가설을 실증적으로 검증한다. 가설은 참인지 거짓인지(true or false)를 판단할 수 있게 작성되어야 하며, 이것이 참인지 아니면 거짓인지의 여부가 밝혀지면 조사문제가 해결될 수 있어야 한다. 결국 가설이란 조사문제를 해결하는 판단의 대상이 되는 사실이며, 이러한 사실의 진위를 확인해 봄으로써 문제에 대한 해답을 내리게 되는 것이다. 가설은 실증적인 확인의 대상이 되므로 매우 구체적이고 현상과 밀접한 관련성이 있는 주장이어야 하며, 아직까지 그 진실여부가 확인되지는 않은 사실이라고 할 수 있다.

② 가설의 형식

가설의 형식은 먼저 관련된 변수의 선정과 변수들의 상태를 나타내는 두 가지의 문장을 하나의 조건문형태의 복문으로 나타낸다. 가설은 변수들간의 관계를 나타내어야 하기 때문에, '특정변수의 조건이 어떠할 때 다른 특정변수의 조건이 어떠하다'라는 형태로 표현된다. 즉 어떤 조건하에서 어떤 조건이 나타난다는 방식으로 두 변수 간의 관계를 서술하게 된다. 일반적으로 가설은 'if a, then b'로 표현되는데 여기서 a를 가설의 선행조건, b를 가설의 결과조건이라고 하며, 일반적으로 a가 진실이면 b도 진실이라는 관계로 가설이 구성된다. 때로는 '할수록, 하다.'(예: The more , the less.)는 비교형식을 취하기도 한다. 예를 들면, '만일 청소년들이 클래식 음악을 듣는 횟수가 증가한다면, 청소년들의 감성지수(EQ: Emotional Quotient)는 증가할 것이다.' 또는 '청소년들이 클래식 음악을 더 많이 들을수록, 청소년들의 감성지수는 더 증가할 것이다.'

③ 가설의 도출

가설에 대한 영감은 여러 근원으로부터 유래한다. 첫째, 종종 조사자는 일상생활이나 사회조사과정에서 어떤 현상이 상관되어있다고 생각될 때, 그 증거를 찾게 된다. 그 의심쩍은 상관관계는 조사자로 하여금 어떤 관계를 가정하도록 하고, 그리고 그들의 의심쩍은 관계를 정당화하기 위해서 조사를 실행하도록 인도한다.

둘째, 가설은 종종 기존의 이론이나 연구결과에 근거하여 도출되기도 한다. 조사문제와 관련된 기존의 이론이나 연구결과를 토대로 가설이 도출되는 경우, 그 가설은 문제에 대한 타당한 해답을 제공해줄 수 있을 것이다.

셋째, 가설은 기존의 이론과 관계없이 자신의 과거 경험이나 통찰력(intuition)에 기초해서 만들어질 수 있다. 개인적으로 사회복지현장에서 실질적으로 경험하면서 축적한 지식에 기초하여 가설을 설정할 수 있다. 또한 오랜 경험에서 나오는 통찰력은 주어진 문제를 타개할 수 있는 독특한 판단력을 제공해주기 때문에 이러한 통찰력에 근거해서 가설이 설정되기도 한다.[8)]

---

8) Munn은 가설사고의 과정으로 다음과 같은 네 단계를 제시한다; 준비기(preparation:지식과 경험을 쌓아 자료를 수집하는 과정) → 부화기(incubation:수집된 자료를 연관짓고, 비교하고, 짜맞추어 가상적 구조를 세움)→ 암시기(inspiration:어떤 조직적인 사상이나 가설을 제시) → 검증기(verification:이들 사상이나 가설의 타당성을 평가하고 점검)

넷째, 가설은 일반인들이 공통적으로 갖고 있는 신념(commonly held lay belief)에서 도출되기도 한다. 평범한 다수의 사람들이 공통적으로 생각하고 있는 관련된 문제의 해결책으로부터 가설이 도출되기도 한다.

④ 가설의 작성

가설은 검증가능하게 작성되어야 한다. 가설이 반드시 검증가능해야 한다는 말은 명확화(clarification)를 요구한다는 말이다. '천재는 종종 불행하다'는 주장을 예로들면, 이 잘 알려진 관계는 관계의 진술에 대한 일반적 명칭인 명제로는 부른다. 그러나 지능과 행복의 개념들이 경험적 수준에서 적절히 측정되거나 정의될 수 있을 때까지는, 그것을 검증가능한 가설이라고는 부르지 않는다.

명제가 단순히 너무 애매한 경우 이를 검증할 수 없다. 기억해야 할 것은 가설이 검증가능하도록해야 한다고 할 때, 조사자료의 분석을 통해서 명확히 가설을 수용하거나 기각해야 한다는 것을 의미한다.

개념이 너무 불충분하게 정의되어 있게 되면, 명제가 너무 애매모호하게 되므로 조사자료를 가지고 가설을 충분히 지지하거나 기각하지 못하게 된다. 계량화는 종종 애매함을 제거하기 때문에, 변수를 양적으로 측정하는 것이 지지를 받게 된다. 예를 들면, '천재는 종종 우울하다'라는 명제에 대해, 만일 지능을 측정하는 IQ검사나 우울함을 측정하는 우울증지수 같은 비교가능한 척도를 연구자가 구성하여 그 명제를 'IQ검사의 점수가 높을수록, 우울증지수의 점수가 더 높다'고 진술하는 경우 이는 검증가능한 가설(testable hypothesis)이 된다.

가설을 작성함에 있어 또 하나의 공통된 잘못은 쌍열(雙列, double-barreled)로 된 또는 두 개의 가설을 하나의 가설속에 포함시키는 가설을 만드는 것이다. 쌍열가설(double-barreled hypotheses)의 경우 주된 문제가 되는 것은 검증가능성(testability)이다. 이 경우 가설 가운데 하나는 수용되거나 기각될 수 있을지 모르지만 다른 하나는 수용되거나 기각될 수 없는 경우가 발생한다. 쌍열가설의 이러한 문제를 해결하는 방법은 'and'로 구성된 문장을 'or'로 고치거나 , 또는 쌍열가설을 두 개의 서로 다른 가설로 분리하는 것이다.

쌍열가설의 예와 수정된 예는 다음과 같다;

쌍열가설: 만일 장애인시설에서 자원봉사 횟수를 증가시킨다면, 장애인시설에 대한 봉사자의 거부감 정도는 감소하게 될 뿐만 아니라, 봉사자 자신에 대한 자아만

족도는 증가할 것이다.

➡ 수정된 가설

㉠ 만일 장애인시설에서 자원봉사를 하는 횟수를 증가시킨다면, 장애인에 대한 봉사자의 거부감 정도가 감소하게 되거나, 봉사자의 자아만족도가 증가할 것이다.(and --> or)

㉡ 만일 장애인시설에서 자원봉사를 하는 횟수를 증가시킨다면, 장애인에 대한 봉사자의 거부감 정도는 감소하게 될 것이다.
만일 장애인시설에서 자원봉사를 하는 횟수를 증가시킨다면, 봉사자 자신에 대한 자아만족도는 증가할 것이다.(두개의 가설로 분리)

⑤ 조사문제와 가설과의 관계

가설은 하나의 사실과 다른 사실과의 관계를 잠정적으로 나타내는 것으로 이를 실제 검증함으로써 특정현상에 대한 설명을 가능하게 해주어 연구자가 제기한 조사문제에 대한 해답을 제공하는 것이다.

가설은 조사문제에 대한 해답을 구하기 위해 구체적이고 실증적으로 구성된 진술이나 문장을 말한다. 따라서, 가설은 조사문제를 해결하는데 핵심이 된다. 만일 가설이 실증적 검증과정을 통하여 진실이라고 받아들여진다면 그 가설은 조사문제에 대한 해답을 제공해 줄 수 있다. 그러나, 가설이 진실이 아닌 것으로 판명되면 그 문제에 대한 해답을 제공해 줄 수 없게 된다. 다시말하면, 가설이 실증적인 검증과정에서 옳다고 확인된다면 문제가 해결될 수 있으나, 만약 이러한 가설이 부인된다면 앞서 제기한 문제에 대한 해답을 얻을 수 없기 때문에 다른 가설을 찾아보아야 한다. 어떤 가설이 일단 부인되었다고 하더라도 그 반대가설이 항상 검증되는 것은 아니기 때문에, 조사문제에 해답을 제공해줄 수 있는 새로운 가설을 찾고 이를 다시 검증해 보는 과정이 필요하게 된다.

⑥ 가설의 특성

가설은 일반적으로 두 개 이상의 변수들간의 관계를 검증 가능한 형태로 서술해 놓은 하나의 문장이다. 가설은 다음과 같은 특성을 지닌다.

첫째, 가설은 문제를 해결해 줄 수 있어야 한다. 가설의 가장 큰 목적은 문제를 해결하는 데 있다. 가설이 참이라고 밝혀지면 문제가 해결된다. 그러나 가설이 거짓이라고 밝혀지면 이는 문제가 해결될 수 없는 경우가 많다.

둘째, 가설은 두 개 이상의 변수로 구성되며 그들간의 관계를 나타내고 있어야 한다. 조사문제는 주로 어떤 현상이나 사건을 중심으로 구성되어 있는 반면, 가설은 이러한 현상이나 사건을 묘사하는 개념을 양적으로 표시할 수 있는 변수의 형태를 취하고 있다.예) '많이 배운 사람들은 만족스러운 생활을 할 것이다.' --> '만일 학력수준이 높다면, 생활만족도가 높을 것이다.'

셋째, 가설은 진술된 관계를 실증적으로 검증할 수 있어야 한다. 가설은 우리가 실제로 현상을 관찰하여 얻은 자료를 이용하여 경험적으로 검증할 수 있어야 한다. 즉 검증가능한 가설이 되기 위해서는 가설에 포함되어 있는 변수들은 조작적으로 정의되어져야 하며, 이들 변수들은 직접 관찰되거나 측정될 수 있어야 한다. 조작적 정의란 변수들이 실제로 관찰되고, 측정될 수 있도록 구체적으로 정의하는 것을 말한다.

넷째, 가설의 진술은 내용상 명확하여야 한다. 일반적으로 가설은 변수들간의 관계를 나타내어야 하기 때문에, '특정변수의 조건이 어떠할 때 다른 특정변수의 조건이 어떠하다'라는 형태로 표현된다. 일반적으로 가설은 '만일 하면,할 것이다.(If A, then B.)라는 형식을 취하거나 ' 할수록,하다.'(예: The more , the less.)는 비교형식을 취한다.

다섯째, 가설은 추계적인(推計的,stochastic), 확률론적인 속성을 가진다. 즉 가설 자체가 개연성을 갖는다. 가설은 참일수도 거짓일 수도 있기 때문에 가설의 진위(眞僞) 여부의 가능성은, 참-거짓(true or false) 여부의 가능성은 추계적으로 또는 확률론적으로 인식되어야 한다. 가설의 진위 여부는 100%의 가능성을 전제로하는 절대적인 판단이 아니라, 발생 가능성 내지 개연성(degree of probability)을 0%에서 100% 사이로 놓고 상대적으로 판단을 한다. 사실 사회복지분야에서는, 수 많은 외생적인 변수들이 독립변수와 종속변수 간의 인과관계에 영향을 미치고 있는데 이들 외생적 요인들을 완전하게 통제하기란 거의 불가능하기 때문에, 양자간의 관계를 100% 확신하며 주장할 수 없으며 추계적으로, 확률론적으로 주장할 수 밖에 없다.

여섯째, 가설은 구체적이다. 가설은 구체적으로 측정가능한 변수들간의 관계를 나타내기 때문에 추상적으로 나타나지 않고 구체적으로 나타난다. 가설이 구체화되기 위해서는 추상적인 개념이 경험적으로 측정가능하도록 조작적으로 정의되어야 하며, 수식이나 숫자로 표현될 수 있도록 계량화되어야 한다.

⑦ 가설의 표현방식

가설은 두 개 이상의 변수들의 관계를 서술한 문장이다. 따라서 가설이 나타내고자하는 변수 간의 관계는 적절한 문장 형태를 사용하여 표현되어야 한다.

일반적으로 문장의 형식은 가설과 관련하여 항상 참인 문장, 항상 거짓인 문장, 그리고 참일수도 거짓일 수도 있는 문장으로 나뉜다. 첫째, 항상 참인 문장은 가설이 참일 확률이 100%(P(true)=1)인 문장이다. 이는 B가 A에 속하는 경우'A는 B이거나 B가 아니다'라고 표현된 문장이다. 예를 들면, '탄광근로자들은 산업재해장애인이거나 산업재해장애인이 아니다.' 이러한 문장을 토톨로지(tautologies) 또는 분석적 문장이라고도 부른다. 이러한 문장형식을 취하는 가설이 참일 확률은 항상 100%가 된다. 이러한 형식의 문장은 가설이 될 수 없다.

둘째, 항상 논리적으로 거짓인 문장으로, 가설이 참일 확률은 0%(P(true)=0)인 문장이다. 이는 B가 A에 속하는 경우 'A는 B이면서 또한 B가 아니다'라고 표현된 문장이다. 예를 들면, '장애인시설에 수용되어 있는 사람은 법정장애인이면서 또한 법정장애인이 아니다.' 이러한 문장은 자기모순(self-contradiction) 또는 모순적 문장이라고 부른다. 이러한 문장형식을 취하는 가설이 참일 확률은 항상 0%이다. 이러한 형식의 문장도 가설이 될 수 없다.

셋째, 문장의 내용이 경우에 따라서 참이 되거나 거짓이 될 수 있는 문장으로, 가설이 참이 될 확률이 0% 〈P(true) 〈 100인 경우이다. 이는 B가 A에 속하는 경우 'A는 B이다'라고 표현된 문장이다. 예를 들면 '산재요양원에 입원중인 환자는 직업병 환자이다.' 이는 가설이 참이거나 거짓일 가능성이 모두 있는 문장으로 가설로서 적합한 문장이다. 이러한 문장을 종합적 문장이라고도 부른다.

가설은 현실세계에서 자료를 수집한 것으로 논리적으로는 참일 수도 있고 거짓일 수도 있는 문장의 진실된 값을 찾아내어 현실세계에 대한 이해를 돕고 조사문제에 대한 해답을 주어야 한다.

⑧ 가설의 유형

가설의 유형은 기준에 따라 여러 유형으로 나뉜다.

㉠ 적용범위에 따른 구분

가설은 적용되는 범위의 크기에 따라 일반가설과 지엽적 가설로 분류된다. 일반가설은 모든 시간과 장소에 관계없이 가설에 내포된 변수들간의 관계가 적용되는 가설로 적용범위가 광범위하다. 반면, 지엽적 가설은 가설에 내포된 변수들간의 관계가 특정 시간과 장소에만 한정적으로 적용되는 가설로 적용범위가 제한적이다. 일반가설에 가까워질수록 가설의 설명력과 예측력이 우수하다고 평가되어 진다. 이는 연구자의 연구능력과 표본수집능력 그리고 자료의 획득가능성 등에 달려 있다.

㉡ 추리의 정도에 따른 구분

가설은 추리의 정도에 따라 식별가설과 설명적 가설로 분류된다. 식별가설은 주로 사실을 밝히는 가설로서 '그것이 무엇인가' 즉(what)에 대한 해답을 구한다. 식별가설은 '은 이다'라는 형식을 취한다. 반면 설명적 가설은 인과관계를 서술하는 가설로서 '왜(why)'라는 질문에 대한 해답을 구한다. 설명적 가설은 '만일 하면, 하다.' 또는 '할수록, 하다.'는 형식을 취한다.

㉢ 검증과정에 따른 구분

검증과정에 따라 연구가설은 귀무가설과 대립가설로 나뉘어지고, 이들 양 가설이 통계적 검증이 가능하도록 진술되었을 때 이를 통계적 가설이라 한다.

첫째, 연구가설(research hypothesis)이란 연구자의 이론으로부터 도출된 가설로서 검증될 때까지는 조사문제에 대한 잠정적인 해답으로 간주된다. 이는 주로 'X는 Y와 관계가 있다'고 진술되며 작업가설(working hypothesis), 실험가설(experimental hypotiesis), 과학적 가설(scientific hypothesis)로 불리기도 한다. 예를 들면, '소득수준이 높을수록, 복지예산 증액에 대해 반대할 것이다.'

둘째, 귀무가설(null hypothesis)이란 연구가설의 역(逆)으로, 주어진 연구가설에서 명시된 것을 부정하거나 기각하기 위해 설정하는 가설이다. 귀무가설은 주로 'X는 Y와 관계가 있다'고 진술된다. 연구의 목적은 연구자가 설정한 연구가설을 지지하는 데 있다. 따라서 통상적으로 연구자는 귀무가설을 기각하고 그에 대립하는 대립가설을 채택함으로써 연구의 목적을 달성하려 한다. 귀무가설은 'H0'라고 간단히 표현되기도 한다. 앞의 연구가설에 대한 귀무가설은 '소득수준이 높은 사람과 낮은 사람간에 복지예산증액에 대한 견해에는 차이가 없을 것이다. 또는, 소득수준과 복지예산증액에 대한 견해차이간에는 아무런 관계가 없을 것이다'이다.

셋째, 대립가설(alternative hypothesis)은 귀무가설에 대응하여 귀무가설이 거짓일 때 채택하기 위해 설정하는 가설이다. 대립가설은 'H1'이라고 간단히 표현되기도 한다. 앞의 귀무가설에 대응하는 대립가설은 '소득수준이 높고 낮음에 따라 사람들의 복지예산증액에 대한 견해는 다를 것이다, 또는, 소득수준과 복지예산 증액에 대한 견해차이간에는 관계가 있을 것이다'이다. 대립가설은 표본으로부터 주어진 증거에 의해 연구자가 주장하고자 하는 가설로서 간혹 연구가설과 동일시되기도 한다.

넷째, 통계적 가설(statistical hypothesis)은 표본으로부터 주어진 정보를 이용하여 모집단의 확률분포나 모치수에 대해 예상하는 진술이다. 통계적 검증과정에서 귀무가설과 대립가설이 숫자적인 수단에 의해(주로 표본의 평균비교를 통해) 평가될 수 있는 가설로 전환하게 되는데 이를 통계적 가설이라 부른다. 통계적 가설은 통계적 귀무가설과 통계적 대립가설로 구분할 수 있다.

귀무가설이 사실임에도 불구하고 귀무가설을 기각함으로써 발생하는 오류를 제1종 오류(type I error)라고 하고, 대립가설이 사실임에도 불구하고 귀무가설을 기각하지 않음 으로써 발생하는 오류를 제2종 오류(type II error)라고 한다. 간혹 제3종 오류(type III error)가 소개되는데 이는 잘못된 문제를 풀게 됨으로써(by solving the wrong problem) 발생하는 오류이다.

〈 연구가설 · 귀무가설 · 대립가설 비교 〉

T복지관에서 S중학교 2학년 5반 40명의 학생들을 대상으로 학교사회사업을 실시하고 있는 사회복지사 K양은 '행복한 교실'이라는 프로그램이 학생들의 집단응집력에 어떤 영향을 미치는 지 알아보려 한다. 이를 위해 무작위로 각각 20명씩 실험집단과 통제집단에 배치하고, 실험집단에는 1개월간 프로그램을 실시하고, 통제집단에는 프로그램을 실시하지 않았다. 연구자인 사회복지사 K양은 이 프로그램이 학생들의 집단응집력을 향상시킬 것이라고 예측하고 있다. 이 사례를 통해서 연구가설, 귀무가설 그리고 대립가설을 설명하면

다음과 같다.

1. 연구가설: '행복한 교실' 프로그램에 참여하게 되면, 이 프로그램에 참여한 학생집단이 참여하지 않은 학생집단보다 집단응집력이 강해질 것이다.
2. 귀무가설: '행복한 교실' 프로그램에 참여한 집단과 참여하지 않은 집단간에 집단응집력에서 차이가 없을 것이다.

H_0: $\mu1 = \mu2$

3. 대립가설: '행복한 교실' 프로그램에 참여한 집단과 참여하지 않은 집단간에 집단응집력에서 차이가 있을 것이다.

H_1: $\mu1 \neq \mu2$

(H0: 통계적 귀무가설, H_1: 통계적 대립가설, $\mu1$: 실험집단의 집단응집력 평균치, $\mu2$: 통제집단의 집단응집력 평균치)

㉣ 사용되는 변수의 수에 따른 구분

사용되는 변수의 수에 따라 단순가설과 복합가설로 나뉜다. 단순가설은 사용되는 변수의 수가 1개나 2개인 가설이다. 복합가설은 사용되는 변수의 수가 3개 이상인 가설이다. 대부분의 가설은 단순가설이다.

㉤ 세분화에 따른 구분

가설이 기본적인 것이냐 아니면 기본적인 것을 세분화한 것이냐에 따라 기본가설과 종속가설로 나뉜다. 기본가설이란 하나의 줄거리가 되는 가설로서 조사문제에 보다 가깝다. 종속가설이란 기본가설을 여러 측면에서 검증하기 위하여 작성되는 세분화된 가설로서 기본가설로부터 도출된 가설이다.

⑨ 가설의 평가기준-구비조건

궁극적으로 좋은 가설이란 검증되어 지지됨으로써 문제에 대한 해답을 찾게 되고, 그 결과 기존지식체계에 추가적인 지식의 축적을 가져올 수 있는 것이라 할 수 있다. 그러나 검증하기 전이라도 가설들 중에서 보다 좋은 가설과 좋지 않은 가설을 분류할 수 있다. 이는 가설이 실증적으로 검증되기 위해 갖추어야 하는 구비조건들이다.

㉠ 가설은 경험적으로 검증할 수 있어야 한다. 즉 실증조사를 통하여 가설의 옳고 그름을 평가하여야 한다. 가설에 사용된 변수는 경험적 사실에 입각하여 측정가능해야 한다.

㉡ 동일연구분야의 다른 가설이나 이론과 연관이 있어야 한다. 가설은 기존의 이론을 토대로 구성되고, 이 가설은 사실의 뒷받침을 받아 새로운 이론으로 발전하게 된다.

㉢ 가설의 표현은 간단명료하여야 한다. 누구나 쉽게 이해할 수 있도록 쉬운 용어들을 사용하여야 한다.

㉣ 조사문제를 해결할 수 있어야 한다. 가설의 옳고 그름을 판정하는 것이 곧 조사문제를 해결하는 것이 되야 한다.

㉤ 가설은 논리적으로 간결하여야 한다. 가설의 검증작업이 용이하도록 표현뿐 아니라 실질적으로 간결한 논리로 이루어져야 한다. 두 개 정도의 변수들간의 관계를 간단한 논리로 설명하여야 한다.

㉥ 가설은 계량적인 형태를 취하든가 계량화할 수 있어야 한다. 계량화라는 것은 수식이나 숫자로 모두 바꿀 수 있어야 한다는 의미보다 통계적인 분석을 할 수 있어야 한다는 의미이다.

㉦ 가설검증의 결과는 가능한 광범위하게 적용될 수 있어야 한다. 가설이 적용되는 범위가 매우 작은 영역에 국한되어 있다면 연구결과는 지식의 발전에 공헌하는 정도가 작아진다.

㉧ 너무나 당연한 관계를 가설로 세울 수 없다. 경험적 검증을 할 필요가 없는 것은 가설로 적합하지 않다.

㉨ 가설은 동의반복적(tautological)이어서는 안된다. 가설은 서로 다른 두 개념이나 변수의 관계를 표시하여야 한다. 같은 의미를 지닌 두 개념간의 관계를 나타내는 가설은 부적당하다.

㉩ 가설은 개념적으로 명백하여야 한다. 가설을 구성하는 개념이 가능한 명백하게 조작적으로 정의되어야 한다.

㉪ 가설의 내용은 변수관계와 그 방향이 명백히 나타나야 하며, 타인에 의해서도 반복적으로 연구가 가능해야 한다.

㉫ 가설은 검증에 필요한 일체의 조사기술과 분석방법을 적절히 선택할 수 있도

록 진술되어야 한다.

㉣ 가설을 통해 수집되는 정보의 양이 많아야 된다. 이를 위해서는 가설이 구체적으로 진술되어야 한다. 예를 들면, (X와 Y가 관련이 있다) 〈 (Y는 X에 따라 결정된다) 〈 (X가 증가함에 따라 Y는 감소한다) 순으로 제공하는 정보의 양이 많다.

⑩ 가설의 기능

가설은 이론의 정립 및 학문의 발전 뿐 아니라 사회를 발전시키는데 일반적으로 다음과 같은 기능을 수행하고 있다.

㉠ 사회현상들의 잠재적 의미를 찾아내고 현상에 질서를 부여할 수 있다. 즉 가설은 현상에 규칙적인 질서를 도출할 수 있는 계기를 부여한다.

㉡ 연구에 대한 자극으로 새로운 조사문제를 끄집어 낸다. 이는 간단 명료한 가설을 설정하여 다른 변수와의 관계를 생각하면 새로운 조사문제를 도출할 수 있다.

㉢ 경험적 검증의 절차를 시사해 준다. 가설을 세우는 과정에서 필요한 체계적인 사고를 통하여 검증의 절차를 생각할 수 있다.

㉣ 문제해결에 필요한 관찰 및 실험의 적정성을 판단하게 한다.

㉤ 관련지식들을 서로 연결시켜 준다. 즉 가설을 세우기 전에 이론을 체계화시키기 때문에 관련된 많은 지식을 연결시키게 된다.

㉥ 연구의 초점과 방향을 제시하여 준다.

㉦ 변수의 성격과 종류 등을 밝혀 필요한 자료의 내용과 범위를 규정한다.

㉧ 자료수집의 길잡이가 된다.

㉨ 이미 존재하는 기존의 이론을 경험적으로 검증하도록 하여준다.

㉩ 동일한 연구에 대해 반복적으로 연구를 용이하게 할 수 있게 하여준다.

㉪ 가설검증의 결과로서 새로운 이론이 구성될 수도 있으며, 어떤 현상을 설명할 수 있는 이론을 암시한다. 결과적으로 사회현상에 때한 지식을 증가시킨다.

㉫ 사회문제를 해결할 수 있는 단서를 제공함으로써 사회를 개선시킨다.

(2) 경험적 일반화(Empirical Generation)

경험적 일반화는 귀납적 추리(induction)를 나타내는 관계이다. 어떤 관계가 존재한다고 가정하고 그리고 이 가설을 검증하는 대신에, 경험적 일반화는 먼저 한 두가지의 예에서 관계의 존재를 관찰하고 그리고 관찰된 관계가 모든 또는 대부분의 경우에 적용된다고 일반적으로 말함으로써 구성되는 관계에 관한 진술이다.

〈 경험적 일반화 과정 〉

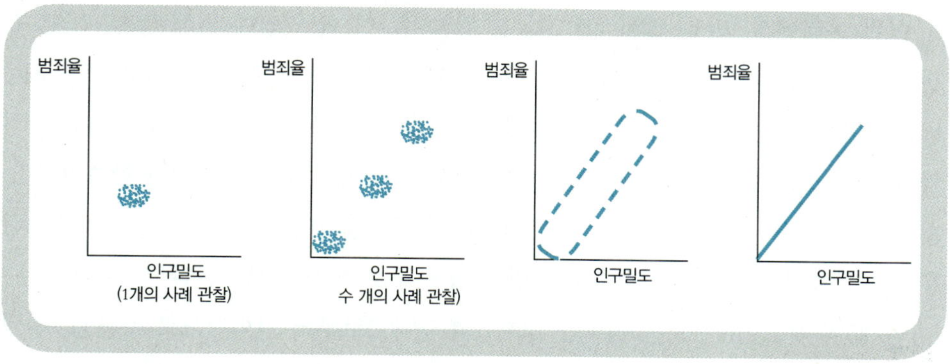

인구밀집도와 범죄율간의 관계를 예로 들면, 사람들은 인구밀집도와 범죄율간에 무슨 관계가 존재하는지를 관찰하기 위해서, 수 개의현장에 들어가 관찰하거나 또는 출판된 통계자료를 찾아 활용한 후, 사람들은 아마 인구밀집도가 증가함에 따라 범죄율도 증가한다는 사실을 발견할지 모른다. 만일 우리가 이러한 현상을 매우 많은 사례에서 매우 일관적으로 관찰하게 된다면, 사람들은 자신의 연구를 전국에 걸쳐 또는 심지어 전세계에 걸쳐 일반적으로 이러한 현상이 존재한다고 일반화하게 될지 모른다. 이와 같이 경험적 일반화는 소수의 경험적 관찰을 통해 얻은 결과를 일반화 시키는 작업이다.

(3) 공리적 이론의 요소: 공준, 공리, 정리

명제는 공리(公理, axiom), 공준(公準, postulate, 정리(定理, theorem), 경험적 일반화(empirical generalization), 가설(hypothesis)일 수 있다.

가장 공통된 형태의 상호관련된 일련의 명제를 공리적 이론이라 한다. 공리적 또는 연역적 이론은 연역적 삼단논법(deductive syllogism)의 기본적 형태를 취한다.

명제1: 만일 A이면 B이다. ┐
명제2: 만일 B이면 C이다. ┘— 공리 또는 공준

그러므로

명제3: 만일 A이면 C이다 ——— 정리

이런 논리에서, 만일 명제 1과 2가 참 진술이라며, 연역법에 의해 명제3 또한 참 진술이다. 이와 같이 그로부터 다른 진술들이 연역되는 참 진술을 공리(公理:axiom) 또는 공준(公準:postulate)라 한다. 여기서 명제 1과 명제 2는 공리 또는 공준이다. 공리와 공준은 대체로 상호교환가능하게 사용되지만, 공리는 수학적 의미가 함축되어 있는 참된 진술이나 고도로 추상적인 개념과 관련된 명제에 자주 사용된다. 공준이란 용어는 진술의 참됨이 경험적으로 증명된 경우에 보다 자주 사용된다.

명제3이 갖고 있는 모든 정보는 명제 1과 명제 2로부터 연역적으로 추론될 수 있기 때문에 명제3은 이론의 본론에서 진술될 필요가 없다. 일련의 공준으로부터 연역적으로 추론될 수 있는 명제를 정리(定理:theorem)라 한다.

〈 명제의 유형 〉

명제의 명칭	어떻게 생성되는가	직접 검증가능하나 여부
가설	연역적 또는 자료생성으로	가능
경험적 일반화	자료생성으로	가능
공리	정의에 의한 참	불가능
공준	참된 것으로 가정	불가능
정리	공리나 공준으로부터 연역	가능

6. 변수 간의 관계

변수 간의 관계는 이변량 관계, 관계의 강도, 대칭적 관계, 인과 관계, 가식적 관계 등 다양한 측면이 있다(Bailey, 1997: 44-57).

1) 이변량 관계(Bivariate Relationships)

(1) 관계의 방향: 긍정적 관계 대 부정적 관계

만일 한 변수의 값의 증가가 다른 변수의 값의 증가에 수반하여 일어난다면, 그 관계는 긍정적 또는 정적(positive or direct)이라 불린다. 마찬가지로, 만일 한 변수의 감소가 다른 변수의 감소를 수반하여 일어나도, 그 관계는 긍정적 또는 정적(positive or direct)이라 부른다. 즉 긍정적 관계란 두 변수가 같은 방향으로 변화하는 관계를 말한다. 그러나 한 변수의 증가가 다른 변수의 감소에 의해 수반되어진다면, 그 관계는 부정적 또는 역함수적(negative or inverse)이라 부른다. 예를 들면, 교육수준의 증가가 소득의 증가를 가져온다면, 그 관계는 긍정적이다. 만일 교육수준의 증가가 성차별(sexism)의 수준을 감소시킨다면, 그 관계는 부정적이다.

어떠한 관계가 긍정적이란 사실은 그 변수들이 부정적 관계내의 변수들보다 더 강하게 관련되었다는 것이 아니라, 단지 그 변수들이 긍정적인 방향으로 변화한다는 것을 의미한다. 마찬가지로, 어떠한 관계가 부정적이란 사실은 그 변수들이 긍정적 관계내의 변수들보다 더약하게 관련되었다는 것이 아니라, 단지 그 변수들이 부정적인 방향으로 변화한다는 것을 의미한다. 그 마이너스 부호는 관계의 방향(diredtion of relationship)을 보여주는 것이지 관계의 강도를 보여주는 것이 아니다.

2) 관계의 강도(Strength of the Relationship)

관계의 강도는 예측이 정확한 정도를 말한다. 보통 예측은 보통 0% 이상 100% 이하로 정확하다. 관계의 강도란 100번의 예측 가운데 어느 예측이 정확히 맞을 정도를 말한다.(The degree to which a prediction is correct out of 100 predictions is called the strength of a relationship.)

관계의 강도를 측정하기 위한 일반적인 통계치는 상관계수(correlation coefficient)이다.[9] 상관계수는 그리스 소문자(gamma)란 기호로 나타내는데, 이는 −1.00과 +1.00 사이에서 변화한다(−1+1). 상관계수 0.00은 관계가 없음을 또는 예측에 있어 0% 정확도를 의미한다. 상관계수 +1.00은 두 변수 간의 긍정적인 관계를 100%의 정확도를 가지고 예측하는 것을 의미한다; 그리고 상관계수 −1.00은 두 변수 간의 부정적

9) 공식적으로는 피어슨적상관계수(Pearson's Product Moment Correlation Coefficient)라 부른다.

인 관계를 100%의 정확도를 가지고 예측하는 것을 의미한다.

달리 설명하면, 상관계수는 두 변수 간의 직선관계정도(linearity)와 관계의 방향을 나타낸다. 상관계수의 절대값이 1에 가까울수록 직선에 가까운 정도를 나타낸다. 즉 상관계수가 0에서 1이나 −1에 가까울수록 직선적인 관계에 가깝다. 상관계수의 절대값이 1인 경우는 직선관계를 나타낸다. 만일 두 변수 간의 관계가 직선관계라면 사람들은 그 관계를 100%의 정확도를 가지고 예측할 수 있다. 상관계수의 +와 −는 관계의 방향을 나타낸다. +는 긍정적인 관계를 −는 부정적인 관계를 나타낸다.

〈 상관계수(γ)와 산포도 〉

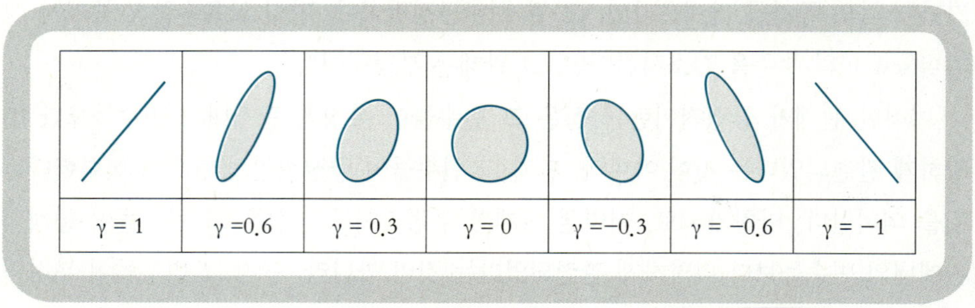

3) 대칭적 관계와 비대칭적 관계

대칭적 관계(symmetrical relationship)에서는 A변수의 변화는 B변수의 변화를 가져오고 또한 그 역도 성립(vice versa)한다. 대칭적 관계는 상호인과관계라고도 부른다. 예를 들어 장애인의 자아성취감과 재활속도간의 관계를 살펴보면, 자아성취감이 높은 장애인은 재활속도가 빠르고, 반면 재활속도가 빨라지면 장애인의 자아성취감은 높아지게 된다. 따라서 양자간의 관계는 대칭적이다.

〈 대칭적 관계 〉	〈 비대칭적 관계 〉
자아성취감(X) ⇄ Y(재활속도)	흡연(X) ——→ 폐암(Y)

반면 비대칭적 관계(asymmetrical relationship)에서는, A변수의 변화는 B변수의 변화를 가져오지만, 그러나 역은 성립하지 않는다(not vice versa). 비대칭적 관계는 인과관

계이다. 예를 들면, 흡연은 폐암을 유발시키지만, 그러나 폐암은 흡연을 유발시키지 않기 때문에, 흡연과 폐암간의 관계는 비대칭적이다.

4) 독립변수와 종속변수(independent variables and dependent variables)

비대칭적 관계에서, 다른 변수의 변화를 야기할 수 있는 변수를 독립변수라 부른다. 그의 값이 다른 변수에 의존하지만 다른 변수에 영향을 미칠 수 없는 변수를 종속변수라 부른다. 인과관계(causal relationship)에서, 원인(cause)는 독립변수이고 결과(effect)는 종속변수이다. 예를 들면, 만일 흡연이 폐암을 유발한다고 가정하면, 흡연은 독립변수이고 그리고 암은 종속변수이다.

통계문헌에서는 일반적으로 대칭적 관계는 설명과 그리고 비대칭적 관계는 예측과 동일시한다. 즉조사에서 설명적 단계는 먼저 상호 관련되어있는 또는 대칭적으로 서로 관계되어 있는 모든 변수들을 확인한다. 일단 상관관계가 발견되어지면 다른 변수의 값으로부터 한 변수의 값을 예측하기 위해서 회귀계수(regression coefficient)와 같은 비대칭 계수를 사용할 수 있다.

일반적으로 종속변수는 사람들이 설명하고 싶어하는 변수이다. 그리고 종속변수는 가설적 설명이다. 종종 한 변수가 단순히 다른 변수보다 먼저 발생하기 때문에 그 변수가 독립적이라고 인정할 수 있다.

5) 인과관계(causal relationships)

둘 이상의 변수 간에 관계가 있다는 사실의 발견 자체 만으로는 그 관계가 인과적 관계라고, 즉 한 변수의 변화가 다른 변수의 변화의 원인이 된다고 보증하지 않는다.

만일 다음의 조건을 갖춘다면, X가 Y의 원인이 된다. 즉 인과관계가 성립된다.

첫째,X와 Y간에 관계가 존재한다.

둘째, 그 관계가 비대칭적이어서 X의 변화가 Y의 변화를 일으키지만 그러나 역은 성립 하지 않는다.

셋째, 다른 변수의 작용에도 불구하고 X의 변화는 Y의 변화를 일으킨다.

비록 일부 정의들이 원인과 결과가 동시에 발생할 가능성을 인정하지만, 일반적으로, 원인(X)의 변화는 반드시 결과(Y)의 변화 이전에 반드시 발생한다. 그러나 어떠한 원인의 정의도 결과가 원인보다 선행한다고 인정하지 않는다. 즉 시간적 전후관계(temporal precedence)가 종종 어느 요소가 원인이고 그리고 어느 요소가 결과인가를 결정하기 위한 주요한 방법이 된다. 즉 먼저 발생한 것이 원인이고 그리고 다음에 발생한 것이 결과이다.

또한, 대칭적의 경우에 원인을 정의하는 것이 가능하다. 이것은 소위 상호인과관계의 경우이다, 이 경우 X는 Y의 원인이 되고 그리고 동시에 Y가 X의 원인이되어서, 각 요소는 원인이자 결과가 된다. 그러나, 대부분의 경우, 인과관계는 시간상 원인이 결과보다 선행하는 비대칭적이다.

필요-충분조건(necessary and sufficient condition)의 관점에서 인과관계를 설명하는 것이 유용하다. 만일 X가 발생하지 않는 다면 Y가 결코 발생하지 않는다면 원인 X는 결과Y의 존재에 필수적이라고 말할 수 있다. 만일 X가 발생할 때마다 Y가 발생한다면 X는 Y의 존재에 충분하다고 말할 수 있다.

인과관계의 필요성과 충분성의 결합에 따라 세가지로 나눌 수 있다.

첫 번째 결합은 X가 Y의 존재를 위한 필요조건이지만 충분조건이 아닌 경우이다. Y가 발생하기 전에 X 이외에 어떤 다른 요인들이 발생함에 틀림없다. 예로서, 오로지 담배를 피우는 사람만이 폐암에 걸린다고 가정하자; 담배를 피우지 않는 사람은 폐암에 걸리지 않는다. 흡연(X)은 폐암(Y)에 필수적이다. 그러나 후속 연구에 따르면 모든 흡연가가 병에 걸리지 않는다. 사실. 단지 스모그가 가득찬 지역(Z)에 사는 흡연가만이 폐암에 걸린다. 따라서, 흡연(X)은 단지 폐암(Y)의 부분적 원인(partial cause)에 불과하다. 완전한 원인(complete cause)가 아니다. 즉 흡연은 폐암에 필요한 원인이지만 충분한 원인은 아니다. 흡연은 폐암에 필요조건이지만 충분조건은 아니다. 흡연 홀로는 폐암의 원인이 되지 않지만, 그러나 스모그와 결합하면 흡연은 폐암의 원인이 된다.

흡연(X)과 스모그(Z)의 결합된 요인들은 폐암(Y)의 원인에 충분하지만, 흡연과 스모그 각기는 비록 각자는 폐암에 필수적이라 할지라도 충분하지는 않다.

두 번째 결합은 또한 충분조건이나 필요조건은 아니다. 예를 들면, 흡연(X)은 매번 폐암(Y)이 존재할 때마다 그것만으로는 폐암의 원인이 되는데 충분하고 그리고 스모그와 같은 다른 요인들과 결합될 필요가 없다고 가정하자. 그리고 스모그(Z)도

또한 그것만으로 폐암의 원인이 되는데 충분하다. 그러나 양자 어느 것도 그 자체가 폐암의 발생에 필수적이지 않다. 왜냐하면 만일 스모그가 존재한다면 폐암은 흡연 없이 발생할 수 있기 때문에 흡연은 폐암에 필수적이지 않다. 그리고 만일 흡연이 존재한다면 폐암은 스모그 없이 발생할 수 있기 때문에 스모그는 폐암발생에 필수적이지 않다. 그러나, 양자 가운데 하나는 반드시 존재해야 한다. 충분조건이나 필요조건이 아닌 경우에 X와 Z가 Y의 대안적 원인이 된다고 말할 수 있다. 양자는 부분적인 원인(partial causes)이 아니라, X와 Z 각자는 그것만으로 폐암(Y)의 원인이 되기에 충분하기 때문에, 양자는 대안적 원인(alternative causes)이다.

세 번째 결합은 원인(X)은 결과(Y)의 존재에 필수적인 동시에 충분한 경우이다. 이것은 가장 강력하고 이상적인 형태의 인과관계이다. 이 경우에, 만일 X가 존재하지 않는다면 Y는 결코 존재할 수 없고, 그리고 X가 존재할 때 Y는 항상 존재할 것이다. 예로서, 만일 흡연이 폐암에 필요하고 충분하다면, 모든 흡연자는 폐암에 걸려야 하고 그리고 어떠한 비흡연자는 결코 폐암에 걸리지 않을 것이다. 왜냐하면 X가 필수적이기 때문에 다른 대안적 원인이 존재할 수 없고, 그리고 X가 또한 충분하기 때문에 그것은 완전한 원인(complete cause)이지 부분적 원인(partial cause)이 아니다. 필수적이고 충분한 관계는 인과관계의 가장 순수한 경우를 나타낸다. 왜냐하면 X가 Y의 유일한 원인이고, 그리고 X의 발생없이는 Y가 결코 발생되지 않기 때문에, 그것은 단일인과관계(unicausality)이다.

6) 선형관계 대 비선형(곡선형) 관계(Linear Versus Nonlinear(Curvilinear) Relationship)

선형 또는 직선형 관계(linear or straight-line relationship)에서는 점수나 값이나 변수가 낮거나 높거나 중간이거나에 관계없이 두 변수들이 언제나 똑같은 비율(same rate)로 변화한다. 비선형 또는 곡선형 관계(nonlinear or curvilinear relationship)에서는 대부분의 경우두 변수들이 서로 다른 비율로 변화한다.

선형관계〈a〉에서는 변수X의 값에 상관없이 변수Y의 값이 변화하는 비율은 똑 같다. 변화비율은 선의 기울기(slope of the line)로 나타난다. 가파른 기울기는 높은 변화비율을 나타내고, 완만한 각도는 낮은 변화비율을 나타낸다.

곡선형관계〈b〉에서는 Y는 X의 낮은 값 보다는 X의 높은 값에 대해서 훨씬 더 완만하게 변화한다. 교육과 소득수준간의 관계가 가능한 예이다. 일정수준까지는, 추가적인 교육은 한계효용(marginal utility)을 가지고 있다.

〈 선형 – 곡선형 관계 〉

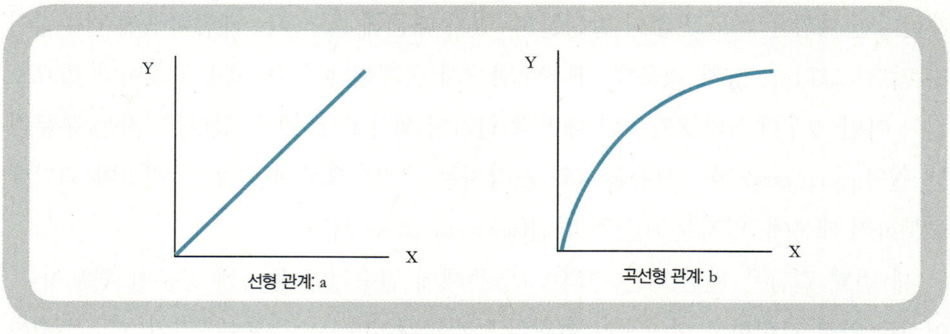

학교를 영원히 다니도록 하는 것은 분명히 사람들을 백만장자로 만들지는 않는다. 곡선형 관계는 반드시 〈b〉와 같은 형태를 취할 필요는 없으며, 단지 직선을 제외한 어느 형태든지 취할 수 있다. 가능한 곡선형 관계의 일부를 추가로 소개하면 다음과 같다.

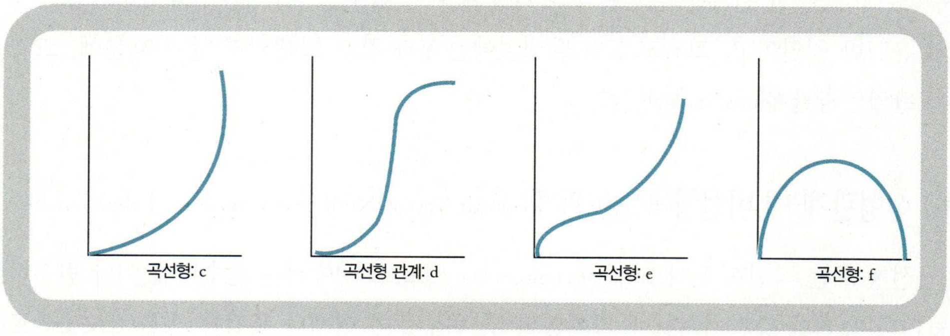

7) 가식적 관계와 매개관계(Spurious Relationship and Intervening Relationship)

사람들은 이따끔 두 변수 간의 명백한 관계를 발견하지만, 궁극적으로는 그 두 변수들이 실제로 서로 서로에게 결코 영향을 미치지 못한다는 사실을 발견하게 된다. 예를 들면, 만일 사람들이 30만명 이상의 인구를 가진 미국내 모든 도시들을 조사한다면, 도시동물원내 동물의 수와 범죄율간에 상관관계를 발견할 것이다. 그러면 이러한 관계로부터 코끼리와 호랑이가 범죄의 주된 원인이라고 결론을 내릴 수 있을까? 가장 현실적인 결론은 아직 조사되지 않은 어떠한 제3의 요인이 동물원의 크기와 범죄율의 원인이 되고 있어서, 양자가 함께 변화하게 만드는 원인이 된다는 것이다. 도시의 크기가 동물원의 크기와 범죄율과 밀접히 상호관련되어 있고, 그래서 이것 때문에 양자가 서로 관련이 있는 것처럼 보인다. 두 변수가 단지 제3의 변수로 말미암아 발생하였기 때문에, 두 변수가 서로 관련되어 있는 것처럼 보이는 관계를 가식적 관계(spurious relationship)라 부른다.

종종 두 변수 간의 명백한 관계가 매개변수에 의해 기인하는 경우가 있다. 즉 변수 A와 B는 고도로 상호관련되어 있을지 모르지만, 그러나 이는 단지 변수 A가 제3의 변수 C의 원인이 되고, 차례로 변수 C가 변수 B의 원인이 되었기 때문이다. 이러한 경우에 변수 C는 매개변수라 불린다.

화살표 꼬리쪽의 변수가 화살표 머리쪽의 변수의 원인이다. 따라서 가식적 관계에서는 C가 변수 A와 B의 원인이 되고, 매개변수관계에서는 A가 C의 원인이 되고 차례로 C가 B의 원인이 되고 있다.

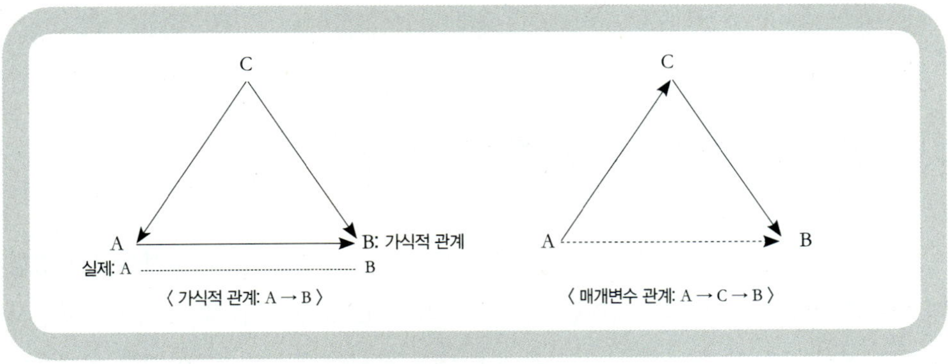

8) 가식적 영 관계(spurious zero relationship)

두 변수(X와 Y)가 각각 제3의 변수(C)와 상관되어 있기 때문에실제로 관련이 되어 있는 두 변수들(X와 Y)이 관련이 되어있지 않은 것처럼 보이는 관계를 '가식적 영 관계(spurious zero relationship)'라 부른다.

사람들이 교육과 소득수준 사이에 긍정적인 관계가 있다(교육수준이 높을수록, 소득수준이 높다)고 가정하지만, 그러나 조사를 행하고는 관계가 없음을 발견하게 된다. 그 후에 사람들은 실제 관계가 존재하지만 그 관계가 연령이란 변수에 의해 억압되어지고 있는, 즉 연령이 표본들의 교육수준과 부정적으로 상관되어있고(연령이 높을수록, 교육수준이 낮다) 그리고 소득과는 긍정적으로 상관되어 있는(연령이 높을수록, 소득수준이 높다) 사실을 발견하게 된다. 따라서 낮은 연령은 교육수준을 끌어 올리게 되지만 소득은 끌어내리게 되고, 반면 높은 연령은 소득을 끌어올리지만 교육수준은 끌어내리게되어, 만일 연령이 통제되지 않으면 교육과 소득간의 관계를 효과적으로 상쇄시키게 된다. 만일 교육수준과 소득이 어떤 단일 인구집단에 대해 조사가 되어진다면, 그 관계(교육수준과 소득간의 관계)는 다시 나타나게 된다.

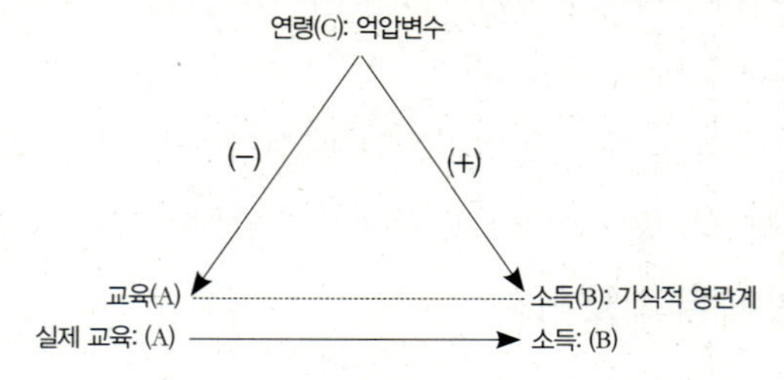

7. 가설형성과 증명을 위한 대안적 전략

어떤 개념들(예를 들면, 소외, 권위, 지능, 본능, 자아 등)은 너무 추상적이어서 경험적으로 측정하기가 어렵다. 이러한 개념들이 직접적으로 관찰될 수 없기 때문에, 사람들은 어떤 사람의 개념 측정이 잘못이 없다고 확신하기 어렵다. 이러한 어려움에 대처하기 위해 가설 형성과 검증에 대한 세가지 기본적인 접근들이 제시된다:고전적 접근, 기초이론, 그리고 엄격한 조작(Bailey, 1987: 51-58).

1) 고전적 접근방법(Classical Approach)

고전적 접근방법은 세가지의 독특한 단계로 구성되어 있다. 첫 번째 단계는 완전히 개념적 수준에서 행해지는 것으로, 개념을 정의하고 개념간의 관계를 진술하는 명제를 작성하는 것이다. 두 번째 단계는 개념적 그리고 경험적 수준간의 간격을 메우는 것이다. 이 단계는 개념을 경험적으로 측정하는 방법을 고안하는 것으로 구성되어 있다. 이 단계는 두 개념에 대한 경험적 측정을 연계하는 검증가능한 가설을 작성하는 것을 포함한다. 첫 번째 단계가 개념적 수준에 있고 그리고 경험적 측정을 포함하지 않고 있기 때문에 검증될 수 없는 반면, 두 번째 단계가 경험적 수준에 있다는 , 즉 경험적 측정과 관련된다는 사실을 제외하고는 첫 번째 단계의 명제와 동일하다. 세 번째 단계는 그 가설을 입증하려고 자료를 수집하고 분석하는 것이다.

경험적 수준과 개념적 수준과의 관계는 다음 그림과 같다.

〈 가설형성과 증명에 대한 전통적 접근방법 〉

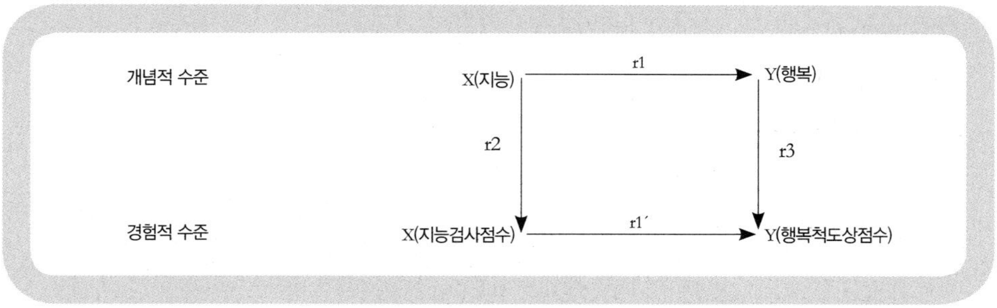

이론적 개념 X와 Y의 경험적 측정은 각각 X′와 Y′의 기호로 표시되었다. 예를 들면, X′는 개념 X의 경험적 측정이다. 즉 X는 지능의 개념이고 X′는 이 개념을 측정하는 IQ검사이다. X′와 Y′와 같은 경험적 측정은 그 형태와 그들이 사용되는 전후관계에 따라 개념의 지표(indicators of the concept), 측정(measures), 척도(scales), 지수(indices or indexes), 또는 조작적 정의(operational definitions) 등으로 다양하게 불린다. 'r'은 지능과 행복간의 가설적 인과관계를 나타낸다. 프라임 부호(′)는 단순히 경험적 수준을 나타낸다. 따라서, r′1은 r1의 경험적 수준 상대방이다. r1'의 값은 계산될 수 있지만 r1의 값은 개념적 수준이기 때문에 계산될 수 없다. 그러나, 만일 X′와 Y′가 X와 Y의 정확한 측정이라면 r1은 r1′와 똑같은 값을 가진다. X와 X′간의 관계는 r2로 표시된다. Y와 Y′간의 관계는 r3로 표시된다. 개념적 경험적 수준간의 관계는 일반적으로 인식론적 관계(epistemic relationship) 또는 인식론적 상관관계로 불리운다. 그들은 직접 측정될 수 없지만 반드시 가정되어야 한다.

고전적 접근방법의 주된 위험은 항상 측정의 오류를 범할 가능성이 있다는 것이다. 측정오류는 만일 r2와 r3가 완전하지 않다면, 즉 X′가 X의 완벽하지 못한 측정이거나 Y′가 Y의 완벽하지 못한 측정이라면 존재한다. 세 번째 단계에서 지능척도와 행복척도를 응답자 표본에 실행하고 그리고 가설이 옳은지를 결정하기 위해 자료를 분석한다. 첫 번째 시도에서 가설이 입증될지도 모른다. 반면에, 어떤 관계가 존재하고 그리고 가정된 방향이지만(예: 부정적) 매우 약한 경우가 있다. 또한 관계가 없거나 또는 긍정적인 관계를 나타낼지도 모른다. 관계가 매우 약하거나, 관계가 없거나, 반대 방향으로 나타난 경우는 설정된 가설을 증명하지 못한다.

첫 번째 설정된 상태로 가설이 입증되지 않아서 반드시 수정되거나 포기되어야할 가능성이 있기 때문에 조사자는 가설을 처음에는 임시적인 형태로 작성한다. 발견에 근거해서 필요하다면 수정되어지도록 고안된 가설을 작업가설(working hypothesis)이라고 부른다.

2) 현실기반이론(Grounded Theory)

현실기반이론(근거이론 또는 기초이론)은 이론의 증명을 지나치게 강조함으로써 결과적으로 사람들이 조사하려는 분야에 적합한 개념과 가설이 무엇인가는 발견하는 사전 단계를 경시하게 되는 추세에 반발해서 제시되는 이론이다.

현실기반이론은 추상적이고 시험적이라기 보다는 자료로부터 생성되거나 발견되어진 이론이다. 현실기반이론은 i) 가설이 없이 현장작업단계로 들어간다 ii) 무슨 일이 일어났는지를 묘사한다 iii) 관찰에 기초해서 왜 그 것이 일어났는지에 관해서 설명을 한다.

현실기반이론 접근방법을 지지하는 대부분의 사람들은 기초적 자료수집방법으로서 관찰을 활용한다. 이론은 연구중인 자료에 가장 쉽게 적용될 수 있는 개념을 활용해야 하며, 그리고 조사되어지고 있는 행동을 반드시 설명할 수 있어야 한다. 그들은 이같은 이론을 만들어낼 수 있는 최선의 방법은 자료 그 자체로부터 나온다고 생각한다. 체계적인 관찰과 자료의 연구를 통해서 범주(변수, 예:사회적 상실감, 치료의 질)를 개발하였다. 이러한 변수는 연구중인 자료로부터 나타나기 때문에 '신생 변수(emergent variable) 또는 떠오르는 변수'이다. 이는 조사가 실시되기전에는 아마도 예측될 수 없다. 그 자료로부터 나타나는 하나의 가설은 '병원스탭요원들에 의한 환자의 사회적 상실감의 인식이 높을수록, 스탭요원들의 치료가 더 좋아진다.'

전통적 이론접근방법과현실기반이론접근방법을 비교하면 다음과 같다.

전통적 접근방법에서 사용된 세 단계--1)개념과 명제 구성; 2)개념측정과 가설 형성; 3)가설증명--와 달리현실기반이론은 근본적으로 두 번째 단계와 세 번째 단계를 하나의 단계로 혼합한다. 활용되는 유일한 변수들과 가설들은 자료로부터 나온 것들이다. 따라서 실질적인 의미에서, 단지 증명되는 가설들은 알려진(인지되어진) 것이므로, 그래서 하나의 독립된 절차로서 증명은 불필요하다. 나아가, 전통적 접근방법에서 행하는 것처럼, 개념적 수준에서 경험적 수준으로 나아가는 대신에, 기초이론은 경험적 수준에서 시작하고 개념적 수준에서 종료한다. 왜냐하면 사용되는 유일한 개념들은 경험적 자료의 분석을 통해서 생성된 것들이기 때문이다.

〈 현실기반이론 접근방법 〉

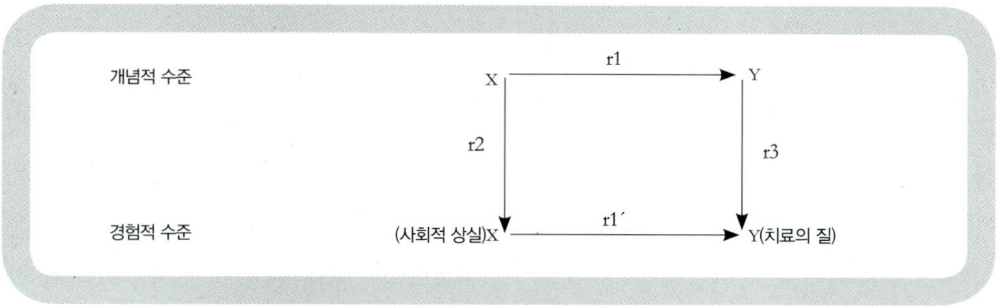

모든 개념은 직접적인 자료의 관찰에 의해 형성되기 때문에, 어떠한 측정오류도 존재하지 않거나 또는 조사자의 편에서는 인식적(관찰적) 오류를 극소화할 수 있다는 사실을 주목해야 한다. 그러나 측정오류의 결핍은 단지 조사가 실시되는 특별한 시간과 장소에만 적용될지 모르기 때문에 일반화될 수 없을지 모른다. 만일 조사자가 어떤 새로운 조사환경에서 기초이론으로부터 개발된 가설을 활용하기를 원한다면, 조사자는 반드시 전통적 접근방법의 세 번째 단계인 증명의 단계를 활용해야만 할지 모른다.

3) 조작주의(operationalism)

조작주의란 용어는 개념의 측정과정에서 수행되는 조작을 말한다. 조작주의를 강조하는 조사자들은 일반적으로 그들 개념의 양적 측정을 추구한다. 엄격한 조작주의자들에게는단순히 개념이 측정되는 것으로 정의되기 때문에 측정오류는 주요한 문제가 되지 않는다. 엄격한 조작주의는 분명히 실용주의적 접근방법이다. 엄격한 조작주의자에게는 측정되어지도록 매우 명확하게 정의되지 않은 개념은 연구에서 거의 또는 아무 소용이 없으며, 조사자는 그것에 시간을 낭비해서는 안된다고 주장한다.

가설형성에 대한 엄격한 조작주의 접근방법은 다음과 같다.

〈 조작주의 접근방법 〉

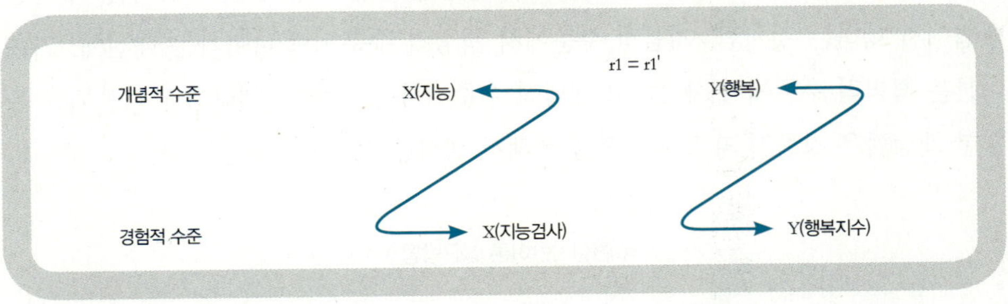

현실기반이론이 전통적 접근방법의 두 번째 단계와 세 번째 단계(가설형성과 증명)를 통합한 반면에, 조작주의 접근방법은 첫 번째와 두 번째 단계(명제와 가설형성의 이론적 그리고 경험적 수준)을 통합하였다. 개념적 수준에서 존재하기 때문에, 그것은 경험적 수준에서도 자연발생한다. 비록 첫 번째와 두 번째 단계가 조작주의에서 합해졌지만, 세 번째 단계(증명)은 분리되어 남아있으며 강조되어지고 있다.

조작주의에 대한 비판 가운데 하나는 액면타당도(face validity)의 문제이다. 예를 들어 IQ테스트가 측정하는 것은 지능이다. 그런데 지능이 의미하는 바를 IQ테스트의 질문내용들이 모두 포함하고 있느냐 하는 것이다.

4) 전통적 접근방법 · 현실기반이론접근방법 · 조작주의 접근방법의 비교

전통적 접근방법의 이점은 1) 전통적 접근방법은 완전하고, 모든 단계를 포함하고, 그리고 이론화와 자료분석을 최대한 이용한다; 2) 일반화할 수 있어 개념을 만들어내기 위해 연역법의 능력을 사용할 수 있는 추상적 개념들을 활용할 수 있다. 전통적 접근방법의 주된 불리한 점은 만일 측정이 추상적 개념을 적절히 나타내지 못할 경우에 발생할 수 있는 측정오류의 가능성이다. 일부 비평가들(특히 기초이론 접근방법의 지지자들)은 또한 연역적 추론과 증명을 지나치게 강조하는 것을 단점으로 간주한다.

현실기반이론접근방법의 주된 이점은 개념들이 경험적으로 관찰된 자료를 그대로 반영(mirror image)하기 때문에 측정오류가 발생할 가능성을 줄이는 것이다. 불리한 점은 경험적으로 도출한 개념을 강조하다보니 추상적 개념을 사용하는 것이 어렵게 되고 따라서 어느 정도 이론화를 제한한다. 이러한 접근방법에서는 연역적 추론이 회피되기 때문에, 연역적 추론의 이점을 모두 상실하게 된다. 게다가, 특정한 장소내의 경험적 자료를 강조함으로써 발견한 사실들을 다른 시간이나 장소에 일반화하기가 어렵다.

조작주의의 이점은 정의상으로는 측정오류가 없다는 것이다. 불리한 점은 조작적으로 정의될 수 없는 추상적 개념들은 허용되지 않는다는 것이다. 이러한 점은 이론개발과 일반화 능력을 심하게 제한할지 모른다.

Ⅱ. 조사설계의 기초

1. 조사설계의 의의

조사설계(research design)에 관한 정의는 좁은 의미에서 넓은 의미에 이르기까지 폭넓게 내려지고 있다.[10] 일반적으로 조사설계란 조사목적을 달성하기 위한 논리적 전략이다.즉 조사를 수행하고 통제하기 위한 계획이다. 넓은 의미로는 조사설계란 조사문제(research problems)를 검토하는 조사의 초기단계에서부터 수집된 자료를 분석하고, 그 결과를해석하는데 이르기까지 연구의 전체를 수행하고 통제하기 위한 계획이란 의미로 정의된다. 반면, 좁은 의미로는 조사설계란 조사문제에 대한 해답을 얻거나 가설에 대한 검증을 하기 위해 자료를 수집하고, 분석하고, 해석하기 위한 계획이자 청사진으로 정의된다.

Kerlinger는 넓은 의미에서 조사설계를 조사문제에 대한 타당한 해답을 얻기 위한 기획(planning)의 전과정으로 정의하고 있다. 그에 의하면 조사설계란 조사문제에

10) research design이라 용어가 조사설계, 연구설계, 연구디자인 등으로 번역되고 있는데 본 서에서는 이를 조사설계라 번역하며, research problem도 조사문제, 연구문제 등으로 번역되는데본서에서는 이를 조사문제라 번역한다.

대한 타당한 해답을 강구하기 위한 조사연구의 계획, 구조 그리고 전략이다. 조사의 계획(plan)은 조사에 대한 전반적인 시행방안으로서 가설의 설정과 조작(操作)으로부터 자료의 최종적인 분석에 이르는 기본적인 행동지침을 의미한다. 구조와 전략은 보다 한정적인 것으로서, 조사의 구조(structure)는 관계된 변수를 조작하기 위한 방침이나 구체적인 행동을 의미한다. 전략(strategy)은 자료를 수집하고 분석하기 위해서 사용된 방법을 의미한다(남세진 & 최성재, 1988: 43-64; Kerlinger, 1966: 275).

반면, Bailey는 좁은 의미에서 조사설계를 설명하고 있다. 그에 따르면, 조사설계는 아래 도표와 같이 조사과정의 한 단계에 속한다. 조사설계는 조사문제가 선택되고 가설이 설정된 후 가설상의 변수들을 측정하는 방법과 가설을 검증할을 집단을 결정하는 단계로 정의한다. 조사설계에서는 얼마나 많은 사람들을 대상으로 조사를 수행해야 하며, 조사대상자들은 어떠한 특징이 있어야 하며, 어떠한 환경하에서 자료들이 수집되어야 할 것인지, 즉 조사결과에 잘못된 영향을 미칠 수 있는 외생변수들을 어떻게 통제할 것인지 등을 결정한다(Bailey, 1987:14-18).

〈 조사과정단계: Bailey 〉

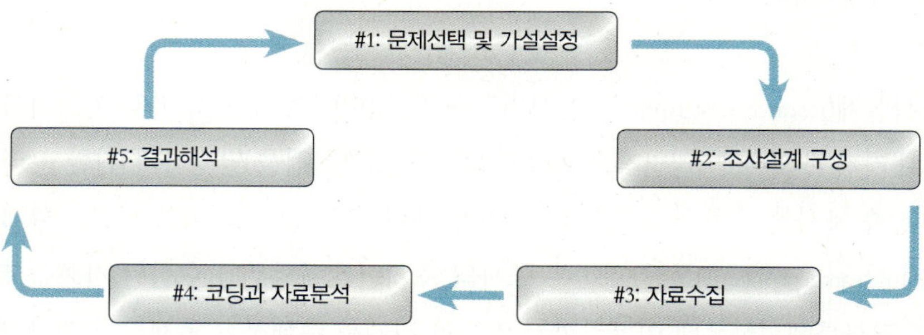

본 서에서는 조사설계를 Bailey의 견해에 따라 전개하기로 한다. 조사설계란 선정된 조사문제에 대한 해답을 구하고, 설정된 가설들을 경험적으로 검증하기 위해서 어떤 자료가 필요한지, 필요한 자료를 어떻게 수집할 것인지, 수집된 자료를 어떻게 분석하고 해석할 것인지 등을 계획하는 것이다. 조사설계는 조사활동을 구체적으로 준비하기 위한 기초가 된다. 조사설계 속에는 자료수집방법, 분석, 해석, 보고서작성에 이르는 전반적인 과정이 포함되며, 이들 단계들은 조사설계의 틀에 따라 체계적

으로 연계되어야 한다.[11)]

조사설계는 조사문제에 대한 해답을 얻기 위한 실제적인 조사계획이고, 조사문제에 대한 구체적인 해답을 얻기 위하여 설정된 가설을 검증하기 위한 실천계획이다. 가설은 두 가지 이상의 변수 간의 관계를 가정적으로 제시하고 있는 것인데, 이러한 변수 간의 관계를 규명하는 데 있어서 가장 중요한 것은 조사대상이 되는 변수(특히 독립변수)를 조작(操作)할 수 있고 또한 변수의 관계에 영향을 미치는 다른 요인이나 조건을 통제하여 한 변수가 다른 한 변수에 영향을 미친다는 확신을 높이는 것이다.

2. 조사설계의 중요성

조사설계가 왜 중요한가는 조사설계가 사회구성원의 행복을 증진시키는 데어떻게 기여할 수 있으며,또한 학문의 발전에 어떠한 긍정적 영향을 미칠 수 있는지를 밝힘으로써 입증할 수 있다.

첫째, 조사설계는 조사를 수행할 때 설계도면의 역할을 수행하기 때문에 조사가 계획적이고 체계적이며 질서있게 수행토록 함에 있어 매우 중요한 역할을 한다. 만일 조사설계가 없다면, 설계도면이 없이 건축이 수행되는 것과 마찬가지로, 극심한 혼란을 야기할 뿐만 아니라, 귀중한 인력과 물자 그리고 시간을 낭비하고, 문제에 대한 올바른 해답을 가져다 주지 못함으로써 본래 의도한조사목적을 달성할 수 없으며, 사회적으로도 가치있는 기여를 할 수 없다.

둘째, 조사설계는 효과적이고 효율적인 프로그램이나 정책대안을 형성하는데 필요한 기초자료를 체계적으로 수집하고 분석할 수 있는 절차와 방식을 제공함으로써, 사회적 책임성을 이행하고, 사회구성원의 행복을 증진시키는데 중요한 역할을 한다. 사회복지프로그램이나 복지정책들은 사회구성원들이 갖고 있는 욕구를 충족시키고, 사회문제를 해결하기 위해 계획되고 집행이 된다. 그런데 이들 프로그램이나 정책을 수행하는 데는 사회적으로 희소한 인적-물적 자원이 상당량 소요된다. 따라서 이들 프로그램이나 정책이 자원의 낭비를 막고 주어진 목적을 최대한 달성하도록 하는 것

11) 넓은 의미의 조사설계에서는 주제선정, 조사문제 선정, 가설 설정의 절차까지 자료수집 이전 단계에 포함시키고 있다.

은, 즉 효율적이고 효과적으로 프로그램이나 정책을 운영하는 것은 사회복지기관들이 사회적 책임성을 이행하는 것이다. 이와 같이 사회복지기관들이 사회적 책임성을 철저히 이행하기 위해서는, 먼저 이들 프로그램이나 정책과 관련된 사회조사를 체계적으로 실시한다. 먼저 사회구성원의 욕구와 사회문제와 관련된 문제를 선정하고, 예를 들어 '청소년 약물중독문제을 어떻게 효과적으로예방할 수 있을 것인가'라는 문제를 선정한다. 그런 후에 이 문제를 구체화하는 세부적인 가설들을 설정한다. 예를 들어, 가족내 의사소통이 원만할수록, 청소년들이 약물중독될 가능성이 적다. 그 후에 이러한 가설을 경험적으로 어떻게 검증할 것인가에 대한 조사설계를 실시한다. 이 조사설계에서는 누구를 대상으로, 무엇에 대해서, 어떻게 자료를 수집할 것이며, 수집된 자료는 어떻게 분석하고, 그 분석결과는 어떻게 해석해서 보고할 것인가를 계획한다. 이러한 계획은 조사를 진행하는 틀의 역할을 하며, 이러한 계획하에 조사가 이루어질 때 조사는 효과적이고 효율적으로 수행이 될 뿐만 아니라, 정확하고 객관적이며 경제적이고 타당한 해답을 제공함으로써 조사결과가 사회적으로 가치있고 믿을 수 있는 정보를 산출하여 사회구성원의 욕구를 최대한 충족시키고 사회문제를 효과적으로 해결할 수 있는 프로그램이나 정책대안을 구성하게 된다.

셋째, 조사설계는 조사문제와 관련된 가설을 통일성을 가지고 논리적이고 경험적으로 검증할 수 있는 절차와 방법을 제시함으로써 조사문제와 관련된 이론을 형성하는데 중요한 역할을 수행한다. 이렇게 형성된 이론은 향후 과학적 연구를 위한 기초를 제공하고, 현재의 사회적 현상을 설명할 수 있도록 하여주며, 새로운 사실도 예측할 수 있게 하여 줄 뿐만 아니라 기존 지식 간의 간격을 메워주는 역할을 수행하고, 다른 경험적 연구를 하지 않고서도 관련된 다른 이론의 도출을 가능하게 하여준다.

3. 조사설계의 성격

조사설계는 조사의 수행을 위한 논리적 절차와 방법을 제시함에 있어서 다음과 같은 제한적 성격을 갖는다.(Suchman, 1967:309)

첫째, 조사설계의 제한성이다. 조사설계는 조사문제에 대해 제한된 해답을 강구한다. 독립변수와 종속변수 간의 관계에 영향을 미치는 외생변수들을 완전히 통제할 수 없을 뿐만 아니라, 표본이 모집단을 완전하게 대표할 수 있도록 만들기가 어렵기 때문에 객관성에 있어서도 제한적일 수 밖에 없다.

둘째, 조사설계의 다양성이다. 조사자가 어느 한 조사문제에 대해 단 하나 밖에 없는 완전하고 유일한 조사설계를 정립하는 것은 불가능하다. 조사자의 이론적 관점, 방법론 정향, 조사상황 등에 따라 여러 가지의 조사설계가 가능하다.

셋째, 조사설계의 타협성이다.조사설계는 조사와 관련된 실제상의 여러 요인들을 고려한 후 하나의 타협안으로 만들어지는 것이 통상적인 예이다. 조사설계에 따른 조사비용, 시간, 조사능력, 자료의 활용가능성 등 여러 요인들을 고려한 후 실현 가능한 조사가 이루어지도록 설계된다.

넷째, 조사설계의 융통성이다. 설정된 궤도에서 이탈되지 않고 설정된 그대로 아무런 수정없이 수행되는 조사의 청사진이라기 보다는, 보다 옳은 방향으로 조사해 가기 위한 일련의 안내서로서의 역할을 한다. 따라서 연구상황의 변화에 따라 새로운 가설을 개발하거나 연구설계 자체를 수정하거나 보완할 수 있다.

4. 조사설계의 목적

조사설계의 근본 목적은 조사문제에 대한 타당한 해답을 제공하고, 해답을 구하는 과정에 서 변수분산을 통제하거나 일탈을 방지하는 것이다. 이를 보다 구체적을 설명하면 다음과 같다.(김해동,1989:142-143)

첫째, 조사설계는 조사자가 조사문제에 대한 해답을 가능한 한 타당성 있고 객관적이며, 정확하게 또 경제적으로 제공하는 데 그 목적이 있다. 모든 조사설계는 조사문제에 대한 경험적 증거를 찾을 수 있도록 의도적으로 그리고 특정하게 고안된 것이라고 할 수 있다.

둘째,조사문제는 일반적으로 조사의 특정 시점에서 경험적으로 증명할 수 있는 가설형태로 기술한다. 조사설계는 가설상의 조사질문이 신뢰할 수 있고, 타당한 해답을 구할 수 있도록 만드는 데 목적이 있다.

셋째, 조사설계는 변수 간의 관계가 적절히 검증될 수 있도록 만드는 데 그 목적이 있다.즉 '무엇이 조사되어야 할 것인가' '이것을 어떻게 조사할 것인가' '어떻게 표본의 특성이 모집단의 특성을 대표할 수 있도록 할 것인가' 등에 대해 조사설계를 통해 알 수 있다.

넷째, 조사설계는 관찰이나 분석의 방향을 암시하는 데 그 목적이 있다. 조사설계는 무엇을 해야 하는가를 정확하게 지적해 주는 것이 아니라, 관찰 및 분석의 방향을 적절히 암시해 주는 것이다. 예를 들면 조사설계의 적절한 암시라고 한다면 '어느 정도의 관찰이 이루어져야 하는가' '무슨 변수가 조작되고 또 측정될 것인가' 등과 같이 표현된다.

다섯째, 조사설계는 어떤 형태의 통계분석을 사용해야 할 것인가를 제시하는데 그 목적이 있다. 예를 들면, 가설상의 원인과 결과간의 인과적 관계를 검증할 때는 미치는 영향의 방향성을 파악할 수 있는 회귀분석(regression analysis)을 통해 검증할 것을 제시하고 있다.

여섯째, 조사설계는 가능한 결론의 윤곽을 제시해주는 데 그 목적이 있다. 만일 조사설계가 적절하게 이루어진다면, 통계분석을 통해서 도출해낼 수 있는 가능한 결론의 윤곽을 파악할 수 있다.

5. 조사설계의 기본적 논리

조사설계는 이론과 경험적 연구를 연결시키는 작업이며 이에 대한 여러 접근 가운데서 일반적으로 통용되고 있는 것은 연역법과 귀납법이다(남세진 & 최성재, 1988: 44-45).

1) 연역법(deduction)

전통적인 과학적 조사의 접근방법은 연역적 접근방법이다. 연역법은 보편적이거나 일반적인 원리나 법칙으로부터 구체적이고 특수한 현상에 대한 지식을 이끌어 내는, 즉 일반적인(general) 것으로부터 특수한(specific) 것을 추론해 내는 접근방법이다.

연역법은 일정한 연구주제를 연구가설의 형태로 만든 후에 이 연구가설을 현실적인 경험사회에서 실증적으로 증명할 수 있을 것이라는 가정에서 출발하는 이론의 형성방법이다. 연구주제나 연구가설을 우선적으로 결정하는 일이 연역법의 핵심사항이다. 연역법의 세단계는 다음과 같다. 첫째, 선택한 연구주제나 연구문제를 하나 또는 수 개의 명제로 일단 구성한다. 이때 명제를 구성하는 개념 등을 정확하게 정의하고 정의된 개념으로 형성된 명제가 연구주제와 연구목적에 가장 타당하고 적절하다고 판단하는 일이다. 둘째, 명제를 검증할 수 있도록 하나 또는 수 개의 가설의 형태로 구성한다. 명제란 경험적으로 검증될 수 있는 수준으로 명제를 구성하고 있는 개념이나 변수등을 조작시키지 아니 한 상태이다. 반면 명제를 구성하고 있는 개념과 변수를 실제로 경험사회에서 검증될 수 있도록 조작시킨 것이 가설이다. 명제를 증명하기 위해서는 가설을 만들어야 하고 가설을 검증하면 자연히 명제가 증명되고 나아가 연구주제가 증명되면서 이론이 형성된다. 셋째, 필요한 자료를 수집하고 분석해서 연구가설을 증명하면 이론이 형성된다. 과학적 연구방법의 핵심은 연구주제를 정하고 여기서 연구가설을 만들어서 이것을 실증적으로 증명하기 위해서 필요하고 관련된 자료를 수집하는 방법과 기법에 관한 것이다.

2) 귀납법(induction)

귀납법은 관찰에서 시작하여 일반적인 원리나 이론으로 전개해 나가는 논리적 과정이다.

귀납법은 경험의 세계에서 관찰된 많은 사실들이 모두 공통적인 유형으로 전개되는 것을 발견하고 이들의 유형을 객관적인 수준에서 증명하게 되는 것이다.

귀납법의 과정을 정리하면 다음과 같다; 1) 연구주제를 선정한다. 조사자가 가설이나 이론 등을 가정하지 않고, 그 대신 이해관계가 있거나 관심있는 분야 또는 문제를 인식하는 차원에서 출발한다. 2) 조사자가 연구대상이 된 경험세계의 환경이나현상을 객관적으로 관찰하고, 관찰한 결과를 기록한다. 3) 기록된 관찰결과가 어떤 규칙에 따라 또는 일정한 유형으로 전개되는 것을 발견한다. 4) 그런 연 후에왜 일정한 유형(pattern)이나 규칙성(regularity)이 존재하는지를 객관적인 수준에서 설명하고, 임시적 결론(tentative conclusion)을 내린다. '임시적'이라는 것은 이 유형이 검증된 것이 아니고 단지 관찰에 의해 나타난 유형이나 규칙이라는 것을 의미한다.

이들 유형이나 규칙성을 객관적인 수준에서 증명을 하기 위해서는 연구대상의 현상을 분석하는 분석절차와 방법이 계량적이어야 할 것이며, 이를 위해 통계적 분석이 필요하게 된다.

3) 양자간의 관계

분석적인 연역법과 경험적인 귀납법은 상호대립적인 관계가 아니라 상호보완적인 관계이다. 연역적인 추론과 귀납적인 추론은 서로 교대로 이루어지는 과정이다. 현실적으로 귀납적인 관찰과 자료의 수집방법에 의해서 가설이 설정되고 나면 이를 다시 한번 더 현실에서 검증하여 이론을 형성하는 연역적인 방법에 의해 이론이 형성되는 것이 일반적이다. 사회과학에서 지식을 탐구하기 위한 논리는 어느 한쪽에만 치우쳐선 안된다. 즉 연역적 추론이 논리적 필연성을 갖는다는 의미에서 그 중요성을 인정되는 반면, 귀납적인 논리도 경험적 사실을 바탕으로 한 예측을 한다는 측면에서 중요성이 인정되어야 한다. 통상적으로 기존의 이론이 존재할 때 연역법을 사용하며, 기존의 이론이 존재하지 않을 때 귀납법을 사용한다.

6. 조사설계의 구성요소

조사설계의 구성요소를 일반적인 조사과정상의 단계를 중심으로 고찰하면 다음과 같다.(남세진 & 최성재, 1988:45-52)

① 주제-문제-가설설정[12)]

주제를 선정하고 이를 조사문제로서 특정화한다. 특정화된 조사문제는 경험적으로 검증가능한 가설로 발전한다.

② 조사대상의 선정

조사대상이 무엇인가? 분석단위가 무엇인가? 개인인가, 집단인가, 조직체인가, 사회적 가공물인가, 시간인가, 문헌인가, 통계자료인가?

③ 표본 수집

모집단은 무엇인가, 표집단위는 무엇인가, 표본의 크기는 얼마인가, 표집방법은 무엇인가?

---

12) 좁은 의미의 조사설계에서는 이 부분은 조사설계 이전의 단계로 간주한다.

④ 조사방법의 선택

선정된 대상에서 자료를 수집하는 방법은 무엇인가? 사람인 경우 관찰, 면접, 설질문, 실험 등 어느 것을 사용할 것인가? 서류나 문헌이라면 사례조사, 내용분석 등 어느 것을 사용할 것인가?

⑤ 측정과 척도

자료를 측정하는 전략은 무엇인가? 어떠한 척도를 사용할 것인가?

⑥ 자료의 수준

탐색적 수준인가, 기술적 수준인가, 설명적 수준인가?

⑦ 조사결과의 분석과 해석

분석할 자료가 무엇인가, 어떤 방법으로 분석할 것인가, 어떠한 통계기법을 사용할 것인가, 통계분석결과 해석은 어떻게 내릴 것인가, 결론은 어떻게 내릴 것인가?

⑧ 조사보고서 작성과 발표

보고서는 어떤 형식인가? 누구에게 무엇을 어떻게 언제 누가 보고할 것인가? 사회에 어떻게 알릴 것인가?

7. 조사설계의 유형

조사설계는 유일무이(유일무이)한 완전한 조사설계는 없다. 조사상황이나 조사문제 조사목적에 따라 바람직한 조사설계는 달라지게 된다. 다양한 조사설계의 대표적인 유형을 다음과 같이 구분해 간략히 살펴본다. 각 유형의 구체적인 내용은 다음의 해당 장에서 설명한다.

1) 자료수준에 따른 분류:탐색적-기술적-설명적 조사설계

(1) 탐색적 조사설계

탐색적 조사설계 일반적 개념을 보다 구체적이고 측정할 수 있는 변수나 질문 또는 가설로 발전시키려는 조사설계로서 유용한 지식이 한정되어 있는 미개척분야에서 기본적 자료를 제공하기 위한 조사설계로서 적격이다. 탐색적 조사설계에 활용되는 방법으로서 문헌조사, 경험자 면접조사, 특례의 분석 등이 있다.

(2) 기술적 조사설계

기술적 조사(descriptive research)는 사회적 현상, 사회구성원의 특징, 표적집단의 행동 등에 관해 서술하는 데 활용된다. 사회복지분야에 있어서 기술적 조사는 수혜자의 현황 및 특성, 사회적 체계, 표적문제, 정책대안, 개입방안 등을 서술하는 데 활용된다. 조사의 기술적 기능은 현상의 서술을 총체적 형식으로 나타낼 뿐만 아니라, 상이한 부분간의 상관관계를 구체적으로 나타낸다.

기술적 조사는 클라이언트의 욕구와 문제 그리고 서비스에 대한 태도뿐만 아니라 제공된 서비스의 내용과 사용하과 있는 방법 등에 대한 지식을 발전시킴에 중요한 역할을 하고 있다. 기술적 조사설계의 예로는 사례조사(case study), 현장조사(field study), 비교조사(comparative study), 현황조사(status survey), 내용분석(content analysis), 모형조사(simulation study), 서베이조사(survey research) 등이 있다(김렬, 1999:100-103).

(3) 설명적 조사설계

설명적 조사설계는 현상과 관련된 변수들간의 인과관계를 추론하는 것을 목적으로 한 조사설계이다. 설명적 조사는 현상의 존재나 상태에 대한 기술에 그치지 않고, 조사된 관계를 다른 상황이나 타인에게도 적용할 수 있도록 일반화시키거나 미래의 상황을 예측하기 위해 실시한다. 결국, 설명이란 '왜'라는 질문에서 출발하여 이에 대한 해답을 주고자 하는 것이다. 사회복지 실천현장이나 정책상황에서 표적이 되는 문제의 원인이 무엇인가를 조사하고, 사회체계의 역동성을 이해한 후, 문제의 원인을 해결하기 위한 개입방안이나 정책대안을 강구해 집행한 후, 개입방안이나 정책대안들이 표적집단의 문제의 해결에 어떠한 영향을 미쳤는지를 파악하게 된다. 설명적 조사는 이와 같이 문제의 원인과 그로인한 결과간의 관계를 조사할 뿐만 아니라 프로그램이나 정책이 문제해결에 어떠한 효과가 있었는가도 조사하여 프로그램이나 정책의 개선에 기여하고 있다. 설명적 조사 방법은 독립변수 또는 실험변수를 조작해서 실시하는 실험적 방법이 있는 한편, 독립변수가 되는 요인들을 자연적 현상 속에서 발견하는 비실험적 방법이 있다.

설명적 조사에서 인과관계를 추리하는 근거를 일부 소개하면 다음과 같다(제8장 실험연구와 실험설계의 인과관계 참고).

① 일치법

주어진 현상에 관한 두 개 또는 그 이상의 사례들이 공통된 하나의 조건을 가지고 있을 때, 그 공통된 조건들을 그 현상의 원인과 결과로 간주하는 방법이다.

② 공변법

만일 어떤 현상이 특정한 방식으로 변화할 때마다 다른 현상도 그와 같은 방식으로 변화한다면, 즉 공변(共變,covariation)한다면, 이들 두 현상은 인과적으로 관련되어 있다.

③ 시간적 우선성

만일 어느 한 사건(X)이 먼저 발생하고, 그리고 다른 사건(Y)이 발생하였다면, 먼저 발생한 사건은 다른 사건의 원인이 될 수 있지만, 뒤에 일어난 사건은 앞에 일어난 사건의 원인이라고 할 수 없다는 논리이다. 원인적 요인의 발생은 결과적 요인의 발생에 앞서거나 거의 동시에 일어나야 하는 것이다.

④ 비가식적 관계

비록 일치하고, 공변하고, 시간적으로 우선하여 인과관계로 보인다 하더라도 두 변수 간의 관계가 제3의 변수에 의해 발생한다면 그 관계는 진실된 관계가 아니라 허위적인, 즉 가식적인 관계가 된다. 두 변수에 대한 원인적 요인이 될 가능성이 있는 다른 조건들을 통제하거나 배제함으로써, 두 변수 간의 관계가 진실된 관계, 즉 비가식적 관계(非假飾的 關係, non-spurious relation)임을입증하는 방식이다. 두 변수의 관계가 진실된 인과관계임을 입증하기 위해서는 제3의 변수로 설명되는 관계, 즉 가식적 관계(假飾的 關係,spurious relationship)가 될 수 있는 요인을 배제해야 한다.

2) 실험조건 충족 정도에 따른 구분: 실험설계-준실험설계-비실험설계

조사설계는 실험조건의 충족 정도에 따라서도 구분이 된다. 실험조사설계에 있어서 독립변수의 노출시기 및 대상의 통제, 실험결과 측정시기 및 대상의 통제, 대상 선정의 무작위화, 외생변수 통제의 정도 등에 따라 실험조사설계는 실험설계, 준실험설계, 비실험설계로 구분할 수 있다. [여기서는 개략적 소개만 하기로하고 구체적인 내용은 제8장 실험설계내용을 참고하기 바람.]

실험조사설계는 독립변수의 조작, 외생변수의 통제, 실험대상의 무작위화라는 실험설계의 기본조건을 어느 정도 충족하고 있느냐에 따라 실험설계(experimental design), 준실험설계(quasi-experimental design), 전실험설계(pre-experimental design), 비실험설계(non-experimental design)로 분류된다.[13]

실험설계는 실험대상의 무작위 할당, 실험변수의 조작, 외생변수의 통제 등 실험조건을 모두 갖춘 설계로서 순수실험설계(pure experimental design) 진실실험설계(true experimental design) 등으로도 불리운다. 준실험설계는 실험설계가 갖추고 있는 비교와 통제 등의 조건이 약화된 설계로서 유사실험설계(類似實驗設計) 또는 의사실험설계(擬似實驗設計)로도 불리운다. 실험설계와 유사한 설계이다. 전실험설계는 실험설계의 기본조건 가운데 일부만 갖추어서, 내적 타당도를 저해하는 내적-외적 요인들에 대한 통제가 제대로 이루어지지 않은 설계이다. 비실험설계는 실험적 요소를 전혀 갖추지 못한 상태의 설계이다.

고전적인 실험설계의 절차는 다음 도표와 같이 요약된다.

13) 실험연구설계는 실험조사와 의사실험조사로 2분하든가, 아니면 실험조사, 의사실험조사 그리고 전실험조사로 3분하여 비실험설계를 의사실험설계에 포함시키고 있다. 여기서는 비실험설계를 분리하여 4분한다.

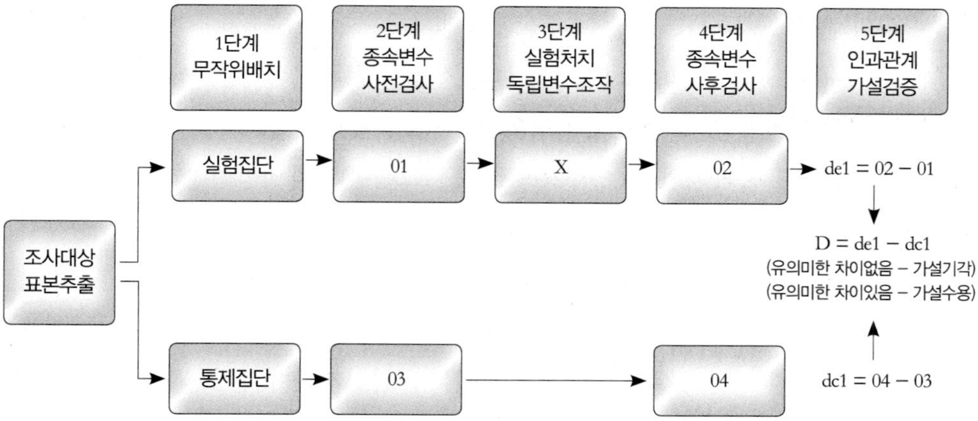
1단계
무작위배치
2단계
종속변수
사전검사
3단계
실험처치
독립변수조작
4단계
종속변수
사후검사
5단계
인과관계
가설검증
조사대상
표본추출
실험집단
01
X
02
de1 = 02 − 01
D = de1 − dc1
(유의미한 차이없음 – 가설기각)
(유의미한 차이있음 – 가설수용)
통제집단
03
04
dc1 = 04 − 03

〈 실험조사설계의 유형 〉

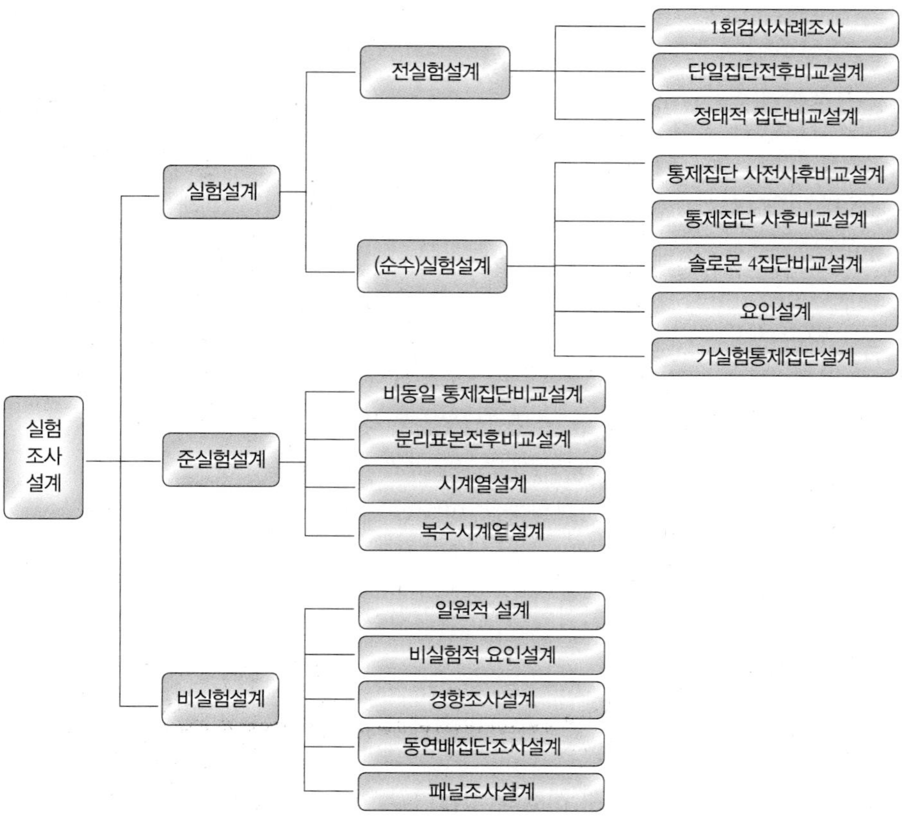
실험
조사
설계
실험설계
전실험설계
1회검사사례조사
단일집단전후비교설계
정태적 집단비교설계
(순수)실험설계
통제집단 사전사후비교설계
통제집단 사후비교설계
솔로몬 4집단비교설계
요인설계
가실험통제집단설계
준실험설계
비동일 통제집단비교설계
분리표본전후비교설계
시계열설계
복수시계열설계
비실험설계
일원적 설계
비실험적 요인설계
경향조사설계
동연배집단조사설계
패널조사설계

① 실험설계

실험설계(experimental design)는 순수실험설계(pure experimental design) 또는 진실실험설계(true experimental design)으로도 불리운다. 실험설계는 내적타당도를 저해하는 요인들을 최대로 통제한 설계이다. 실험의 기본 요소는 연구대상자를 무작위로 실험집단과 통제집단에 배치하고, 일반적으로 프로그램이나 개입방법인 독립변수(실험처치)를 실험집단에만 도입하고 통제집단에는 도입하지 않으며, 실험집단과 통제집단에 있어서의 변화를 비교하는 것이다. 실험설계의 네가지 기본 요소는 통제집단(control group), 무작위 할당(random assignment), 독립변수(실험변수)의 조작, 사전-사후검사이다. 이러한 기본적인 요소를 갖추고 있는 실험설계의 구체적 형태는 통제집단사전사후검사설계, 통제집단사후검사설계, 솔로몬 4개집단비교설계,요인설계가 있다. 이 가운데통제집단사전사후검사설계, 통제집단사후검사설계, 솔로몬 4개집단비교설계는 독립변수가 한 개인인 경우이고, 요인설계는 독립변수가 두 개 이상인 경우에 적용된다.

② 준실험설계

준실험설계(準實驗設計, quasi-experimental design)는 반실험설계(半實驗設計, half-experimental design), 의사실험설계(疑似實驗設計) 또는 유사실험설계(類似實驗設計)로도 불리운다. 준실험설계는 실험설계 중 통제집단사전사후검사설계를 기본으로 하여 이것과 유사한 설계형태로 개발된 것이다. 준실험설계는 실험설계의 네가지 기본 요소는 통제집단(control group), 무작위 할당(random assignment), 독립변수(실험변수)의 조작, 사전-사후검사 가운데 한 두 요소가 결여된 설계이다.

준실험조사설계의 형태들은 내적 타당도에 있어서는 실험설계의 형태들보다 약하지만 전실험설계의 형태들보다는 상당히 강한 편이다.

실험설계는 가장 우수한 인과관계 증명방법이지만 인위적인 통제와 조작이 어렵기 때문에 사회적 현상을 설명하는 데 이를 적용하기 곤란한 경우가 많이 있다. 따라서 현실적인 이유로 인해 준실험설계가 더 많이 이용되고 있다.

③ 전실험조사설계

전실험조사설계((前實驗調査設計, pre-experimental)는 난선화에 의하여 조사대상자가 선정되지 않고, 비교집단이 선정되지 않거나 비교집단이 선정되어도 집단간의 동질성이 확보되지 않고, 또한 독립변수의 조작에 의한 변화의 관찰이 한두 번 정도로 제한되어 있어 내적 및 외적 타당도 저해요인이 거의 통제되지 못하게 된다. 즉 전실험조사설계는 변수 간의 관계를 인과적인 것으로 타당화시킬 수 있는 구조를 갖추고 있지 못하므로 이러한 설계에서 인과관계를 추정하는 것은 그 신빙성이 대단히 낮다. 전실험설계는 원시실험설계 또는 선실험설계라고도 불리운다.

④ 비실험설계

비실험설계(non-experimental design)는 실험적인 연구방법을 사용할 수 없는 상황에서,즉 독립변수의 조작도 불가능하고 난선화도 불가능한 경우에, 적용되는 실험연구설계이다.[14)]

비실험조사는 독립변수가 이미 나타나버렸거나 본질적으로 조작될 수 없기 때문에 연구자가 독립변수를 직접적으로 통제할 수 없는 경우, 독립변수와 종속변수의 동시적인 변화(concomitant variation)로부터 변수 간의 관계를 추정하는 설계이다.(남세진 & 최성재,117-131)

비실험설계에서는 'x ➞ Y'라는 가설을 검증하기 위하여 Y를 먼저 관찰하고 X는 경우에 따라 Y의 관찰 전후 또는 동시에 관찰하는데, X와 Y를 동시에 관찰하는 경우가 가장 많다. 비실험적 설계는 기본적인 논리와 가설을 경험적으로 증명하려는 목적은 실험설계와 같다. 비실험설계와 실험설계의 기본적인 차이는 독립변수에 대한 '직접적'인 조작과 다른 조건의 통제이다. 독립변수의 '직접적'인 조작은 조사가 독립변수를 의식적으로 조작하여 독립변수에 변화를 가하는 것을 확신할 수 있게 되는 것이다. 그리고 다른 조건의 통제는 무작위할당을 통하여 특히 내적 타당도를 저해할 수 있는 요인들을 배제하여 실험집단과 통제집단을 동질화시킴으로써 독립변수만의 영향을 보다 확실히 할 수 있게 하는 것이다. 비실험설계는 독립변수를 직접적으로 조작할 수 없을 뿐만 아니라 다른 조건들도 통제할 수 없으므로 'X ➞ Y'라는 가설에 대한 확신의 정도가 크게 낮다.

---

14) 연구의 대상과 상황에 있어서 독립변수의 조작이 가능하고 난선화에 의한 대상선정이 가능하면 실험조사설계를 적용할 수 있다. 독립변수의 조작은 가능하지만 대상을 난선화할 수는 없고 독립적인 관찰을 여러 번 할 수 있으면 의사실험설계를 적용할 수 있다. 독립변수의 조작은 가능하지만 대상을 난선화할 수는 없고 독립적인 관찰을 한두 번 밖에 할 수 없으면 전실험설계를 적용할 수 있다. 연구 대상과 상황에 있어서 독립변수의 조작도 불가능하고 난선화도 불가능한 경우 적용되는 조사설계는 비실험조사설계라고 한다.

3) 시간의 범위에 따른 구분

조사설계는 시간의 범위에 따라 횡단조사설계와 종단조사설계로 나뉜다.

① 횡단조사설계(cross-sectional study design)

어떤 현상을 연구하려 할 때에 특정 시간에 그것을 여러 부분에 걸쳐 분석하도록 설계하는 것이다. 인구 센서스는 특정 시간의 우리나라 인구에 대한 기술적 조사이며 횡단적 연구이다. 설명적 조사에도 적용할 수 있으나 설명적 조사의 경우 여러 시간에 걸쳐 발생하는 원인적 과정을 이해하려는 연구에 적용하면 문제가 있다.

② 종단적 조사설계(longitudinal study design)

여러 시점에 걸쳐 관찰하는 것이다. 여러 이점이 있으나 시간과 비용이라는 면에서 부담이 많아지게 된다.

첫째, 경향조사(trend study)로 어떤 광범위한 인구집단 속에서 시간에 따라 일어나는 변화를 연구하는 것이다.

둘째, 동연배집단조사(cohort study) 연구로서 보다 좁고 구체적인 범위의 인구집단의 변화를 연구하는 것이다. '1950년대에 출생한 사람'과 같은 연령집단이 예이다.(386세대, 475세대)

셋째, 패널조사(panel study)서 동일한 사람을 대상으로 반복해 연구하는 것이다.

③ 유사종단적 조사

유사종단적 조사는 비록 횡단적 자료만을 가지고 있지만 여러 시간에 걸친 과정에 대해 비슷한 결론을 얻을 수 있을 경우가 있다. 예를 들면 대학생에 대한 횡단적 연구에서 사립고등학교 출신이 공립고등학교 출신보다 학점이 우수하다는 사실을 발견했다면 어떤 고등학교에 다녔느냐가 학점에 영향을 준다는 결론을 내릴 수 있다.

chapter_ 4

측정과 척도

Chapter 4

측정과 척도

Ⅰ. 측정

1. 측정의 의미

측정(測定, measurement)에 대한 정의는 다양하다. 일반적으로 측정이란 특정 분석 단위에 대해 특정 속성의 질적 또는 양적 값이나 수준을 결정하는 과정(the process of determining the value or level, either qualitative or quantitative, of a particular attribute for a particular unit of analysis)이다. Kerlinger는 측정이란 일정한 규칙에 따라 어떤 대상(object)이나 사건(event)에 대하여 숫자(number)를 부여하는 것이라고 정의한다. 사회복지의 대상의 속성이나 특성은 구체적이라기보다 추상적이고, 양적이라기보다는 질적인 측면이 많으며 외면적인 측면과 함께 내면적인 측면이 있다. 측정이란 일정한 규칙에 따라 이러한 대상의 특성이나 속성에 대해 어떤 경험적 상징을 체계적으로 부여하는 과정이다(김영종, 1999: 119-148; 남세진 외, 1988: 186-260; 채서일, 1992: 193-234; Bailey, 1987: 60-78; Rubin & Babbie, 1993: 88-216; Kerlinger, 1966: 413). Campbell은 측정이란 사물의 속성을 나타낼 수 있도록 사물의 속성을 지배하는 법칙에 따라서 숫자를 부여하는 것(assignment of numerals)이라고 한다.

결국 측정(測定, measurement)이란 일정한 규칙(rules)에 따라 대상의 특성이나 속성에 대하여 숫자나 기호(symbol)를 부여하는(배치하는) 체계적이고 과학적인 경험적 관찰과정이다. 여기서 숫자라고 하는 것은 1,2,3......이나 또는 I, II, III......등의 형태로 표시되는 기호를 말하는데, 숫자 자체는 아무런 의미가 없으며 사람들이 그것에 의미를 부여하는데 따라서 그 뜻이 달라진다. 측정에는 보통 숫자(numerals)를 사용하는데, 이 숫자에 양적인 의미가 부여되면 수(numbers)가 된다. '부여한다(assignment) 또는 배치한다'는 것은 한 집합의 대상들을 다른 집합의 대상들에 어떤 일정한 규칙에 따라 연결시켜주는 것을 말한다. 즉 실제 개념을 그에 상응하는 수치와 체계적으로 결합시키는 과정이다.

측정에 있어 중요한 것 가운데 하나는 측정의 규칙을 세우는 것이다. 규칙은 우리가 무엇을 해야 하는가에 대하여 설명해주는 지침, 방법, 명령이다. 측정에 있어 규칙이란, 숫자나 수치를 부여하는 규칙이란, 측정하려는 사람에게 어떻게 측정할 것인가를 가르쳐주는 가이드의 역할을 한다. 즉 측정의 규칙은 측정하려는 대상이나 사건에 대하여 그것을 측정하기 위한 수치를 어떻게 배열하느냐 하는 것을 결정하는 것이다. 이러한 규칙은 추상적인 관념세계의 현상이 경험적인 세계의 현상과 정확하게 일치할 수 있는 가능성을 높이기 위해 설계된 것이다. 따라서 측정은 추상적인 개념들을 경험적인 지표로 전환함으로써 추상적인 이론적 세계와 경험적 세계를 연결시켜주는 수단적 역할을 한다. 예를 들면, 선호도에 따라 1에서 5까지 숫자를 부여하는데 만일 가장 선호하는 경우에는 5, 가장 싫어하는 경우에는 1을 부여하라고 규칙에서 정했으면, 이 사이에 있는 경우에는 1과 5 숫자를 부여하라는 뜻이다.

측정에 대한 다양한 정의의 초점은 수량화의 범위이다. 측정을 특정 분석단위의 어떤 속성에 대하여 양적인 의미를 가진 수치를 부여하는 것만에 한정시킬 것인가, 아니면 질적인 값이나 수준을 규정하는 과정까지 포함시킬 것인가 하는 것이 주된 쟁점이다. Bailey는 측정(measurement)이란 특정 분석단위의 특정 속성에 대해 양적 또는 질적(quantitative or qualitative) 값이나 수준을 결정하는 과정이라고 정의한다. 따라서 측정이란 숫자적 또는 양적으로만 묘사되는 것이 아니라, 질적인 것으로도 묘사될 수 있다. 질적인속성은 숫자라기 보다는 부호나 명칭을 갖고 있는데, 이들 부호나 명칭은 각각의 범주에 할당되어 있다. 숫자로서 측정된 속성을 양적인 속성 또는 양적 변수(quantative attribute or variable)라 부르는 반면, 부호나 명칭으로 측정된 속성을 질적인 속성 또는 질적 변수(qualitative attribute or variable)이라 부른다.

사회과학분야에서는 많은 질적 변수(qualitative variables)들이 사용된다. 특히 관찰적 연구에서 많이 사용된다. 질적 변수의 예를 들면, 수용시설 병동, 장애유형, 눈의 색깔, 소속 정당(공화, 민주, 무당파), 소속 종교(신교, 카톨릭, 불교, 기타 종교, 무교), 교수 성향(조직충성파, 본업충성파), 재소자 양태(정의파, 늑대, 양, 고릴라, 소식통(hipster), 볼버스터) 등이 있다. 비록 일부 관찰자는 그들이 관찰한 자료를 계량화하려고 시도하지만, 대부분의 조사자들은 단순히 그들이 관찰한자료를 질적인 범주로 정리하고, 그리고 각 범주에 명칭을 부여하여 그것을 다른 범주와 비교한다. 질적 변수의 범주도 이름 보다는 숫자들로 분류될 수 있지만 그 숫자들은 숫자체계의 속성을 가지고 있지 않다. 즉 그 숫자들은 더하기, 빼기, 나누기 또는 곱하기 같이 산술적 계산에 사용할 수 없다. 예를 들면, 사람들은 요양원 방번호를 202호와203호라고 정할 수 있지만, 그 숫자를 202 파운드에 203 파운드를 더하는 식으로 사용할 수는 없다. 질적인 변수에 대해서 행해질 수 있는 유일한 양적인 계산은 빈도나 각 범주의 백분율 계산이다. 숫자 명칭을 사용하는 질적 분류의 예로는 주민등록번호, 미국의 사회보장번호(social security number), 전화번호, 운전면허증 번호, 크레딧 카드번호 등이 있다.

2. 측정의 역할 및 중요성

과학적 조사연구에서 측정이라는 중시되는 것은 측정이 다음과 같은 중요한 역할을 하기 때문이다. 첫째, 측정은 가장 표준화된 묘사의 방법이다. 어떤 대상이나 사건을 가장 적절하고 일관성 있게 묘사해 줄 뿐만 아니라 다른 방법에 의해서는 표현이나 묘사가 불가능한 것도 묘사를 할 수 있도록 하여 준다.

둘째, 측정은 가장 간편한묘사의 방법이다. 측정은 주민등록번호나 전화번호와 같이 대상이 무엇인지 또는 어디에 속하는지를 식별하거나, 대상의 크고 작음 그리고 많고 적음을 간편하게 묘사할 수 있도록 하여준다.

셋째, 측정은 자료를 수집하고 조직화하는데 있어 기본적인 단계로서, 통계적으로 분석될 수 있도록 자료를 처리함에 필수적 절차이다. 측정은 대상의 속성이나 특성에 대하여 통계적 처리를 가능하게 하여줌으로써 그 속성이나 특성을 요약해 정리할 수 있도록 하여주고, 상관성을 파악하며, 인과관계를 확인함으로써, 통계적 처리에 의하여 직접 측정하지 아니한 사건이나 현상까지도 추정하여 밝혀낼 수 있고, 나아가서 현재로서는 존재하지 않는 미래의 사건이나 현상에 대해 예측하도록 하기도 한다.

넷째, 측정은 관념적 세계와 경험적 세계간에 교량의 역할을 하여 준다. 측정은 조사문제나 가설상의 추상적인 개념을 경험적을 인식하도록 하여줌으로써, 조사문제에 대한 해답을 제공하고 가설을 경험적으로 검증함에 있어 중요한 역할을 한다. 가설상의 변수 간의 관계가 존재하는지 여부에 대한 추리는 측정의 조작(操作)에 기초하고 있다.

다섯째, 측정의 절차는 연구자가 측정하고자하는 실재 현상과 가능한 한 같은 형이되어야 한다. 이것을 현실동형의 원칙(reality isomophism principle)이라 한다. 만일 측정을 통해 실재를 경험적인 수치로 바꾸지 못한다면 그 연구는 현실과 동떨어진 연구결과를 낳게 될 것이다.

3. 측정의 기능

측정은 일반적으로 다음과 같은 기능을 수행한다.(남세진 & 최성재, 1988:208-210)
첫째, 일치 또는 조화(correspondence)의 기능을 수행한다. 측정은 경험적인 현실세계와 추상적인개념의 세계를 조화시키고, 일치시키는 데 사용되는 규칙과 절차를 제시하여준다. 현실세계는 경험적 증거를 제공하고 추상적 개념의 세계는 조사자가 설명 또는 예견하려고 노력하는 사건이나 현상에 대해 이해하는데 필요한 이론적 모델을 제공한다. 일치 내지 조화란 이론적 모델을 현실세계와 연결하는 측정의 규칙이다.

둘째, 객관화와 표준화의 기능을 수행한다. 측정은 관찰 자체를 주관적 판단보다 훨씬 더 객관적인 것이 되도록 함으로써 과학적 관찰에서 추리를 할 수 있도록 도와준다. 과학의 기본적 원칙은 조사자가 만든 사실에 대한 어떤 진술도 다른 조사자에 의해서 독자적으로 입증될 수 있어야 한다는 것이다. 사용되는 개념에 대한 표준화된 측정이 없다면 의견의 일치를 볼 수 없고 경험적으로 검증을 할 수도 없다. 만일, 이론상의 개념이 적절히 측정될 수 없다면, 그 이론은 검증될 수 없을뿐 아니라 이론

구성 자체를 구체적이고 정확하게 할 수 없게 된다.

셋째, 계량화의 기능이다. 측정은 사건이나 현상을 세분화시키고, 통계적 분석에 활용할 수 있는 정보를 제공하여 준다. 측정은 관찰한 바를 상세하게 기술하는 능력을 향상시킨다. 측정은 수(number)가 가지고 있는 속성에 따라 다양한 수준에서 측정이 이루어지고, 이들 다양한 수준의 측정은 다양한 종류의 자료들을 각각의 상황에 맞게 적용하도록 하여줌으로써, 변수를 일정한 범주, 수준, 정도, 빈도 등으로 기술할 수 있도록 하여준다. 또한 측정의 수준이 낮은 차원에서 높은 차원으로 옮겨짐에 따라 측정은 보다 세분화되어지고, 다양한 사건이나 현상에 대한 구체적이고 정확한 정보를 제공하여 준다.

또한, 측정은 통계적 분석을 활용할 수 있게하여 준다. 숫자는 통계적 조작에 활용될 수 있는 정보를 제공한다. 통계적 기술로서 분석되기 이전에 자료는 수치로 옮겨져야 하며 연구하려는 변수를 계량화해야 할 필요가 있다. 계량화를 적절히 활용하면, 현실세계를 설명하고 예견하는 이론을 구축하고 검증하는데 체계적이고 신뢰성 있는 일을 할 수 있다.

넷째, 반복과 의사소통의 기능이다. 측정은 연구결과를 다른 사람들이 반복하고, 그 결과를 확인하고, 반증할 수 있도록 하여준다. 측정이 객관적이고 상세할수록 이러한 일들은 용이하게 이루어질 수 있다. 또한 측정은 연구결과를 다른 사람에게 정확하고 효율적으로 전달하여 줌으로써 사회복지현장에서 실천성을 향상시키고 프로그램이나 정책대안을 개선하는데 기여할 수 있다.

4. 측정의 수준

측정이란 일정한 규칙에 따라 대상의 특성이나 속성에 수치나 기호를 부여하는 것이다. 규칙은 사용될 측정의 수준과 척도의 종류를 규정한다. 심리학자 S.S. Stevens(1954)는 오래 전에 오늘날 조사방법론에서 널리 채택되고 있는 네 가지의 측정수준을 분류하였다; 명목적 측정(nominal measurement), 서열적 측정(ordinal measurement), 등간적 측정(interval measurement), 그리고 비율적 측정(rotio measurement). 이들 각각의 측정수준은 다른 측정수준에 기초하여 명목적 측정에서부터 서열적 측정을 거쳐, 등간적 측정을 거쳐, 비율적 측정이 이르기까지 성공적으로 이루어진다. 즉 모든 새로운 측정수준은 그 이전 수준의 측정이 갖고 있는 모든 특성에다가 새로운 측정이 갖고 있는 독특한 특성을 추가적으로 갖고 있다. 이들 각각의 측정은 각각에 해당하는 척도(scale)를 수반하고 있다. 즉 명목적 척도(nominal scale), 서열적 척도(ordinal scale), 등간적 척도(interval scale) 그리고 비율적 척도(ratio scale)를 각각 수반하고 있다(남세진 & 최성재, 1988: 210-216; 채서일, 1992: 193-202; Bailey, 1987: 60-65).

척도(尺度,scale)란 측정하고자 하는 대상에 부여하는 숫자들의 체계로서 측정을 위한 도구이다. 측정과 측정수준에 따른 척도의 특성은 측정될 변수와 속성이 숫자의 기본적 특성을 얼마만큼 갖고 있는가에 따라 결정된다. 즉 변수의 수량화의 정도에 따라 달라진다. 측정에서 중요하게 고려하는 숫자의 특성은 다음과 같다; i)숫자에는 확인할 수 있는 범주가 있다; ii)숫자에는 순서가 있다; iii)숫자간에는 차이가 이미 정해져 있다, 즉 등간격이 있다; iv) '0'이란 것이 있다. 여기서 '0'이란 절대적 영(零)(absolute zero)으로 이는 측정하고자하는 속성이 존재하지 않는 상태를 의미한다. 따라서 낮은 수준의 측정과 높은 수준의 측정간에는 가능한 산술적 조작이나 통계적 분석의 종류가 다르다. 이러한 특성에 따른 측정수준에 따른 척도의 분류는 다음 표와 같다.

〈 측정수준에 따른 척도와 특성 비교 〉

특성 / 척도	목록-범주 (category)	순위 (order)	등간격 (equal interval)	절대영점 (absolute zero)	비교방법	수학	통계	자료
명목척도	○	×	×	×	확인, 분류	=	최빈치	비계량적 (non-metric)
서열척도	○	○	×	×	순위비교	= 〉〈	중앙치	
등간척도	○	○	○	×	간격비교	= 〉〈 + −	산술평균, 대부분통계	계량적 (metric)
비율척도	○	○	○	○	절대력 크기 비교	= 〉〈 + − × ÷	기하평균, 모든 통계	

1) 수량적 측정수준에 따른 측정과 척도

(1) 명목적 측정과 척도(nominal measurement and scale)

명목적 측정은 측정대상의 특성을 분류하거나 확인할 목적으로 숫자를 부여하는 것이다. 이는 가장 낮은 수준의 측정으로서 대상 자체나 대상의 특성이 이 과정을 통해 범주화되거나 분류되며 글자 그대로 이름을 부여하는 명목적인(nominal) 것을 뜻한다. 이것은 양적이라기보다 질적인 것이어서 범주에 부여된 숫자는 수치적 의미가 없는 숫자(numeral)이다. 명목적 측정은 변수를 하위분류로 다시 범주화하는 단계적 분류체계이기도 하다. 명목적 측정을 하기 위한 대상에 부여하는 숫자들의 체계 즉 명목적 측정을 위한 도구가 명목척도이다.

모든 질적 측정(qualitative measurement)은, 범주가 이름으로 표시되었거나 숫자로 표시되었거나에 관계없이, 명목적이다. 명목측정은 본질적으로 하나의 분류체계이다. 기본적으로 명목적으로 측정된 변수가 되기 위해서는 적어도 두 개의 범주가 있어야 하고 그리고 그 범주들은 명확하고(distinct), 상호배타적이며(mutually exclusive), 그리고 포괄적(exhaustive)해야 한다.[15] '포괄적(exhaustive)'이란 측정하는 각 사례에 해당하는 적절한 범주(appropriate category)가 반드시 있어야 한다는 것을 의미한다. '상호배타적(mutually exclusive)'이란 각 사례가 오로지 하나의 범주(only one category)에만 적당하게 들어맞는다.

따라서 각 사례는 반드시 어느 하나의 범주를 가져야 하지만(exhaustiveness), 명확하게 들어맞는 오로지 한 개의 범주를 가져야 한다(mutually exclusiveness). 예를 들면 성(gender)의 경우, 모든 사람은 하나의 범주에 속하는데, 오로지 하나의 범주에 속한다. 최선의 질적 변수 또는 명목적인 변수는 범주가 매우 명확하고, 결정하기 어려운 사례(borderline cases_가 거의 없는 변수이다.

명목적 측정에 있어서 수치나 기호는 한 범주를 다른 범주나 목록과 구분하기 위해서 붙인 것이다. 재가봉사센터에서 수행하는 사업을 분류함에 있어서 상담에는 1, 가사지원서비스에는 2, 위생서비스에는 3, 정서지원서비스에는 4, 자립지원서비스에는 5, 자원봉사자관리에는 6으로 숫자를 부여할 경우, 여기서 사용된 숫자는 순서를 나타내지 않고, 어떤 산술적 조작(3〉2, 1+2=3, 2*3=6, 4/2=2)도 있을 수 없다. 다만 각 범주에 속하는 사례의 빈도수를 계산할 수 있고 그 수를 상호비교할 수 있다.

명목적 측정에 있어서는 범주가 크기나 양을 가지지 않는다. 대부분의 경우 모든 명목적 측정은 특정한 특징이나 속성을 갖고 있느냐 없느냐를 결정하는 양단간의 결정 또는 이분적 결정(binary decision)을 하는데 사용한다. 그러나 실제에 있어서 이러

15) By exhaustive we mean that there must be an appropriate category for each case; by mutually exclusive we mean that each case appropriately fit in only one category. Thus, each case must have a category(exhaustiveness), but only one category, into which it clearly fits(mutual exclusiveness).

한 경우가 드물기 때문에, 나름대로의 규칙을 정해서, 특정한 특징이나 속성을 가지지 않거나 무시할 수 있는 정도의 양을 가지는 대상을 특징이나 속성이 있다는 범주에, 그리고 식별할 수 있거나 최소한의 정도를 가지는 대상을 특징이나 속성이 없다는 범주에 배치하기도 한다. 명목적 측정에 있어서는 부여된 숫자가 숫자의 기본적 특성을 제대로 갖추지 못하고, 따라서 계산되고 비교될 수 없으므로 정통적인 측정 형태라고 할 수 없다.

예를 들면, 정신병원의 병동 101동은 101동이 어느 병동인지는 알게해주지만 101이라는 숫자가 양적 크기를 나타내거나 산술적 계산을 할 수 있게 하여주지는 못한다. 명목척도로 측정되는 변수의 다른 예로는 성별(1=남,0=여), 장애유형(1=지체장애,2=시각장애,3=청각장애,...,), 지역, 인종, 지하철노선, 계절, 종교유형, 결혼여부, 직업종류, 치료형태, 가족구성 등이 있다.

(2) 서열적 측정과 척도(ordinal measurement and scale)

서열적 측정은 측정대상을 그 특징이나 속성에 따라 일정한 범주로 분류하고, 각 범주들간의 상대적 순서관계를 밝히는 것이다. 서열적 측정에서는 명목척도가 갖는 특징인 확인과 분류이외 고저(高低), 대소(大小), 전후(前後), 상하(上下) 등에 따라 여러개의 범주로 이들을 서열화할 수 있다.

서열적 측정도 상호배타적이고 포괄적인 범주로 구성되어 있다는 점에서 명목측정과 같다. 그러나, 명목측정과 같이 모든 범주가 똑같은 수준에 있어서 값이 똑같은 것(A팀, B팀, C팀)이 아니라, 범주들은 특징이나 속성과 관련된 값의 순서에 따라 정리되어져(등급지워져) 있다(1위팀, 2위팀, 3위팀; 고령팀, 중년팀, 청년팀).

종종 서열측정에서는 동률이나 같은 등급을 가진 범주들을 접하게 된다. 통상적으로 이 때에는 동률의 대상에 대해 똑같이 등급을 메긴다. 이때의 이들 대상들의 서열은 동률로 인해 영향받는 등급을 택해서, 합산한 후, 동률인 대상의 수로 나눈다.

팀명	승	패	순위
A	4	6	8
B	6	4	5
C	8	2	3.5
D	10	0	1

E	0	10	10
F	5	5	6
G	8	2	3.5
H	4	6	8
I	9	1	2
J	4	6	8

5위 표의 예를 들면, C팀과 G팀은 8승2패로 동률의 승률을 이루었다. 동률의 객체의 수는 C와 G 두 개이고, 동률로 인해 영향받는 등급은 3등과 4등이다. 따라서 C팀과 G팀의 서열은 모두 (3 + 4)/2 = 3.5이다. A팀, H팀, J팀의 경우 똑같아 4승6패의 동률이다. 동률로 인해 영향받는 순위는 7, 8, 9위이다. 따라서 이들의 서열은 (7+8+9)/3 = 8 등이다.

서열적 측정은 명목적 측정보다 더 많은 숫자체계의 특성을 갖고 있다. 순위가 r인 사람은 순위가 r+1인 사람보다 특성에 관한 값이 더 높으며, 순위가 r+1인 사람은 순위가 r+2인 사람보다 특성에 관한 값이 더 높다.(이러한 특성은 명목적 측정으로는 주장할 수 없다.)

더 나아가, 서열적 측정에서는 만일 r 〉 r+1 이고 r+1 〉 r+2이면 r〉r+2이라고 말할 수 있다. 그러나 r이 r+1보다 얼마나 더 큰지에 대해서는 알 수 없으며, 그리고 r과 r+1간의 값의 차이는 r+1과 r+2간의 차이와 똑 같다고 서열측정에서는 확신할 수 없다.(만일 이러한 정보를 측정체계에서 갖고 있을 때는, 그것은 등간측정이라 불린다.)

이상과 같이 서열적 척도는 범주 속에 있는 대상의 특성 정도를 표현하고 대상간의 순위를 정할 수 있도록 하지만, 서열간의 동일한 간격을 가정하지 않고 절대량의 크기를 나타내지 않기 때문에 서열간 차이의 절대량을 알 수가 없어 수량적 측정 가운데 낮은 단계의 척도에 속한다. 그러나 변수의 소분류간의 서열과 이들의 상대적 위치를 규정할 수 있도록 하여준다. 서열적 측정은 서열적 순위를 정할 수 있다는 점에서 명목적 측정보다 우수하지만,서열적 척도의 값은 절대량이나 서로간의 간격의 크기를 밝히지는 않는다.

서열적 측정을 수행하기 위한 도구를 서열척도라 한다. 서열척도로 측정되는 변수의 예로는 지체장애등급(1급 – 6급), 정신지체등급(1급–3급), 산재장애등급(1급–14

급), 복지의식의 진보성향, 총학생회장 후보 선호도, 소득수준(상-중-하), 직장만족도, 학위, 석차 등이 있다.

(3) 등간적 측정과 척도(interval measurement and scale)

등간적 측정은 측정대상을 특징이나 속성에 따라 서열화하는 것은 물론, 서열간의 간격이 동일하도록 연속선상에 수치를 부여하는 것을 말한다. 앞의 표에서와 같이 등간적 측정은 명목적 측정과 서열적 측정이 갖는 특징을 모두 갖고 있으며, 그밖에 숫자간의 간격이 같으므로, 즉 등간격이므로 덧셈과 뺄셈과 같은 산술적 계산에 사용될 수 있으며, 따라서 최빈값 중앙값은 물론 산술평균까지 계산하는데 활용될 수 있다. 그러나 절대영점(absolute zero)이 없기 때문에 곱하기 나누기와 같은 비율계산에는 사용될 수 없다.

등간적 측정은 서열간의 간격이 동일하도록 일정한 간격의 연속상에 배치함으로써 범주와 범주사이의 거리가 동일하게 된다. 따라서등간측정을 위한 도구인 등간척도를 가지고, 얼마나 더 많은 단위의 차이가 한 순위에서 다음 순위 사이에 존재하는가를 결정할 수 있다. 한 단위의 차이는, 척도에서 한 단위의 차이가 어디에서 발생하건간에, 그 차이가 발생할 때마다 똑 같다는 것을 의미한다. 즉등간적 측정은 측정대상의 속성에 양적 의미를 가진 실수를 부여하는 과정이며, 측정단위는 공통되고 언제나 동일하다. 따라서 등간적 측정은 어느 하나가 다른 것보다 크다 작다는 것뿐 아니라 그 둘 사이가 얼마만한 단위로 차이가 나는지를 알게 해준다.

등간측정에서는 만일 r 〉 r+1 이고 r+1 〉 r+2이면 r〉r+2이라는 사실 뿐 아니라 그러나 r이 r+1보다 얼마나 더 큰지에 대해서 알 수 있으며, 그리고 r과 r+1간의 값의 차이는 r+1과 r+2간의 차이와 똑 같다고 확신할 수 있다. 따라서 명목척도로 측정된 측정값간의 차이를 덧샘과 뺄샘과 같이 산술적으로 계산하는 것이 의미가 있다.

그러나 등간적 척도에는 측정대상의 속성이 존재하지 않는 절대적 영(零)(absolute zero) 또는 자연적 영(零)이 존재하지 않는다. 따라서 대상의 속성이 존재하지 않는 영(零)의 위치를 알지 못하기 때문에 어느 하나의 측정치가 다른 측정치보다 몇 배 많다 또는 몇 배 적다고 말할 수 없다. 즉 측정치간의 비율은 계산할 수 없다.

예를 들어 도덕지수(MQ:Moral Quotient)가 100인 학생은 50인 학생보다 두배 더 도덕적으로 훌륭하다고 말할 수 없다. 왜냐하면 도덕지수가 0인 학생은 도덕성이 전혀 없다고 말할 수 없기 때문이다. 다만 도덕지수가 100인 학생은 50인 학생보다 더 도덕적으로 훌륭하다고 말할 수 있으며, 도덕지수가 100인 학생과 50인 학생간의 차이는 도덕지수가 150인 학생과 100인 학생간의 차이와 동일하다고 말할 수 있다.

등간적 측정을 수행하기 위한 도구를 등간척도라 한다. 등간척도로 측정되는 변수의 다른예는 IQ, EQ, MQ, 섭씨 온도, 화씨온도, 학력, 물가지수, 생산성지수, 사회지표, 복지지표 등을 예로 들 수 있다.

(4) 비율적 측정과 척도(ratio measurement and scale)

비율적 측정은 측정대상의 특징이나 속성에 현실과 일치하는 절대적인 영을 가진 척도를 가지고 수치를 부여하는 것이다. 비율적으로 측정된 척도, 즉 비율척도는 명목척도, 서열척도, 등간척도가 가지는 특성을 모두 갖고 있으면서, 추가로 측정대상의 속성이 존재하지 않는 절대영점을 갖고 있다. 비율척도로 측정하는 것이 비율적 측정이다.

등간척도에서 가능하였던 덧샘과 뺄샘의 산술적 계산 이외에, 비율측정은 곱샘과 나눗샘을 할 수 있다. 곱샘과 나눗샘은 절대적이고, 고정된 그리고 임의적이 아닌 영점(zero point)을 가지고 있다. 즉 '절대영점(absolute zero point)'을 가지고 있다. 이같은 비임의적인 영점의 존재는 절대영점을 가진 비율측정과 절대영점이 없는 등간측정간의 유일한 차이점이다.비율측정에서는 절대 영(零)이 실제적 의미를 갖고 있기 때문에 더하기, 빼기뿐만 아니라 곱하기, 나누기까지 포함한 모든 산술적 조작이 가능하며 그 의미를 가진다.

몸무게는 비임의적인 영점을 가지고 있고 마이너스 값을 갖고 있지 않기 때문에 비율변수이다. 사람은 0(탄생) 보다 더 젊을 수 없으며 적어도 몸무게가 0 이상 나간다. 만일 어떤 객체가 이같이 명백하고 비임의적인 영점을 준거로서 갖고 그리고 그 단위들이 일정하다면, 사람들은 곱하기와 나누기를 할 수 있다. 예를 들어20세는 10세보다 두배 더 나이가 들었고, 15세는 30세의 절반 나이가 들었다. 측정이 0(zero)인가, 즉 영점이 절대적인가에 대한 최선의 검사는, 그 0이 '특성이 존재하지 않는다(none of the property)'고 측정한 것으로서 간주할 수 있느냐 여부이다. 많은 경우 이같은 척도는 마이너스 값(負의 값)을 갖지 않는다. 거리가 0이라는 것은 두 점이 같다는 것이며, 마이너스 거리는 정의되지 않는다. 만일 사람이 존재하지 않으면 무게는 나갈 수 없으며(몸무게 0), 부정적인 무게를 측정할 수 없다.

화씨 온도와 섭씨 온도의 경우 양 척도는 부의 값과 정의 값을 모두 갖고 있다. 그러나 섭씨나 화씨 척도상의 영점은 임의적 영점이다. 따라서 이들은 비율측정이 아니라 등간측정이다. 그러나 Kelvin 척도에서는 분자운동을 통해서 온도는 직접 해석할 수 있다. Kelvin 척도에서 0oK는 움직임이 전혀 없는 점이다. 단지 이런 유형의 척도를 가지고 주어진 온도를 곱하고 나누는 것이 의미가 있다. 섭씨 척도에서 30oC는 10oC 보다 세배 더 덥다고 말할 수 없다. 그러나 Kelvin 척도에서는 30oK와 10oK는 분자의 움직임으로 직접 해석될 수 있으므로 30oK에서 분자의 움직임이 10oK에서 보다 세배 더 빠르게 움직인다고 말할 수 있다.

이와 같이 비율적 척도의 숫자는 측정된 속성의 실제 양을 측정하며, 비율척도의 측정치를 사용하면 한 대상의 속성이 다른 대상의 속성보다 얼마나 더 많은 단위의 속성을 가졌다고 말할 수 있고, 또한 한 대상의 속성이 다른 대상의 속성보다 몇 배 크거나 작다고 말할 수 있다.

비율적 척도로 측정되는 변수의 다른 예로는 장애인고용율, 자영업자의 국민연금 가입율, 의료보험료납부율, 학교중퇴율, 복지관 사례수, 서비스수혜기간, 독거노인 수, 대기인 수,연령, 무게, 신장, 수입, 출생, 사망, 이혼율, 취학율 등이다.

2) 이산측정과 연속측정(discrete measurement versus continuous measurement)

또 다른 구분은 이산(離散)측정과 연속 측정간의 차이이다. 이산측정(discrete measurement)은 분수(fraction)를 갖지 않는 반면 연속측정은 분수를 갖는다. 가족에서 아동의 수는 이산적인 반면, 연령은 연속적이다. 소숫점을 갖는 모든 측정은 연속적이다. 양자간의 기본적인 차이는 이산적 측정에서는 단지 몇몇 값만이 가능하지만, 반면 연속측정에서는 거의 무한한 수가 가능하다. 일반적으로, '이산적'은 하나의 정수(whole number)에서 다른 정수로 넘어가는 것을 의미하지만, 반면 '연속적'은 한 정수와 다른 정수간에 수많은 잠재적인 값이 존재한다는 것을 의미한다. '이산적'은 단속적(broken) 측정인 반면 연속적 측정은 중단되지 않고 계속적이다.

관찰을 통해서 얻어진 질적 자료는 거의 항상 범주적이고 그래서 이산적이다. 양적인 자료는 연속적이거나 이산적일 수 있다. 서열적 측정은 일반적으로 이산적이다. 등간적 자료와 비율적 자료는 이산적이거나 또는 연속적이다.

Ⅱ. 척도

1. 척도의 의의

척도(尺度, scales)란 측정도구이다. 즉 일정한 규칙에 따라 관찰된 현상에 대해서 수치나 기호를 부여하기 위해 사용되는 도구이다. 관찰된 현상에 대해 일정한 규칙에 따라 수치나 기호를 부여하는 것을 측정이라 하고, 이 측정을 위한 도구를 척도라고 한다. 결국, 척도는 측정하고자 하는 대상에 부여하는 숫자나 기호들의 체계이다.

척도는 항상 일종의 연속성이 존재한다는 가정에 입각하여 구성되기 때문에, 일반적으로 한 연속선 상에서 일정한 규칙에 따라 숫자나 기호를 배열하는 형식으로 이루어져 있다.[16] 척도는 측정대상의 속성을 발견해서, 그 속성을 연속체로 나타내고,측정대상의 특수성에 따라 그에 일대일로 상응하도록 연속체상에 숫자나 기호를 배치한다. 따라서 측정대상의 속성이 갖는 특수성과 척도상의 특정 숫자는 서로 일치되게 된다. 이와같은 방식으로 측정대상의 속성이 척도를 사용하여 측정되어진다. 따라서 척도는 측정대상의 질적인 속성을 계량적인 변수로 변환시키는 수단이 된다.

자연과학에서는 측정대상이 주로 물질적이기 때문에 척도는 온도계, 체중계, 자, 저울 등이지만, 사회복지와 같은 사회과학에서는 측정대상이 비물질적(非物質的)이기 때문에 주로 논의되는 척도는 특정 변수에 대해 종합적으로 측정하기 위해 논리적이고 경험적으로연관된 다수의 문항들로 구성되어 있다.[17] 사회과학에서 척도로 측정한다는 것은 일종의 연속선상에 일련의 문항들을 순서대로 배열하는 것이라고 말할 수 있다.

척도에는 단일차원척도와 다차원적척도가 있다. 변수를 측정하는 데 사용되는 문항의 수가 많더라도 그것들이 단지 하나의 변수만을 측정하도록 설계된 측정도구를 단일차원척도라 하는 반면, 둘 이상의 변수를 측정하는 데 사용하도록 설계된 측정도구를 다차원척도라 한다. 다차원척도는 복합요인척도라고도 부른다(김영종, 2007: 153-156; 남세진 & 최성재, 1988: 234-244).

---

16) 여기서의 기호는 수치적 의미를 갖을 수 있는 부호이다.

17)경우에 따라서는 하나의 문항으로 구성되기도 하지만, 대부분의 경우 다수의 문항들로 구성된다.

2. 지수와 척도

지표(指標, indicator)는 변수의 속성을 나타내는 요소이다. 사회복지의 속성은 삶의 기본요소, 사회경제적 요소, 사회정치적 요소, 사회문화적 요소 등으로 표현된다. 이들 요소 하나 하나가 사회복지라는 변수의 지표에 해당한다. 사람들의 사회경제적 지위(SES:Socio-Economic Status)는 그 사람의 소득, 학력, 직업,종교 등의 지표를 통해 파악된다. 그런데 이들 변수들은 복합적인 성질을 갖고 있기 때문에 개별적인 지표 하나로는, 즉 단순지표로는 변수의 속성을 정확하게 파악하기 어렵다. 따라서 보다 정확한 측정을 위해서는 다의적이고 복합적인 측정치를 사용해야 한다. 이들 복합측정치를 지수(指數, index)라 한다. 지수란 다의적이고 복합적인 특성을 갖고 있는 개념을 양적으로 측정하기 위해서 고안된 다수의 지표들을 하나로 묶어 단일 수치로 표현한 것이다. 지수의 한 예로서 사회지표(social indicators), 소비자물가지수(CPI:Consumer Price Index), 생산성지수, 행복지수 등을 들 수 있다. 사회지표는 삶의 기본영역지표, 사회경제적영역지표, 사회정치적영역지표, 사회문화적영역지표로 구성된 복합지표로서 인간생활의 질적 가치를 측정하는데 사용된다.

지수는 측정대상의 개별적인 속성에 부여한개별지표 점수의 단순한 합으로 또는 개별지표 점수에 가중치를 곱해 합산하여 구성된다.

지수 = ΣX_1또는 ΣX_1A_1

X_1: 개별지표점수, A_1: 개별지표에 할당된 가중치

반면 척도는 측정대상의 개별적인 속성들을 종합적으로 측정함으로써 변수와 관련된 여러 차원을 측정하고 각각의 차원에(각각의 지표에) 점수를 할당하여 항목간(지표간)에 서열을 가릴 수 있도록 하여준다. 즉 척도는 측정대상의 속성의 유형(pattern)에 점수를 할당하여 항목간 서열적 측정을 할 수 있도록 구성한다. 따라서 척도는 측정대상의 속성에 강도 구조(intensity structure)를 포함하고 있다는 장점이 있다.

지수와 척도를 구별하기 위해 성차별 정도를 예로 들어 설명하면 다음과 같다. 첫째, 성차별 '지수'의 경우이다. '다음 사회활동 가운데 여성들이 할 수 있다고 생각하는 사회활동은 무엇인가?I)취미활동, ii)종교활동, iii)자원봉사활동, iv)경제활동'이

라는 질문을 통해 여성에 성차별 정도를 측정하려 한다. 여기서 가능하다고 한 사회활동이 어떤 종류의 활동이냐는 문제가 되지 않는다. 즉 사회활동의 중요성이나 난이도에 따른 서열적 등급은 없다. 여성들이 네가지 사회활동 가운데 어떤 사회활동을 할 수 있겠는가에 대해 A라는 사람은 4개 다 가능, B라는 사람은 3개 가능, C라는 사람은 2개 가능, D라는 사람은 모두 불가능하다고 응답할 것이다.

여기서 성차별 지수는 여성에게 가능하다고 응답한 사회활동이 몇 개인가 그 수를 통하여 구성할 수 있다. 4개 가능하다고 한 A라는 사람은 B, C, D라는 사람들 보다 성차별의 정도가 적은 반면, 모두 불가능하다고 한 D라는 사람은 성차별의 정도가 가장 크다. 3개 가능하다고 한 B라는 사람은 2개 가능하다고 한 C라는 사람보다 성차별 정도가 적다. 이러한 지수는 항목간에는 서열을 구분할 수 없지만, 응답 결과 개별지표항목의 점수를 합산하여 응답자들의 성차별 정도를 서열적으로 측정할 수 있다.

둘째, 성차별 '척도'의 경우이다. 만일 앞의 예를 '다음 사회활동 가운데 여성들에게 가장 적합한 사회활동은 무엇인가? I)자원봉사활동, ii)경제활동, iii)정치활동, iv)국방활동'으로 질문을 했을 때, 이들 네 개의 응답항목들은 강도구조(intensity structure)를 갖고 있다(국방활동 〉 정치활동 〉 경제활동 〉 자원봉사활동). 따라서 이 경우에는 네 개의 응답항목으로 구성된 복합측정치가 척도를 구성한다. 여기서 적합하다고 한 사회활동이 어떤 종류의 활동이냐는 매우 중요한 문제이다. 즉 사회활동의 중요성이나 난이도에 따른 서열적 등급이 명백히 존재한다.

국방활동이 가장 적합하다고 응답한 사람은 다른 세가지 활동 모두 적합하다고 생각한다. 정치활동이 가장 적합하다고 응답한 사람은 경제활동과 자원봉사활동도 적합하다고 생각하지만, 그러나 국방활동은 부적합하다도 생각한다. 경제활동이 가장 적합하다고 응답한 사람은 자원봉사활동도 적합하다고 생각하지만, 그러나 국방활동과 정치활동은 부적합하다고 생각한다. 만일 자원봉사 활동이 가장 적합하다고 생각하는 사람은 나머지 세 개의 활동은 모두 부적합하다고 생각한다.[18] 이와 같이 척도에서는 응답항목간에 중요도에 따라 서열이 사다리식(step-ladder)으로 단계적으로 되어 있는 강도구조(intensity structure)를 갖고 있어 강한 항목에 응답한 사람은 다른 약한 항목은 모두 응답한 것과 같다.

---

18) 이 표는 Rubin & Babbie의 정치적 참여도 척도구성논리를 참고해 필자가 구성한 것임.

〈 척도 구성의 논리 〉

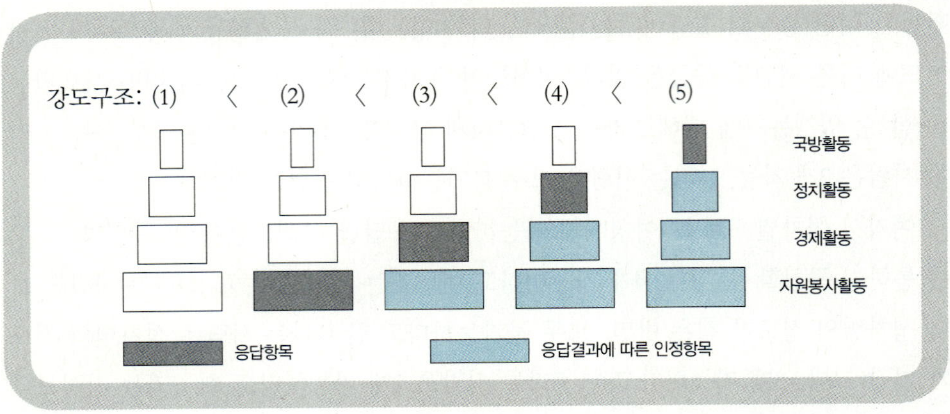

척도는 지수보다 지표의 선택이나 배합에서 더 논리적이다. 따라서 척도값이 지수값 보다 더 많고, 정밀한 정보를 제공해 준다. 그러나 척도의 구성이 때로는 복잡하고 어렵기 때문에사회과학에서는 단순한 지수가 더 많이 사용된다.

3. 척도사용의 이유

척도는 논리적으로나 경험적으로 서로 연관되어 있는 여러 개의 문항으로 이루어진 복합적 측정도구이다. 사회과학에서 기술적으로 좀더 복잡하고 다양한 기법을 요하는 이러한 척도를 사용하는 데에는 몇 가지 이유가 있다.(홍두승,2000:131-132)

첫째, 척도는 하나의 단순지표로서는 제대로 측정해 내기 어려운 복합적인 개념들을 측정할 수 있다.

둘째, 척도의 여러 개의 지표를 하나의 점수로 나타냄으로써 자료의 복잡성을 덜어준다.

셋째, 척도는 변수에 대한 양적인 측정치를 제공함으로써 정확성을 높이고 통제적인 조작이 가능하도록 해준다.

넷째, 측정치나 측정도구의 오차를 줄이고 타당성과 신뢰도를 높인다. 단일 문항보다 여러 개의 문항이 본래 의도한 속성을 정확히 측정하고, 반복 측정시 보다 일관성 있는 결과를 얻을 것이다.

4. 척도 · 지수의 작성과정 및 지수구성

척도 및 지수의 작성과정과 지수구성절차는 다음과 같다(김영종, 2007: 153-166; 채서일, 1992: 203-230; 남세진 & 최성재, 1988: 234-238).

1) 척도 · 지수의 작성과정

척도(측정도구)의 작성과정은 다음과 같다.

〈 척도(측정도구) 작성과정 〉

이론적 개념 → 경험적 변수 → 경험적 지표 → 지수, 척도

첫째, 문제에 관한 속성을 인지하고, 이것을 표현하는 이론적 개념을 개념을 형성한다.

둘째, 이론적 개념의 내용을 특정화하여 경험적 관찰이 가능한 변수로 전환한다.

셋째, 변수(개념)의 속성을 파악하기 위한 경험적 지표를 선정한다.

넷째, 선정된 지표를 활용하여 지수와 척도를 작성한다.

2) 지수의 구성절차

지수의 구성은 문항선정, 지수의 점수, 타당도 검사의 절차를 통해 구성된다.

첫째, 문항들은 액면타당도가 있고, 단일차원적이며, 대표성을 갖고, 서로 간에 상관성이 있어야 한다. 지표가 되는 문항은 개념의 구성요소와 주요 측면을 기초로 하여 개발되어져야 하며, 이렇게 지표가 만들어질 때 개념이 본래 의미하는 바를 정확히 측정할 수 있어 액면타당도를 갖게 된다. 지수는 복합측정치이기 때문에 여러 문항으로 구성되어 있지만, 그 문항들은 단일차원적이어서 단지 하나의 변수만을 측정하여야 한다. 또한, 조작적으로 정의된 개념의 여러 측면들을 골고루 대표하는 문항을 가급적 적게 선정하며, 지수를 구성하는 이들 문항들은 동일한 속성을 측정하고 있어야 하기 때문에 이들 문항간에는 어느 정도 상관관계(correlation)가 있어야 한다.

둘째, 지수의 점수에 관한 문제이다. 상호배타적이고 포괄적인 응답범주를 정하

고, 숫자를 부여한다. 각 문항에 대한 응답지(應答枝)나 선택지의 개수를 적절히 조정한다. 각 문항에 같은 점수를 배정할 것인가 아니면 서로 다른 가중치(weight)를 둘 것인지를 결정해야 한다. 어떤 문항에 대한 응답이 없다거나 불명확할 때 이에 대비한 방안이 강구되어야 한다.

셋째, 내적-외적 타당도 검사이다. 지수가 작성되고 난 후, 각 문항과 각 문항을 내포하는 전체 지수간의 상관관계를 산정함으로써 내적타당도의 정도를 검사한다. 또한 지수에 사용된 어떤 문항의 응답과 지수에 포함되지 않은 문항에 대한 응답간의 상관관계를 산정함으로써 외적타당도를 검사한다.

5. 척도화와 척도의 종류

척도화(尺度化, scaling)는 숫자나 기호를 우리가 측정하고자하는 특정 개념의 다양한 수준에 부여(allocation)하는 과정을 말한다. 대개의 경우, 숫자를 부여하지만, 그러나 가끔은, 특히 명목적 수준에서, 개념에 대한 다른 값으로 집단A 또는 집단B와 같은 기호를 지정한다. 일반적으로는 측정될 개념에 일정한 범위의 가능한 값을 숫자로 부여한다.

척도화 방법(scaling methods)은 세 가지 측정수준에서 명목척도화, 서열척도화, 등간-비율척도화로 구분된다. 이를 통해서 측정대상을 정확히 파악할 수 있으며, 측정결과에 대해 적절한 통계기법을 적용해 분석할 수 있다(김영종, 2007: 156-165; 남세진 & 최성재, 1998: 244-254; 채서일, 1992: 203-208; 황성동, 2006: 73-78; Bailey, 1987: 60-65; Rubin & & Babbie, 1993: 149-153).

1) 명목척도화(Nominal Scaling)

명목적 수준에서 척도화는 근본적으로 가능한 가장 동질적이면서 상호배타적이고 포괄적인 집단을 만들어내는 문제이다. 단지 하나의 변수나 차원으로 구성된 명목척도의 형성(단일차원적 명목척도화)은 실제상으로는 단지 폐쇄형(closed-ended) 또는 강제선택형(forced-choice)형으로 응답내용을 부호화하는 것이다. 예를 들면, 만일 우리가 응답자에게 그의 성(性,gender)을 묻는다면, 성에 관해 명목척도를 구성하면 된다.

단일차원적 명목척도화: 당신의 성은 무엇입니까? (1)남자 (2)여자

그러나, 만일 다차원적 범주(a multidimensional set of categories)를 구성한다면, 명목적 척도화는 복잡하고 훨씬 더 어려워질 것이다. 예를 들면, 성에 대해서만 부호화하는 대신에성, 종교, 직업을 동시에 부호화하는 것은 쉽지가 않다.

다차원적 명목척도화: 당신의 성과 종교와 직업은 무엇입니까?
(1) 남자 · 기독교 · 공무원 (2) 남자 · 불교 · 공무원 (3) 여자 · 기독교 · 공무원 …

이와 같이 다차원적 명목척도화에서는 응답범주를 구성하는 것이 복잡하고 어려워진다. 따라서 가능한 단일차원적으로 명목척도를 형성하는 것(unidimensional nominal scaling)이 바람직하다.

2) 서열척도화(Ordinal Scaling)

서열적 척도화는 측정대상을 그 특징이나 속성에 따라 일정한 범주로 분류하고, 각 범주들간의 상대적 순서관계를 밝힐수 있도록 숫자나 기호를 부여하는 과정이다. 사회조사에서 서열척도화는 측정, 개념의 조작적 정의, 응답자 편의(偏倚,bias) 방지라는 세가지의 주요한 기능을 수행한다. 서열적 척도화에는 총화평정, 리커트척도화, 거트만척도화 등이 있다.

(1) 총화 평정(Summated Rating)과 총화평정 척도

비록 여러 질문문항들이 단지 하나의 변수만을 측정하고 있다고 할지라도(단일차원적이라 할지라도), 전체적으로 질문문항들로부터 연속적인 척도를 구성하는 것이 일반적으로 필요하다. 왜냐하면 하나의 변수를 측정하는 많은 질문문항들이 있기 때문에, 응답자의 점수를 산정하기 위해서는 얼마나 많은 질문들을 응답자가 동의하였는가 또는 올바로 응답하였는가를 파악해야 할 필요가 있다. 연속적인 척도상에서 응답자의 보다 높은 점수는 측정대상이 되는 개념의 보다 높은 수준을 나타낸다. 이런 유형의 척도는 응답자의 점수가 응답자가응답하는 질문문항의 수를 어떤 방식으로 총합(總合,summation)함으로써 계산되어지기 때문에, 총화평정척도(總和評定尺度

,summated ratings scale)라 부른다. 종종 태도척도를 위한 질문들은 0(동의하지 않음) 또는 1(동의함)로 부호화한다. 모든 질문들에 동의한 사람은 척도상 최대 점수를 받으며, 모든 질문에 동의하지 않은 사람은 척도상 0점을 받는다.

총화평정척도의 예로 Bailey의 출산율 척도를 들 수 있다. Bailey는 10개 항목의 출생율 척도를 구성하고, 동의하는 경우는 1로서 부호화하고, 동의하지 않은 경우는 0으로서 부호화하였다.

〈 Bailey 출산율 척도 〉

번호	질문내용	응답	
		동의함	동의안함
1	결혼하는 주된 이유 가운데 하나는 아이를 갖는 것이다.	1	0
2	아이가 하나면 형제가 없어 외롭게 성장하기 때문에 하나의 아이를 갖는 것은 잘못이다.	1	0
3	아이를 출산하는 것은 여자로서 갖을 수 있는 가장 심오한 경험이다.	1	0
4	동성의 아이들만을 갖는 것 보다 다른 성의 아이를 적어도 하나 갖는 것이 좋다.	1	0
5	아이를 갖지 않은 여자는 완전히 성취감을 결코 갖을 수 없다.	1	0
6	남자는 아이의 아버지가 될 때까지는 진정한 남자가아니다.	1	0
7	임신에 이르지 않는 성적행위는 도덕적으로 잘못된 것이다.	1	0
8	결혼하지 않거나, 또는 아이가 없는 결혼한 사람은 아마 동성애자일 것이다.	1	0
9	여자의 첫째 역할책임은 모성이고, 어머니로서의 역할을 방해하지 않을 경우에만 직업을 갖는 것이 옳다.	1	0
10	아이가 없는 결혼한 부부는 가엽다.	1	0

(2) Likert 척도화(Likert Scaling)와 Likert 척도

Likert 척도화 방법은 척도의 신뢰도와 타당도를 높이기 위해서는 하나의 문항보다는 일련의 수 개의 문항들을 하나의 척도로 사용해야 한다는 논리에 기초하고 있다. 이 방법은Thurstone 척도와 같이 다수의 문항을 사용했을 때 나타나는 복잡성 문제를 개선하여 보다 간단하게 변수를 정확히 측정할 수 있도록 척도를 구성하는 것이다. 이 척도는 실용적이기 때문에 사회과학에서 널리 사용된다.

일반적으로, 만일 각각의 점수를 얻을 단지 하나의 방법이 존재한다면, 또는 만일 하나의 점수를 얻을 여러 방법들이 존재하지만 그러나 각 질문이 똑같은 개념을 측정하였다는 것을 확실히 안다면,그 척도를 신뢰할 수 있을 것이다. 그러나 총화평정척도의 주요 문제점은 모든 질문들이 동일한 개념을 측정하는지를 확신할 수 없다는 것이다.

Likert는 의심스러운 항목을 척도에서 제거하는데 도움이 되는 기법을 개발하였다. Likert 기법의 본질은 단순히 '동의함 또는 동의하지 않음(agree or disagree)'으로 코딩하는 대신에 '적극적으로 동의함에서 부터 적극적으로 동의하지 않음(from strongly agree to strongly disagree)'으로 코딩함으로써, 가능한 점수의 변량(variation in the possible scores)을 증가시킨다는 것이다.

척도 점수는 응답자에 각각에 대해 계산된다. A라는 사람은 매우 높은 점수를 받고 B라는 사람은 매우 낮은 점수를 받은 경우에, 매우 다른 점수를 받은 두 사람이 응답을 똑같이 한 어느 하나의 질문문항이라도 존재하는지를 검사하기 위해, 모든 질문들에 대해 응답자들의 응답들은 비교될 수 있다. 이같은 질문문항은 명백히 그 개념에 대한 서로 다른 위치에 있는, 즉 상위(相違)한 점수들(discrepant scores)을 잘 구분할 수 없기 때문에 척도에서 제거되어 진다. 예를 들면, 만일 A라는 사람이 55점을 받고 B라는 사람이 3점을 받았는데, 두 사람 모두 7번 질문문항에 동일한 응답을 하였다면, 7번 질문은 고득점자와 저득점자를 잘 구분할 수 없기 때문에 척도에서 제거되어진다. 이러한 방법을 문항분석법이라고 한다.

Likert 척도화(Likert scaling)의 기본적인 절차는 다음과 같다;

㉠ 질문문항 작성: 척도를 구성하는 질문문항을 작성한다. 평가될 그 변수나 차원을 측정하는 것으로 생각되는 다수의 질문문항을 작성한다.

㉡ 응답자 표본 선택: 척도가 사용될 모집단이나 모집단을 대표하는 응답자의 표본을 선택한다.

㉢ 응답범주 결정: 각 문항에 대해 응답 범주를 작성한다. 응답 범주는 대체로 5점 척도를 많이 사용하고, 가장 긍정적인(적극적인,호의적인) 항목에서 가장 부정적인(소극적인,비호의적인) 항목에 이르기 까지 균형있게 배치하여, 양쪽 항목들이 동수가 되도록 한다.

㉣ 응답 부호화:각 응답항목에 점수를 부여한다. 더 높은 점수가 부여된 특정 응답항목이, 평가되는 태도에 보다 강한 동의를 나타낼 수 있도록, 모든 응답을 부호화한다. 점수는 가장 긍정적인(적극적인,호의적인) 항목에서 가장 부정적인(소극적인,비호의적인) 항목 순이나, 또는 그 반대로, 일관성 있게 부여한다.

㉤ 응답자에 적용: 응답자들이 각 문항에 대해 응답범주내에서 하나의 응답항목을 고르게 한다.

㉥ 응답점수 산정: 각 문항에 대한 응답자의 응답을 점수로 산정하고, 각 문항 점수를 합산하여 총점을 구한다.

㉦ 문항분석(item analysis): 문항간의 내적일관성과 상관성을 판단한다. 응답을 분석해서 점수가 높은 것과 점수가 낮은 것을 가장 분명하게 구별하는 질문문항을 찾아 선택하고 일관성이 낮은 진술들을 배제한다. 척도에 최종적으로 포함될 질문문항을 선택하는 방법을 문항분석법이라 한다. 문항분석법은 다음과 같은 과정을 거친다; 조사자는 응답자들을 4분위(quartiles)로 나누고 그리고 척도점수상의 최상위 25%와 최하위 25%에 대해서 각 문항의 중앙치(中央値) 점수(median scores)를 계산할 수 있다. 만일 어느 질문문항이 최상위 집단과 최하위 집단 모두에 대해서 동일한 중앙치 점수를 갖고 있다면, 그 질문문항은 척도로부터 제거될 수 있다. 오로지 최상위집단과 최하위집단에 대해서 광범위하게 서로 다른 중앙치 점수들을 나타내는 질문문항(이를 차별적 문항이라 부르기로 함)들만이 척도에 포함되는 문항으로 계속 남아있을 것이다. 또한, 각각의 문항들은 총점(total score)간을 또는 최상 4분위 점수와 최하 4분위 점수간을 잘 구분하는 차별적인 문항들과 상관관계를 갖어야 한다. 만일 어느 문항이 이들 차별적 문항들과 높은 상관관계를 갖고 있지 않는다면, 이들 문항들은 척도로부터 제거된다. 문항분석을 통해 척도내에 포함될 질문문항들을 최종적으로 선택한다.

㉧ 척도점수 산정: 척도문항으로 타당한 것으로 판명된 문항들에 응답한 응답자의 점수를 합산하여 총점을 구하면 그 점수가 그 사람의 태도에 대한 측정치, 즉 Likert 척도점수가 된다.

Likert 척도화(Likert scaling)의 장점은 다음과 같다; 첫째, 용이성이다. 사실에 대한 판단 보다는 개인의 의견이나 태도에 관한 질문을 중심으로 간결하고 명료게 작성하였기 때문에 실제 사용이용이하다. 둘째, 일관성이다. 응답자에게 각 문항에 대해 일정한 방향으로 의견이나 태도 등을 질문함으로써 일관성이 있어 신뢰도가 높다. 셋째, 객관성이다. 평가자를 사용하지 않기 때문에 평가자의 주관적 개입을 배제할 수 있어 객관적인 측정이 가능하다. 넷째, 단순성이다. 척도구성이 몇 단계를 거쳐 이루어지지만 Thurstone 척도 등에 비하면 간단하다. 다섯째, 정밀성이다. 다수의 문항을 사용해 척도를 구성하므로 보다 정밀한 응답을 구할 수 있어 타당도가 높다.

Likert 척도화의 단점은 다음과 같다; 첫째, 서열적 측정치이다. 응답범주를 5점이나(5점 척도의 경우) 그밖에 3점, 7점, 9점 등으로 만들고 응답범주들 사이에 등간성이 있는 것으로 가정하지만, 기술적으로나 경험적으로 그 등간성이 확인되지 않기 때문에 이 방법에 의해서 얻는 척도값은 등간척도값이 아니라 원칙적으로 서열척도값에 속한다. 둘째, 일치성 결여이다. 동일한 태도를 가진 응답자들이 응답범주내에서 택한 응답항목이 항상 서로 정확하게 일치한다고 보기 어렵다. 셋째, 구분적이지 못하다. 각 문항점수를 합산하여 그 총점을 척도값으로 정하기 때문에 개개의 문항에서 응답자가 표현한 응답자의 태도가 구분되어 의미성을 갖지 못하게 된다.[19] 넷째, 척도를 구성함에 있어, 대개의 경우, 응답자 표본을 선정해야 하는데, 전체 모집단을 대표하는 표본을 선정하기가 쉽지 않다.

Likert 척도의 예를 들면 다음과 같다.

〈 시설장애아동의 독립성에 관한 Likert 척도 〉

척도문항(측정문항)	응답범주(항목)				
	매우 그렇지 않다 1	아니다 2	보통이다 3	그렇다 4	매우 그렇다 5
1. 숟가락을 사용하여 음식을 흘리지 않고 혼자 먹는다.					
2. 도와주지 않아도 컵으로 물을 흘리지 않고 마신다.					
3. 낮이나 밤이나 대소변을 혼자서 모두 잘 가린다.					

19) Likert는 5점 척도상의 응답의 유형이 대체로 정규분포를 이룬다고 가정하고, 서로 다른 여러 개의 문항들을 사용하여 하나의 척도를 구성할 수 있다고 하였다.

4. 얼굴을 비누와 수건으로 혼자서 잘 닦고 씻는다.					
5. 혼자서 잘 걷는다.					

〈 일중독(workaholic)에 관한 Likert 척도 〉

척도문항(측정문항)	응답범주(항목)				
	매우 그렇지 않다 1	아니다 2	보통이다 3	그렇다 4	매우 그렇다 5
1. 일이 없으면 스스로 일을 만든다.					
2. 평균정도의 성과로는 만족하지 못한다.					
3. 휴일에도 자꾸 일이 떠올라 마음 편히 쉬지 못한다.					
4. 일은 나의 가장 큰 보람이다.					
5. 다른 사람에게 일을 맡기면 왠지 불안하다.					
6. 가족보다 일이 우선이라고 생각한다.					
7. 일하는 시간이 점점 길어진다.					

(3) Guttman 척도화와 Guttman 척도

Guttman 척도화(Guttman Scaling)는 척도도식법(scalogram method)이라고도 부른다. 이는 척도를 구성하는 문항들이 내용의 강도에 따라 일관성있게 서열을 이루고 있어서, 단일차원적이고 누적적인 척도(unidimensional and cumulative scale)구성하는 대표적인 방법이다.

Guttmam은 서로 다른 척도 점수에 대한 하나의 결합이 존재한다는 것을 확실히 하기 위해서 척도도식분석(scalogram analysis)이라 불리우는 척도화 방법을 고안하였다. Likert 척도에서는 2점을 만드는 10개 이상의 방법들이 존재하는 반면, 거트만 척도에서는 2점을 만드는 데 단 하나의 유일한 방법만이 존재한다. 따라서 거트만 척도는, Likert 척도보다 단일차원적일 가능성이 더 크다. 만일 일부 점수들의 결합이 바람직하지 않게 결합되어 특정 척도점수를 구성한다면, 그것은 오류(error)로 간주된다.

Guttman의 척도도식분석(scalogram analysis)은 누적적이다. 특정점수를 만드는데 필요한 응답들의 결합은 그 보다 낮은 점수를 만드는데 필요한 모든 질문들에 대한 응답을 포함한다. 예를 들면 10개의 발판으로 구성된 계단을 가정하면, 바닥에서 시작하여 모든 계단에 1에서 10까지 번호를 붙이고, 한번에 1개 이상의 계단을 올라갈 수 없도록 하고, 각 계단 하나 하나에 대해 1점씩을 부여한다. 따라서 각 점수를 만드는 데는 오로지 하나의 방법만이 명백히 존재한다. 3이라는 점수를 만들기 위해서는 사람들은 반드시 1번, 2번, 3번 계단만을 걸어 올라가야 한다. 8이란 점수를 만들기 위해서는, 사람들은 반드시 1번, 2번, 3번, 4번, 5번, 6번, 7번, 8번 계단만을 반드시 걸어 올라가야 한다.

이와 같이 Guttman 척도화는 누적적이다. 왜냐하면 4점이라는 점수는 3점을 위해 3개의 계단 이외에 4번째 계단을 올라감으로써 얻어질 수 있다; 8점이라는 점수는 7점에 해당하는 처음 7단계 이외에 8번째 단계를 걸어올라감으로써 얻어질 수 있다. 각 점수가 일련의 독특한 응답들을 나타내기 때문에, 각 사람의 점수로부터 응답자가 어떤 단계들을 걸어 올라갔는지를(또는 응답자가 어떤 항목에 동의하였는지를) 정확히 알 수 있다.

Guttman 척도화 절차는 총화평정 또는 Likert 척도화 절차와 유사하다. Guttman 척도화의 일반적인 절차는 다음과 같다;

㉠ 척도구성 문항을 선정한다. 조사자는 조사자가 계측하고 싶어하는 개념들에 대한 단일차원적 척도를 형성하는 문항집단들을 선택한다. 이들 문항들은 모두 액면타당도를 가져야 한다. 즉 이들 문항들은 모두가 적어도 해당 개념을 측정하는 것으로 보여야 한다.

㉡ 척도구성 문항을 내용의 강도에 따라 순서적으로, 누적적으로 배열한다.

㉢ 응답자의 응답을 척도도식(scalogram)용지에 기입한다. 응답자의 응답을 응답의 분포에 따라 일정한 순서로 배열한다. 가장 단순한 형태의 scalogram analysis에서는, 단지 두 개의 응답만이 각 질문에 대해서 허용된다. 이들은 이항적 부호화체계(1 또는 0, + 또는 −, a 또는 b)를 가지고 부호화될 수 있다.

㉣ 오류를 찾는다. 응답자의 응답이 누적적으로 되어 있나를 검토하여, 누적적으로 되어 있지 않은 경우를 오류(error)로 간주하고 오류의 수를 파악한다.

㉤ 재생가능성계수(CR:Coefficient of Reproducibility)를 구한다.

$$CR = 1 - \frac{\text{오류의 수}}{\text{전체응답의 수}} = 1 - \frac{\text{오류의 수}}{(\text{응답자 수}) \times (\text{응답항목수})}$$

[재생계수(CR, Coefficient of Reproducibility), 오류의 수(number of errors), 전체 응답의 수(total number of responses), 전체 응답자의 수(number of responses) × (number of items)]

재생가능성계수가 0.9 이상이면 전체 점수에 대한 지식으로부터 다양한 항목의 응답을 재생하는 능력과 척도구성가능성(scalability)을 나타내는데 적절하다고 추정된다.

재생계수가 1일 때는 완벽한 척도구성가능성(scalability)을 갖는다. 보통 재생계수가 최소한 0.90은 되어야 바람직한 Guttman 척도가 된다.[20)]

ⓑ 척도구성항목을 조정하여 척도를 구성한다. 오차의 수가 많은 척도구성문항을 제외시키고, 새로운 척도를 만든다.

Guttman 척도의 예로 대한 Udy(1958)의 관료제(bureaucracy)의 정도에 관한 척도를 들 수 있다. 먼저, 척도를 구성하는 문항 또는 특성을 선정한다. Udy는 각 조직이 다음의 네가지 특징을 갖고 있느냐 여부를 평가하였다: i) 보상적 보수(compensatory rewards):권위의 높고 낮음에 따른 보상; ii) 전문화(specialization):세개 이상의 작업이 동시에 수행되어지고 있나; iii) 업무수행 강조(performance emphasis):수행된 업무에 비례한 보상; iv)부분적 참여(segmental participation):부분적 참여가 명백하게 계약상 합의가 되어 있나. 그는 척도 문항의 내용상 관료제의 정도는 i) 〈 ii) 〈 iii) 〈 iv) 순이라고 가정하였다.

20) Guttman은 특정 응답형태를 재생할 수 있는 능력에 대한 측정으로서 재생가능성 계수(coefficient of reproducibility)를 고안하였다. 그 측정치가 높을수록, 정확히 특정 응답형태를 재생할 수 있는 점수의 비율은 더 높다. 그 계수는 100%에서 오류인 응답의 비율을 차감함으로써 계산되어진다.

〈 관료적 특성에 관한 Guttman 척도 사용의 예: 1=yes, 0=no〉

번호	조직 (응답자)	변수(응답문항)			
		보상적 보수	전문화	업무수행강조	부분적 참여
1	A	1	1	1	1
2	B	1	1	1	1
3	C	1	1	1	0
· · ·					
22	W	1	1	0	0
23	X	0	1	0	0
24	Y	0	0	0	0
25	Z	0	0	0	0

Udy는 관료제가 누적적인 Guttman 형태에 적합하기 위해서는, 가장 관료적이지 않은 또는 전혀 관료적이지 않은 조직사회는 내용상 어떤 척도문항이나 특징을 전혀 갖고 있지 않아야 한다, 그 다음으로 관료적이지 않은 사회는 단지 하나의 문항만을 가지고 있어야 한다. 그 다음으로 관료적이지 않은 사회는 하나 더 많은 문항을, 그 다음은 계속적으로 하나씩 더 많은 문항을 갖고 있어야 한다.

만일 일부 점수들의 결합이 바람직하지 않게 결합되어 특정 척도점수를 구성한다면, 그것은 오류로 간주된다. 상기 표에서 만일 단 한 개의 오류(error)도 존재하지 않는다면, 단순히 그 조직의 점수만을 가지고서, 관료제 사회의 어떠한 특징 형태를 갖고 있는지를(특정 응답유형을) 완전하게 재생할 수 있다. 만일 오류가 많이 존재한다면, 척도점수로부터 특정 응답유형을 재생할 능력을 많이 갖고 있지 못하며, 또한 질문항목들이 실제로 단일차원적 척도를 형성한다고 확신하지 못할 것이다.

만일 일부 점수들의 결합이 바람직하지 않게 결합되어 특정 척도점수를 구성한다면, 그것은 오류(error)로 간주된다. Udy의 관료제의 척도도식상에서 오류의 예가 1개 있다. 23번 조직의 보상적 보수 '0'은 '1'로 되어야 한다. 따라서 재생가능성(CR)은 0.99가 된다.

$$[CR = 1 - (1)/(25 \times 4) = 0.99]$$

결과적으로, 이 척도는 Guttman 척도로서 바람직하다고 평가된다.

〈 난폭운전성에 관한 Guttman 척도의 예 〉

질문 문항
1.다른 운전자에게 총을 쏜다.
2.차에서 내려 다른 운전자를 때린다.
3.차에서 내려 다른 운전자와 언쟁을 한다.
4.차를 이용해 갑자기 위협적인 자세를 보인다.
5.주먹으로 폭력을 행사하는 모습을 보여준다.
6.자신의 차 옆을 지나는 운전자에게 소리내어 욕을 한다.
7.마음속으로 다른 운전자를 비난한다.

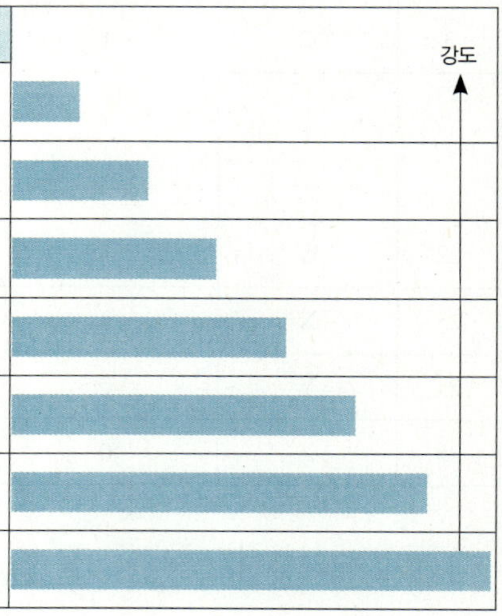

Guttman 척도의 장단점은 다음과 같다.

Guttman 척도의 장점은 다음과 같다. 첫째, 예측성이다. 모든 질문문항들이 측정대상 속성의 정도에 따라 누적적으로 되어 있어 응답결과로부터 다른 모든 문항에 대한 응답을 예측할 수 있다. 둘째, 경험성이다. 경험적 관측을 토대로 척도가 구성됨으로써 이론적으로 우세하다. 셋째, 서열성이다. 개별 문항 자체에 강도가 정해져 있으므로 복잡한 계량적 과정없이 쉽게 서열적으로 척도화할 수 있다. 셋째, 단일차원성이다. 척도가 누적적으로 형성되면 척도가 하나의 변수를 측정하게 되어 단일차원성을 지니게 되고 산술적으로 측정을 할 수 있다.

Guttman 척도의 단점은 다음과 같다. 첫째, 척도를 구성하는 질문문항의 내용을 강도에 따라 일관성있게 누적적이 되도록 작성하는 것이 쉽지 않다. 둘째, 두 개 이상의 변수를 동시에 측정하는 다차원적 척도로서 사용되기는 거의 불가능하다.

3) 등간-비율 척도화(Interval-ratio Scaling)

총화평정척도, Likert 척도 그리고 Guttman 척도도식분석 기법들은 모두 등간적

(interval)이라기 보다는 기껏해야 서열적(ordinal)이다. Guttman 척도로는, 앞의 예에서, 점수 4인 조직과 점수 3인 조직 사이에는 점수3인 조직과 점수 2인 조직과 동일한 정도의 관료화가 존재한다고 말할 수 없다. 그러나 등간척도에서는 그렇다고 말할 수 있다.

등간척도를 구성하려는 적어도 두 개의 충분한 이유가 있다. 첫째는, 척도상 어느 두 개의 인접한 점간의 간격이 동일하다는 사실을 앎으로써 보다 추가적인 정보를 얻을 수 있다. 둘째는, 다양한 통계적 기법들을 사용할 수 있다. 등간척도를 구성하기 위해 고안된 하나의 기법이 Thurstone의 등현간(等現間)방법(Thurstone's method of equal-appearing intervals)이다. Thurstone 척도화는 어떤 사실에 대하여 가장 긍정인 태도와 가장 부정적인 태도를 나타내는 양 극단을 등간적으로 구분하여 여기에 수치를 부여함으로써 등간척도를 구성하는 방법이다.[21]

Thurstone 척도 절차는 다음과 같이 요약될 수 있다:

㉠ 조사 또는 측정하려는 변수나 개념을 발견한다.

㉡ 개념을 측정하기 위한 여러 가지 조작된 문항을 선택한다.

㉢ 각 문항의 적합성 여부를 평가할 문항평가자를 선출한다. 각 문항평가자는 각 문항에 대해 11점 척도를 사용하여 적합-부적합 또는 선호-비선호를 평가한다.

```
부적합                          중립                           적합
|—|—|—|—|—|—|—|—|—|—|
1                               6                              11
```

본래의 연구에서 Thurstone과 Chave는 130개의 질문문항을 심사하기 위해 300명의 문항평가자들을 사용하였는데, 각 문항평가자는 130개의 질문문항들을 11점 척도에 따라 순위를 메기는데 평균 45분을 이 소요되었다.

㉣ 문항평가자에 의해 소홀히 평가된 것이라든가 또는 평가된 의견이 너무 엇갈는 문항은 제거한다. 즉 어떤 심사원이 잘못해서, 또는 그들의 개인적 의견에

---

21) Thurstone 척도는 평위척도(ranking scale)라고도 부른다. 평위척도가 기본적으로 전제하는 것은 여러 가지 대상에 대한 태도는 한 극단에서 다른 극단에, 또는 최소에서 최대에 이르는 하나의 연속선을 따라 표현되어진다는 것이다. 평위척도는 문항평가자를 사용하며, 척도상에서 절대적 평가를 하지 않고, 일련의 자극들을 상호비교하며, 척도값은 상대적 위치를 의미한다.따라서 평위척도의 평점은 상대적 위치를 의미할 뿐이다.

따라 질문문항의 적합도를 평가할 수 있다. 평가자에 의해 잘못 되어졌다고 느끼는 순위들은 제거되어야 한다. 특히, Thurstone과 Chave는 130개에서 30개 이상의 문항을 11개 범주 가운데 특정 항목 하나에만 똑 같이 표기한 문항평가자를 배제하였다. 본래의 연구에서 341명의 심가원 가운데 41명이 이런 근거에서 배제되었다. 또한, 문항평가자들이 의견일치를 볼 수 없는 진술문들도 제거하였다.

ⓜ 각 진술의 중앙치(median value)가 척도값으로서 취해진다. 예를 들면, 만일 절반의 문항평가자들이 99번 문항을 7 이상으로 그리고 절반은 7 이하로 평가했다면, 중앙치는 7이 되며 그래서 7이 그 문항의 척도치가 된다.

ⓑ 약 22개 문항(또는 본래 범주의 2배수)들을 선택한다. 이들 최종적으로 선택된 문항들은 척도점수에 기초해서 선택된다. 바람직한 것은 22개 문항들이비호의적-중립-호의적에 이르는 전반적인 연속선을 따라 거의 동등하게 간격을 이루는 것이 좋다. 따라서, S 값(S value)이라 불리는 이 척도값은 최종적인 문항집단을 선택하기 위한 우선적인 기준이다. 일반적으로 점수들 가운데 가장 작은 분산(variance)을 가진 또는 가장 작은 점수의 범위를 가진 항목이 선택되어져야 한다. 일반적으로 이것은 11개 범주 가운데 가장 적은 수로 목록에 실린 항목이 된다.

ⓢ 22개의 문항들이 선택된 후, 그 문항들이 최종 척도를 형성한다. [이 시점에서 본래의 11개 범주들은(iii에서 사용한), 본래의 11점 척도는, 이 작업을 수행한 후 버려진다. 그 항목들은 문항평가자에게만 제시된 것이고 실제 응답자에게는 제시되지 않아서 최종척도점수를 결정하는데는 도움이 되지 않는다.] 척도 구성의 작업은 이 것으로 완결된다.

ⓞ 다음 단계는 조사자가 이 척도를 사용하여 응답자에게 조사를 실행하는 것이다. 이들 응답자들은 문항평가자가 아니라 조사자가 조사목적을 위해 척도상에서 점수를 결정하고 싶어하는 실제 조사대상자들이다. 22개의 질문문항들은 응답자들이 동의하거나 동의하지 않도록 표현되어 었다. 주의할 것은 응답경향(response set)이 나타나지 않도록 무작위적으로 질문문항을 배열해야 한다.

ⓙ 응답자의 점수는 동의한 항목들의 척도치[v)에서 결정된]의 중앙값이나 평균값을 계산함으로써 결정된다.

Thurstone 척도가 사람들의 이타주의(altruism)를 평가하는 데 사용된 예를 들면 다음과 같다.

문항	척도치	찬성
1. 사회 전체를 위해 개인의 행복을 희생시키는 것은 옳은 일이다.	4.5	
2. 아동복지시설이 우리 동네에 신축되는 것은 반가운 일이다.	5.4	○
3. 주말에 자원봉사하는 것이 그 시간에 돈 버는 것만큼 즐거운 일이다.	9.2	○
4. 소득이 많을수록 높은 비율의 소득세를 내는 것은 바람직한 일이다.	3.8	
5. 장애인의무고용제도는 사회를 발전시키는 데 기여한다.	6.7	○
6. 의료보험 적자분을 세금으로 메꾸는 것은 옳은 일이다.	4.2	
7. 농어촌출신 고등학생들의 대학 우선입학제도는 바람직한 일이다.	5.6	

응답자의 이타주의는 찬성한 문항의 척도치를 평균하여 산정한다. 여기서는 각 문항의 척도치는 0 – 10점 사이에 편재되어 있다고 가정하면 척도치는 다음과 같이 계산되고 해석된다.

척도치 = (5.4 + 9.2 + 6.7) / 3 = 7.1 따라서 응답자의 이타주의는 높은 편에 속한다고 평가할 수 있다.

4) 요인척도화(Factor Scaling)

요인분석(factor analysis)은변수들간에 존재하는 상호관계의 유형을 밝히고, 상호간에 밀접하게 연관되어 있는 변수들의 묶음을 발견하고, 이를 보다 적은 수의 가설적 변수, 즉 요인(factor)들로 축소시키기 위한 통계적 기법이다. 요인분석은 일반적으로 분석되어져야 할 변수들의 상관관계를 보여주는 상관계수()를 포함하는 목록을 투입자료로서 사용한다. 따라서 요인척도에서 먼저 어떤 항목이 척도내에 포함될수 있는지를 파악하기 위하여, 변수들간의 상관관계를 계산한다.

〈 선택된 교사 사기 항목의 요인분석 〉

항목	요인1	요인2	요인3
1. 교장이 나의 일을 제대로 평가해준다.	.73	.13	.16
2. 교사간 다툼이 거의 발생하지 않는다.	.19	.76	−.04
3. 가르치는 것이 개인적 만족을 준다.	.18	.03	.75
4. 교사들은 서로 협조를 한다.	.17	.78	.11
5. 가르치는 것을 좋아한다.	.16	−.01	.81
6. 교장은 나의 일을 더 쉽고 더 즐겁게 해준다.	.83	.17	.09
7. 교장은 훌륭한 교수 절차를 인정해준다.	.77	.19	.14
8. 교수진은 즐거이 함께 일한다.	.25	.79	.01
9. 나의 동료들은 잘 준비되어 있다.	.20	.64	.01
10. 나는 문제를 교장과 상의한다.	.80	.07	.14
11. 만일 내가 다시 선택할 수 있다면, 나는 가르치는 일을 택하겠다.	.10	.10	.74
12. 교장은 나에게 흥미를 갖고 있다.	.85	.11	.11
13. 학교에서 교사들은 함께 잘 일한다.	.25	.87	.01

항목 1, 6, 7, 10, 12은 요인1과 모두 높게 상관되어 있다. 항목 2, 4, 8, 9, 13은 요인2와 높게 상관되어 있다. 항목3, 5, 11은 요인 3과 높게 상관되어 있다. 요인1에 대해 언급된 항목들은 교장과의 상호작용과 관련되어 있고, 요인2에 대해 언급된 항목들은 교사 동료와 상호작용과 관련되어 있고, 요인3에 대해 언급된 변수는 직업으로서 가르치는 것과 관련이 있다.

만일 많은 변수들이 어떤 분산을 공통적으로 갖고 있어서 그 변수들이 어떤 근본적인 차원(특징)과 높게 상관되어 있다면, 이 차원은 하나의 요인(factor)으로 나타나고 그리고 척도(scale)로 간주되어진다. 요인척도의 경우 자료로부터 척도를 직접 도출하기 때문에 요인척도의 이름은 미리 부여하는 것이 아니라 요인이 형성되고 난 이후에 이름이 부여된다. 일반적으로 요인척도는 그것과 가장 높게 상관되어 있는 변수들로부터 도출된 이름을 부여받는다. 따라서 요인척도에 어떤 이름을 붙이느냐 하는 것은 조사자에 달려있다. 위에서 항목1은 교장요인, 항목2는 동료요인, 항목3은 직업요인으로 명명할 수 있다.

요인부하(要因負荷, Factor loading)는 어느 한 변수와 각 개별적 요인간의 상관관계로 간주된다. 각 변수의 분산이 그 변수가 한번에 하나 이상의 요인들과 상관될 수 있도록(load on or be correlated with) 각 변수의 분산이 나누어진다. 척도의 일부로서 간주되기 위해서는 일반적으로 요인부하(factor loading) 값이 0.4 이상일 때척도의 일부로 간주된다. 요인부하의 값은 가중치(weight)로 사용된다.

요인척도가 구성된 후 다음 단계는 특정 척도에 대한 특정 응답자의 점수를 계산하는 것이다. 특정 척도에 대하여 개별 응답자의 총점을 계산하기 위해서, 단순히 척도내 각 항목에 대한 응답자의 점수를 취해서, 응답자의 점수에 특정 척도에 대한 각각의 항목에 상당하는 요인부하(factor loading) 값인 가중치를 곱하고, 그리고 이들의 합계를 내면 된다.[22] 예를 들어, 5점 척도 문항에서, 만일 응답자가 문항1에는 '보통이다'(3점), 문항12에는 '아니다'(2점), 문항16에는 '그렇다'(4점)에 응답하였는데, 척도3에 대해서 문항1은 요인부하치가 0.860,, 문항12는 요인부하치가 0.849, 문항16은 요인부하치가 0.680이라면, 여기에서 개별응답자의 척도에 대한 총점은 각 응답항목 점수에 그 항목에 해당하는 요인부하치(values of factor loading)인 가중치를 곱하여 합산하면 된다. 따라서 이 개별응답자의 척도에 대한 총점은0.860*3 + 0.849*2 + 0.680*4 = 6.998이 된다.

요인척도화도 나름대로 장점과 단점을 갖고 있다.

먼저, 요인척도화의 장점은 다음과 같다;

㉠ 계산상 용이함(computational ease):요인분석과 요인척도가 많은 양의 계산을 필요로하지만,통계프로그램패키지에 이들이 포함되어 있어서 컴퓨터가 활용되면 손쉽게 계산할 수 있다.

㉡ 단일차원성(unidimensionality): 요인척도는 어느 정도 단일차원성을 확보해준다. 대부분의 요인분석프로그램은 요인들이 직각으로(orthogonal) 되도록(상관되지 않도록(uncorrelated)) 요인들을 회전시킨다.이로인해 각 요인 척도가 단일차원적일뿐만 아니라, 각각의 요인들이 동시에 형성되어진 다른 요인척도들과 완

22) 일부 논의에서는 요인점수계수(factor score coefficients)를 요인부하(factor loadings) 대신 언급한다. 여기서는 '주요 요소 요인분석(principal components factor analysis)'으로 알려진 요인분석의 형태를 논하였다. 주요요소(principal components)가 사용되는 한 요인부하는 요인점수계수와 같다(factor loading=factor score coefficients) 주요요소요인분석방법이 아닌 다른 방법에서는 요인부하(factor loadings) 대신에 요인점수계수(factor score coefficients)가 더 선호되어 사용된다.

전히 상관되어있지 않으며 독립적이라고 가정할 수 있도록 하여준다.

㉢ 항목들의 가중치(weighting of items): 사람들의 척도값을 결정함에 있어 요인척도는 각 항목들과 요인간의 상관관계에 따라서 각 항목에 가중치(weight)를 부여한다. 요인부하값이 가중치가 된다.

㉣ 연속 점수(continuous scores): 비록 항목들이 분리되어 점수를 얻지만(예: 1, 2, 3, 4, 5), 최종 척도점수는 연속적이다(continuous). 왜냐하면 요인부하(factor loadings)가 가중치(weights)로 작용해서 각 항목에 대한 응답자의 점수를 곱해지기 때문이다. 예를 들어, 5라는 점수는 분리된 점수이지만 0.83이라는 요인부하가 곱해졌을 때, 이 항목에 대한 최종척도점수는 4.15라는 연속점수(continuous score)가 된다.

요인척도화는 다음과 같은 단점을 갖고 있다;

㉠ 손수 계산하기 어려움(difficulty of computation by hand): 컴퓨터를 활용하지 않고 직접 손으로 요인척도를 계산하는 것은 매우 어렵다.

㉡ 분석을 위한 분석(Ad hoc nature):요인척도가 갖는 하나의 잠재적 어려움은 조사자가 단순히 많은 항목을 가지고, 그 항목들을 상관시키고, 그리고 어떤 종류의 척도가 나타나는지를 보기위해 그 항목들을 요인분석함(factor, 인수분해)으로써 '자료준설(data-dredging)'절차에 빠지기 쉽다는 것이다. 만일 요인이 높은 부하(high loading)를 갖는 것으로 나타났다면, 그 조사자는 그 요인에 이름을 짓고 그리고 새로운 척도를 형성한다. 이러한 절차는 순수하게 기술적인 것이어서, 이러한 방법으로 도출된 척도는 통계상으로는 의미가 있을지 몰라도 이론적 가치는 거의 없을지 모른다.

5) 어의적 분화(Semantic Differential) 척도 방법

어의적 분화(Semantic Differential: S.D.) 방법은 Osgood, Suci 그리고 Tannenbaum에 의해 개발되었다. 이들은 고도로 지적이고, 언어적으로 유동적인 주제들에 대해서는 그 개념의 의미에 대해 직접적으로 질문(direct questioning about the meaning of a concept)하는 것이 보다 효과적이라고 주장한다. 하나의 개념에 대한 응답자들의 의견이나 태도를 몇 개의 의미차원에서 직접 평가하도록 함으로써 응답자들이 손쉽고 신속하게 응답할 수 있다.

어의적 분화(S. D.)척도에 대한 응답범주는 한 극단에서 다른 극단에 이르는, 중간 범주는 중립을 나타내는, 7개의 범주로 구성되어 있다. 이것은 어의적 분화(S.D.) 척도에서는 단지 두 개의 양끝 범주들이 이름(주로 형용사)을 갖는 다는 점을 제외하고는, 어의적 분화척도는 강력히 동의하지 않음에서 강력히 동의함에 이르기까지의 범위를 가진 Likert 척도범주와 유사하다. 그 중간 범주는 단순히 공란으로 남기거나 이따끔 번호를 갖는다. 또한, 두 개의 양끝 범주들은 '강력히 동의한다-강력히 동의하지 않는다가' 아니라, 그 개념에 대한 실험대상자(subject)의 감정을 표현하는 것으로 생각되는 한쌍의 반대가 되는 형용사를 사용한다.

사회복지사

	1	2	3	4	5	6	7	
좋다	| ——	| ——	| ——	| ——	| ——	| ——	|	나쁘다
능동적	| ——	| ——	| ——	| ——	| ——	| ——	|	수동적
유쾌한	| ——	| ——	| ——	| ——	| ——	| ——	|	불쾌한
밝다	| ——	| ——	| ——	| ——	| ——	| ——	|	어둡다
아름다운	| ——	| ——	| ——	| ——	| ——	| ——	|	추한
강하다	| ——	| ——	| ——	| ——	| ——	| ——	|	약하다
안정적	| ——	| ——	| ——	| ——	| ——	| ——	|	불안정적

하나의 단일 개념 아래 여러 개의 응답범주가 배치될 수 있다. 어의분화척도에 따라 수집된 자료는 평균치 분석, 거리집락분석 및 요인평점분석 등에 의해 분석된다. 평균치분석은 각 기본 개념에 따른 척도점의 평균치를 토대로 개념을 분석하는 것이다. 거리집락분석(distance-cluster analysis)는 각 기본 개념들이 어의공간에서 차지하는 위치 사이의 거리를 측정하여 관계를 분석하는 것을 말하고, 요인평점분석(factor score analysis)은 요인분석의 요인평점을 사용하여 개념을 평가하는 방법이다.(김 열,1999:194-195)

어의분화척도의 기본적 측정차원으로는 평가차원, 권력차원, 그리고 활동차원을 들 수 있 다.

첫째, 평가차원을 정의하는 척도들은 (유쾌한–불유쾌한), (좋은–나쁜), (달콤한–신), (도움이 되는–도움이 안되는) 등이다. 긍정적인 극단에 속하는 개념은 의사, 가족, 신, 교회, 행복, 평화, 성공, 진리, 아름다움, 음악 등이다. 부정적인 극단에 속하는 개념은 낙태, 악마, 불협화음, 미음, 질병, 죄, 전쟁, 적 그리고 실패 등이다.

둘째, 권력차원을 정의하는 척도들은 (큰–작은), (강력한–무력한), (강한–약한), 그리고 (깊은–얕은) 등이다. 긍정적인(강력한) 극단의 개념들은 전쟁, 군대, 용감, 경찰, 산, 엔진, 빌딩, 의무, jq, 철, 권력, 과학 등이다. 부정적인(권력없는) 극단의 개념들은 소녀, 아기, 아내, 깃털, 새끼고양이, 키쓰, 사랑, 예술 등이다.

셋째, 활동차원을 정의하는 척도는 (빠른–느린), (살아있는–죽은), (시끄러운–조용한), 그리고 (젊은–늙은) 등이다. 활동에 있어 높은 개념들은 위험, 화, 공격, 도시, 엔진, 불, 검, 회오리바람, 전쟁, 승리, 아동, 정당. 활동척도상 부정적인 극단의 개념들은 침착, 뱀, 죽음, 계란, 휴식, 돌 그리고 수면 등이다.

6) 기타 척도

앞에서 설명되지 않은 척도 가운데 종종 언급되는 척도를 소개하면 다음과 같다.

(1) 평정척도(rating scale)

평정척도 또는 평급척도는 평가자가 측정대상의 연속성을 전제로하여, 일정한 등급법(rating method)에 따라 평가함으로써 대상의 속성을 구별하는 척도이다. 설정한 각 단계에 임의의 수치를 부여하여 여기서 얻어진 수치의 합계 또는 평균을 측정대상이 가지는 척도점수로 간주한다. 평정척도에는 평가자(judges), 대상(subject) 그리고 연속성(continuum)의 세가지 요소가 있다. 평정척도의 구성형식은 크게 둘로 나뉘어진다. 평정척도는 대부분 서열척도이나, 항목간 거의 비슷한 정도의 차이가 있다고 가정하면 등간척도로도 간주할 수 있다.

① 도표식 평정척도법

평정척도에서 가장 흔히 사용되는 기법이다. 선과 언어를 합하여 구성한 것으로, 선을 긋고 중간중간에 숫자 또는 해설을 붙여서 평가자로 하여금 대상의 위치 또는 태도를 기호로 표시하도록 하는 방법이다.

예1) 귀하가 거주하는 지역 지역사회복지관의 복지사들은 얼마나 친절하십니까?

| ——————————— | ——————————— |
매우 친절　　　　　　　　보통매우　　　　　　　　불친절

② 범주(카테고리)평정척도법

특정 범주척도는 도표를 사용하지 않고 어떤 속성을 나타내는 문장이나 항목을 그 정도에 따라 범주별로 제시하고 그 가운데에서 가장 적합한 것을 고르게 하는 방법이다.

예2) 귀하가 거주하는 지역 지역사회복지관의 복지사들은 얼마나 친절하십니까?(해당난에 ○ 표 하십시오)

매우 친절하다　(　)
친절하다　(　)
보통이다　(　)
불친절하다　(　)
매우 불친절하다　(　)

③ 숫자-언어식 평정척도법

측정대상의 특성에 따라 평가자가 일정한 숫자나 언어를 부여하는 평가하는 방법이다.

예3) 귀하가 거주하는 지역 지역사회복지관의 복지사들은 얼마나 친절하십니까?

(1) 매우 친절하다

(2) 친절하다

(3) 보통이다

(4) 불친절하다

(5) 매우 불친절하다

④ 평점방식 평정척도법

평점방법에 의한 척도는 조사대상의 속성이나 특성에 대해서 평가자가 그의 의견이나 태도를 수치로 평점하는 것이다. 이 경우 평점의 양극은 0에서 10으로 지정되어 있으나 이 사이에는 아무런 구분이 명시되어 있지 않다.

예4) 우리 지역의 사회복지관에 근무하는 사회복지사들의 친절하다.

| ———————————————————————— |
0 10

평정척도의 가장 큰 약점은 독자적인 기준에 의한 것이 아니라 평가자에 의존한다는 점이다. 따라서 여러 가지 편의가 개입될 여지가 있다. 대표적인 것으로는 후광효과, 관용오류, 대조오류 그리고 준거틀의 차이가 있다. 후광효과란 평정대상의 특성이 둘 이상일 때 어느 하나에서 받은 강한 인사이 평가자에게 그대로 남아 다른 특성을 평가함에 있어서 이것을 기준으로 삼게 되는 오류를 범할 수 있다는 것이다. 관용오류는 대상의 좋은 점을 과장해서 평정하는 경우를 말한다. 대조오류는 평정자 자신의 특성과 대조되는 특성을 찾아 이를 부각하는 경향을 말한다. 준거틀의 차이는 평가자 개개인이 가지고 있는 준거틀이 서로 다름으로써 해석상에 차이가 나올 수 있다는 점이다.

⑤ Bogardus의 사회적 거리척도

이 척도는 Bogardus가 인종적 편견의 강도를 측정하기 위해 제시한 것으로 사회적 거리척도(social distance scale)라고도 부른다. 이는 Thurstone 척도와 같이 다수의 판정자들의 판정에 의해 척도의 정도가 결정된다.이것은 응답자가 자기 자신과 그리고 자기 자신과는 다른 사회적 범주(국적, 인종)의 구성원간에 인지되는 거리감을 측정하려는 것이다. 응답자가 상이한 집단의 구성원과 갖고 싶어하는 관계의 상호작용적 형태에 따라 측정하는 방법이다.

〈Bogardus의 사회적 거리척도〉

점수	범주(관계를 맺을 용의도)	일본국민	중국국민	필리핀 국민	미국국민
7	혼인해서 인척관계를 가진다				
6	친구로서 같은 클럽에 소속하겠다				
5	이웃으로서 같은 동리에 살겠다				
4	내가 종사하는 직업에 함께 일하겠다				
3	우리나라 국민으로 받아들이겠다				
2	우리나라 방문객으로 받아들이겠다				
1	우리나라에 들어오지 못하게 하겠다				

응답요령: 각국 국민을 귀하가 처음 대했을때 귀하가 느낀 생각을 표시해 주십시요(각국 국민에 대한 귀하의 일반적인 생각을 토대로 해당 빈 칸에 'O'표함).

이 척도는 단순히 사회적 거리의 원근의 순위만을 표시한 것이지 만족간의 친밀한 정도의 크기를 나타내지는 않는다. 논리적으로 본다면 친척으로 받아들이겠다는 사람은 같은 직장에 근무하는 것에 반대하지 않는다. 이 척도는 동간적인 것 같으나 문항간의 거리는 사실상 알 수 없다. 따라서 서열적 측정에 가깝다.

(2) 소시오메트리

소시오메트리(sociometry)는 집단 내의 선택, 커뮤니케이션 및 상호작용의 패턴에 관한 자료를 수집하고 분석하는 방법이다.(김해동,1986:452-468,박용치,1997,402-409) 소시오메트리는 소집단내에서 누가 누구로부터 배척을 받으며, 누가 누구로부터 환영을 받는 지도자로 부상하고 있는가를 측정할 수 있게 하여준다. 그러나 소시오메트리 척도는 조사대상인원이 소수인 경우에만 적용할 수 있는 제한이 있다.

소시오메트리는 집단 내의 구성원간의 거리를 측정하는 방법이란 점에서 집단간의 거리를 측정하는 Bogardus 사회적 거리척도와 다른다.소시오메트리는 Q-분류척도처럼 한 개인의 특징을 묘사하는데 사용되는 방법이 아니고, 소집단내에서 최소한 두 사람 이상의 사이에 맺어지는 인간관계를 측정할 때 사용되는 방법이다.

소시오메트리의 기본 전제는 인간의 관계가 역학적으로 환영과 배척의 관계를 맺고 있기 때문에 쌍방의 의도를 서로 모른다 하더라도 그 강도나 빈도를 측정하여 인간의 집단 내에서의 위치를 알아낼 수 있다는 것이다. 집단내 개인간의 관계를 측정하는 소시오메트리의 분석방법에는 소시오메트릭 행렬(sociometric matrix), 소시오그램(sociogram), 소시오메트릭 지수(sociometric indices) 등이 있다.

① 소시오메트릭 행렬

소시오메트릭 행렬은 응답결과를 n×n 행렬로 정리하여 분석하는 방법이다. 예를 들면, 4인으로 구성된 집단이 구성원들이 그 집단내에서 가장 선호하는 2인을 선택하게 하는 경우를 예로 들면 다음과 같다.

〈 소시오메트릭 행렬: 1 = 환영, 0 = 배척 〉

평가받는 자 / 평가하는 자	a	b	c	d
a	–	1	0	1
b	1	–	0	1
c	0	1	–	1
d	1	1	0	–
계	2	3	0	3

소시오메트릭 행렬을 통해서 누가 누구를 환영하고, 배척하는지, 또한 누가 선택받은 횟수가 얼마나 되는지를 알 수 있다.

일방환영(단순환영): c → d, c → b

쌍방환영(상호환영): a ↔ b, a ↔ d, b ↔ d

아무도 환영하지 않음: c

가장 많이 환영받는 자: b, d

② 소시오그램(sociogram)

소시오그램은 집단구성원간의 선택과 배척관계를 기호를 사용하여 그림으로 표시하는 방법으로, 방향지시그래프(directed graph)라고도 한다.

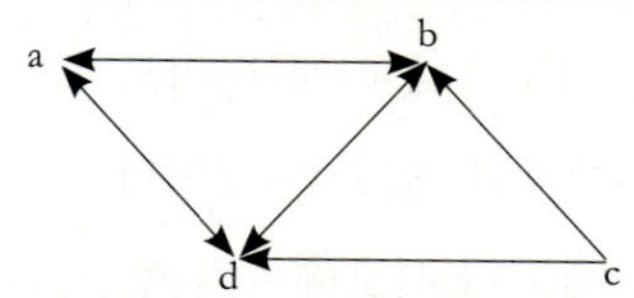

상기한 예에서는 d 가 선택의 중심이 되어, 가장 환영받는 사람이다. a,b,e는 서로가 서로를 환영하고 있으므로 한 파벌을 이룬다고 할 수 있으며, c는 누구도 환영하지 않는 소외된 사람이다.

③ 소시오메트릭 지수(sociometric indices)

소시오메트릭 지수는 일정한 공식에 따라 계산된 지수를 구하여 구성원 간의 관계를 분석하는 것으로, 지수산출의 공식은 조사내용에 따라 선택지위지수, 집단확장지수 및 집단응집지수가 있다.

㉠ 선택지위지수(choice status indices)

$CSi = \frac{\Sigma Ci}{n-1}$ a = 2/(4−1) = 2/3, b = 3/(4−1) = 1, c = 0, d = 3/4(4−1) = 1

(CSi = 선택지위, I = 구성원, ΣCi = 선택의 합계, n = 구성원 수)

㉡ 집단확장지수(group expansiveness indices)

$E = \frac{\Sigma Cij}{n-1}$ E = 8/4 = 2

(E = 확장지수, ΣCij = 전구성원의 선택 총수, i와 j는 각각 열과 행의 구성원)

➡ 집단확장지수의 최대치가 124/4=3인 점을 고려하면 집단확장은 중간정도이다.

㉢ 집단응집지수

ⓐ 선택이 제한될 경우 집단응집지수

$Co = \frac{\Sigma(i \leftrightarrow j)}{dn/2}$ $Co = \frac{3}{(2\times4)/2} = 0.75$

(Co = 집단응집, Σ(i↔j) = 상호선택수의 합계, dn = 허용된 선택수)

➡ 이 경우 집단응집지수의 최대치가 $\frac{3}{(2\times4)/2}$ = 1.5인 점을 고려하면 집단응집지수는 약간 낮은 편이다.

ⓑ 선택이 무제한일 경우 집단응집계수

$Co = \frac{\Sigma(i \leftrightarrow j)}{nC2} = \frac{\Sigma(i \leftrightarrow j)}{n(n-1)/2}$ $Co = \frac{3}{4(4-1)/2} = 3/6 = 0.5$

➡ 이 경우 집단응집계수 최대치가 $\frac{6}{4(4-1)/2}$ = 1인점을 고려하면 집단응집지수는 낮은 편이다.

(3) Q분류척도(Q−sort scale)

Q분류척도(Q−sort scale) 또는 Q−기법(Q−technique)은 특정자극에 대해 비슷한 태도를 가진 사람이나 대상을 분류하기 위한 방법으로, 응답자로 하여금 특정 기준에 따라 문항들을 분류하게 하여 측정대상을 나누도록 한다. 이는 일종의 투사실험(projective test)으로 단 한 사람의 특징이나 또는 단일 현상을 설명하기 위해서 여러 가지 특징이나 요인들을 도출해내는데 주력하고 있다. Q분류척도는 한 가지 현상을 설명하기 위해서 단일 현상을 여러 가지 현상으로 세분하는 방법으로, 이는 여러 사

람 또는 여러 가지 현상들을 한데 묶어 공통된 점을 도출해내는 요인분석인 R-기법(R-technique)과 차이가 있다.(이홍탁,1994:255-257, 채서일,1992:228-229)

예를 들면 어떤 A라는 부모에게 시립아동상담소 상담원이 50장의 아동학대사진(N)을 제시하고, 이 사진들을 학대사례가 가장 심한 것에서 가장 약한것에 따라 다음과 같이 11개 등급으로 나누도록 하였다.

〈 Q-분류척도 구성법 〉

	가장 약하다										가장 심하다
심한 정도의 척도점수	1	2	3	4	5	6	7	8	9	10	11
제1항목 지적한 사진 매수	2	4	5	6	7	9	6	5	2	2	2
제2항목 머리에 상처난 매수	2	4	5	6	7	9	6	5	2	2	2
제3항목 팔에 상처난 매수	1	4	6	6	9	9	4	5	3	2	1
제4항목 다리에 상처난 매수	3	4	5	4	7	10	5	5	4	2	0
제5항목 몸통에 상처난 매수	2	2	5	8	7	9	5	5	3	2	2
제6항목 얼굴에 상처난 매수	2	3	3	7	6	12	6	3	3	3	2
제7항목 피가 난 매수	2	4	4	6	7	11	7	5	2	2	2

각 항목별로 나타난 척도별 사진매수를 토대로 요인분석을 실사한다.

〈 각 항목별 요인분석 〉

	요 인		
	1	2	3
제1항목	*		
제2항목	*		
제3항목			*
제4항목	*		
제5항목		*	
제6항목			*
제7항목		0	

'*' 상관관계 계수가 0.40 이상

조사대상자 A라는 부모의 특징은 제1, 제2, 제4항목이 부분적으로 합쳐져서 형성되는 제1요인과, 제5항목과 제7항목이 부분적으로 합쳐져서 만들어지는 제2요인, 제3항목과 제6항목이 부분적으로 합쳐져서 만들어지는 제3요인으로 설명이 가능하다. Q-분류척도는 특정 개인 A라는 사람의 특징을 묘사함에 있어 이 사람이 가지고 있는 각기 다른 모습을 제시하는 방법이다.

6. 척도의 활용

사회복지사들이 클라이언트의 문제를 정확하게 기술하고 문제의 변화과정 그리고 전문적 개입의 효과성과 효율성을 상세하게 파악하기 위해 과학적인 척도를 사용한다.(남세진 & 최성재,1988:254-258)전문적 척도를 선택하기 위한 몇 가지 지침이 있다. 첫째, 사회복지사가 변화를 시도하는 문제를 측정하도록 설계된 것이라야 한다. 특히 주의해야 할 점은 문제 자체뿐만 아니라 변화의 가능성과 그 결과에 대한 정보를 제공하는 척도라야 한다. 둘째로 과학적이고 실용적인 것이라면 신뢰성과 타당성이 있는 척도이어야 한다. 셋째로 간단하고 다루기 쉬워야 하며 응답자의 입장에서 볼 때 완성하기 쉽도록 마련된 것이어야 한다. 넷째, 사회적 요청이나 비정상적 행위에 지나치게 민감하지 않는 것이어야 한다.

가장 많이 활용되는 척도의 유형은 세가지로 한정될 수 있다.

첫째.본인의 문제를 스스로가 기록-보고하는 척도 또는 지수이다.

이것은 사회복지기관이나 시설이 흔히 다루는 각양각생의 문제를 측정하기 위해 설계된다. 대체로 문항의 수는 10개에서 40개로 구성되며 클라이언트를 개별적으로 측정한다. 클라이언트에 의해 작성된 짧고 다양한 형식을 갖춘 질문지가 문제의 심각성을 사정하는 수단으로 사용된다. 소위 임상측정패키지(clinical measurement package)가 이 척도에 해당한다.

둘째, 자신이 규정하는 척도이다.많은 경우 표준화된 지수나 척도를 사용하는 것이 실질적이 못되고 또한 그러한 척도가 당면한 문제를 측정함에 유용하지 않기도 한다. 이러한 경우에는 자기 자신이 만드는 척도가 적절할 수도 있다. 이 척도를 구성하는 일은 매우 용이하며 특히 사적인 문제나 고통 불안 공포와 같은 관찰할 수 없는 것 또는 느낌과 같은 문제의 심각성을 측정할 때에는 매우 유용하다. 이 척도는 문제를 최소점에서 시작하여 분명히 규정된 끝에 이르는 숫자에 따라 연속되는 것으로 인식함으로써 구성된다.

셋째, 행위측정이다. 근래 사회사업적 개입의 초점이 명백한 행동에 맞추는 경향이 많아졌다. 행동의 변화가 전문적 실천의 목표인 이상 클라이언트의 행위를 정확하게 측정하는 일이 매우 중요하다.

㉠ 클라이언트의 자기관찰: 클라이언트 본인이 사회복지사가 제공한 구조화된 방법에 따라 자신의 행위를 체계적으로 사정한다.

㉡ 부수적 (附隨的) 관찰: 클라이언트의 행위를 배우자, 고용주, 친구, 선생 등 본인이 아닌 제3자가 기록하는 것이다. 이 관찰은 자기관찰을 보충하거나 대신하는 것으로 관찰은 클라이언트에게 알리고 승낙을 얻어야 한다.

㉢ 상황검사와 생리학적 사정: 상황검사는 두 가지 방법으로 수행된다. 한 가지는 클라이언트가 문제행위를 일으키는 상항을 조작하여 그 속에서 클라이언트로 하여금 문제행동을 연출케 하고 이를 관찰하고 기록하는 것이다. 사회복지사가 관심을 가지는 부분을 수행해 보도록 함으로써 클라이언트의 노력과 장단점을 주의깊게 관찰하고 기록한다. 역할놀이검사가 주로 사용되며 클라이언트의 향상과정을 기록에 남기기 위한 임상적 조사의 방법으로 사용된다. 또 하나의 방법은 클라이언트의 문제행위 가운데 일부를 표집하고 이것이 발생하는 실제상황 가운데 공통적인 것을 골라 사정하는 방법이다. 이것은 상황조작이 어려움이 있어 불가능할 때 사용되며 전문적 개입 전후를 비교하여 치료의 결과를 클라이언트의 수행능력을 중심으로 평가한다. 생리학적 사정은 아직 활용정도가 낮다. 혈압과 맥박은 이미 불안, 공포, 수줍음 등의 문제와 관련시키는 데 효과적인 지표로 사용되고 있다.

chapter_ 5 | 신뢰도와 타당도

Chapter 5

신뢰도와 타당도

신뢰도와 타당도는 사회복지조사 결과에 정당성을 부여하는 중요한 역할을 한다. 특히 측정도구인 척도를 평가할 기준으로서 중요한 의미를 갖고 있다(김영종, 2007: 177-202; 남세진 & 최성재, 1988: 216-230; 황성동, 2006: 79-91; Bailey, 1987: 66-80; Rubin & Babbie, 1993: 168-174).

1. 타당도

Phillips(1971:197)은 과학적 사용에 있어서 주어진 현상에 대한 측정은 만일 그 현상을 성공적으로 측정하였다면 타당한 것으로 간주된다고 한다.

타당도(妥當度, validity)의 정의는 두 부분으로 구성되어 있다;

㉠ 측정도구는 문제의 개념을 실제로 측정하고 있고 그리고 어떤 다른 개념은 측정하고 있지 않다;

㉡ 그 개념이 정확히 측정되어지고 있다.

분명한 것은 측정도구는 후자(㉡) 없이 전자(㉠)를 가질 수 있지만 그러나 역은 성립하지 않는다.

1) 타당도 평가

타당도
- 액면타당도
- 기준타당도: 동시적 타당도, 예측타당도
- 구성체타당도:수렴적 타당도, 판별타당도, 이해타당도

① 액면타당도(額面妥當度, Face Validity)

액면타당도는 내용타당도(content validity) 및 논리적 타당도(logical validity)라고도 불리운다. 액면타당도는 설명하기 가장 쉬운 정당화 절차이지만 그러나 실제 현장조사 과정에서 실행하기 가장 어려운 절차이다. 액면타당도란 궁극적으로 판단의 문제(a matter of judgment)이다: 여기서 두 개의 주요 질문이 반드시 고려되어야 한다:

㉠ 조사자가 그것이라고 추정하는 그런 유형의 행동을 측정도구가 실제 측정하고 있는지 여부

㉡ 그 측정도구가 그런 행동유형의 적절한 표본을 제공하는지 여부

그 측정도구가 측정하도록 되어있는 것을 측정하였느냐 여부는 궁극적으로 판단의 문제로서 이는 인식론적 상관관계(epistemic correlation)이다. 기초이론자들(grounded theorists)과 극단의 조작주의자들은 개념과 측정을 동일시하면서 개념의 측정은 완전한, 거의 완전한, 액면타당도를 갖어야 한다고 주장한다.

액면타당도는 증명될 수 없으며 반드시 추정되어져야 한다. 측정도구가 액면타당도를 갖고 있는지를 알기 위해서는, 먼저 측정되는 개념의 정의를 알아야 할 필요가 있으며, 그리고 나서 수집된 정보가 그 개념에 적합한지 여부를 알아야 한다. 정신지체 아동을 구분하기 위해 지능을 측정하는 예를 들면[23] 만일 측정도구로 측정되어져야하는 개념이 지능인데, 표면상으로는 지능을 측정한다는 질문항목이 응답자에게는 연령에 관해 질문하고 있다면, 연령은 지능에 관한 정의의 일부분이 될 수 없기 때문에, 이 항목은 지능측정으로서 액면타당도를 가지고 있지 않다.

따라서 액면타당도는 단순히 측정될 개념에 대한 연구와 측정도구가 그 개념에 적절히 도달하고 있는가, 즉 측정도구가 그 개념을 적절히 측정하고 있는가, 에 대한 판단에 의해 평가되어진다. 이것은 부분적으로 정의적(定義的) 또는 의미론적 판단이다. 만일 그 측정이 명백히 다른 개념을 측정한다면, 명백히 그 측정은 액면타당도를 갖고 있지 않다. 그러나 만일 그 항목이 측정하기로 되어있는 개념이 아닌 다른 인식할 수 있는 개념을 측정하지 못하는 것처럼 보인다면, 그 측정도구는 액면타당도를 갖는다고 말할 수 있다.

액면타당도에 있어서 주된 문제는 첫째, 측정될 개념의 정의에 대한 의견일치가 없을 때, 둘째, 그 개념이 몇 개의 하위개념(subconcepts)으로 구성된 다차원적 개념

---

23) 정신지체 등급은 지능지수(IQ)에 따라 구분된다(1급:IQ 34 이하, 2급:IQ 35-49, 3급:IQ 50-70).

(multidimensional concept)일 때, 셋째, 그 측정이 장황하고 복잡할 때 발생한다.

② 기준 타당도(Criterion Validity)

기준 타당도는 실용적 타당도(pragmatic validity), 동시적 타당도(concurrent validity) 또는 예측 타당도(predictive validity)라고도 불린다. 기준 타당도는 동일한 개념에 대한 복합적인 측정과 관련되어 있다. '동시적 타당도'란 용어는 현재의 특정 현상을 측정하는데 타당한 측정을 나타낼 때 사용되는 반면, '예측 타당도'는 장래의 사건을 예견하는 측정능력을 말한다. 동시적 타당도의 예는 편견을 가진 응답자와 편견이 없는 응답자를 구분할 수 있는 편견척도가 있다. 예측타당도의 예로는 장래 법학전문대학원에서의 성공가능성을 예측하는 법과대학적응시험(LSAT,Law School Aptitude Test)과 같은 척도를 들 수 있다.

측정도구가 현재 또는 미래의 현상이나 사건을 측정하거나 예견하는데 타당한가는 기준타당도의 핵심이 아니다. 기준타당도의 핵심적 과정은 특정 개념에 대한 이미 알려진 측정도구의 측정결과를 기준으로 삼고, 동일 개념에 대해 새로운 측정도구를 사용해 또 한번 측정한 결과를 이미 알려진 기준이 되는 측정도구의 측정결과와 비교 검토하여, 기준과 관련하여 새로운 측정도구의 측정결과의 타당도를 검토하는 것이다. 예를 들면· 만일 편견의 타당한 측정으로 이미 알려진 측정도구를 갖고 있다면, 이 측정도구의 측정결과 점수를 기준으로 하여, 새로운 측정도구상의 응답자의 점수를 기준이 되는 이전 측정도구상의 점수와 비교될 수 있다. 만일 그 두 점수가 유사하다면, 그 새로운 측정방법은 기준타당도를, 좀 더 구체적으로는 동시적(실용적) 타당도를 가지고 있다고 말할 수 있다. 즉 사용하고 있는 측정도구의 측정값과 기준이 되는 측정도구의 측정값과의 상관관계(correlation)가 높다면 새로운 측정도구는 기준타당도가 있다.

〈 기준 타당도 〉

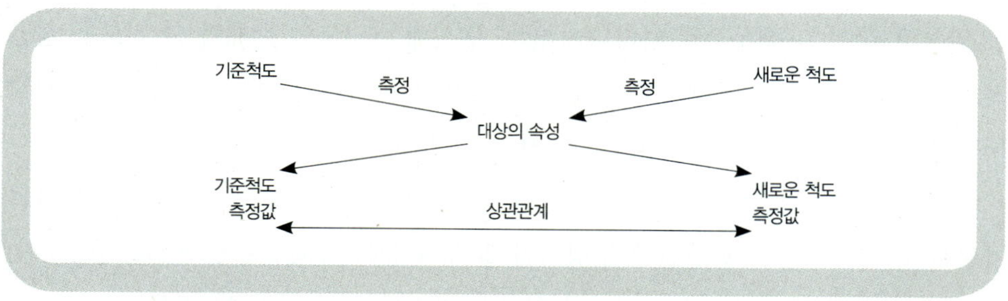

그러면 어떻게 이전의 측정은 그 자체가 타당하며, 그리고 새로운 측정의 기준타당도를 입증하기 위한 기준으로서 수용될 수 있다는 것을 알 수 있겠는가?첫 번째 단계로서, 이전의 측정은 반드시 액면타당도를 가져야 한다. 앞에서 언급하였지만, 액면타당도는 증명될 수 없으며 반드시 추정되어야 한다. 즉 그 측정은 반드시 적어도 타당한 것으로 나타나야 한다. 두번째, 이전의 측정은 사용과정을 통해서 스스로를 타당함을 입증해야 한다. 편견척도의 경우, 그 척도가 조사자가 만족할 정도로 몇 번이고 성공적으로 사용되어져서 편견자를 비편견자와 구별할 수 있어야 한다. 나아가, 조사자는 기준측정이 조사자가 원하는 것을 측정하기 위해 정의상(定義上by definition) 취하여졌다고 느낄지도 모른다.

여기서 다음과 같은 또 다른 질문이 생길 수 있다. "만일 이전 측정이 성공적이라면, 왜 조사자가 새로운 다른 측정을 바라는가? 이전의 측정도구가 타당한데, 왜 구태여 새로운 측정도구를 찾는가?" 한 가지 이유는 이전 측정은 , 타당하고 고도로 정확하지만, 사용하기에 실제적이지 못하기 때문일지도 모른다. 즉 이전의 측정이 너무 많은 질문으로 구성되어서 실행하기 어렵거나, 또는 응답범주가 빈약해서 응답하기 어렵거나, 사용하는데 너무 많은 비용이나 시간이 소요되거나, 너무 오래된 언어가 사용된 경우이다. 또 다른 가능성은 그 측정이 외적 타당도를 갖추지 못한 것이다. 즉 그 측정이 어느 한 인구집단에는 잘 작용하지만 다른 인구집단에는 잘 작용하지 않는 경우이다. 따라서 일반적으로 사용할 수 있는 측정도구를 찾는 경우도 있다.

③ 구성체 타당도(Construct Validity)

구성체타당도는 측정되는 개념이 전반적인 이론적 틀속에서 다른 개념들과 실제적으로나 논리적으로 적절한 관련성을 갖고 있는 정도를 경험적으로 검증하는 방법이다. 구성체 또는 구성개념이란 기존 지식의 어떤 측면을 설명하고 체계화시키기 위해 발전시킨 이론적 개념이다. 구성체는 고도의 추상적 성격을 지니고 있으며 또한 관찰될 수 잇는 행동으로 나타나지 않아 구성체 타당도의 존재와 그 정도를 성공적으로 결정하는 것은 상당히 어렵다. 예를 들면 사회연대의식의 구성체는 공동체적 행동이라 간주되는 행동의 관찰에 의해서 추리해야만 한다.

예를 들어, 사람들이 사회계층에 관한 두 개의 지표(지표1, 지표2)를 구성했다고 가정하자. 사회계층과 편견간에 부정적인 관계(사회계층이 높을수록, 편견은 감소한다)를 진술하는 명제를 포함하는 이론이 있다고 가정하자. 나아가 이 명제는 '지표1'에 의해 사회계층을 측정함으로써 조사되었고 그리고 입증되었다고 가정하자. 구성체 타당도는 이론에서 '지표2'를 '지표1'로 대체시키고 그 전체 이론을 재조사하는 것으로 구성된다. 만일 '지표1'을 사용하여 사회계층을 측정했을 때와 똑 같은 결과를 전체 이론에 대해서(특히 '지표2'를 포함하는 명제에 대해서) 얻는다면, 그 새로운 측정('지표2')은 구성체타당도(정확하게는 수렴타당도)를 갖는다.

> 이론: 사회계급(지표1, 지표2) – 편견
>
> 만일 지표1을 사용한 결과 → 결과A ┐
> 지표2를 사용한 결과 → 결과A ┘— 같은 결과
>
> 지표2는 구성체타당도를 갖는다.

구성체타당도는 측정도구가 실제로 무엇을 측정하였는가, 또는 조사자가 측정하고자 하는 추상적 개념(구성체, 구성개념)이 실제로 측정도구에 의해서 적절하게 측정되었는가에 관한 문제이다. 구성체타당도를 검증하는 과정은 대체로 세단계로 나누어 볼 수 있다; 첫째, 구성체를 만들어 내고, 둘째, 구성체를 둘러싼 이론에서 가설을 도출하고, 셋째, 이들 가설을 경험적으로 검증한다.

구성타당도를 검증하는 방법에는 이해타당도를 활용하는 방법,, 상관관계(correlation)를 활용하는 방법과 요인분석(factor analysis)을 활용하는 방법이 있다.

㉠ 이해타당도 활용 방법

이해타당도는 특정 구성개념(구성체)을 이론적 구성도에 따라 체계적이고, 논리적이며, 포괄적으로 이해하고 있는 정도를 의미한다. 여러 개념을 체계적으로 이용한 이론이나 측정도구가 이해타당도가 높다. 예를 들어, 지능을 문제해결능력, 창조력, 순발력, 판단력, 추리력, 기억력 등으로 정의하는 경우가 문제해결능력만으로 정의하는 경우보다 이해타당도가 높다.

㉡ 상관관계 활용방법

수렴적(收斂的, convergent) 타당도: 같은 개념을 측정하는 경우에는 상이한 측정도구를 사용하더라도 그 측정값은 하나의 차원으로 수렴해야 한다는, 즉 유사한 결과를 낳는다는 것을 의미한다. 예를 들어, 우울증이라는 구성개념에는 단절, 무관심,

무기력성, 무표정, 등의 네 차원이 있다고 가정하자. 만일 무관심을 둘 이상의 측정도구로 측정하고, 측정결과 둘 이상의 측정도구의 점수들이 유사하게 나타났다면, 즉 높은 상관관계를 나타낸다면 이들은 수렴적 타당도가 높다. 수렴적 타당도는 집중타당도라고도 한다.

판별적(差別的, discriminant) 타당도: 동일한 측정도구로 상이한 둘 이상의 구성개념을 측정했을 때, 두 얻어진 측정치들간에는 차이가 있어야 한다. 즉 상관관계가 낮아야만 한다. 앞의 예에서, 우울증의 네가지 차원을 동일한 측정도구를 사용해서 측정했을 때,만일 우울증의 네가지 차원이 정말 서로 다른 차원이라면 이들의 각 측정값들은 서로 차이가 나야 한다.이들 측정값들이 서로 차이가 난다면, 즉 이들 측정값들간의 상관관계가 낮게 나타난다면, 그 측정도구는 판별적 타당성도가 있다.

ⓒ 요인분석(要因分析, factor analysis) 활용방법

요인분석은 여러 개의 문항, 측정도구 또는 변수들간에 존재하는 상호관계의 유형을 밝혀 이들을 보다 적은 수의 가설적 변수인 요인(factor)으로 축소시키기 위한 통계기법이다.[24] 요인분석을 통해서 문항간의 상관관계가 높은 것들을 하나의 요인으로 만들고, 이렇게 하나의 요인으로 만들어진 측정 문항들은 하나의 개념을 측정하는 것으로 간주한다. 요인내에서의 측정문항간에는 상관관계가 높은 반면,각 요인간에는 상관관계가 없거나 매우 낮으므로 각 요인들은 서로 상이한 개념이 된다. 따라서 요인내의 문항들은 서로 상관관계가 높으므로 수렴적 타당도가 있다고 할 수 있는 반면, 각 요인간에는 상관관계가 매우 낮거나 없으므로 판별적 타당도가 있다고 할 수 있다.

2) 타당도 발달[25]

액면타당도에서 기준타당도를 거쳐 구성체타당도에 이르는 세가지 유형의 타당도는 발달 또는 축적으로 간주될 수 있다. 새로운 측면들과 함께, 각각의 후속유형의 타당도가 모든 이전 유형의 모든 요인들을 포함하는 발달 또는 축적으로 간주될

24) 요인분석의 일반적인 과정은 다음과 같다; i) 변수들간의 상호관계유형을 찾고, ii) 밀접하게상호관련되어 있는 변수들의 군집을 발견하며, iii) 이러한 작업을 거쳐 많은 수의 변수들을 보다 적은 수의 가설적 변수(요인)들로 바꾼다.

25) 내적타당도와 외적타당도에 관해서는 표집과 실험 부분에서 설명한다.

수 있다. 달리 표현하면, 마치 등간적 측정이 서열적 측정보다 더 많은 정보를 필요로 하고 그리고 서열적 측정은 명목적 측정보다 더 많은 정보를 필요로 하는 것 처럼, 구성체 타당도는 기준타당도 보다 더 많은 정보를 필요로 하고, 그리고 기준타당도는 액면타당도보다 더 많은 정보를 필요로 한다. 이러한 이유 때문에, 구성체타당도는 가장 강력한 종류의 타당도절차로 종종 일컬어진다.

가장 단순한 절차인 액면타당도는 단지 하나의 개념과 하나의 측정을 필요로 한다. 기준타당도는하나의 개념을 필요로 하지만 그 개념을 위해 두 개 이상의 측정을 필요로 한다. 구성체 타당도는 적어도 두 개의 측정과 더불어 하나의 개념이 필요할 뿐만 아니라 명제를 통해서 문제가 되는 개념과 관련되어 질 수 있는 다른 개념들과 측정들을 필요로 한다.

〈 타당도 비교 〉

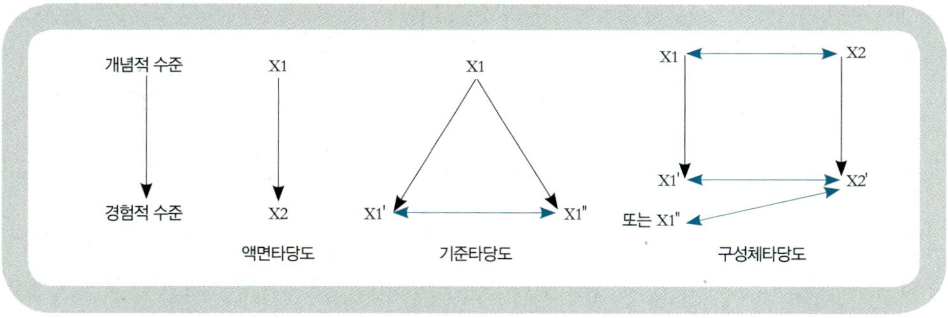

2. 신뢰도

신뢰도(reliability)란 일반적으로 동일한 속성에 대하여 동일한 또는 유사한 측정 도구를 사용하여 측정을 반복했을 때, 동일한 또는 유사한 측정값을 얻을 수 있는 가능성을 의미한다. 즉 신뢰도란 반복측정 결과 동일한 결과를 얻게 되는 정도를 의미한다. 신뢰도는 경우에 따라서는 측정도구가 측정하려고 하는 속성을 얼마나 진실에 가깝도록 측정했느냐, 측정에 있어 측정오차가 얼마나 존재하느냐는 도구의 정확성에 따라 정의되기도 한다.

신뢰도는 몇가지 측면에서 논의된다.(남세진 & 최성재,1988:223-224) 첫째, 안정성이다. 안정성은 반복해서 적용할 때 나타나는 측정의 일관성을 의미한다. 따라서 이

것을 결정하는 적절한 절차는 반복된 측정의 결과를 비교하는 것이다. 둘째, 동등성이다. 동등성은 동일한 현상을 측정하는데 둘 이상의 측정도구를 사용할 때, 이들 측정도구간에는 내용이 같아야 한다. 측정수단이나 관찰방법을 두 가지 이상의 서로 다르지만 그 내용이 같은 것들을 사용할 때, 둘 이상의 도구가 겉으로는 다르지만 내용이 같아야 한다. 셋째, 동질성이다. 동질성은 측정도구의 내적일관성이다. 측정도구에 있는 모든 문항들은 동일한 특성을 측정하고 있어야 한다.

1) 신뢰도 평가(Assessing Reliability)

일반적으로 측정의 신뢰도는 단순히 측정의 일관성(consistency)을 의미한다. 만일 측정되는 개념이 그 값에 있어 변함이 없을 때 측정이 변화하지 않는다면, 그 측정은 신뢰할만하다. 그러나 만일 측정되는 개념이 그 값에 있어 변화한다면, 신뢰할만한 측정은 그 변화를 나타낼 것이다. 신뢰도 평가방법은 다음과 같다.

① 검사-재검사법(test-retest method)

검사-재검사법 또는 재검사법은 특정 대상의 속성을 측정하고 난 다음, 일정 기간이 지난 후 같은 방법으로 같은 대상의 속성을 다시 측정하고, 먼저의 측정값과 나중의 측정값을 비교하여 신뢰도를 평가하는 방법이다. 즉 동일측정도구를 동일 대상의 속성에 대해 다른 시기에 반복해 측정하는 방법이다. 동일한 측정도구를 같은 사람들의 집단에 두 번 이상 서로 시점을 달리하여 적용하고, 그 측정결과의 측정값간에 상관관계로서 비교하여,만일 상관계수(correlation coefficient)가 높으면 측정도구는 높은 재검사신뢰도(test-retest reliability)를 가졌다고 할 수 있다.[26] 재검사는 도구의 안정성을 평가하는 것으로 측정결과의 일관성의 정도를 나타낸다.

일반적인 정의상 신뢰도는, 두 개의 대안측정상의 동일한 점수라기보다는, 하나의 측정 점수에 있어 일관성을 의미하기 때문에, 동일한 측정의 반복된 적용을 통해서 신뢰도를 검사하는 것이 더 낫게 보인다. 사회조사에서 똑같은 측정도구의 반복 적용과 관련된 문제을 충분히 이해하기 위해서는, 어떻게 측정도구가 신뢰성이 없을 수 있는가를 조사해야 한다. 만일 두 달간 체중계로 몸무게를 매일 측정했는데 두달 끝에 몸무게가 두달 전보다 5파운드 늘었다면, 이러한 사실은 신뢰도의 결여에 대한

26) 이때 상관계수를 신뢰도계수라고도 부른다.

증거가 반드시 되지 못한다. 왜냐하면, 두 달동안 실제로 몸무게가 5파운드 늘었을지도 모르기 때문이다. 그래서 체중계가 신뢰도가 없는 것이 아니라 정확하기 때문에, 정확한 체중계가 늘어난 몸무게를 정확히 잰 것일지 모른다. 신뢰할만한 척도는 측정 대상에 매번 변화가 일어날 때마다, 측정되는 특성의 측정값에 그 변화를 정확히 나타낼 것이다. 측정대상의 속성에 아무런 변화가 없을 때는 단지 이러한 변화를 보여주지 않는다.

신뢰성이 있기 위해서, 측정도구는 반드시 매 측정시기마다일관적인 값을 보여주어야만 한다. 그러나 이것은 단지 아무런 변화가 실제 일어나지 않은 경우에만 사실이다. 사회조사의 문제들 가운데 하나는, 반복적용이 매번 일관적이지 못한 점수를 나타낼 때마다, 개념의 값이 실제 변화하였는지, 또는 측정도구가 신뢰할 수 없는지를 결정하는 데 있다.

검사-재검사법의 장점은 적용이 간편하고, 측정도구자체를 직접 비교할 수 있다. 검사-재검사법의 단점은 두 검사시점 사이에 성장이나 역사요인 같은 외생변수의 영향등으로 대상의 속성이 실제로 변할 수 있어서 이것이 두 측정값의차이로 나타날 수 있는데 이러한 변화를 측정할 수 없다는 것이다. 또한 검사효과가 발생할 수 있다. 즉 첫 번째의 검사 자체가 두 번째 검사에 영향을 줄 수 있으며 이것이 두 검사의 점수의 차이로 나타날 수 있다는 것이다. 실험에 있어 이는 주시험효과(main testing effect)가 나타날 수 있다.

② 반분법(split-half method)

반분법은 측정도구를 임의로 반으로 나누어, 같은 시간에 각각 독립된 두 개의 척도로 사용함으로써 신뢰도를 추정하는 방법이다. 이 방법은 동질성의 원리에 입각해서 신뢰도를 평가하는 대표적인 방법이다. 같은 속성을 다루기 위해 만들어진 측정도구에 포함된 문항들을 반으로 나누어 별도의 척도로 간주하고, 각각의 척도를 사용해 측정한 결과를 비교하여 신뢰도를 측정한다.

반분법은 두 개의 서로 다르지만 동일한 검사 또는 측정도구를 사용하는 대신에, 조사자는 그들이 필요로 하는 항목보다 두배의 항목을 포함하는 단일 도구를 절반은 중복되게 하거나 전반부를 다시 반복하여 구성한다. 예를 들면, 5단계의 난이도에 따라 5문항을 만드는 대신 각각의 난이도에 대하여 두 문항을 만들어 10문항의 검사를 행한다. 실제 조사자는 그들이 필요로 하는 것보다 두배 많은 문항을 갖고 있다. 그래서 5개의 문항에 대한 점수와 다른 유사한 5개 문항에 대한 점수를 상관시킬(correlate) 수 있다. 만일 두 점수가 높게 상관되어있다면, 그 검사는 신뢰성이 있다. 만일 절반의 문항으로 이루어진 한 지표는 어느 한 개념을 측정하고 반면, 같은 개념을 측정하도록 되어있는 다른 절반의 문항들로 구성된 대안적 형식이 실제로 어떤 다른 개념을 측정하고 있다면, 그 검사는 신뢰성이 없다.

반분법을 사용하기 위해서는 그 두 개의 절반들이 또는 대안적 형태들이 실제로 똑같은 것을 측정하고 있다는 것을 명확히 하는 것이다. 즉 측정도구의 동질성(homogeneity)이 확보되어야 한다. 또한, 양분된 각 측정도구의 문항수는 그 자체가 각각 완전한 척도를 이룰 수 있도록 충분히 많아야 한다.

반분법에서 문항을 반으로 나누는 방법은 각 문항에 붙여진 번호에 따라 홀수와 짝수로 분류하는 방법이 많이 사용되었으나 최근에는 무작위 할당(random assignment) 또는 무작위화(randomization)의 방법이 사용되기도 한다.

만일 분리된 각각의 척도로 측정된 결과점수가 같거나 유사하게 나왔다면, 개별적인 점수가 어느 한 쪽의 표집된 문항들에 의해서 영향을 받은 결과가 아니라고 판단할 수 있다. 따라서 반분법은 반분된 각각의 측정도구가 내용적으로 동질인지 여부를 판단할 수 있도록 함으로써 측정도구의 내적 일관성을 측정할 수 있다. 이같이 측정도구의 동질성을 평가할 뿐만 아니라, 동등하지 않은 문항을 찾아내어 배제하는데에도 도움이 된다.

반분법의 단점은 반으로 나누어진 각각의 측정문항들이 완전히 동등하게 만들기가 어려울뿐만 아니라, 측정문항이 적은 경우에는 사용할 수 없다. 일반적으로 반분된 각 측정도구의 문항수가 8−10개 정도 되어야 한다.

반분법의 장점은 반분된 측정도구로 동시에 측정함으로써 검사−재검사법이 갖고 있는 단점인서로 다른 측정시간으로, 시간간격으로, 인해 파생되는 외생변수의 영향을 배제할 수 있으며, 동일 대상의 속성을 한번만 측정함으로써 반복 검사에서 나타나는 주시험효과도 배제할 수 있다.

③ 대안법(alternate−form method)

검사−재검사법의 시간적 간격의 문제를 극복하는 방법은 우선 시간적 간격을 최소로 줄이고 거의 동시에 관찰 또는 측정하되 측정수단이나 관찰방법을 두 가지 이상의 서로 다르지만 내용이 같은 것들을 사용하는 것이다. 이런 방법이 대안법이다.

대안법은 복수양식법(multiple forms technique) 또는 평행양식법(parallel-forms technique)이라고도 한다. 이 방법은 비슷하지만 서로 다른 두 가지 형태의 측정도구로 동일한 대상을 차례로 측정하고, 그 측정된 점수들 사이의 상관관계를 통헤 신뢰도를 검증하는 방법이다. 이 방법에서는 양 측정치간의 상관관계가 높으면 신뢰도가 높고, 낮으면 신뢰도가 낮다. 예를 들면 조사자가 항목은 다르나 같은 개념을 측정하도록 고안된 두 개의 질문지를 구성하고 같은 자리에서 동일한 응답집단에게 두 개의 질문지를 실행하는 것이다. 이를 복합양식, 평행양식 또는 대안양식 신뢰도라 부른다.

대안법의 장점은 검사-재검사법이 갖고 있는 외생변수의 영향 문제나 동일 시험을 두 번 시행함으로써 발생하는 주시험효과내지 학습효과 문제를 극복하는데 유용하게 사용될 수 있다.

대안법의 단점은 동일한 현상을 측정하는 데 사용될 두 개의 동등한 측정도구를 개발하는 것이 어렵다는 것이다. 이 방법에 의해 확보된 신뢰도가 낮을 경우 이것이 측정도구가 본래부터 신뢰도가 낮아서 그런 것인지 아니면 두 개의 양식을 동등하게 만드는데 실패한 것 때문인지 설명할 수 없다. 주시험효과를 어느 정도 방지할 수 있지만, 두 개의 측정도구의 측정치간에 상관관계가 높을 경우, 동일 대상에 대해 측정양식을 차례로 적용할 경우 처음양식의 적용은 두 번째 양식의 적용에 영향을 미칠 수 있기 때문에, 검사-재검사법과 유사한주시험효과에 의한 오차가 포함될 수 있다.

2) 관찰자 신뢰도

관찰자 신뢰도는 관찰의 안정성에 대한 신뢰도로서, 재검사적 관찰자 신뢰도와 대안적 관찰자 신뢰도로 나뉠 수 있다. 첫째, 재검사적 관찰자 신뢰도는 한사람의 관찰자가 동일 측정대상을 동일한 관찰지침서를 사용해 동일한 측정절차에 따라 관찰을 재검사법에서와 유사하게 시간적 간격을 갖고 시점을 달리하여 반복관찰 한 후, 각각의 관찰한 점수간의 일치의 백분율(= 일치된 관찰의 수/전체 관찰의 수)이나 각각의 관찰한 점수간의 상관관계를 산정하여 신뢰도를 평가하는 방법으로, 만일 각각의 점수간의 일치의 백분율이 높거나 또는 상관관계가 높으면 재검사적 관찰자 신뢰도가 높다.

둘째, 대안적 관찰자 신뢰도는 둘 또는 그 이상의 관찰자로 하여금 관찰지침서에 따라 동일한 측정절차를 동시에 사용하되 각자 독립적으로 관찰을 실시하도록 하고, 각자가 관찰한 점수간의 관찰의 일치도(=일치된 관찰자의 수/전체 관찰의 수)나 각자의 점수간의 상관관계를 산정하여 신뢰도를 평가하는 방법으로, 만일 점수간의 상관관계가 높으면 관찰자 신뢰도가 높다.

관찰자 신뢰도는 양자를 모두 포함한다. 관찰자 신뢰도를 높이기 위해서는 관찰자들에게측정도구를 정확히 사용하여, 높은 일치도와 만족스러운 신뢰도가 이루어질 수 있도록 훈련이 계속되어야 한다.

관찰자 신뢰도는 탐색적 목적으로 주로 사용된다. 즉 아직 전형적인 측정기술에 적용시킬 준비가 되어 있지 않은 상황에 주로 사용한다.

신문이나 TV방송에 대해 내용분석법을 사용하는 경우에, 둘 또는 그 이상의 관찰자가 동일한 내용이나 현상을 측정하도록 하고, 각자간의 관찰한 결과점수가 얼마나 일치하는지에 관한 일치의 백분율이나 상관관계를 산정하여 신뢰도를 평가하는 것을 코더간 신뢰도(intercoder reliability)라고도 부른다.

3) 내적 일관성 신뢰도법

내적 일관성 신뢰도(internal consistency reliability)는 동일한 측정을 위한 항목간의 평균적인 관계에 근거한 신뢰도이다. 반분법에 의하는 경우 항목의 구분방식에 따라 신뢰도 계수가 달라지는 문제가 있기 때문에, 이를 개선하기 위하여 내적일관성신뢰도법은 동일한 개념에 대해 여러 개의 항목으로 구성된 척도를 이용할 경우에, 그 측정결과에 일관성이 있어야 한다는 논리에 따라 신뢰성을 저해하는 문항을 찾아 내어 측정도구에서 제외시킴으로써 측정도구의 신뢰도를 높이는 방법이다. 이를 위해서, 해당 문항을 가지고 할 수 있는 한 가능한 모든 반분 신뢰도 계수를 구한 다음, 그 평균값으로 신뢰도를 계산한다. 내적일관성신뢰도 계수를 산정하는 가장 일반적인 방법은 크론바하의 알파(α)계수[Cronbach' α(alpha) coefficient]이다.

크론바하 α(알파) 계수

$$\alpha = \frac{k}{k-1}\left(1 - \Sigma \sigma_i^2 / \sigma_y^2\right)$$

k 항목수, σ_y^2: 총분산, σ_i^2: 각 항목의 분산

일반적으로 계수가 0.7 이상이 되어야 바람직할 만한 수준이 된다. 크론바하 α 계수가 0.90 이상이 되면 신뢰도가 높은 수준이 된다. 내적 일관성 분석은 유일하게 신뢰도 계수를 구할 수 있으므로 현실적으로 가장 많이 사용된다.

3. 오류

사회조사에 있어서 발생가능한 오류 또는 오차(誤謬 또는 誤差error)의 유형은 다양하다. 조사가 실시되기 이전이라 할지라도 조사자는 부적절하거나 중요하지 않은 조사 주제를 선택함으로써 어떤 의미에서 오류를 범할 수 있다. 그러나 여기서의 오류란 자료를 적절히 수집하지 못하는 것과 관련된 오류를 의미한다.

1) 단계별 오류 발생 원인

첫단계로, 애매한 개념의 형성과 개념의 빈약한 조작적 정의가 액면타당도 결핍의 원인이 될 수 있다. 애매하거나 빈약하게 표현된 가설은 결코 적절하게 검증될 수 없어서 전체적인 오류와 의미없는 연구를 행하게 된다. 또한 첫단계에서 빈약한 작업에 기인한 액면타당도의 결여는, 신뢰도가 액면타당도에 달려있기 때문에, 신뢰도의 결핍을 나타내게 된다.

두 번째 단계로, 비록 개념이 명확하고 잘 정의되었으며 가설이 잘 작성되어 있다 할지라도, 측정도구내에 빈약하게 표현된 항목들은 만일 응답자가 그들을 이해할 수 없다면 신뢰도의 결핍을 가져오게 한다. 나아가, 다른 응답자들이 똑 같은 질문이 다른 것을 의미하는 것으로 이해할지 모르며, 따라서 쓸모없고 신뢰할 수 없는 자료의 원인이 된다.

세번째 단계로, 빈약한 표본수집과정은, 대표성이 없는, 비대표적인 자료의 원인이 되어 결국 연구에서 사용된 특수 응답표본 이외에는 그 발견들을 일반화시킬 수 없게 된다. 이것은 다소 외적 타당도의 문제이다.

네 번째 단계로, 많은 잠재적인 오류의 원인들이 실제 자료수집상황에서 발견된다. 이들은 환경내에서 통제되지 않은 외생요인들(extraneous factors), 응답자에 있어서 통제되지 않는개인적 요소들(화, 피로 등), 조사자와 응답자간의 관계의 어떤 측면,

또는 장비의 고장 등이다.

다섯째 단계는, 자료를 코딩하거나 자료를 질문지에서 컴퓨터로 또는 녹음기에서 기록지에 옮기는 사람이 잘못된 숫자를 기록하는 것과 같이 단순한 오기(誤記, clerical error)를 할 수 있다. 면접자가 응답자의 응답을 잘못이해하거나 또는 판독하기 어렵게 기록하여서 코딩하는 사람이 그 응답을 다른 것으로 잘못 이해할 수 있다.

마지막 유형의 오류는 자료분석과정에서 자료를 잘못 해석하는 것이다. 이 단계에서는 자료로부터 잘못된 결론을 도출함으로써, 또는 자료가 보여주지 않는 무언가를 자료가 보여준다고 잘못 말함으로써 오류가 발생한다. 이러한 오류는 자료분석가가 편견을 가지고 있거나 훈련이 잘 안되서 발생하기도 한다.

2) 측정 오류(오차)

사회조사분야에서 변수의 속성을 측정하는 경우, 측정하고자 하는 속성을 정확히 규명하기도 어려울뿐만 아니라, 측정하고자 하는 속성을 정확히 반영하는 완전무결한 측정도구를 개발하는 것이 거의 불가능하기 때문에 오류는 발생한다. 측정과 관련해 나타나는 오류는 본질적으로 신뢰도와 타당도의 문제이다. 이러한 측정오류는 크게 체계적 오류(systematic error)와 비체계적 오류(random error)로 나뉜다.(채서일, 1992:237-241) 따라서 측정값은 실제값에다 체계적 오류와 비체계적 오류가 합해진 값이다.

① 체계적 오류

체계적 오류는 변수에 일정하게 또는 체계적으로 영향을 주는 요인을 의미한다. 체계적 오류란 측정대상에 대하여 어떤 영향이 체계적으로 미침으로써 그 오류가 항상 일정한 방향으로 일어나, 측정결과가 모두 높아지거나 또는 모두 낮아지게 되는 편향된(biased) 경향을 보이는 것이다.

체계적 오류는 인구통계학적 또는 사회경제적 특성이나 개인적 성향과 같이 응답자의 일정한 속성과 관련이 있다. 첫째, 인구통계학적 내지 사회경제적 특성을 인해 오류가 일정한 방향으로 나타나는 경우이다. 성별, 학력, 소득, 종교, 직업, 인종, 사회적 지위, 문화 등과 같은 특성들의 차이가 응답에 영향을 미쳐 응답 결과가 일정한 방향으로 치우치 타타나게 되기도 한다. 예를 들면, 응답의 선행효과(先行效果

,primacy effect)와 후행효과(後行效果,recency effect)를 들수 있다. 응답의 선행효과란 고학력의 응답자일수록 응답문항 가운데 앞쪽에 있는 답을 선택하는 경향이 있다는 것을 말한다. 반면, 응답의 후행효과란 저학력의 응답자일수록 응답문항 가운데 뒤쪽에 있는 답을 선택하는 경향이 있다는 것을 말한다. 또한 우편조사의 경우 저학력 응답자일수록 무응답이 많이 나타난다.

둘째, 개인적 성향으로 인해 오류가 일정한 방향으로 나타나는 경우이다. 예를 들어, 무조건 긍정적이거나 부정적이거나 중립적인 개인적 성향이다. 즉 모든 것을 긍정적인 방향으로 생각하는 관용의 오류, 부정적인 방향으로 생각하는 가혹의 오류 그리고 어느 쪽으로도 치우치지 않으려는 중앙집중 경향의 오류를 범하는 경우이다. 자신의 입장과는 다르게 사회적으로 바람직한(socially desirable) 것을 택하는 성향도 한 예이다. 그밖에 자기 자신과 상반되는 것으로 다른 사람을 평가하려는 성향인 대조의 오류, 그리고 측정대상의 한 가지 속성에 강한 인상을 받아 측정 대상 전체의 속성을 평가하는데 부당하게 영향을 미치는 성향인 후광효과(halo effect)로 인한 오류 등도 있다.

② 비체계적 오류

비체계적 오류(random error) 또는 무작위적 오류란 측정자의 피로, 기억, 감정변화 등과 같이 측정대상, 측정과정, 측정수단, 측정자 등에 일관성 없이 영향을 미침으로써 발생하는 오류이다. 이는 인위적인 것도 아니고 체계적인 것도 아니므로 오류의 값이 다양하게 분산되어 있으므로 서로간에 상쇄되는, 특히 응답자가 많을수록, 자기상쇄(self-compensation)적인 경향이 있다. 즉 비체계적인 오류는 일정한 방향으로 편향(bias)되거나 어떤 경향을 나타냄이 없이 무작위적(random)으로 발생하는 오류이다.

비체계적 오류의 대부분은 측정자, 측정대상자, 측정상황, 측정도구 등의 요인으로 인해 발생한다. 첫째, 측정자로 인한 오류는 측정자의 피로, 건강, 사명감, 기분, 동기, 관심, 긴장 등과 같은 신체적-정신적-정서적 요인으로 인해 발생한다.이들 요인은 수시로 변화할 수 있다. 둘째, 측정대상자로 인한 오류도 측정자와 마찬가지로 긴장, 불안, 피로, 기분 등과 같은측정대상자 개인의 신체적-정신적-정서적 요인이 수시로 변화하기 때문에 발생할 수 있다. 셋째, 측정상황적 요인으로 인한 오류이다. 예를 들면, 측정장소, 측정시간, 좌석배열,소음, 조명, 통풍, 측정장비, 부부

참석 등이 예측하지 못한 차이를 가져올 수 있다. 예를 들면, 아동을 면접할 때 부모의 참석하에 면접하는 경우와 아동만 독자적으로 면접하는 경우는 동일한 질문임에도 응답내용이 크게 달라질 수 있다. 넷째, 측정도구와 관련해 발생하는 오류이다. 예를 들어 관찰조사표나 관찰지침서와 같은 측정도구에 대한 충분한 교육이 선행되지 않은 상태에서 다수의 관찰자가 측정대상에 대해 관찰을 실시할 경우 측정도구에 대한 이해가 측정자마다 서로 다르게 되어 측정대상의 동일한 속성에 대해 서로 다른 해석을 하고 서로 다른 측정결과를 나타내게 된다.

4. 신뢰도 제고방안

신뢰도는 주로 비체계적인 오차와 관련된 것이므로 비체계적 오차의 발생가능성을 최대한 통제하는 것이 신뢰도를 높일 수 있는 방법이 된다. 일반적으로 신뢰도를 높이기 위해 제시되는 방안들은 다음과 같다(채서일, 1992:251-252);

첫째, 측정도구의 내용을 명확하게 한다. 측정도구가 되는 문항이나 문구의 내용이 애매모호하게 되면, 응답자뿐만 아니라 조사자도 상이한 해석을 임의로 할 수 있기 때문에 측정오류가 커지게 된다. 따라서 모든 사람이 동일한 의미로 이해할 수 있도록 측정도구가 되는 항목이나 문항의 내용을 명확하게 구성하여야 한다.

둘째, 측정항목수를 가능한 늘린다. 대체로 동일한 개념이나 속성을 측정하기 위한 항목의 수가 많을수록, 측정값들의 평균치는 측정하고자 하는 속성의 실제값에 근접하게 된다.

셋째, 측정자들의 측정방식이나 태도에 일관성이 있어야 한다. 일관성이 없는 측정방식이나 태도는 동일한 질문에 대해서도 응답자들의 반응이 서로 차이를 나타내게 된다.

넷째, 조사대상자가 잘 모르거나 관심이 없는 내용에 대해서는, 응답자가 무성의하거나 실제와 전혀 다른 응답을 할 가능성이 있으므로, 측정을 하지 않는 것이 좋다.

다섯째, 동일한 질문이나 유사한 질문을 2회 이상 하여 응답자로 하여금 일관성 있는 응답을 하도록 유도하는 방법이 있다.

여섯째, 일반적으로 신뢰성이 인정되었거나, 이전의 경험에 비추어 신뢰할 수 있는 측정도구를 사용한다.

일곱째, 측정자에게 측정도구에 교육과 훈련을 통해 사전준비를 철저히 한다. 측정자들에게 면접조사표나 관찰조사표와 같은 측정도구에 대해 교육을 하고 실제 예행연습들을 하도록 함으로써 측정시 오류를 줄일 수 있다.

5. 타당도와 신뢰도와의 관계

측정에 있어 타당도와 신뢰도를 확보하는 것은 매우 중요하다. 양자간의 관계는 어느 하나를 추구하기 위해서는 다른 것을 희생시켜야 하는 상충관계(trade-off relation)가 아니라, 상호간에 양립할 수 있고 독자적으로 발전시킬 수 있는 관계이다.

양자간의 관계는 종종 과녁과 화살의 비유로 설명된다.(Rubin & Babbie, 1993:179)

〈 타당도-신뢰도 관계 비교 〉

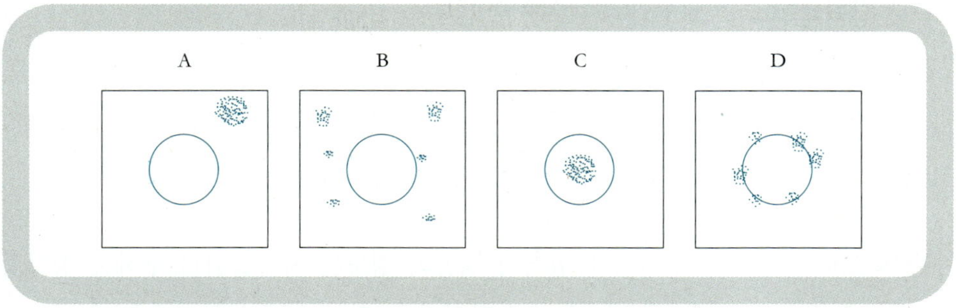

(A): 신뢰도는 매우 높으나 타당도는 매우 낮은 경우.

(B): 신뢰도와 타당도가 매우 낮은 경우.

(C): 신뢰도와 타당도가 모두 매우 높은 경우.

(D): 신뢰도와 타당도가 매우 높지도 낮지도 않은 중간정도 있는 경우.[27]

신뢰도와 타당도의 관계를 구체적으로 서술하면 다음과 같다;

첫째, 타당도가 높은 측정은 항상 신뢰도도 높다(C의 경우).

---

27) (D)의 경우는 Rubin & Babbie가 소개하지 않는 경우이나 실제 가능한 예이기에 소개한다.

둘째, 타당도가 낮은 측정의 경우, 신뢰도는 높을 수도 있고(A의 경우) 낮을 수도 있다(B의 경우). 즉 타당도가 낮다고 해서 반드시 신뢰도가 낮은 것은 아니다.

셋째, 신뢰도가 높은 측정의 경우, 타당도가 높을 수도 있고(C의 경우) 낮을 수도 있다(A의 경우). 즉 신뢰도가 높다고 해서 반드시 타당도가 높다는 것을 의미하지않는다.

넷째, 신뢰도가 낮은 측정은 항상 타당도가 낮다.(B의 경우)

측정도구의 신뢰도(信賴度,reliability)란 단순히 측정도구의 일관성(consistency)을 의미한다. 경우에 따라서는 어느 척도가 타당하지 않지만 여전히 일관적(일관성있게 부정확한)이어서 여전히 신뢰할만한 것일 수도 있다. 주의할 것은 어느 측정도구가 신뢰성이 있으나 타당하지 않을 수 있지만, 그 역은 사실이 아니다(즉신뢰성은 있으나 타당성은 없을 수 있지만, 타당성은 있으나 신뢰성이 없을 수는 없다. 타당성이 있으면 반드시 신뢰성이 있다). 정의상으로는, 만일 어느 측정이 유효하다면, 매번 그것이 정확할 것이고 그래서 반드시 또한 신뢰할 수 있다. 따라서 타당도는 신뢰도를 의미하지만 그 역은 성립하지 않기 때문에(즉 신뢰도는 타당도를 의미하지 않기 때문에), 타당도와 신뢰도간의 관계는 비대칭적(asymmetrical)이다.

신뢰도나 타당도를 평가함에 있어서 성공의 정도는 사람들이 요구하는 정확성의 정도나 정밀도의 정도에 직접적으로 달려있다. 만일 실제 몸무게가 200파운드이고, 척도가 20파운드의 범위내에서 정확할 것을 요구하고 있는데, 그 척도가 몸무게를 한번은 180파운드, 또 한번은 220파운드로 나타냈다면, 이는 허용된 정해진 한계내에서 정확하기 때문에 그 척도는 신뢰성이 있다.그러나 만일 0.10파운드 범위내의 정확성을 요구한다면, 앞의 예에서, 척도는 측정결과가 허용된 정해진 범위를 벗어났기 때문에 신뢰성이 없다.

chapter_ 6 | 표본추출: 표집

Chapter 6

표본추출: 표집

조사문제를 해결하고 가설을 검증하기 위해 필요한 구체적인 자료를 수집하기 전에, 먼저 누구에 대해 조사할 것인가를 결정해야 한다. 조사대상자를 조사대상에 포함된 전체를 대상으로 할 것인지, 아니면 전체 가운데 일부를 조사대상으로 할 것인지를 결정해야 한다. 즉 전수조사를 할 것인지 아니면 표본조사를 할 것인지를 결정해야 한다. 전체를 대상으로 하는 것이 이상적이기는 하지만, 많은 비용과 노력이 소요되기 때문에 현실적으로 어렵다. 따라서 현실적으로 일정한 범주에 속하는 조사대상을 선택한 후, 그 대상에 대해 자료를 수집하고, 수집된 자료를 통해 전체의 특징을 추정하게 된다(채서일, 1992: 355-385; 김영종, 2007: 203-230; 남세진 & 최성재, 1988: 186-205; Bailey, 1987: 80-103; Rubin & Babbie, 1993: 213-260).

1. 표본추출: 표집의 정의

조사문제와 자료를 생산하는 과정에 있어서 필수적 부분은 무엇을 또는 누구를 관찰대상으로 할 것이냐 또는 누구를 설문의 응답자로 할 것이냐를 결정하는 것이다. 일반적으로 사회과학분야에서는 연구대상으로 삼는 사람, 집단 또는 사건의 전수(全數)를 모두 조사하고 분석하지는 않고 전체 대상 가운데 일정한 범주에 속하는 일부를 선택하여 조사를 실시한다. 즉 전수조사를 실시하지 않고 표본조사를 실시한다. 조사목적을 달성하기 위해서 연구대상 전체인 모집단(母集團,population)으로부터 모집단을 대표하도록 선택된 일부를 표본(標本, sample)이라고 한다. 이러한 표본을 선택하는 과정을 표집(標集, sampling) 표집 또는 표본추출(標本抽出)이라고 한다.

2. 표집의 장점과 단점

대부분의 사회조사들이 모집단 보다는 표본을 사용하는 이유, 즉 표집의 효율성(efficiency) 내지 장점은 다음과 같다; 첫재, 경제성이다. 전수조사의 경우 연구대상이 되는 전체를 조사해야 하기 때문에 막대한 인적, 물적 자원이 소요된다. 따라서 조사비용을 절약하기 위해 표본을 사용한다.

둘째, 신속성이다.만일 전체 모집단이 조사되어진다면, 수많은 면접자를 사용하지 않고는 짧은 시간내에 면접을 수행하기는 어렵기 때문에 많은 시간이 소요되어 연구가 지체될 수 있다. 전체대상을 조사하는 것은 시간이 많이 걸린다. 조사가 끝나고 그 결과가 나올 때쯤에는 처음에 조사받은 사례와 후에 조사받은 사례의 의미가 전혀 다를 수 있다. 조사기간 동안에 상황이 변할 수도 있고, 주사주제에 영향을 주는 사건이 발생할 수도 있고 또 피조사자가 성장할 수도 있기 때문이다. 따라서 신속한 조사를 위해 표본이 사용된다.

셋째, 가능성이다. 연구대상 전체를 조사하려고 할 때 모집단 전체를 파악할 수 없는 경우가 있으며, 설령 파악했다고 하더라고 그 수가 무한히 많기 때문에현실적으로 불가능한 경우도 있다. 따라서 조사를 가능하도록 하기 위해 표본이 사용된다.

넷째, 정확성이다. 전체를 조사할 경우 많은 조사자가 필요하다. 많은 조사자를 사용하는 것은, 가장 유능한 조사자를 사용하기 보다는 최소한의 능력을 갖춘 조사자를 사용할 수 밖에 없게 되기 때문에, 실제로 자료의 정확성을 떨어뜨리게 될지 모른다. 또한 제한된 수의 조사자들이 전체를 조사할 경우 조사업무량(caseload)이 많아 하나 하나를 정확히 조사할 수 없을 뿐 아니라, 조사가 지체되고, 지체되는 시간 동안 조사된 대상의 특성이 변화할 수 있다. 따라서 연구대상을 정확히 조사하기 위해 표본이 사용된다.

다섯째, 응답률이다.전체 모집단조사 보다 표본이 갖는 또 다른 이점은 표본은 응답자로부터 높은 응답율과 협력을 얻을 수 있다. 이것은 특히 민감한 문제의 경우 사실이다.

여섯째, 조직적 반발의 방지이다. 전체 모집단 대신에 표본을 사용함으로써, 많은 사람을 감정상하게(offended) 하지 않을 수 있으며, 그리고 감정이 상한 사람은 똑같은 질문을 접한 다른 응답자의 신원을 모르기 때문에 공통된 관심을 가지고 조직화될 가능성이 적다. 최근 센서스는 질문내용 가운데 감정을 거스리지 않는 기초적인 질문들은 모든 가구의 질문지에 포함시키지만, 감정을 거스리는 질문은 매 k번째 질문에만 질문지 상에 포함시킴으로써, 표본을 형성한다. 이러한 방법은 민감한 이슈에 대해 전체 모집단에 질문을 함으로써 성취될 수 있는 정확성 이상으로 정확성을 확실히 증가시킬 수 있다.

일곱째, 신뢰도이다. 전수조사를하기 위해서는 상당수의 면접자 또는 조사자가 필요하다. 이렇게 되면 조사자간의 신뢰도의 문제가 발생할 가능성이 높다.

그러나 표본을 사용하는 것이 모집단을 사용하는 것 만큼 또는 그 이상으로 정확성을 기할 수 있다고 말하는 것은 주의 깊게 추출된 표본임을 전제로 하고 말하는 것이다. 효과적인 표집은 많은 노력과 비용을 수반한다.

표집은 장점도 있으나 다음과 같은 단점도 있다.

첫째, 모집단을 대표할 수 있는 표본을 찾기 어렵다. 표본이란 모집단의 부분집합(subset)으로 모집단에 대해 대표성을 가져야 한다. 표본이 모집단을 대표하지 못할 경우 표본을 대상으로 조사한 결과를 전체의 결과로 말할 수 없다. 즉 일반화(generalizability)할 수 없다.

둘째, 모집단의 크기가 작은 경우에는 표집이 큰 의미가 없다. 모집단의 크기가 작은 경우에는 모집단 자체를 조사하면 되기 때문에 표본을 추출하여 조사를 실시하는 것이 의미가 없다. 셋째, 표본 설계가 복잡한 경우에는 오히려 시간과 비용이 더 많이 소요될 수 있으며, 표본설계가 잘못된 경우 오차가 많이 발생할 수 있다.

3. 표집 관련 기술적 용어

표집과 관련된 기술적 용어들은 매우 다양하다. 이 가운데 표집과정을 이해하는데 기본적으로 필요한 용어들을 정리하면 다음과 같다.

1) 표본조사(sampling study)

표본조사란 표집과정(표본추출과정)을 거쳐 모집단의 일부를 표본으로 선정하고 그 표본에 대해서만 실시되는 조사를 말한다.

2) 전수조사(全數調査, population study)

전수조사란 연구대상 전체인 모집단(population)을 대상으로 실시되는 조사를 말한다.

3) 표집요소(sampling element)

표집요소란 자료가 수집되는 대상의 단위로서 자료분석의 기초가 된다. 표집요소는 자료분석시 분석단위(unit of analysis)와 대체로 일치하는데 대체로 개인이 요소가 되지만, 가족, 집단, 조직과 같은 다른 종류의 단위들도 표집의 요소가 될 수 있다.

4) 전대상(全對象, universe)

전대상이란 특정 연구를 위해 규정된 요인 전수(全數)의 이론적-가설적 집합체이다. 조사대상의 요소가 노인이라면, 시간과 공간에 구애되지 않고, 노인 모두가 전대상이 된다. 이론적으로 구체화되어 있지 않아 조사과정에서 실제로 유용하지 않은 개념이다.

5) 모집단(population)

모집단이란 시간, 공간, 자격 등의 조건들이 구체적으로 규정되어진 요소의 현실적-한정적 집합체이다. 이는 실제 연구의 대상이 되는 전체 집단으로서 연구자가 전수조사를 통해 자료를 수집하거나, 표본조사 결과를 가지고 통계적 기법을 활용해 추정하려는 대상집단을 말한다. 모집단 가운데 표본이 실제로 추출되는 모집단을 조사모집단(survey population)이라고 한다. 모집단과 조사모집단은 일치할 수도 일치하지 않을 수도 있다. 예를 들어, 장애인의 직장적응을 연구하는 경우에, 모집단은 현존하는 모든 장애인이다. 그런데 만일 조사를 위해 현재 직장에 근로하는 장애인을 모집단으로 규정한다면, 이 때의 모집단은 조사모집단이 된다.

모집단을 명확히 규정하는 것은 중요하다. 만족할 만한 표본추출의 기본적 필수 조건은 모집단을 상세하게 구체화하는 것이다. 분명하게 규정된 모집단은 대표성을 지닌 표본을 선택할 확률은 높인다. 이렇게 규정된 모집단에서 적절한 방법으로 뽑아 낸 표본을 대상으로 연구하게 되면 그 결과를 모집단에 일반화할 수 있게 된다. 왜냐하면 이 경우 표본은 모집단을 대표한다고 볼 수 있으며 표본에서 관찰 파악된 제 요인들은 모집단에 있어서의 그 것과 거의 동일하다고 생각할 수 있기 때문이다.

6) 표집(標集, sampling)

표집이란 표본을 선택하는 과정을 말한다. 이는 표본추출이라고도 한다.

7) 표집단위(sampling unit)

표집단위란 표집과정의 각 단계에서 표집대상인 요소들의 단위를 말한다. 대체로, 표집단위는 개인이 되지만, 경우에 따라서는 개인이 아닌 집합체가 표집단위가 된다. 예를 들면, 다단계층화표집이나 군집표집의 경우 표집과정에 따라서 표집단위가 집합체가 될 수도 있다. 다단계층화표집의 예를 들면, 전의 청소년들을 대상으로 욕구조사를 실시하는 경우, 1단계에선 시-군을 선정하고, 2단계에선 구-읍을 선정하고, 3단계에선 동-면을 선정하고, 마직막으로 각 동-면에 거주하는 청소년을 추출한다고 할 때, 1,2,3단계에서의 표집단위는 집합체인 반면, 마지막 4단계에서의 표집단위는 개인이 된다.

8) 표집틀(sampling frame)

표집틀이란 표본이 실제 추출되는 연구대상 모집단 전체의 목록 또는 모든 단위의 완전한 목록(complete list of all units)을 말한다. 표본은 그것이 추출되는 표집틀보다 더 정확할 수는 없다. 만일 표집요소들이 표집단위와 똑같다면, 이치상 표집틀은 단순히 표본내의 모든 객체(예: 사람)의 목록이다. 모집단내의 모든 사람은 오로지 단 한번 목록에 올라야 한다. 어떤 사람을 한번 이상 목록에 싣는 것은 그가 선발될 확률을 높이게 만든다. 광범위한 연구의 경우, 완전하고 정확한 목록을 얻는 것은 실제로 불가능하다. 사람들은 매일 같이 죽기도 하고, 태어나기도 하고, 주소를 변경하고, 부정확한 주소나 전화번호를 제공하므로 조사자가 접촉할 수 조차 없는 경우가 발생한다. 실제로 조사자가 특정 시점의 모든 사람들을 목록에 싣는 것은 불가능하다. 만일 연구가 소규모라면, 조사자는 그 목록을 자신이 직접 작성할 수 있다.

적절한 표집틀을 만들 때 가장 큰 문제는 표본의 크기가 대규모이거나 주-카운티-도시 등에 관한 연구에서 나타난다. 목록문제는 만일 그 조사가 이주연구와 같이 유동인구(mobile population)와 관련이 있거나, 또는 패널조사와 같은 경우에는 특히 심각하다.

장애인 욕구조사의 경우 표집틀은 읍면동사무소에 등록한 장애인 명부가 표집틀이 된다. 고등학생 흡연 경험을 조사하는 경우 표집틀은 학생명부가 표집틀이 된다. 지역사회주민의 복지의식을 조사할 경우 표집틀은 주민등록명부가 된다. 표집틀은 실제 조사대상의 목록이기 때문에 조사모집단을 구성하는 요소목록이다. 활용할 수 있는 표집틀이 다수 있는 경우 어떤 표집틀이 적절한가를 평가하여야 한다.

일반적으로 표집틀을 평가하는 세가지 기준은 다음과 같다;(홍두승,2000:70-71) 첫째, 포괄성(comprehensiveness)이다. 표집틀이 연구대상 전체인 모집단을 얼마나 많이 포함하고 있느냐 하는 것이다. 둘째, 추출될 확률(probability of selection)이다. 모집단을 구성하는 개별요소들이 표집틀내에서 각기 추출될 수 있는 확률이 동일한가를 알아보고, 만일 동일하지 않은 경우 이를 조정할 수 있어야 한다. 예를 들어 특정인이 2회 이상 목록에 실린다면 그가 선발될 확률은 높게 된다. 셋째, 효율성(efficiency)이다. 표집틀 내에는 조사자가 바라는 요소만을 가능한 포함시켜야 시간과 노력을 절약할 수 있다. 만일 조사자가 본래 표집하고자 의도하지 않은 요소들이 표집틀 속에 포함되어 있다면, 이러한 요소들은 제거하는 것이 바람직하다.

9) 관찰단위(observation unit)

관찰단위란 직접적인 조사대상으로 자료가 수집되는 요소 또는 요소들의 집합체이자 자료수집단위이다.관찰단위는 분석단위와 대체로 일치하지만 반드시 일치하지는 않다. 장애인근로자가 근무하는 직장의 상사(관찰단위)와의 면담을 통해서 장애인 근로자(분석단위)의 직장적응에 관한 정보를 수집할 수 있다. 관찰단위와 분석단위가 일치하지 않는 경우에는 적절한 정보를 얻을 수 있도록 세심한 주의가 필요하다.

10) 변수(variable)와 상수(constant)

변수란 모집단의 요소가 가지는 상호배타적이고 서로 다른 속성을 말한다. 변수는 반드시 변량(變量, variation)을 가지고 있어야 하며, 변수값(values)을 갖는다. 변수값이 소득이나 몸무게와 같이 연속적인 겨우에는 연속변수(continuous variable)이라 하고, 변수값이 성별이나 장애유형과 같이 범주적인 경우에인 이산변수(discrete variable)라 한다. 변수는 반드시 두 개 이상의 값을 가져야 한다. 즉 변량(變量, variation)을 가져야 한다. 만일 모집단의 모든 요소가 동일한 속성을 가지고 있다면 이 속성은 그 모집단의 상수(常數, constant)이지 변수가 아니다.

11) 표본(sample)

표본(sample)이란 전체 모집단의 부분집합 또는 부분이다. 사람들이 발견한 것을 보다 강화하기 위해서, 이상적으로는 전체 모집단이나 전대상을 연구하고 싶어한다. 서울 시민 100명을 조사한 것 보다는 시민 전체를 조사한 결과를 사람들은 더 신뢰하게된다. 그러나 사람들은 전체 모집단을 조사할 수 없어서 표본에 만족해야만 한다. 100% 표본은 전체 모집단이 된다. 1% 표본은 모집단내에서 매번 100개의 실재물(entities)마다 오로지 1개씩을 뽑은 것으로 구성된다.

표본은 반드시 전체 그 자체라기 보다는 전체의 근사치(approximation of the whole)로서 항상 간주되어져야 한다. 사실, 많은 통계적 노력은, 표본에 관해 어느 변수의 특정 값(예:평균소득)이 주어졌을 때, 이 값이 전체 표본상에 퍼져있는 확률을 결정하는데 향해 있다. 달리 표현하면, 표본의 값이 얼마나 좋은 모집단의 참값의 추정치가 되느냐에 관한 문제이다.

12) 모치수(母値數, parameter) 또는 모수(母數)

모치수란 모집단에서 특정 변수가 갖고 있는 특성을 요약하고 묘사한 것이다. 우리나라 국민들의 1인당 GDP는 모치수이다. 조사연구는 표본의 특징인 통계치를 통해 모치수를 추정하는 것이다.

〈 모치수와 통계치의 관계 〉

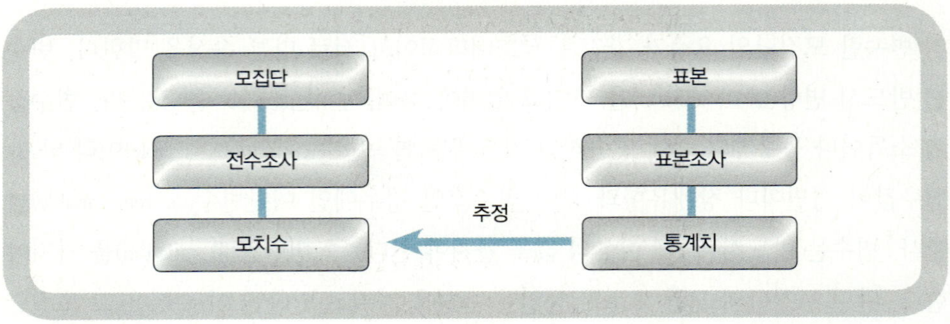

13) 통계치(統計値, statistics)

통계치란 조사표본에서 특정 변수가 가지고 있는 특성을 요약하고 묘사한 것이다. 일반적으로 모집단을 조사하는 것은 비효율적이고 어렵기 때문에 표본의 통계치를 근거로 모집단의 모수를 확률적으로 추정한다. 예를 들면, 조사표본에서 얻은 장애인근로자의 월평균 소득이 통계치이다.

14) 표집간격(sampling interval)

표집간격이란모집단으로부터 표본을 추출할 때, 추출되는 개별 요소간의 간격을 말한다. 체계적 표집(systematic sampling)에서 사용되는 용어이다. 전국의 150만 국민기초생활보장대상자 가운데 100,000명을 뽑아 실태조사를 실시할 경우 표집단각은 15이다.

15) 표집률(sampling ratio)

표집률이란 연구대상 전체인 모집단에서 개별요소 하나가 선택될 비율을 말한다. 앞의 예에서 표집률은 100,000/1,500,000 = 0.067 = 6.67% 이다.

16) 표집오차(sampling error)

표집오차란 표본의 통계치들이 모집단의 모치수와 정확히 일치하지 않고 그 주위에 분산되어 있는 정도를 말한다. 즉 통계치가 모치수와 다른 정도이다. 표집오차는 표본의 특성치에서 모집단의 특성치를 추정하는 과정에서 발생하는데, 표본에서 얻는 모치수의 추정값은 전수조사에 의한 모치수만큼 정확하지는 않다.

17) 신뢰수준 또는 신뢰급간(信賴水準, 信賴級間, confidence levels or confidence interval)

표집오차를 나타낼 때 표본의 통계치가 모치수로부터 어느 정도의 차이가 나는지 그 간격을 가지고 정확성에 대한 신뢰수준을 보여주게 된다. 가령 연구자가 자기의 표본통계치가 95% 수준에서 믿을 만하다고 할 때 이 말은 모치수로부터 + – 5% 간격의 오차를 갖는다는 의미이다.

4. 생태학적 오류(ecological error)

모집단에서 표본을 추출한 다음 이 가운데 가장 일반적인 것의 하나가 생태학적 오류이다. 이는 조사결과를 해석할 때 종종 나타나는 개념화의 문제이기도 하지만 표집을 포함한 조사과정에서도 일어날 수 있는 것이다. 생태학적 오류는 모집단이 분명하게 규정되지 않음으로써 혼돈이 야기된 결과이다. 예를 들어 가족단위로서의 구성원에 대한 연구와 가족 속에서 특수한 역할을 하는 구성원에 대한 연구간의 혼동, 하나의 현상으로서의 특정한 비행행위에 대한 연구와 그 비행행위를 한 개인에 대한 연구간의 혼동 등이 이에 속한다.

주제를 선정하고 문제를 설정하는 과정 속에 모집단에 대한 엄격한 정의가 반드시 포함되어야 한다. 표본연구를 가지고 모집단에 대해 일반화를 할 수 있는 정도는 표본이 그 모집단을 대표하는 정도와 동일하다.

5. 표본조사의 설계

표본설계는 연구대상이 되는 모집단을 확정하고, 적당한 표집틀을 선정한 후, 표집의 방법과 표본의 크기를 결정하고, 실제로 표본을 추출하는 과정을 거치게 된다.

표본조사의 설계는 표본조사를 어떻게 수행할 것인지에 관해 계획하는 것이다. 표본조사의 설계는 연구목적, 연구문제의 형성, 자료분석 및 해석 등 연구과정상 관련된 측면을 고려해야 한다(김열,1999:220-229).

〈 표본조사설계 절차 〉

모집단 확정 ➡ 표집틀 선정 ➡ 표집방법 결정 ➡ 표본크기 결정 ➡ 표본추출

첫째, 모집단을 확정한다. 실제 연구목적에 부합하는 자료를 얻기 위해서는 가능한 한 완전하고도 정밀한 모집단의 규정이 필요하다. 이를 위해서는 연구의 내용과 범위, 표집단위, 시간 등을 명백하고 한정적으로 확정하여야 한다.

둘째, 표집틀을 선정한다. 모집단이 확정되면, 최종적인 표본을 추출하게 될 표집틀을 선정한다. 좋은 표집틀은 모집단의 구성요소 모두를 포함하면서 어떤 요소도 이중으로 포함되지 않는 목록이다.

셋째, 표집방법을 결정한다. 표집틀이 선정되면, 어떤 방법으로 모집단을 대표할 수 있는 표본을 확보할 것인지에 대한 검토가 필요하다. 표집방법은 크게 확률표집법과 비확률표집법으로 나뉜다.

넷째, 표본의 크기를 결정한다. 적절한 표본의 크기는 신뢰구간접급법과 통계적 기법에 의해 결정될 수 있으나, 실제상으로는 표집방법, 모집단의 성격, 시간과 비용, 연구자 및 조사원의 능력 등을 고려하여 결정한다.

다섯째, 표본을 추출한다. 결정된 표집방법으로 표본을 수집한다.

6. 표집의 유형

일반적으로 표집의 유형에는확률표집방법과 비확률표집방법이 있다. 확률표집방법에는단순무작위표집, 체계적 표집, 층화표집, 집락표집 등이 있으며 비확률표집방법에는 편의표집, 유의표집, 눈덩이표집, 할당표집 등이 있다(김영종, 2007: 203-230; 남세진 & 최성재, 1988: 186-205; 채서일, 1992: 331-385; Bailey, 1987: 79-101; Rubin & Babbie, 1993: 217-257).

확률표집방법과 비확률 표집방법간을 비교하면 다음과 같다.

〈 확률표집방법과 비확률표집방법간의 비교 〉

기준	확률표집방법	비확률표집방법
모집단의 개별구성요소들이 표본으로 추출될 확률	동등함, 알려져 있음	동등하지 않음, 알려져 있지 않음
표집(sampling) 또는 표본추출	무작위 표집	독단적-의도적 표집
표본의 통계치로 모집단의 모치수 추정	편의(偏倚, bias)가 없음	편의가 있음
표본 분석결과의 일반화 가능성	일반화 가능	일반화 제한됨
모치수 추정가능성	추정 가능	추정 불가능
오차 측정가능성	측정 가능	측정 불가능
시간과 비용	많이 소요	절약
모집단의 규모와 성격	명확히 규명	불명확 또는 불가능
종류	단순무작위 표집, 체계적 표집, 층화표집, 집락표집 등	편의표집, 유의표집, 눈덩이표집, 할당표집 등

1) 확률표집방법(probability sampling)

모집단의 각 표집단위가 추출될 기회를 다 가지고 있고, 각각의 표집단위가 추출될 확률을 정확히 알고 그리고 어떤 형태의 무작위 방법에 기초하여 표집하면 이를 확률표집(probability sampling)이라 하며 이렇게 추출된 표본을 확률표본(probability samples)이라 한다. 확률표집방법은 통계치로 모치수를 정확히 추정하는 방법을 제시해준다. 표본추출의목적은 모집단으로부터 추출된 표본을 분석하여 표본의 통계치를 산정하고, 이 통계치를 가지고 모집단의 모치수를 가능한 정확하게 추정하는 데 있다. 무작위표집은 모치수의 추정과 오차의 측정을 가능케 해준다.

(1) 확률표집의 유형

① 단순무작위표집법(simple random sampling)

가장 잘 알려진 형태의 확률표본은 무작위 표본이다. 무작위 표본에서 전대상(universe)내의 각 사람은 표본으로 선택될 동일한 확률을 갖고 있고, 수집된 동일 크기의 사람들마다 실제 표본이 될 동등한 확률을 갖고 있다. 이러한 사실은 그들이 동일한 전대상의 구성원인 한, 그들간의 유사점이나 차이점에 상관없이 적용된다.

적절한 표집틀이 형성된 후, 무작위 표집을 실행하기 위해 필요한 것은 단지 어떤 개인적 특징에 대한 편견을 보이지 않고 사람들을 선택하는 것이다. 주의해야 할 것은 무작위 표집의 적절성 여부는 표집틀의 적절성에 달려있다. 만일 어떤 사람들이 한번 이상 표집틀인 목록에 실린다면, 그들은 선택될 확률이 다른 사람보다 더 높을 것이다. 만일 어떤 특정인들이목록에서 빠진다면, 그들은 결코 선택될 수 없다. 이들 두 경우의 표집 모두, 정의상,무작위적(random)이지 못하다.

또 하나의 다른 요인은 조사를 위한 표집은 보통 대채하지 않고 표집(sampling without replacement)을 한다. 만일 1000명의 표집틀을 가지고 시작한다면, 처음에는 무작위 표집을 통해서 모든 사람이 1/1000의 선택기회를 갖는다. 그러나 200명이 대채되지 않고 선택되었을 때, 남은 각 사람은 1/800의 선택될 확률을 가지고 있다. 대채하지 않고 표집하는 것(sampling without replacement)을 '단순 무작위 표집(simple random sampling)'이라고 부른다.

만일 선택의 확률이 표집단계의 주어진 어느 단계에서도 동일하다면, 단순무작위표집은 일반적으로 적절한 것으로 간주된다. 나아가, 만일 모집단의 크기가 상대적으로 크거나 그리고 표본 크기가 상대적으로 작다면, 표집절차상 처음부터 끝까지 표집확률의 차이는 무시될 것이다.

무작위 표집에서 일반적인 절차는 표집틀에서 각 사람이나 표집단위에 번호를 할당하고, 그래서 사람들이 호칭, 이름 또는 다른 확인 기준에 의해 편견을 받을 수 없게 된다. 이러한 일이 수행된 후, 이론상 조사자가 일정한 유형없이 생각나는대로 단순히 번호를 무작위적으로 뽑는 것이 가능하다. 만일 이렇게 될 수 있다면, 선택은 무작위적일 것이다. 그러나 대부분의 사람들은, 알게 모르게, 어떤 번호나 번호의 유형을 좋아하거나 싫어하는 경향이 있어서, 선택이 순수하게 무작위적인 경우는 매우 드물다.

사람들은, 만일 번호들이 완전히 뒤섞여서 어떠한 유형도 존재하지 않는다면, 어항이나 그물바구니에 넣고 잘 섞은 후 이로부터 뽑을 수도 있다. 보다 보편적인 절차는 컴퓨터로 만들어진 정말로 무작위적인 무작위번호표(a table of random numbers) 내지 난수표를 사용하는 것이다.

무작위번호표(난수표)를 사용하여 표집을 하는 과정을 소개하면 다음과 같다.

㉠ 표집틀을 마련한다.

㉡ 표집틀이 마련되면 표집틀에 포함된 모든 요소들에 대해 개별적인 번호를 매긴다.

㉢ 무작위번호표를 사용하여 하나씩 골라낸다. 무작위번호표에는 컴퓨터에 의해 무작위로 산출된 숫자가 종과 행으로 배치되어 있다. 눈을 감고 연필을 굴려서 연필 끝이 지시하는 난수표상의 숫자를 출발점으로 하여 행을 따라 옆으로 가거나 종을 따라 아래로 가거나 하면서 표본에 포함된 숫자를 수집한다. 수집은 모집단의 자릿수대로 따라 가면서 난수표상의 숫자가 모집단의 총수보다 작은 숫자를 필요한 수만큼 표본으로 선택한다.

(항아리나 그물바구니에 번호들을 넣고 잘 섞은 후 하나씩 고를 경우에는 ㉢단계에서 이를 적용한다.)

〈 무작위번호표(난수표) 사용한 표집의 예 〉

무작위번호표상에 눈를 감고 연필을 굴렸더니 연필끝이 왼쪽 끝'1'을 지적하였다. 그리고 모집단이 350명이고 이 가운데 70명을 표본으로 선택한다고 가정하자. 모집단이 세자리이기 때문에, 연필끝이 가리킨 왼쪽 맨 위 끝에 있는 '1'이라는 수를 출발점으로 하여 두자리 숫자로된 세로줄의 첫째열과 둘째열의 첫단위 숫자를 합하여 세자리로 보고 무작위번호표를 따라 내려가면서 세자리의 수가 모집단의 총수인 350 보다 같거나 작은 수만을 택하여 필요한 만큼 표본으로 선택한다. 표본의 크기인 70개가 채워질 때까지 이러한 절차를 계속한다. (127, 246, 028은 350보다 작기 때문에 채택된다. 그러나 672와 890은 350보다 크기 때문에 버린다.)

12	79	73	42	34
67	28	19	83	24
24	64	20	34	25
89	09	23	43	25
02	85	54	28	58

단순무작위표집법은 확률표집법 가운데서 가장 기본적이고 단순한 유형이며 각 요소가 표본으로 뽑힐 확률이 동등하다는 원칙하에 수행된다. 단순무작위 표집은 편견을 상쇄하고 그리고 표집오류를 측정하기 위한 통계적 수단을 제공하는 이점이 있다. 그러나 큰 표본이나 큰 표집틀에 대해서는, 만일 표집이 컴퓨터로 처리되지 않으면, 무작위 표집은 엄청난 일이다.따라서 체계적 표집, 층화표집, 군집표집 등과

같은 대안들이 제시된다.

② 체계적 표집법(systematic sampling)

체계적 표집(systematic sampling)은 계통표집이라고도 번역된다. 체계적 표집은 표집틀인 모집단 목록에서 일정한 순서에 따라 매 k 번째 요소를 표본으로 추출하는 방법이다.

일련번호를 붙인 표집틀을 마련하고 모집단 총수를 요구되는 표본수로 나누어 표집간격(sampling interval: k)을 구하며, 표집간격 안에 들어 있는 숫자 가운데 하나를 무작위로 선택하여 추출된 최초의 표본으로 삼고 나머지 표본들은 기계적으로 정해진 표집간격에 따라 추출한다.

> 표집간격(k) = 모집단의 총수(N) / 필요한 표본의 수(n)
> = 모집단의 크기 / 표본의 크기
> (sampling interval = population size / sample size)

〈 체계적 표집 절차 〉

1) 표집틀을 마련한다.
2) 표집틀이 마련되면 거기에 포함된 모든 요소에 개별적인 번호를 매긴다.
3) 모집단 총수를 필요한 표본의 수로 나누어 표집간격을 결정한다.
4) 최초의 표집간격내에서 하나를 무작위 표본추출을 한다.
5) 최초의 표집간격내 무작위로 선택된 숫자에 표집간격을 계속적으로 끝까지 더해 나간다.

모집단의 총수가 400명이고 요구된 표본이 80명이라면 표집간격은 5이다. 표집틀에서 최초의 표집간격인 다섯사람 가운데 한 사람을 무작위로 뽑는다. 그 후 첫 번째 무작위로 뽑은 표본의 번호에 표집간격 만큼을 더한번호에 해당하는 모집단의 사람을 표본으로 선택한다. 그 후 계속 표집간격 만큼 더해가면서 표본에 포함시킨다.

표집틀인 목록으로부터 모두를 무작위적으로 선택하는 힘든 과정을 거치는 무작위 표집 대신에, 표집단위가 무작위적으로 표집틀인 목록에 실렸다고 가정하고, 그리고 모집단의 1//k 만큼 표집단위를, k를 일정하게 해놓고, 매 k번째 요소를 표본으로 뽑는다면 훨씬 쉬울 것이다. 조사자는 k를 그가 원하는 어느 숫자로 정할 수 있는

데, 이는 표본이 모집단의 목록인 표집틀 가운데 차지하는 비율에 달려있다. 만일 k가 2라면, 표본은 모집단의 절반만으로 구성된다. 만일 k가 20이라면 표본의 크기는 모집단의 5%에 해당된다.

정의상, 1/k 체계적 표집(1/k systematic sampling)은 표집틀에서 매 k 번째 요소마다 선택함으로써 구성되는 표본이다. 일반적으로 첫 번째 요소는 무작위적으로 선택한다. k 요소들 가운데에서 첫 번째 요소를 무작위로 선택하는 것은,체계적 표집의 정의 가운데 포함되어 있다. 그러나 때로는 이런 식으로 시작한 체계적 표집을 '무작위적으로 시작한 체계적 표집(systematic sampling with a random start)'이라고 부르면서, 이를 무작위적으로 시작하지 않은 체계적 표집과 구분하기도 한다.

모든 다른 상황이 동등하다면, 단순무작위표집은 정확성 때문에 체계적 표집보다 더 선호된다. 즉 체계적 표집은 무작위표집 가운데 실용적인 접근방법으로 간주된다. 적절히 수행된 무작위 표집은 정확성의 이점을 갖고 있으며, 또한 무작위화된 표집틀을 반드시 갖출 필요가 없고, 표집틀내에 일정한 순서를 유지할 필요가 없다.[28] 반면, 체계적 표집은 정확성은 다소 떨어지고, 무작위화된 표집틀을 반드시 갖추어야 하는 어려움이 있으며, 표집틀내에 일정한 순서를 유지시켜야 하지만, 간편하고 표집에 소요되는 작업량이 적어 적은 비용으로 신속하게 많은 정보를 제공할 수 있다.

특히 경험이 적은 조사자에게는, 체계적 표집은 실행하기에 보다 단순해서, 오류를 감소시킬 수 있다. 일반적으로 조사방법이 복잡할수록, 오류를 범할 가능성은 더 크다.

체계적 표집은 무작위 표집보다 표집틀의 정확성에 더 의존하고 있다. 체계적 표집에서는 표집틀에 일정한 순서가 유지된다. 그 결과 체계적 표집은 완전히 비대표적일 가능성이 있다.만일 표집틀에 편견된 순서가 발견되지 않는다면 체계적 표집은 최선일지 모른다. 그러나 편견된 순서가 발견된다면 표집하기 이전에 표집틀을 무작위화하던가 아니면 체계적 표집을 포기하고 무작위 표집을 해야 한다. 예를 들어, 어느 복지재단에서 직원들(부장급 이상 상급자가 6명, 그 미만 하급자가 154명)의 사기를 조사하려 할 때, 조사시 표집틀이 직급순으로 되어 있고 1/10체계적 표집이라면, 첫

---

28) 무작위표집에서는 표집틀을 무작위화시킬 필요가 없지만, 체계적 표집에서는 표집틀내의 요소들이 무작위화시켜 일정한 패턴을 유지하고 있지 않도록 하여야 한다.

번째의 무작위 표집이 어떻게 되어 있느냐에 따라 소수인 상급자들이 표본에 포함될 수도 포함되지 않을 수도 있다. 만일 상급자가 1번−6번으로 표기되어 있는데 첫 번째 표집간격(1번−10번)내에서 첫 번째 뽑은 것이 8번이라면 상급자는 단 한명도 표본에 포함되지 않을 것이다. 결과적으로 추출된 표본이 모집단을 대표하지 못하게 될 가능성이 있다. 다른 예는 지역사회복지관에서 영구임대아파트 거주민들을 대상으로 욕구조사를 실시하기 위해 동−호수별로 목록을 작성하고 체계적 표집을 할 때, 저층−중간층−고층 거주민들이 골고루 섞이지 않고어느 한층 주민들만이 표집될 가능성이 있다.

단순함 이외에, 무작위표집에 대해 체계적 표집이 갖는 또 다른 이점은 미리 표집틀을 완성하지 않아 표집과정에서 또는 면접 과정에서 표집틀을 작성해야만 할 때 훨씬 더 실용적일 수 있다. 그러나 이러한 이점들은 두 개의 가정이 이루어진다는 조건하에서 발생한다. 미리 완성된 표집틀 없이 표집을 해야할 필요성 큰 경우는 주로 '길모퉁이 표집(street−corner sampling)'에서 발생한다. 이 경우, 체계적 표집은, 만일 조사자가 다음의 두가지 가정을 할 수 있다면 적절하고 그리고 무작위표집보다 선호된다. i) 연구대상자들은 관심대상의 특징에 관해서 무작위적인 순서로 나타난다; ii) 충분한 수의 연구대상자들이 표집을 완성해야 할 그 시간동안에 나타날 것이다. 그러나 비록 이러한 두 가정이 성사되었다 할지라도, k(표집단위)의 명시는 어려울지 모른다. 왜냐하면 조사자는 그들이 표집하고 있는 모집단이 얼마나 큰지를 알 수 없기 때문이다. 만일 k가 너무 크게 정해진다면(예: 1/100), 단지 1%의 연구대상자들이 표집될 것이고, 조사자가 적절한 크기의 표본을 얻기 전에 연구대상자들은 바닥이 날 것이다.

그러나, 만일 구매인들이 적절히 확보될 수 있다고 가정된다면, 체계적 표집은 첫 번째 표집간격(k)내 사람들 가운데서 첫 번째 연구대상자를 무작위적으로 선택하고, 그 후 매 k번째 사람마다 면접할 수 있기 때문에 '길모퉁이 표집'은 무작위표집보다 명백한 이점이 있다. 마지막 구매인이 면접되는 동안, 이전 구매인들은 그 자리를 떠나도 된다. 그러나 무작위 표집의 경우, 조사자가 완전한 모집단을 갖고, 표집틀 위에 그들 모두를 열거하고, 그들 모두에 번호를 부여하고, 그리고 무작위적으로 선택한 후에야 비로서 면접을 시작할 수 있기 때문에 그때 까지는 조사자는 모든 연구대상자들이 그 자리를 떠나지 못하도록 통제하여야 한다. 선택되지 않은 사람들도 전체 표본이 완성될 때까지 자유스럽게 그 자리를 떠날 수 없다.

체계적 표집에는 편재가능성이 있기 때문에 주의해야 한다. 표집틀의 표집단위가 어떤 특징적 경향을 따라 배열되어 있어서 이것이 표집간격에 맞추어 작용하게 됨으로써 일어날 수 있다. 이같은 편재유형이 표집틀에 존재할 가능성이 있으면 계층적 표집절차가 시작되기 전에 배제되어야 한다. 표집틀상의 배열을 뒤섞어서 각 단위가 가지는 특성의 편재성을 없앤 다음에 추출작업에 들어가야 한다. 계층적 표집은 표집틀이 길거나 표본의 크기가 클 때 활용하기가 매우 쉽다.

③ 층화표집법(stratified sampling)

층화표집(層化標集, stratified sampling)은 모집단 전체에서 표본을 추출하는 것이 아니라, 모집단의요소들을 '계층들(strata)'이라 불리는 중복되지 않는 집단(nonoverlapping group)들로 분리하고, 그리고 나서 각각의 계층(stratum) 내에서 단순무작위표집방법이나 체계적 표집방법으로 적절한 수의 표본을 뽑는 방법이다. 층화표집은 동질적인 집단(homogeneous group)내에서의 표집오차가 이질적인 집단(heterogeneous group)내에서의 표집오차보다 더 작다는 확률분포논리에 기초하고 있다.

주의할 것은, 여기서 계층들이 하위집단(lower group)인 경우도 있지만 반드시 하위집단만을 의미하는 것은 아니다. 비록 '계층들(strata)'이란 단어가 고위계층에서 하위계층에 이르는 계급적 순위를 의미하지만, 층화표집방법은 계층이 계급순으로 되어있느냐 있지 않느냐 여부에 상관없이, 모든 상호배타적이고 중복되지 않은(mutually exclusive, nonoverlapping) 집단들에 적용될 수 있다. '상호배타적'이란 말은 단순히 어떠한 표집단위도 한 집단 이상에서 나타나지 않는다는 것을 의미한다.

어떤 변수를 가지고 모집단을 층화할 것인가는 연구목적, 가설, 연구자의 개인적 관심, 변수의 사용가능성 및 상대적 중요성 등을 고려하여 결정한다.

층화표집의 구체적으로 실행하는 방법에는 두가지가 있다. 첫째, 각 계층(strata)이 모집단내에서 차지하는 상대적인 비율에 근거하여 각 계층별로 무작위표집방법으로 표본을 추출하는 방법이다. 둘째, 모집단을 주요 변수별로 몇 개의 계층으로 층화시킨 후, 각 계층의 목록을 일정한 순서에 따라 작성하고, 이로부터 체계적표집방법을 사용하여 표본을 추출하는 방법이다.

〈 층화표집 절차 〉

1) 조사대상모집단을 상호배타적이고 포괄적인 소집단들(strata)로 나눈다.
2) 각 소집단들이 모집단내에서 차지하는 상대적 비율을 정하고, 각 소집단 별로 추출할 표본의 수를 정한다.
3) 각 소집단 별로 단순무작위표집방법이나 체계적표집방법을 사용하여 표본을 추출한다.

먼저, 정교수, 부교수, 조교수와 같이 계급순으로 되어있는 집단들의 층화표집을 예로 들면. 층화표집은 모든 정교수를 함께 하나의 동질적인 집단으로 목록을 만들고, 그리고 모든 부교수를 하나의 동질적인 집단으로 목록을 만들고, 그리고 모든 조교수를 하나의 동질적인 집단으로 목록을 만든다. 이것이 실행된 이후, 무작위 또는 체계적 표본이 각 집단으로부터 추출되어진다. 이러한 절차는 주기적인 계급순환을 이루는 비층화된 표집틀로부터 체계적 표본을 사용함에 따라 발생하는 편의(偏倚,bias)를 피할 수 있을뿐 아니라 시간과 돈을 절약할 수 있다. 비록 비층화된 표집틀로부터 추출된 무작위표본도 모든 계층을 적절하게 나타낸다고 볼 수 있지만, 비층화적 무작위 표집이 모집단내의 모든 계층을 보다 확실히 표본상에 나타나도록 하기 위해서는, 즉 대표성을 확보하기 위해서는, 층화표집보다 훨씬 더 큰 표본을 필요로 하게 된다.

비계급적인 층화표집의 예를 들면, 청소년상담소에서 청소년의 비행유형에 따라 청소년들을 층화하고, 층화된 각 계층(strata) 내지 소집단에서 표본을 추출한다. 비행유형이 같은 청소년들은 같은 계층으로 층화되었기 때문에 각 계층이나 소집단내에서는 변량이 적을 것이다. 층화표집에서 각 계층의 표본크기를 모집단내의 각 계층(strata)이나 소집단의 크기에 비례해서 뽑는 경우가 대부분이지만, 경우에 따라서는 표본크기를 계층마다 고르게 얻기 위해서 모집단내의 계층이나 소집단의 크기와는 상관없이 비비례적(非比例的)으로 표본을 추출할 수도 있다.

< 층화표집 예 >

비행유형	청소년 수	1/10비례표본수	非비례표본 수
음주	250	25	15 (6.0%)
흡연	200	20	15 (7.5%)
폭력	100	10	15 (15%)
마약	50	5	15 (3.0%)
총수	600	60	60

층화표집은 단지 하나의 변수에 대한 층화에 한정되지 않는다. 두 개 이상의 변수를 동시에 층화할 수 있다. 만일 계급변수가 다른 변수들(예: 연령,성별,소득 등)과 상관되어 동시에 층화되어진다면, 표집에 있어서 소요되는 시간과 돈은 크게 절약이 되고, 결과적으로 추출된 표본이 모집단 내에서 모든 계급뿐만 아니라 모든 연령, 성별, 소득계층을 대표할 수 있도록 하여 준다. 앞의 예에서 세개의 교수직급과 성별에 대해 동시에 층화하개 되면 6개의 소집단들 내지 계층들(strata)이 형성된다. 6개의 소집단이 형성된 후, 연구자는 단순무작위표집방법이나 체계적 표집방법을 사용하여 각 소집단 내지 계층(stratum)으로부터 표본을추출된다. 그러나 변수가 계속 추가적으로 첨가된다면 계층의 수는 급속히 증가할 것이다.

층화표집법을 적용할 것인가를 결정함에 있어 고려해야 할 점들이 있다. 첫째, 자료를 변수에 따라 층화시킬 수 있는가하는 점이다. 둘째, 층화된 계층들이나 소집단들이 모집단 전체를 골고루 포함하고 있는가, 즉 포괄성(exhaustiveness)이 있는가하는 점이다.셋째, 각 계층 내지 소집단내에서는 (within each stratum) 동질성을 확보할 수 있는가하는 점이다. 넷째, 각 계층들 간에는(between strata) 서로 중복되지 않아 상호배타성을 유지하고 있는가하는 점이다. 다섯째, 층화시킴으로 인해 표본크기를 줄이고 자료수집 시간과 비용을 절약시켜 표집효율성을 높일수 있는가 하는 점이다. 이러한 점들이 고려될 때 층화표집은 단순무작위표집보다 대표성과 효율성이 우월한 표집방법이 될 것이다.

④ 집락표집법(cluster sampling)

집락표집(集落標集,cluster sampling)은 표본들을 집락이나 집단(cluster or group)으로 묶어 이들 집락이나 집단들을 선택하고, 다시 선택된 집단 안에서 표본을 무작위추출하는 방법이다. 집락표집은 각 표집단위(sampling unit)가 개인이 아닌 집락(cluster), 수집물(collection), 집단(group) 또는 요소들(elements)인 단순무작위표집을 의미한다. 즉 집락표집은 모집단을 여러 개의 집락들(clusters)로 구분하여, 이들 전체 집락들 가운데서 무작위로 몇 개의 집락들을 선정한 다음, 선정된 각각의 집락에서 일정한 수의 요소들을 표본으로 추출한다. 여기서 집락(cluster)은 주로 지리적 구획과 같이 자연스럽게 나누어졌거나 행정적으로 혹은 조직체계상 구분된 단위들을 의미한다. Cluster sampling은 집락표집 뿐 아니라 종종 군집표집(群集標集)이라고도 번역되어 사용된다. 집락표집이 여러 단계에 걸쳐 실시될 때 이를 다단계집락표집(多段階集落標集, multistage cluster sampling)이라고 부른다.

〈 집락표집의 절차 〉

1) 모집단을 상호배타적인 집락 또는 소집단(cluster or group)으로 분류한다.
2) 분류된 소집단 중에서 무작위로 일부 소집단을 선정한다.(1단계 집락표집)
3) 선정된 각각의 집락 또는 소집단에서 표본구성요소를 무작위적으로 선정한다.(2단계 집락표집)

가끔 지역표집(area sampling)이라 불리는 집락표집은 모든 표집요소들을 대상으로 개인단위의 표집틀을 만드는 것이 현실적으로 어렵거나 불가능할 때, 즉 표집단위가 표집요소 그 자체인 표집틀을 형성하는 것이 불가능하거나 비실용적일 때 일단 집락으로 추출하고 여기에서 다시 개인을 추출하는 방식을 택한다.

예를 들면, 학생들을 연구하고 싶어하는 조사자는 먼저 학급이나 기숙사 방과 같은 학생집단들 또는 학생 집락들을 표집하고 그리고 각 집락들로부터 최종적인 학생표본을 선택한다. 모든 계층들(strata)이나 소집단들이 골고루 표집되어야 하는 층화표집과는 달리, 집락표집은 먼저 집락들을 표집하고, 그 후 선택된 각 집락내에서 개별 학생들을 표집한다.

다단계집락표집의 예를 들면, 성계층화현상(gender stratification)을 파악하기 위해 모든 전국의 성인여성을 대상으로 조사하기로 하였다면, 이들 전국의 모든 성인여성들을 포함하는 표집틀인 목록을 구할 수 없고, 그렇다고 직접적으로 현장에서 목록을 만드는 것은 엄청난 비용을 필요로 하기 때문에 실용적이지 못하다. 이러한 때 다단계집락표집을 사용하면 효율적으로 필요한 표본을 구할 수 있다. 다단계집락표집(multistage cluster sampling)에서는 1)조사자는 먼저 해당지역의 모든 조사지역(tracts)을 목록에 싣고 있는 표집틀로부터 인구조사표준지역들(census tracts)을 무작위적으로 표집한다. 2) 그리고 두번째 단계에서, 조사자는 첫 단계에서 추출된 표본의 조사지역 내에서 모든 도시구획들을 포함하는 표집틀로부터도시구획들을 무작위적으로 표집할 수 있다. 3) 집락표본의 두 번째 단계에서 추출된 구획내에 포함된 모든 가구들의 표집틀로부터 가구들을 표집한다. 4) 네번째 단계는 세 번째 단계에서 추출된 각 가구내에서 성인여성들을 뽑는다. 만일 둘 이상의 성인여성이 동일 가구내에 있다면, 그 가운데 한명을 무작위적으로 뽑는다.

1단계		2단계		3단계		4단계
인구조사표준지역 일부 표집	➡	도시구획 일부 표집	➡	가구 일부 표집	➡	성인여성 표집

집락표집의 명백한 이점은 단순무작위표집으로만 추출하면 표본에 뽑힌 요소들이 지리적으로 무한히 분산될 경우가 있기 때문에 몇 개의 대표적인 집락에 집중 표집함으로써 시간과 비용을 절약할 수 있는 점이다. 명백히 불리한 점은 집락표집은 하나의 단일한 표본이 아니라 두 개 이상의 표본이라서, 각 표본내에 표집오류가 발생할 가능성이 있다. 예를 들면, 집락표집에서는, 비록 첫 번째 단계의 무작위표집이 모집단을 대표하지만, 즉 대표적이지만(representative), 그러나 두 번째 단계는 대표적이지 않을 수 있다. 이것이 의미하는 바는 조사자는 한번이 아니라 집락표본의 매 단계에서 표본의 크기와 표본의 정확성을 염려해야 한다.

⑤ 층화-집락표집(stratified-cluster sampling)

이러한 표집방법들은 상호배타적이지 않으며 서로 보완하며 보다 효과적이고 효율적인 표집을 할 수 있다. 집락과 그 다음의 요소들은 단순무작위 또는 체계적 절차에 의해 추출될 수 있다. 게다가, 층화표집과 집락표집은 층화집락표집(層化集落標集 stratified cluster sampling)의 하나의 단일한 절차내에 결합될 수 있다. 층화집락표집에서는 먼저 계층들(strata)을 전과 같이 선택하고, 그리고 각 계층내에서 집락표집절차를 실행한다.(Strafied sampling and cluster sampling can be combined in a single procedure in which one choose the strata as before, then conducts cluster sampling procedures within each stratum.) 앞의 성계층화 현상의 예를 인용하여 층화집락표집을 설명하면, 먼저, 전국의 광역자치단체(특별시, 광역시, 도)들을 계층(strata)으로 선정하고, 모든 계층(광역자치단체)에 대해서 해당 시-군-구를 하위계층으로 삼아 이들을 모두 포함하는 목록을 구하고, 모든 시-군-구 각각에 해당하는 읍-면-동 목록을 구해 이들로부터 일부 읍-면-동을 표집하고, 표집된 읍-면-동으로부터 일부 가구들을 표집하고, 표집된 가구로부터 최종적으로 성인여성을 선택한다.

〈 층화-집락표집의 예 〉

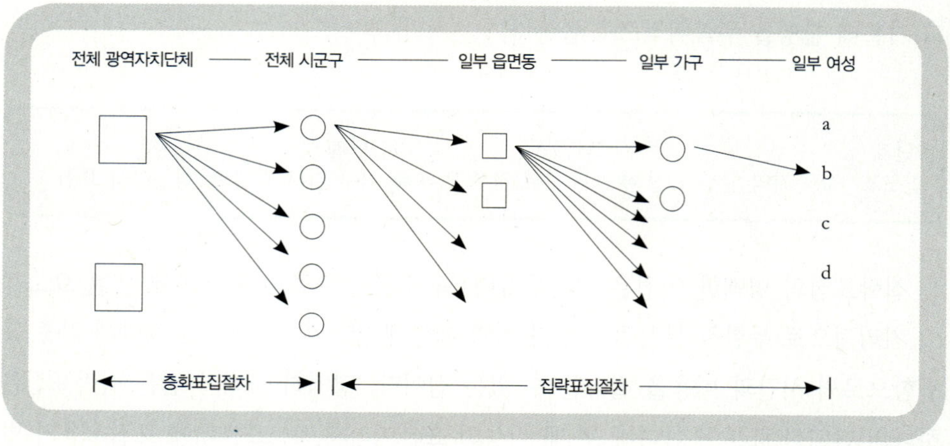

⑥ 가중표집법(weighted sampling)

가중표집(加重標集, weighted sampling)은 확률표집을 수행하지만, 표집률(sampling ratio)이 모집단내에서 하위집단이 차지하는 비율에 비례하지 않고 필요에 따라 표집률을 달리하여 표본을 추출하는 비비례적(非比例的) 표집방법이다. 가중표집법은 모집단내 하위집단 구성원의 수가 적어서 모집단내에서 하위집단이 차지하는 상대적 비율에 비례하여 표집을 하게 되면 해당 표본의 수가 극히 적게되어 의미있는 분석을 할 수 없을 때 부득이 이 하위집단에 가중치(加重値, weight)를 주어 상대적으로 많은 표본을 확보하는 표집방법이다. 가장 대표적인 예는 비비례적 층화표집에서 찾아볼 수 있다. 층화표집에서 각 계층의 표본크기를 모집단내의 각 계층(strata)의 크기에 비례해서 뽑는 경우가 대부분이지만, 경우에 따라서는 표본크기를 계층마다 고르게 얻기 위해서 모집단내의 계층이나 소집단의 크기와는 상관없이 비비례적(非比例的)으

로 표본을 추출할 수도 있다.[29)]

〈 가중표집을 사용한 층화표집 예〉

아동학대유형	학대아동의 수	비례적 표집(1/10)	가중표집(非비례적)
신체적 학대	550	55(10%)	25(4.5%)
성적 학대	200	20(10%)	25(12.5%)
심리적 학대	150	15(10%)	25(16.6%)
의료적 학대	100	10(10%)	25(25%)
총수	1000	100	100

2) 비확률표집법(non-probability sampling)

모집단으로부터 선택될 확률이 미리 알려지지 않은 경우에 많은 조사들은 비확률표집을 사용한다. 확률표집법은 대표성과 오차의 추정가능성이라는 면에서 볼 때 일반화를 위한 보다 확고한 기초를 제공하므로 이상적이지만, 실제상으로는 확률표집이 불가능하거나 비현실적인 경우가 많다. 모집단 자체의 범위를 한정할 수 없는 무한모집단이거나, 모집단의 한계가 분명하더라도 목록을 구할 수 없거나 작성할 수 없을 경우 그리고 비용 시간 인력이 지나치게 많드는 경우는 확률표집에 대한 대안으로서 비확률표집법을 사용한다.

비확률표집의 장점은 다음과 같다; 표집절차가 복잡하지 않으며, 비용이 훨씬 적게 든다는 것이다. 그리고 비확률표집은 확률표집이 갖고 있는 통계적 복잡성 이 없으며 활용가능한 응답자를 즉석에서 활용할 수 있는 장점이 있다. 만일 조사자가 발견한 것을 그 표본 이상으로 일반화하려는 바램이 없거나 또는 그 조사가 본격적인 조사를 위한 시험적 내지 탐색적 조사로 수행이 된다면, 비확률표집은 매우 적당한 표집방법이 될 것이다. 또한표집단위가 정상분포를 이루지 않고 어느 한쪽에 극단적으로 치우친상태를 나타내고 있거나, 연구자가 연구되는 현상을 질적인 연구를 수행하려 할 때 비확률표집은 유용하다.

비확률표집의 단점은 다음과 같다; 어떤 사람이 선택될 확률이 알려지지 않았기 때문에, 조사자는 일반적으로 그의 표본이 보다 커다란 모집단을 대표하고 있다고

---

29)주의할 점은 전체적인 내용을 파악할 때는 가중치를 주기 이전 상태로 환원하여 분석해야 한다.

주장할 수 없다는 것이다. 따라서 조사자가 그들이 발견한 것들을 일반화시키려는 데 많은 제한을 가한다. 또한, 연구자는 대표성의 이탈정도를 나타내는 표집오차의 정도나 표본에 포함될 확률을 예측할 수 없다.

(1) 편의 표집(convenience sampling)

편의표집((便宜標集convenience sampling)이란 조사자의 편의에 따라 손쉽게 이용가능한 대상을 선택하는 방법이다. 편의표집은 때로는 우연표집(accidental, incidental, haphazardsampling), 가용표집(可用標集, availability sampling) 등으로도 불리운다. 편의표집은 모집단에 대해 전혀 알지 못하는 경우, 또는 모집단이 극히 동질적이어서 표집요소들 간에 차이가 거의 없다고 판단되는 경우, 조사자는 단지 자신에게 '가장 가까이서 반응하는 사람(closest live person)'을 편의상 응답자로 선택한다.

표집의 정확성은 없고, 표본이 모집단을 대표한다고 보기 어려우며, 쉽게 접근할 수 있는대상만 선정해 표본이 어느 한 쪽에 치우치기 쉽고, 표집오차를 산정할 수 없는 단점이 있지만, 시간 비용 인력이 절약되어 경제성이 있으며, 표집과정이 단순하고 편리하며, 조사를 신속하게 진행할 수 있다. 편의표집의 한 예는 '유폐된 청중 표집(captive audience sampling)'이다. 초등학교 초급반 학생들에게 교실에서 벗아나지 못하게 하고 이들 모두를 설문조사를 위한 응답자로 선정 것과 같은 '유폐된 청중 표집'도 편의표집의 예이다. 동사무소에 근무하는 사회복지전잠공무원이 지역사회욕구조사를 실시하기 위해동사무소에 찾아온 사람들을 응답자로 선정하는 경우도한 예이다.

(2) 유의표집법(purposive sampling)

유의표집(有意標集,purposive sampling)은 조사자가 모집단과 조사문제에 대한 충분한 사전지식에 기초하여연구목적의 달성에 도움이 될 수 있는 요소들을 모집단으로부터 자신의 주관적 판단에 따라 의도적으로 추출하는 것이다. 유의표집은 판단표집(判斷標集,judgmental sampling)이라고도 부른다. 유의표집이 사용되는 예로는 본조사를 실시하기 전에 설문지의 내용 및 수준을 검토하고 타당도를 향상시키기 위해 실시하는 예비조사(pilot study)에서 종종 채택된다.

유의표집의 장점은 모집단에 대한 사전 지식을 기초로 하는 경우 표본추출이 편리하고, 정확할 뿐만 아니라, 모집단을 적절히 대표할 수 있는 표본을 선정할 가능성이 크다. 또한 비용과 시간이 적게 들어 경제적이다. 유의표집의 단점은 조사자가 모집단 및 구성요소에 대해 충분한 사전 지식을 갖고 있을 경우에만 유용하며, 조사자 판단의 정확성 정도에 따라 표본의 대표성과 가치가 크게 영향을 받고, 표집오차를 산정하거나 모집단의 분포상에서 표본의 위치를 추정할 수 없다.

(3) 할당표집법(quota sampling)

할당표집(割當標集, quota sampling)은 할당표집은 모집단의 속성을 몇 개의 범주로 구분하고, 각 범주에 해당하는 모집단의 수(할당량:quota)를 결정하고, 각 범주의 할당량에 비례해서, 각 범주로부터 일정 수의 표본을 임의적으로 추출하는 것이다. 할당표집은 모집단의 다양한 속성을 나타내는 여러 가지 단면들을 그대로 대표하는 표본을 얻는 데 있다. 여기서 각 범주별 할당량을 나타내는 표를 할당표(quota matrix)라 한다.

할당표집은 확률표집의 층화표집에 상당하는 비확률표집이다. 할당표집은 층화표집에 상당하는 비확률표집인데, 한 가지 추가적으로 필요한 사항은 각 계층(strata) 또는 소집단이 일반적으로 전체 모집단에서와 같은 비율로 표본에서 대표될 수 있도록 한다는 것이다. 할당표집에서 조사자는 먼저 어느 계층들(strata) 또는 범주들이 수행될 연구에 적절한지를 결정해야 한다. 그리고 조사자는 각 계층 또는 범주에전체 모집단의 속성에 따라 할당량(quota)을 배정하고, 표본이 전체 모집단에서 차지하는 비율, 즉 표집률(sampling ratio)을 결정한 후, 동일한 표집률에 따라 일정 수를 각 계층 또는 범주로부터 임의로 선택한다.

모집단을 일정한 기준에 따라 분류한다는 점에서 층화표집과 유사하지만 무작위표집을 하는 층화표집과는 달리 할당표집은 임의적 표집을 한다. 즉 무작위표집을 하지 않는다. 각 계층 또는 범주에 대한 할당량(quota)이 배정된 후에 조사자는 임의적으로 이들 범주에 맞는 사람들을 선택한다. 각 범주에 맞는 사람이 누구인가에 대한 결정은 조사자에 달려 있기 때문에 여기서 표집자 편의(selection bias)가 발생할 수 있다.

비록 할당표집이 확률적이지는 않지만, 조사자는 명백히 편의(偏倚)된 선택(bias-ingselection)을 하지 않도록 사전에 만반의 주의를 기해서, 그 표본이 가능한 대표적이고 일반화될 수 있는 것이 확실히 되도록 하여야 한다. 가장 편의적인 요인(biasing factor)은 면접자가 가장 저항이 적은 방법을 택하게 되기 쉽다는 것이다. 예를 들면 조사자가 표집을 할 때 개가 있는 집이나 불친절한 집은 피하거나, 계단이나 언덕을 올라가는 집은 피하거나, 특정 인종 성 연령집단을 적게 선택하거나, 표집을 그들의 친구나 이웃사람들로 한정하거나 하는 것이다. 이러한 그릇된 전략은 자료에 그릇된 동질성을 가져오며 무작위적 표집결과와 많은 차이가 나게 만든다.

〈 모집단 할당표(quota matrix) 〉

학력	종교 유무	
	있음	없음
대졸 이상	300	200
고졸이상- 대졸미만	200	100
고졸 미만	100	100

〈20% 할당표집 후 할당표(quota matrix) 〉

학력	종교 유무	
	있음	없음
대졸 이상	60	40
고졸이상- 대졸미만	40	20
고졸 미만	20	20

모집단을 학력과 종교에 따라 여섯가지 범주로 만들고, 각 범주에 일정 수를 할당한다. 모집단(1000명)으로부터 200명의 표본을 선택하는 경우, 표집률은 20%이다. 따라서 각 범주의 할당량으로부터 20% 씩 동일하게 표집을 한다. 표집은 무작위적이 아닌 임의적 표집을 한다. 표집결과는 앞의 표와 같다.

(4) 다차원 표집(Dimensional Sampling)

다차원 표집은 근본적으로 할당표집의 다차원적 형태이다. 먼저 모집단내에서 모든 차원들(변수들)이나 관심을 열거하고, 그리고 이들 차원들의 모든 결합이 적어도 한 사례에 의해 대표될 수 있도록 표집을 한다.

(5) 누적표집(snowball sampling)

누적표집(累積標集, snowball sampling)은 눈덩이표집이라고도 번역되고, 경우에 따라선 연쇄의뢰표집(chain-referral sampling) 또는 연쇄소개표집이라고도 불리운다.

누적표집이 수행되는 단계는 다음과 같다; 첫 번째 단계는 필요한 특성을 갖춘 소수의 사람들을 확인한다; 두 번째 단계는 이들을 면접한다; 세 번째 단계는, 이들을 통해서 더 많은 사람들을 소개받아 면접을 한다. 마치 눈덩이가 언덕 아래로 굴러감에 따라 처음에는 작은 것이 점점 더 커져가는 것처럼, 처음에는 소수의 사람들을 찾아 자료를 수집하고, 이들을 통해 필요한 정보를 제공해 줄 수 있는 다른 사람들을 소개받아 그들로부터 자료를 수집하고, 또 그들을 통해 정보를 제공해 줄 수 있는 또 다른 사람들을 소개받아 자료를 수집하고, 이러한 과정을 계속해 가면서 필요한 수의 표본을 확보한다. 눈덩이(snowball)란 표현은 첫 단계에서 필요한 특성을 갖춘 사람으로 확인된 이들을 최초의 정보제공자(informant)로 삼고,이들을 통해 다른 정보제공자를 계속해 찾아가는 누적과정(accumulation process)을 의미한다. 누적표집방법은 약물중독, 매매춘, 도박 등과 같이 응답자들이 눈에 잘 띠지 않는 일탈적 하위문화(deviant subculture)를 연구하는 데 유용하다. 그러나 누적표집은 표집이 이전 정보제공자의 정보에 의존하기 때문에 표본이 모집단을 대표하고 있다고 말하기 어렵다. 그러나 본조사를 수행하기 이전에 탐색적 목적으로서 가치가 있다.

(6) 전문가선택표집(expert choice sampling)

전문가선택표집은 의사, 의료사회사업가, 재활치료사, 변호사, 청소년상담가, 사회복지사 등 전문가라고 인정할 수 있는 사람들로부터 필요한 정보를 제공해줄 수 있는 정보제공자 또는 제보자(informant)의 명단을 입수하여 이를 기초로 표본을 추출하는 방법이다.

(7) 전략적 제보자 표집(strategic informant sampling)

전략적 제보자 표집은 연구대상이 되는 특정집단의 특성에 관해 가장 정확하고 우선적인 정보를 가장 많이 지녔다고 간주되는 사람들을 표본으로 추출하는 방법이다. 대표적인 방법은 누적표집법과 전문가선택표집법이다.

(8) 구조적 표집(structural sample)

구조적 표집은 계급제, 의사소통망 등과 같은 특정 관계 속에 위치하고 있는 사람들을 표집단위로 추출하는 것이다. 예를 들면, 청소년비행을 연구하기 위해서 비행청소년의 또래집단을 표본으로 삼는 것이다.

(9) 공간표집(spatial sampling)

공간표집은 어떤 중요 사건이 일어나는 공간을 표집대상으로 삼고, 그 공간안에서 동시에 몇 명의 조사원이 사람들을 표집하는 방법이다. 사회운동과 같이 모집단 자체가 유동적이고, 집단이 생성되었다 행체되는 등 모집단 자체가 일정하지 않은 경우 적합한 표집방법이다.

(10) 시간-연속표집(time-sequential sampling)

시간표집법은 표집이 한번으로 그치지 않고, 두 번이상 반복해 시간적 간격을 두고 반복해 표집을 한다. 종단조사(longitudinal study)에서 사용되어 진다. 표본의 크기가 큰 경우에는 적용하기 어렵다.

7. 대표성과 표본의 크기

1) 대표성

대표성(representativeness)이란 추출된 표본의 특성이 모집단의 집합적 특성과 일치하는 정도에 의해 평가된다. 만일 모집단의 집합적 특성과 거의 동일한 집합적 특성을 추출된 표본이 갖고 있을 때, 그 표본은 모집단에 대해 대표성을 갖는다고 말한다(소영일, 1995:254-255).

확률표집의 기본 논리는'만일 모집단의 모든 구성원들이 표본으로 선정될 가능성 내지 확률이 동일하도록 표본이 선정된다면, 그 표본은 모집단을 대표할 것이다'라는 것이다. 이러한 확률표집은 다음과 같은 두가지 장점을 지닌다. 첫째, 확률표본은 비확률표본보다 대표성을 가진다. 왜냐하면 확률표집은 표본이 한 쪽으로 치우치는 편의(bias) 현상을 방지할 수 있게 해주기 때문이다. 둘째, 확률이론은 우리에게 표본의 대표성, 즉 표본의 정확성을 추정할 수 있도록 해준다. 다른 말로 하자면, 조사자가 추출한 표본이 모집단을 대표하도록 하고 있는지의 여부를 정확하게 추정할 수 있도록 해 준다.

대표성이 있다는 것은 추출된 표본이 모든 변수의 분포에 있어서 모집단을 복사한 것과동일하다는 것이다.(남세진 & 최성재, 1988:202-203) 표본의 대표성의 정도는 표본을 연구한결과가 모집단 전체를 연구한 결과와 거의 같다는 것을 합리적으로 주장할 수 있는 근거를 제공해준다. 표본이 모집단을 완전하게 대표하는 경우란 매우 드물다. 그러나 표본을 추출할 때 확률표집방법을 활용하면 표본의 대표성은 크게 향상될 것이다.

2) 표본의 크기

사회조사를 수행하기 전에 표본의 크기를 얼마로 할 것인가는 반드시 고려되어야 한다.

표본의 크기(sample size)는 모집단으로 부터 추출한 표집단위(sampling unit)의 총수(總數)이다. 모집단으로부터 추출한 표집단위의 수를 몇 개로 할 것인가 하는 표본의 크기를 결정하는 문제는 비용이나 시간을 절약하면서도, 표본의 통계치로 모집단의 모치수를 정확하게 추론할 수 있을 것인가, 즉 표본이 모집단을 적절히 대표할 수 있을 것인가 하는 문제이다.

표본조사를 하는 목적이 원래 시간과 경비를 절감하기 위한 것이기 때문에 표본의 대표성을 유지하기 위한 최소의 표본의 수가 얼마인가는 모든 조사자가 관심을 갖는 대상이다. 표본의 수는 모집단의 크기와 동질성 여부에 의해 좌우된다. 모집단의 크기가 아주 작을 경우에는 전수조사를 하는 것이 좋을 것이고, 모집단이 동질적인 개체로 구성되어 있다면 어느 요소를 택하여 표본으로 하더라도 대표성을 유지하는 데는 큰 어려움이 없을 것이다.단순무작위 표집의 경우 다른 조건이 동일하다면 모집단이 클수록, 그리고 모집단이 보다 이질적 일수록 표본의 수도 커야 한다.또한, 타당한 표본설계에 따라 선정된 표본이라면 그 규모가 반드시 크지 않더라도 모집단을 효율적으로 대표할 수 있다.

(1) 표본크기의 이론적 결정요인

표본의 크기는 통계적 기법에 의해 최적 표본의 수를 파악하는 표본크기의 이론적 또는 내적 결정요인과 조사의 적절성(adequacy)과 관련된 표본의 크기를 실제로 결정하는 데 고려해야 할 표본크기의 실제적 또는 외적 결정요인이 있다(김열,1999:226-229).

표본크기의 이론적 결정요인은 신뢰구간접근법과 가설검증접근법으로 나뉜다.

① 신뢰구간접근법

신뢰구간접근법은 신뢰구간의 크기가 표본의 크기와 분산의 정도에 의해 결정되는 점을 역으로 이용하여 표본의 크기를 산정하는 방법이다.

통계적으로 표본의 크기를 정하기 위해서는 추정치의 허용오차를 어느 정도로 할 것인가를 결정하여야 하고 이것이 정해지면 허용오차를 신뢰도 구간의 형식으로 표현한다. E를 표본평균의 허용가능한 오차, 즉 표본오차라 하자.

[표본오차(정확도, 허용오차) = 신뢰수준 × 표준오차]의 관계를 활용하여 표본의 크기를 결정한다.

〈 모집단의 표준편차(б)을 알고 있을 때 표본 크기 결정 〉

$$E = Z\frac{\sigma}{\sqrt{n}} \rightarrow n = Z^2/E^2 \times \sigma^2$$

E = 표본오차, б = 모집단의 표준편차, n = 표본의 크기, Z = 신뢰도 계수

모집단의 표준편차(б)를 알 수 없는 경우에는 표본의 표준편차(s)로 모집단의 표준편차를 추정해야 한다. 모집단 표준편차의 추정치인 표본의 표준편차 (s)를 사용하거나 동일모집단이나 유사모집단으로 부터 표집된 선행연구결과를 이용해서 구한다. 표본의 표준편차를 사용할 때는 모집단 표준편차의 불편추정치인 $\hat{\sigma}X = \frac{s}{\sqrt{n-1}}$ 을 사용한다. 따라서 모집단의 표준편차를 모르고 있어 표본의 표준편차를 사용하는 경우 표본의 크기는 다음과 같이 결정한다.

〈 모집단의 표준편차(б)을 모르고 있을 때 표본 크기 결정 〉

$$E = Z\frac{s}{\sqrt{n-1}} \rightarrow n = Z^2/E^2 \times s^2 + 1$$

E = 표본오차, s = 모집단의 표준편차의 추정치(표본의 표준편차),
n = 표본의 크기, Z = 신뢰도 계수

(Z)는 신뢰도계수(confidence coefficient)로서 정상분포상의 표준점수(standard score)에

해당한다. 각 신뢰수준에 해당하는 Z값은 다음과 같다.

90% 신뢰수준 ➡ Z=1.65 95% 신뢰수준 ➡ 1.96 99% 신뢰수준 ➡ Z=2.54

사회과학에서는 주로 95%의 신뢰수준(confidence level)을 사용한다.

따라서 연구자가 허용가능한 표본오차의 양(E) 또는 원하는 정확도와 신뢰수준을 정하면, 해당되는 표준편차를 이용하여 최소한의 적정표본의 크기를 공식에 따라 쉽게 산정할 수 있다.

② 가설검증접근법

가설검증접근법은 제1종오류(type I error)와 제2종오류(type II error)의 최대허용치를 정하고 이를 통하여 표본의 수를 결정하는 방법이다. 이 방법은 우선 제1종 오류가 나타날 확률()과 제2종오류가 일어날 확률()을 정하고 이에 따른 Z값을 구하고, 모집단의 표준편차를 추정하여 표본의 크기를 결정하게 된다. 귀무가설에 나타난 모평균을 0 그리고 대립가설에서 나타난 모평균을 1이라고 하면, 각각의 가설이 맞다고 가정할 때의 분포로부터 표본크기를 도출할 수 있다.

μ_0 분포에서 $\mu_0 + Z_\alpha \frac{\sigma}{\sqrt{n}}$, μ_1 분포에서 $\mu_1 + Z_\beta \frac{\sigma}{\sqrt{n}}$

➡ $n = (Z_\alpha + Z_\beta)^2 \sigma^2 / (\mu_1 - \mu_0)^2$

가설검증접근법은 사용되는 경우가 드물다.

(2) 표본크기의 실제적 결정요인

실제상으로 표본크기를 결정함에 있어 표본추출방법, 모집단의 성격, 시간과 비용, 연구자 및 조사원의 능력 등을 고려하여 결정해야 한다. 표본의 크기를 실제적으로 결정하는데 고려해야할 요인들을 살펴보면 다음과 같다;(박용치, 1997:217-219)

첫째, 모집단의 동질성(homogeneity) 정도이다. 모집단의 동질성이란 모집단의 구성요소들이 연구자가 연구하고자하는 어떤 속성들을 유사하게 가지고 있는 정도를 의미한다. 따라서 예비조사(pilot study)나 기존의 연구 등을 통해서 요소들의 속성을 조사하고, 조사한 결과 만일 모집단 요소들이 유사한 속성을 많이 갖고 있다면, 표본의 크기는 작아도 될 것이다. 그러나 모집단의 이질성(heterogeneity)이 크다면, 표본의 크기는 커야 한다.

둘째, 표집방법 및 조사방법의 유형이다. 표본의 크기는 주로 확률표집과 관련이 된다. 확률표집의 구체적인 표집방법에 따라 요구되는 신뢰도와 정확도 수준이 달라지고, 따라서 필요한 표본의 크기도 달라지게 된다. 연구자들이 상대적으로 이질적인 모집단에서 표집을 하기 보다는 가능한 동질적인 하위 모집단으로 층화시키고 표집하려고 노력하는 이유는 층화(stratification)를 통해서 각 계층들(strata) 내지 소집단들이 좀 더 동질적으로 형성되어서 다른 확률표집보다 상대적으로 적은 수의 표본으로도 모집단을 잘 대표할 수 있기 때문이다. 같은 크기의 표본일 때는 집락표집이 가장 대표성이 떨어진다. 또한 조사방법의 유형에 따라서도 요구되는 표본의 크기는 달라진다. 실험연구나 사례연구, 또는 다른 질적 연구의 경우 그들이 갖고 있는 속성상 사례수가 작을 수 밖에 없는 반면, 서베이 조사에서는 표본의 크기가 대체로 크다.

셋째, 분석 범주 및 변수의 수이다. 표본의 수를 결정하려면 한 변수내에서 분석되는 범주의 수를 고려해야 한다. 한 변수내의 범주의 수가 많아질수록, 각각의 범주에 일정한 수의 표본을 확보해야 하기 때문에, 전체 표본의 수는 증가하게 된다. 또한 연구하고자 하는 변수의 수가 증가할수록, 표본의 크기는 더욱 커져야 한다. 왜냐하면, 각 변수에 일정수의 표본이 있어야 그 변수가 통계적으로 유의미하게 분석되고 또한 분석결과를 신뢰할 수 있다.

넷째, 이론과 표본설계이다. 표본을 선정할 때 표본 그 자체만을 고려하기 보다는, 연구문제의 특성, 기존의 연구결과나 검증된 이론 등을 고려하여 표본을 선정하면, 비록 작은 크기의 표본이라 할지라도 의미있는 정보를 충분히 제공할 수 있다. 또한, 잘 구성된 표본설계를 통해 표집자 편의(偏倚, bias)가 없는 표본을 만들어 낸다면, 모집단을 적절히 대표하지 못하는 큰 규모의 표본보다 더 정확한 정보를 제공할 수 있다.

다섯째, 소요되는 비용–시간–인력이다. 표본의 크기를 결정하는데 실제적으로 가장 큰 영향을 많이 미치는 요인은 표집에 소요되는 시간과 비용과 인력이다. 표본 하나에 대한 소요비용이 일정하다고 간주하면, 표본의 크기가 클수록 비용이 증가하게 된다. 그러나 대체로 비용–시간–인력 등에 있어 표집과정에 규모의 경제(economy of scale)가 발생하기도 한다. 즉 대규모 표본일수록 소요되는 평균비용–평균시간-평균인력이 줄어든다. 이러한 요인들은설문지의 길이, 현지조사원의 수, 면접대상자의 지정여부, 조사대상자의 지리적 집중도, 응답거절율, 표본추출방법, 설문지 적용방법 등에 따라 차이가 있으므로 표본의 크기를 결정할 때 이러한 요인들도 고려해야 한다.

신뢰도와 정확도를 향상시키는데는 많은 인력과 시간과 비용이 소모되므로, 일정수준의 신뢰도와 정확도가 보장된다면 오히려 연구설계나, 조사원에 대한 훈련, 자료의 처리 및 분석에 더 많은 비용을 사용하여 비표집오차를 줄이도록 하는 것이 결과적으로 바람직할 수 있다.

chapter_7 | 자료수집

Chapter 7

자료수집

자료수집(data collection)이란 설계된 연구를 실행에 옮기기 위해 연구설계과정에서 결정된 연구방법론에 따라 자료를 수집하는 과정이다. 가설검증을 목적으로 하는 설명적 연구나 정확성과 객관성을 중시하는 기술적 연구의 경우는 어떤 현상에 대한 이해의 수준을 높이기 위한 질적 연구의 경우보다 자료수집과정에서 구조화 정도 내지 조사도구의 엄격성이 더 강조되어야 한다. 이러한 자료들의 성격을 고려하여 연구문제와 환경에 맞추어 적절하게 자료수집이 이루어져야 한다.

Ⅰ. 자료의 종류

1. 1차 자료와 2차 자료

조사목적을 달성하기 위해 조사자는 자료를 수집해야 한다. 자료(data)란 구두에 상관없이 보고서에 직접 또는 간접적으로 이용되는 일체의 정보를 말한다. 자료는 조사목적을 위해 직접 수집되었느냐 여부에 따라 1차 자료와 2차 자료로 나뉜다. 또한 경험적 분석을 위한 시계열자료(time-series date), 횡단자료(cross-section data), 통합자료(pooled data)가 있다. 시계열 자료는 일정 기간 동안 수집된 자료이다. 횡단자료는 특정한 시점에서 하나 이상의 변수에 관해 수집된 자료이다. 통합자료는 시계열자료와 횡단자료를 함께 갖고 있는 자료이다. 통합자료의 예료 1980~2000년까지 25

개 선진복지국가의 복지예산에 관한 자료를 들 수 있다. 통합자료의 특별한 유형으로 패널자료(panel data)가 있다. 본 장에서는 주로 1차 자료와 2차 자료 중심으로 설명한다(채서일, 1992: 303-8; 김해동, 1986: 339; Gujarati, 1988:21-2).

〈 자료의 종류 〉

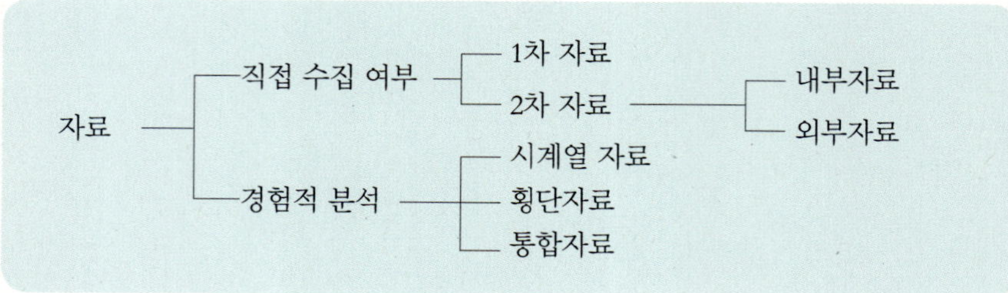

1) 1차 자료

1차 자료(一次資料, original data)는 조사자가 현재의 조사목적을 위해 직접 수집하거나 작성한 자료이다. 1차 자료는 주로 실험, 설문지, 관찰, 면접 등을 통해서 수집된다. 1차 자료의 장점은 무엇보다도 높은 효과성이다. 조사자가 직접 자료를 수집하거나 작성하기 때문에 조사목적을 달성하는데 필요한 정확한 정보를 얻을 수 있어 효과적이다. 그밖에 대부분의 경우 구체적이고 체계적인 조사설계를 통해 수집된 자료이기 때문에 자료의 신뢰도와 타당도를 적절히 평가할 수 있으며, 수집된 자료를 필요한 때 언제든지 조사목적을 위해 사용할 수 있다. 1차 자료는 효율성이 낮다는 단점을 갖고 있다. 조사목적에 필요한 자료를 수집하는데 대체로 시간, 조사비용, 조사인력 등이 많이 소요되기 때문에 비효율적이다. 따라서 1차 자료를 얻기 전에 자료수집의 효과성과 효율성을 고려하여 1차 자료수집 여부를 결정하는 것이 바람직하다.

2) 2차 자료

2차 자료(二次資料, secondary data)는 다른 사람이 다른 목적을 위해 사용한 자료이다. 즉1차 자료를 제외하고 수행중인 조사 목적을 달성하는데 도움을 줄 수 있는 기존의 모든 자료를 말한다. 2차 자료는 현재의 조사목적을 위해 조사자가 직접 수집하거나 작성하지 않았지만 조사목적을 위해 도움을 줄 수 있는 자료를 말한다. 예를 들면 기존의 사례기록물, 상담일지, 실태조사서, 정부자료, 기관의 간행물, 발표논문 및 기타 조사목적을 달성하는데 도움이 되는 자료들을 의미한다.

2차 자료는 다시 내부자료와 외부자료로 나뉜다. 내부자료는 조사자가 소속된 기관 내부의 자료를 의미한다. 예를 들면 기관의 인력현황, 시설현황, 서비스 제공 실적, 수혜자 명부, 상담일지, 프로그램 예산, 과거의 조사결과 등에 관한 자료를 말한다.

외부자료란 조사자가 소속된 기관 이외의 곳에서 발간되었거나 존재하는 자료를 의미한다. 예를 들면 지역사회복지관에서 조사를 실시하는 경우 보건복지부, 노도우, 장애인고용촉진공단, 국민연금관리공단, 국민의료보험공단, 보건사회연구원, 시립아동상담소, 학교, 경찰서, 청소년회관, 다른 지역사회복지관 등에서 발간되었거나 소장하고 있는 각종 통계자료나 조사결과들, 그리고 사회복지 관련 학회나 신문 잡지 등에 발표된 자료들이 외부자료에 해당한다.

2차 자료의 장점은 무엇보다 높은 효율성이다. 자료수집에 필요한 시간, 조사비용, 인력이 상대적으로 적게 소요된다. 그밖에, 필요한 자료를 손쉽게 얻을 수 있고, 자료가 정기적으로 발간되는 경우 계속적으로 자료를 수집할 수 있다는 장점을 지닌다. 단점은 낮은 효과성이다. 현재 수행중인 조사목적을 달성하려고 수집된 자료가 아니기 때문에, 조사목적을 달성하는데 정확하게 들어맞는 자료라고 보기 어렵다. 그밖에 분석단위, 척도, 조작적 적의, 신뢰도와 타당도 확보방안 등이 현재 수행하는 조사와 일치하지 않는 경우가 많다. 또한 자료의 원천(source)이 신뢰하기 어려운 경우도 종종 있기 때문에 주의를 기해야 한다. 따라서 2차 자료의 경우도 자료수집의 효율성과 효과성을 고려하여 2차 자료수집 여부를 결정하는 것이 바람직하다.

2. 1차 자료수집방법

1) 1차 자료수집방법 선택기준

조사자가 갖고 있는 고민 가운데 하나는 다양한 자료수집방법 가운데 어떤 자료수집방법을 선택하느냐 하는 것이다. 조사자는 조사목적을 가장 잘 달성하고, 필요한 모든 정보를 제공해 줄 수 있으며, 경제적이고, 객관적이고 정확한 자료를 수집할 수 있는 방법을 선택해야 한다. 이러한 측면에서 자료수집방법의 선택기준을 정리하면 다음과 같다.

첫째, 포괄성이다. 조사목적상 요구되는 자료의 측면은 매우 다양할 수 있다. 자료수집방법이 이러한 다양한 측면의 정보를 얼마나 포괄적으로 제공해 줄 수 있느냐하는 포괄성이 하나의 자료수집방법 선택기준이 된다. 예를 들어 근로복지욕구에 관한 조사의 경우, 근로자의 인구통계학적 정보, 사회경제적 정보, 사업장 현황, 사업체 노무관계, 재해예방시설, 근로환경, 문화생활 등에 관해 다양한 정보를 제공해 줄 수 있다면 포괄성이 높다고 볼 수 있다.

둘째, 효율성(efficiency)이다. 효율성이란 자료 한 단위를 수집하는데 소요되는 시간, 비용, 인력 등을 말한다. 즉 자료 단위당 소요되는 평균시간, 평균비용, 평균인력 등을 의미한다. 일반적으로 비용효율적인 측면에서 보면 면접이 가장 비효율적인 반면, 우편조사가 가장 효율적이다. 시간효율성의 측면에서 보면 관찰이 가장 비효율적이고, 면접이 가장 효율적이다. 관찰의 경우 조사자가 관찰하려는 행동을 응답자가 나타낼 때까지 기다려야 하므로 시간효율성이 떨어지는 편이며, 비용도 상당히 소요되는 편이다.

대체로 비용효율성과 인력효율성은 일치되고 있으나, 비용효율성과 시간효율성 상호간에는 상충관계(trade-off)를 나타낸다. 즉 비용을 많이 사용하면 시간이 적게 들고, 반면 비용을 적게 사용하면 시간이 많이 들게 된다. 그러나 이는 상황에 따라 다를 수 있다.

셋째, 객관성(objectivity)이다. 객관성은 조사자가 바뀌거나 시간이나 상황이 달려져도 동일한 자료가 나와야 한다. 면접과 같이 상호간에 의사소통을 통한 자료수집방법은 자료수집원의 전달능력이나 자료의 특성, 응답자의 태도, 사전 자료수집 교육 유무 등에 따라 자료 내용에 차이가 날 수 있다. 관찰방법도 관측도구가 사람인 경우에는 차이가 나타날 수 있다.

넷째, 정확성(accuracy)이다. 정확성은 조사분석절차에 요구하는 자료의 정확도이다. 객관성과 마찬가지로 면접의 경우, 면접자의 자료수집능력, 응답자의 태도, 사전자료수집교육 유무등에 따라 자료의 정확성에 차이가 있게 된다. 관찰의 경우도 관측도구가 사람인 경웨에는 관찰자의 능력에 따라, 관측도구가 기계인 경우에는 기계에 따라 정확도가 차이가 날 수 있다. 객관성이나 정확성을 높이기 위해서는 자료수집원을 선발할 때 자질이 있는 사람을 뽑아야 하고, 이들에 대해 자료수집을 위한 사전교육을 철저히 해야 하며, 실제 자료를 수집하는 과정에서 적절한 통제가 있어야 한다.

다섯째, 효과성(effectiveness)이다. 효과성이란 목적달성 정도(degree of goal achievement)이다. 자료수집이란 조사목적을 달성하기 위한 연구설계과정의 한 단계이다. 따라서 자료수집은 무엇보다도 조사목적을 달성하는데 의미 있는 기여를 할 수 있어야 한다. 선택된 자료수집방법이 본래 의도한 목적을 얼마만큼 잘 달성할 수 있느냐는 중요한 선택기준이 된다. 가끔 효과성과 효율성간에 상충되는 경우가 발생하는데 이 때 에는 우선적으로 효과성이 먼저 고려되는 것이 일반적이다.

여섯째, 편리성(convenience)이다. 자료수집방법이 다른 기준에서 아무리 월등하다 하더라도 실제 조사현장에서 조사자가 손쉽게 사용할 수 있어야 한다. 특히 조사자의 전문성이나 자료수집능력이 부족한 경우 편리성은 의미 있는 선택기준이 된다.

일곱째, 용이성(easiness)이다. 자료수집방법은 조사대상이 되는 설문작성자나 피면접자가 쉽게 응답할 수 있도록 구성되어야 한다.

2) 1차 자료수집방법의 구분

1차 자료의 수집방법은 자료가 수집되는 방법에 따라 크게 의사소통법(communication method)과 관찰법(observation method)으로 나뉜다. 주로 사용되는 자료수집방법 가운데 관찰법과 우편조사, 면접조사, 내용분석법, 민속방법론, On-line조사는 각각 별도의 절에서 설명된다.

(1) 의사소통방법

의사소통방법은 자료를 설문지나 대화를 통하여 얻는 방법이다. 이 방법은 조사자가 응답자에게 필요한 정보를 직접 요청하면 응답자가 주어진 설문지를 작성하거나 또는 구두로 응답하고, 이를 통해서 조사자가 조사에 필요한 정보를 수집하는 방법이다.

① 의사소통방법의 종류

의사소통방법은 체계화의 정도, 공개정도, 의사소통수단에 따라 구분된다.

체계화의 정도란 자료수집과정이 표준화된 정도를 말한다. 즉 질문할 내용과 응답의 형식이나 내용이 미리 결정되어 있는 경우에는 체계적이라 할 수 있다. 폐쇄형 설문지가 개방형 설문지보다 더 체계적이다.

공개 정도란 응답자가 설문지에 응답을 할 때 조사자의 연구목적을 얼마나 알 수 있는가의 정도로서 위장정도(degree of disguise)라고도 한다. 공개적 설문은 응답자가 조사자의 연구목적을 명확히 알 수 있는 설문이며, 비공개적 설문은 조사자의 연구목적이 응답자에게 노출되지 않는 설문을 말한다. 예를 들어 '당신은 정부가 내년도 복지예산을 더 증액해야 한다고 생각하십니까?' 라고 응답자에게 물었다면 공개적 설문이고, '우리나라 정부예산의 편성 내역상 문제점이 무엇인지 말씀해 주십시오.' 라고 질문하고, 복지예산에 관련된 응답을 발견하려 한다면 이는 비공개적 설문이다.

의사소통방법은 체계화와 공개정도에 따라 다음과 같이 분류된다.

〈 의사소통 방법: 체계화 · 공개정도에 의한 분류 〉

	체계적	비체계적
공개적	일반적 설문지	표적집단면접법심층면접법
비공개적	객관적 행태조사	통각시험법, 역할행동법, 만화완성법, 문장완성법, 단어연상법

㉠ 체계화와 공개정도에 의한 분류

㉮ 체계적-공개적 방법

표준화되고 연구목적을 잘 알 수 있는 질문이나 설문지를 이용하여 모든 응답자를 조사하는 것이다. 표준화된 질문이나 설문지를 작성할 때는 선행연구에서 사용했던 것을 이용하든가 아니면 예비조사(pilot study)를 통해서 신뢰도와 타당성이 검증된 질문이나 설문지를 사용하는 것이 바람직하다.

이 방법의 장점은 관리가 간단하고 자료처리가 쉬우며 해석 및 분석이 용이하다는 점이다. 또한 오류를 방지할 수 있고 신뢰도를 높일 수 있으며 전화, 우편, 면접 등 어느 경우에나 사용할 수 있다. 인과관계를 밝히려는 설명적 조사나 현상을 체계적으로 보여주려는 기술적 조사에서 적합한 방법이다. 단점은 설문지의 내용이 이해하기 어려운 경우 무응답이 속출하며, 응답을 거부하든가 무성의한 태도를 보여줄 수 있고, 질문항목에 따라 편견이 개입될 수도 있다는 점이다. 또한 설문지가 타당성이 없다거나 제대로 만들어지지 않은 경우에는 조사결과가 쓸모 없게 될 수도 있다. 이 방법은 응답자의 감정, 태도, 신념 등과 같은 심리적인 내면의 문제를 조사하고자 할 때에는 바람직하지 못하다.

㈏ 비체계적-공개적 방법

이 방법은 질문방식이나 응답의 형식 및 내용이 상당히 자유스럽게 되어 있고, 조사자는 연구목적을 이해할 수 있도록 질문하는 것이다. 일반적으로 조사자가 질문을 하면, 응답자는 그 질문에 따라 자신의 느낌이나 태도를 자유스럽게 표현하고, 조사자가 이를 기록한다. 대표적인 예로 심층면접법과 집중집단면접법이 있다.

- 심층면접법

심층면접법(depth interview)은 응답자가 어떤 주제에 대해 자신의 생각과 감정을 자세히 표현하거나 자유스럽게 이야기하는 과정에서 조사자가 필요한 자료를 수집하는 방법이다. 이 방법은 응답자의 표면적인 행동 이면에 존재하는 태도와 느낌을 발견해 내는 방법이다. 시간이 다소 많이 걸리며, 질문의 순서와 내용을 조사자가 조정할 수 있어 운영상 융통성이 있고, 좀더 깊이 있는 질문을 할 수 있다.

- 집중집단면접법

집중집단면접법(Focus Group Interview, FGI)은 조사자가 소수의 응답자집단에게 특정 주에에 대하여 자유스럽게 토론을 하도록 하고, 이 과정에서 조사자가 필요한 정보를 수집하는 방법이다. 응답자집단은 연령이나 성별 같은 인구통계학적 특징들(demogrants)이 유사하게 구성되도록 선정하고, 토론주제에 대해 사전지식이 없고, 그 주제와 이해관계가 없어야 하며, 응답자 상호간에 개별적인 친분이 없는 것이 좋다. 인원수는 10~12명이 적당하다.

㈐ 비체계적-비공개적 방법

비체계적 · 비공개적 방법은 응답자로 하여금 강점이나 생각을 간접적으로 투사하게 함으로써, 조사자가 응답자의 심리상태를 알아내는 방법이다. 이 방법은 투사법(投射法, projective technique)이라고 하며 임상심리학에서 발달된 방법이다.

• 통각시험법

통각시험법(統覺詩驗法, thematic apperception test) 또는 주제지각시험법은 어떤 주제나 사건 등에 관해 만화나 그림을 보여주고, 그것에 대해 어떤 감정을 가지고 있는가를 알아내는 방법이다. 즉 어떤 모호한 상황을 보여주고 어떤 일이 일어났는가 등의 질문을 하여 간접적으로 응답자의 느낌을 투사를 통하여 알아내는 방법이다.

• 역할연기법

역할연기법(role play)은 응답자에게 어떤 상황을 제시하고, 실제로 응답자로 하여금 그 상황을 본인의 것으로 재연하도록 함으로써 응답자가 그 상황에 대처할 수 있는 능력을 갖도록 하거나, 타인의 처지나 상황을 올바로 이해하도록 돕는 기법이다. 역할연기법은 조사자가 응답자의 역할연기과정에서 응답자의 감정이나 생각에 관한 자료를 수집하는 방법이다.

• 만화완성법

만화완성법(cartoon completion)은 응답자에게 어떤 상황을 나타내는 만화들을 보여주고 그 만화들이 의미있는 현상을 표현할 수 있게 연결시키도록 하거나, 만화에 나오는 인물들의 대화를 빈칸으로 두어서 기입하도록 하거나, 그 인물의 행동 등을 설명하도록 함으로써 조사자가 응답자로부터 정보를 얻어내는 방법이다.

• 단어연상법

단어연상법(word association)은 조사자가 어떤 주제에 관하여 그것과 관련된 단어들을 나열하고, 응답자들로 하여금 이 단어들을 보고 가장 먼저 연상되는 단어를 표현하도록 하는 방법이다. 이 때 조사자는 특정단어가 반응으로 나온 빈도수, 머뭇거린 횟수, 무응답횟수 등으로 응답자의 편견이나 태도 등을 파악할 수 있으며 감정이 개입된 정도도 알 수 있다.

• 문장완성법

문장완성법(sentence completion)은 조사자가 미완성인 문장을 제시하면 응답자가 이 문장을 완성시키는 방법이다. 예를 들어 '신체가 건강하지만 가난한 사람들을 도와주는 것은 ( )' 와 같이 문장의 뒷 부분을 채워 넣게 하여 응답자의 태도나 믿음 등을 파악할 수 있게 한다.

㉣ 체계적-비공개적 방법

체계적비공개적 방법은 표준화된 질문이나 설문지를 가지고 응답자가 실제 연구 목적이 무엇인가를 응답자가 알지 못하는 가운데 특정 주제나 사건에 대해 알고 있는 사실을 말하도록 하고, 이러한 과정에서 필요한 자료를 수집하는 방법이다.

이 기법은 응답자가 특정 대상에 대해 인지하고 있는 정도는 그 대상에 대한 태도나 믿음에 의하여 결정된다는 가정하에 특정 주제나 사건에 대해 아는 정도를 측정하여 이것으로 응답자의 태도나 믿음을 조사하는 것이다. '우리나라 장애인 수는? (명)' 과 같은 질문에 대한 응답의 정확성을 측정하여, 만일 응답이 매우 정확하다면 응답자는 장애인에 대해 호의적인 태도를 가지고 있다고 판단하는 것이다. 이와 같은 방법을 객관적 과업수행기법(performance of objective task technique)이라고도 한다.

㉡ 의사소통수단에 의한 분류

의사소통방법을 사용하여 자료를 수집할 때 이용할 수 있는 방법들은 다양하다. 비체계적인 기법들은 면접을 주로 사용하고, 체계적인 기법에서는 전화조사와 우편조사를 주로 사용이 부분은 다음에 보다 구체적으로 설명한다.

Ⅱ. 관찰법(observational method)

1. 관찰의 의의

관찰법은 응답자가 가지고 있는 정보를 얻기 위하여 조사자가 응답자로 하여금 행동을 통하여 표현하도록 하는 방법으로 비언어적 행동에 관한 자료를 수집하기 위한 주된 기법이다. 비록 관찰이 시각적 자료수집과 대부분 관련되어 있지만, 관찰은 청각, 촉각, 후각 같은 다른 감각을 통해서 자료를 수집하는 것 또한 포함되고 있다. 관찰은 어떤 특정 상황이나 기관에서 발생하는 행동을 구체적으로 연구하길 원할 때 선호된다(Bailey, 1987: 239-271; 김해동, 1986: 340-358; 남세진 & 최성재, 1988:261-268;

박용치, 1977: 443-468).

관찰(observation)은 인간의 감각기관을 매개로 외계의 현상을 인식하는 것이다. 자료수집방법으로서 관찰은 응답자가 행동을 통해 나타내는 태도나 의견 등을 조사자가 분석하는 것이다. 관찰은 조사대상의 특성, 언어적, 비언어적 행동 등을 지켜보고 들으며 자료를 수집하는 방법으로, 주로 현장에서 사용하기 때문에 현장연구(field research)라고도 불린다. 관찰은 인간의 감각작용에 의존하여 자료를 수집하기 때문에 사물의 현상이나 인간의 행위와 같은 외면적 조사에는 적절할 수 있으나, 인간의 심리상태나 행동의 동기와 같은 내면적 조사에는 부족한 점이 있다. 관찰은 사회과학의 다양한 분야에서 사용되고 있다. 사회조사는 관찰에서 시작해서 관찰로 끝난다는 말이 있다. 관찰은 사회과학에서 인과관계를 입증하기 위한 주된 자료수집방법으로 사용되기도 하였으나 주로 다른 방법에 의해 얻은 자료를 보충하거나 연구문제나 가설을 형성하기 위한 탐색적 목적으로 사용하는데 사용된다.

관찰법은 다음의 네 가지 문제에 유의해야 한다. ⓐ 무엇이 관찰되어야 하는가? ⓑ 관찰결과는 어떻게 기록되어야 하나? ⓒ 관찰의 정확성을 어떻게 확보해야 하나? ⓓ 관찰자와 피관찰자와의 관계는 어떤 것이어야 하며, 그러한 관계를 어떻게 형성할 수 있을 것인가?

2. 관찰법의 장단점

자료수집방법으로서 관찰법의 장점과 단점은 다음과 같다.

1) 장점

관찰법의 장점은 다음과 같다.

① 비언어적 행동(nonverbal behavior)에 관한 자료를 수집함에 있어서 서베이 조사, 실험, 문서조사보다 훨씬 뛰어나다.

② 관찰은 자연적 환경(natural environment)에서 일어나는 자연스러운 행동에 관한 자료를 수집한다. 따라서 다른 조사방법에 비해서 덜 반응적(reactive)이다. 즉 관찰자의 존재로 인해 본래 관찰하고자 하였던 조사대상자의 특성이 다른 조

사방법에 비해 영향을 적게 받는다. 실험은 인위적인 환경에 크게 의조한고, 서베이는 제한된 수의 질문에 대한 언어적 해답에 의존하고 있기 때문에 조사자가 조사하고 있는 자료에 편견을 초래할 수 있다. 반면 관찰은 서베이나 실험과 같이 제한적이거나 인위적이지 않다. 그럼에도 불구하고 관찰자의 존재, 사람이기 때문에 관찰하는 동안 발생하는 오류, 그리고 자료기록과 관련된 오류로 인해 편견이 실제 관찰에서 발생할 수 있다.

③ 종단적 분석(longitudinal analysis)이 가능하다. 면접은 조사대상자가 허용하는 시간내에 수행되어야 하고, 실험은 실험이 지속되는 동안에만 조사가 가능한 반면, 관찰은 조사대상의 자연적 환경에서 조사를 수행하기 때문에, 서베이나 실험의 경우보다 더 장기간에 걸쳐서 조사를 할 수 있다.

④ 관찰은 조사자가 관찰대상이나 행위가 일어나는 현장에서 즉시에 어떤 사실을 포착한다는 것이다. 따라서 조사자가 연구대상이나 행위의 진실된 모습을 포착할 수 있다.

⑤ 조사대상의 태도나 선호 또는 협력의 정도에 따라 조사결과가 좌우되지 않는다. 설문조사의 경우 질문에 대한 응답자의 태도, 선호, 협력 그리고 조사자와의 관계에 따라 그 응답결과가 영향을 받아 오류가 발생할 수 있다. 그러나 관철법에서는 행동으로 나타난 것을 관찰하게 되므로 응답과정에서 발생하는 오류를 줄일 수 있다.

⑥ 관찰은 언어나 문자의 제약으로 측정하기 어려운 비언어적 사실도 조사할 수 있다. 또한 조사대상이 유아와 같이 나이가 어려 표현능력이 부족하거나, 어떤 장애로 인해 자기의 행위나 감정을 표현하지 못하는 대상을 조사하는 경우에 적합하다.

⑦ 연구대상의 태도가 모호한 경우 사용이 가능하다. 특정 질문에 대해 응답자가 자신의 태도나 느낌을 정확히 모르거나, 질문을 응답자가 정확히 인식하고 있지 못한 경우, 관찰자는 직접적인 관찰을 통해서 응답자의 태도나 느낌을 연구할 수 있다.

⑧ 조사대상자에게는 너무 일상적이거나 의례적이어서 무의식적으로 이루어지는 행동의 경우, 면접이나 설문지법으로는 파악하기 부적당하기 때문에 오직 관찰을 통해서만 측정할 수 있다.

⑨ 조사대상자가 조사연구에 비협조적이거나 면접을 거부할 때, 기타 면접이나 질문을 통해 자료를 얻을 수 없을 때에도, 관찰에 의해 자료를 수집할 수 있다.
⑩ 개인이나 집단의 행동에 관한 정보를 얻는 방법으로 적절하다. 특히 가족이나 집단 구성원간 또는 의사소통의 행태를 연구하는 방법으로 적합하다.
⑪ 응답자가 자신의 느낌을 언어적으로 표현해야 하는 노력이 줄어든다.

2) 단점

① 통제의 부족(lask of control)이다. 자연적 환경에서 조사자는 종종 자료에 영향을 미치는 외생변수에 대해 거의 통제할 수 없다(little control over extraneous variables).
② 계량화의 곤란(difficulties of qualification)이다. 일반적으로 관찰적 조사에서 측정은, 서베이 조사나 실험에서 자주 사용되는 계량적인 측정의 형태를 취하기보다는, 관찰자의 비계량화된 인식의 형태를 취한다. 관찰법에서는 어떤 특성을 미리 열거하고 측정할 척도를 준비하기보다는, 관찰자는 사건이 발생될 때 그 사건을 단순히 관찰하고 기록한다. 계량화를 하더라도 일반적으로 빈도나 백분율 정도로 제한한다.
③ 표본의 크기가 작다(small sample size). 관찰에서 표본의 크기는 대체로 실험보다는 크지만 서베이 조사보다는 훨씬 작다. 관찰적 조사는 자주 주관적이어서 계량화하기 어려운 자료를 가지고 심도있게 수행되기 때문에, 둘 이상의 관찰자가 수집한 자료는 쉽게 비교될 수 없고, 그리고 비구조화된 관찰에서 신뢰성을 쉽게 점검할 수 없다. 심도있는 조사는 서베이나 실험보다 장기간에 걸쳐 수행된다.
④ 현장진입(gaining entry)이 어렵다. 대부분 관찰이 자연환경에서 수행되는 현장조사이기 때문에, 많은 경우 관찰자가 조사할 수 있도록 승낙을 얻기가 어렵다.
⑤ 익명성의 결여(lack of anonymity)이다. 관찰조사에서는 응답자의 익명성을 유지하기 어렵기 때문에, 서베이보다 신뢰성이 떨어진다. 익명성이 결여되었기 때문에 성질상 관찰이 곤란하거나 조사대상이 관찰되기를 꺼리는 범죄행위, 낙태, 부부관계와 같은 민감한 이슈들(sensitive issues)은 조사하기 어렵다.
⑥ 성질상 관찰이 곤란하거나 대상이 관찰되기를 꺼리는 경우에는 관찰이 어렵다. 때로는 관찰이 불가능한 행동이 있다. 연구대상들의 사적인 행동이라든가

사회적으로 밝히기 꺼려하고, 타인으로부터 관찰되기를 원치 않는 범죄, 성행위 등의 행동들은 관찰하기 어렵다.

⑦ 관찰의 대상이 되는 행위나 태도를 현장에서 포착해야 하므로 그러한 현장을 찾아다니거나 특정 행위나 태도가 나타나기까지 기다려야 하는 단점이 있다.

⑧ 겉으로 드러난 현재 상태만을 관찰할 수 있고 내면적인 특성이나 과거 사실에 대한 자료를 수집할 수 없다. 서베이 조사보다 관찰이 특정 이슈에 대한 사람들의 의견을 발견하는 데 있어 훨씬 뒤떨어진다.

⑨ 관찰내용과 관찰시점의 해석상 관찰자의 주관이 개입될 여지가 있다. 관찰자의 추리나 주관이 개입되어 얻은 자료는 대체로 신뢰성과 타당성이 낮기 때문에 많은 다른 자료수집방법과 병행하여 사용하는 것이 좋다.

⑩ 관찰을 의식할 경우 다른 행동을 보일 수 있다. 응답자가 관찰당하고 있다는 것을 알고 있을 경우 평소와 다른 행동양식을 보일 경우도 있다. 즉 반응성(reactivity)이 있다. 그러나 다른 자료수집방법보다는 상대적으로 약하다.

⑪ 행동은 쉽게 변할 수 있다. 행동양식은 태도나 신념에 비해 쉽게 변할 수 있으므로 조사결과가 일시적인 것이 될 수 있어 조사결과의 일반화에 제약이 존재한다. 따라서 관찰이 지속적으로 이루어지지 않을 경우, 관찰에 의한 결과는 일회적인 것에 지나지 않을 수 있다.

⑫ 관찰조사는 관찰도구로서 기계를 사용하지 않는 경우에는 조사자가 항상 현장에 있어야 한다.

⑬ 인간의 감각은 극히 선택적이면서도 제한적이어서 외부에서 발생하는 사태를 전부 관찰하지 못하고 한정적으로 관찰하게 된다. 즉 일련의 행동 내지 사건을 일시에 모두 상세히 관찰기록할 수 없다. 따라서 때로는 중요한 사실을 빼놓고 다른 것을 관찰하는 경우가 있다.

⑭ 관찰에 편견이 적용하기 쉽다. 또한 시간과 경비가 많이 필요하다.

3. 관찰법의 유형

관찰법은 관심 있는 어떤 상황을 측정하거나 또는 응답자의 특정 행동이나 사건 등을 기록하는 방법이다. 이 방법에서도 자료를 얻는 과정이 얼마나 체계적인가, 자신이 관찰되고 있다는 사실을 응답자가 알고 있는가, 측정할 때의 상황이 인위적인가, 언제 발생한 상황을 측정하는가, 어떤 도구를 이용하여 측정하는가에 따라 세부적으로 분류된다.

1) 조직적 관찰과 비조직적 관찰

관찰대상과 관찰법의 통제 또는 조직화에 따라 분류하는 것이다.[30] 조직적 관찰법은 사전에 준비된 관찰도구나 기준 또는 범주를 가지는 관찰법이다. 조직적 관찰법은 보다 체계적 서술을 한다거나 인과관계에 관한 가설을 실험하려는 목적을 지닌 조사연구에서 주로 사용한다. 보다 체계적인 연구는 연구대상에 대해서 많이 알고 있어서 자료수집 이전에 무엇을 관찰할 것이며 관찰할 기록을 어떻게 할 것인지를 구체적으로 계획할 수 있는 상황일 때 가능하다.

비조직적 관찰법은 사전에 준비된 관찰도구나 기준 또는 범주를 가지지 않는 관찰법이다. 이 방법은 참여관찰을 계속해 온 인류학자들에 의해 오랫동안 사용되었다. 비조직적 관찰을 행함에 있어 조사자는 감수성, 편견 그리고 선택적 지각 등에 문제에 항상 주의를 기울임으로써 객관적인 태도를 유지해야 한다. 이 관찰법은 탐색적 연구를 위해 흔히 사용된다.

2) 참여관찰 · 준참여관찰 · 비참여관찰

조사자가 관찰대상인 집단에 참여하는 정도를 분류의 기준으로 삼아 참여관찰, 준참여관찰, 비참여관찰로 나눈다.

참여관찰(participant observation)의 경우 조사자가 자신의 신분을 밝히지 않고 관찰

30)각주 조작적-비조작적 관찰은 관찰대상의 통제 여부에 따라 자연적인위적 관찰로 구분되고, 관찰법의 통제 여부에 따라 체계적비체계적 관찰로 구분된다. 자연적 관찰이란 일상적인 환경에서 일어나는 자연적 행동을 관찰하는 것이고, 인위적 관찰은 관찰상황을 의도적으로 조성하고 그곳에서 인위적으로 연구대상자의 행동을 유바시켜 관찰하는 것이다. 자연적 관찰은 행동이 일어나는 시점까지 기다려야 하는 반면에 조사결과를 일반화하기 쉽다는 장점이 있다. 인위적 관찰은 결과해석과정에서 주의를 하여야 하나, 기계나 장비 등을 이용한 관찰이 가능하고 실험효과 등도 측정할 수 있으며 또한 관찰이 정확해질 수도 있고 시간도 절약할 수 있다.

체계적 관찰은 미리 관찰할 행동과 기록양식을 정하여 놓는 것인데 반해, 비체계적 관찰은 관찰할 행동과 기록양식을 미리 정해 놓지 않는 경우이다. 비체계적 방법은 전체적인 이해를 돕는데 유용한 방법이고, 체계적인 방법은 가설검증이나 결론도출에 유용한 방법이다.

대상인 집단의 일부가 되어 사회적 과정에 완전히 참여하면서 동시에 관찰하는 방법이다.

참여관찰은 단순히 관찰대상의 집단에 들어가서 관찰하는 것이 아니라, 그 집단의 구성원의 하나가 되어 특정한 신분을 갖고 역할을 수행하면서 관찰한다. 참여관찰은 미개사회를 연구하는 인류학자들이 많이 사용하였으나 오늘날에는 사회과학분야의 조사연구에서 외부사람인 관찰자가 관찰대상집단의 내부사람이 되어서 관찰대상집단의 행동과 특징을 파악하는데 많이 사용하고 있다. 참여관찰은 어떤 특수한 행위의 동기나 미묘한 감정관계 등 외부로 나타나지 않는 사실까지 직접 경험할 수 있고, 관찰대상을 자연적인 상태에서 파악할 수 있는 장점이 있다. 참여관찰은 질적 방법이기 때문에 탐색적 그리고 기술적 수준의 지식을 생산하는데 유리하다.

준참여관찰(quasiparticipant observation)이란 참여관찰처럼 조사대상의 생활 전부에 참여하는 것이 아니라 생활의 일부에만 참여하는 관찰법이다. 준참여관찰에서는 조사대상자 자신이 관찰을 받고 있다는 것을 알고 있다. 예를 들면 사회복지학과 학생들이 사회복지실습을 사회복지기관에서 받으면서 그 기관에 근무하는 사회복지사의 직무만족도를 관찰하는 경우이다. 이 때 학생들은 사회복지사들의 일상생활에 완전히 참여할 필요는 없으며, 기관에 근무하는 사회복지사들도 실습생들이 자신에 대해 관찰하고 있다는 것을 알고 있지만, 일상적인 업무를 수행하는데 아무런 지장을 받지 않는다.

비참여관찰(nonparticipant observation)은 조사자라는 신분을 밝히고 관찰하는 방법으로 주로 조직적인 관찰이 많이 사용된다. 비참여관찰은 관찰대상을 가능한 한 방치해 두고 제3자의 입장에서 관찰대상의 자연스럽고 정상적인 행동을 관찰하는 방법이다. 비참여관찰은 관찰대상의 행위를 통제하지 않으며 오히려 가능한 한 관찰상황을 자유로이 방치해 두어야 한다. 비 참여관찰의 대표적인 예는 인간관계론의 이론적 기초가 된 '호쏜 연구(Hawthome research)' 이다. 호손 연구에서 조사자는 비참여관찰을 통해 물리적인 조건의 변화가 생산성에 영향을 미치는 것이 아니라 소집단 구성원간에 형성된 사회적 규범(social norm)이 생산성에 영향을 미친다는 사실을 발견하였다. 아동들은 관찰자의 존재에 관심을 두지 않기 때문에 아동의 사회적 행동을 연구함에 있어 비참여관찰은 효과적이다. 때로는 특수한 장치(일방적으로만 보이는 창문, 몰래카메라)를 사용하는 방법도 있다.

관찰법에서 관찰자의 역할은 완전참여자, 관찰자로서 참여자, 참여자로서 관찰자 및 완전관찰자로 구분된다. 관찰자가 어떤 유형을 선택할 것인가는 연구주제와 연구대상의 성격 및 윤리적인 문제 등에 대한 연구자의 판단에 달려있다(한승준, 2000:1926).

첫째, 완전참여자(complete participant)란 조사자가 조사대상으로 설정한 집단, 조직 또는 지역 등에서 관찰자로서의 자신의 신분을 노출시키지 않고, 실제로 특정 역할을 담당하거나 또는 담당하는 것처럼 처신하면서 관찰조사를 실시하는 방법이다. 따라서 만일 조사자가 완전참여자로서 행동하고자 한다면, 조사자는 사람들이 자신을 오직 참여자로서만 보게 해야지 조사자로서 보게 해서는 안 된다. 완전참여자의 역할을 연구대상집단의 한 성원이 되어 여러 가지 집단활동에 참여하고, 집단활동 속에 내포되어 있는 중요한 문제들을 포착하여, 집단내에서 일어나고 있는 중요한 변동사실을 발견하며 집단내의 중요한 사람들과 접촉하여 그가 얻은 결론을 통해서 집단내에서 제기되고 있는 중요한 문제의 해결을 시도하는 것이다.

둘째, 완전관찰자(complete observer)란 조사자가 조사대상으로 삼고 있는 사람들에게 자신의 신분을 노출시키지 않을 뿐 아니라, 이들과 어떠한 접촉도 갖지 않고 또 어떠한 역할도 맡지 않으면서, 오로지 관찰만 수행하는 유형이다. 예를 들어 길 모퉁이에서 인터넷방을 출입하는 청소년들의 행태를 관찰한다면 이는 완전관찰자로서 관찰을 하는 것이다. 이 방법은 연구대상을 자연스러운 상태에서 관찰하면서도 관찰자의 윤리적 문제를 야기시키지 않는다. 그러나 연구대상을 충분히 이해할 수 있는 깊이 있는 자료수집을 하지 못할 경우가 있다.

셋째, 참여관찰자(observerasparticipant)란 연구대상에 속하는 사람들에게 자신이 관찰자라는 사실을 알려주고, 조사대상집단의 특정한 사회적 역할을 직접 담당하면서, 관찰을 수행하는 경우이다. 참여자적 관찰자 유형은 연구대상 되고 있는 사람들이 관찰자를 의식하여 평상시의 행위양식을 갑자기 변화시켜 버릴 우려가 있다. 또한 조사자 자신이 지나치게 조사대상에 깊이 개입하여 자신의 주장대로 조사대상의 행위를 이끌게 되는 위험도 존재한다.

넷째, 관찰참여자(participantasobserver)란 조사자가 조사대사에게 자신의 신분을 알려주나 조사대상의 특정한 사회적 역할을 맡지 않는 상태에서 관찰을 수행하는 경우이다. 관찰자로서 참여자는 관찰에 응하고 정보를 제공하는 관찰대상집단의 구성원들과 밀접한 관계를 유지하려고 시도하게 된다.

3) 직접관찰과 간접관찰

직접관찰은 행동이 실제로 일어난 때에 관찰하는 것이고, 간접관찰은 과거 행동의 결과로 나타난 물리적인 흔적을 관찰하는 것이다. 연구자 또는 조사자가 조사대상을 직접 보고 그 관찰한 바를 기록하여 자료로 사용하는 것을 직접관찰이라 한다. 연구대상인 행동이나 사건 등의 사회적 현상을 직접 관찰할 수 없는 상황이나 조건 속에서 기록이나 문헌 또는 사후적인 흔적 등을 이용하는 간접적 관찰을 하게 된다. 간접관찰은 조사자가 조사부분에 맞는 타당한 자료를 쉽게 얻을 수 있는 물리적인 흔적을 얼마나 잘 찾아내는가에 달려있다. 간접관찰의 예를 들면 공중보건의가 매주 정신지체시설을 방문하여 정신지체환자의 기록을 검토하는 경우이다. 스웨덴의 보호관찰위원들이 보호관찰대상자의 신체에 전자감응장치를 부착시키고 일정 지역을 벗어나는 경우 전자감응장치의 발신을 통해 즉시 위반자를 발견하는데 이것은 직접관찰에 가깝다.

4) 공개적 관찰과 비공개적 관찰

공개적 관찰이란 응답자가 자신의 관찰된다는 사실을 아는 상태에서 하는 관찰법이고, 비공개적 관찰은 응답자가 이를 모르는 상태에서 하는 관찰법이다.

공개적 관찰은 미리 응답자에게 관찰된다는 사실을 알려주고 관찰을 하므로 응답자들의 행동이 실제와는 다르게 변화될 수 있다. 비공개적 관찰은 인위적인 결과가 나오지는 않으나 완전히 모르게 하기에는 힘이 들며, 응답자들에 대한 다른 자료를 전혀 얻을 수 없게 된다. 또한 조사자로서 지켜야 하는 윤리적인 측면에서 문제가 생길 수 있다. 많은 경우 비공개적인 관찰은 몰래카메라나 이중유리 혹은 변장한 조사원을 통하여 하게 된다.

5) 인간의 관찰과 기계의 관찰

관찰도구가 무엇이냐에 따른 구분이다. 조사가 요구하는 자료의 특성이나 상황에 따라 관찰도구가 결정된다. 즉 관찰이 고도의 정확도를 요구한다든가 인간이 하기 힘든 관찰이거나 인간이 관찰하는 것보다 비용이 덜 드는 경우에는 기계를 통하여 하게 된다.

기계를 통한 관찰도구의 예로는 MIDCRS(Minnesota interaction Data coding and Reduction system), 일반녹음기, 동작영상카메라(motion picture camera), 오디메터(audimeter), 싸이코갤버노메터(psychogalvanometer), 동공카메라(eye camera), 퓨필로메터(pupilometer) 등이 있다. 관찰도구에 관한 구제척인 내용은 다음의 관찰기록부분에서 설명한다.

4. 관찰의 내용

우리가 한 대상을 관찰할 때 관찰해야 할 것이 무엇인지를 선택해야 한다. 이를 위해 관찰목록과 관찰패러다임을 마련하고, 관찰단위의 크기 및 관찰시점을 결정한다.

1) 관찰목록(觀察目錄)

모든 사회적 상황의 주요 구성요소를 기초로 하여 관찰목록을 작성한다. 조사자는 관찰목록에 따라 관찰을 함으로써 관찰방향을 결정하고 관찰내용을 계획한다. 관찰목록의 내용은 상황에 따라 다르지만 대체로 다음과 같다.

첫째, 참여자이다. 관찰대상에 참여하고 있는 사람의 인구통계학적, 사회경제적 특징들을 알아볼 필요가 있다.

둘째, 환경적 배경이다. 환경적 배경은 어떤 종류의 행위를 격려하고 허용하며, 반대로 억제하고 금지해야 하는지를 알게 해준다.

셋째, 목적이다. 참여목적이 무엇이고, 그 목적은 긍정적인가 부정적인가, 공식적 목적 외에 비공식적인 목적이 있는가 등이다.

넷째, 사회적 행위이다. 참여자는 무엇을 하고, 누구와 그리고 무엇을 가지고 하는가 등이다.

다섯째, 빈도와 지속도이다. 언제 얼마나 자주 일어났으며 얼마나 계속되었는가 등이다.

Robert F. Bales의 IPA(Interaction Process Analysis) scheme		
문제영역	관찰범주	해소할 문제유형
표출적 · 통합적(expressive-inte-grative), 사회적 · 정서적 영역(social-emotional area) 긍정적 반응:positive reaction)	1. 유대감 표출: 타인의 지위를 높여줌, 도움을 줌, 보상	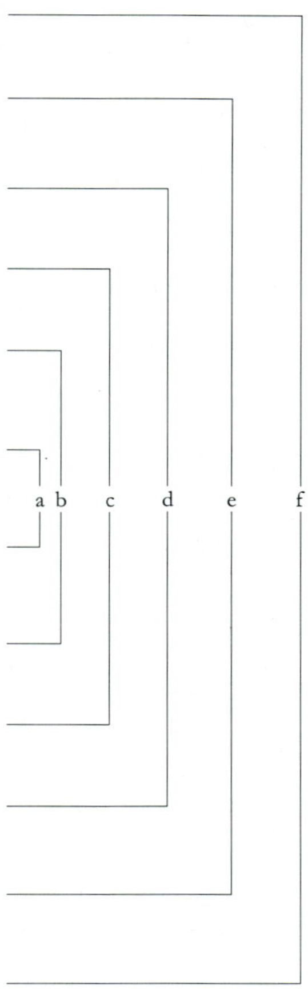
	2. 긴장해소 표출: 농담, 웃음, 만족감을 보임	
	3. 동의: 소극적 수락, 이해, 동조, 순응	
수단적 · 적응적 과제 영역(instrumental-adaptive task area) (해답시도: attempted answer)	4. 시사: 타인의 자율성 인정하면서 지시	
	5. 의견제시: 평가, 분석, 감정, 소망표현	
	6. 지침제시: 정보제공, 반복, 명료화, 확인	
수단적 · 적응적 과제 영역(instrumental-adaptive task area) (문제제기: question)	7. 지침의 요청: 정보, 반복, 확인요청	
	8. 의견의 요청: 평가, 분석, 감정표현 요구	
	9. 시사요청: 지시, 가능한 행동 시사요구	
표출적 · 통합적(expressive-integrative), 사회적 · 정서적 영역(social-emotional area) (부정적 반응:negative reactions)	10. 부동의(不同意): 소극적 거부, 형식적 태도, 도움철회	
	11. 긴장표출: 도움청함, 상호작용상황에서 철수	
	12. 적의표출: 타인의 지위손상, 자신을 옹호주장	

[해소할 문제: a= 지향(orientation), b= 평가(evaluation) c= 통제(control) d= 결정(decision), e= 긴장관리(tension-management), f=통합(integration)]
상호작용과정분석표는 정상집단과 정신질환집다간의 상이성, 리더쉽과 역할, 집단성취상의 특성,집단의 크기가 과업성취에 미치는 영향 등의 연구에 활용된다.

2) 관찰패러다임

조직적 관찰에서는 관찰할 대상이 미리 명백하게 규정되어 있으며, 관찰의 상황과 문제도 사전에 규정되어 있다. 즉 관찰하고자 하는 행위와 현상은 이미 특정화되어 있는 것이다.

특정화된 행위와 현상을 다시 범주화하기 위해서 관찰틀을 작성한다. 상세하게 구조화된 관찰틀을 가지고 관찰할 수 있는 내용을 관찰패러다임이라 한다. 관찰패러다임은 대체로 언어적지표, 언어외적 지표, 신체적 움직임 지표, 공간적 지표이다.

- 언어적 지표

사회 및 행동과학은 조직적 언어관찰법을 개발해 왔다. 가장 유명한 완전히 구조화된 조사의,예는 집단상호작용을 조사하기 위해 베일(Bale)의 방법이다. 베일(Bale)의 방법이다. 베일은 의사결정이나 문제해결에 관련된 집단들은 그들이 상호작용을 함에 있어서 충분히 예견할 수 있을 만큼 변함이 없는 공통적인 요소들을 갖고 있다고 가정한다. 베일은 상호작용과정분석표 (Interaction Process Analysis scheme/IPA scheme)를 개발하였는데 이것은 언어적 표현을 관찰함으로써 집단내의 대인 상호작용을 범주화할 수 있는 틀을 마련한 것이다(Bailey, 1988: 255−8)

- 언어 외(外)적 지표

사람의 감정상태를 식별하는 언어 외(外)적 지표는 보통 네 가지 유형의 측정패러다임을 가지고 있다. 첫째, 소리의 차원으로서 음조, 소리의 크기, 음색 등이다. 둘째, 시간적 차원으로서 말하는 속도 지속시간 리듬 등이다. 셋째, 상호작용적 차원으로서 말하는 도중에 주저함, 중단, 말의 실수 반복, 말더듬기, 알아들을 수 없는 발음 등을 말한다. 넷째, 언어양식 차원이다. 단어, 발음, 사투리, 표현 등이다.

- 신체적 움직임의 지표

신체적 움직임은 사람의 감정을 파악해낼 수 있는 근거를 제공한다. 얼굴의 상반부분은 부정적 감정을 구분해내는 믿을 만한 단서를 제공하고, 하반부분은 긍정적 감정을 구분해 내는 단서를 제공한다. 머리와 얼굴은 감정의 유형에 대한 정보를 알려주는 한편 몸가짐은 감정의 정도에 대한 정보를 알려준다. 서로가 좋아하는 사람사이에는 자세가 일치하고 서로가 싫어하는 사람들 사이에는 자세가 일치하지 않는 것을 보여준다.

• 공간적 지표

인간은 자기의 영역을 구축하고자 하는 욕구를 가지고 있어서 다른 사람과의 거리를 유지함에 어떤 유형을 가진다. 공각적 관계가 단순히 거리라는 면에서 측정될 수 있음과 동시에 공간적 행위는 문화적, 사회심리적, 그리고 사회구조적 중요성을 지닌다. 예를 들면 인구밀도는 청소년범죄율과 관계가 있다.

3) 관찰단위의 크기

조사자는 관찰대상을 관찰할 때 관찰단위의 크기를 결정해야 한다. 일반적으로 관찰대상을 설화형식으로 서술하거나 척도에 맞추어 등급을 매길 때에는 보다 큰 단위를 사용하는 한편 범주체계를 이용하는 경우는 보다 작은 단위에 기초한다. 집단의 리더십을 기술하는 경우는 행위의 큰 단위를 사용하고, 지도자의 행위를 서술하는 경우는 행위의 작은 단위를 사용한다. 언어적 상호작용을 관찰함에 있어서도 큰 단위와 작은 단위 양쪽 모두를 사용할 수 있다.

4) 관찰시점

조사자는 관찰대상을 관찰할 때 관찰시점도 미리 결정해야 한다. 즉 시간표집의 구체적 내용을 결정해야 한다. 시간표집(time sampling)은 언제, 얼마나 오래, 얼마나 자주 관찰할 것인가를 정해야 하는 문제이다. 시간표집방법에는 시점표집, 간격표집, 초점개인표집이 있다. 시점표집(timepoint sampling)은 관찰의 단위시간이 끝나는 순간에 특정한 내용의 행위, 사건 현상이 일어나는가를 관찰하는 방법이다. 간격표집(timeinterval sampling)은 일정한 시간적 간격 동안 계속 관찰하는 방법이다. 초점개인표집(focal individual sampling)은 같은 시간에 특정 개인의 행위를 집중적으로 관찰할 다수의 관찰자를 활용하는 방법이다.

5) 관찰의 기록

무엇을 관찰할 것인가도 중요하지만 관찰할 것을 어떻게 기록할 것인가도 매우 주요하다. 관찰 기록방법의 선택은 대체로 관찰이 어떻게 조직화되어 있느냐에 달려 있다. 조직화된 관찰에 있어서는 관찰과 기록이 거의 동시에 이루어진다.

언제 기록할 것인가 하는 문제는 일반적으로 관찰이 끝난 직후 현장에서 기록하는 것이 상례이다. 조사자가 결정해야 할 또 하나의 문제는 관찰한 바를 기록할 때 누구의 관점을 택하느냐와 관찰자에게 얼마만큼 추리를 허용할 것이냐이다.

추리의 정도는 관찰자로 하여금 정확한 동작이나 행동을 일어난 그대로 정확하게 기록하게 함으로써 최소화될 수 있다. 대부분의 경우 관찰자로 하여금 제3자의 관점을 택하도록 되어 있으며 추리도 중간 정도만 하는 것이 좋다고 한다.

관찰된 자료는 설화적 서술, 척도에 따른 등급 그리고 범주체계 등의 형식으로 기록된다. 설화적 서술은 특히 현지조사라든가 참여관찰처럼 비조직적 관찰에 활용된다. 이에 비해 척도는 조직적 관찰에 그리고 범추체계는 보다 정확하게 구체화된 조직적 관찰에 사용된다.

척도에 따른 등급을 정할 경우 관찰이 완전히 끝난 후 기록하게 되며, 특정한 행위를 요약평가하게 된다.

관찰도구로 사람을 사용하지만, 관찰한 바를 기록하기 위해서 기계를 사용하기도 한다. 사용되는 기계에는 여러 가지가 있다. 첫째, 동작영상카메라(motion picture camera)이다. 이는 영상카메라를 이용하여 소비자의 행동을 기록할 수 있으므로 정확한 측정이 가능하며 반복하여 볼 수 있다는 장점이 있다.

둘째, 오디메터(audimeter)이다. 이는 라디오나 TV등을 켜면 같이 작동하여 시청자의 시청프로그램, 시청시간 등을 자동적으로 기록하는 기계이다.

셋째, 싸이코갤버노메터(psychogalvanometer)이다. 이는 어떤 사람에게 말, 그림 등과 같은 자극이 주어졌을 때, 그 사람의 감정상태를 측정하기 위해 땀 흘리는 정도를 측정하는 것이다. 즉 좋아하는 인물이 나왔을 때 손바닥 등에서 미세하게 증가되는 수분의 양을 측정하여 응답자의 감정상태를 측정하게 된다.

넷째, 동공카메라(eye camera)이다. 이는 눈동자의 움직임을 측정한다. 즉 신문, TV등을 볼 때 어느 순서로 보고 얼마 동안 보는가를 관측하여 관심이 있는 것이 무엇인가 측정한다.

다섯째, 퓨필로메터(pupilometer)이다. 이는 눈동자동공의 크기를 측정하는 것이다. 동공의 크기변화에 따라 응답자의 반응을 측정한다.

여섯째, MIDCRS(Minnesota interaction Data coding and Reduction system)이다. 이것은 보통 녹음용 카세트에 목소리의 높낮음 기록과 부호화의 채점, 시간조절, 삭제 등을 위한 누름단추를 10개나 부착한 기계이다.

일곱째, 일반녹음기이다. 지나간 사건을 재검토하고 기록을 영구히 보존 활용할 수 있다는 점에서 유리하지만 여러 사람간 언어적 상호작용을 판독할 수 없거나 누구의 목소리인지 식별하기 어려운 경우 등 적절하지 못한 경우도 많다.

관찰시 기계를 사용함으로써 얻는 장점은 사람의 선별적 지각 탓으로 인해 중요한 현상을 놓치는 일, 기록과정에서 빠뜨리는 실수, 관찰과 기록간의 시간적 간격 때문에 발생하는 기억상의 혼돈, 피로와 권태 등을 극복할 수 있다는 점이다. 단점은 기계는 인간처럼 모든 감각기관을 이용하여 종합적으로 지각하지는 못하며, 기계에 기록한 내용은 사람이 다시 부호화해야 하기 때문에 이 과정에서 오차가 발생할 수 있다는 점이다.

5. 관찰법의 신뢰도와 타당도

관찰의 타당도란 본래 관찰하려고 한 것을 제대로 관찰하였는가의 문제이다. 관찰법에 있어서 타당도의 문제는 보통 실제 관찰한 것과 관찰하고자 한 것 사이에 차이가 발생하기 때문에 대두된다. 특히 관찰의 경우 관찰자 개인의 추리에 의한 기록과 해석이 있을 수 있으므로 관찰자가 본래 의도한 것을 관찰하였느냐 하는 타당도의 문제가 자주 제기된다.

관찰의 신뢰도(reliability)는 관찰대상을 여러 번 관찰했을 때 일관된 결과가 나오는 정도이다. 관찰의 신뢰도는 관찰자의 질과 관련이 있다. 관찰자가 관찰경험이 부족하거나 훈련이 제대로 되어 있지 않음으로써 측정결과가 일관성이 없을 때 신뢰도의 문제가 제기된다.

관찰의 신뢰도와 타당도를 저해하는 요인으로는 관찰대상, 관찰기구, 관찰자 등이 있다 관찰대상이 지속적이고 반복되게 관찰되면 이는 고정된 요인으로 간주될 수 있고 반복측정시 신뢰도는 높게 된다. 관찰틀, 기록틀, 부호화의 틀에서 지정하는 범주체계와 적용규칙이 모호하거나 불분명하게 된 경우, 타당도와 신뢰도는 떨어진다. 또한 관찰대상의 수가 적을수록, 관찰범위가 좁을수록 반복측정시 일관성을 유지하기 용이하므로 신뢰도는 높아진다. 관찰자의 피로, 긴장, 권태, 예상 밖의 상황

전개에 대한 놀라움, 관찰자의 개인적 욕구, 가치관, 과거 경험 등이 관찰의 타당도와 신뢰도를 저해할 수 있다.

신뢰도와 타당도를 높이기 위해서는 관찰도구이기도 한 관찰자의 감각기관이 관찰을 함에 있어 장애가 없어야 한다. 신뢰도와 타당도는 관찰자 개인의 특성과 많은 관련을 갖고 있다. 관찰의 경우 관찰자 개인의 추리에 의한 기록과 해석이 타당도를 저해할 수 있으므로 관찰자에 대한 훈련을 통하거나 다른 자료수집방법을 병행하면 추리의 여지를 줄일 수 있게 된다.

신뢰도는 관찰자의 질과도 밀접히 관련되어 있다. 관찰자의 질이란 관찰의 경험이나 훈련 등의 숙련정도를 말한다. 신뢰도를 향상시키기 위해서는 무엇보다 관찰자의 질이 향상되어야 한다. 또한 하나의 관찰대상에 대하여 여러 사람이 동시에 관찰한 후 그 결과를 서로 빅해보고 편견을 끄집어냄으로써 관찰의 신뢰성을 유지할 수 있다.

관찰의 객관성을 높이기 위해 관찰 및 기록에 있어서 실제적 사건과 이에 대한 해석을 명백히 구분해야 한다. 관찰자가 관찰내용에 대한 기록에 있어 지나친 해석을 삽입하게 되면 그 관찰 결과는 신뢰도와 타당도가 손상되게 된다. 또한 관찰된 것을 선별적으로 기록하는 것이 아니라 완전하게 기록하는 것은 조사자가 객관성을 유지할 수 있는 방안이 된다. 관찰자는 관찰대상에 대해 감정적 편견을 갖지 않고 항상 중립적인 평상심을 유지할 수 있도록 노력해야 한다.

6. 관찰과 오류

관찰상의 오류만을 파악하기보다는 조사과정 전반에 걸친 오류를 설명하고 이 가운데 관찰오류가 차지하는 부분을 파악하는 것이 이해를 도울 것이다. 조사과정의 전체오류는 크게 표집오류와 비표집오류로 구분된다. 표집오류는 다시 선택오류와 추정오류로 세분된다. 비표집오류는 관찰오류와 비관찰오류로 나뉘어지고, 관찰오류는 다시 과도한 적용범위(overcoverage), 측정오류(measurement error), 처리오류(processing error)로 세분되고, 비표집오류는 과소한 적용범위(undercoverage)와 무응답(non-response)으로 나뉜다(Ader & Mellenbergh, 1999:1246).

관찰오류는 전체 오류 가운데 비표집오류의 일종이다.

〈 오류 분류 〉

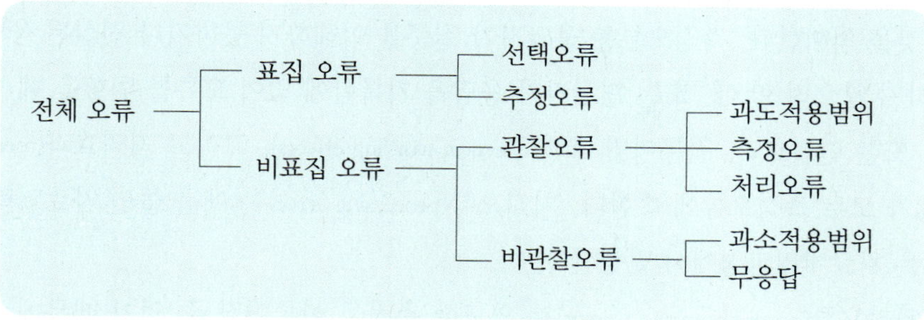

전체오류(total error)란 추정되는 모집단의 특성과 조사추정치간의 차이를 말한다. 전체 오류는 표집오류와 비표집오류로 나뉜다.

1) 표집오류

표집오류(sampling error)는 표본의 선정에서 발생하는 오류이다. 표집오류는 추정치가 표본에 모집단 전체목록에 기초하는 것이 아니라 표본의 의존하기 때문에 발생한다. 만일 모집단 전체를 관찰한다면 표집오류는 없어질 것이다. 표집오류는 선택오류와 추정오류로 구성된다.

선택오류(selection error)는 잘못된 선택확률이 사용될 때 발생한다. 표집틀에서 표집요소가 여러번 나타날 때 예상되는 선택확률과 진짜 선택확률은 서로 다르다. 표집오류는 철저히 조사하지 않으면 회피하기 어렵다.

추정오류(estimation error)는 무작위선택절차에 기초한 표본을 사용함으로써 발생하는 효과를 의미한다. 매번 새로이 표본을 선택함으로써 서로 다른 요소들이 선택되고, 따라서 추정값이 서로 다르게 된다. 추정오류는 철저한 표본설계를 통해서 통제될 수 있다.

2) 비표집오류

비표집오류(nonsampling error)는 질문에 대한 응답을 기록하는 과정에서 발생하는 오류를 의미한다. 비표집오류는 전체 모집단이 조사된다해도 발생할지 모른다. 비표집오류는 관찰오류와 비관찰오류로 나뉜다.

관찰오류(observation errors)는 응답을 얻고 기록하는 과정에서 발생하는 오류이다.

과도적용범위(overcoverage)는 표적모집단에 속하지 않는 표집요소가 표본조사에 포함되는 것을 의미한다. 측정오류는 응답자가 질문을 이해하지 못하거나 진실된 응답을 제공하지 않으려 할 때, 또는 면접자가 응답을 기록함에 있어 오류를 범했을 때 발생한다. 또한 면접효과, 질문어법 효과(question wording effects), 그리고 기억효과(memory effects)가 모두 측정오류에 속한다. 처리오류(processing error)는 예를 들면 자료입력 등과 같은 자료처리과정에서 발생한다.

비관찰오류(non-observation error)는 의도한 측정이 이루어질 수 없기 때문에 발생하는 오류이다. 과소적용범위(undercoverage)은 표적모집단의 표집요소들이 표집틀(sampling frame)에서 나타나지 않을 때 발생한다. 따라서 이들 표집요소들은 대표될 수 없다. 무응답(non-response)은 표본에 선정된 사람들이 필요한 정보를 제공하지 않는 현상을 말한다.

Ⅲ. 우편조사

우편조사(mail survey)란 우편설문(mailed questionaires)방법이다. 우편조사는 설문지를 우편으로 우송한 후 응답을 받는 조사방법이다. 우편조사는 조사자와 응답자 간의 비대면적 관계를 통해 자료를 수집한다. 우편조사는 자기기입식 조사(self-administered studies)의 전형적인 방법이지만 다른 자기기입식 방법들도 있다[31](Bailey, 1988; 148-172; Rubin & Babbie, 1993: 333-342).

1. 우편조사의 장단점

1) 우편조사의 장점

- 상당한 비용의 절약(considerable savings of money)이다. 면접과 비교하여 조사비

31) (각주36) 우편조사가 아닌 자기기입식조사(self-administered studies)가 적절한 방법으로는 특정 집단구성원들을 모아 놓고 같은 장소에서 같은 시간에 설문지를 기입하는 방법이다.

용이 적게 든다. 우편조사는 설문지 작성, 복사, 반송, 반송, 처리 분석에 따른 비용이 상대적으로 적다. 또한 최소의 경비와 노력으로 광범위한 지역과 대상을 표본으로 삼을 수 있다. 특히 지리적으로 멀리 떨어져 있을 경우 조사에 소요되는 경비를 최소화시킬 수 있다.

- 시간절약(time savings)이다. 우편설문은 동시에 모든 응답자들에게 보낼 수 있고 응답의 대부분을 약 일주일 내 회수할 수 있다.
- 응답자가 편리할 때에 설문지를 완성할 수 있다. 응답자는 설문지에 응답하는데 더 많은 시간을 사용할 수 있다.
- 익명성의 보장(greater assurance of anonymity)이다. 응답자가 자신의 신분을 알고 있는 면접자가 없기 때문에 사회적으로 바람직하지 않거나 사회적 규범을 벗어나거나 타인에게 공개적으로 드러내기 곤란한 응답도 기꺼이 솔직하게 제공할 가능성이 높다.
- 표준화된 어법이 사용된다. 모든 응답자들이 똑같은 어법에 노출되기 때문에, 응답자의 응답을 보다 쉽게 비교할 수 있게 된다.
- 면접자 편견(interview bias)이 없다. 면접자가 응답자에 대해 편견을 가질 기회가 없다.
- 정보의 확보(securing information)이다. 우편조사는 응답자가 자신의 기록을 참고하거나, 동료에게 물어보거나, 응답하기 전에 미리 관련된 조사를 수행하도록 허용하기 때문에 정확한 정보를 제공할 수 있다.
- 접근성(accessibility)이다. 지리적으로 널리 퍼져있는 응답자들을 우표값으로 무두 접근할 수 있다.

2) 우편조사의 단점

- 융통성 결여(lack of flexibility)이다. 만일 응답자의 응답이 너무 명확치 않거나 일반적이어서 유용하지 않을 경우 명확한 응답을 위해서 보다 깊이 질문을 하거나 질문에 있어 변화를 가져올 수 없다. 응답자가 질문을 잘못 이해하고 있더라도 교정될 수 없다.
- 낮은 응답률(low response rate)이다. 이동이 심한 사람으로부터는 응답을 받을 수 없으며 때로는 글로 응답하는 것을 말로 응답하는 것보다 더 부담스러워하기

도 한다.

- 언어적 행동만(verbal behavior only)조사할 수 있다. 비언어적 행동을 관찰하거나 응답자의 인종, 사회계급, 다른 특징들에 관한 개인적 평가를 할 면접자가 없다.
- 환경에 대한 통제 불능(no control over environment)이다. 우편조사에서는 면접자가 개인적으로 응답을 완성할 수 있었는지 확신할 수 없다. 응답자가 자신이 응답할 자격이 없다고 생각하거나 너무 바쁠 겨우 다른 사람이 대산 응답하는 경우도 발생할 수 있다.
- 질문순서에 대한 통제불능(no control over question order)이다. 응답편견을 제거하기 위해 고안한 질문순서가 응답을 하기 전에 설문지를 읽거나, 질문을 건너뛰거나 제시된 응답순서대로 응답하지 않는 응답자에 의해 사용될 수 없게 될 수 있따.
- 많은 질문들이 응답되지 않은 채 남겨진다(many questions remain unanswered). 질문지에 응답하는 동안 감독을 할 수 없기 때문에, 응답자가 일부 질문을 대답하지 않고 남겨둘 수 있다.
- 무의식적인 응답을 기록할 수 없다(cannot record spontaneous answer). 응답자가 처음에 무의식적으로 응답을 하고 나서 성급히 응답을 고칠 경우, 첫 번째 무의식적인 의견에 대한 정보를 얻을 수 없다.
- 무응답과 잘못된 주소로 발송된 경우를 구분하기 어렵다(difficult to separate bad address from nonresponses).
- 응답날짜에 대한 통제불능(no control over environment)이다. 설문지가 완성되는 시간에 대해 통제할 수 없다는 사실은 조사를 크게 훼손할 수 있다.
- 복잡한 질문지 구성체계를 사용할 수 없다(cannot use complex questionaire format). 우편설문에 대한 질문은 일반적으로 이해하기 쉽도록 단순하게 되어 있다. 그런데 많은 부수적인 질문을 가진 복잡한 구성체계를 갖춘 설문지가 응답자에게 전달되었을 때, 보통 수준의 응답자들은 매우 혼란스러워할지 모른다.
- 편견된 표본이 가능하다(possibly biased sample). 응답이 전체 모집단의 무작위 표본이 아니라, 즉 모집단을 적절히 대표할 수 있는 표본이 아니라, 일반적으로 어떤 형태로 편견된 것일 수도 있다. 무응답자는 교육수준이 낮고 매우 유동적

인(mobile) 경향이 있다. 매우 감정적이거나 논쟁이 되는 이슈에 대해서, 응답은 이슈에 찬성하는 사람과 반대하는 사람간에, 그리고 무관심한 사람과 응답하는 사람간에 양극단적인 양태(bimodal)를 보일 수 있다.

2. 우편조사에 영향을 미치는 요인

우편조사에 영향을 미치는 요인들로는 후원, 매력적인 설문지 구성, 설문지의 길이, 겉표지, 협력을 구하는 동반된 편지의 성격, 설문지 응답과 회신의 용이성, 응답유인책, 설문지가 보내진 사람의 성격, 우편발송유형, 설문지가 발송된 시간(년,월,주,일) 사후독촉의 성격이 있다.

1) 설문지의 후원(sponsorship of the questionaire)

후원은 조사의 합리성과 가치에 관해 응답자를 확산시킴으로써 응답자가 기꺼이 우편설문지를 반송하고자 하는 자발성에 영향을 미친다. 왜냐하면 후원자의 위상이나 권력이 응답자로 하여금 응답하도록 강요하기 때문이다. 조직은 자신의 조직구성원으로부터는 높은 응답률을 나타낸다. 정당학 과학기관, 정부기관, 대학 또는 잘 알려진 비영리 기관에 의한 후원은 정당성의 증거를 제공한다. 반면 상업적 조직이나 잘 알려지지 않은 비영리 기관들과 같이 숨은 동기(ulterior motive)를 가진 것으로 보이는 기관에 의한 후원으로는 만족할만한 응답률을 확보하기 어려울 것이다.

2) 설문지 구성의 매력성(attractiveness of the questionaire format)

설문지의 구성의 매력성은 설문지가 어떻게 구성(format)되었고 어떠한 생깔로 되어 있는지에 관한 문제이다. 기존의 조사에 의하면, 프린트된 설문지의 응답률(response rate)이 95.2%인 경우 복사한 설문지는 94.4%이었다. 표지의 이면에 작성된 설문지는 분리된 용지의 설문지보다 더 높은 응답률(95.8%)을 나타냈다. 왜냐하면 응답자는 대체로 더 짧은 설문지를 선호하기 때문이다. 대학동문들에 서로 다른 색의 우편설문지를 보낸 사례에 따르면, 노란색 설문지가 가장 응답률이 높고, 파란색이 다음이고, 흰색이나 체리색이 가장 낮은 것으로 나타났다. 그러나 일부 연구에서는 설문지의 용지 색깔은 응답률에 차이가 없는 것으로 나타나기도 하였다. 대체로 어두운 색의 용지는 읽기가 어렵기 때문에 사용되어서는 안 된다. 서로 다른 색의 용지를 설문지의 하위부분(subparts of questionaire)들을 분리하기 위해서 사용하는 것도 의미가 있다.

3) 설문지의 길이(questionaire length)

설문지의 길이가 응답률에 미치는 영향은 연구에 따라 서로 상반된 결과가 나타난다. 설문지 길이가 응답률에 중요한 영향을 미치는 것으로 알려지고 있다.

4) 겉표지(cover letter)

실제로 모든 우편설문지들은 연구프로젝트의 목적과 성격을 설명하고 응답자의 협력을 구하는 표지를 갖고 있따. 편지는 길이, 호소의 성격 그리고 분리된 페이지에 있는지 아니면 설문지의 부분으로서 복사되어 있는지 여부에 있어서 차이가 있다. 이름을 써 넣는 편지(perso nalized letter)는 복사되기보다는 타이프나 워드프로세서로 직접 쳐 넣고, 응답자의 주소성명을 쓰고, 조사자가 서명하는 것이 바람직하다. 특정 개인과 관계가 없는 일반적인 편지(impersonal letter)는 복사하고, 싸인도 복사하며, 거주자(occupant)의 주소로 발송하면 된다. 표지편지를 개인화하는 또 다른 방법은 응답자에게 응답을 촉구하는, 손으로 직접 쓴, 추신을 추가하는 것이다.

5) 설문지 응답과 회신의 용이성(ease of completing and returning questionaires)

우편설문지는 완성하기 손쉬워야 한다. 부실한 설문지는 설문작성에 관한 설명서가 없거나 부적절하게 되어 있으며, 응답범주가 불명확하고, 개방형 질문이 너무 많거나 질문이 너무 긴 경우이다. 회신의 용이성도 응답률에 영향을 미친다. 조사자가 명확한 발송설명서(mailing instruction)와 함께 자신의 주소가 적혀있고 우표가 붙여진 봉투를 제공하는 것이 일반적인 관례이다.

6) 응답 유인책(inducements to reply)

최선의 응답유인책은 단순히 응답자에게 조사가 가치 있고 협력이 중요하다는 것을 확신시키는 것이다. 다른 전략은 응답자의 착한 사마리아인 본능(good samaritan instincts)에 호소하여 응답자에게 도움이 필요하다고 말하는 것이다. 응답승낙을 얻을 수 있는 또 하나의 수단은 사전언질을 주는 것이다. 사전언질(事前言質, prior commitment)은 사후독촉(followup)처럼 설문지가 발송된 이후라기보다는 설문지가 발송되기 전에 협조를 구하는 것이다.

설문지를 완성해 주는 것에 대해 현금이나 상품 같은 보상을 제공하는 것은 종종 설문지의 회신을 보장하기도 한다. 현금의 경우 적어도 $1(1,000원) 이상은 되어야 하는데, 연구결과에 따르면 $5 유인책이 $1유인책보다 더 효과적이지 못한 것으로 나타났다. 또한 볼펜과 같은 선물은 초기 응답률의 속도는 증가시켰으나 사후독촉이 사용된 경우, 최종응답률은 유인책이 포함되었건 포함되지 않았건 간에 유사한 것으로 나타났다. 등기우편의 경우도 응답률을 높이는데 긍정적으로 기여하는 것으로 나타났다.

7) 설문지를 받는 사람의 성격

응답자의 성격(nature of respondents)도 우편조사에 영향을 미친다. 집단의 구성원들은 일반적으로 좋은 응답자이다. 왜냐하면 집단구성원들은 집단의 일에 관심이 있고, 집단에 충성하며, 만일 응답하지 않는 경우 죄의식을 느끼는 겨향이 있기 때문이다. 또한 그들은 조사대상에 대해 잘 알고 있기 때문에 최소한의 설명서를 가지고 충분히 응답을 유도할 수 있다.

조사표본이 이질적인 경우에는, 가장 관심을 갖고 있는 사람들이 가장 먼저 응답을 한다. 조사대상에 관심이 없는 사람은 응답할 가능성이 가정 적을 것이며 응답은 이슈에 찬성하는 사람과 반대하는 사람간에, 그리고 무관심한 사람과 응답하는 사람간에 양극화된 분포(bimodal)를 보일 것이다. 대체로 학력이 낮은 사람들은 무응답이 많다.

8) 우편발송유형(type of mailing)

우편의 등급은 회신에 영향을 미친다. 보다 비싼 우표를 사용한 경우 일반적으로 회신하도록 더 자극한다. 기존의 연구에 따르면 3급 우편과 1급 우편간 응답률에 통계적으로 유의미한 차이가 있는 것으로 나타났다.

9) 설문지 발송 시점(년,월,주,일)

설문지 발송은 휴가기간, 학기초, 학기말은 가능한 피하는 것이 좋다. 응답자는 설문지가 주요 휴일 바로 전날, 학기초, 가족 휴가 때 도착하는 것을 원하지 않을 것이다. 이러한 때 응답자는 질문지에 응답하는 것 보다 더 중요한 일이 있을 것이기 때문이다. 만일 설문지가 휴가를 연장한 때 도착하였다면, 응답자는 설문지를 아예 받지 않거나 설문지를 너무 늦게 도착해서 회신할 수 없다고 합리화할 수도 있을 것이다.

최적 발송시간에 대한 기존 연구를 살펴보면, 일주일 가운데 후반부에 설문지를 받았을 때 응답률이 높은 것으로 나타난다. 월별로 2월이 가장 낮고, 그다음 4월이 낮았으며, 3월이 가장 높은 것으로 나타났다. 또 다른 연구에서는 9월이 가장 높게 나왔으며 시간이 지남에 따라 낮아지다가 5월에 이르러 응답률이 가장 낮게 나타났다.

10) 사후독촉의 성격

응답률은 사후독촉을 통해 상당히 향상될 수 있으며 거의 모든 우편조사에서 사후독촉을 표준적인 운영절차로 사용하고 있다. 사후독촉이 없을 때는 응답률이 50~60%정도 기대되는 반면, 사후독촉이 있을 때는 70~80% 이상의 응답률을 기대할 수 있다. 주의해야 할 것은 독촉편지(reminder letter)는 단지 독촉을 하면 되지 위협하는 것이 되어서는 안된다는 것이다.(a reminder and not a threat).

도날드(Donald)가 여성유권자연맹의 회원들을 상대로 한 조사에서 사후독촉을 실시한 경우와 그렇지 않은 경우 응답률을 비교해보면 다음과 같다(Baileys 1987: 162–168).

〈 사후 독촉에 따른 응답률 변화 〉

최초 발송 독촉 편지 추가적 편지와 설문지 전화통화	46.2% 12.2% 8.8% 10.1%
전체응답 무응답	77.3% 22.7%
전체	100.0%

3. 우편조사의 타당도와 신뢰도

1) 타당도

우편설문지 자료의 타당도는 우편설문지로부터 발견된 것들을 이미 알려진 사실과 비교함으로써 평가된다. 이것인 기준타당도(criterion validity)에 해당한다. 또한 개별적인 질문들은 설문지에 포함되기 전에 액면타당도(face validity)를 가져야 하며, 사전검사(pretest)를 통해서 액면타당도가 없는 질문들은 찾아서 제거한다.

2) 신뢰도

반분법 신뢰도(splithalf reliability) 절차를 전체설문지에 대해 시행하는 것은 불가능하지는 않지만 어려운 일이다. 그러나 검사재검사(testretest) 절차는 우편조사에서도 가능하다. 기존 연구에 따르면 우편조사와 면접은 모두 신뢰도가 있는 것으로 나타났지만, 민가만 질문을 조사하는데 우편조사법이 좀더 나은 것으로 나타났다.

Ⅳ. 면접조사

면접조사(interview studies)란 연구의 목적을 달성하는데 필요한 자료를 얻기 위하여 면접자와 피면접자간의 질문과 응답 등 언어적 상호작용을 통해 피면접자가 내면에 가지고 있는 자료를 수집하는 방법이다. 상호작용은 면접조사의 대표적인 특징이다. 질문과 응답이 주로 구두로 이루어지며 면접자가 질문을 하고 응답내용을 응답자가 아닌 면접자가 기록한다는 점에서 다른 자료수집방법과 차이가 있다. 면접은 흔히 대면(對面, facetoface)하에 이루어지지만, 전화, 우편, 화상 등과 같은 다른 방법을 취하기도 한다. 면접은 연구목적을 달성하기 휘한 자료수집의 주된 도구로서 역할을 하기도 하지만, 때로는 변수를 확인하고 가설을 도출하기 위한 탐색적 조사(exploratory studies)로서 사용되기도 한다. 또한 관찰이나 설문지 등 다른 자료수집 방법의 타당성 여부를 검토하거나, 미리 예견하지 못한 결과를 추적하는 사용하기도 한다(Rubin & Babbie, 1993: 342-348; Bailey, 1988: 174-209; 김해동, 1986: 358-376; 남세진 최성재, 1988: 315-338; 김정기 외, 1999: 29-32; 김 열, 1999).

1. 면접조사의 성격

면접조사는 면접자가 피면접자로부터 정보를 찾는 것이어서 양자간의 직접적 상호작용을 의미한다. 면접조사의 성패 여부는 이 상호작용의 어떤 면을 고려하느냐에 달려있다.

① 상호작용과 응답자의 열성이다. 면접은 상호작용을 통해 연구목적을 달성하는데 필요한 정보를 수집한다. 따라서 열성적인 피면접자의 자세는 연구목적 달성에 크게 도움이 된다. 면접자와 피면접자간에 상호작용이 진행되면서 각자가 유익함을 느끼게 된다면 양자는 면접에 열성으로 임할 것이다. 면접과정에서 양자간에 상호작용이 진행되면서 일종의 봉상을 주고 받는다. 만일 양자간의 상호관계가 이러한 보상을 제공하지 못한다면 면접은 중단된다. 현재 보다 높은 수준의 참여를 위해서는 피면접자가 자긍심을 갖도록 해야 한다.

② 면접자와 피면접자는 모두 상대방의 질문과 응답이 의미하는 바를 정확히 이해할 수 있어야 한다. 즉 상대방의 행동이나 진술의 진정한 의도가 무엇인가를 인식할 수 있는 능력이 있어야 한다.

③ 융통성 있는 면접운영이다. 예를 들면 면접자가 나중에 토론하려는 주제를 피면접자가 미리 제기할 때, 면접자는 피면접자의 사고의 흐름을 중단하지 않으면서 즉시 피면접자가 제기한 주제로 전환하게 된다. 또한 피면접자가 어떤

질문에 대답하기를 주저할 때 면접자는 이 질문을 뒤로 미루거나, 간접적인 다른 방법으로 질문하여야 한다.

④ 피면접자는 일정한 과정을 거쳐 동화(同化)된다. 처음에 응답자는 면접을 의심하거나 부담스러워 하지만, 면접자가 깊은 관심을 계속 보이게 된다면 면접이 진행되면서 면접자와 상호작용을 통해 점차 동화되고 신뢰감을 갖게 되며 면접에 대해 만족하게 된다.

2. 면접조사의 장단점

1) 면접조사의 장점

자료수집방법으로서 면접이 갖는 장점은 다음과 같다.

- 융통성(flexibility)이다. 응답자의 면접분위기에 맞추어 정확한 답변을 얻을 수 있다. 응답자가 질문을 이해하지 못하였거나 잘못 이해하였을 때, 질문을 반복할 수도 있고, 쉽게 알아들을 수 있도록 말할 수 있으며 필요시 추가질문을 할 수도 있다.
- 응답률이다. 설문지는 응답률이 낮고, 응답도 관심이 있거나 상식이 있는 사람들의 것이기때문에 전체의 특성을 파악하기 어려운 점도 있다. 그러나 면접은 회수가 필요없기 때문에 질문지에 비해 높은 응답률을 나타낸다. 문맹자들도 질문에 대답할 수 있으며, 사람들은 서면으로 대답하는 것보다는 구두로 대답하는 것을 더 선호한다.
- 관찰은 비언어적 행위도 관찰하여 응답의 타당성을 평가할 수 있다.
- 환경을 통제(control over environment)할 수 있다. 서로 매우 다른 환경하에서 서로 다른사람들에 의해 완성되어지는 설문조사와는 대조적으로, 면접은 면접자와 응답자간에만 비밀스 럽게 수행되고, 소음 등이 없도록 분명히 함으로써 면접환경을 표준화할 수 있다.
- 면접자는 질문순서를 통제(control over question order)해서 응답자가 규칙을 벗어나거나 질문구조를 훼손하는 식으로 응답하지 못하도록 할 수 있다.

- 면접자는 무의식적인 응답(spontaneous answer)을 기록할 수 있다. 면접에서는 설문지에서 처음처럼 처음에 한 응답을 취소하고 달리 응답을 기록할 수 있는 기회가 없다. 무의식적인 응답은 응답자가 충분한 시간을 갖고 생객해낸 응답보다 더 많은 정보를 제공하며 덜 규범적이다.
- 응답자 혼자 응답을 할 수 있다. 면접의 경우, 우편조사에서처럼, 응답자가 다른 사람이 전체 설문지를 응답하게 하거나 다른 사람으로부터 암시를 받거나 해답을 구함으로써 면접자를 기 만할(cheat)수 없다.
- 면접자는 모든 질문에 대한 응답이 있었는지를 확인할 수 있다.
- 면접자는 면접일자, 시간, 장소를 기록할 수 있다. 만일 조사기간 동안에 중요한 사건이 발생 하고 이것이 응답자의 대답에 변화를 초래한다면 조사자는 사건의 전후에 얻은 답을 비교하 는 기회를 가질 수 있다. 우편조사에서는 단지 소인에 의해서만 사건 전후에 응답이 되었는지 알 수 있다.
- 복잡한 질문의 사용

면접조사에서는 보다 복잡한 질문지를 사용할 수 있다. 기술이 있고, 경험있고 잘 훈련된 면접자는 도표나 그림, 화살표, 세부적인 지시사항 등 복잡한 질문들을 잘 다루어 응답자가 응답을하는데 도움을 줄 수 있다. 반면 우편조사의 경우 교육수준이 높은 사람들도 이러한 설문지를받았을 경우 낙심하여 응답하기 어렵게 된다.

- 면접에서 면접자는 응답자가 응답을 하도록 협조를 구할 수 있다. 흥미를 가지고 안심하여 응답할 분위기는 면접자와 피면접자간에 친근한 관계가 형성되면서 얻어질 수 있다.
- 개인의 사사로운 사항이나 감정을 유발하기 쉬운 민감한 내용을 담은 질문에도 응답을 얻을 수 있다.
- 면접을 하기 위해서 현장을 방문하기 때문에 응답자의 환경조건이나 개인적인 것에 대한 참고자료를 얻을 수 있고, 우발적인 반응이나 사건들에 대한 정보도 보충적으로 얻을 수 있다.

2) 면접조사의 단점

- 면접조사의 경우 비용이 매우 많이 든다. 면접요원을 선발하고, 훈련하고, 비

용, 인건비와 교통비 등 많은 비용이 든다. 또한 면접을 통해 얻은 자료를 체계적으로 정리하는데도 많은 비용이 든다.

- 시간이 많이 든다. 면접은 종종 시간이 많이 걸리고 경우에 따라서는 면접자가 장거리 여행을 하여야 한다. 또한 면접에서 얻은 자료를 정리하고, 분류하고, 부호화하는데도 시간이 걸린다.
- 면접자 편의(面接者偏倚, interviewer bias)가 발생할 수 있다. 면접자는 모든 질문에 응답을하고 응답자가 질문을 이해하는 것을 돕고 또 확인할 수 있다. 그러나 면접자는 동시에 오류를 일으킬 수도 있다. 면접자가 응답자의 응답을 잘못 이해할 수 있으며, 설령 그것을 잘 이해하였다 하더라도 기록하는 과정에서 오기(誤記, clerical error)를 할 수 있다. 더욱이 피면접자의 응답이 면접자의 성, 연령, 외모, 말투, 옷차림 등에 대해 반응하여 영향을 받을 수 있다.[32)]
- 기록을 참고할 기회가 없다(no opportunity to consult records). 우편조사와 달리, 면접은 일반적으로 조사를 하거나, 기록을 검토하거나, 가족이나 친구들에게 사실에 관해 물어보거나 또는 곰곰이 대답을 생각할 시간을 주지 않는다.
- 불편함(inconvenience)이 있을 수 있다. 응답자가 피곤하거나 다른 일에 전념하고 있거나 또 는 불편할 때 면접이 이루어지면 피로, 노여움, 불편 등이 초래되고 이것이 응답에 영향을 준 다. 더욱이 아이가 울거나, 개가 짖거나, 음식이 타고 있거나, 화장실에 가야하거나 할 때 면 접자가 도착하게 되면 응답자는 응답을 함에 있어 최선의 노력을 다할 수 없게 된다.
- 익명성이 부족하다(less anonymity). 면접자는 으답자의 성명 주소 전화번호 등을 알고 있다. 비록 비밀을 보장한다고 하더라도 응답자는 면접에 응하는 일이 큰 부담이 되고 어느 정 도의 위협을 느끼게 된다. 따라서 응답자들은 민감한 사안에 대해서는 진실된 응답을 하지 않 거나 응답을 거부할 수 있다.
- 표준화된 질문어법이 부족하다(less standardized question wording). 응답을 캐묻거나 응답 자에 따라 같은 질문을 다르게 표현하거나 필요에 따라서는 다른 질문

32) (각주 37) 면접자의 왜곡은 다음과 같이 분류할 수 있다. 1)질문오류(誤謬): 질문의 언어구성을 변경하거나 특정 문항을 빠트린다. 2) 캐묻기 오류: 추가된 질문을 하거나 쓸데없이 도전과 적대감을 유발하는 캐묻기를 함으로써 응답자의 해답에 부정적 영향을 미친다. 3) 기록오류: 녹음기를 사용하지 않는 한 응답자의 해답을 정확하게 기록하거나 요약해야 한다. 4) 속임수: 동기가 여하간에 면접자는 면접과정에서 생긴 빈틈을 스스로가 메꾸려는 유혹에 빠지게 된다. 묻지도 않은 질문에 대한 응답을 기록하거나 미완성된 응답내용을 보충하거나 한다.

을 묻는 일이 있다. 이 러한 융통성은 장점이기도 하지만 동시에 응답자의 해답을 비교하는 것을 어렵게 만들기 때 문에 단점이 되기도 한다.

- 응답자들의 여러 지역에 퍼져 있는 경우 이들에 손쉽게 접근할 수 없게(lack of accessibility to respondents)되어 있다. 응답자가 여러 지역에 걸쳐 광범위하게 거주하고 있다면, 이들을 모두 면접하는데는 상당한 여행경비가 소요된다.

3. 면접조사의 종류

1) 구조화 정도에 따른 분류

구조화란 계획이나 문항이 사전에 결정되는 정도이다. 구조화에 따라 면접은 구조화 면접, 반구조화 면접, 비구조화 면접으로 구분된다. 이는 표준화면접, 반표준화면접, 비표준화면접이라고 둘린다.

(1) 구조화 면접(structured interview, 構造化面接)

구조화 면접에서는 면접조사표(interview schedule)가 질문 문항, 문항의 순서, 어조(語調)까지 정확하게 지시해 준다. 따라서 면접자가 임의로 질문표현을 바꾸거나 새로운 문제를 도입하거나 또는 질문순서를 바꾸는 등의 행위를 할 수 없다. 구조화면접은 표준화면접(standardized interview)이라고도 불린다. 구조화 면접에는 개방형과 폐쇄형 질문 모두가 사용된다.

구조화 면접의 장점은 다음과 같다. 첫째, 모든 응답자는 동일한 순서로 동일한 문항에 응답하게 되어 있기 때문에 분류하고 부호화하는데 편리하다. 둘째, 면접결과 얻은 정보를 비교할 수 있다. 셋째, 일관성 있게 면접이 수행되므로 응답결과가 신뢰성이 있다. 넷째, 사전에 정한 질문을 같은 순서로 똑같이 질문하기 때문에 질문어구나 질문의 언어구성에서 오는 오류를 최소한으로 줄일 수 있다. 따라서 면접자가 질문할 때 발생할지 모르는 편의(bias)를 줄일 수 있다. 다섯째, 구조화 면접은 자료수집에 있어 일관성을 제공하며 비교적 훈련이 덜 된 면접자도 활용할 수 있다.

〈 구조화 면접 조사표의 예 〉

접수번호			복지대상자통합조사표(기초생활보장조사용)								신청구분	
신청인	주민등록번호		세대주와의 관계			주소					전화번호	
제출서류	호적등본( ) 소득명세서( ) 임대차계약서( ) 고용임금 확인서( ) 진단서( ) 재학증명서( ) 재소증명서( ) 부채증명관련서류( ) 기타( )											
부양의무자	세대주와 관계	성명	주민등록번호	주소	전화번호	가구원수	직업	소득	재산	월평균지원금	부양능력	
											판정	사유
자산조사	소득	생명	근로소득	사업소득	재산소득	기타소득			추정소득		소득계	
· · · ·	재산	건축물	주택(천원)건물(천원)기타(천원)								소득환산액	
		토지	논(㎡, 천원) 밭(㎡, 천원) · · ·								소득 인정액	
		· · ·										

출처: 2014 국민기초생활보장 사업 안내(대한민국정부, www.korea.go.kr)

구조화 면접의 단점은 다음과 같다. 첫째, 피면접자의 특성이나 면접분위기에 따라 면접을 융통성 있게 수행할 수 없다. 면접자가 질문에 관한 응답자의 지식을 충분하게 말하게끔 이끌어 나간다거나 캐묻는 질문을 함으로써 응답을 탐색하고 확대해 나간다거나 하는 자유가 없다. 둘째, 애매모호한 응답을 명확화 하기 위한 후속질문을 할 수 없다. 셋째, 시간과 비용이 많이 소모될 수 있다.

국민기초생활보장대상자 선정을 위한 구조환된 면접조사표의 일부를 소개하면 다음과 같다.

(2) 반구조화면접(semi-structured interview, 半構造化面接)

반구조화 면접은 구조화 면접과 비구조화 면접의 장점을 살리고 단점을 보완하여 개발한 면접 유형이다. 반구조화 면접은 일정한 수의 중요한 질문은 구조화 면접으로 하고, 나머지 질문은 비구조화 면접으로 하는 방법이다. 반구조화 면접은 면접조사표(interview schedule)를 사용하는 대신에 질문목록이 기재되어 있는 면접지침(interview guide)을 사용한다. 면접자는 면접 지침 내에서 면접자가 어느 정도 융통성을 발휘하며 면접하는 방법이다.

반구조화 면접 가운데 가장 잘 알려진 면접은 머튼의 집중면접(Merton's focused interview)이다. 집중면접은 미리 선택한 주제와 가설을 사용한다. 그러나 실제 질문은 미리 열거하지 않는다(Bailey, 1988: 188193). 반구조화 면접은 구체적 문항을 가지고 있지만 조사질문을 면접자 나름대로 탐색할 수 있게끔 면접자에게 상당한 허용도가 주어진다. 집중면접이라 불리는 이유는 주제나 가설은 결정되어 있지만 구체적 질문 문항이 사전에 마련되어 있지 않기 때문이다. 일반적으로 이러한 형태의 면접은 공통된 경험을 가진 응답자, 즉 경험을 서로 나누고 있는 사람들을 상대로 사용한다. 반구조화 면접은 반표준화 면접(semi standardized interview)이라고도 불린다.

집중면접은 다음과 같은 단계를 거친다. 첫째, 피면접자들은 특별한 상화와 관련이 있는 것으로 알려져 있다. 둘째, 가설적으로 중요한 요소, 패턴, 과정, 그리고 상황의 전체적 구조는 사회과학자에 의해 잠정적으로 분석된다. 내용분석이나 상황분석을 통해서, 그와 관련된 상황의 결정적인 측면의 결과에 관해 일련의 가설에 도달한다. 셋째, 이러한 분석에 기초해서, 면접에서 수집될 자료를 위한 적절성 기준을 제공하는 질문과 가설의 주요 영역을 설명하는 면접지침(interview guide)을 개발한다.[33] 넷째, 면접은 상황의 정의를 분명히 하기 위한 노력으로 미리 분석된 상황에 노출된 사람들의 주관적인 경험에 초점을 맞춘다.

반구조화 면접은 구조화 면접보다 더 많은 훈련을 받고 기술을 습득하였으며, 응답자들이 공통으로 가지고 있는 속성이나 경험에 대해 가능한 많이 알고 있는 면접자가 필요하다. 이러한 지식에 기초해서 면접자는 면접을 시작하기 전에 응답자의 경험 가운데 어떤 측면을 다룰 것인지를 결정하고 면접에서 검토될 경험에 대한 가설을 설정할 수 있다. 이와 같은 질문은 미리 설정되지 않지만 탐색할 일반적 분야는 사전에 결정된다. 반구조화 면접에서는 부수질문(contingency quesrion)과 같은 방법을 흔히 사용한다.

---

33) 집중면접에서는 면접조사표(interview schedule) 대신 면접지침서(interview guide)를 사용한다는 의미에서 nonschedulestuctured interview라고도 부른다.

〈 반구조화 면접조사표 예 〉

1. 청소년 출입금지지역(red zone) 설정에 관해 어떻게 생각하십니까? 1) 누가 가장 찬성할 것이라고 생각하십니까? 그 이유는? a) 누가? b) 그 이유는?

집중면접과 유사한 형태의 면접으로 임상적 면접(clinical interview) 또는 개인력 면접(personalhistory interview)이 있다. 개인력 면접은 종종 사회복지사, 상담가, 교정사업가와 같은 전문가들에 의해 사용이 되나. 집중면접에서와 같이, 면접자는 응답자에게 질문할 개인 생활력 가운데 어떤 측면들을 선택한다. 면접은 융통적이고 비구조화되어 있다.

(3) 비구조화 면접(unstructured interview, 非構造化面接)

비구조화 또는 비지시적 면접(unstructured or nondirective interview)은 면접조사표나 면접지침서를 사용하지 않기 때문에 생활력 면접과 집중면접보다 구조화가 덜 되어 있는 면접이다. 비구조화 면접의 주요 측면은 가능한 중립적인 조사가 되도록 고안된 중립적인 조사(neutralprobe)에 거의 전적으로 의존한다. 이 중립적인 질문들은 '왜', '흥미롭군', '음' 과 같이 일반적으로 매우 짧다. 비구조화된 면접은 심리치료분야에 기원을 두고 있다. 비구조화 면접은 비표준화면접(非標準化面接 unstandardized interview)이라고도 부른다.

비구조화 면접은 연구될 문제의 범위만 면접 이전에 결정하고, 질문의 순서나 내용 등은 미리 정하지 않으며, 면접자는 질문문항의 내용을 자유스럽게 선택하고 변경하며, 질문의 순서도 면접상황에 따라 적절히 변경할 수 있다. 비구조화 면접에서는 질문자체가 고정되어 있지 않기 때문에 자유응답식 내지 개방형 질문인 경우가 많다. 다만 응답자에게는 최소한 따라야 할 지시나 방향만을 제시할 뿐이다.

비구조화 면접은 정신치료분야에서 발전되어 온 면접으로 응답자 내면의 감정과 경험을 파악하고, 면접 이전에는 인지하지 못한 정서, 태도, 생각 등을 밝혀내는데 사용한다.

비구조화 면접은 면접자의 능력을 크게 의존하기 때문에 숙련된 면접자를 필요로 한다. 따라서 면접자는 관계형성기술과 자료수집기술을 겸비하고 있어야 하며, 연구주체와 관련해 풍부한 지식을 갖고 있어야 하고, 면접자 편의를 발생시키지 않아야 하며, 신속한 상황적응능력 또한 있어야 한다.

비구조화 면접의 장점은 다음과 같다.

첫째, 융통성이 있다. 면접자는 응답자의 개인적인 특수상황에 따라 질문의 내용이나 순서를 조절할 수 있다. 즉 면접자가 상황에 따라서 계획에 없던 질문을 첨가하거나 때로는 준비한 질문을 생략하고 질문순서를 바꾸기도 한다.

둘째, 의미의 표준화가 가능하다. 같은 단어라도 사람이나 집단에 따라 다른 의미로 해석된다. 표준화된 질문은 단어의 표준화는 되어도 의미의 표준화는 될 수 없다. 따라서 비표준화 면접에서는 각각의 집단들이 갖고 있는 속어들을 발견하여 각 집단에 대해 면접시 사용함으로써, 단어는 다르나 의미는 같은, 의미의 동일화(meaning equivalence)를 이룰 수 있다.

셋째, 면접결과의 타당도(validity)가 높다. 즉 형식에 얽매이지 않고 융통성을 발휘하여 면접이 본래 의도했던 목적을 정확히 달성할 수 있다. 비구조적 면접에서는 일상생활에 있어서 대화처럼 면접을 전개함으로써 응답자의 생각의 흐름에 맞추어 필요한 자료를 자연스럽게 얻을 수 있다. 응답자의 개인적 상황을 고려하여 질문을 얻게 됨으로써, 응답자를 보다 정확하게 나타내 주는 자료를 구할 수 있다.

이 면접은 단점은 첫째, 면접결과를 정리하고 분류하며 부호화하는데 많은 시간, 인력, 비용이 소요된다는 점이다. 둘째, 신뢰도가 낮다. 동일한 내용의 질문을 반복했을 때, 응답내용이 매번 달라질 수 있어 비일관적이다. 셋째, 가설을 입증하거나 안과관계를 검증하는데 부적당하다. 비구조화 면접은 가설을 설정하기 위해 미개척 분야에서 일차적 자료를 개발하는데 적절한 방법이지 가설을 입증하거나 특정 현상을 정확하게 측정하는데는 적합하지 못하다.

2) 면접조사의 기타 유형

(1) 전화면접조사

전화면접조사(telephone interview survey)는 전화를 통하여 면접을 수행하는 것을 말한다. 과거의 전화면접조사는 일일이 전화번호를 눌러서 면접을 하였으나 산업기술의 발전과 함께 새로운 형태의 전화면접유형이 개발되고 있다. 무작위번호호출(RDD)과 컴퓨터보조전화면접(CATI)이 그 가운데 일부이다.

무작위번호호출(Random Digit Dialing/RDD)은 무작위적인 형태로, 기계적으로 전화번호를 호출하기 위한 절차이다. 조사자가 전화번호부를 가지고 조사를 하지 않기 때문에, 전화번호부 상에 명단이 일정 순서로 열거되었기 때문에 그로 인해 발생하는 편의 같은 문제는 발생하지 않는다. 그러나 전화번호를 둘 이상 갖고 있는 가구들은 과도하게 표집될 가능성이 있다. 무작위번호호출의 주된 문제는 불순물 비율(dross rate)이 높다는 것이다. 이는 실제 도움이 되는가구의 전화번호 하나를 찾기 위해서는 상대적으로 많은 전화번호들을 호출하지 않으면 안된다는 사실을 의미한다.

컴퓨터보조전화면접(Computer Assisted Telephone Interviewing/CATI)은 조사설문지가 면접자의 컴퓨터 터미널에 나타나고, 응답자와 면접을 하면서 응답자의 응답을 직접 디스크 위해 기입하는 것이다. 컴퓨터보조전화면접에서는, 면접자가 컴퓨터 터미널 상의 질문을 따라갈 뿐만 아니라, 응답자의 응답을 직접 컴퓨터에 부호화하기 때문에 매우 신속하다는 이점이 있다. 즉 표집이나 자료처리를 신속히 할 수 있다. 이 방법의 단점은 사전계획과 사전프로그래밍을 해야할 필요가 있으며, 개방형질문에서는 대체로 사용하기 어렵다는 점이다. 전화면접조사의 장단점은 다음과 같다.

전화면접조사의 장점은 첫째, 신속성이다. 전화를 이용하여 질문을 하고 응답을 할 수 있기 때문에 응답자가 있는 곳까지 갈 필요가 없다. 둘째, 비용이 적게 든다. 응답자가 있는 곳까지 가는데 소요되는 여행경비를 절약할 수 있다. 셋째, 응답자의 대답에 영향을 미치지 않으면서 면접원인이 원하는 질문을 할 수 있다. 응답자들이 면접원과 눈을 마주치지 않아도 되기 때문에 사회적으로 용납되지 않는 응답도 솔직하게 들을 수 있다. 때로는 민감한 문제에 대한 심층규명(probe)이 가능하다. 넷째, 수명의 면접자들이 프로젝트에 종사할 경우, 전화면접은 자료수집을 보다 잘 통제할 수 있다. 수명의 면접들이 한 사무실에서 전화면접을 할 경우 문제가 발생될 때마다 감독자의 지시를 받을 수 있다. 다섯 째 개인의 안전을 보장한다. 전화면접을 하게 되면서 면접자가 위험한 도시지역에 가서 면접을 할 필요가 없기 때문에, 개인의 안전에 대한 위협이 존재하는 도시지역에서 일하는 면접자들을 보호해 줄 수 있다. 여섯 째. 전화면접의 응답자는 대인면접에 비해 익명성이 있다는 것이다. 전화면접에서 면접자가 응답자에게 답을 하도록 촉구할 수 있으며 만일 응답자가 이해하지 못하거나 올바르게 응답하지 않으면 질문을 반복하거나 캐물을 수도 있다.

전화면접조사의 단점으로는 첫째, 표집에 문제가 될 수 있다. 어떤 집에는 전화가 없고 어떤 번호는 전화번호부에 기재되지 않거나 잘못 기재될 수 있다. 둘째, 응답자의 동기가 약하다. 면접자가 응답자에게 면접을 계속하도록 할 아무런 힘을 가질 수 없으며 응답자는 언제든지 수화기를 놓을 수 있다. 응답자들은 전화면접이 짧을 것이라 기대하기 마련이며 대화가 길어지면 인내심이 없어지게 된다. 셋째, 응답자가 면접자를 불신하고 숨어서 장난하는 줄 안다든가 면접자가 비언어적 자료를 수집할 수 없다든가, 응답자나 상황을 통제할 수 없다든가, 응답자로 하여금 면접을 완성하도록 설득할 수 없다든가 하는 등의 한계를 지닌다.

(2) 집단면접조사

집단면접조사는 일반적으로 의도적으로 조성된 집단상황하에서 발생하는 집단역학을 통하여, 집단구성원들이 보여주는 다양한 모습들에 관해 자료를 수집하는 방법이다. 집단면접조사는 비구조화 면접조사방법을 주로 사용한다. 면접대상자를 한 자리에 불러모아 놓고, 응답요령을 알려준 후 질문을 하고 응답하도록 한다.

(3) 아동과의 면접

아동과의 면접시 고려해야 할 점들이 있다. 취학전 아동의 경우 언어표현능력이 불충분하므로 정삭적인 면접이 불가능하다. 이때에는 장난감, 그림, 인형, 등을 활용하면 아동들과도 직접적인 면접이 가능하다. 아동은 면접자의 역할을 분명하게 이해하지 못하고 선생님같이 대하거나 놀리기도 한다. 따라서 면접자는 집중적으로 아동에게 관심을 줄 수 있어야 하며 동시에 중립적 역할을 유지해야 한다. 또한 아동은 상상력이 크기 때문에 응답에 어떤 암시도 주어서는 안된다. 면접자가 피면접자인 아동과 동성인 경우에 면접은 성공할 가능성이 높다. 아동과 면접을 할 경우 연구의 목적이나 응답자의 협조에 대해서도 간단히 설명하고 놀이를 하도록 하는 것이 좋다. 놀이를 하게 되면 아동들은 기분이 좋아지고 응답을 잘하게 된다.

(4) 투사법(projective method)

인형놀이, 그림해석 그리고 문장완성이 투사적 자료수집방법의 모든 예이다. 투사적 방법은 응답자의 내적인 감정을 끌어내려는 수단으로서 임상심리학이나 정신의학에서 오래 전 사용되었지만, 직접적인 질문이 부적절하거나 조사의 참된 목적이 드러날 수 없을 때 유용하다. 투사법은 관심있는 주제에 대한 직접적인 질문을 피하기 때문에, 간접적인 자료수집 절차로 간주된다. 투사법은 응답자에게 제시된 그림과 같은 종류의 자극을 제외하고는 개방형 질문이며 비구조화되어 있다.

4. 면접을 위한 일반 원칙

대부분 면접에 적용되는 일반적인 지침은 다음과 같다(Rubin & Babble, 1993: 3428).

첫째, 외모와 품행(appearance and demeanor)이다. 일반적 원칙으로 면접자는 면접하게 될 사람들과 비슷한 패션으로 옷을 입어야 한다. 면접원의 옷차림과 두발상태가 응답자의 것과 다르다면 간소한 복장에 깨끗하고 단정해야 한다. 면접원의 태도는 적어도 응답자를 기분 좋게 만들어야 하며 진정으로 응답자에 대해 관심을 갖고 있다는 것을 보여주어야 한다.

둘째, 설문지를 숙지(familiarity with questonaires)해야 한다. 면접원이 설문지를 잘 숙지하고 있지 못하다면, 연구는 힘들게 되고 응답자는 불공평한 부담을 안게 된다. 또한 면접에 소요되는 시간은 필요한 시간보다 더 많이 걸리게 되고, 면접이 유쾌하지 못하게 된다. 설문지는 주의 깊게 한 문항씩 연구해야 하며, 크게 설문지를 낭독하는 연습을 하여야 한다.

셋째, 설문지의 어법(questionaire wording)을 정확하게 따라야 한다. 설문지의 어법을 조금만 변화시키더라도 응답은 크게 바뀔 수 있다. 설문지를 아무리 정성들여 만들었다하더라도, 면접자가 질문을 자신의 용어로 다시 만들어 버리면 모든 것이 허사가 된다.

넷째, 응답을 정확히 기록해야 한다. 설문지에 개방형 질문이 있으면 면접원은 응답자의 대답을 있는 그대로 정확하게 기록하여야 한다. 요약하고 의역하거나 문법을 고치거나 하는 어떠한 시도도 해서는 안된다. 응답을 어떻게 부호화할지 모르기 때문에 정확한 기록은 특히 중요하다.

다섯 째, 응답에 대해 면밀히 조사한다. 응답자가 부적절한 대답을 하는 경우 적절한 대답을 하도록 이끌어 내야 한다. 심층규명은 개방형 질문에서 응답을 이끌어

내는데 더욱 필요하다. 분석목적을 위해서는 충분한 정보를 제공해주는 대답을 얻기 위해 심층규며을 해야 할 경우가 많다. 그러나 모든 경우 심층규명은 완전히 중립적이어야 한다. 심층규명은 어떤 식으로든 이어지는 응답의 성격과 내용에 영향을 미치지 않아야 한다.

V. 내용분석법

내용분석(content analysis)은 질적인 내용을 양적 자료로 전환하는 방법이다(a way of transforming qualitative material into quantiative data). 내용분석은 변수를 측정할 목적으로 의사전달의 내용을 객관적이고 체계적이며 계량적으로 기술하고 추론하는 연구방법이다.

내용분석법은 개인이나 사회의 의사소통 기록물인 신문, 서적, 잡지, TV, 라디오, 영화, 연설, 편지, 일기, 상담기록서, 녹음테이프, 녹화테이프 등을 통하여 연구대상자(물)에 대한 자료를 간접적으로 수집하는 간접자료 수집방법의 하나이다. 내용분석법은 전달되는 어떤 형태의 내용이 발생하는 것을 표로 만들거나 부호화하는 것으로 구성되어 있다. 이는 문헌연구의 대표적인 형태이다. 본래 내용분석인 시온(Zion)의 노래라고 불리는 90개의 찬송가를 수집해서 분석한 학자와 성직자집단에 의해 18세기 스웨덴에서 시작되었다. 내용분석법은 2차 세계대전중 연설이나 선전을 분석하기 위해서 널리 이용되기 시작하였으며, 그 이후 사회과학분야에 있어서 주요 자료수집 및 분석방법으로 일반화되었다(Bailey, 1987: 300–315; Rubin & Babbie 1993: 406–414; 김영석, 1999: 206–210; 박용치, 1997: 546–558).

1. 내용분석의 특징

첫째, 내용분석은 의사전달의 내용 내지 메시지를 그 분석대상으로 하고 있다. 의사전달의 메시지 자체가 분석의 대상이다. 즉 내용분석이란 어떤 의사전달자가 겉으로 표현한 메시지를 분석해서 누가, 왜, 무엇을, 어떻게, 어떤 매체를 통해 누구에게, 어떤 효과를 가지고 의사전달 행위를 하였느냐 하는 일련의 문제들을 해결하는 연구방법이다.

둘째, 내용분석은 문헌연구(document study)의 일종이다. 문헌이란 문자로 기록된 자료를 말하는데, 오늘날에는 방송, 영화, 그림, 사진, 만화 등도 내용분석의 대상이 된다.

셋째, 내용분석은 메시지의 현재적(顯在的, manifest) 내용뿐만 아니라 잠재적(潛在的, latent)인 내용도 때로는 분석의 대상이 된다. 현재적인 내용이란 분명하게 파악할 수 있는 내용을 말하고, 잠재적 내용이란 메시지의 내부에 숨어 있는 표면적 의미를 말한다. 또한 누가, 왜, 무엇을, 어떻게, 누구에게 전달해서 djEJ한 효과를 가져왔는지 등의 내용도 포함된다.

넷째, 내용분석은 객관성, 체계성, 일반성 등 과학적 연구방법의 요건을 갖추어야 한다. 객관성(objectivity)이란 연구자의 개인적 특성이나 편견이 개입되어서는 안 되며 다른 연구자가 반복해 연구를 하여도 같은 결과가 나와야 한다는 것이다. 체계성(systematization)이란 분석대상을 선정하고 평가하는 과정에 있어서 적절한 절차와 동일한 방식을 적용하여야 한다는 것이다. 일반성(generality)이란 연구결과가 이론적인 관계성을 가져야 한다는 것이다. 단순히 어떤 메시지의 내용이나 정보를 기술하는 것은 진정한 의미의 내용분석이 아니다. 그리고 내용분석은 양적인 것뿐만 아니라 질적인 것도 포함한다. 수적 용어(numerical terms)를 사용한 계량적 기술(quantitative description)뿐만 아니라 질적인 분석방법도 함께 사용하는 경향이다.

다섯째, 내용분석은 양적인 qnstjrqkdqjqQNs만 아니라 질적 분석방법을 모두 사용하고 있다.

2. 내용분석법의 절차

연구방법으로서 내용분석법의 절차는 다음과 같다(남세진 & 최성재, 1988: 3429).

첫째, 연구문제를 설정한다.

둘째, 연구문제에 잠정적인 해답을 제공할 수 있는 가설을 설정하고, 가설상의 개념을 경험적으로 측정할 수 있도록 조작적으로 정의한다.

셋째, 문헌자료의 모집단을 규정한다. 모집단은 연구문제를 해결하는데 도움을 줄 수 있는 모든 의사소통기록물을 말한다.

넷째, 문헌자료의 표본을 추출한다. 표본추출단계에서는 먼접 표집단위(sampling unit)와 사례 수를 결정하고, 그 다음 확률표집에 의해서 표본을 추출한다. 표집 단위는 단어, 구(phase),문장, 절, 장, 책 전체, 작가 등이 될 수 있고, 어떤 수준에서도 표집이 가능하다. 또한 모집단이 시간적으로 연속된 정기적인 기록물일 경우 시간단위별로의 표집할 필요가 있다.

다섯째, 설정된 가설과 개념의 조작적 정의를 근거로 분석내용의 범주(category)를 설정한다.

분석내용의 범주(categories if analysis)는 분석하고자 하는 내용 전체를 분석하는 기준 또는 분류항목으로서 연구목적에 적합하여야 하고, 포괄적(exhaustive)이어야 하고 또한 상호배타적(mutually exclusive)이어야 한다.

여섯째, 분석단위를 규정한다, 분석단위(unit of analysis)는 내용범주 내에서 실제로 분석에 사용할 수 있는 의사소통의 단위이다. 분석단위는 단어, 주제, 인물, 문단, 품목, 공간으로 나눌 수 있다.

일곱째, 계량화 체계를 구축한다. 내용분석은 질적인 자료를 양적으로 계량화(수량화)하여 분석하는 것이다. 계량화를 위한 체계로는 시간공간체계, 출현체계, 빈도체계, 강도체계 등이 있다.

여덟째, 계량화 체계에 따라 내용을 부호화(coding)한다. 부호화 단위(coding unit)는 대체로 분석단위와 일치한다.

아홉째, 일반적인 다른 조사에서와 마찬가지로 신뢰도와 타당도를 검증한다. 신뢰도는 같은 내용을 한사람이 여러 번 반복하거나 여러 사람이 각각 분석을 했을 때, 동일한 결과를 가져오는 정도를 말한다.[34] 타당도는 측정방법이 본래 목적으로 하였던 것을 정확하게 측정해 내는 정도를 말한다.

열 번째, 자료를 분석한다. 계량화된 자료를 통계분석방법을 이용하여 분석하고

---

34) 신뢰도를 검토하는 신뢰도계수를 나타내는 공식 가운데 하나는 다음과 같다.
신뢰도 계수(CR) = 2M/(N1+N2)
M= 2명 분석자간 일치한 부호화(coding)의 수
N1= 분석자 1이 부호화 한수
N2= 분석자 2이 부호화 한수
이렇게 계산된 신뢰도계수가 70%(0.70) 이상이면 적절한 것으로 인정된다.

그 결과를 해석한다.

3. 내용분석의 장단점

내용분석의 장점은 다음과 같다.

첫째, 가치, 요망, 태도, 성향, 창의성, 권위주의, 인간성 등 다양한 심리적 변수를 효과적으로 측정할 수 있다. 특히 관찰이나 현지조사 등 다른 자료수집방법의 적용이 불가능하거나, 실험연구의 결과나 개방형 질문의 응답에 대한 내용을 분석하는 경우 매우 적절하고 유용하게 사용된다. 둘째, 내용분석은 다른 관찰 또는 측정방법에 대한 타당성 여부에 대한 조사를 위해서도 사용될 수 있다. 셋째, 다른 연구방법과 함께 사용이 가능하다. 실험적 연구의 결과라든가 또는 개방형 질문의 응답내용 등에 대한 내용분석이 가능하다. 넷째, 내용분석의 소재인 기존자료들은 일반적인 연구방법에 있어서는 흔히 무시되고 있으나 내용분석에 있어서는 중요한 정보를 제공한다. 다섯째, 안정성이 있다. 실험조사, 서베이 등에서 실수를 할 경우 다시 해야 하나 다시 반복하는 것이 불가능한 경우가 많다. 그러나 내용분석에서 기존의 자료를 다시 한번 검토하는 일이 그리 어렵지 않으므로 실수를 쉽게 보완할 수 있는 안전성이 있다. 장기간에 걸쳐 일어난 과정을 연구할 수 있다.

내용분석의 단점은 다음과 같다.

첫째, 비효율적이다. 내용분석을 수행하는데도 시간, 비용, 인력이 많이 든다. 둘째, 신뢰성이 떨어진다. 자료의 신뢰성 분석의 신뢰성이 모두 문제가 된다. 셋째, 많은 경우 자료의 입수가 제한되어 실제 연구에는 한계가 있다. 따라서 기존자료를 굳이 사용할 필요가 없고 다른 방법에 의한 연구가 가능하다면, 구태여 내용분석방법을 우선적으로 채택할 필요는 없다고 할 수 있다.

Ⅵ. 민속지학과 민속방법론

민속지학(ethnography)이란 연구자가 오랜 기간 동안 한 장소에서 연구대상자와 자연스럽게 함께 거주하면서 관찰하는 과정을 말한다. 인류학자와 사회학자에 의해 처음으로 시행된 민속지학은 점차 확대되어 이제 사회과학 전반에 걸쳐 시행되고 있는 질적 연구방법이다. 민속지학에서는 관찰, 면접, 일지기록, 현존 서류분석, 사진, 비디오녹화 등 다양한 연구기법이 사용되는데, 질적 연구방법인 현지 관찰, 집중집단, 심층면접, 사례연구 중 몇 가지를 중복해서 사용한다.

질적 연구는 자연스럽게 펼쳐지는 구체적인 일상생활을 관찰하는 측면을 강조하기 위해 자연주의적 연구조사(naturalistic research)라고도 한다. 때로는 그 문화 속에서 생활하는 사람들의 관점에서 문화를 연구한다는 것을 강조하기 위해 민속지학적 조사(ethnographic research) 또는 민속지학이라고도 부른다. 예를 들어 5대 사회보험을 관리하는 공단들의 관료문화를 공단의 직원이나 수혜자의 관점에서 조사한다든지, 또는 노숙빈민들의 하위문화(subculture)를 노숙자이면서 빈민인 사람들의 관점에서 조사하는 것이다. 가끔은 조사자가 조사대상의 전체 문화를 조사하려고 하지 않는 경우가 있는데, 이때 조사자는 그들의 조사를 민속지학이라고 부르지는 않지만, 그럼에도 그들이 사용하는 현지조사방법은 민속지학적 조사라고 부른다.

일부 민속지학적 연구조사자는 매일 매일 활동을 이해하고, 사회적으로 수용될 수 있도록 행동하기 위해 사람들이 사용하는 규범, 명칭부여(labelling), 언어적 표현, 이해, 가정의 사용 초점을 연구에 대하여 민속방법론(ethnomethodology)이란 용어를 만들어 냈다(Rubin & Babbie, 1993; 3612).

민속방법론의 주된 목적은 '어떻게 사회구성원들이 지속적인 사회적 상호작용 과정에서 지표적 표현(indexical expression)을 이해하느냐' 를 연구하는 것이다. 지표적 표현이란 그 의미가 상황에 따라 변화하고 그 단어를 말하고 있는 사람에 따라서 변화하는 상황특이적이(situationspecific) 단어나 문구들이다.

민속방법론은 모든 사람이 알고 있는 일상생활의 상식적인 측면을 주로 연구하는 것과 관련이 있다. 민속방법론자들은 일반적으로 지속적인 과정으로서의 사회적 상호작용을 연구한다. 민속방법론의 주된 자료수집방법은 관찰이다. 일부 민속방법론자들은 집단 구성원들이 공유하고 있는 단어의 의미에 관심을 갖고 있다.

민속방법론자들은 서베이 조사자들이 사회학적 연구의 가치가 있는 현상으로 취급해야 할 것들을 너무 당연한 것으로 간주하는 경향이 있다고 주장한다. 즉 민속방법론자들은 서베이 조사자들이 사회적 과정에서 파생된 현상들을 주어진 것으로 간주하거나 연구의 출발점으로 간주한다고 생각한다. 서베이 조사자들은 어떻게 이러한 현상들이 발생하였거나 관심을 끌게 되었는지를 설명하려고 시도하지 않고, 이러한 현상들의 상관관계나 원인들을 발견하려 한다. 반면에, 민속방법론의 입장은 사회적 현상을 주어진 사실로 취급하지 않고, 당연히 조사의 주제가 되는 것으로 취급하는 것이다.

또한 민속방법론자들은 사회구성원간의 대화는 무작위적으로 발생하는 것이 아니라, 수많은 상호작용적 규칙을 따르고 있으며, 구조적이라는 증거를 제시한다. 이러한 규칙은 특정 지위나 상황에 있는 사람들에게는 어떤 행위가 적절한지를 구체적으로 말해주는 규범이 된다.

민속방법론의 장점은 다음과 같다.

첫째 종단적이다. 지속적인 관찰법으로서 민속방법론은 변화가 일어남에 따라 변화를 기록할 수 있으며, 횡단적 서베이 기록처럼 참여자의 기억에 의존할 필요가 없다. 둘째, 언어적 행동뿐만 아니라 비언어적 행동도 연구된다. 셋째, 민속방법론은 어떻게 응답자가 설문지를 이해하였는지 그리고 왜 그들이 그렇게 응답하였는지에 관한 이해를 제공해준다. 이러한 접근은 서베이 조사에서의 무응답을 분석하는데 가치가 있다. 넷째, 민속방법론은 가끔 부호화하는 사람들(coders)이 상식적인 규칙에 따라 일관성을 유지하고 있는지를 이해할 수 있도록 한다.

민속방법론의 단점은 다음과 같다.

첫째, 민속방법론은 사회적 생산물이 산출되는 과정을 주로 연구하는 것이기 때문에, 사회적 생산물 그 자체에 관한 연구로는 부적당하다. 만일 생산물이 도축되는 과정과는 반대가 되는 어떤 사회적 생산물을 연구하는데 관심이 있다면, 민속방법론은 선택할 방법이 아니다. 즉 한국인들이 공통적으로 갖고있는 복지의식을 연구한다면, 민속방법론을 사용하지 않아야 한다. 그러나 그러한 의식이 형성되는 과정을 연구하기 위해서는 민속방법론을 사용할 수 있다. 둘째, 대규모 연구에는 적합하지 않다. 대규모 대중의 태도를 연구하는 것은 민속방법론보다는 서베이 조사로 하는 것이 더 적절하다. 왜냐하면 그러한 연구들은 과정보다는 생산물을 연구하기 때문에 민속방법론자들이 선호하는 관찰과 실험적 방법으로는 효과적으로 연구될 수 없기 때문이다(Bailey, 1987: 273288).

Ⅶ. Online 조사

최근 사회복지 분야에서도 정보화시대에 발맞추어 정보화를 위한 전산시스템을 구축하는 작업이 급속히 추진되고 있다. 이러한 정보화시대에 사회복지조사분야에서 새로이 개발되고 있는 분야가 On-line조사, 사이버 조사, 인터넷 조사 등으로 불린다.

기존 사회조사의 경우 막대한 조사비용과 응답자 접촉의 어려움 등과 같이 현실적인 문제가 제기됨에 따라 새로운 조사방법모색의 필요성이 계속적으로 제기되었다.

이러한 가운데 인터넷과 온라인 서비스로 구성되는 사이버 공간은 사회조사의 기법과 대상에 대한 새로운 가능성을 보여주고 있다. 정교하게 발달된 정보처리 기술을 활용함으로써 자료수집 도구의 마련이나 수집절차를 개선시킬 수 있게 되었고, 정보통신망을 적절히 활용함으로써 지리적인 경계와 시간적인 한계를 초월하여 조사대상과의 접촉이 가능하게 되었다.

그러나 온라인 조사의 기술적인 편리함과 손쉬움만 강조한 나머지 조사의 오용과 남용이라는 바람직하지 못한 현상이 현실적인 문제로 등장하고 있다. 사회조사의 방법론적 원칙을 무시한 채 수행되는 많은 온라인 조사는, 조사결과에 대한 일반의 불신과 왜곡된 인식을 확산시키는 요인이 되고 있다(김영종, 2007: 251-255; 조동기, 1999: 49-71; 이계오, 2000: 1-17).

1. 사이버공간의 다양성과 사회연구

사이버공간(cyberspace)은 일반적으로 컴퓨터와 통신망을 매개로 하여 사람들이 시간과 공간의 제약을 벗어나서 의사소통 하는 가상적인 공간으로 정의된다. 이러한 사이버공간은 그 기술적 하부 구조에 따라 다양한 사회적 특성을 지니게 된다. 사이버공간의 기술적 하부구조는 물리적인 접속장치(컴퓨터, 모뎀 등), 통신망대역(bandwidth; 전화선 ISDN, ASDL 등), 프로토콜(protocol: TCP/IP, PPP, POP 등), 사용자 인터페이스(interface: 문자중심 GUI, 클라이언트 등) 등에 따라 정해진다. 사회적 구조는 사용자에 대한 관리와 통제방식, 경계(boundary)와 개방성, 정체성, 상호작요으이 방식 등에서 차이가 날 수 있다.

현재 우리나라의 사이버공간은 인터넷과 온라인 서비스(흔히 'PC 통신방' 으로 칭해짐)로 대별 될 수 있다. 일반적으로 '통신망의 통신망'으로 일컬어지는 인터넷이 수많은 컴퓨터들이 상호연결된 세계적이고 개방적인 통신망이라면, 온라인서비스는 가입자 중심의 지역적이고 폐쇄적인 통신망이다. 본래 온라인(online)이란 네트워크 등에 연결된 상태를 의미하며, 오프라인(offline)이란 네트워크 등에 연결되지 않은 상태를 의미한다. 즉 네트워크나 인터넷, PC통신, SNS 등에 컴퓨터를 접속한 상태를 온라인이라고 하고, 접속을 하지 않고 있는 상태를 오프라인이라고 한다.

2. 컴퓨터보조 조사정보 수집

온라인 조사가 본격적으로 실시되기 이전에 컴퓨터를 활용한 사회조사가 개발되어 왔다. 이러한 과정은 크게 컴퓨터보조조사정보수집(CASIC)과 Intemet 조사로 나눌 수 있다(이계오 1999: 5–9).

1) 컴퓨터보조 조사정보수집

컴퓨터 과학 기술의 발달과 더불어 컴퓨터보조 조사정보수집(Computer Assisted Survey Information Collection/CASIC) 방법도 빠른 속도로 발달하였다. CASIC의 최초 시도는 1970년초에 컴퓨터를 이용한 전화 조사인 컴퓨터 보조 전화면접(Computer Assisted Telephone Interviewing/CATI)이 대규모 메인 프레임을 갖춘 조사기관에서 실시되었으며, 이 때 보고된 내용은 신속한 자료처리, 조사업무 통제의 편의성, 비용절감, 자료의 질적 향상 및 적시성의 측면에서 볼 때 연필과 종이를 사용한 전화조사와 비교할 때 상당한 진전이 있었다는 것이었다.

컴퓨터산업기술의 발달로 컴퓨터 가격이 대폭 낮아지고 소프트웨어도 낮은 가격으로 공급되면서 연구소나 여론조사기관들에서는 CATI에 의한 조사의 비중이 커졌다. 서구의 경우 1990년 초까지 여론조사에서 90% 정도가 전화조사를 실시하고 있었고 전화조사 중에서 CATI에 의존하는 비율이 60% 이상이며 우리나라에서도 갤럽 등 여러 조사기관들이 CATI를 도입하고 있으나 많은 경우 CATI와 종이와 연필을 이용한 전화조사를 병행하여 실시하고 있다.

면접조사에서도 컴퓨터를 이용함으로써 면접조사원으로 인한 오차를 줄이고 비용을 절감하려는 시도가 1980년 초부터 미국 등에서 시작하였다. 컴퓨터 이용 면접인 컴퓨터 보조 개인면접(Computer Assisted Personal Interviewing/CAPI)은 컴퓨터의 무게가 가벼워지면서 면접 프로그램이 내장된 노트북이나 휴대용컴퓨터를 휴대하고 면접 대상자를 방문하여 개인적으로 민감한 사항 등에 대해서도 응답자들이 컴퓨터에서 직접 설문을 읽고 응답하는 조사를 실시하였다. 1990년대 초에 CAPI의 보급은 급속도로 확산되었다. 우리나라는 1998년부터 경제활동 인구조사에서 노트북을 이용한 CAPI 형식의 조사방법을 시행하고 있다. CAPI 활용은 조사비용의 절감과 조사자료의 입력과정을 생략하는데서 오는 시간 절약과 자료입력과정에서 발생 가능한 비표본 오차를 줄일 수 있는 장점이 있다. 앞으로 인터넷 조사와 병행하여 실시함으로써 범위오차(coverage error)를 보완할 수 있는 조사방법중 하나이다.

CAPI의 발전된 형식인 컴퓨터보조자기면접(Computer Assisted SelfInterview/CASI)은 응답자의 대답 내용에 따라 질문의 순서를 통제하거나 응답 내용을 컴퓨터가 점검하여 자료의 질을 향상시킬 수 있는 방법이다. 노트북을 이용하지 않고 조사대상자들이 보유하고 있는 PC를 이용하는 컴퓨터보조자기면접방법인 CASI는, 조사내용과 조사방법을 디스켓에 수록하거나 전자메일방식을 통해서 표본사업체 또는 조사대상자에게 전달하면, 표본사업체는 이를 자신의 컴퓨터에 설치하여 응답한 후에 그 결과를 디스켓에 기입하거나 전자 메일 형식으로 조사기관에 보내는 방법이다. 무응답자가 있을 경우에는 응답을 촉구하는 과정을 수행하여 응답률을 높이고 있다.

좀더 발달된 기법은 응답자의 개인적 비밀사항이나 민감한 사항에 대한 조사에서 좀더 효과적으로 시행할 수 있는 컴퓨터자계식 자료수집(Computerized SelfAdminstered Data Collection/CSADC)이다. 이는 면접과정을 디스켓에 저장하여 조사대상자에게 전달하면 조사대상자는 이를 자신의 PC에 설치한 후 프로그램에 따라 응답한 결과를 디스켓으로 조사기관에 우송하거나 보유하고 있어야 하며, 면접조사 프로그램을 설치하여 응답할 수 있어야 한다는 제한 사항이 있지만, 컴퓨터의 보급이 대중화되고 컴퓨터 사용능력이 향상되어 가는 추세임을 감안할 때 CASDC는 여러 가지 형태로 발전할 것으로 예상된다. 이는 미국 노동성에서 취업통계조사에 적용하고 있는 기법으로 조사기관에서 전자메일이나 우편엽서로 표본사업체에 조사일시와 마감에 대하여 전파하면, 표본사업체는 관할 조사센터의 홈페이지에 접속하여 설문에 응답하고,

설문 중에서 이전에 응답한 내용을 참조하고 싶으면 열람한 후에 응답할 수 있으며 응답 내용에 따라서 질문사항을 다르게 조정할 수 있는 형식이다.

조사과정 중에 조사원을 배제함으로써 비표본 오차의 발생을 최소화하였으며, 응답내용의 논리적인 오차를 프로그램에 의해서 검사하여 현장에서 수정하게 함으로써 자료처리시간단축과 비표본 오차를 줄이는 효과를 가지고 있다.

전화자료입력(Touchtone Data Entry/TDE)은 무료전화번호를 이용하여 컴퓨터가 설문을 읽어 주면 응답자는 듣고서 대답을 전화기의 번호를 누름으로써 응답자와 컴퓨터간의 대화를 통해서 반복적인 질문을 하거나 개인적으로 민감한 사항을 조사할 수 있는 방법이다. TDE 방식은 우리나라에서도 여론 조사기관에서 활용하고 있다.

음성인식입력(Voice Recognition Entry/VRE)은 TDE와 유사하나 입력을 전화기 다일러 하는 대신 음성으로 응답하는 방법이다.

2) Internet 조사

online조사의 주된 조사방법이 되고 있는 internet 조사는 정보화사회에서 새로운 조사방법으로 등장하고 있다. 인터넷조사와 기존의 조사방법 간의 큰 차이점은 조사대상이 국내 또는 특정계층으로 제한되지 않고 국경이나 공간의 제한을 받지 않는다는 점이다.

인터넷 조사는 전자 메일의 이용에서부터 시작되었다. 1980년 이후부터 소수의 특정 집단이기는 하지만 전자메일을 통한 간단한 설문조사가 시행되기 시작하였으며 네티즌의 인구가 급증한 1990년대에 들어와서 보편화되기 시작하였고, 특히 WWW(World Wide Web)의 사용이 확대되면서 여러 가지 형태의 인터넷 조사방법이 연구되기 시작하였다.

인터넷조사(internet survey)는 인터넷(인트라넷 포함)상에서 이루어지는 통계조사를 총칭하며, 기존의 조사방법과 다른 점은 조사대상이 국내 또는 특정 지역으로 제한되지 않고 국경이나 공간의 한계를 넘을 수 있다는 것이다. 거미줄처럼 연결된 인터넷으 f이용하게 되므로 신속성이나 경제성은 충족시킬 수 있는 반면, 조사대상에 대한 명확한 규정이 어려울 경우에는 정확성에 문제가 있을 수 있지만, 대부분의 사회조사에서 응답률이 저하되고 조사대상의 접근이 어려운 현실에서는 기존의 조사방법을 대체할 수 있는 조사방법으로 인식되고 있다. 인터넷조사의 구체적인 내용은 아래에서 별도로 설명하기로 한다.

3. 온라인(On-Line) 조사

1) 온라인 조사의 의의

온라인 조사란 온라인상에서 이루어지는 조사를 의미한다. 즉 네트워크, 인터넷, PC통신 등에 컴퓨터가 연결된 상태에서 이루어지는 조사이다(조동기, 1999: 50-54)

온라인 사회조사는 응답자가 웹 브라우저(web browser), 전자우편, 전자설문 포럼(forum)등을 통하여 질문에 응답한 내용이 조사기관의 서버(server) 컴퓨터에 전달되어 체계적으로 기록되는 과정을 거치게 된다. 이 과정에서 중요한 역할을 하는 것이 사용자 인터페이스와 CGI(Common Gateway Interface) 또는 DBMS(Date Base Management System)이다. 사용자 인터페이스(interface)는 클라이언트(client) 프로그램 방식을 지칭하는 것으로, 일반적인 웹 브라우저와 같은 GUI(Graphic User Interface)방식과 문자 중심의 텍스트 방식으로 구분될 수 있다. 인터넷 상에서는 대부분 GUI방식이 통용되고 있으나 전자우편의 경우에는 텍스트 방식이 많이 사용되고 있다. 온라인 서비스는 전통적으로 텍스트 방식으로 운영되어 왔고, 최근에 GUI 방식이 많이 보급되고 있으나, 아직도 텍스트 방식이 중심을 이루고 있다.

인터넷의 GUI나 온라인 서비스의 SQL(structured query language)이나 DBMS는 응답자와 자료 데이터베이스 사이를 매개하면서, 응답자들에게 질문의 내용을 순차적으로 제시하여 주고 응답의 내용을 데이터베이스에 기록하는 역할을 수행한다.

온라인 사회조사의 이러한 과정을 일반적인 면접조사 과정과 비교해보면, 사용자들에게 개별적으로 조사를 공지하거나 사용자들이 자발적으로 조사에 참여하는 과정이 일반적인 표집에 해당되고, 주어진 웹문서나 전자설문에 응답하는 과정은 실제 조사에서 면접원이 선정된 조사대상자를 방문하여 면접하는 과정에 해당된다. CGI나 DBMS에 의한 응답내용 처리는 일반 조사에서 설문지를 회수하여 응답내용을 부호화시키고 컴퓨터에 입력하는 과정에 상응한다. 이들 프로그램은 응답의 비일관성이나 무응답을 발견하여 응답자에게 확인시켜주는 기능도 수행하기 때문에 면접원의 역할도 일부 수행한다고 볼 수 있다. 일반적인 조사에서 많은 시간과 노력이 투

자되는 면접, 부호화, 및 입력 과정이 온라인 사회조사에서는 컴퓨터 시스템에 의해 처리되기 때문에 상당한 시간 및 비용절감의 효과가 나타난다.

2) 온라인 사회조사의 유형

인터넷 조사의 유형 분류는 학자에 따라 다양하게 분류된다. J. Want는 EMail, Converted CATI, Converted DiskByMail, Web CGI Program, Web Survey system으로 구분하고, Virtualsurvey.com 에서는 EMail, HTML, formbased Interviewing, Focus Group으로 분류한다.

(1) 표집틀 특성에 따른 유형

사이버공간에서 이루어지는 온라인 사회조사는 기본적인 과정은 동일하지만, 조사대상자 선정의 기반이 되는 표집틀의 형태를 근간으로 응답자들과 접촉하는 방식과 질문의 형식 등을 고려하여 크게 네 가지 유형으로 구분할 수 있다. 특정한 사이트나 메뉴에 접속하는 사람들이 자발적으로 참여하는 방문자 조사, 미리 선정된 회원들을 대상으로 하는 회원조사나 전자설문조사, 전자우편 사용자를 대상으로 하는 전자우편조사 등이 있다. 최근에는 웹(web, www. world wide web)을 이용한 조사가 활발하게 사용되고 있다.

〈 온라인 조사의 4가지 유형 〉

조사의 유형	표집틀	통지방법	설문지 행태	질문길이	응답편향	연결망
회원조사	회원DB	전자우편(전화)	웹문서	20분 정도	보통	인터넷(인트라넷)
방문자 조사	포탈사이트 방문자	게시판, 전자우편	웹문서전자설문	10분 정도	높음	인터넷(온라인 서비스
전자우편조사	e-mail list	전자우편	텍스트문서 일반문서	30분 정도	중간	인터넷온라인서비스
전자설문조사	가입자 DB	전자우편(전화)	전자설문(텍스트)	20분정도	보통	인터넷온라인서비스

① 웹을 이용한 회원조사

회원조사(member survey)는 사전에 형성된 사용자들의 전체집단(pool)이나 가입자 데이터베이스(DB)를 표집틀로 사용하여 회원들에게 전자우편, 일반우편, 전화 등으로 조사 참여를 공지하고, 질문의 형식은 일반적으로 웹 문서를 이용하며, 질문 소요 기간은 20분 이내가 적당하다. 그러나 평소 회원DB(Data Base)를 관리하고 있지 않을 경우에는 조사가 용이하지 않을뿐더러, 일반적인 특성에 해당하는 조사는 표집틀의 대표성 때문에 곤란할 것이다.

회원조사의 성패를 좌우하는 주요한 요인은 회원 또는 가입자 DB의 포괄성과 충실성이다. 통신망 이용자들의 실제적인 특성을 대변할 수 있는 포괄적인 회원DB의 축적이 이루어져야 한다. 또한 그 DB는 각 회원에 대한 정확한 정보를 담고 있어야 하며 가능한 한 통신망을 정규적으로 사용하는 사람들을 많이 포함하고 있어야 한다. 이러한 회원 또는 가입자 DB는 특정한 하나의 조사를 위해서 구축되는 것이 아니라 일반적인 목적을 가지고 장기적으로 구축된다는 점에서, 다른 형태의 온라인 조사와는 근본적인 차이가 있다. 이렇게 구축된 DB를 표집틀로 삼고, 확률표집을 통해 조사대상자를 선정한다.

회원 DB가 있더라고 방문자의 자발적인 참여에 의지하는 편의표집(convenience sampling)이 사용될 수 있는데, 이 경우는 방문자 조사와 유사하게 된다. 따라서 이러한 표본조사를 통해 수집된 자료를 분석한 결과가 모집단의 특성을 대표하고 있다고는 보기 어렵다. 회원조사에서 회원 DB 전체를 표본으로 삼지 않고 표집 하는 논리는 회원 또는 가입자 DB가 방대할 경우 조사에 시간과 비용이 많이 들어 조사의 실시를 공지하는데에는 상당한 시간과 자원이 소요되며, 응답자 집단에서 다량이용자(heavy user)층이 과잉대표될 가능성이 높아진다. 회원조사는 방문자조사에서 나타나는 중복 응답자 문제나 전자우편조사에서 나타나는 조사대사의 특정화라는 문제를 극복할 수 있다. 회원조사의 또 다른 장점은 응답자에 대한 정확한 신분의 확인이 가능하며 따라서 비응답자에 대한 자세한 분석이 이루어질 수 있다는 점이다.

② 웹을 이용한 방문자 조사

방문자 조사(vistor survey)는 인터넷상 특정한 웹사이트를 개설하고 설문지를 게시하여 인터넷 광고 또는 신문의 광고를 통해서 방문자들을 모집하며, 자발적으로 설문지 사이트를 방문한 사람을 대상으로 조사하는 방법으로, 질문의 길이는 짧을수록 응답률이 높고 관심이 크기나 반대 의사가 뚜렷한 사람들이 많이 응답할 가능성이 있다. 그러나 중복 응답자에 대한 식별이나 별도의 대책이 없는 한 신뢰성 있는 통계를 얻기가 쉽지 않다.

방문자조사는 온라인 상의 특정한 사이트(인터넷)나 메뉴(온라인서비스)에 설문지를 공개하거나 설문지에 대한 링크를 만든 후, 거기에 들어온 사용자들이 자발적으로 조사에 참여하게 하는 방식이다. 언론사의 웹사이트에서 일상적으로 실시하는 간이조사(spot poll/quick poll)가 방문자조사의 대표적인 예라 할 수 있다. 방문자조사에서 표집은 '참여에 의한 선정' 이라는 특ㅅㅇ을 가지게 되며 이는 일종의 편의표집(convenience sampling)으로 볼 수 있다. 설문지의 형식은 인터넷의 경우 Web 문서로 작성되는 것이 일반적이며, 온라인 서비스에서는 텍스트 방식의 전자설문 형식이 대부분이다.

방문자 조사는 가능한 한 많은 사용자들이 참여할 수 있도록 적절한 경로를 통하여 조사를 효과적으로 공지하는 방식에 크게 좌우된다. 인터넷의 경우 이러한 경로는 많은 사용자들이 빈번하게 드나드는 검색 엔진안 웹메일 서비스와 같은 소위 관문(portal)사이트나 언론사 사이트가 될 수 있다. 온라인 서비스에서도 사용자들이 자주 보게 되는 게시판에 조사를 공지하는 것이 가장 효율적이다. 그러나 온라인 서비스에서 실제로 이루어지는 대부분의 조사는 가입자DB와 연계되어 있기 때문에 방문자조사로 보기 힘들며 이는 전자설문조사라 볼 수 있다.

방문자조사는 응답자들이 익명적으로 참여할 수 있기 때문에 민감한 질문에 대한 비응답이 다른 방법에 비해 적게 나타날 수 있지만, 중복응답자를 선별하고 처리해야 하는 문제를 안고 있다. 이러한 방문자조사는 일반적으로 사전조사나 간이조사에 적합하다.

③ 전자우편조사

전자우편조사(e-mail survey)는 일반적으로 많이 이용되는 온라인 조사이다. 전자우편조사는 설문지를 전자우편의 형태로 작성하여 다수의 사용자들에게 발송하고, 응답자들이 완성된 설문지를 다시 전자우편의 형태로 회산하는 방식이다. 대부분의 전자우편 시스템에서 가능한 mailing list 기능을 활용하면 설문지를 매우 효과적으로 발송할 수 있다. 문자(test)중심이기 때문에 설문지의 작성이 용이하고 단순하며, 회신된 응답내용의 처리는 문자처리프로그램을 이용하여 처리할 수 있지만,

응답의 형태가 일정하지 않는 경우에는 다른 방법에 비하여 자료의 정선에 더 많은 시간과 노력이 필요하게 된다. 전자우편조사에서는 텍스트나 일반문서가 주로 사용되기 때문에 온라인상에서 가능한 다양한 기법을 제대로 활용하지 못한다는 한계를 가지고 있다.

전자우편 조사의 실행과정은 일반적인 우편조사와 상당히 유사하다. 다만 전자우편의 경우는 일반 우편(흔히 snail mail로 지칭됨)에 비해 보다 신속하게 오갈 수 있기 때문에 시간이 적게 걸린다는 장점이 있다. 통신수단으로서의 전자우편은 전화나 일반 우편과 비교해 볼 때, 메시지를 다수의 수신자에게 동시에 전달할 수 있다는 특징을 갖고 있다. 속도나 내용의 공식성, 그리고 문제 발생시 그 책임소재라는 측면에서 전화와 우편의 중간정도이며 보안성이 낮다는 한계를 지니고 있다.

전자우편조사는 email 주소록 확보가 어려울 뿐만 아니라 조사대상자를 일반적으로 선정할 수 없는 단점이 있다. 조사의 목적에 합당한 조사대상자들의 전자우편 주소를 확보하는 것이 관건이 되는데, 조사의 내용이 특정한 경우에는 특정 집단에 가입된 성원의 전자우편 주소 명부나 연구 주주에 관련된 게시판이나 뉴스그룹에 글을 올린 사람들의 전자우편 주소가 중요한 원천이 될 수 있다. 이러한 방식으로 조사자의 대상자를 선정하는 경우 방문자조사와 마찬가지로 편의표집(convenience sampling)과 유사하게 된다. 그러나 조사의 내용이 일반적인 경우에는 포괄적인 전자우편 주소를 확보하는 것이 매우 어렵다는 기본적인 한계를 가지고 있을 뿐만 아니라, 다수의 사용자들에게 질문을 무차별적으로 발송하는 행위는 소위 spamming으로 간주되어 비응답이 높아질 수 있다. 따라서 전자우편 조사는 조사의 내용이 특정적인 경우에 사용하는 것이 좋다.

④ 전자설문조사

전자설문조사(electronic survey)는 회원조사와 방문자조사의 중간 유형으로 생각할 수 있으며 가입자 DB(Date Base)에 있는 사람을 조사 대상으로 하는 점은 회원 조사와 유사하고, 설문지를 게시하여 응답자를 모집하는 것은 방문자 조사와 같다. 특정 온라인 서비스에 가입한 가입자 DB를 이용하므로 일반적인 모집단의 특성을 갖는 SRJT으로 생각할 수 있다. 일반적인 특징들은 회원 조사와 유사하다.

응답자 표집방식은 방문자조사와 마찬가지로 편의표집에 의존하게 되는데, 조사의 공지에 접한 사용자들이 자발적으로 조사 포럼에 들어가서 응답하는 방식을 취한다. 물론 전자설문자사도 회원조사와 같이 확률표집의방ㅂ버으로 표집 하는 것이 가능하지만 현실적으로 이루어지지 못하고 있다.

전자설문조사는 가입자의 데이터베이스에 근거한다는 점에서 회원조사와 유사하지만 데이터베이스의 성격은 매우 다르다. 즉 인터넷 상의 회원 데이터베이스는 인터넷 사용자의 일부만을 담고 있는 반면, 가입자 데이터베이스는 특정 온라인 서비스에 가입한 모든 사용자를 담고 있다. 따라서 확률표집 방법이 사용된다면 대표성이 매우 높은 표본을 만드는 것이 가능하다.

(2) 컴퓨터와 소프트웨어 수준에 따른 형식

상호작용 프로그래밍(interactive progarmming)의 정도에 따라 flat file 형식, interactive 형식, online 형식으로 구분할 수 있다.

첫째, flat file 형식이다. 이는 전자메일조사를 포함하여 현재 각 신문사와 인터넷 회사들이 활용하는 방법으로 Web 페이지에 간단한 설문을 게제하고 Web 페이지를 방문한 사람들을 대상으로 의견을 청취하는 것이다. 이는 상호작용하는 프로그램(interacive) programming)을 일체 포함하지 않기 때문에 프로그램 유지비용이 적고 대부분의 네티즌들에게 익숙하다. 좀더 복잡한 애용을 묻는데 있어서 그리고 질문의 유형과 문항수에 있어서 제한이 크다는 단점이 있다.

둘째, interactive 형식이다. 이는 flat file 형식과 유사하지만 서버 사용자와 interactive programming과 연결된 대답을 할 수 있는, 질문순서를 바꾸어가면서 응답할 수 있는 것이 특징이다. 인터넷 조직이 확충되고 CAPI 소프트웨어를 설치한 서버에 연결된 경우에 유익하고 인터넷 속도와 자료의 전송에서 신뢰성과 보안성이 보안되고 발전된다면 가장 많이 활용될 수 있는 형식이다.

미국의 취업통계조사(Current Employment Statistics/CES)에서 적용하고 있는 방식도 여기에 속한다. CES에서는 표본 기업체에게 fax 또는 우편엽서로 조사일정을 통보하고 표본기업체는 조사센터의 web 페이지에 접속하여 설문 문항 내용에 응답을 마친 후 'submit' 을 click하면 자료들은 조사센터의 컴퓨터에 자동 입력되고 입력된 자료의 논리성 여부를 검사하여 보완 수정해야 할 표본기업체와 무응답 기업체에게느 전자메일 또는 fax/우편엽서로 재차 조사에 응할 것을 알림으로써 응답률을 높이고 있다.

셋째, online chat 형식이다. 이는 네트워크로 동일컴퓨터 조직에 연결된 컴퓨터를 이용하여 개인간에 메시지를 상호교환하면서 대화방식으로 조사를 수행하는 방법으로, 과거에는 네트워크 시스템의 미비와 인터넷 속도의 느림으로 이용이 제한이 있으나, 향후 이러한 문제점이 정보통신의 발달과 대중화로 인해 해결됨으로써 정신적, 심리적 특성 연구에도 적극적으로 활용될 가능성이 많다.

3) 온라인 사회조사의 특징

(1) 조사의 실행적 요인

조사의 실행과 관련하여 비용, 수집기간, 정리기간, 그리고 표본의 지리적 분포 등을 고려해 볼 필요가 있다. 첫째, 비용 면에서 온라인 조사는 비교적 비용이 적게 드는 조사연구방법이다. 외형적인 크기만을 고려할 때 온라인 조사비용은 일반적인 사회조사방의 1/10수준이다. 둘째, 자료의 수집기간도 다른 방법에 비하여 단기적이라고 할 수 있다. 전화조사와 마찬가지로 응답이 직접적으로 전달되고, 응답결과도 직접 기록되기 때문에 자료의 회수가 일반적인 조사방법에 비하여 단기적으로 이루어진다. 응답자 집단의 특성에 많이 의존하는 전자우편조사의 경우 1~4주 정도의 시일이 소요되며 회원조사나 방문자조사의 경우에는 이보다 더 단축될 수 있다. 셋째, 자료정선(資料精選, date cleaning) 기간의 단축과 밀접한 관련성을 가지고 있다. 특히 CGI나 DBMS가 효율적으로 활용되는 회원조사나 전자설문조사 그리고 방문자조사의 경우에는 비논리적인 응답의 확인을 통하여 불성실 응답을 줄일 수 있고 응답내용도 바로 전자적 매체에 기록되기 때문에 부호화과정에서 나타날 수 있는 입력오류를 배제할 수 있다. 넷째, 표본의 지리적 분포는 광역적일 수 있지만 현재 사용자의 분포는 대도시 중심적이다. 그러나 온라인 조사가 자기기입식 조사이기 때문에 조사의 대상이 공간적으로 집락화되어 있을 필요가 없다.

(2) 설문지 요인

설문지와 관련해서는 설문지의 구성, 문항의 복합성, 질문의 형태 및 내용, 보조자료 활용 등과 같은 여러 가지 용니들이 컴토될 수 있다. 첫째, 설문지 구성이다. 사용자들의 통신 이용 특성을 고려할 때 설문지의 길이는 회원조사나 전자설문조사의 경우 15~30분 내에 응답이 마무리 될 수 있도록 하는 것이 좋다. 대부분의 사용자들은 여가시간에 통신을 이용하고, 1회평균 접속시간이 30~90분이며, 하루 평균 이용시간도 1시간 정도이다. 방문자조사의 경우에는 조사가 아닌 다른 목적을 지닌 사용자들의 자발적인 차명에 크게 의존하기 때문에 설문지 길이는 5~10분 이내에 마무리 될 수 있는 정도가 좋다. 전자우편조사의 경우에도 30분 이내에 응답이 완료 될 수 있는 정도로 설문지 길이를 한정할 필요가 있다.

둘째, 문항의 복합성이다. 설문지 구성의 복합성이란 면에서 온라인 조사는 중간 정도라고 할 수 있다. 자기기입식 설문지라는 점에서 단순ㅇ하게 구성하는 것이 원칙이지만, 각종 기법을 활용하여 응답의 흐름을 간접적으로 제어하는 것이 가능하기 때문에 일반적인 자기기입식 조사보다는 훨씬 더 복합적인 구조를 가질 수 있다. 온라인 조사에서 질문 문항의 복합성의 비교적 간단할 필요가 있다. 기본적으로 우편조사와 마찬가지로 자기기입식 조사이기 때문에 복잡한 질문 형식은 응답편의(bias)를 초래하기 쉽게 때문이다. 그러나 전자우편조사를 제외한 나머지 온라인 조사에서는 질문의 순서를 통제하는 것이 가능하다. 즉 질문을 내용에 따라 구역화(block)시키거나 분할형(coctingency) 질문을 효과적으로 사용함으로써 응답자들이 정해진 순서대로 응답하도록 유도할 수 있다.

셋째, 질문형태 및 내용이다. 온라인 조사에서 개방형 질문의 사용은 양호한 편이다. 면접자가 개방형 질문에 대한 상세한 응답지침을 제공해 줄 수 있는 전화조사나 면접조사에서처럼 뛰어나지는 않지만, 응답자가 스스로 편집해 가면서 응답내용을 제시하는 것이 가능하기 때문에, 일반적인 자기기입식 설문지 조사방법에 비하여 훨씬 양호한 결과를 얻을 수 있다.

넷째, 보조자료의 활용이다. 시각적(visual) 자료의 활용은 온라인 조사가 가지는 가장 우수한 측면 중 하나이다. 면접조사에서도 사진이나 도표 등과 같은 시각적 자료의 활용이 가능하지만 인터넷조사에서 만큼 원활하지는 못하다. Web문서에서는 그림이나 사진, 더 나아가 동화상 자료의 제시도 가능하다. 가구나 개인에 관련된 기록자료의 이용도 우수한 편이다. 전화조사와 마찬가지로 온라인으로 진행되는 조사이기는 하지만 응답자 스스로가 응답 상활을 통제하기 때문에 기록자료의 활용이 전화조사보다 우수한 편이다.

전화조사나 면접조사와는 달리 면접원과의 대면적 또는 간접적 접촉이 결여되어 있기 때문에 rapport를 형성하는 것이 가능하다. 민감한 주제를 다루는데에도 온라인 조사는 우수한 방법이 될 수 있다. 온라인 사회조사에서는 면접원과 대변하지 않기 때문에 익명성을 보장할 수 있어 민감한 주제에 대한 응답을 보다 용이하게 이끌어 낼 수 있다.

(3) 자료의 질적요인

표본의 모집단을 대표하는 정도를 표시하는 자료의 질은 표집틀, 표본크기, 구체적인 표집방법 등에 의해 결정된다, 확률표집(probability sampling)의 바탕이 되는 표집틀이 갖추어야 할 특성으로는 포괄성, 표집요소의 표집확률(probability of selection) 계산가능성, 효율성 등이 있다.

그러나 온라인 조사에서는 이러한 조건을 갖춘 표집틀을 확보하는 것이 거의불가능하기 때문에 다른 방법에 비하여 표집틀 편의(bias)가 크게 나타날 수 있다. 이러한 편의는 장기간에 걸쳐 구축된 회원 DB나 가입 DB를 사용하는 회원조사나 전자설문자사보다 편의표집에 의존하는 방문자조사나 전자우편조사의 경우에 특히 크게 나타날 수 있다.

온라인 조사에서 응답률은 응답자를 선정하고 설문지를 발송하고 회수하는 방식에 따라 다양하게 나타날 수 있다. 회원조사나 전자설문조사에서 사전표집을 통하여 조사대상자를 미리 선정하는 경우에 비교적 높은 응답률을 계산하는 것이 사실상 불가능하거나 무의미하며, 전지우편 조사의 경우에도 정확한 응답률을 계산하는 것이 어렵다는 것을 고려할 필요가 있다.

응답편의(response bias)도 실제 사용된 방법에 따라 다양하게 나타날 수 있으며, 일반적인 조사에 비하여 그 가능성이 높다. 온라인 조사에서 응답편의는 주로 응답자의 기술적 특성에 의해 생겨난다. 예를 들면 일반문서가 첨부된 전자우편조사에서는 첨부된 파일을 처리할 수 없는 초보이용자들의 응답이 저조할 수 있다. 응답자들의 자발적인 참여에 의지하는 방문적조사나 편의표집을 활용하는 전자설문 조사의 경우에는 소량이용자들의 응답이 낮게 나올 수 있다. 회원조사의 경우에는 표집된 회원에 대한 통보과정에서 전화나 email을 통하여 조사대상자들과 접촉할 수가 있기 때문에, 다른 방법에 비하여 응답편의가 약간 더 낮게 나타날 수 있다.

온라인 조사에서 응다변의의 다양성은 비응답자(nonresponse)나 응답거부자(refisals)에 대한 분석의 다양성과 관련되어 있다. 전자우편조사나 방문자조사의 경우에는 개별조사대상자에 대한 정보가 없기 때문에 비응답자나 응답거부자에 대한 분석이 거의 이루어질 수 없다. 반면 회원조사의 경우에는 표집된 조사대상자들의 정보가 사용가능하기 때문에 응답자 분석이 가능하다. 면접자와 접촉이 결여되어 있기 때문에 온라인 조사에서는 일반 우편조사와 마찬가지로 응답상황에 대한 통제가 거의 불가능한 편이다. 응답된 잘의 질은 대체로 양호하도고 볼 수 있다.

4) 온라인 사회조사 윤리의 쟁점

(1) 응답자 프라이버시

사회조사에서 응답자와 관련된 윤리적인 문제로 프라이버시 보호, 자발적 동의 그리고 비밀보장이라는 세 가지 원칙이 있다. 온라인 조사에서는 응답자의 익명성이 완벽하게 보장되기 보다는 e-mail이나 회원정보 등과 같이 개인의 신분확인이 가능한 정보가 기록으로 남게 된다. 특히 회원조사와 전자설문조사의 경우 응답자의 실제적 정체성과 연결되어 있기 때문에 응답내용에 대한 비밀의 보호가 중요한 과제로 등장한다. 전자우편조사의 경우에도 직접적이지는 않지만 개인의 정체성에 대한 단서가 되기 때문에 동일한 문제가 제기된다.

온라인 조사에서는 면접성의 결여로 인하여, 일반적인 조사에서보다 응답자들의 상대적인 익명성이 더 많이 확보되는 것으로 인식되지만, 응답의 내용이 응답자 개인의 정체와 쉽게 연결될 수 있는 온라인 조사에서는 응답내용에 대한 빗물 보장이 중요한 과제이다.

조사의 실행과정에서 수집된 응답자들의 개인 정보가 조사 이외의 목적을 위해 전용되는 경우에는 개인 프라이버시에 대한 심각한 침해가 야기될 수 있다. 회원조사나 전자설문조사에서 사용되는 회원 DB나 가입자 DB의 정보는 쉽게 다른 목적으로 사용될 수가 있다. 방문자 조사나 전자우편조사에서 수집되는 전자우편주소와 같은 개인 정보도 다른 용도로 전용될 수가 있다. 특히 사이버공간에서 주요한 폐해의 하나가 되고 있는 UCE(Unsolicited Commercial Mail)나 스패밍(spamming) 등에 이러한 개인정보가 이용될 소지가 크다.

전자우편조사의 경우 설문지의 발송과정에서 뿐만 아니라 전자우편 명부의 확보 과정에서도 프라이버시 침해에 대한 문제가 제기될 수 있다. 전자우편 리스트(mailing list)를 이요한 대량우편의 발송은 수진자의 동의가 없이 이루어진다는 점에서 그 개인의 프라이버시를 침해할 수 있다. 또한 정당한 절차를 거치지 않고 조사대상에 포함될 사용자으 전자우편을 확보하는 과정에서도 사용자의 프라이버시를 침해할 수 있다.

(2) 통신예절(netiquette)

온라인 조사는 일반적으로 응답자들의 자발적인 참여를 전제로 한다. 따라서 연구자는 응답자들에게 조사에 대하여 친절하게 설명하고 그들의 참여를 얻어내어야 한다. 면접성의 결여와 익명성이 특징인 사이버공간에서도 사용자들에게 요구되는 통신예절(netiquette)이 존재한다. 응답자의 인격이나 프라이버시의 보호라는 윤리적인 차원에서 뿐만 아니라 응답자들과의 성공적인 래포(rapport)의 형성을 통한 응답의 신뢰성 확보를 위해서도 통신예절은 존중되어야 한다.

특히 전자우편 조사의 경우 조사의 취지나 목적에 대한 충분한 설명 없이 일어지는 설문지의 발송은 그 자체가 스팸으로 간주될 수 있다. 따라서 설문지를 발송하기 이전에 조사대상자들의 동의를 받는 것이 중요하다. 이때 조사의 취지나 목적과 함께, 전자우편 명부를 만든 절차와 그 출저를 밝혀줌으로써 더 높은 응답률을 기대할 수 있다.

응답자들에게 조사의 목적과 내용, 수행주체, 용도, 등에 대하여 충분하게 설명하는 것은 연구자의 책임이다. 또한 연구자는 응답한 내용에 대해서 비밀이 유지된다는 것을 인지시키고 약속한 대로 비밀이 지켜질 수 있도록 해야 한다.

5) 인터넷 조사

인터넷 조사는 온라인조사의 일종이지만 최근에 특히 많은 연구와 시도가 이루어지기 때문에 별도로 설명한다.

(1) 인터넷 조사의 의의

인터넷조사(internet survey)는 인터넷(인트라넷 포함(상에서 이루어지는 통계조사를 총칭하며, 기존의 조사방법과 다른 점은 조사대상이 국내 또는 특정 지역으로 제한되지 않고 국경이나 공간의 한계를 넘을 수 있다는 것이다. 거미줄처럼 연결된 인터넷을 이용하게 되므로 신속성, 경제성을 충족시킬 수 있으며, 조사대상에 대한 명확한 규정이 어려울 경우에는 정확성에 문제가 있을 수 있지만, 대부분의 사회조사에서 응답률이 저하되고 조사대상의 접근이 어려운 현실에서는 기존의 조사방법을 대처할 수 있는 조사방법으로 인식되고 있다.

인터넷조사는 전산망 가입자들을 대상으로 전산망을 통하여 직접 설문지 파일을 보내고 응답파일을 받는 형태를 말한다. 즉 인터넷조사는 현실 세계가 아닌 인터넷이라는 사이버공간에서 이루어지는 설문조사이다. 이는 기존의설문지가 하이퍼텍스트(hypertext)라는 인터넷의 강점을 지니고 웹 페이지의 형태로 사이버공간에 위치시킴으로써, 전세계 인터넷을 이용하는 모든 사람들을 대상으로 공개되어 있는 설문조사방법이다. 이는 PC통신 및 인터넷을 이용하의 빠른 보급으로 인하여 전통적인 자료수집의 대안으로 주목받지만 학문적인 전통성은 아직 결여되어 있다.

컴퓨터와 통신 공학의 발달로 인터넷 사용의 비용이 저렴해지고 사용에 익숙해지면서 네티즌들의 교육 수준과 생활 수준이 폭넓게 확대되고 있다. 네티즌의 직업도 컴퓨터 관련 직종에서 다양한 직업으로 확대되고 남성 편중 현상이 갈수록 낮아지면서 성별이나 연령대별 분균형적 분포가 완화되어가고 있다.

인터넷 조사방법의 개선과 컴퓨터 기술 및 소프트웨어의 발달로 더 많은 장점들이 있을 수 있으나 현재 수준에서 나타난 이점들은 다음과 같다.

- 비용이 갈수록 저렴해지고 있으며 대략적으로 전화조사비용의 50% 정도이고 DBM(Disk By Mail) 을 이용한 우편조사비용의 20% 정도가 소요된다.
- 조사소요기간도 기상상태의 영향을 받지 않을 뿐 아니라 대폭 단축되고 있다. DBM에 의한우편조사는 4~6주일이 소요되고 전화조사는 2~3주일이 소요되지만 인터넷 조사는 2~3일 정 도로 1/7내지 1/14 정도로 조사소요기간이 단축될 수 있다.
- 확보된 틀(frame)에서 표본 추출이 용이할 뿐만 아니라 설문 문항의 표현이 다양하고 응답자가 이해하기 쉽도록 그래픽이나 음성 또는 동영상을 이용한 설문지 설계가 가능하여 응답 률을 높일 수 있다.
- 응답자와의 대화 형식을 통해서 정성적(精性的)인 자료도 용이하게 수집할 수 있고 응답자의 반응에 따라 되묻기를 할 수도 있다.

컴퓨터의 소프트웨어와 정보통신 기술의 발달로 인터넷 속도와 정보전달 용량이 커지게 되면 인터넷 조사는 편리한 점이 많아지겠지만, 현재 수준에서 나타난 불리한 점은 다음과 같다.

- 무응답자에 대한 보조적인 자료수집방법의 이용이 어렵다. 물론, 주어진 기간 내에 응답이 없 을 경우에는 설문지의 반복적인 전송과 응답의 재촉은 가능하지만, 설문지 분실 또는 응답자 의 수신 여부에 대한 확인이 불가능하다.
- 응답자를 통해서 관찰되지 않은 자료 수집은 불가능하다. 방문이나 기타 방법을 통한 자료 수지비 곤란하다.
- Web 페이지를 이용한 조사에서는 간단한 내용의 질문만 가능하므로 조사 도구 또는 컴퓨 터 운영체제와 브라우저에 따라서 호환성의 제한이 있을 수 있다.
- 일반적인 모집단을 대표할 수 있는 sampling frame을 얻을 수 없는 경우가 많다. 인터넷 이 용률이 60~70%가 되더라도 인터넷을 이용하지 않는 집단과 이용 집단간의 특성이 다를 수 있으므로 이에 대한 별도의 분석이 필요하다.

(2) 인터넷조사 적합성 검토

인터넷조사의 적합성 여부는 다음과 같은 측면에서 검토되어야 한다.

첫째, 모집단을 대표하는 표본추출이 가능한가? 현재 상황에서 대부분의 경우에는 편향된 표분추출이 우려된다. 만일에 편향된 표본을 추출하였다면 이를 수정할 수 있는 추정법을 적용해야 한다.

둘째, Web에 사용할 질문과 자료들이 비밀 사항은 아닌가? 만일에 비밀스러운 내용이 있다면 중앙 통제방식을 채택함이 좋을 것이다.

셋째, 조사과정이 복잡하고 장시간이 소요되지 않는가? 질문과정이 15분 이상 소요될 때는 무응답과 오답확률이 높다는 점에 유의해야 한다.

인터넷 조사에서 정확한 응답을 얻기 위해서는 질문형식을 잘 선택해야 한다. 질문형식에 따라서 자료처리 및 분석의 용이성과 비표본 오차가 감소하는 정도가 다르다. 예를 들면 2지 택일이나 4지 택일과 척도화된 질문과 같이 단일 응답을 요하는 질문형식은 자료처리와 오차 감소차원에서 인터넷 조사에 제일 적합한 것이다. 반면에 단답 서술형이나 설명형과 같은 질문형식을 인터넷 상에서 사요할 경우에는무응답률이 높아질 수 있음을 명시해야 한다.

(3) 인터넷 조사설계 원칙

인터넷 조사에 전자메일조사도 포함되고 있으나 web 페이지를 이용한 인터넷 조사에 초점을 맞추어 web 조사설계에서 지켜야 할 원칙은 다음과 같다. 모든 조사 대상자에게 설문지가 잘 전달되고 설문지를 접한 응답자들은 흔쾌하게 응답할 마음이 생겨서 정확하게 응답하도록 하고, 응답자들의 z컴퓨터 사용 기술수준이나 연구주제에 대한 관심의 유무에 영향을 받지 않는 조사설계를 좋은 것으로 간주했을 때 web 설문지 작성의 원칙은 다음과 같다.

- 감사 인사로 시작하고 응답 요령이 쉽다는 것을 강조하며 페이지 넘기는 요령을 자세하게 설 명하라.
- 설문의 첫 페이지는 모든 응답자들이 쉽게 이해하고 간단하게 응답할 수 있는 질문으로 채우도록 하라.
- 설문에서 문항배열 요령이나 질문의 형식은 통상적인 종이설문형식과 유사하게 작성하라.
- 장황한 설명으로 문장이 길어서 브라우저 화면에서 겹치지 않도록 문장의 길이를 줄여라. 문 장이 길면 읽을 때 건너뛰는 경우가 있을 수 있으나 짧으면 건너뛰는 경우가 없다.
- 설문의 응답에 필요한 컴퓨터 조작 방법은 별도 지시로 설명하라(문다을 달리하거나 글자체를 달리하여 주의를 환기시켜야 한다).
- 각 문항별로 응답에 필요한 컴퓨터 조작 요령을 설명해야 하며 설문지 앞부분에 묶어서 설명 하는 것을 피하라.
- 모든 질문에 대해서 핵심적인 답을 요구하는 질문 형식은 삼가고 응답 항목으로 '기타' 또는 '잘 모름' 이라는 항목을 포함시켜라.
- 질문의 순서가 중요한 의미가 없다면 문하별로 순차적으로 올릴(scroll) 수 있도록 설계하며, 필요한 경우에는 전화조사 등과 혼합하여 사용할 수 있도록 설문을 설계하고 자료는 결합해 서 분석토록 해야 한다.
- 설문이 거의 끝나는 상황일 때 이를 응답자에게 알려주는 말이나 기호를 사용하여 중도에서 응답을 포기하지 않도록 하라(만일 2~3개 문항이 남아 있는 상태에서 응답을 중도 포기한다 면 무응답이 많아질 것이다).
- '적절하다고 생각되는 항목을 모두 표시하시오' 형식의 질문이나 개방형 질문

을 사용할 때 응답 오차가 발생할 수 있음을 유의하라

(4) 인터넷 설문조사의 장단점

일반적으로 제기되는 인터넷 설문조사의 일반적인 장단점은 다음과 같다(김광용, 2000: 111-113).

① 장점

첫째, 표본수가 많아져도 추가비용이 들지 않는다.

둘째, 고수입집단이나, 고도의 기술전문가 집단에 쉽게 접근할 수 있다.

셋째, 인터뷰 비용 없이 사용자와 상호작용을 할 수 있다.

넷째, 설문에 대한 응답을 빨리 회수할 수 있다.

다섯째, 설문응답이 편리하다.

여섯째, 조사를 24시간 수행할 수 있다.

② 단점

첫째, 인터넷 이용인에 한하여 조사를 할 수 있다.

둘째, 주된 조사방법론이 아니다.

셋째, 인터넷 표본은 전체인구를 대표하지 못한다.

넷째, 자기선택의 편의(selfselection bias)를 범할 수 있다.

다섯째, 설문응답자에게 어떤 인센티브를 얼마나 어떻게 지불해야 하는지 잘 모른다. 여섯째, 설문조사시스템을 일단 설치해야 하므로 조사 초기에 고정비용이 많이 든다.

일곱째, 응답자의 프라이버시를 cyberjunk나 spam mail 등으로 침해할 수 있다.

Ⅷ. 설문지 작성법

설문지(questionaire)는 서베이 조사 등에서 자료수집을 위해 사용하는 방법이다. 설문지와 면접조사표는 모두 언어적 표현을 통해 응답자에게 질문을 하기 위한 도구로서 비슷하지만, 양자간에는 차이도 있다. 설문지는 응답자에게 전달되어 그들 자신이 조사자의 도움 없이 기입-작성하는 것이다. 이에 비해 응답자에게 직접 주어지지 않고 응답자에게 질문을 읽어주고 그답을 면접자나 관찰자가 기입-작성하는 것을 조사표(schedule)라 한다. 면접자가 기입-작성하는 것을 면접조사표(interview schedule)라 하고, 관찰자가 기입-작성하는 것을 관찰조사표(observation schedule)라 한다(남세진 & 최성재, 1988: 289-314; 김영종, 2007: 167-176; 김열, 1999: 243-259; Bailey, 1987: 104-142).

1. 설문지를 이용하는 이유

첫째, 조사결과의 비교가능성을 높일 수 있다. 모든 응답자에게 동일한 내용을 동일한 방식으로 질문을 하게 되므로 측정도구의 변화에 따른 측정의 오류를 최소화할 수 있다.

둘째, 빠른 시간에 핵심적인 정보만을 선별하여 비교적 객관적이고 솔직하고 정확한 정보를 입수할 수 있다.

셋째, 불필요한 내용은 설문지에서 삭제할 수 있고, 응답자가 무기명으로 응답을 기록하는 경우에는 매우 솔직한 응답이 가능하며 응답의 용이성과 정확성을 높일 수 있다.

2. 설문지의 구성요소

첫째, 응답자에 대한 협조요청이다. 이 부분에서는 조사자나 조사기관의 소개, 조사취재설명, 개인적 응답항목에 대한 비밀보장을 확신시켜준다.

둘째, 식별자료(identification data)이다. 각 설문지를 구분하기 위한 일련의 번호, 응답자의 이름, 조사자의 이름, 조사일시 등이다.

셋째, 지시사항이다. 우편조사의 경우 응답자가 혼자서 전체 설문지를 완성시킬 수 있도록 상세한 작성법을 기록한다. 지시사항에는 일반저긴 지시사항과 문항별 응답요령을 알려주는 구체적 지시사항이 있다.

넷째, 필요한 정보를 획득하기 위한 문항이다. 이 부분은 설문지에서 가장 중요한 부분으로 연구목적에 필요한 대부분의 자료가 수집되는 부분이다.

다섯째, 응답자의 분류를 위한 자료이다. 이는 응답자의 특성을 파악하기 위한 자료이다. 학력, 성별, 연령, 종교, 주거, 소득, 직업 등과 같은 인구통계학적 내지 사회경제적 변수들을 질문하게 된다. 질문을 할 때에는 응답자의 인격이나 프라이버시가 침해되지 않도록 주의한다.

3. 설문지 작성과정

설문지는 일련의 과정을 거쳐 체계적으로 작성한다.

1) 설문지 작성의 목적과 적용범위 확정

설문지를 작성하여 궁극적으로 얻고자 하는 것이 무엇인가 하는 설문지 작성 목적을 확정해야 한다. 또한 주어진 연구목적을 어떻게 하면 가장 효과적이고 효율적으로 달성할 수 있겠는가, 설문지를 어디에 또 어떻게 적용할 것인가를 설문지 작성 이전에 충분히 검토하여야 한다.

2) 질문내용 결정

설문지를 작성하는 목적을 달성하기 위하여 무엇을 질문할 것인가에 대해 결정해야 한다. 즉 연구목적이나 범위에 비추어 조사항목을 선정하는 등 연구주제와 관련된 질문의 내용을 구체적으로 결정해야 한다.

설문지에 포함되는 질문내용은 매우 다양하다. 이를 요약하면 다음과 같다.

첫째, 사실을 알아내기 위한 질문이다. 사실에 관한 질문은 응답자의 인구통계학적 특징(demogrants)이나 사회경제적 상태(socio-economic status), 또는 사건이나 현상의 경험에 관한 질문이다. 예를 들면 연령, 교육, 종교, 소득, 직업, 결혼관계, 성격, 주거, 취미, 사건, 현상, 환경 등이다. 수집된 사실은 신뢰성이 있는지를 항상 평가하여야 한다. 사건이나 현상에 대한 질문의 경우 응답자는 다음과 같은 사항을 검토하여야 한다. 그 사실에 대한 지식을 어떤 방법으로 얻었는가? 직접적 관찰인가, 추측인가, 소문에 의한 것인가, 다른 무엇인가? 응답자가 그 사실을 알려주는 동기는 무엇인가? 응답자의 사실에 대한 기억이 얼마나 정확한가? 이러한 물음이 신뢰성을 확인함에 도움이 된다.

둘째, 의견과 태도에 관한 질문이다. 태도(attitude)는 어떤 특정 주제에 대한 개인의 총체적인 경향, 신념, 편견, 두려움 등을 의미하고, 의견(opinion)은 이러한 태도를 말로 나타낸 것이다. 태도는 보통 여러 개의 진술로 구성되는 태도척도에 의해 측정되는데 반해, 의견은 하나의 진술에 대한 응답자의 동의 정도를 평가함으로써 측정된다.

셋째, 감정이나 느낌에 대한 질문이다. 사람의 행동을 이해함에 있어서는 그의 감정에 대한 지식이 최소한 그의 믿음에 대한 지식만큼 효과적이다. 설문지를 통해서 감정을 조사하는 가장 일반적인 방법은 다양한 정서적 반응–공포 불신 혐오 동정 열망 등–을 직접적으로 나타내는 문항을 포함시키는 것이다. 때로는 정서적 반응이 너무 복잡해서 둘 이상의 문항을 사용하는 경우도 있다.

넷째, 행위의 표준에 대한 질문이다. 다양한 사회적 상황에서 어떠한 행위가 적절한 것인가에 대한 개인의 규정은 여론의 지배적 분위기를 반영하는 것으로서 그리고 그러한 상황하에서 일으킬 개인의 행동을 예측하는 기초로서 관심의 대상이 된다. 적절한 행위에 대한 정의는 대체로 두 가지 구성요인을 가진다. 하나는 무엇을 해야만 한다는 윤리적 기준이고 다른 하나는 무엇이 실행할 수 있는 것이냐에 대한 실질적 고려이다. 개인이나 집단에 대한 사람의 행동은 그의 믿음, 감정 그리고 뿐만 아니라 현존의 상황에서 실행할 수 있는 행위가 무엇이냐에 대한 그의 생각에 의해서도 결정된다.

다섯째, 현재 또는 과거의 행위에 대한 질문이다. 한 개인의 현재나 과거의 행위에 대한 정보는 그 개인의 미래행위를 예측함에 있어 가치가 있는 지식이다. 이 행위에 대해 질문을 할 때에는 일반적인 것보다 구체적인 것이 타당한 대답을 얻는데 효과적이다. 확고한 예를 구체화한 다음 이것이 일반적인 것인지 아니면 특수한 것인지를 물어본다.

여섯째, 믿음, 감정, 행동, 방침에 대한 의식적 이유를 묻는 질문이다. '왜?'라는 이유에 대한 질문에 충분한 답을 얻기 위해서는 조사하려는 믿음, 감정, 행동, 방침 등에 영향을 미치는 다양한 요인들을 고려해야 하고, 이들 요인 각각에 대해서 여러 가지 질문을 해야 한다. 이유를 결정함에 관련된 고려사항을 대체로 나누어 보면 ⓐ 행위의 역사 ⓑ 반응을 유발한 실체의 특성 ⓒ 특정한 실체에 대한 믿음이나 방침 등을 지원하고 있는 것 ⓓ 특정한 반응에 포함된 개인적 욕망 동기 가치 또는 관심 ⓔ 반응이 일어난 구체적 상황 등이다.

3) 질문의 형태와 응답범주형식의 선정

질문의 내용이 결정되면 질문의 내용별로 질문의 형태와 방법을 선정한다. 즉 어떠한 형태로 또는 어떠한 문구를 써서 질문을 구성하는 것이 가장 적합한 것인가를 결정하는 것이다. 이는 질문을 어떠한 형식으로 제시하고, 요구하는 응답형식을 어떻게 표현하는가에 따라 응답의 질문과 내용이 달라질 수 있기 때문이다. 질문형태의 선택에 어떤 일반적인 원칙이 있는 것이 아니며, 연구의 진행절차, 주제의 성격, 응답자의 교육수준, 연구자가 의도하는 분석과 해석의 종류 등을 고려하여 결정해야 한다.

(1) 질문의 형태

질문의 형태는 다양하게 나타날 수 있다. 실제로 질문을 구성함에 있어서는 여러 형태를 혼용하기도 한다. 질문이나 문항은 언어구성에 있어서만 아니라 응답의 종류에 있어서도 상이하다. 각 방법을 나름대로의 목적을 가지며 동시에 장-단점도 갖고 있다.

① 개방형(open-ended)질문

개방형 질문은 응답자가 거의 아무런 제약 없이 자유롭게 대답할 수 있도록 응답범주가 상세히 구체화되지 않은 채 질문만 던지는 질문형식으로 자유응답식 질문이라고도 한다. 이 질문형식은 자유로운 응답을 하도록 설계되며 응답에 대한 특정구조를 전연 암시하지 않는다. 예를 들면 '귀하는 정부가 예산을 어느 분야에 가장 많이 배정해야 한다고 생각하십니까?' 같은 질문의 경우이다.

개방형 질문의 장점은 다음과 같다.

첫째, 개방형 질문은 조사자가 질문에 포함시킬 가능성 있는 모든 쟁점에 대해서 알지 못하고 있을 때나 또는 조사자가 어떠한 상황에 대한 기본적 쟁점이 어떠한 것인지를 탐색하려고 할 때 흔히 사용한다. 이러한 질문이 연구의 초기단계ㅔ서 많이 활용되는 이유는 이 때문이다. 실제로 개방형 질문의 중요한 기능은 폐쇄형 질문의 개발이라 할 수 있다.

둘째, 응답자의 감정을 개인적으로 진술함에 압력을 가하지 않는다는 것이다. 응답자로 하여금 상세하게 그리고 깊이 있게 대답할 수 있도록 한다. 만일 면접자가 설문지를 다루기 위해서 현장에 참석한다면 응답을 엄밀히 조사할 수 있고 적절한 방법을 사용해서 이것을 분명하게 할 수 있다. 이러한 도움은 응답자를 격려하여 보다 충실하고 보다 사려 깊은 대답을 하게 한다.

이 방법의 단점은 다음과 같다.

첫째, 응답률이 낮다는 것과 외적 타당성의 감소라는 면이 있다. 개방형 질문이 많으면 이것을 완성하는데 상당한 시간이 필요하며 긴 설문지는 응답자로 하여금 대답할 용기를 잃게 한다. 개방형 질문은 응답자에게 자신의 글로써 표현할 능력을 요구하기 때문에 교육수준이 높은 사람만이 응답할 수 있을 것이다. 교육수준이 동등하게 높은 인구집단을 상대로 연구할 때에는 오히려 개방형 질문을 활용해서 응답자의 전문성을 충분히 활용하는 것이 좋다. 둘째, 응답자에게 응답에 많은 심적 부담을 주며, 응답의 해석에 편견이 개입될 소지가 있다. 셋째, 측정오차의 문제인 내적타당도가 개방형 질문에서 심각하게 고려될 수 있다. 폐쇄형 질문처럼 선택이 한정되어 있지 않기 때문에 응답은 자료에 대한 주관적 견해를 담을 수 있다. 그러나 등급자 신뢰도는 결여될 수 있다. '당신은 기관에서 일하는 것이 만족스럽습니까? 라는 질문에 대해서 가령 한 사람은 '이 기관은 개인적 자율성을 보장하기 때문에 좋다'고 할 것이고, 다른 사람은 '상급자들이 별로 간섭하지 않기 때문에 좋다'라고 할 것이다. 물론 이들 두 대답이 동일한 범주에 속하는 것인지 아닌지를 결정하는 책임은 조사자에게 있다. 이 경우 응답을 잘못 분류하는 오류가 발생할 가능성도 배제하지 못한다. 이러한 오류는 '등급자 신뢰도의 결여'라고도 하는데 이를 최소화하는 방법은 두 사람 이상이 응답을 분류하게 하는 것이다. 개방형 질문을 분류하고 부호화할 때에는 반드시 등급자 신뢰도를 계산해야 한다. 등급자 신뢰도가 낮게 나타나면 그 이유를 찾아야 하고 만일 문제를 해결하기가 불가능하면 이 문항을 제거해야 한다.

② 폐쇄형(closed-ended)질문

질문문항과 함께 미리 범주화된 일정한 수의 응답카테고리(선택항목)을 제시하여 응답자로 하여금 선택하도록 하는 질문이다. 이 질문에서는 응답이 여러 가지로 구성된다. 즉 예, 아니오를 단순히 표현하거나, 찬성의 정도를 선택하거나, 응답범주 목록에서 하나 또는 그 이상을 선택한다.

예: 귀 사업장의 금년도 근로복지예산은 얼마입니까?
500만원 미만500만원-999만원1000만원-1499만원1500만원 이상

이러한 질문은 개별적 응답자로부터 신뢰성 있는 응답을 확보할 수 있는 장점을 가진다. 대답을 개별적으로 쉽게 비교할 수 있으며 분류나 부호화 절차에 많은 시간을 소모할 필요도 없다. 선택이 제공되어 있기 때문에 빈 칸으로 남겨둘 확률도 적다. 보다 중요한 장점의 하나는 주제에 관한 자료를 이끌어 낼 수 있다는 것이다.

개방형 질문으로 물어볼 경우 밝히기 꺼려하는 내용에 대해 폐쇄형질문을 사용함으로써 응답을 유도해낼 수 있는 장점도 있다. 예를 들면 소득수준과 같이 응답자가 구체적으로 밝히기 꺼려하는 내용을 개방형 질문으로 물어본다면 응답을 거절하는 경우가 빈번하게 나타난다. 이러한 경우 폐쇄형 질문을 사용하여 연구주제와 관련된 정보를 도출해 낼 수 있다.

폐쇄형 질문은 정교한 컴퓨터 프로그램 패키지에는 적합하지 못하다. 동간적 수준의 자료를 전제로 하는 통계분석을 위해서는, 개방형 질문이 보다 정확하고 보다 타당한 자료를 생산한다.

응답을 범주로 묶음으로써 중요한 자료를 얻지 못하게 된다. 가령 나이에 대한 질문의 응답범주를 1~5세, 6~10세, 11~15세, 16~20세, 20세 이상으로 했을 때 10세인 아동을 6세인 아동과 동일한 범주에 넣게 된다. 이것은 매우 부정확한 것이다. 폐쇄형 질문이 가진 또 다른 문제는 응답자가 자기의 대답에 적절한 응답이 제공된 선택

가운데 없다고 생각할 수 있다는 점과 그들이 한번도 생각해 보지 않은 것에 대해서 의견이 있는 양 대답을 하고 싶어진다는 점이다.

(2) 응답범주(응답지)의 형식

개방형 질문에 대한 응답범주는 응답자가 답을 쓰는데 필요한 공란(빈칸)이다. 조사자가 공란의 크기를 정해줌으로써 응답의 분량을 조절한다. 일반적으로 충분하게 답하도록 여백을 주며 필요한 경우 뒷면의 일정한 자리를 이용하도록 한다.

폐쇄형 질문에 대한 응답은 응답지 또는 선택지를 사용하며 기본적 형식은 양자선택(양분법), 선다형 그리고 척도법을 사용한다.

① 이분형 질문과 이분형 응답방식

이분형 질문(dichotomous questions)은 폐쇄형 질문의 한 형태로서 '예–아니오' '찬성한다–반대한다'와 같은 양분법으로서 간단한 문제나 찬반양론을 묻는 질문에 적당한 방법이다. 때론 두 선택지 사이에 '차이가 없다'는 등 중간응답이 필요한 경우가 있다. 또한 의견이 없거나 찬반이 아닌 의견을 가질 수 있기 때문에 '모르겠다' '의견없다' 등의 응답지를 제공해야 한다. 양분법의 선택지는 상호배타적이어야 한다.

② 선다형 질문과 선다형 응답방식

선다형 질문(multiple choice questions)은 세 개 이상의 응답카테고리(선택과목)가운데 하나를 선택하도록 하는 질문이다. 가능한 논리적으로 관련된 내용을 총망라하여야 하며 이들 간에는 상호배타성이 있어야 한다. 보통3~5개의 선택항목으로 구성되며 가끔 7개도 사용된다. 선택항목 가운데 자기의 의견이 가장 적합한 것 하나만 택하게 하는 것도 있고, 수에 제한 없이 선택하게 할 수도 있다. 선택항목을 구성할 때에는 의미가 있는 것을 모두 포함시켜야 하며 선택항목 사이에는 한계가 중복되지 않도록 명확히 해야 한다.

설문지를 면접에 사용할 경우 선택항목이 많으면 기억이 곤란하게 된다. 이 때는 선택항목이 적혀있는 카드를 만들어 응답자에게 보여준다. 응답지 가운데 '기타'라는 범주가 삽입되는데 이 경우 '기타'에 대한 답을 구체적으로 기입하도록 하는 것이 좋다. 이론상 '기타'에 표시한 응답의 빈도가 다른 주요한 응답보다 높은 경우는 응답지 구성이 잘못되었거나, 미숙함을 의미하며 이 질문의 분석적 의미는 상실된다.

예: 절대빈곤을 타파하기 위한 책임이 누구에게 있다고 생각하십니까?
1.정부 2.종교기관 3.기업 4.지역사회 5.친족 6.본인 7.기타 ________

③ 척도법 질문

척도법 질문은 양적이고 연속성을 가진 내용으로 구성된 선다형 응답방식이다. 선택항목은 가능한 한 동일한 영역에서 연속성을 가지도록 하고 높은 것에서 낮은 것으로, 좋은 것에서 나쁜 것으로 또는 그와 반대로 질서 있게 열거한다.

예: 당신은 귀사의 장애인 편의시설에 어느 정도 만족하고 계십니까?(선상에 V표를 하십시오.)

+3	+2	+1	0	−1	−2	−3
크게 만족	대체로 만족	만족	모르겠다	불만	대체로 불만	크게 불만

④ 서열형 질문

서열형 질문(ranking questions)은 일련의 응답카테고리들에 대해서 중요성, 선호나 우선순위 등에 관한 순서에 따라서 응답하도록 하는 질문이다. 즉 어떠한 문제에 대해 가능한 대답을 모두 열거해 놓고 중요한 순서, 좋아하는 순서, 또는 싫어하는 순서 등으로 구분하라고 하는 것이다. 이러한 형태는 정확한 수치를 제시할 수 없는 경우에 서열을 정함으로써 최소한 상대적인 서열에 관한 정보를 알 수 있기 때문에 중요하다. 이 경우 서열에 관한 정보를 알 수 없으며, 응답항목이 많으면 응답자가 판단하기 곤란하므로 가능하면 10개 항목 이내로 줄이는 것이 좋다.

예: 교회의 사명 가운데 중요하다고 생각하는 우선순위를 표시하십시오.
(1=가장 중요함3=보통5=가장 중요하지 않음)
전도( ) 예배( ) 교육( ) 봉사( ) 친교( )

⑤ 평정형 질문

평정형 질문(rating question)은 강도를 달리하여 서열화된 응답카테고리(선택항목)들 중에서 하나를 선택하게 하는 것이다. 3~5개 정도의 응답카테고리를 가진 Likert척도형 질문이 대표적으로 대답의 강도(intensity)를 파악하는데 유용한 질문양식이다.

예: 산업재해보상보험을 민영화하는 것에 대해 어떻게 생각하십니까?

1. 적극 찬성 ―――――――― 3. 중립 ―――――――― 5. 절대 반대

⑥ 행렬식 질문

행렬식 질문(matrix question)이란 동일한 응답 항목들을 가진 질문들을 체계적으로 묶어서 하나의 질문세트를 만드는 것이다. 평정형 질문의 응용형태이다. 이와 같은 질문형태는 질문지의 지면을 경제적으로 활용할 수 있고, 신속한 응답을 할 수 있는 장점이 있으나, 응답자가 모든 질문에 대해 유사하게 응답하려는 경향을 나타낼 수 있는 문제가 있다.

예: 장애인근로자 직장만족에 관한 조사에서, 귀하가 근무하는 직장은 어떻습니까?

문항	매우 그렇다	그렇다	보통이다	그렇지 않다	매우 그렇지않다
1. 일한 만큼 임금을 지급한다.					
2. 상사는 고충을 잘 해결해준다.					
3. 편의시설이 잘 되어 있다.					

⑦ 어의차형질문

어의차형(語義差形) 질문(semantic diffential questions)은 사물이나 개념에 대한 응답자의 반응을 평가한다는 점에서 평정형 질문의 변형으로 볼 수 있다. 서로 반대되는 형용사 어의(contrasting adjectives)양극을 평가한다는 점에서 평정형 질문의 변형으로 볼 수 있다. 서로 반대되는 형용사 어의()를 양 극단에 두고(), 이 사이에 5개 내지 7개 단계의 어의차 척도로 응답카테고리(선택항목)를 제시하여 djEJs 대상이나 개념에 대한 응답자의 반응을 측정한다.

예: M노인복지회관에 근무하는 사회복지사들이 노인들을 대하는 태도가 어떠하다고 생각하십니까?

	3	2	1	0	−1	−2	−3	
친절한	____:	____:	____:	____:	____:	____:	____:	불친절한
신속한	____:	____:	____:	____:	____:	____:	____:	느린
명랑한	____:	____:	____:	____:	____:	____:	____:	우울한
적극적	____:	____:	____:	____:	____:	____:	____:	소극적

⑧ 부수질문과 여과질문

여과질문(filter question)은 앞에서 제시되어 조사대상자의 일부를 거르는 질문이다. 부수 질문(contingency question)은 전체 응답자 중 일부 응답자에게만 해당되는 질문으로 폐쇄형 질문의 특수한 형태이다. 하나의 질문서를 구성하는 여러 질문 가운데, 어떤 질문들은 전체 응답자 중 어떤 특정한 응답자에게만 해당되는 질문이다.

예: 장애인 의무고용제도에 대해서 어떻게 생각하십니까? → 여과질문
1. 찬성 2. 반대
만일 반대하신다면 그 이유는 무엇이라고 생각하십니까? → 부수질문

---

(3) 질문의 어구 구성 및 문항배열

① 질문의 어구 구성

질문의 형식이 결정되면 실제로 질문을 작성하게 되는데, 질문에 사용하는 말은 무엇보다도 그 개념이 오해를 일으키지 않도록 명백해야 한다. 또한 가능한 한 보편적이고 상용적인 언어를 사용하고, 가치중립적인 용어를 사용하여야 한다. 설문지 속의 질문문항에 있어 가장 중요한 부분은 어구 구성이다. 이것은 사용하는 용어와 문장의 형식을 포함해서 질문의 내용과 성격까지 관계되는 것이다.

첫째, 질문문항은 명확해야 한다. 질문문항의 명확성은 주어진 질문이 무든 응답자에게 동일하게 인식된다는 것이다. 어떤 용어는 그 자체과 애매모호한 것이 있고, 일정 수준 이상의 교육을 필한 사람만이 이해할 수 있는 것도 있고, 특정집단에만 알려진 사투리나 특수한 언어도 있으며, 다른 집단에는 다른 의미를 가지는 것도 있다. 그러므로 사용하는 용어나 언어가 분명해야 한다.

쌍열질문(double-barreled question)은 피해야 한다. 한 문항에 두 가지 이상의 질문을 포함시킴으로써 애매모호함을 가중시키지 않아야 한다. 예를 들어 '당신은 청소년 통행금지 지역을 설정하는 것(A)과 청소년 통행금지 시간을 설정하는 것(B)에 대해 어떻게 생각하십니까?' 이와 같이 A and B 형태로 되어 있는 질문은 쌍열질문 내지 이중질문이 되어서 어느 한편만 찬성하거나 반대하는 경우에는 답변하기 애매하게 된다. 따라서 이러한 쌍열질문은 'A or B' 형태로 바꾸거나 A질문과 B질문으로 각각 분리하여 독립적으로 만들어야 한다.

> '당신은 청소년통행금지지역을 설정하는 것(A)과 청소년 통행금지 시간을 설정하는 것(B)에 대해 어떻게 생각하십니까?'(쌍열질문)
> ➡ 해결방안1) '당신은 청소년통행금지지역을 설정하거나 또는 청소년통행금지시간을 설정하는 것에 대해 어떻게 생각하십니까?'
> ➡ 해결방안2) '당신은 청소년통행금지지역을 설정하는 것에 대해 어떻게 생각하십니까?'
> '당신은 청소년통행금지시간을 설정하는 것에 대해 어떻게 생각하십니까?'

질문문항의 명확성을 확보하기 위한 가장 좋은 방법은 각 질문에 사용하는 용어를 주의 깊게 취사선택하고 실제조사에 들어가기에 앞서 모든 질문을 사전검사하여 다양한 배경, 집단 그리고 계층의 사람들에게 애매모호하지 않고 분명한 것인지를 확인하는 것이다.

둘째, 질문은 가급적이면 짧게 해야 한다. 응답자들은 긴 질문은 회피하거나 응답을 하지 않는 경향이 있다. 질문은 분명하게 하고 쟁점과의 유관성을 강조하려는 의도에서 가끔 길고 복잡한 문항을 연구하지 않는다. 응답자가 질문문항을 빨리 읽고, 질문의 취지를 쉽게 이해할 수 있어야 하며 어려움 없이 대답할 수 있도록 분명하고 짧은 문항을 제공해야 한다.

셋째, 언어구성을 적절한 수준에서 유지한다. 이것은 사용하는 용어의 난이도, 언어의 형식성 정도 그리고 속어나 구어의 사용 여부 등을 교육수준뿐만이 아니라 응답자와 조사자의 능력과 득성 등을 고려하여 적절하게 구성하고 유지하는 것이다. 언어의 난이도는 일차적으로 응답자의 교육수준에 달려 있다. 일반적으로 우편조사의 경우 면접조사에서보다 단순하고 쉬운 언어구성을 요한다. 왜냐하면 언어가 이해되지 못할 때 대답하지 않거나 틀리게 답하기 때문이다.

응답자와의 관계를 최고로 하기 위한 방안의 하나로서 응답자가 일상생활에서 사용하는 속어 은어 사투리를 질문속에 활용하는 것은 일반화의 문제가 있어 가능한 피해야 한다. 불가피한 대화는 사투리나 은어로 할 수 있으나 글은 반드시 표준어를 사용해야 한다. 그러나 설문지가 소규모의 동일한 하나의 하위인구에 한정해서 실시하는 것이라면 그러한 용어를 사용함도 무방하다. 그러나 조사는 공식적 관계이므로 가능한 공식적 언어가 사용되어야 한다. 응답자의 협조를 구하기 위하여 조사자는 자기들이 정통적 조사자임을 믿게 해야할 필요가 있다. 조사자는 자기들이 사회과학자임을 강조하고 권위를 가진 사람으로 보여야 한다.

넷째, 추상적인 것보다는 사실적 질문이어야 한다. 질문이 확고하고 구체적이면 대답도 명확하다. 개념과 응답범주가 명확해야 한다. 기억의 실패로 역사적 사건에 대한 질문에 대답하기 어려운 경우도 있다. 행복 사랑 정의와 같이 추상적 개념은 가능한 조작적 정의를 하여 구체적이고 경험적인 용어로 바꾸어 질문하여야 한다. 의견을 묻는 경우 응답자가 의견이 없는 경우도 있는데 이러한 때는 찬반의 응답형식을 활용한다.

다섯째, 유도질문은 조심해야 한다. 응답자를 유도해서 대답에 오류를 유발하고 특정한 응답이 나올 확률을 인위적으로 높이려는 의도는 없애거나 가능한 최소화시켜야 한다. 질문은 가장 중립적 위치에서 해야 한다.

성과 같은 민감한 주제나 자살과 같은 금기에 대한 주제는 명목적 대답을 하게 하는 경향을 지닌다. 명목적 대답이란 비록 특정 응답자에게는 틀린 대답일망정 사회적으로 바람직한(socially desirable) 규범에 맞추어진 대답을 말한다. 이것을 '사회적 요청에 의한 편의'라고도 한다. 응답자는 일탈적 행위나 금지하는 행동을 허용해서는 안된다는 압력을 느끼고 있다.

응답자로 하여금 비록 사회적 규범을 어기는 것이라도 진정한 답을 하도록 장려하는 전략에는 일반적으로 세 가지가 있다. 첫째로 응답자가 그런 행위에 관련되어 있다고 전제하고, 응답자가 실제로 관련되어 있지 않다면 이 행동을 강력하게 부인하도록 문항을 구성한다. 둘째는 사회적 범주에 모두가 의견일치를 하고 있지 않음을 밝히는 것이다. 셋째는 비록 규범에 어긋나는 행위이긴 하지만 실제로는 많은 사람들이 그 행위를 하고 있음을 지적하는 방법이다. 이 밖에도 보다 완곡하게 표현한다든다 비판보다는 칭찬을 하게 한다든가 하는 방법도 사용된다.

여섯째, 직접질문과 간접질문을 적적히 사용하여야 한다. 사실적 내용을 알기 위한 가장 편리한 질문은 직접적으로 하는 것이다. 그러나 직접질문이 응답자를 당황하게 하거나 또는 응답자의 기억이 불충분한 상태인 경우에는 간접질문이 보다 효과적이다. 특히 태도, 가치의식 그리고 과거의 경험에 대한 회상 등 중에서 응답자가 밝히기를 꺼리는 사항들을 다룰 때는 간접질문이 유용하다.

일곱째, 부정적 문항은 피해야 한다. 설문지의 문항이 부정하는 것일 때 자칫 질문을 잘못 해석할 가능성이 많아진다. 응답자의 오류를 최소화하는 방법의 하나는 부정적인 문항을 사용하지 않는 것이다. 예를 들면 '정부는 의료보험을 통합해서는 안된다'→'정부는 의료보험을 통합해야 한다.'

② 질문문항 배열

설문지를 작성하려면 마련된 어려 질문문항을 조직해야 한다. 이들의 배치 순서는 응답의 성격에 영향을 줄 뿐만 아니라 자료수집 활동을 좌우 할 수 있다. 일반적으로 문항배열에 있어 고려해야 할 사항은 다음과 같다.

첫째, 응답하기 쉬운 질문을 먼저 한다. 설문지의 첫 질문은 답하기 쉬운 것이어야 하며 분명하게 구분된 범주가 있는 것이어야 한다. 의견이나 믿음에 대한 것보다는 사실에 관한 것 그리고 깊은 생각을 요하지 않는 것이 좋다. 응답자로 하여금 조사에 응할 태세를 갖도록 하는 것이 중요하기 때문으로, 이 밖에도 흥미를 유발하는 것을 앞부분에 배치한다든가 위협적인 것을 뒤로 돌리는 것도 고려할 필요가 있다.

둘째, 민감한 질문이나 개방형 질문은 뒷부분에 배치한다. 성행위, 수입과 같은 민감한 질문이 앞부분에 있으면 응답자가 이 부분만 응답을 거부할 뿐만 아니라 뒤의 모든 질문에 응답하길 거부할 수 있다. 이런 질문을 뒤로 배치하면 이를 거부하더라도 앞부분의 응답을 살리게 된다.

개방형 질문은 대체로 응답하는데 깊은 생각과 시간이 필요하다. 이로 인하여 다른 질문에 응답할 시간이 없게 될 뿐만 아니라 응답하기가 어렵다는 생각을 주게 되어 질문 전체를 거부할 가능성도 있다.

셋째, 질문을 논리적으로 배여한다. 생활사는 시간의 순서에 따르고 하나의 내용이 끝난 후에 다음으로 넘어가도록 해야 할 것이다. 질문에 어떤 흐름이 없이 이것 저것을 두서 없이 묻게 되면 응답자는 조사의 의도를 잘 파악하지 못하고 혼동하게 된다.

넷째, 일정한 유형의 응답경향(response set)이 조성되지 않도록 문항을 배치해야 한다.

응답경향이란 응답자들이 질문의 내용이나 정확한 답을 깊이 고려하지 않고, 특정한 응답반응들을 되풀이하여 채택하게 되는 경향을 의미한다. 즉 질문내용에 상관없이 어떤 일정한 방향으로 질문에 응답하는 경향을 말한다. 응답경향은 언어구성보다 질문의 순서를 조절함으로써 바로 잡아야 한다. 어떤 동질적인 내용의 질문을 계속 묻는다든가, 같은 형식의 문항을 한데 모아둘 때에는 이러한 경향이 조성될 가능성이 있다.

다섯째, 신뢰도를 검사하는 질문은 서로 떨어져 있어야 한다. 신뢰도 점검을 위해서 동일한 내용의 질문이거나 같은 내용이지만 한번은 긍정적인 것으로, 또 한번은 부정적인 것으로 표현하는데, 이 둘을 앞뒤로 나란히 물어보게 되면 응답자가 질문의도를 간파하거나 응답경향을 나타낼 수 있다. 따라서 신뢰도 측정을 위한 질문은 가능한 멀리 떨어져 있어야 한다.

여섯째, 일반적인 것을 먼저 묻고 특수한 것을 뒤에 묻는다. 즉 문항이 담고 있는 내용의 범위가 넓은 것에서부터 점차 좁아지도록 문항을 배열하는 것이 좋다. 일반적인 것을 질문하여 알고자 하는 내용의 전체적인 윤곽을 설정한 후에 보다 세부적인 사항을 질문하는 것이다. 부수질문(contingency question)의 사용여부도 이러한 맥락에서 고려되어야 한다.

일곱째, 설문지에는 표지, 응답지침, 사전부호화 등이 포함된다. 표지의 모양과 구성이 보기 좋아야 하고 고유번호, 연구제목, 소개문 그리고 면접시에는 면접일자, 시간, 면접자의 이름 등이 포함되어야 한다. 응답지침은 응답자가 읽고 답하는 요령을 터득하도록 하는 것이다. 질문서의 문항들은 차례로 번호를 주어야 한다. 또한 문항이 폐쇄형일 때에는 미리 설문지에 부호를 주어서 따로 부호화하지 않아도 되도록 한다.

(4) 설문지의 외형 결정

자발적 협조를 할 수 있도록 질문지의 형태를 결정한다. 연구실시기관의 이름과 연구취지를 첫 장에서 밝히고, 질문지의 종이질과 인쇄에도 신경을 써야 한다. 질문지의 크기가 작을수록 응답자에게 질문작성이 쉬울 것이라는 인상을 준다. 사람들에게 익숙하고 관리에도 용이한 것을 사용한다. 주로 A4용지를 사용한다.

(5) 사전검사

사전검사(pre-test)또는 시험검사란 본조사를 수행하기 전에 본조사에서 실시하는 것과 동일한 절차와 방법으로 일정한 수의 사람들을 대상으로 질문지가 잘 구성되어 있는지를 시험해 보는 것이다. 질문내용과 질문순서를 결정한 다음 질문지의 초안을 작성하고, 사정검사를 실시하여 그 질문지를 가지고 정확한 자료를 수집할 수 있는지를 점검한다.

사전검사의 주된 기능은 설문지의 언어구성에 있어 모호하거나 부적절한 것, 중복되는 것이나 누락된 것을 찾아내고 배열 순서, 형식, 내용과 같은 것들이 적합하고 적절한 것인가를 확인 하는 일이다. 불필용하고 부적합한 문항을 제거하고 형식이나 언어가 잘못된 것은 수정하고, 보완을 요하는 내용은 추가하는 등 수정작업을 하게 된다.

사전검사는 반드시 한번 이상해야 한다. 본조사에서 연구할 표집대상은 제외하고 다른 사람들을 표본으로 삼아 실시한다. 이 경우 본조사의 표본과 비슷한 대상을 골라야 한다. 조사인구를 대표하는 사람들을 골고루 뽑아서 사전검사를 하지 않으면 의미가 없다. 사전검사의 표본수는 일정한 원칙이 없으나 대체로 20~50명이 적절하다.

설문지의 사전검사를 면접을 통해 실시하면 여러 가지 응답자의 자유스런 의견이나 반응을 얻을 수 있어 좋다. 면접이 아니고 자기 기입식으로 사전검사를 할 때에는 적절한 학력을 가진 사람으로서 자기 나름대로 의견을 개진할 능력이 있는 응답자를 선택해야 한다. 사전검사를 본조사에서 실시하는 것과 꼭 같이 해야 한다는 사람도 있다. 가령 우편조사법을 사용한다면 사전검사도 우편조사로 실시해야 한다는 것이다.

사전검사에서 최우선으로 분석하는 것은 응답자의 특별한 비평과 의견이다. 이것에 근거하여 언어구성이나 응답범주를 후정하고 필요하다면 어떤 질문은 빼기도 한다. 물로 응답자의 평가나 제안을 모두 수용해야 할 필요는 없다. 무응답의 수가 많은 질문에 대해서는 이것이 부수질문인지를 본다. 응답자가 부수질문에 해당되지 않는 사람들로 구성될 수 있기 때문이다. 부수질문이 아니라면 그 이유를 여러 가지로 찾아야 한다.

사전검사는 예비조사(pilot study)와 차이가 있다. 예비조사는 조사연구에 있어서 연구주제에 관한 충분한 사전지식을 얻기 위해 행해지는 비교적 소규모의 그리고 비조직적인 탐색적 조사의 성격을 띤 현지조사이다. 예비조사가 질문지 작성의 사전단계에서 실시되는데 반하여, 시험조사는 질문순서가 결정되어 질문지의 초안이 만들어진 후에 질문지를 시험해 봄으로써, 질문의 내용, 어구구성, 질문형태, 질문순서 등에 있어서 여러 가지 오류를 찾아내어 수정하고 본 조사의 집행에 필요한 자료를 수집하는 과정이다. 시험조사는 예비조사보다 훨씬 형식이 갖추어진 단계이며, 모든 절차가 본조사 때와 똑같이 진행되어야 한다.

(6) 인쇄 및 편집

사전검사를 통해 필요시 질문지를 수정하고 모든 것이 순조롭다고 확인되면 비로소 질문지를 인쇄한다. 이 때 인쇄된 질문지가 응답자에게 호감을 주고 중요한 것이라는 인식이 들도록 크기, 용지, 활자, 표지, 공간, 번호, 부호 등 여러 가지를 세밀히 검토해야 한다.

Ⅸ. 서베이 조사의 장단점

자료수집 방법으로서 서베이 조사(survey reaserch)는 설문지, 면접, 전화 등을 이용하여 응답자로 하여금 연구주제와 관련된 질문에 답하게 함으로써 체계적이고 계량적으로 실증적 자료를 수집, 분석하는 연구조사방법이다. 서베이 조사는 궁극적으로 모집단 전체를 연구의 대상으로 하고 있지만 시간과 비용의 제약으로 인해 일반적으로 모집단에서 추출된 표본을 대상으로 분석한 후 그것을 기초로 전체 모집단에 대하여 추론을 하게 된다. 자료를 얻는 방법에 따라 서베이는 우편설문조사, 개인면접조사, 전화면접조사로 분류할 수 있다. 서베이 조사는 다음과 같은 장단점을 갖고 있다(김영석, 1999:195-196;김해동,1986:79-81;채서일,1992:173-177).

1. 서베이 조사의 장점

서베이 조사는 다음과 같은 장점이 있다.

첫째, 서베이 조사는 대규모 모집단으로부터 풍부한 정보를 비교적 적은 비용으로 얻을 수 있다. 따라서 규모가 큰 모집단의 특성을 묘사하는데 유용하다. 서베이 조사를 통해 조사자들은 많은 변수들에 관한 정보를 얻을 수 있다.

둘째, 현실적인 상황하에서 이루어지기 때문에 현실의 상태를 비교적 정확하게 반영하는 자료를 얻을 수 있다. 이 정확도는 표본 오차의 범위 내에서의 정확도를 의미한다.

셋째, 표본오차가 있기는 하지만 비교적 타당성이 높은 정보를 얻을 수 있다. 특히 확률 표집방법을 사용하면 적은 숫자의 표본을 분석하여 나온 결과가 전수조사를 한 경우보다 더 정확한 정보를 제공할 수 있다.

넷째, 연관성 있는 여러 연구주제에 필요한 자료를 한번의 조사를 통해 얻을 수 있어 한번의 조사로 여러 주제에 대하여 연구할 수 있으며, 동일한 자료를 이용하여 다양한 주제에 대하여 연구할 수 있다.

다섯째, 자료의 범위가 넓다. 규모가 큰 모집단으로부터 수집된 자료는 그 범위가 넓기 때문에 일반화의 정도와 수준이 높다.

여섯째, 일반적으로 실험실 실험, 현지 실험, 현지조사와 비교할 때 비용이 많이 들어가지만, 서베이 조사는 우리가 얻는 정보의 양이나 가치를 생각하면 경제적인 정보수집이라고 할 수 있다.

일곱째, 일괄적인 설문지를 사용하므로 객관적으로 측정할 수 있다.

여덟째, 비교적 공간적 상황에 구애받지 않고 실시할 수 있다.

2. 서베이 조사의 단점

서베이 조사는 다음과 같은 단점이 있다.

첫째, 응답자의 심리적인 상태를 파악할 수 없으므로 피상적인 결과가 나타나기 쉽다. 응답자의 내면적인 사항에 대한 정보는 질문을 통하여 정확하게 얻어지는 성질의 것이 아니기 때문에 결국 피상적인 대답이 되어 버릴 수 있다. 서베이 조사에서 획득한 많은 양의 정보는 심도 있는 정보를 희생하고 얻어진 것이라는 비판도 있다. 서베이 조사는 성격상 어떤 문제를 깊이 파고드는 조사라기보다는 광범위한 자료를 얻는 조사이다.

둘째, 실험설계에서는 변수들간의 인과관계를 밝히기 위해서 외생변수나 매개변수들에 대한 통제가 이루어졌으나 서베이 조사에서는 이러한 통제가 불가능하기 때문에 변수들간의 인과관계를 규명함에 있어서 내적 타당도가 결여될 수 있다.

셋째, 서베이는 주로 한 시점에서 행하고 끝나는 경우가 많기 때문에 시계열적인 정보를 얻기 힘들다. 따라서 이러한 문제의 해결을 위해서는 패널방법이 이용된다.

넷째, 서베이 조사는 고도의 조사지식과 기술을 요한다. 서베이의 성공적 실행을 위해서는 많은 연구지식과 실습경험이 뒷받침되어야 한다. 즉 표본설계, 설문지 작성, 자료의 분석 등에 필요한 여러 가지 기술적 측면에 세심한 주의를 하지 않는 경우 서베이로부터 양질의 자료수집은 기대하기 힘들다.

다섯째, 표본추출을 사용하는 조사는 모두 표본오차()를 갖게 된다. 서베이 조사에서 얻은 정보가 상대적으로 정확하다고 할지라도 어느 정도의 오차는 존재하기 마련이다.

여섯째, 설문지를 모든 응답자들을 대상으로 그들이 모두 이해할 수 있게 구성하기 때문에, 소수의 특수한 집단을 대상으로 하는 질문이 누락될 수 있다.

일곱째, 서베이 조사의 분석단위가 개인이기 때문에 좀더 광범위한 사회적 맥락을 다루기 어렵다.

여덟째, 처음에 작성한 연구설계를 변경하지 않고 연구가 끝날 때까지 유지하기 때문에 현장연구에 비해 돌발적인 연구상황에 유연하게 대처할 수 없다.

아홉째, 서베이 조사는 오직 과거 행동에 대한 회상의 기록들이나 미래에 대한 가설적인 행동에 관한 기록을 수집할 수 있을 뿐이다. 서베이 조사에서 어떤 사람이 보수적인 성향을 보였다고 해서 그 사람이 보수적인 행동을 하리라는 보장은 없다. 따라서 서베이 조사로는 사회적 행동(social action)을 측정하지 못한다.

열 번째, 태도를 측정한다는 것 자체가 태도에 영향을 미칠 수 있다. 그 이전에는 특정 주제에 대해 아무런 견해가 없다가도, 그 주제에 관해 어떻게 생각하느냐는 질문을 받게 되고 나서야 그 문제에 대해서 생각해 보고 의견을 형성하게 될 수 있다.

열한 번째, 서베이 조사는 모든 사람이 의견을 가지고 있고, 모든 의견이 똑같은 무게를 지니고 있으며, 질문할 만한 가치가 있다는 사실을 전제로 하여 이루어진다. 그러나 이러한 전제는 그 자체가 논쟁거리가 될 소지가 있다.

chapter_ 8 | 실험연구와 실험설계

Chapter 8

실험연구와 실험설계

1. 실험연구와 실험

1) 실험연구의 의의

실험연구(experimental research)란 실험을 통하여 자료를수집하고 분석하는 연구이다. 실험(experiment)은 연구자가 하나 이상의 독립변수를 의식적으로 조작(操作, manipulating)하거나 외생변수를 통제하여 그 독립변수들이 종속변수에 미치는 영향을 측정하거나, 독립변수로 인한 종속변수의 변화상태를 관찰하는 것이다.

일반적으로 실험에 있어서는 외부로부터의 독립변수(실험변수)가 아닌 제3의 변수가 종속변수에 미치는 영향을 통제하고, 독립변수를 하나 이상의 집단에 도입하고 반면 어느 한 집단에는 도입하지 않은 후 양집단간의 차이를 관찰함으로써 독립변수가 종속변수에 미치는 효과를 측정한다. 여기서 실험변수인 독립변수의 조작이 이루어지는 집단, 즉 실험조치를 실시한 집단을 실험집단(Experimental Group: EG)이라고 하고, 동일하게 무작위적으로 구성되거나 단지 독립변수의 조작을 하지 않는, 즉 실험조치를 실시하지 않은, 비교집단을 통제집단(Control Group: CG)이라고 한다. 실험은 독립변수의 효과적인 조작을 통해서 실험집단과 통제집단을 구분하고 실험집단과 통제집단을 비교를 통해서 실험의 효과를 평가한다.

실험은 일종의 체계적이고 정교한 관찰이다. 이는 단지 관찰자가 관찰하고자 하는 현상이 일어나는 조건(독립변수, 실험변수)을 의도적으로 조작함으로써 연구에 보다 적합한 내용을 관찰한다는 점에서 일반적인 관찰과 다르다. 어떤 현상이 일어나는 조건을 조작(manipulation)하는 것을 실험조건의 조작이라고 하며, 이는 연구의 초점이 되는 현상과 관련된 변수들만을 선별하여 관찰하려는 것이지 사실을 왜곡하려는 의도에서 행하여 지는 조작(造作, fabrication)을 의미하는 것이 아니다.(채서일, 1992:119-120)

사회과학에서 모든 연구는 가능한 한 실험을 통해 수행되는 것이 바람직하겠으나, 실제상으로는 연구대상의 성격상 실험적 연구를 수행함에 있어 제약이 많다.

2) 실험의 특징

실험연구의 수단인 실험은 다음과 같은 특징을 지닌다.(이관우, 1978:252-253)

첫째, 실험은 효율적이고 효과적으로 변수를 조작하고 통제하려 한다.(실험은 변수분산을 통제하고, 독립변수의 분산을 최대화하며, 외부변수를 통제하고, 오차분산을 최소화하기 위한 연구이다.)

둘째, 실험은 연구대상에 대한여러 변수 간의 원인-결과관계, 즉 인과관계 내지 인과성(causal relation or causality)을 주로 파악한다.

셋째, 실험은 보다 체계적이고 정밀하게 인과관계를 파악하고, 독립변수를 의식적으로 조작한다는 측면에서 실태조사(survey)와 다르다. 실태조사는 자연적 상황에서 연구대상에 있어 변수를 '있는 그대로' 관찰하는 것인데 반해, 실험은 인위적으로 상황을 엄격하고도 명백하게 조작하여 외생변수를 통제하고 독립변수(실험변수)를 조작함으로써 독립변수가 종속변수에 미치는 영향을 관찰하는데 주된 목적이 있다.

넷째, 실험은 문헌조사, 경험조사, 사례연구 등과 같은 사후연구(ex post facto research)와 구별된다. 인과관계분석 등에 관한 연구라는 측면에서는 유사하지만, 실험은 미래지향적인데 반해 사후연구는 과거지향적이다. 즉 사후연구가 시간적으로 이미 발생한 변수관계에 대한 파악이라면, 실험은 앞으로 일어날 변수관계에 대한 파악이다. 또한 사후연구는 실태조사(survey)에 있어서와 마찬가지로 변수를 조작할 수 없다.

다섯째, 실험은 실태조사의 성격을 가지면서도 사후연구의 성격을 갖는 현지연구(field study)와 구별된다. 현지연구는 자연적인 조건하에서 관찰이 이루어지는 장점이 있으나, 관찰에 있어 변수의 통제가 불가능하다는 단점이 있다. 반면, 실험은 실험조건을 인위적으로 조작한다는 단점이 있으나 변수의 조작과 통제가 이루어진다는 장범이 있다.

3) 실험의 목적

실험의 목적은 인과관계를 추론하려는 연구자의 능력을 혼동시킬 수 있는 다른 변수들을 통제하면서 독립변수(실험변수, 설명변수)가 종속변수에 미치는 효과를 측정하는 것이다. 구체적으로 실험은 다음과 같은 목적을 가지고 있다.(소영일, 1995:347−348, Kerlinger, 1966, 381−2)

첫째, 실험은 순수하고 오염되지 않은(pure and uncontaminated) 통제된 조건하에서 독립변수(x)와 종속변수(y)간의 관계를 파악한다. 실험자는 x는 y에 영향을 미치는가? 어떻게, 얼마나 영향을 미치는가? 그러한 관계를 함수관계[y=f(x)]로까지 나타닐 수 있는가? 등과 같은 관계를 파악하려 한다.

둘째, 실험은 기존의 이론이나 연구결과로부터 도출된 명제나 가설에 대한 검정을 시도한다. 때로는 이미 제시된 명제 등에 대한 타당성 여부의 검정하기도 하고 기존의 이론을 지지하거나 반증하기도 한다.

셋째, 실험은 이론체계를 정립하는 데 궁극적인 목적이 있다. 실험은 기존의 이론, 명제 또는 가설 등을 재정의하고 발전시키며, 새로운 가설을 형성함으로써 이론체계를 정립하는데 기여한다.

넷째, 실험은 새로운 가설이나 연구문제를 발견하는데 기여한다.

2. 실험연구의 종류

실험연구는 서로 다른 기준에 따라 여러 가지 유형이 있다. 실험상황에 따라 현지실험과 실험실실험으로 나뉜다. 또한 실험조작이나 통제의 정도에 따라 실험설계, 준실험설계, 전실험설계, 비실험설계 등으로 나뉜다(김열, 1999: 147−148; 소영일, 1995: 388−398; Bailey, 1987: 213−236; Kerlinger, 1966: 379−382).

1) 실험상황에 따른 분류

실험상황에 따라 실험적 연구는 실험실실험과 현지실험으로 구분된다.

(1) **실험실실험**(laboratory experiment)

실험실실험은 실험자가실험목적을 위해 인위적으로 연구상황을 구성하고 실험을 실시한다. 실험실실험은 조사문제에 직접적으로 관계되지 않는 모든 외생변수의 영향을 가능한 최소한으로 축소할 수 있도록 상황을 조작하고 통제하고, 독립변수를 효과적으로 조작함으로써, 독립변수가 종속변수에 미치는 영향을 가능한 명확히 관찰하려고 한다.

실험실실험은 대체로 다음과 같은 특징을 갖고 있다; 첫째, 실험조사자는 어떤 현상을 연구하기 위하여 인위적으로 연구상황(setting)을 조성한다; 둘째, 실험조사자가 실험대상자를 실험집단과 통제집단에 배정하는 것을 통제한다; 셋째, 실험조사자가 종속변수에 영향을 미친다고 생각되는 독립변수를 실제로 통제한다. 넷째, 실험조사자는 하나 혹은 몇 개의 관심있는 독립변수를 조작한다. 실험실실험의 장단점은 다음과 같다;

① 장점

㉠ 측정의 정확성이다. 실험실에서 측정은 고도로 통제된 상황하에서 이루어지기 때문에 다른 조사방법과 비교해서 일반적으로 보다 정확한 측정을 할 수 있게 된다. 이는 측정오차를 최소화하고 동시에 외생변수가 미치는 영향의 정도를 최소화할 수 있기 때문이다.

㉡ 내적타당도를 높인다. 실험자가 실험집단과 통제집단에 실험대상자를 할당하는 것을 통제함으로써 내적타당도저해요인을 감소 내지는 제거할 수 있기 때문에, 실험실실험의 결과로부터 인과성(causality)을 추론할 수 있게 된다.

㉢ 외생변수(extraneous variables)의 통제이다. 실험실 실험은 종속변수에 대해 영향을 주는 외생변수의 개입을 효과적으로 통제할 수 있다.

㉣ 무작위화(randomization)할 수 있다. 연구대상(subject)을 무작위 표집하고, 무작위로 실험집단과 통제집단에 용이하게 할당할 수 있다.

㉤ 조작이 용이하다. 조사자가 한 개 이상의 독립변수를 원하는대로 용이하게 조

작함으로써, 독립변수를 정확하고 명백하게 규정할 수 있다. 따라서 그 조작력이 강하여 연구가 정밀하게 이루어질 수 있다.

ⓑ 재현할 수 있다. 어떤 특징의 연구결과는 차후의 연구에서 반복적으로 다시 그대로 실시할 수 있다.

② 단점

㉠ 인위적 상황이다. 실험실실험의 상황이라는 것은 항상 일정 실험만을 위해서 지나치게 인위적으로 특별히 만들어진 상황이기 때문에,실험결과를 그와는 다른 실제 상황에 적용하기 어려운 경우가 발생하므로 실험결과를 일반화시키는 데 제한적이다. 실험상황이 보다 인위적이기 때문에 실험실실험은 독립변수의 영향이 현지실험보다 약하다. 실험상황이 인위적이면 인위적일수록 그 변수의 영향력은 작아진다.

㉡ 계량화에 집착한다. 실험실실험은 실험결과를 지나치게 계량화시키려고 노력하는 경향이 있다. 이러한 과정에서 신뢰성과 타당성이 있는측정도구의 개발이 필요하게 된다.

㉢ 지나친 정밀성이다. 실험실실험은 지나치게 실험상황을 지나치게 정밀하게 분석하려는 경향이 있다.

㉣ 외적 타당도의 결여이다. 대체로 실험실실험은 실험결과를 보다 많은 상황과 사람들에게 적용시킬 수 없기 때문에, 외적 타당도(external validity)가 결여되어, 일반화의 정도(generalizability)가 약하게 된다.

㉤ 연구불가능한 현상도 있다. 연구에 따라서 실험실 상황에서는 도저히 연구할 수 없는 현상도 있다.

㉥ 조작하기 어려운 변수도 있다. 성별, 학력, 인종, 장애, 출신지역, 지능, 연령, 등 인구통계학적 변수나 사회경제적 변수들 가운데 상당 수는 실험자가 직접 단기간에 조작할 수 없는 변수들도 많이 있다.

㉦ 윤리-도덕적으로 어려운 경우도 있다. 실험에서의 조작은 윤리적 도덕적 문제로 인해 수행되기 어려운 경우가 있다.

㉧ 현실성 부족이다. 실험실 상황과 실제 상황은 다를 수 있기 때문에 실험상황과 결과에는 현실성이 결여되어 있다.

㉨동시조작에 한계가 있다. 실험실 실험에서는 세 개 이상의 독립변수를 동시에

효과적으로 조작하기 어렵다.

ⓩ 가식적일 수 있다. 실험실 실험에서 외생변수가 적절히 통제되지 않으면, 독립변수가 종속변수에 미치는 영향은 가식적(假飾的, spurious)일 수 있다. 현지상황이 실험실 상황과는 달리 독립변수 이외의 다른 외생변수들이 실험대상자에 영향을 미치고 있다. 따라서, 실험연구를 통해 어떤 인과관계가 나타났을지라도, 현지상황에서는 그와같은 인과관계가 나타나지 않을 수 있으며, 설령 인과관계가 나타났다 하더라도, 독립변수가 종속변수의 변화에 미치는 영향력의 크기는 다를 수 있다.

(2) 현지실험(field experiment)

현지실험(field experiment)은 현장실험이라고도 번역된다. 현지실험은 실제의 자연적 상황하에서 현지의 사정이 허용하는 한 주의깊게 실험조건을 통제하고, 하나 이상의 독립변수들을 조작함으로써, 종속변수의 변화를 논리적으로 연구하려는 목적을 지닌 연구이다.(김해동, 1986:219) 현지실험은 외생변수의 영향에 대한 통제력에 있어 다소 정도의 차이가 있을 뿐 실험실실험과 큰 차이는 없다. 실험실 실험은 외생변수 통제력이 매우 큰 반면, 현지실험은 외생변수 통제력은 실험실실험의 경우보다 작다. 그러나 현지실험은 실험실내에서는 실험할 수 없는 것을 실험할 수 있다.

현지실험은 다음과 같은 특성을 갖고 있다; 첫째, 조사가 자연적 상황에서 실시된다. 둘째, 실험자는 하나 이상의 독립변수를 조작한다. 그리고 동시에 그 이외의 외생변수를 가능한 한 통제한다; 셋째, 그와 같은 조작이 하나 이상의 종속변수에 미치는 영향을 체계적으로 관찰한다.

① 장점

㉠ 무작위화(randomization)이다. 현지실험은 실험대상(subject)의 무작위 할당(random assignment)이 가능하다. 실험대상을 무작위적으로 할당하면 외생변수가 종속변수에 미치는 영향을 통제할 수 있다.

㉡ 독립변수의 조작이다. 현지실험은 독립변수(실험변수)의 조작을 통해, 독립변수가 종속변수에 미치는 영향을 측정할 수 있다.

㉢ 독립변수의 영향력이 크다. 현지실험은 그 독립변수의 영향이 실험실 실험의

경우보다 더 강력하다. 이런 상태는 실험적 상황이 보다 자연적이며 실재적이면 실재적일수록 그들 변수의 영향력은 강해지기 때문이다.

㉣ 외적 타당도가 높다. 현지실험은 자연적인 실재상황에서 현장을 연구하기 때문에, 유사한 다른 상황에도 일반적으로 적용할 수 있는 가능성이 크게 되므로 연구의 외적 타당도(external validity)가 실험실 실험보다 더 높다.

㉤ 자연적 상황이다. 현지실험은 있는 그대로의 자연적 상황하에서 전개되는 복잡한 사회적 상호작용, 동태적 상황(dynamic situation), 영향관계, 과정, 변화 등을 연구하기에 적합하다.

㉥ 이론체계형성에 기여 한다. 현지실험은 기존의 이론을 검정하거나, 가설을 검정하고, 자연발생적 변화의 분석에도 응용할 수 있어, 현실적합한 이론체계를 형성하는데 기여할 수 있다. 또한 사회복지 임상현장에서 다양한 실제 문제를 해결하는데에도 적절히 활용될 수 있다.

② 단점

㉠ 통제력 부족이다. 현지실험은 실험실실험과 같이 실험상황을 엄격하게 통제하지 못한다. 따라서 독립변수와 종속변수 간의 인과관계를 명확하게 주장하기에는 부족하다.

㉡ 조작력 부족이다. 현지실험도 독립변수의 조작이 가능하기는 하지만 실험실실험에 비해 대단히 제약되어 있으며, 실제로 불가능한 경우가 많이 있다.

㉢ 정밀성 부족이다. 연구결과의 정밀성이 실험실실험에 비해 낮다. 실험실 상황에서처럼 종속변수의 변화를 정확하게 측정하기가 어렵다.

㉣ 연구자의 편견가능성이다. 실험과정에서 연구자가 불편부당한 입장을 견지하지 못하고 편견을 갖게되면, 연구자의 이러한 태도는 실험결과에 영향을 미치게 된다.

㉤ 법률적-윤리적 문제이다. 현지상황에서의 독립변수의 조작이 때로는 볍률적 혹은 윤리적 문제를 야기할 수 있다.

㉥ 자연성의 손상이다. 실험자가 독립변수에 대해 행한 조작의 강도가 크면 클수록, 실재 상황의 자연스러움이 손상되기 쉽다.

㉦ 객관성의 손상이다. 현지실험에서 조사자가 실험대상과 관련된 조직과 장기적인 접촉을 유지해야만 하는 경우, 조사자의 객관성은 손상되기 쉽다. 또한,

실험대상자와 현지에서 접촉하기 위해서는 그들과 관련된 조직의 최고관리자(예:시설아동에 관한 연구의 경우 아동복지시설장)의 승인이 필요하게 된다.

ⓞ 친밀감 형성이 어렵다. 현지실험의 경우 실험대상자와 친밀감(rapport)을 형성하기가 어려우며, 어떤 경우에는 실험대상자가 실험조치를 거부하는 경우도 있다.

ⓩ 연구대상자의 불만이다. 현지실험의 실험조치가 어떤 이익을 가져다 줄 경우, 실험조치가 행해지지 않는 통제집단 구성원들은 불만을 갖게 되는 경우가 있다. 반대로 현지실험의 실험조치가 불이익을 가져오는 경우, 실험집단이 불만을 갖게 되는 경우도 있다.

ⓒ 상호작용에 따른 문제이다. 실험조치를 행한 실험집단 구성원과 실험조치를 행하지 않은 통제집단 구성원들간에 의사소통이나 상호작용이 있게되면 실험조치(독립변수)가 종속변수의 변화에 미치는 순수한 효과를 산정하기가 어렵게 된다.

(3) 실험실 실험과 현지실험의 비교

실험실실험과 현지실험을 타당성, 비용, 시간의 측면에서 비교해 볼 수 있다.(소영일,1995:395-396) 타당성의 측면에서 살펴보면, 실험실실험에서 조사자는 외생변수들을 최대한으로 통제할 수 있다. 따라서 독립변수가 종속변수에 미치는 영향을 정확히 파악할 수 있어 높은 내적 타당도를 갖는다. 그러나 실험실의 인위적 성격 때문에 , 보다 더 현실적인 상황에 대한 일반화가능성이 상실된다. 즉 외적 타당도가 낮다. 반면에, 현장에서 이루는 실험은 내적 타당성도는 낮지만 외적 타당도는 높다. 현장실험은 외생변수들을 통제하지 못하는 경우가 흔히 있으므로 유사한 실험을 별도로 수행해야 할 필요가 있다. 비용과 시간적 측면에서 살펴보면, 일반적으로 실험실 실험은 현장실험에서보다 비용과 시간이 적게 든다. 즉 실험실 실험은 보다 단순하고, 규모가 더 작고, 실험기간이 더 짧고, 지역적으로 더 엄격하게 한정되고, 따라서 실험을 관리하기가 더 쉽다.

〈 실험실 실험과 현지실험의 비교 〉

요인 \ 실험	실험실 실험	현지 실험
내적 타당도	높음	낮음
외적 타당도	낮음	높음
비용	적게 소요됨	많이 소요됨
시간	적게 소요됨	많이 소요됨

2) 실험조작이나 통제의 정도에 따른 분류

실험연구에 있어서 독립변수의 조작가능의 정도와 다른 변수나 조건의 통제 정도에 따라 실험설계를 네 가지로 구분할 수 있다. 이 네가지는 실험설계, 준실험설계, 전실험설계, 비실험설계이다. 이 부분은 본장의 후반부에 설명한다.

3. 실험연구와 서베이 조사의 비교

실험연구와 서베이 조사는 그 속성상 대체로 다음과 같이 비교된다.

㉠ 실험은 연구자가 의식적으로 하나 이상의 독립변수를 조작하여 그 변수들에게 일정한 연구집단을 노출시키므로 그에 따른 종속변수의 변화상태를 관찰하는 것이다. 서베이조사(survey research)는 설문지, 면접, 전화 등을 이용하여 응답자로 하여금 연구문제와 관련된 질문에 답하게 함으로써 체계적이고 계획적으로 실증적 자료를 수집-분석하는 조사방법이다.

㉡ 실험연구에서는 변수들간의 인과관계를 밝히기 위하여 변수들을 조작하고 외생변수를 통제하였으나, 서베이 조사에서는 이러한 조작이나 통제가 불가능하기 때문에 변수들간의 관계를 규명하는데 있어서 내적 타당성이 결여될 수 있다.

㉢ 실험은 조사자가 독립변수를 조작하는 반면, 서베이조사는 조사자가 독립변수를 조작하지 않는다.

㉣ 서베이조사에서는 인과관계를 탐색하기 위해서는 조사자는 과거소급적 내지

사후적(ex post facto) 연구를 수행한다. 즉 결과를 관찰하고 그리고 나서 원인을 탐색한다. 이러한 상황에서는 변수들의 적절한 발생순서나 다른 가능한 독립변수들의 영향을 명확히 규정하기 어렵다. 반면에 실험의 경우 아직 밝혀지지 않은 미래의 상황을 사전적으로 탐색해 나아가는 연구이며, 실험을 진행하는 과정에서 변수 간의 발생순서나 독립변수의 영향을 명확히 규정할 수 있다.

ⓜ 실험연구는 서베이조사보다 일반적으로 비용은 적게 들지만, 연구대상자의 수가 적어 양적으로 한번에 많은 정보를 얻기 어렵다. 반면, 서베이 조사는 실험연구보다 많은 사람들로부터 많은 정보를 얻을 수 있다.

ⓑ 실험연구 가운데 실험실실험 경우는 인위적으로 실험상황을 구성하기 때문에 현실성이 부족하다. 그러나 현지실험은 실재의 자연적인 실험상황에서 실험이 이루어지기 때문에 현실을 적절히 반영하는 자료를 제공할 수 있다. 서베이조사는 현실적인 상황하에서 이루어지기 때문에 현실의 상태를 비교적 정확하게 반영하는 자료를 제공할 수 있다.

ⓢ 실험연구 가운데 실험실실험은 제한된 실험실 상황으로 인해 외적타당도가 낮지만 현지실험의 경우 자연적 현지상황에서 이루어지기 때문에 외적타당도가 높다. 서베이 조사는 표본오차가 있기는 하지만, 무작위표집을 사용하는 경우 표본의 대표성을 확보할 수 있어외적 타당도가 높은 정보를 얻을 수 있다.

ⓞ 실험연구의 경우 현실적으로 한번에 세 개 이상의 독립변수를 조작하기 어렵기 때문에 다양한 변수에 관한 자료를 얻기 어렵고 연구주제도 단편적이다. 반면에 서베이 조사는 연관성이 있는 여러 변수들에 관한 자료를 한번의 조사를 통해 얻을 수 있으며, 동일한 자료를 이용하여 다양한 주제에 관해 연구할 수 있다.

ⓙ 실험연구의 경우 장기간에 걸쳐 연구가 수행될 수 있기 때문에 시계열적인(time-series) 자료를 획득할 수 있으나, 서베이조사는 주로 한 시점에서 횡단조사가 행하여지고 종료되기 때문에 시계열적인 정보를 얻기어렵다. 시계열적인 정보를 얻기 위해서는 별도의 종단조사(패널조사나 경향조사)를 실시해야 한다.

4. 인과관계

사회복지조사는 인과관계를 검증함으로써 사회복지정책이나 실천이론을 형성하고, 개입현장에서 표적문제에 대한 해답을 구하고 개입활동의 효과성을 증명하는데 종종 사용된다. 사회복지조사의 상당 부분은 상관관계이지만 조사자는 상관관계를 바탕으로 하여 인과관계를 체계적으로 유추하려 한다(Bailey, 1987: 47-55; 채서일, 1992: 45-64; Rubin & Babbie: 262-289).

1) 인과관계의 의의

사회복지분야 뿐 아니라 다른 사회과학분야에서 오랫동안 사회적 현상과 사회구성원의 문제의 원인과 결과간의 관계를 규명하는 활동을 전개하여 왔다. 인과관계란 원인과 결과간의 관계이다. 인과관계의 함의는 어떤 특정한 현상의 속성 또는 발생(X)이 다른 속성 또는 발생(Y)을 결정하는 요인이라는 것이다. 이러한 인과관계(causality, causal relation, causation)의 추론은 오랫 동안 인류의 역사와 더불어 많은 철학자들에 의해 논쟁이 되어 왔으며, 현재도 그 논쟁이 계속되고 있다. 일반적으로 어떤 현상의 원인이 무엇인가를 규명하는 것은 쉽지는 않다.

사회복지학과 같은 사회과학의 목적 가운데 하나는 일반적인 현상에서 인과관계를 찾는 것이다. 사회과학은 인과관계를 근거로 변수들간의 관계를 밝힘으로써 지식이나 이론을 형성한다. 인과관계에 대한 추론은 가설적인 원인인 독립변수가 가설적인 결과인 종속변수에 어떻게 영향을 미쳤으며 그 강도는 얼마나 되는가를 밝히는 것이다.

사회과학에서 사용하는 인과관계는 일반적으로 사용되는 의미의 인과관계와 다소 차이가 있다. 인과관계란 통상적으로 'X라는 원인이 Y라는 결과를 발생시킨다'고 결정론적으로 표현한다. 그러나 사회과학에서는 인과관계를 결정론적으로(deterministic) 표현하지 않고, 'X라는 원인이 Y라는 결과를 발생시킬 수 있다'고 확률적으로 표현한다. 그 이유는 특정 원인인 독립변수 이외에 결과변수인 종속변수에 영향을 미칠 수 있는 다른 독립변수들이 한 개 이상인 경우가 대부분이고, 또한 이들 다른 독립변수들이 종속변수에 미치는 영향을 완벽하게 통제할 수 없기 때문에 인과관계를 명확하고도 결정론적으로 밝히기 어렵다.

신빙성 있는 인과관계의 추론은 과학적인 조사방법에 의해서 수집된 정보를 바탕으로 이루어져야 한다. 사회과학에서 많은 현상이 서로 연관되어 순환되기 때문에, 인과관계는 종종 순환성(circularity)을 띤다. 어느 시점에서 원인은 결과현상에 영향을 미치고, 결과현상은 다시 원인이 되어 다른 결과요인이나 이전의 원인에 영향을 미쳐 변화를 일으킨다.

Rubin과 Babbie는 인과관계가 존재하기 위한 세가지 필수조건을 제시한다; 첫째, 원인이 결과보다 시간적으로 선행되어야 한다. 둘째, 두 변수들은 경험적으로 서로 상관되어야 한다. 셋째, 관찰되어진 두 변수 간의 경험적 상관관계가 존재하는 것은 어느 제3의 변수가 두 변수에 영향을 미쳤기 때문이라고 핑계를 대어질 수 있어서는 안된다(Rubin & Babbie, 1993: 362-363).

2) 인과관계의 개념

인과관계란 어떤 요인 X가 있을 때 이 요인 X가 언제든지 다른 요인 Y를 선행하며(antecedent), 요인 X는 항상 요인 Y를 예측가능하게 하는 경우를 말한다. 상관관계의 경우는 인과관계와는 달리 요인 X가 반드시 요인 Y를 선행해야 되는 것도 아니고, X가 항상 Y를 예측가능하게 하는 것도 아니다.

인과관계에 대한 다양한 견해들을 모두 충족시킬 수 없지만 사회복지학과 같은 사회과학적 입장에서 인과관계의 개념을 한정해보면 다음과 같다.

첫째, 원인으로 추정되는 변수와 결과로 추정되는 변수가 동시에 존재하며, 상호 연관성을 가지고 변화하여야 한다. '고학력일수록 소득이 높다'는 가설을 검증하기 위해서는 교육수준의 변화가 있는 경우에는 반드시 소득수준의 변화도 일어나야 한다.

둘째, 원인과 결과를 추정하기 위해서는 원인이 결과보다 시간적으로 우선하여야 한다. 날씨가 더워지면 아이스크림이 잘 팔린다.

셋째, 사회과학에 있어서 인과관계는 미시매개체수준을 전제로 하지 않는다는 것이다.

넷째, 사회현상을 연구하는 것은 통제된 조건하의 폐쇄시스템이라기 보다는 개방시스템(open system)을 전제로 할 수밖에 없다.

다섯째, 사회현상을 연구하는 것이 개방시스템을 전제로 하므로 인과관계에 있어서 결과를 발생시키는 원인이 여러 가지가 있을 수 있다.

여섯째, 사회과학의 연구가 개방된 시스템에서 이루어지고 여러 가지 원인이 작용하게 되어 이론이 완벽할 수 없고, 확률적일 수 밖에 없다는 것이다. 사회과학의 연구드은 자연과학의 연구들과 달리 변수 간의 확률적인 관계만을 이야기하는 것이 일반적이다.

일곱째, 사회과학에서 많은 외생변수가 존재하여 이론이 100% 정확히 맞을 수는 없으므로 가능하면 원인과 결과간에 작용하는 외생변수들을 통제하여야 한다. 원인이 여러 가지 있는 경우 다른 원인은 모두 일정하게 하고 한 가지만을 변화시킨 후 결과의 변화를 관찰하여야 한다.

여덟째, 사회과학에 있어서의 인과관계는 원인의 조작이 가능하면 보다 바람직하게 된다. 즉 추정된 원인이 조작이 불가능한 원인인 경우 이러한 사회현상의 연구는 사회현상의 문제해결에 도움을 줄 수없으므로 이론의 가치가 떨어진다.

3) 인과관계의 기초

인과론의 기초는 필요조건과 충분조건에 관련되어 있다. 그러나 이 두 조건을 동시에 갖춘 완벽한 필요충분조건을 사회복지분야나 다른 사회과학분야에서 찾아보기는 어렵다. 따라서 제3의 조건으로 기여조건, 부수조건 또는 대립조건을 찾게 된다.

(1) **필요조건**(necessary condition)

독립변수(원인변수) X가 종속변수(결과변수) Y의 필요조건인 경우는 X가 없이는 Y는 존재하지 않지만 X의 존재가 항상 Y를 존재하게 하는 것을 의미하지 않는 경우이다. 예를 들면 마약경험은 마약중독의 필요조건이다. 왜냐하면 마약경험 없이는 마약중독이란 있을 수 없지만, 마약경험이 있다고 해서 항상 마약중독이 되는 것은 아니다. 즉 마약경험은 마약중독에 필요하지만, 마약경험만으로 마약중독이 되는데 충분하다고 말할 수 없다. 따라서 마약경험은 마약중독을 유발하는 부분적인 원인에 불과하다. 이런 경우 마약경험은 마약중독의 필요조건이다. 필요조건하에서 독립변수(X)가 종속변수(Y)에 영향을 미칠 가능성을 증가시키는데 기여하는 제3의 다른 변수(Z)가 존재하게 된다. 이 제3의 변수의 존재를 기여조건이라 한다. 위의 예에서 마약경험자가 음주를 하는 경우 마약중독이 될 가능성은 더 높아진다. 이 때 음주는 마약경험자가 마약중독자가 될 가능성을 높이는 데 기여하는 기여조건이다.

〈 필요조건과 기여조건 〉

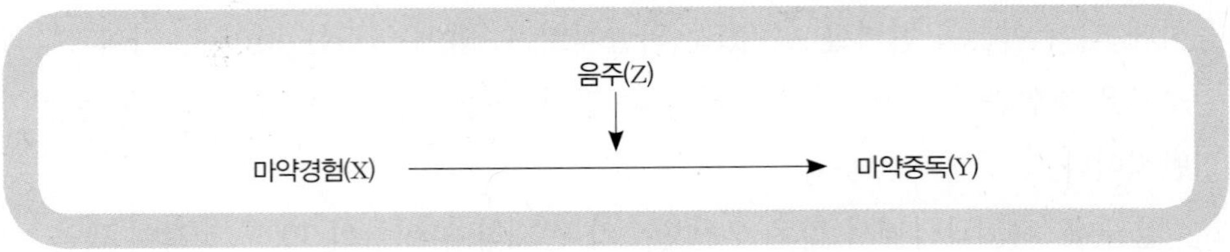

통계적으로 기여조건은 상호작용계수(interaction term)를 활용해 분석할 수 있다. X, Y, Z 세 개의 변수만 사용하면 다음과 같다.

Y = a + b1X + b2XZ (XZ = '마약경험×음주'를 의미하는 상호작용계수)

(2) 충분조건(sufficient condition)

X의 존재는 Y의 발생에 영향을 미치지만 Y는 X가 없어도 발생할 수 있을 때 X는 Y의 충분조건이다. 흡연(X1)은 폐암(Y)의 충분조건이다. 흡연은 폐암의 원인이 된다. 그러나 흡연자만이 폐암에 걸리는 것은 아니다. 광산근무와 같이 폐암을 유발하는 다른 제2(X2), 제3의 원인(X3)들이 존재한다. 따라서 흡연은 폐암을 유발하는 부분적인 원인에 불과하다. 폐암은 흡연자가 아니더라도 발병할 수 있다. 이런 경우 흡연은 폐암의 충분조건이다. 여기서 X2와 X3는 X1과 동일한 수준에서 항상 독립적으로 존재하며 각자는 종속변수 Y의 원인이 될 수 있다. 따라서 X2와 X3는 X1과 동일한 수준에서 독립적으로 종속변수(Y)가 발생하는데 충분한 조건이 되는 대체원인이 되는 변수이다. 이러한 대체원인의 존재를 대립조건이라 한다.

〈 충분조건과 대립조건 〉

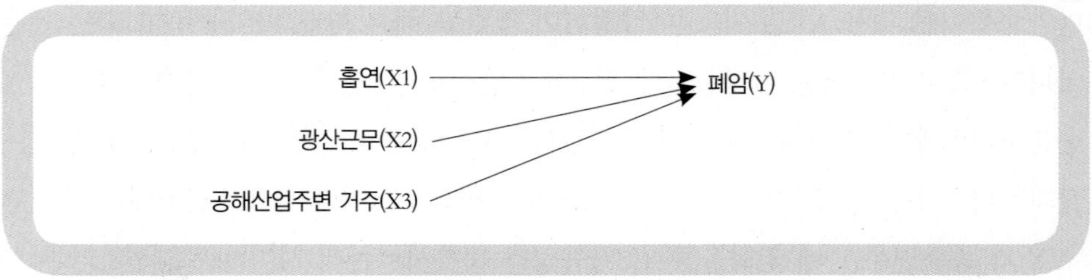

통계적으로 대립조건은 회귀분석 등을 통해 분석할 때 통제의 대상이 되는 독립변수들이다.

Y = a + b1X1 + b2X2 + b3X3(X1: 흡연, X2: 광산근무, X3: 공해산업주변 거주)

(3) 필요충분조건

X가 일어나지 않으면 Y는 절대 일어나지 않으며, X가 일어나면 Y가 언제나 일어날 때 X는 Y의 필요충분조건이다. 즉 X는 Y의 유일한 원인인고, 어떠한 대체원인이나 기여원인이 존재하지 않으므로 X 또는 Y가 단독으로 일어나는 경우란 있을 수 없다. 사회복지분야나 다른 사회과학분야에서 필요충분조건에 해당하는 실제 예는 찾아보기 어렵다.

위의 두 예의 경우는 필요충분조건에 해당하지 않는다. 왜냐하면 마약경험이 있다고 해서 반드시 마약중독이 되는 것이 아니며, 폐암이 흡연이 아닌 다른 원인 때문에 발생할 수도 있기 때문이다.따라서 마약중독의 발생을 이해하기 위해서는 다른(제3의) 기여조건을 발견해야 하며, 폐암이 되는 모든 원인을 이해하기 위해서는 대립조건을 발견해야만 한다. 기여조건이란 어떤 현상이 발생할 가능성을 증가시키는 데 기여하는 하나의 조건이며 이와같은 조건이 동일 수준에서 여러 개 있을 때 대립조건이 된다.

사회복지분야에서 주된 연구대상이 되는 개입활동이나 특정 정책대안의 효과는 종종 제3의 요인과 상호작용하여 표적집단의 행위나 정책결과에 영향을 미치게 된다. 그런데 이들 제3의 요인은 특정 환경하에서는 결과변수의 발생에 기여하지만은 다른 환경하에서는 결과변수의 발생에 기여하지 않는다. 제3의 요인이 결과변수의 발생에 기여할 수 있도록 하여주는 일련의 환경을 부수조건(contingent condition)이라 한다. 부수조건을 규명하는 것은 사회복지 실천과 복지정책분야에서 사회복지조사활동의 한 영역이다.

4) 인과관계를 추리하는 근거

인과관계를 입증하는 데 논리적인 근거를 제시하는 방법들은 다음과 같다.

(1) Mill의 실험방법

Mill은 인과관계를 추론하기 위한 세 가지 조건으로 첫째, 원인은 결과보다 시간적으로 앞서야 하고; 둘째, 원인과 결과는 관련되어 있어야 하며; 셋째, 결과는 원인이 되는 변수들만으로 설명이 되어야 하며 다른 변수들에 의한 설명은 제거되어야 한다. 즉 외생변수는 통제되어야 한다.

밀에 의하면 모든 사회조사에서 인과관계를 설명하는 데는 다음과 같은 실험방법이 사용된다.(이훙탁,1994:65-73)

㉠ 일치법(method of agreement)

(일치법) A, B, C, D 요인이 a, b, c, d 란 현상을 야기시키고,
A, E, F, G 요인이 a, e, f, g란 현상을 야기시키면,

요인 A는 현상 a의 근본원인이다.

일치법이란 두가지 또는 그 이상의 상황에서 특정요인 C가 나타나는 경우에 항상 특정사건 Z가 나타나게 된다면, 즉 특정요인 C의 출현이 항상 특정사건 Z의 출현과 일치하게 된다면, 특정요인 C는 특정사건 Z를 야기시키는 원인으로 생각된다는 것이다.

㉡ 차이법(method of difference)

(차이법) A, B, C, D 요인이 a, b, c, d란 현상을 야기시키고,
B, C, D 요인이 b, c, d란 현상을 야기시키면,

요인 A는 현상 a의 근본원인이다.

차이법이란 어떤 요인 C가 개재되는 경우에는 항상 특정사건 Z가 발생하지만, 요인 C가 개재되지 않으면 특정사건 Z는 결코 발생하지 않으면 요인 C는 특정사건 Z의 원인임을 말해준다는 것이다.

Ⓒ 공변법(method of concomitant variations)

(공변법) A, B, C 요인이 a, b, c란 현상을 야기시키고,
A+, B, C 요인이 a+, b, c란 현상을 야기시키며
A−, B, C 요인이 a−, b, c란 현상을 야기시키면

요인 A는 현상 a의 근본원인이다.

A, B, C 요인이 a, b, c란 현상을 야기시키고,
A+, B, C 요인이 a−, b, c란 현상을 야기시키며,
A−, B, C 요인이 a+, b, c란 현상을 야기시키면,

요인 A는 현상 a의 근본원인이 된다.

('A+, a+'란 A가 증가함에 따라 a도 같이 증가함을 의미하며, 'A−, a−'란 A가 감소함에 따라 a도 같이 감소함을 뜻한다. 또한 'A+, a−'란 A가 증가함에 따라 a가 감소하고, 'A−, a+'란 A가 감소함에 따라 a가 증가함을 의미한다.)

공변법이란 동시변화법이라고도 한다. 이 방법은 어떤 A라는 현상이 일정한 방향으로 변하는 데 따라, 이같은 A라는 현상이 변하는 방향과 같은 방향으로나 또는 다른 방향으로 어떤 B라는 현상이 따라서 변한다면 A는 B의 변화를 야기시키는 근본원인으로 생각된다는 것이다.

ⓔ 잔여법(method of residues)

(잔여법) A, B, C 요인이 a, b, c란 현상을 야기시키고,
B 요인이 b란 현상의 근본원인이며,
C 요인이 c란 현상의 근본원인이면,

요인 A는 현상 a의 근본원인이 된다.

잔여법이란 어떤 특정의 전체 상황중에서 일부분(a)이 어떤 요인(b)에 의해 야기된다는 사실이 밝혀지면, 남은 잔여부분(1−a)을 야기시키는 요인은 일부분(a)을 설명해주는 요인(b)을 제외한 여타의 요인(1−b)으로 자연히 설명된다는 것이다.

㉤ 일치-차이병용법(joint method of agreement and difference)

(일치-차이 병용법)
- A, B, C 요인이 a, b, c란 현상을 야기시키고,
  A, D, E 요인이 a, d, e란 현상을 야기시키며,
- A, B, C 요인이 a, b, c란 현상을 야기시키고,
  B, C 요인이 b, c란 현상을 야기시키면,

요인 A는 현상 a의 근본원인이 된다

일치-차이 병용법이란 일치법이나 차이법 한가지 만으로는 인과관계를 충분히 설명해줄 수 없는 경우, 이들 두가지 방법을 보완해서 사용하는 방법이다.

(2) 시간적 선행성

한 사건이 다른 사건의 원인이 되기 위해서는 다른 사건보다 시간적으로 먼저 발생하거나 거의 동시에 발생하여야 한다. 즉 원인적 요인의 발생은 결과적 요인의 발생 보다 시간적으로 선행되거나 거의 동시에 일어나야 하는 것이다.

(3) 가식적 관계의 배제

두 개의 변수 간의 관계에 영향을 줄 가능성이 있는 원인적 요인들이 미칠 수 있는 영향을 통제하거나 배제함으로써 특정 변수가 원인이 되는 독립변수임을 입증하는 방식이다. 즉 두 변수의 관계가 제3의 변수로 설명되는 가식적 관계(spurious relationship)가 되지 않도록 제3의 변수를 통제하거나 미칠 영향을 배제해야 한다.

(4) 통계적 관계성

추정되는 두 변수 간의 인과관계가 통계적으로 의미가 있다면(statistically significant), 그 관계가 직접적인 인과관계인가를 경험적으로 확인하여야 한다. 통계적 유의미성은 경험적 인과관계를 의미하는 것이 아니다. 가설설정은 주로 기존의 이론에 근거해 이루어지기 때문에 통계적으로 의미있는 가설적 인과관계를 경험적으로 확인할 필요가 있다.

(5) 개입–반응 효과

원인으로 추정되는 요인의 양과 빈도수를 증가시킴에 따라 표적문제의 양태가 일관적으로 심한 변화를 일으킨다면, 양자간에 인과관계가 있다고 판단할 수 있다.

(6) 기존 연구와의 일치성

두 변수 간의 관계에 대한 관찰의 결과가 기존의 연구결과에서 나타난 인과관계와 일치한다면 인과관계는 신빙성을 얻게 된다.

(7) 생물학적 타당성

두 변수 간의 추정되는 인과관계가 생물학적인 지식에 의해 적절히 부합되는 것으로 나타난다면, 이러한 정보는 두 변수 간에 인과관계가 있다고 규정하는데 도움이 된다. 특히 아동의 성장과 노인의 노화와 같은 분야에서의 인과관계추정에 있어서 생물학적 타당성은 도움이 된다.

(8) 관련성의 특이성(specificity of the association)

조사중인 원인요인이 오직 하나의 현상이나 집단에만 관련이 있고, 다른 현상이나 집단에는 관련이 없다면 인과관계는 추정될 수 있다. 예를 들면, 고혈압집단에는 치매발생률이 높은 반면, 정상혈압집단에서는 치매발생률이 극히 낮다면 고혈압과 치매발병간에는 인과관계가 있는 것으로 추정된다.

5. 실험설계

1) 실험설계(experimental design)의 의의

자연과학에서의 실험은 전형적인 실험환경인 실험실내에서 실험연구의 대상의 속성인 종속변수에 영향을 미칠 수 있는 다른 요인들을 통제하여 독립변수와 종속변수의 인과관계 또는 인과성(causal relation or causality)을 확인하는 과학적 탐구방법이다. 실험은 자연과학분야의 실험실내에서 뿐만 아니라 사회과학분야의 다양한 현장, 조직, 조직밖의 환경 등에서도 수행될 수 있다.

사회과학에서의 실험은 자연과학에서의 실험의 원리를 도입하여 사회현상에서의 인과관계를 과학적으로 탐구하는 조사방법이다. 사회과학에서의 실험은 실험실내에서 실험실실험으로 이루어지는 경우도 있지만, 주로 자연상황의 현지에서 현지실험으로 이루어진다.

실험설계는 조사자가 어떤 방법으로 자료를 수집하고, 어떻게 분석할 것인가를 가르쳐 줌으로써 실험을 효과적이고 효율적으로 수행하기 위한 기본 설계도면이자 안내서이다. 실험설계는 관찰을 통하여 현상내에 존재하는 원인(독립변수)과 결과(종속변수)를 구분하고, 외생변수를 엄격히 통제하여, 그들간의 인과관계를 체계적으로 규명함으로써, 조사문제를 해결하는데 필요한 자료를 획득하는 과학적 조사설계이다.

실험설계는 실천적인 조사방법이다. 실험설계는 연구문제에 대한 구체적인 해답을 얻기 위하여 설정된 가설을 검증하기 위한 실제적인 실천계획이다. 가설은 두 가지 이상의 변수들간의 관계를 가정적으로 제시하고 있다. 실험설계는 가설상에 나타난 변수들간의 관계를 명확히 규명하기 위해서 연구대상이 되는 독립변수(실험변수)를 조작(操作)하고, 이들 변수 간의 관계에 영향을 미치는 다른 요인이나 조건들, 즉 외생변수들을 통제함으로써 실험의 타당도를 향상시키도록 실험요소들을 구성한다. 또한 무작위화 등을 통해 실험결과를 일반화시키기 위한 방안도 강구한다. 자료를 수집하고 분석함에 있어서 타당성을 확보하기 위해서는 외생변수를 통제해야 하기 때문에 실험설계는 일종의 통제메카니즘이라고도 부른다.

실험설계는 가장 과학적인 조사설계로서 다른 조사방법보다 요구되는 조건들이 많고 엄격할 뿐만 아니라 매우 정교한 기술이 요구되어진다. 특히 사회과학분야에서 사회적 현상의 속성을 나타내는 변수들을 계량화하고 정확하고 객관적으로 측정하는데는 많은 어려움이 따른다. 이러한 어려움에도 불구하고, 20세기 들어와서 사회복지를 포함한 사회과학의 여러 분야에서 실험설계를 활용한 조사가 점차 증가되고 있다. 사회복지분야에서 실험설계를 가장 활발하게 사용하는 경우는 서비스나 실천방법의 효과성을 평가하는 경우이다(김영종, 2007: 91-110; 김해동,1986:207, 채서일,1992:119, 남세진 & 최성재,1988:81-104; Bailey, 1987: 213-236; Rubin & Babbie, 1993: 261-300).

광의의 실험설계(실험조사설계 또는 실험연구설계)는 독립변수의 조작가능성 정도와 조사상황에서의 다른 변수나 조건의 통제 정도에 따라 전실험설계, 순수실험설계, 준실험설계, 비실험설계로 나누어지며, 이 가운데 전실험설계와 순수실험설계를 협의의 실험설계로 본다. 많은 경우 순수실험설계를 실험설계라고 부른다.

2) 실험설계의 기본원리

실험설계의 원리는 실험설계의 근본 목적을 효과적으로 달성하고, 이 목적을 달성하는 데 저해가 되는 요인들을 극복하기 위한 기본적인 지침이이다. 일반적으로 제시되는 실험설계의 기본원리는 조사문제에 대한 해답을 제공하고, 분산을 통제하는 것이다.(김해동, 1986:199-207)

(1) 연구문제에 대한 해답의 제공

실험이란 연구자가 하나 이상의 독립변수를 의식적으로 조작하거나 외생변수를 통제하여 그 독립변수들이 종속변수에 미치는 영향을 측정하거나, 독립변수로 인한 종속변수의 변화상태를 관찰함으로써 연구문제에 대한 구체적인 해답을 구하는 것이다. 실험설계는 실험의 근본 목적인 연구문제에 대한 해답을 효과적으로 얻기 위하여, 가설상에 설정된 변수관계를 실재로 검증하기 위한 실천계획이다. 실험설계는 가설상의 변수관계를 검증하고 연구문제에 대해 해답을 제공해줄 수 있어야 한다. 따라서 실험설계의 기본원리 가운데 하나는 실험설계는 연구문제에 대한 해답을 효과적으로 제공하고, 가설을 적절히 검증할 수 있도록 작성되어야 한다.

(2) 분산의 통제

분산(variance)이란 자료의 중앙인 평균을 중심으로 관측값들이 퍼진 정도를 측정한다. 즉 평균치에서부터 각각의 값이 어느 정도 떨어져 분포되어 있는가를 측정하는데 사용되는 개념이다.[35] 실험의 타당성을 확보하기 위해서는 실험변수의 분산을 극대화하고, 외생변수를 통제하며, 오차분산을 최소화하여야 한다.

---

35) [분산(S^2) $=\Sigma(Xi - \bar{X})^2/(n-1)$ (Xi = 변수 X의 i번째 관측값, $\bar{X}$ = 평균, n = 표본수)]

① 독립변수(실험변수)분산의 극대화

실험연구에 있어서 실험자의 가장 분명한 관심은 독립변수(실험변수) 분산을 극대화(maximization of experimental variance)하는 것이다(독립변수는 실험변수, 실험적 독립변수 또는 원인변수라고도 불리운다). 실험변수분산은 체계적 분산이라고도 한다. 이는 실험자가 독립변수를 조작(操作)함으로써 종속변수에 나타나는 분산을 말한다. 독립변수의 조작에 의해 종속변수의 분산이 크게 나타난다면, 독립변수가 실질적으로 종속변수에 의미있는 영향을 미친다고 볼 수 있다. 독립변수의 조작이 종속변수의 분산에 실질적인 차이를 나타내지 못한다면, 종속변수의 총분산(total variance) 중에서 독립변수의 효과를 분리해 내기가 어려울 것이다. 따라서 독립변수의 영향이 현저해서 종속변수의 분산이 우연에 의한 것이 아니라는 것을 명백히 밝혀야 한다.

② 외부변수의 통제

외생변수의 통제(control of extraneous variables)는 조사목적 상 독립변수 이외의 변수들, 즉 외생변수들의 영향을 최소화시키거나, 무효화하거나, 고립화하는 것을 말한다. 즉 외생변수분산의 효과를 거의 없게 하거나 전혀 없게 만드는 것을 말한다. 여기서 '통제(control)'란 실험집단과 통제집단을 동등하게 만드는 것(equation)을 말한다. 즉 가설에 포함된 독립변수를 제외한 다른 변수들을 동등하게 통제하는 것을 의미한다. 이는 외적 타당도 저해요인을 통제하여, 즉 외생변수 요인들을 동등하게 하여, 조사의 타당도를 높이려는 것이다. 외생변수의 통제 방법은 후술하기로 한다.

③ 오차분산의 최소화

오차분산(error variance)은 조사연구에서 가장 흔히 볼 수 있는 분산으로, 확인되지 않은 조사대상자의 개인적 차이나 측정시 발생하는 오차와 관련되어 발생하는 변동이나 변화를 말한다.

> 총분산 = 체계적 분산 + 오차분산 ➡ 오차분산 = 총분산 − 체계적 분산

오차분산은 총분산 중에서 독립변수의 조작에 의한 종속변수의 분산인 체계적인 분산을 제외한 것으로 주로 연구자의 인간적 능력의 한계 때문에 발생한다. 연구자가 모든 변화요인들을 알 수 있다면, 그래서 모든 변화요인들을 실험에서 고려할 수

있다면, 체계적 분산만존재하지 오차분산은 존재하지 않는다. 체계적 분산의 경우 본질적으로 예측이 가능하지만 오차분산의 경우는 예측할 수가 없다.

오차분산의 발생원인에는 여러 가지 요소들이 있다. 첫째, 연구자가 확인할 수 없거나 통제할 수 없는 조사대상자의 개인적 차이에 따른 분산이다. 만일 이러한 개인적 차이에 따른 분산이 확인되거나 통제될 수 있다면 그것은 체계적 분산이 될 것이다. 둘째, 측정의 오차이다. 즉 실험과정에서 나타나는 반응의 차이, 추측, 무관심, 가벼운 일시적 피로, 기록의 실수, 조사대상에 대한 감정상태의 변화, 측정도구의 차이 등을 들 수 있다.

오차분산을 최소화하는 방법으로는 통제된 실험조건과 측정의 신뢰도 증가를 들 수 있다.

첫째, 실험조건이 통제되지 않으면 않을수록, 오차분산의 결정요소가 더 많이 작용할 수 있는 것이다. 이러한 이유 때문에 실험조건 및 상황을 주의깊게 통제하는 것이다. 둘째, 측정의 신뢰성(일관성)이 증가하면 오차분산이 감소한다. 측정의 신뢰성이 증가하면, 측정과정에서 발생하는 측정오차가 줄어들게 되어, 오차분산이 줄어들게 되는 것이다. 반대로, 측정이 신뢰성이 있으면 있을수록 체계적 분산을 보다 확실하게 확인하고 계산할 수 있게 되고 오차분산은 줄어들게 되는 것이다.

오차분산을 가능한 적게 하려는 이유는 체계적 분산에 유의성(有意性, significance)을 나타내는 기회를 제공해 주는 데 있다. 그런데 오차분산이 지나치게 크면 이러한 기회를 제공할 수 없다. 이것은 '총분산 =체계적 분산 + 오차분산'에서 통제되지 않은 측정오차 때문에 오차분산이 상대적으로 크게 되면, 체계적 분산, 즉 집단간의 분산(between-group variance)이 유의상이 있다는 것을 나타낼 기회가 줄어들게 되는 것이며, 그 결과 집단간의 유의미한 관계가 있다고 하여도 그 것을 발견할 가능성이 매우 적다는 것을 보여주는 것이다.

3) 실험설계의 기본구조

실험설계는 기본적으로세가지 조건이 만족되어야 한다. i)독립변수(실험변수)의 조작, ii)외생변수의 통제, iii)실험대상의 무작위화(채서일, 1992:120-122)

(1) 독립변수(실험변수)의 조작

독립변수(실험변수, 원인변수, 실험적 독립변수)의 조작이란 연구의 초점이 되는 현상 가운데 원인이 되는 변수인 독립변수를 실험자가 인위적으로 변화시키는 것을 말한다. 다시 말해서 실험자가 인위적으로 독립변수의 종류 및 변화의 강도를 조절하여 실험대상에 가함으로써 실험변수의 변화가 결과인 종속변수(결과변수)에 미치는 영향을 관찰하는 것을 의미한다. 예를 들어, 장애아동미술치료프로그램에서 미술활동이 장애아동들의 심리상태에 어떠한 영향을 미치는가를 알아보고자 할 때, 실험자는 장애아동을 두 집단으로 나누고 한 집단에는 미술프로그램을 실시하고 다른 집단에게는 미술프로그램을 실시하지 않고, 양 집단간의심리상태를 비교하게 된다. 이때 미술프로그램이 독립변수가 되고 실험자가 미술프로그램을 실시하거나 실시하지 않는 것이 독립변수의 조작이다.

(2) 외생변수의 통제

외생변수(extraneous variable)란 연구대상이 되는 현상 가운데 원인이 되는 독립변수와 결광니 종속변수 이외의 기타 변수들로서, 종속변수에 영향을 미칠 수 있는 변수들을 말한다. 이러한 외생변수가 종속변수에 미치는 영향을 제거하지 못하면 독립변수와 종속변수 사이의 인과관계를 정확하게 파악하는데 문제가 생기게 된다.

실험이 외생변수의 영향을 체계적으로 예방하거나 제거할 수 있도록 설계되어 질 때, 실험은 가장 과학적이고 정밀한 조사방법이 될 수 있다. 따라서, 실험설계를 통해서 이러한 외생변수들의 영향을 예방하거나 제거함으로써 관련 변수들간의 인과관계를 명확히 규명할 수 있어야 한다.'

(3) 실험대상의 무작위화(randomization)

실험대상의 무작위화(randomization)는 무작위 표집(無作爲標集, random sampling)과 무작위 할당(random assignment) 또는 무작위 배치로 나뉜다.[36] 첫째, 무작위 표집은 실험대상을 확률표집방법에 의거 무작위적으로 실험대상을 모집단으로부터 추출하

36) 무작위화(randomization)를 무작위 할당[random assignment, 무작위 배치, 난선화(亂選化), 무선화(無選化)]과 동일한 개념으로 보는 경우도 있으나, 엄밀히 구분하면 무작위화는 무작위표집과 무작위 할당 모두를 포함하는 개념이다.

는 것을 말한다. 무작위 표집은 실험결과를 보다 많은 상황과 사람들에게 적용시킬 수 있는 정도, 즉 일반화가능성(generalizability)을 증가시킴으로써 외적 타당도(external validity)를 향상시킨다. 둘째, 무작위 할당(배치)은 연구대상자들을 실험집단 및 통제집단에 무작위적으로 배치하는 방법이다. 무작위 할당는 조사대상에 일련 번호를 붙인 후 무작위숫자표(난수표)에서 번호를 찾아 해당되는 번호의 대상자를 실험집단과 통제집단에 번갈아 가면서 할당(배치)하든가, 번호나 이름 등을 작은 카드나 은행알 등에 적어 넣어 그것을 바구니 등에 넣고 작 섞은 다음 차례로 뽑아서 실험집단과 통제집단 등에 번갈아 배치할 수도 있다. 무작위 할당은 특정 속성을 가진 표본이 어느 한 집단에 집중됨으로써 발생하는 표집자편의(selection bias)현상을 방지함으로써 내적 타당도를 저해하는 외적 요인을 통제할 수 있다.

4) 실험설계의 기본 절차

실험설계는 일반적으로 다음과 같은 기본적인 절차를 통해 수행된다(Bailey, 1987: 220-231).

㉠ 대상 선정: 연구대상을 선정한다

㉡ 실험환경(experimental environment) 선정:실험을 실시할 환경(실험실 또는 현장:laboratory or field)을 선정한다.

㉢ 무작위 표집(random sampling): 연구대상자를 무작위적으로 표집한다.

㉣ 무작위 할당(random assignment): 연구대상자로 추출된 표본을 무작위적으로 실험집단과 통제집단에 배치한다.

㉤ 사전검사(pretest):연구대상자의 특성인 종속변수에 대한 사전검사를 실험집단과 통제집단에 실시한다.

㉥ 실험조치(experimental stimulus):실험집단에 대해서만 실험조치(독립변수,실험변수)를 실시하고, 통제집단에 대해서는 실험조치를 실시하지 않는다.

㉦ 사후검사(posttest):연구대상자의 특성인 종속변수에 대한 사후검사를 실험집단과 통제집단에 대해 실시한다.

㉧ 비교-검증: 사후검사와 사전검사를 실시했을 때 실험집단과 통제집단의 종속변수 간에 통계적으로 의미있는 변화가 있었는지를 비교검토한다. 즉 양 집단간의 사후검사측정치와 사전검사측정치간에 통계적으로 의미가 있을 만큼 차

이(statistically significant difference)가 있는지를 비교 검토한다. 만일 유의미한 차이가 있으면 독립변수와 종속변수 간에 인과관계를 갖는다는 가설은 수용이 되고, 유의미한 차이가 없으면 그 가설은 기각이 된다.

〈 실험설계의 기본절차 〉

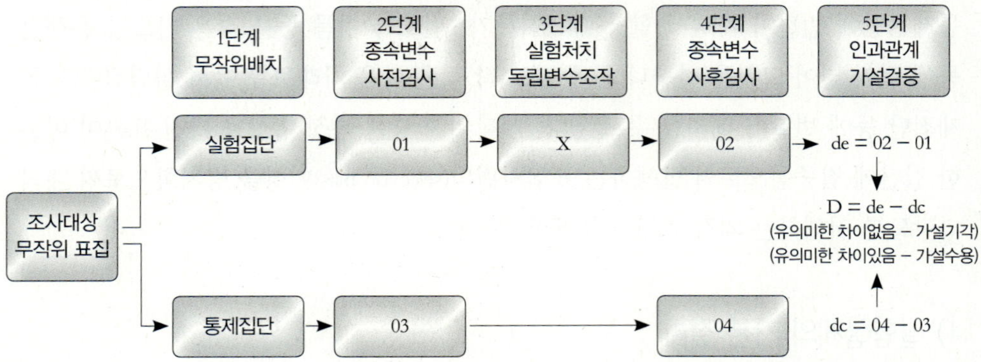

(O: 관찰값, de: 실험집단에 있어서의 사전–사후 검사 측정치 차이,
dc: 통제집단에 있어서의 사전–사후 검사 측정치 차이,
D: 실험집단과 통제집단간에 사전–사후 검사 측정치 차이))

5) 인과관계의 증명을 위한 실험설계 기본 요소

실험설계는 독립변수와 종속변수 간의 인과관계를 밝히기 위한 것이다. 변수들간의 인과관계를 규명하기 위한 형식적인 기본 요소들로는 변수, 가설, 변수들간의 상호작용, 변수에 대한 조작적 정의, 측정, 실험설계 모형, 내적타당도, 외적타당도 등이 있다.[37]

두 변수 간에 인과관계가 존재하기 위해서는 세 가지 필수조건을 충족해야 한다. 첫 번째 필수조건은 시간적 우선성(time precedence)이다. 원인이 결과보다 시간적으로 우선한다(The causes precede the effect in time). 두 번째 필수조건은 상관성이다. 두 변수가 경험적으로 서로 상관관계가 있어야 한다(Two variables should be correlated with one another). 세 번째 필수조건은 비가식적 관계(non–spurious relationship)이다. 두 변수 간의 관찰된 경험적 상관관계가 두 변수 모두의 원인이 되는 어떤 제3의 변수의 영향 때문에 존재하는 것으로서 설명되어져서는 안된다(The observed empirical correlation between two variables cannot be explained away as being due to the influence of some third variable that caus-

37) 상호작용효과는 두개 이상의 독립변수들이 상호작용함으로써 야기될 수 있는 문제이다.

es oth of them). 즉 두 변수 간의 관계가 가식적 관계(spurious relation)이어서는 안된다.

독립변수와 종속변수 간에 인과관계가 있음을 증명하기 위해 실질적으로 필요한 실험설계의 기본 요소로는 비교, 조작, 통제 세가지가 있다. 이 가운데 비교는 상관관계를 확인시켜주고, 조작은 시간적 우선성을 밝혀주며, 통제는 가식적 관계 여부를 확인시켜 준다.(Rubin & Babbie,1993:262-269, 김영종,1999:82-95, 남세진 & 최성재, 1987:87-95)

(1) 비교(比較, comparison)

비교란 실험조치를 실시한 집단과 실시하지 않은 집단간에 종속변수를 비교하거나, 특정집단의 사람들이 실험을 실행하기 전과 실행한 후의 종속변수에 차이가 있는지 알아보는 것이다. 비교의 방법을 통하여 두 변수 간에 상관관계가 있는지를 확인할 수 있다. 예를 들면, '만일 사회기술훈련(social skill training)을 실시한다면, 장애인근로자의 직장만족도는 향상될 것이다'라는 가설을 검증하기 위해서, 먼저, 사회기술훈련과 장애인근로자의 직장만족도간에 상관관계가 있다는 것을 밝혀야 한다. 이를 위해서 사회기술훈련을 실시한 집단과 실시하지 않은 집단간의 직장만족도를 비교해보거나, 사회기술훈련을 실시하기 전후의 직장만족도를 비교함으로써 사회기술훈련(실험조치,실험변수,독립변수)과 직장만족도(종속변수,결과변수)간의 상관관계를 파악할 수 있다.

(2) 조작(操作, manipulation)

조작이란 독립변수(실험조치)를 의도적으로 특정 시기에 도입하거나 실행시킨 후 종속변수의 변화를 관찰함으로써 독립변수의 도입 이전과 이후의 관계를 파악할 수 있던가, 또는 의도적으로 하나 또는 둘 이상의 집단에는 독립변수를 도입하고 다른 한 집단에는 독립변수를 도입하지 않고, 즉 실험집단과 통제집단을 의도적으로 구성한 후 양 집단의 종속변수 간의 차이를 파악함으로써 독립변수의 도입과 그에 따른 종속변수의 변화관계를 규명하게 된다. 독립변수와 종속변수 간에 인과관계가 존재하기 위해서는 독립변수가 시간적으로 먼저 도입되도록 의도적으로 조작하고 난 후, 그에 따라 종속변수의 변화가 시간적으로 뒤에 발생하였다는 사실을 보여주어야 한다. 즉 독립변수의 도입이 종속변수의 변화보다 시간적으로 선행함(time precedence)함을 보여주어야 한다. 실험설계에서는 독립변수의 의도적인 조작이 필수적인 요소가 된다.

(3) 통제(統制)

실험설계의 목적을 달성하기 위해서는 실험의 타당도를 저해하는 요인들을 파악한 후 이러한 요인들을 예방하거나 제거할 수 있도록 실험을 설계하여야 한다. 실험의 타당도를 저해하는 요인으로는 내적타당도 저해요인과 외적타당도 저해요인이 있다. 이러한 요인들은 각기 다른 통제방법을 갖고 있다. 척도에서의 타당도란 척도가 측정하고자 하는 것을 실제로 측정한 정도를 말한다. 그러나 인과관계를 추론할 때 척도란 의미가 다르다.

인과관계를 추론할 때 타당도는 내적 타당도와 외적 타당도가 있다. 내적 타당도(internal validity)란 연구결과가 한 변수가 다른 변수의 원인인지 아닌지를 정확하게 기술하고 있다고 확신하는 정도를 의미한다. 즉 독립변수의 변화가 실제로 종속변수의 변화를 야기시키는 정도 또는 실험적 조작이 유의할 만한 차이를 가져오는 정도를 내적 타당도라 한다. 앞에서 언급한 인과관계를 추론하기 위한 세가지 필수조건을 충족시키는 정도만큼, 연구는 내적타당도를 갖게 된다.

외적타당도(external validity)는 어떤 연구에서 기술되어진 인과관계가 그 연구조건을 넘어서서 일반화(generalizability)될 수 있는 정도를 의미한다. 외적타당도와 내적타당도 가운데 우선적으로 내적타당도를 높이기 위해 노력해야 한다.

① 타당도 저해요인

어떤 연구의 내적 타당도를 확인하는 것은 그 연구가 내적 타당도에 대한 다양한 저해요인들을 얼마나 잘 통제했다고 생각하는가에 대해 판단을 내리는 것이다. 따라서 먼저 내적 타당도 저해요인을 살펴보고, 그리고 이를 통제하는 방법을 강구하기로 한다.

㉠ 내적타당도 저해요인: 내적 요인과 외적요인

내적 타당도를 저해하는 요인 또는 위협하는 요인은 실험설계에 의한 실행과정에 직접 관련되는 내적 요인과 실험설계의 실행과정에 관계없는 외적 요인으로 구분할 수 있다. 캠벨과 스탠리 그리고 쿡과 캠벨을 몇가지 내적타당도 저해요인을 지적하고 있다.

ⓐ 내적 요인

내적 타당도를 저해하는 내적 요인은 실험설계에 의한 실행과정에 직접 관련되는 요인이다.)

i) 우연한 사건(history): 우연한 사건은 사전검사와 사후검사 사이에 발생한 통제 불가능한 사건을 말한다. 우연한 사건이란 역사책에 나오는 주요한 뉴스사건일 필요는 없다. 우연한 사건이란 외생적 사건(extraneous events)이 단순히 독립변수의 조작과 시간상으로 일치한다(coincide in time)는 사실을 단순히 나타내기 위해 사용된다.

예를 들어, 만일 집단활동 프로그램을 실시하면, 청소년들의 학업스트레스가 줄어들 것이라는 가설을 검증하기 위해 무작위화로 실험집단과 통제집단으로 나누고 실험집단에만 프로그램활동을 6개월 실시한 결과 실험집단 청소년들의 학업스트레스가 현격히 줄어들었다. 그런데 이 효과는 실험조치인 집단활동의 영향일 수도 있지만, 이 기간 동한 실시한 교내예술제의 영향일 수도 있다. 교내예술제는 우연한 사건으로써 독립변수(집단활동)의 영향을 흐리게 하고 또한 종속변수에도 작용을 할 수 있다.

ii) 성숙 또는 시간의 경과(maturation or the passage of time): 성숙 또는 시간의 경과는 연구기간중에 개인에게 일어나는 신체적 및 심리적 성숙을 의미한다. 사람은 연구의 대상이든 아니든 계속 성장하고 변화하며, 그 변화는 연구조사의 결과에 영향을 미친다. 연구기간이 길어질 때 성숙요인이 종속변수에 영향을 미칠 수 있다. 특히 아동의 자연성장, 노인의 노화나 퇴화의 영향이 클 수 있다. 예를 들어, 초등학교 학생들에 대한농구교실이 아동의 신장에 미치는 효과는 농구교실의 효과일 수도 있지만 그 기간동안 아동의 자연성장 결과일 수도 있다.

iii) 검사(testing): 그 검사가 측정하고자 하는 실제 구성체(real construct)에는 어떠한 상응하는 향상도 없이 검사과정으로 인해 검사점수가 높아지는 경우가 종종 있다. 즉 사전검사가 사후검사에영향을 미치게 되어 종속변수에 변화를 초래하게 된다.

예를 들면, 실직자재훈련과정이 실직자들의 자격증취득시험점수를 향상시키는데 도움이 되는지를 알아보기 위해 훈련 실시 전후에 실제 문제와 유사한 시험을 실시하였다. 그 결과 훈련 후 시험성적이 향상된 것으로 나왔다면 그것이 훈련 결과 때문이라고 생각할 수 있다. 그러나 사전검사가 끝난 후 훈련이 시작되기 전에 실험대상자가 사전검사의 시험문제에 대한 답을 찾아보고 동일한 시험을 사후검사에서 다시 보게 된다고 가정하면, 실직자들은 훈련에 참여하지 않고도 사후검사에서 더 높은 점수를 얻을 수 있을 것이다. 따라서 훈련의 참여(실험조치)가 시험점수 향상에 기여한다고 주장할 수 없다. 이와 같이, 사전검사의 점수가 낮은 경우, 조사대상자가 사전검사의 낮은 점수에 민감하여, 의식적으로 여러가지 노력을 한다면, 사후검사의 점수를 높일 수 있다. 이렇게 되면 사후검사의 결과 나타난 종속변수의 변화는 독립변수(실험조치)의 영향 때문인지 아니면 사전검사 결과에 대한 민감한 반응 때문인지 판단하기 어렵다. 때로는 사전검사에서 응답한 내용에 관해 참고자료를 찾아보거나다른 사람과 토의하여 사후검사에 응하거나, 사전검사에서 조사자의 의도를 파악하여 사후검사에서는 조사자의 의도에 부합하는 응답을 하는 경우도 있다. 이런 경우 사후검사의 결과가 실험조치 때문인지 아니면 사전검사를 실시한 때문인지 판단하기 어렵다.

iv) 도구사용(instrumentation): 도구사용의 문제는 사전검사와 사후검사시 서로 다른 검사도구(척도)를 사용하거나, 동일한 검사도구를 사용하더라도 신뢰도(reliability)가 낮은 검사도구를 사용한다면, 사후검사시 종속변수에 변화가 있더라도 이것이 독립변수(실험조치) 때문이라고 주장할 수 없다. 앞의 예에서, 사전검사 때에는 난이도가 높은 시험문제를 출제하고, 사후검사때는 난이도가 낮은 시험문제를 출제하였다면 사후검사시 시험점수의 향상은 검사도구의 때문인지 아니면 훈련참여 때문인지 판단하기 어렵다.

v) 통계적 회귀(statistical regression): 통계적 회귀현상은 종속변수의 값이 가장 높거나 또는 가장 낮은 극단적인 사람들을 실험집단으로 선택했을 경우 나타난다. 실험대상자가 극단적인 위치에서 실험을 시작한 경우, 그 이상으로 극단적인

양상을 나타내기 어렵게 된다. 조사대상자가 극단적인 위치에서 시작한 경우, 극히 높은 점수를 받은 사람은 실험조치를 행한 후 오히려 낮은 점수가 나올 수 있고, 반면 극히 낮은 점수를 받은 사람은 실험조치를 행한 후 크게 향상된 점수가 나올 수 있는데, 이러한 변화를 극단의 집단을 선택하였기 때문에 나온 결과로 인식하는 것이 아니라, 독립변수(실험조치)를 실행하였기 때문이라고 잘못 인식할 위험이 있다.

예를 들면 초등학교 방과후교실 프로그램에서 학업성적이 극히 낮은 학습부진아만을 선택하여 방과후교실프로그램을 실시하였다면, 사후검사에서 나타난 학업성적의 향상은 프로그램실시의 영향일 수도 있지만 더 이상 학업성적이 낮아질 수 없는 극단의 아동들을 실험집단으로 선택하였기 때문에 사후검사에서 크게 향상된 점수가 나왔을 가능성이 있다.

vi) 실험대상자 상실(experimental mortality): 피험자의 상실은 실험집단 또는 통제집단에 속해있는 사람들이 실험조사 진행과정에서 질병, 이사, 사망, 실험처리에 대한 싫증, 기타 이유 등으로 조사에 계속적으로 참여하지 못하고, 실험이 완결되기 전에 실험과정에서 탈락함으로써 통계적인 분석과 결론에 영향을 미칠 수 있다. 이와 같이 실험과정에서 탈락한 사람으로 인해 조사대상 표본의 숫자가 줄어들게 되면 최종적으로 남은 사람들의 결과만을 가지고 분석을 하고 결론을 내려야 하기 때문에,특정 속성을 가진 사람들에 관한 치우친, 편의된(biased), 실험결과가 될 수 있다.

vii) 선택과의 상호작용: 선택의 편의(selection bias)와 다른 내적 타당도 저해요인과의 상호작용(interaction)이 발생하여 종속변수의 변화가 어떤 원인에 기인한 것인지를 파악하기 어렵게 만든다. 선택-우연한 사건의 상호작용과 선택-성숙간의 상호작용이 대표적인 예이다. 선택-우연한 사건의 상호작용은 실험집단과 통제집단이 서로 다른 우연한 사건을 경험하거나 한 집단만이 특정의 우연한 사건을 경험한 상태에서 구분되어 각 집단으로 선택됨으로써, 그러한 사회적 상황이 종속변수에 영향을 미치게 되는 경우이다. 선택-성숙의 상호작용은 실험집단과 통제집단이 성숙되는 정도가 서로 다른 이질적인 집단이 선택되는경우이다. 아동들 가운데 남자를 통제집단으로 하고, 여자를 실험집단으로 구분하여 선택하고, 조기영어프로그램을 실시한 후 사후검사를 한 경우 여자아동의 프로그램효과가 더 높은 것으로 나타났다. 이는 프로그램효과일 수도 있지만, 그보다는, 선천적으로 언어습득능력이 남자아동보다 상대적으로 높은 여자아동을 선택한 결과일 수도 있다.

ⓑ 외적 요인: 선택의 편의(選定偏倚, selection bias)

내적 타당도를 저해하는 요인 가운데 외적 요인은 실험설계의 실행과정과 관계없는 요인이다. 대표적인 요인이 실험대상자에 대한 선택의 편의(選定偏倚,selection bias)현상이다. 비교는 비교되는 집단들이 실제로 비교될(comparable) 수 없다면, 비교는 어떠한 의미도 갖지 않는다. 조사대상자의 선택의 편의(selection bias)현상은 조사대상집단(실험집단,통제집단)의 대상자를 선정함에 있어서 실험결과인 종속변수에 영향을 미칠 요인이 이미 작용한 사람을 선택하는 경우에 나타날 수 있는 현상이다. 피험자 선택의 편의는 실험집단과 통제집단을 택하는 경우 양 집단간에 자발적 참여 여부, 장애정도, 소득정도, 종교유무, 직업의 종류, 취업형태, 교육수준,가치관 내지 태도, 평균성적 차이, 지능차이 등과 같은 요인들에 있어 현격한 차이가 있을 때 양 집단의 종속변수에 대한 독립변수(실험조치)의 효과는 실제로 비교될 수 없다. 왜냐하면 이미 독립변수 이외에 종속변수에 영향을 미칠 요인들이 현격히 차이가 나게 실험집단과 통제집단이 선택되어졌기 때문이다.

피험자 선택의 편의는 조사대상자 자신이 자발적으로 실험집단에 속하게 되는 경우에도 발생한다. 개입프로그램(실험조치,독립변수)에 자발적으로 참여한 사람을 선택하여 실험집단에 배치하고, 참여를 거부한 사람을 선택해 통제집단에 배치한 경우, 프로그램에 자발적으로 참여한 사람은 자신이 이미 실험대상이 되고 있음을 인식하고 있기 때문에 의식적으로 종속변수의 변화를 더 크게 하려고 노력함으로써, 종속변수 점수가 크게 향상될 수 있다. 이러한점수의 향상은 프로그램효과인지 아니면 자발적으로 실험에 참여한 조사대상자의 의식적인 노력 때문인지 판단이 어렵다.

ⓛ 외적 타당도 저해요인

어느 한 연구가 내적 타당도가 높을 때, 이는 그 연구되어진 그 표본과 상황에 관해서(about the sample and setting that were studied) 인과적 추론을 할 수 있도록 허용한다.

반면, 외적타당도(external validity)는 연구결과를 연구의 조건을 넘어서 보다 많은 상황과 모집단에 적용시킬 수 있는 정도를 말한다. 즉 일반화시킬 수 있는 정도(generalizability)라고 할 수 있다. 외적타당도는 조사연구에서 선정된 표본의 대표성과 실험조사에 대한 민감성의 문제이다. 내적 타당도는 외적타당도를 위한 필요조건이지 충분조건은 아니다.

ⓐ 표본의 대표성(代表性, representativeness)

선정된 조사대상자가 얼마나 잘 전체 모집단을 대표할 수 있느냐의 정도를 표본의 대표성이라 한다.

외적타당도의 문제는 상대적이다. 한편으로는, 어떤 연구의 조건이 실제의 세계에서 재현되리라고 합리적으로 기대될 수 있는 조건과 거리가 멀다면, 그 연구는 외적 타당도가 낮다고 할 수 있다. 다른 한편으로는, 비록, 일반화될 수 없는 다른 상황이 많이 있다고 할찌라도, 연구의 외적 타당도는 적절한 수준일 수 있다. 중요한 것은 연구를 어떤 실제 상황에 일반화할 수 있어야만 하고, 그 연구가 대표하고자 의도했던 대상을 대표해야만 한다는 것이다. 생각할 수 있는 모든 모집단이나 상황을 대표해야만 하는 것은 아니다. 예를 들어 시설에 수용중인 중증장애인의 직업재활프로그램의 효과성을 평가하는 연구는 외적타당도를 갖기 위해 재가장애인이나 경증장애인들에게까지 일반화되어야 할 필요는 없다. 연구는 속성을 얼마나 좁게 정의하든 대표하고자 하는 속성의 대표가 되어야 할 따름이다.

ⓑ 실험조사에 대한 반응성

외적타당도의 또 다른 문제는 연구조사의 반응성(reactivity)이다. 조사대상자가 자신이 실험에 참여하고 있다는 것을 알게 될 때, 이러한 인식은 실험상황 밖에서는 일반화될 수 없는 종속변수의 변화를 야기시킬 수 있을지 모른다. 즉 조사대상자는 실험의 문제나 실험상황 등을 민감하게 반응하여, 실험결과가 다른 상황에서는 발생하지 않을 가능성이 있다.

ⓒ 기타

내용이 모호하거나 지나치게 짧은 연구 또는 조사대상자의 구체적인 속성을 자세히 설명하지 않은 연구결과는 일반화시키는 데 한계가 있다. 사전검사와 실험처치간의 상호작용과 선택의 편의와 실험처치간의 상호작용도 외적타당도를 저해하는 요인으로 작용할 수 있다.

② 통제의 방법

㉠ 외적 타당도 저해요인 통제방법

첫째, 표본의 대표성을 높이는 것이다. 표본의 대표성을 높임으로써 외적타당도를 향상시킬 수 있는 방법은 가능하면 조사대상을 확률적 표집 내지 무작위 표집으로 선정하는 것이다. 그러나 현실적으로 확률표집이나 무작위표집방법은 실험조사에서 사용하기에는 많은 비용이 들고, 비록 선정되었다 하더라도 이들이 실험에 참여를 거부하거나 처우불만(treatment resentment)을 나타내는 경우도 있어 어려움이 크다.

둘째, 민감하지 않게 하는 것이다. 조사대상자가 조사문제나 조사상황에 민감하지 않도록 하는 방법으로는 첫째, 조사대상자가 그러한 문제행동에 대해 좀 더 깨닫게 함으로써, 결과적으로 그러한 문제행동을 해결하는데 좀더 주의를 기울이도록 하는 것이다. 둘째는 가실험효과(假實驗效果, placebo effects)를 사용하는 것이다. 가실험효과는 특정 개입의 특별한 속성에 의해 변화가 야기되는 것이 아니라, 조사대상자가 어떤 특별한 것을 받고 있다고 느끼도록하는 어느 개입 또는 조사절차의 특별하지 않은 속성에 의해 야기되는 변화를 말한다. 가실험효과는 위약(僞藥,가짜약)효과라고도 한다.

㉡ 내적 타당도 저해요인 통제방법

ⓐ 내적 타당도 저해요인 중 외적 요인 통제방법

내적타당도를 저해하는 외적 요인의 통제방법에는 배합(matching), 무작위 할당(random assignment), 통계적 통제 등이 있다.

i) 배합(matching)

배합은 설정된 가설상의 독립변수와 종속변수에 영향을 미칠 것이라고 조사자가 사전에 알고 있는 외생변수를 실험집단과 통제집단에 동등하게 배치함으로써 외생변수의 영향을 동등하게 함으로써 실험집단과 통제집단을 동일하게 만드는 방법이다. 배합에는 정밀배합방법과 빈도분포배합방법의 두가지가 있다.

첫째, 정밀배합방법(precision matching)이다. 정밀배합방법은 한 가지 이상의 변수(특성)에 있어서 같은 값을 가지는 연구대상을 둘씩 골라서 하나는 실험집단에, 다른 하나는 통제집단에 배치함으로써 특정 변수의 영향을 같게 하여 결국은 종속변수의 변화에 차이를 없애려는 것이다. 정밀배합의 방법은 통제되는 변수의 수가 많아질수록 사용하기 힘들어 진다.

정밀배합방법의 가장 대표적인 형태는 할당행렬을 이용하는 것이다. 정밀배합방법은 가장 관련이 있는모든 특성을 가지고 구성된 할당행렬(quota matrix)을 통해서 가장 효율적으로 수행될 수 있다. 이상적으로는, 할당행렬은 행렬의 각 항에 결과적으로 짝수(even number)의 연구대상이 있도록 구성한다. 그런 연후에 각 항에서 연구대상의 절반은 실험집단으로, 나머지 절반은 통제집단에 배치한다.

〈 할당행렬 〉

	남성	여성
대졸 이상	22	20
고졸이상 – 대졸미만	14	18
고졸 미만	8	6

→

〈 정밀배합결과 〉

	통제집단		실험집단	
	남성	여성	남성	여성
대졸 이상	11	10	11	10
고졸이상 – 대졸미만	7	9	7	9
고졸 미만	4	3	4	3

예를 들면, 앞의 표에서와 같이, 같은 학력과 성별의 사람 둘을 뽑아 한 사람은 실험집단에, 다른 한 사람은 통제집단에 연속적으로 배치하여 통제집단과 실험집단을 동일화시키는 것이다. 그러나, 성별과 학력 이외에 종교, 연령, 직업, 수입 등의 여러 변수를 동시에 통제해야 할 경우에는 실행하기가 대단히 어렵다. 즉 조사대상자들 가운데 같은 성별, 같은 학력, 같은 연령, 같은 종교, 같은 직업, 같은 수입의 두 사람씩을 계속해서 찾아내기란 매우 어렵다.

둘째, 빈도분포배합방법(frequency distributiion matching)은 통제하려는 변수값의 평균치가 실험집단과 통제집단에 있어서 동일하게 만드는 방법이다. 예를 들면 평균연령, 평균학력, 평균소득, 남녀비율 등에 있어서 실험집단과 통제집단이 같도록 하는 것이다. 빈도분포배합은 정밀배합보다는 상대적으로 이용하기 쉬운 방법이지만, 이 방법도 통제되어져야 할 변수나 특성이 많아지게 되면 모든 변수나 특성을 갖고 있는 대상자들을 선택하여 평균이 같도록 배치하는 것은 쉽지가 않다.

배합의 방법은 변수를 통제하여 실험집단과 통제집단을 동일하게 만들려는 방법이지만, 영향을 미칠 수 있는 모든 변수를 사전에 다 알 수 없으므로 모든 면에서 두 집단을 동일화시키는 데는 어려움이 많다.

ii) 무작위 할당(random assignment)

무작위할당은 연구대상자들을 실험집단 및 통제집단에 무작위적으로 배치하는 방법으로서 두 집단이 동질적인 집단이 될 가능성을 가장 높이는, 즉외생변수들을 가장 효과적으로 통제하는 방법이다.[38] 무작위 할당은 연구대상이 모집단을 대표하도록 보증하기 보다는, 실험집단의 연구대상이 통제집단의 연구대상을 대표하도록 만들어 준다. 무작위 할당의 주요 방법은 연구대상을 실험집단과 통제집단으로 배정하기 위해 확률표집(probability sampling)을 사용하는 것이다. 확률표집과정에서 무작위화의 대상은 두 개의 확률표본(실험집단표본과 통제집단표본)을 선정하는 모집단이고, 두 표본은 각각 모집단의 절반을 구성한다. 각 표본은 전체 모집단의 특성을 반영하기 때문에 두 표본은 서로 닮게 된다. 무작위 할당의 경우, 표본의 크기가 클수록 실험집단과 통제집단이 동질적으로 될 가능성이 크가. 배합방법의 경우 통제해야 할 변수를 모두 모르거나 통제해야 할 변수의 수가 너무 많은 경우에는 사용되기 어려운데, 이러한 경우에는 불가불 무작위 할당을 사용하게 된다.

무작위할당의 구체적인 절차는 조사대상에 일련 번호를 붙인 후 무작위숫자표(난수표)상에서 번호를 찾아 해당되는 번호의 대상자를 실험집단과 통제집단에 번갈아가면서 배치하는 방법이다. 또 하나의 절차는, 번호나 이름 등을 작은 카드나 은행알 등에 적어 넣어 그것을 바구니 등에 넣고 잘 섞은 다음 차례로 뽑아서 실험집단과 통제집단에 번갈아 가면서 배치한다.

무작위 할당은 사전에 알려진 변수는 물론, 알려지지 않은 변수들도 통제할 수 있어 배합의 방법보다 훨씬 더 효과적이다. 따라서, 무작위 할당을 우선적으로 적용할 수 있는지를 검토하고, 불가능한 경우에 배합 방법을 적용하는 것이 바람직하다.

---

38)무작위 할당(random assignment)은 무작위화, 무선화, 난선화, 무작위배치, 무작위배정 등으로도 종종 불리운다. 그러나 무작위화는 엄밀히 말하면 무작위표집과 무작위할당 모두를 포함하는 개념이므로 구분해 사용하는 것이 바람직하다.

iii) 통계적 통제(statistical control): 통계적 통제는 일종의 사후통제방법이다. 이 방법은 실험이 이루어진 후에 통제를 시도한다. 통제해야 할 변수들을 독립변수로 간주하여 실험설계에 포함시키고, 실험을 실시한 후, 결과를 분석함에 있어서 통계적으로 그 영향을 통제하는 방법이다. 통계적 통제는 부분상관분석(partial correlation analysis)이나 다중회귀분석(multiple regression analysis)과 같은 다변인 통계분석(multi-variate statistical analysis) 등의 통계기법들이 사용된다. 통계적 통제가 내적타당도를 저해하는 외적요인 통제하는 우선적인 방법이 되어서는 안되며, 무작위 할당이나 배합방법을 보충하는 수단으로서 사용되어야 한다.

내적 타당도를 저해하는 외적요인을 통제하는 방법 가운데 어느 방법을 사용할 것인가를 결정함에 있어서의 i)무작위 할당 〉 ii)배합 〉 iii)통계적 통제 순으로 우선적으로 사용하는 것이 바람빅하다.

ⓑ 내적 타당도 저해요인 중 내적 요인 통제 방법

내적요인 통제방법은 우연한 사건, 성숙, 검사, 도구사용, 통계적 회귀, 실험자 상실 등과 같이 내부적으로 나타나는 다양한 현상들에 의해 실험조치(독립변수)의 효과가 불명확하게 되는 것을 통제하는 방법이다. 대부분의 내적 요인들의 통제는 실험집단에 병행하여 통제집단을 적절히 활용함으로써 가능하다. 실험집단과 통제집단은 모두 무작위 할당 방법으로 선택된 것이므로 양 집단은 모든 조건에 있어서 동일한 것으로 간주된다. 즉 실험집단에만 독립변수를 도입하고, 통제집단에는 독립변수를 도입하지 않는 것을 제외하고는 양 집단간에 모든 조건이 같게 된다. 따라서 우연한 사건, 성숙, 검사, 도구사용, 통계적 회귀, 실험자 상실 등의 영향은 같은 정도로 실험집단과 통제집단에 작용하게 되므로, 내부적으로 나타나는 요인들에 의해 독립변수가 종속변수에 미치는 순수한 영향이 저해되는 것을 통제할 수 있다. 즉 내적 타당도를 저해하는 내적요인을 실험집단과 더불어 통제집단을 사용함으로써 효과적으로 통제할 수 있다.

6. 실험설계의 유형

1) 실험설계 기초

실험설계는 독립변수의 조작, 외생변수의 통제, 실험대상의 무작위화라는 실험설계의 기본조건을 어느 정도 충족하고 있느냐에 따라 실험설계(experimental design), 준실험설계(quasi-experimental design), 전실험설계(pre-experimental design), 비실험설계(non-experimental design)로 분류된다. [39]

실험설계는 실험대상의 무작위 할당, 실험변수의 조작, 외생변수의 통제 등 실험조건을 모두 갖춘 설계로서 순수실험설계(pure experimental design) 진실실험설계(true experimental design) 등으로도 불리운다. 준실험설계는 실험설계가 갖추고 있는 비교와 통제 등의 조건이 약화된 설계로서 유사실험설계(類似實驗設計) 또는 의사실험설계(擬似實驗設計)로도 불리운다. 실험설계와 유사한 설계이다. 전실험설계는 실험설계의 기본조건 가운데 일부만 갖추어서, 내적 타당도를 저해하는 내적-외적 요인들에 대한 통제가 제대로 이루어지지 않은 설계이다. 비실험설계는 실험적 요소를 전혀 갖추지 못한 상태의 설계이다.

실험설계는 다음과 같은 기호를 사용하여 형태를 설명한다.

Oi	관찰(observation)이나측정검사(test),관찰값이나 측정값. i = 1 , 2, 3... n 특정 시기에 독립적으로 이루어지는 관찰 또는 검사
X	실험조치(experiment),실험처치(treatment), 실험자극(test stimulus) 독립변수(실험변수)의 조작
R	무작위 할당(random assignment) 또는 무작위화(randomization)에 의한 실험집단 및 통제집단의 설정
———	무작위 할당에 의하여 동등하게 된 비교집단
--------	무작위 할당되지 않은 비교집단
d	전후 차이를 의미한다. (de: 실험집단의 전후비교 점수차, dc: 통제집단의 전후비교 점수차)
D	실험조치(독립변수)의 영향 (D = de − dc)
EG	실험집단(Experimental Group)
CG	통제집단(Control Group)

39) 실험연구설계는 실험조사와 의사실험조사로 2분하든가, 아니면 실험조사, 의사실험조사 그리고 전실험조사로 3분하여 비실험설계를 의사실험설계에 포함시키고 있다. 여기서는 비실험설

실험설계는 다양한 유형을 갖고 있다. 실험설계의 기본모형을 제시하면 다음과 같다.

〈 실험설계의 기본 모형 〉

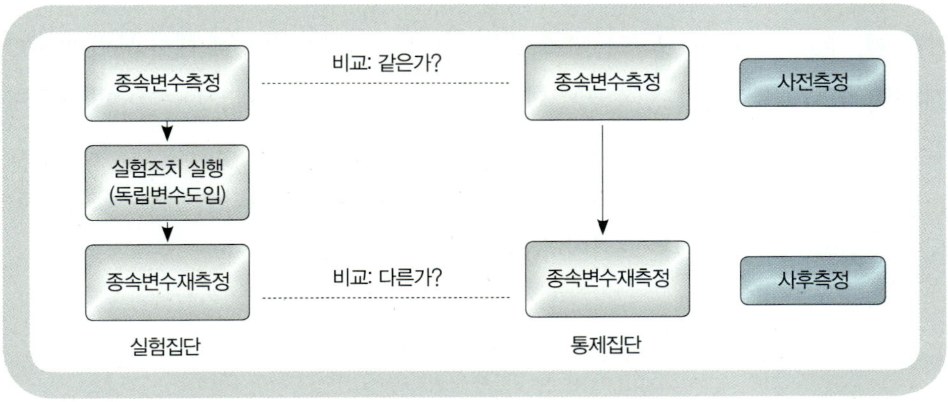

ⓐ 실험집단과 통제집단에서 종속변수를 사전측정(검사)한다.

ⓑ 양 집단간에 종속변수에 대한 사전측정값을 비교하여, 어느 정도 같은지를 파악한다.

ⓒ 실험집단에만 실험조치를 실행하고(독립변수를 도입하고), 통제집단에는 실험조치를 실행하지 않는다.

ⓓ 실험집단과 통제집단의 종속변수를 다시 측정한다. 즉 사후측정한다.

ⓔ 양 집단간에 종속변수에 대한 사후측정값을 비교하여 어느 정도 다른지를 파악한다.

실험설계에는 다음과 같은 다양한 실험효과들이 있다. 첫째, 시험효과(testing effect)가 있다. 시험효과는 사전검사와 직접 관계되는 효과이다. 시험효과에는 주시험효과와 상호작용시험효과로 구분된다. ⓐ 주시험효과(main testing effect)는 실험변수(독립변수) X와 관계없이 동일한 측정을 반복하게 됨으로써 일어나는 현상이다. 즉 사전검사가 사후검사에 미치는 영향이다.(아래 예에서 $O_1 \rightarrow O_2$, $O_3 \rightarrow P4$) ⓑ 상호작용시험효과(interaction testing effect)이다. 이는 실험변수(독립변수)를 가하기 전에 실시한 사전검사가 실험변수에 영향을 미치게 되어 일어나는 현상이다. 즉 실험대상자에 사전검사를 하지 않은 경우보다 사전검사를 실시한 경우가 실험변수의 효과가 더 강하게 작

용한다. $(O_1 \rightarrow X)$

$$\begin{array}{ll} R & \underline{O_1 \times O_2} \\ R & O_3 \quad\;\; O_4 \end{array}$$

둘째, 주효과(main effect) 또는 순수실험효과이다. 종속변수(Y)에 대한 독립변수(X) 개개의 독립적인 효과이다.($X \rightarrow Y$, 여기서는 $X \rightarrow O$이다. 왜냐하면, O는 종속변수에 대한 관찰값 내지 측정값이기 때문이다.)

셋째, 상호작용효과(interaction effect)이다. 두 개 이상의 독립변수들(X_1, X_2)이 결합되어 종속변수(Y)에 미치는 효과이다.($X_1X_2 \rightarrow Y$, 여기서는 $X_1X_2 \rightarrow O$)

실험설계의 유형은 다음과 같이 정리할 수 있다.

〈 실험설계의 유형 〉

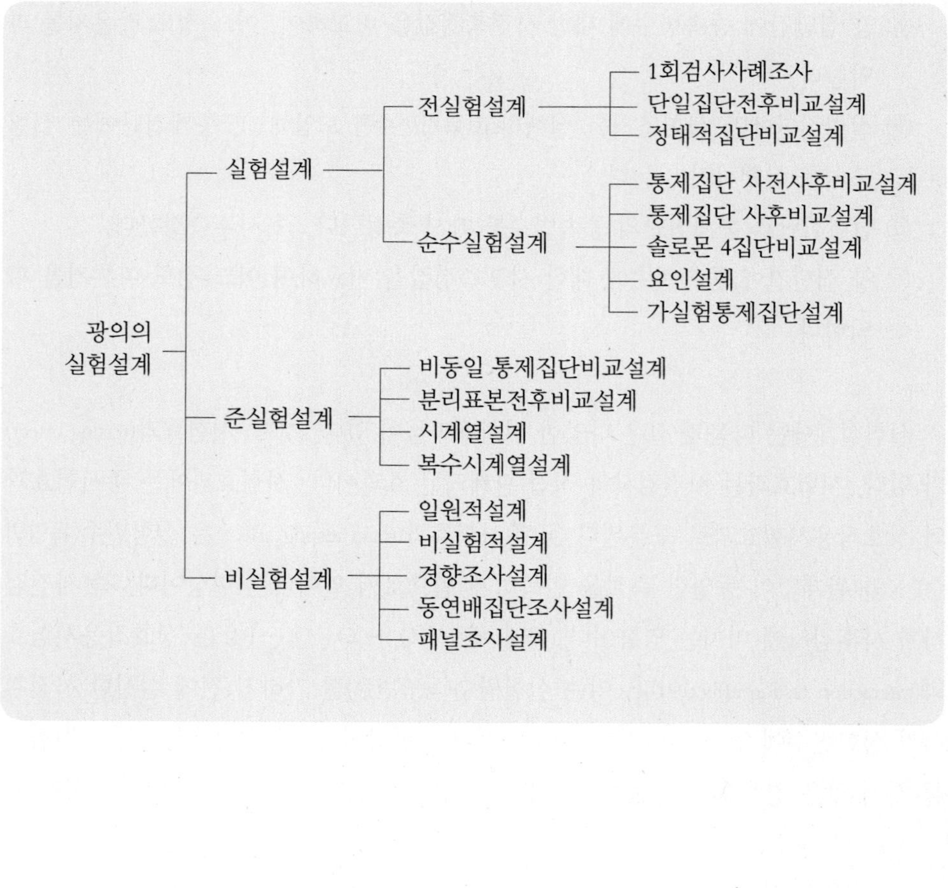

2) 순수실험설계

순수실험설계(pure experimental design)는 진실실험설계(true experimental design)으로도 불리운다. 순수실험설계는 내적타당도를 저해하는 요인들을 최대로 통제한 설계이다. 실험의 기본 요소는 연구대상자를 무작위로 실험집단과 통제집단에 배치하고, 일반적으로 프로그램이나 개입방법인 독립변수(실험처치)를 실험집단에만 도입하고 통제집단에는 도입하지 않으며, 실험집단과 통제집단에 있어서의 변화를 비교하는 것이다. 순수실험설계의 네가지 기본 요소는 통제집단(control group), 무작위 할당(random assignment), 독립변수(실험변수)의 조작, 사전-사후검사이다. 이러한 기본적인 요소를 갖추고 있는 순수실험설계의 구체적 형태는 통제집단사전사후검사설계, 통제집단사후검사설계, 솔로몬 4개집단비교설계,요인설계가 있다. 이 가운데 통제집단사전사후검사설계, 통제집단사후검사설계, 솔로몬 4개집단비교설계는 독립변수가 한 개인 경우이고, 요인설계는 독립변수가 두 개 이상인 경우에 적용된다.

(1) 통제집단사전사후검사설계(Pretest–Posttest Control Group Design)

이 설계는 인과관계를 추정하기 위한 가장 전형적인 설계이다. 이 설계는 연구대상자를 실험집단과 통제집단에 무작위적으로 배치하고, 실험처치(experimental treatment:독립변수)를 실시하기 전에 양 집단을 사전검사(O_1, O_3)하고, 실험처치를 실시한 후, 양 집단을 다시 사후검사(O_2, O_4)하여 사전검사의 결과와 사후검사의 결과간의 차이를 비교하는 설계이다. 즉 D=de–dc(실험집단의 전후 측정값의 차 – 통제집단의 전후 측절값의 차)가 유의미한가(통계적으로 유의미한가:statistically significant)를 판단함으로써 독립변수와 종속변수 간의 인과관계를 검증한다.

EG:	$R\ O_1 \times O_2$	$de = O_2 - O_1$
		$D = de - dc$
CG:	$R\ O_3 \quad O_4$	$dc = O_4 - O_3$

통제집단사전사후검사설계는 사전검사를 실시함으로 사전검사에 의한 검사 및 도구사용 등의 요인들로 인해 내적 타당도가 저해되는 경우가 있지만, 전반적으로 다른 내적 타당도 저해요인들을 통제할 수 있어 내적 타당도는 높다고 할 수 있다. 그러나 사전검사와 실험처치(독립변수)가 상호작용($O_1 \rightarrow X$)을 일으켜서 생기는 상호

작용시험효과(interaction testing effect) 제거할 수 없다. 상호작용시험효과는 사전측정이 실험대상자가 받아들이는 실험변수의 강도에 영향을 미쳐서 발생하는 것이다. 상호작용시험효과가 실험결과를 그 상황만의특수한 것으로 만들어서 다른 상황에 일반적으로 적용할 수 없게 만들므로 외적 타당도는 낮아지게 된다.

(2) 통제집단사후검사설계(Posttest–Only Control Group Design)

통제집단사후검사설계는 통제집단사전사후검사설계에서 사전검사를 실시하지 않는 설계이다. 먼저, 연구대상자를 무작위로 실험집단과 통제집단에 배치한다. 양 집단에 사전검사를 실시하지 않고, 실험집단에만 실험변수를 도입한다. 사후검사를 통해 양 집단간의 차이를 비교한다. 이 설계에서는 사전검사를 실시하지 않는다. 연구대상자에 대한 무작위 할당은 실험집단과 통제집단을 사전에 동질화시킬 수 있기 때문에 사전검사를 하지 않더라도 최초 상태가 같다고 가정할 수 있다. 따라서 무작위 할당이 이루어진다면, 사전검사를 실시해 최초 상태가 동일한지 여부를 검사할 필요가 없다.

$$\begin{array}{ll} \text{EG: } R \times O_1 & \quad D = O_1 - O_2 \\ \text{CG: } R \quad\; O_2 & \end{array}$$

통제집단사후검사설계는 내적 타당도를 저해하는 내적 및 외적 요인들을 배제할 수 있다. 사전검사를 실시하지 않으므로 사전검사가 사후검사에 미치는 영향인 주시험효과나 사전검사가 실험변수에 영향을 주는 상호작용시험효과가 존재하지 않는다. 따라서 실험결과를 다른 상황에도 일반적으로 적용할 수 있는 가능성이 높아져 외적 타당도가 향상된다.

실험집단과 함께 통제집단을 사용함으로써, 양 집단이 동일한 외적인 상황을 경험하고 같은 정도로 성숙되어가기 때문에 내적 타당도를 저해하는 내적 요인들도 통제할 수 있다. 또한 내적타당도를 저해하는 외적 요인인 선택의 편의(selection bias)도 조사대상자를 무작위로 실험집단과 통제집단에 할당함으로써 통제할 수 있다.

사회과학분야에서는 현실적으로 사전측정이 불가능한 경우가 많이 있고, 상대적으로 적은 수의 실험자로 실험이 가능해 효율적이며, 조사대상자를 양 집단으로 분리하는 것도 용이하다. 따라서 이러한 현실성, 용이성, 효율성으로 통제집단사후검사설계는 가장 널리 사용되는 설계이다. 그러나, 무작위 할당으로 실험집단과 통제집단이 이루어짐으로써 양 집단의 최초상태가 동일하다고 가정은 할 수 있으나, 사전측정이 이우어지지 않음으로써 최초상태를 정확히 파악하지 못하는 단점이 있다.

(3) 솔로몬 4집단설계(Solomon Four Group Design)

사전검사와 사후검사의 변화정도를 알고자 하지만 시험효과가 우려되는 경우 솔로몬4집단설계를 실시한다. 솔로몬4집단설계는 통제집단전후비교의 단점인 사전검사로 인한 영향을 통제하기 위하여 통제집단사전사후검사설계에 사전검사를 실시하지 않는 또 다른 실험집단과통제집단을 추가한 설계이다. 이 설계는 통제집단사전사후검사설계와 통제집단사후검사설계를 결합한 설계이다.[40)]

EG	A:	R	O_1 × O_2	de1 = $O_2 - O_1$
CG	B:	R	O_3 O_4	dc1 = $O_4 - O_3$
EG	C:	R	× O_5	de2 = $O_5 - (O_1+O_3)/2$
CG		R	O_6	dc2 = $O_6 - (O_1+O_3)/2$

학자에 따라서는 솔로몬4집단설계를 높이 평가하지만, 사회복지조사에서는 거의 사용하지 않는다.

ⓐ $O_2 - O_1$ = 주시험효과 + 상호작용시험효과 + 주효과 + 기타 외생변수효과

ⓑ $O_4 - O_3$ = 주시험효과 + 기타 외생변수효과

ⓒ $O_5 - 1/2(O_1 + O_3)$ = 주실험효과 + 기타 외생변수효과

ⓓ $O_6 - 1/2(O_1 + O_3)$ = 기타 외생변수효과

[실험집단 EG C와 통제집단 CG는 사전검사를 실시하지 않았기 때문에 사전측정치를 추정해야 한다. 최선의 추정치(best estimate)는 두 개의 사전검사를 통해 측정된 사전측정치들의 평균값이다. 1/2(O1 + O2)]

40) 상호작용의 효과를 I로 하면 I = de1 − (dc1+de2−dc2)로 계산될 수 있다. 즉 전조사 영향을 B, 실험처치 영향을 X, 전조사와 실험처치의 상호작용영향을 I, 기타 외생변수 영향을 U로 표시하면
de1 = $O_2 - O_1$ = B + X + I + U, dc1 = $O_4 - O_3$ = B + U
de2 = $O_5 - (O_1 + O_3)/2$ = X + U, dc2 = $O_6 - (O_1 + O_3)/2$ = U
I = de1 −(B + X + U) = de1 − (B + U + X + U − U) = de1 − (dc1 + de2 − dc2)
독립변수의 순수한 영향 D = de1 − dc1 − I로 계산될 수 있다.

이 설계방법은 주효과, 주시험효과, 상호작용시험효과, 기타 외생변수효과를 완전히 분리해 낼 수 있는 큰 장점이 있다. 아래의 관계를 비교해 이들 효과를 파악할 수 있다.그러나 4개의 집단을 무작위로 선정하는 어려움과 복잡성이 있고 비용이 많이 들어 현실적으로 이용하는 데 문제가 많다. 집단선정 및 검사절차 등에 관련된 어려움과 노력에 비하면 실질적으로 얻는 이점은 크지 못하다.

(4) 요인설계(factorial design)

요인설계는 독립변수가 두 개 이상일 때 적용되는 설계이다. 독립변수가 두 개 이상인 경우에는 이들 독립변수의 속성에 따라 할당행렬(quota matrix)을 만들고, 행렬상의 각 범주(category)에 따라 실험집단과 통제집단을 설정하고 개별 독립변수와 종속변수 간의, 그리고 두 개 이상의 독립변수가 상호작용하여 종속변수와 갖게되는 인과관계를 검증하기 위한 설계이다.

예를 들어, '청소년들에게 도예프로그램(A)과 음악프로그램(B)을 실시하면, 청소년들의 감성지수(EQ:Emotional Quotient)는 향상된다'는 가설을 검증하기로 한다. 두 프로그램은 두 개의 독립변수(실험변수)에 해당한다. 따라서 요인설계를 통해서 가설이 검증되어야 한다. 요인설계가 수행되는 절차는 다음과 같다.

ⓐ 먼저 두 개의 변수의 속성을 고려해 할당행렬을 만든다.

A: 도예프로그램 A_1 = 도예프로그램 참여, A_0 = 도예프로그램 불참

B: 음악프로그램 B_1 = 음악프로그램 참여, B_0 = 음악프로그램 불참

두 개의 프로그램 참여 여부에 따라 4개의 범주가 만들어지고, 각 범주에 따라 4개의 집단(G_1 ,G_2, G_3, G_4)이 생긴다.

〈요인설계 할당행렬 〉

		도예프로그램(A)	
		A_1 = 참여	A_0 = 불참
음악프로그램(B)	B_1 = 참여	G_1	G_3
	B_0 = 불참	G_2	G_4

ⓑ 조사대상자들을 각 집단에 무작위로 배치한다.

ⓒ 할당행렬상의 범주의 특성에 맞게 실험집단(G_1, G_2, G_3)에 대해 해당하는 실험처치(실험변수, 독립변수)를 실시한다.

ⓓ 두 프로그램 모두에 불참하는 집단(G_4)을 통제집단으로 선정한다.

ⓔ 실험처치후 사후검사를 통해 각 집단간의 종속변수의 변화를 파악하고 비교한다.

ⓕ 가설을 검증한다.

G_1 = 도예프로그램 참여 & 음악프로그램 참여 = A_1B_1 = X_1 ┐
G_2 = 도예프로그램 참여 & 음악프로그램 불참 = A_1B_0 = X_2 ├ 실험집단
G_3 = 도예프로그램 불참 & 음악프로그램 참여 = A_0B_1 = X_3 ┘
G_4 = 도예프로그램 불참 & 음악프로그램 불참 = A_0B_0 = X_4 — 통제집단

➡ 요인설계 형태

R $\underline{X_1\ O_1}$
R $\underline{X_2\ O_2}$
R $\underline{X_3\ O_3}$
R $X_4\ O_4$

도예프로그램 효과 = $O_2 - O_4$
음악프로그램 효과 = $O_3 - O_4$
상호작용효과(interaction effect) =$O_1 - O_4$
(상호작용효과: 도예프로그램과 음악프로그램응 동시에 실시했을 때의 효과)

요인설계에서 각 집단간의 차이는 변량분석(ANOVA)과 같은 통계적 기법을 활용하여 통계적 유의도(technical significance)를 파악한다. 요인설계에서는 통제집단을 설정하지 않는 것이 일반적이지만, 비교를 위해 통제집단이 설정될 수 있다.

요인설계는 한 개 이상의 독립변수가 개별적으로 또는 두 개 이상의 독립변수가 상호작용하면서 종속변수에 미치는 영향을 파악하는 것이므로 조사결과의 일반화 정도가 높다. 따라서 높은 외적 타당도를 갖게 된다. 상호작용이란 한 독립변수의 종속변수에 대한 영향이 다른 독립변수의 값에 따라 변화하는 것이다. 그러나 요인

설계는 고려해야 할 독립변수의 수가 많은 경우, 많은 범주가 생기게 되고, 그에 따라 많은 실험집단들이 만들어지게 되어 복잡하고 시간과 비용과 인력이 많이 들게 되는 단점이 있다.

(5) 가실험통제집단설계(placebo control group design)

가실험(假實驗)통제집단설계는 위약(僞藥)통제집단설계라고도 부른다. 가실험통제집단설계는 통제집단사전사후검사설계나 통제집단사후검사설계에 가실험효과(placebo effect) 내지 위약(가짜약)효과를 측정할 수 있는 한 집단을 추가로 결합해 만든 설계이다. 즉 하나의 전형적인 실험집단과 하나의 전형적인 통제집단에 가실험통제집단을 합하여 만들어진 설계이다. 가실험(placebo) 내지 위약이란 실제적인 내용은 없으나 마치 실험처치를 받는 것처럼 여겨지도록 만들어진 실험처치를 말한다.(김영종, 1999:105-106)

통제집단사후검사설계에 가실험통제집단을 결합한 형태는 다음과 같다.

R X O_1 (실험집단)
R O_2 (통제집단)
R Xp O_3 (가실험집단)
(X = 실험처치, Xp = 가실험처치

실험효과(E)는 $O_1 - O_2$이고, 가실험효과(placebo effect))는 $O_3 - O_2$이다. 따라서 가실험효과(Ep)를 제거한 순수실험효과는$E - Ep = (O_2 - O_1) - (O_3 - O_2) = (O_3 - O_1)$이 된다.

3) 준실험설계

준실험설계(準實驗設計, quasi-experimental design)는 반실험설계(半實驗設計, half-experimental design), 의사실험설계(疑似實驗設計) 또는 유사실험설계(類似實驗設計)로도 불리운다. 준실험설계는 실험설계 중 통제집단사전사후검사설계를 기본으로 하여 이것과 유사한 설계형태로 개발된 것이다. 준실험설계는 실험설계의 네가지 기본 요소는 통제집단(control group), 무작위 할당(random assignment), 독립변수(실험변수)의 조작, 사전-사후검사 가운데 한 두 요소가 결여된 설계이다.

준실험조사설계의 형태들은 내적 타당도에 있어서는 실험설계의 형태들보다 약하지만 전실험설계의 형태들보다는 상당히 강한 편이다.

실험설계는 가장 우수한 인과관계 증명방법이지만 인위적인 통제와 조작이 어렵기 때문에 사회적 현상을 설명하는 데 이를 적용하기 곤란한 경우가 많이 있다. 따라서 현실적인 이유로 인해 준실험설계가 더 많이 이용되고 있다. 준실험설계의 유형들은 다음과 같다.

(1) 단순시계열설계(單純時系列設計, simple time-series design)

단순시계열설계는 실험변수를 노출시키기 전후에 일정한 기간을 두고 정기적으로 몇 차례의 결과변수에 대한 측정을 하는 방법이다. 통제집단(비교집단)을 설정하기 곤란한 경우에 한 집단을 선택해서 독립변수의 조작이나 독립변수의 노출 전에 여러 번 관찰(검사)하고 독립변수 도입 후에 다시 여러 번 관찰하여 전후의 점수 또는 경향을 비교하는 것이다. 몇 번을 관찰 내지 측정할 것인지에 대해 정해진 수는 없으나 많을수록 더 좋다. 대체로 3회 이상의 관찰내지 측정을 행한다. 단순시계열설계에서는 통제집단을 별도로 갖지 않고, 그 대신에 실험처치로 인한 효과를 확인하기 위해서 동일 집단내에서 여러 번에 걸쳐 실시된 사전검사를 통해서 확인한다.

$$O_1\ O_2\ O_3\ O_4 \times O_5\ O_6\ O_7\ O_8$$

이 설계에 있어서 인과관계의 추정논리는 독립변수 도입 이전에 있어서의 종속변수의 상태를 일정한 시간 간격을 두고 몇 번 관찰함(O_1 - O_4)으로써 독립변수 도입 이전의 종속변수의 일상적인 상태를 알 수 있어, 이같은 복수의 사전검사(O_1 - O_4)가 통제집단의 역할을 수행한다. 독립변수 도입 후에 있어서의 종속변수의 상태를 일정한 시간 간격을 두고 관찰함(O_5 - O_8)으로써 독립변수 도입 이후의 일상적인 종속변수의 상태를 알 수 있는데, 이 복수사후검사가 실험집단의 역할을 한다. 이리하여 독립변수 도입 전후 상태를 비교한 결과 양자간에의미있을 만큼 차이가 있다면 독립변수와 종속변수 간의 인과관계가 있음을 입증하게 된다.

양자간 차이는 사전검사측정치와 사후검사측정치의 절대값의 합을 비교하거나 평균치를 비교하여 산정한다.

절대값의 합의 차: $D = (O_5 + O_6 + O_7 + O_8) - (O_1 + O_2 + O_3 + O_4)$
평균값의 차: $D = (O_5 + O_6 + O_7 + O_8)/4 - (O_1 + O_2 + O_3 + O_4)/4$

장애인근로자 전용공장인 무궁화복지공장에 근무하는 장애인근로자 가운데 임의로 15명을 선택하여, 장애인근로자의 직장적응을 위한 사회기술훈련(X)을 실시하고 훈련 실시 전 4회(1-4주), 훈련 실시 후 4회(5-8) 관찰을 하였다. 관찰값은 매번 관찰할 때 장애인근로자 15명의 평균치로 기록하였다. 훈련실시 전에 비해 훈련실시후 장애인근로자의 직장만족도가 현격히 향상된 것을 알 수 있다. 따라서 사회기술훈련(실험변수, 독립변수)이 장애인근로자의 직장만족도(종속변수)를 증가시킨다고 말할 수 있다.

단순시계열설계는 비교적 높은 내적 타당도를 확보할 수 있다. 그러나 통제집단을 사용하지 않기 때문에 우연한 사건(history)들의 영향일 가능성을 배제하지 못한다. 또한 단순시계열설계는 반복된 검사로 인해 검사나 도구사용 효과와 독립변수간에 상호작용이 일어나서 인과관계가 특정 조사에서만 나타날 수 있어 외적타당도가 저해될 가능성이 있다. 이러한 문제점에도 불구하고, 단순시계열설계는 실천현장에서 종종 사용된다.

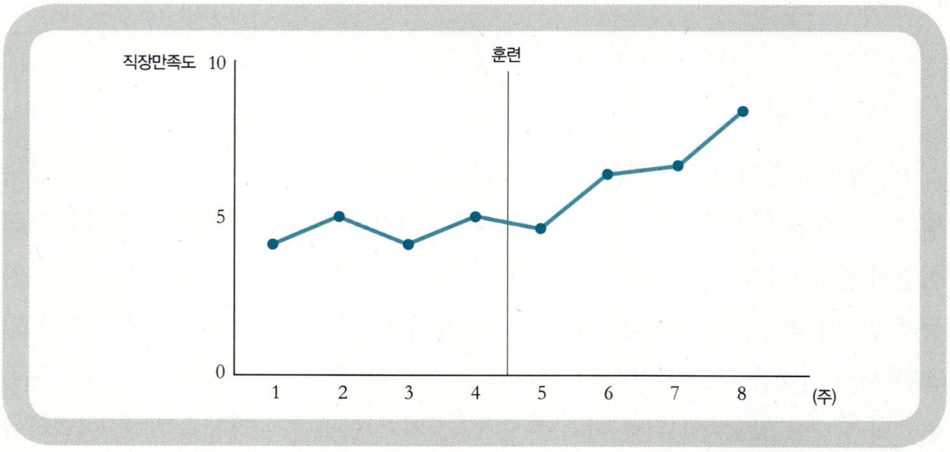

(2) 복수시계열설계(複數時系列設計, multiple time-series design)

단순시계열설계가 통제집단을 사용하지 않음으로 인해 우연한 사건(history) 등에 의해 내적 타당도가 저해되어 조사결과를 가지고 인과관계를 추론하기 어렵다. 복수시계열설계는 이러한 문제점을 개선하기 위해서 단순시계열설계에 통제집단을 추가한 것이다.

복수시간연속설계는 비슷한 특성을 지닌 두 집단을 택하여 실험집단에 대해서는 실험변수(독립변수)도입하기 전에 여러 번 관찰을 하고, 실험변수를 도입한 후, 다시 여러 번 관찰을 한다. 통제집단에 대해서는 실험변수를 도입하지 않고, 실험집단의 측정시기에 맞추어계속 관찰하여 종속변수의 변화상태를 비교하는 것이다.

$$
\begin{array}{cccccccc}
O_1 & O_2 & O_3 & O_4 \times O_5 & O_6 & O_7 & O_8 \\
\hdashline
O_9 & O_{10} & O_{11} & O_{12} & O_{13} & O_{14} & O_{15} & O_{16}
\end{array}
$$

$D = [(O_5+O_6+O_7+O_8) - (O_1+O_2+O_3+O_4)] - [(O_{13}+O_{14}+O_{15}+O_{16}) - (O_9+O_{10}+O_{11}+O_{12})]$

여기서 실험처치 전후의 양 집단간의 관찰시점은 동일하다($O_1 = O_9$ … $O_4= O1_2$ … $O_9 = O_{16}$).

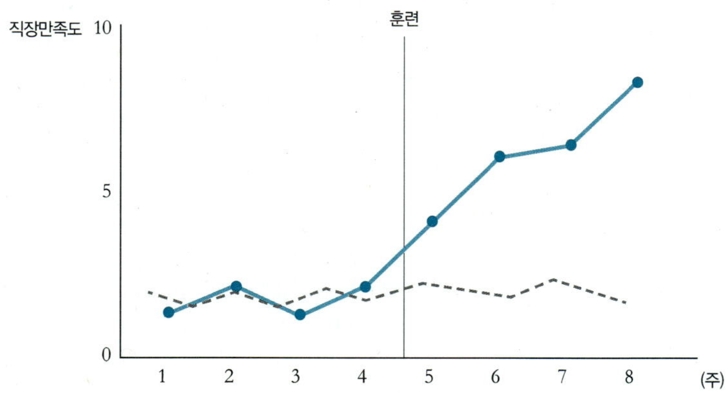

앞의 예와 같이 무궁화복지공장에서 장애인근로자 15명을 임의로 뽑아 실험집단에 배치하고, 다른 15명을 뽑아 통제집단에 배치하였다. 실험집단에 대해서는 사회기술훈련(실험변수,독립변수)을 실시하고, 통제집단에 대해서는 실시하지 않았다. 사회기술훈련을 실시하기 전후 4회씩 양 집단에 대해 그들의 직장만족도(종속변수)를 관찰한 결과 훈련을 받은 실험집단의 직장만족도가 현격히 높게 나타났다. 따라서 사회기술훈련은 장애인근로자의 직장만족도를 향상시킨다고 말할 수 있다.

복수시계열설계는 통제집단을 사용함으로써 내적타당도 저해요인을 크게 감소시킬 수 있으나, 무작위 할당이 이루어지지 않음으로써 실험집단과 통제집단이 동질적이 아니라 이질적일 가능성이 크다. 실험집단의 경우 반복된 사전검사를 실시함으로써 검사와 독립변수 간의 상호작용효과가 발생할 수 있고,또한 무작위 할당에 의하여 집단이 선정되지 않음으로 인해 선택의 편의와 독립변수 간의 상호작용이 발생함으로써 외적타당도가 저해되게 된다.

(3) 비동일통제집단설계(非同一統制集團比較設計, Nonequivalent Control Group Design)

비동일통제집단설계는 실험조사설계의 통제집단사전사후검사설계와 유사하지만, 단지 무작위 할당에 의해 실험집단과 통제집단이 선택되지 않은 점이 다르다. 무작위 할당이 아닌 임의적인 방법으로 실험집단과 통제집단을 선정하고, 양집단에 대해서 사전검사를 실시하고, 실험집단에는 독립변수를 도입하고 통제집단에는 독립변수를 도입하지 않고서 양 집단을 사후검사하여 종속변수의 변화를 비교하는 것이다. 비동일(non-equivalent)이란 말은 조사대상자가 실험집단과 통제집단에 무작위로 배치되지 않았기 때문에 통제집단의 초기상태가 실험집단과 동일하지 않고 이질적일 가능성이 크다는 것이다.

$O_1 \times O_2$	$de = O_2 - O_1$	$D = de - dc$
....		
$O_3 \quad O_4$	$dc = O_4 - O_3$	

따라서, 양 집단간의 초기상태를 모르기 때문에 사전검사(O_1, O_3)를 통해서 양 집단간의 초기상태가 동질적인지 아니면 이질적인지 여부를 확인하고, 만일 차이가 있다면, 그 차이를 고려하여 해석하여야 한다.

이 설계조사는 본 실험에 앞서 탐색적인 목적으로 실험을 실시하는 경우, 또는 이미 모집단이 동질적인 것으로 확인된 경우에는 적절히 사용될 수 있다. 특히 프로그램이나 정책대안의 효과성을 평가하는 경우 많이 사용된다. 이 설계는 동질적인 모집단을 토대로 양 집단이 선정된 경우, 실험설계에 속하는 통제집단사전사후검사설계와 비슷한 결과를 나타낼 것이다. 이 설계는 실험집단과 함께 통제집단이 사용되었으므로 내적 타당도 저해요인들을 통제할 수 있다. 그러나 무작위 할당이 이루어지지 않아 양 집단이 정확한 동일화가 이루어지지 않아 선택의 편의(selection bias)가 발생하고, 선택의 편의가 우연한 사건 성숙 검사 도구사용 등의 요인들과 상호작용을 일으켜 내적 타당도를 저해할 수 있다. 그리고 사전검사를 실시함으로써 사전검사와 독립변수의 상호작용시험효과(interaction testing effect)가 발생할 수 있고, 또한 선택의 편의와 독립변수의 상호작용, 실험상황에의 민감성 등으로 인하여 외적타당도가 상당히 저해될 소지가 있다. 그럼에도 불구하고 사회과학 실천현장에서 양 집단의 선택이 무작위로 이루어지기 어려운 경우, 인위적으로 양집단을 선택하여 용이하게 사용할 수 있기 때문에 자주 사용된다.

(4) 분리표본사전사후검사설계(separate-sample pretest-posttest design)

분리표본사전사후검사설계는현실적인 이유로 인해 실험집단과 통제집단에 사전검사나 사후검사를 동시에 실시할 수 없어서 통제집단에 사전검사 후 독립변수가 도입되는 것을 배제할 수 없는 상황에서 채택되는 설계이다.

CG: R　O_1 (×)

EG: R　　× O_2

$$D = O_2 - O_1$$

실험집단에 대해서는 사전검사를 실시하지 않고, 독립변수를 도입한 후, 사후검사를 실시한다. 통제집단에 대해서는 사전검사만 실시한다. 그러나 통제집단에 독립변수를 연구자가 의도적으로 도입하는 것이 아니라, 독립변수가 도입되는 것을 막을 수 없는 불가피한 상황이기 때문에 독립변수의 도입을 ( )를 표기하고 있다. 그러나 독립변수가 도입되기 이전의 사전검사이기 때문에 독립변수의 도입이 영향을 미치지는 못한다. 그런 후에 실험집단의 사후검사 결과와 통제집단의 사전검사 결과를 비교하여 독립변수와 종속변수 간의 인과관계를 검증한다.

이 설계는 무작위화방법으로 두 집단을 나누고 있지만, 사전검사나 사후검사가 동시에 이루어지지 않고, 통제집단에서 독립변수를 연구자가 의식적으로 배제할 수 없는 점 등이 실험조사와 다르다.

4) 전실험조사설계

전실험조사설계((前實驗調査設計, pre-experimental)는 난선화에 의하여 조사대상자가 선정되지 않고, 비교집단이 선정되지 않거나 비교집단이 선정되어도 집단간의 동질성이 확보되지 않고, 또한 독립변수의 조작에 의한 변화의 관찰이 한두 번 정도로 제한되어 있어 내적 및 외적 타당도 저해요인이 거의 통제되지 못하게 된다. 즉 전실험조사설계는 변수 간의 관계를 인과적인 것으로 타당화시킬 수 있는 구조를 갖추고 있지 못하므로 이러한 설계에서 인과관계를 추정하는 것은 그 신빙성이 대단히 낮다. 전실험설계는 원시실험설계 또는 선실험설계라고도 불리운다.

(1) 1회사례연구(一回事例硏究: One-Shot Case Study)

1회사례연구는 어떤 단일집단에 대해 실험처치(실험변수,독립변수)를 행하고 , 그 후에 그 집단의 종속변수의 특성을 검사하여 그 결과를 평가하는 것이다.

X O_1

비교집단이나 비교관찰값도 없이, 단 한번의 측정으로 실험처치의 효과를 판단해야 하기 때문에 이 것이 실험처치의 결과인지 판단하기 어렵다. 따라서 이 설계로 인과관계를 추론하는 것은 문제가 있다. 단지, 실험처치가 종속변수에 대한 관찰에 앞서 수행되었다는 시간적 우선성(time precedence)은 파악할 수 있다. 1회사례연구는 본조사에 앞서 탐색적 목적으로 수행되는 조사에서는 유용할 수 있다.

(2) 단일집단사전사후검사설계(one-group pretest-posttest design)

단일집단사전사후검사설계는 조사대상자에 대해서 사전검사를 실시하고, 독립변수를 도입한 후, 사후검사를 실시하여 독립변수 도입 전후 사전사후검사의 점수를 비교하여 독립변수와 종속변수 간의 인과관계를 추정하려는 것이다.

$$O_1 \times O_2 \qquad D = d = O_2 - O_1$$

이 설계는 내적 타당도 및 외적 타당도를 저해하는 많은 요인들이 작용할 수 있기 때문에, 이 조사결과를 가지고 독립변수와 종속변수 간의 인과관계를 추론하거나, 다른 상황에 까지 일반화시키려 하는데는 많은 어려움이 있다.

(3) 정태적 집단비교설계(靜態的 集團比較設計, static-group comparison design)

정태적 집단비교는 실험집단과 통제집단을 임의적으로 선정하고, 실험집단에 대해서는 독립변수를 도입한 후 사후검사를 실시하고, 통제집단에 대해서는 독립변수를 도입하지 않고사후검사를 실시한다. 그런 후 양 집단간의 사후검사 결과를 비교하는 것이다. 이 설계는 통제집단사후검사설계에서 무작위 할당만 제외된 형태의 설계이다. 정태적 집단비교설계는 비동일집단사후검사설계(posttest-only design with non-equivalent groups)라고도 부른다.

EG:	$\times \quad O_1$	
	…………	$D = d = O_1 - O_2$
CG:	O_2	

이 설계에서는 실험집단과 통제집단이 무작위로 할당된 것이 아니라 배합 등의 방법에 의해서, 특성이 비슷한 집단을 선정하거나 또는 이미 형성된 비슷한 특성의 집단(intact group)으로 선정된다. 그러나 무작위 할당이 이루어지지 않아 양 집단의 최초상태가 동일한지 여부는 명확히 파악될 수 없어 선택의 편의(selection bias)가 발생할 수 있다. 따라서 종속변수의 변화는 처음부터 다른 이질적인 두 집단의 특성의 차이 때문에 발생한 것인지 아니면 실험처치의 결과 발생한 것인지를 판단할 수 없게 된다. 이러한 선택의 편의가 독립변수 조작과 상호작용을 할 경우 외적타당도는 크게 저해된다. 이 설계는 내적타당도가 상대적으로 낮으므로 여기서 나온 조사결과로 독

립변수와 종속변수 간의 인과관계를 추론하는데는 많은 주의를 요한다.

5) 비실험설계

(1) 의의

비실험설계(non-experimental design)는 실험적인 연구방법을 사용할 수 없는 상황에서, 즉 독립변수의 조작도 불가능하고 난선화도 불가능한 경우에, 적용되는 실험연구설계이다.[41)]

비실험조사는 독립변수가 이미 나타나버렸거나 본질적으로조작될 수 없기 때문에 연구자가 독립변수를 직접적으로 통제할 수 없는 경우, 독립변수와 종속변수의 동시적인 변화(concomitant variation)로부터 변수 간의 관계를 추정하는 설계이다.(남세진 & 최성재, 117-131)

비실험설계에서는 'X → Y'라는 가설을 검증하기 위하여 Y를 먼저 관찰하고 X는 경우에 따라 Y의 관찰 전후 또는 동시에 관찰하는데, X와 Y를 동시에 관찰하는 경우가 가장 많다. 비실험적 설계는 기본적인 논리와 가설을 경험적으로 증명하려는 목적은 실험설계와 같다. 비실험설계와 실험설계의 기본적인 차이는 독립변수에 대한 '직접적'인 조작과 다른 조건의 통제이다. 독립변수의 '직접적'인 조작은 조사가 독립변수를 의식적으로 조작하여 독립변수에 변화를 가하는 것을 확신할 수 있게 되는 것이다. 그리고 다른 조건의 통제는 무작위할당을 통하여 특히 내적 타당도를 저해할 수 있는 요인들을 배제하여 실험집단과 통제집단을 동질화시킴으로써 독립변수만의 영향을 보다 확실히 할 수 있게 하는 것이다. 비실험설계는 독립변수를 직접적으로 조작할 수 없을 뿐만 아니라 다른 조건들도 통제할 수 없으므로 'X → Y'라는 가설에 대한 확신의 정도가 크게 낮다.

---

41) 연구의 대상과 상황에 있어서 독립변수의 조작이 가능하고 난선화에 의한 대상선정이 가능하면 실험조사설계를 적용할 수 있다. 독립변수의 조작은 가능하지만 대상을 난선화할 수는 없고 독립적인 관찰을 여러 번 할 수 있으면 의사실험설계를 적용할 수 있다. 독립변수의 조작은 가능하지만 대상을 난선화할 수는 없고 독립적인 관찰을 한두 번 밖에 할 수 없으면 전실험설계를 적용할 수 있다. 연구 대상과 상황에 있어서 독립변수의 조작도 불가능하고 난선화도 불가능한 경우 적용되는 조사설계는 비실험조사설계라고 한다.

(2) 비실험조사설계의 형태

비실험조사설계는 선정된 표본으로부터 질문지 또는 면접 등에 의하여 직접적으로 자료를 수집하는 조사방법인 서베이(survey) 경우에 주로 적용될 수 있으며 여러 형태가 있을 수 있다. 일부를 소개하면 다음과 같다.

① 일원적 설계(一元的 設計, univariate design)

일원적 설계는 특정 사건이나 현상의 발생, 인구집단의 특성, 개인적-집단적 경험 등을 기술하려고 할 때 주로 이용된다.이 설계는 독립변수의 조작도 없으며, 단지 한번의 관찰로서 조사하여 개개 변수들의 관찰값의 분포를 파악하는 데 이용된다. 따라서 두 개 이상의 변수 간의 인과관계나 상관관계를 추론하는데는 적합하지 않다. 대표적인 예가 사회복지관의 지역사회욕구조사이다.

O_1

② 상관관계설계(相關關係設計, correlational design)

상관관계설계에서는 관찰시에 실험집단과통제집단을 설정하거나 독립변수의 조작이 불가능한 경우 독립변수로 간주되는 변수가 도입된 집단과 그렇지 않은 집단을 구분하여 모두 표본에 포함시켜 동시에 관찰을 하고, 자료분석기법에 의해 독립변수로 간주되는 변수가 도입된 집단과 독립변수로 간주되는 변수가 도입되지 않은 집단으로 나누어, 양 집단간의 종속변수로 간주되는 변수의 차이를 통계적 기법을 통하여 비교하는 것이다. 상관관계설계는 서베이에서 많이 이용되는 설계로서 교차분석적 설계(cross-sectional design)라고도 한다.

상관관계설계는 독립변수로 간주될 수 있는 한 변수와 종속변수로 간주될 수 있는 다른 한 변수의 속성을 분류하거나 또는 교차시켜, 두 변수의 상관관계를 추정하려는 것이다.상관관계설계에서는 사전-사후검사에 의한 비교나 무작위 할당이 없으므로 조사결과에서 나타난 두 변수 간의 상관관계를 인과관계로 비약시켜 추론해서는 안된다. 독립변수로 간주되는 변수가 두 개 이상인 경우는 요인설계에 의해 실행된다.

O_1 → O_1-1
O_1 → O_1-2

통계적 기법에 의해 O_1-1 (독립변수로 간주되는 변수가 도입된 집단)과 O_1-2(독립변수로 간주되는 변수가 도입되지 않은 집단)로 구분하여 결과를 비교분석한다.

③ 비실험적 요인설계(non-experimental factorial design)

비실험적 요인설계는 실험설계와 요인설계에서 무작위할당을 실시하지 않는 것을 제외하고는 거의 유사하다. 비실험적 요인설계는 두 가지 이상의 독립변수와 하나의 종속변수의 관계 및 독립변수 간의 상호작용관계를 교차분석을 통하여 확인하려는 것이다. 두 개 이상의 독립변수의 각각의 독립적인 효과인 주효과(main effect)와 두 개 이상의 독립변수가 결합되어 생기는 상호작용효과(interaction effect)를 동시에 알 수 있어 독립변수들의 종속변수에 대한 영향의 정도를 보다 명확히 알 수 있다는 점이다.[42]

예를 들면 청소년들의 도덕지수 향상에 종교활동과 자원봉사활동 경험이 관계가 있다면 다음과 같은 분석틀에 의해 요인설계가 될 수 있다.

2×2의 분석 틀

		종교활동	
		참여	비참여
자원봉사 경험	있음	A	B
	없음	C	D

2×2의 요인설계

표본추출	(O)
(A집단) 참여, 있음	O_1
(B집단) 참여, 없음	O_2
(C집단) 비참여, 있음	O_3
(D집단) 비참여, 없음	O_4

O —
- O_1 (상호작용효과: 종교참여×봉사유경험)
- O_2 (주효과: 봉사경험)
- O_3 (주효과: 종교활동)
- O_4 (없음: 통제집단에 상응하는 집단임)

42) 상호작용효과가 있다는 것은 한 독립변수의 종속변수에 대한 영향은 다른 독립변수의 값에 따라 달라진다는 것을 의미한다.

관찰에 의해 이와 같이 네 집단으로 나누고 종속변수인 도덕지수와 각각의 개별적인 독립변수가 독립적으로, 그리고 상호작용하여 어떻게 종속변수에 영향을 미치는지를 파악한다.

④ 종단적 실험연구설계(longitudinal experimental research design)

앞의 세가지 형태의 설계는 관찰(자료수집)의 시간적 차원에 있어서 특정 한 시점에서 관찰하는 횡단적 조사설계(cross-sectional design)인데 반해, 경향연구설계, 동연배집단연구설계(chhort study design), 패널연구설계(panel study design)는 여러 시점에 걸쳐 관찰하는 종단적 조사설계(longitudinal design)이다.

㉠ 경향연구설계(trend study design)

경향연구설계는 동일 모집단내에서 매번 다른 표본을 선정하여 시간 간격을 두고 관찰하는 설계이다. 경향연구설계에서는 모집단은 동일하지만 매번 관찰때마다 모집단으로부터 다른 표본을 추출하여 관찰하기 때문에 표본의 동질성을 보장할 수 없어 시간변화에 따른 역동적인 상황의 변화를 정확하게 분석하기 어렵다. 또한 여러번의 관찰기간동안 우연한 사건이나 성숙 등의 요인들이 종속변수의 변화에 영향을 미칠 수 있어내적 타당도가 낮을 가능성이 있다.

예를 들면 근로여성들을 모집단으로 설정하여 5년에 한번씩 각각 다른 사람들로 구성된 표본을 선정하여 이들에게 성계층화의식을 조사한다.

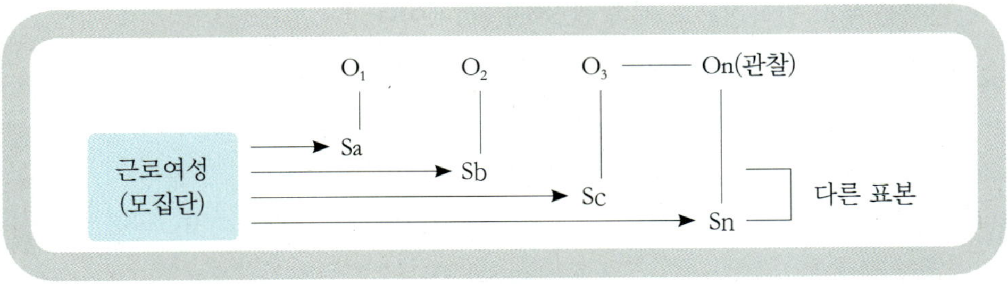

㉡ 동연배집단연구설계(Cohort Study design)

동연배집단연구설계는 일정한 연령범위의 동연배집단을 모집단으로 설정하고 일정한 시간간격을 두고 같은 모집단에서 각각 다른 표본을 선정하여 관찰하는 설계이다. 여기서 동연배집단(chhort)란 '어떤 역사적인 기간에 태어나서 역사적인 사건을 비슷한 방법으로 경험한 연령집단'을 말한다.(386세대, 모래시계세대, X세대, 1980년대 출생집단 등) 사회과학적 연구에서는 보통 5년 간격 또는 10년 간격의 출생시차를 가진 인구집단을 한데 묶어 동연배집단으로 취급하는 것이 일반적이다.

동연배집단연구설계에서도 성숙, 우연한 사건 등과 같은 내적 타당도를 저해하는 요인들이 작용할 수 있으며, 각 표본의 최초의 상태를 알 수 없는 단점이 있다. 이 설계는 특정의 역사적 및 사회적 사건을 비슷하게 경험한 동연배를 대상으로 조사를 하기 때문에 변화의 결과가 시간의 변화 때문인지 아니면 동연배 특유의 효과로 인한 것인지 구별하기 어렵다. 이와같은 동연배 특유의 효과를 동연배효과(cohort effect)라고 한다.

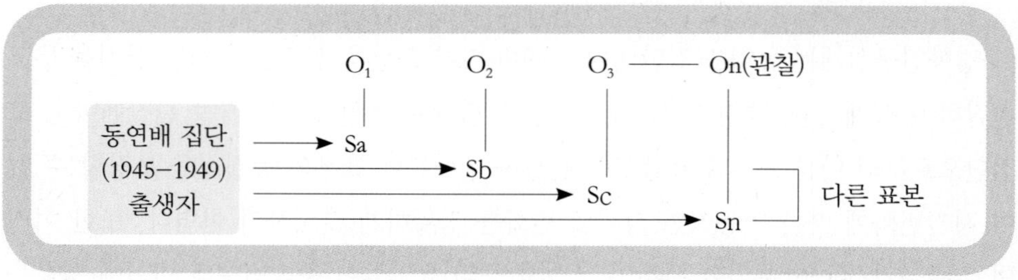

ⓒ 패널연구설계(panel study design)

패널연구설계에서는 동일 모집단에서 동일한 표본을 계속적으로 조사하는 설계이다. 패널연구설계는 어떤 일정한 표본을 선정하여 동일한 표본에 대해서 일정한 시간간격을 두고 반복적으로 계속 관찰하는 설계이다.

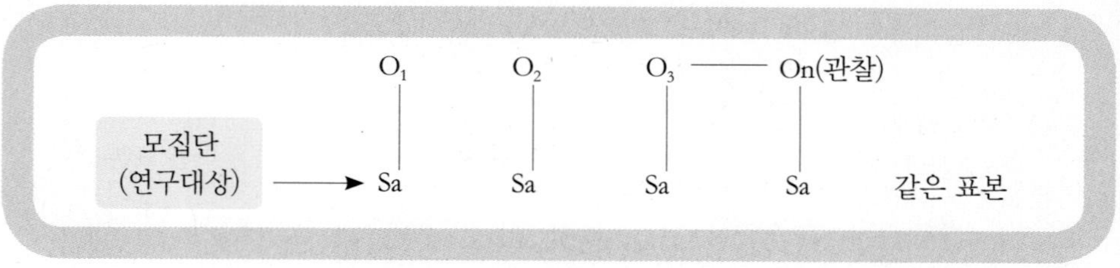

패널연구설계는 시간이 흐름에 따라 나타나는 특정 현상이나 표본특성의 역동적인(dynamic) 변화를 정확히 관찰할 수 있는 장점이 있다. 그러나 동일한 표본을 대상으로 여러 번 조사를 해야 하기 때문에 조사에 자발적으로 응하는 사람들로 표본이 구성되어 선택의 편의(偏倚, bias)가 작용하여 내적 타당도를 저해할 수 있다. 또한 연구기간이 길어지면 피험자의 상실현상이 나타나게 되고 이는 내적 타당도를 저해하게 된다. 같은 대상에 대해서 반복적인 조사를 하게 되면 조사로 인한 조건화 현상(panel conditioning)이 일어날 수 있다. 즉 전검사를 기억하고 의식적으로 일관성을 유지하려고 하여 전검사와 같이 응답하려고 할 수도 있고 또한 의식적으로 변화를 보이는 방향으로 응답할 수 있어 실질적인 변화를 명확히 알 수 없게 될 가능성이 있다.

7. 실험수행과정

실험실실험이나 또는 현지실험을 막론하고 그러한 실험수행을 위하여 필요한 기본적인 수행 단계가 있다.(Simon, 1969:231-254) 이러한 기본적인 일정한 연구과정 즉 문제의 결정, 이론의 검토 등의 과정을 거친 후이어야 한다.

㉠ 1단계: 조사문제의 결정

실험을 수행하기전에 먼저 무엇을 조사할 것인가를 결정하여야 한다. 조사문제를 결정하는 것은 특정 사람이나 사물 또는 현상이 실제 존재하는지, 어떻게 존재하는지, 얼마나 존재하는지, 왜 존재하는지, 어디서 존재하는지, 언제 존재하는지 등에 관해 상세하고 정확하게 규정하여 체계적으로 정리하는 것이다.

㉡ 2단계: 이론의 검토

조사문제에 대해 해답을 제공해줄 수 있는 기존의 이론들을 검토한다. 이론은 과학적 연구의 기본 틀을 제공해줄뿐만 아니라, 현상을 개념적으로 이해할 수 있도록 하여주고, 현상의 문제를 어떻게 해결해나아가야 할 것인가에 대한 지침과 방향을 제시하여 준다. 또한 새로운 사실을 예측하게 하여 주고, 가설을 도출하는데 필요한 정보를 제공한다.

㉢ 3단계: 가설의 설정

가설은 어떤 조사문제에 대해서 잠정적으로 해답을 제시한다. 이러한 잠정적인 해답은 향후의 실험연구결과에 따라 수용될 수도 있고 기각될 수도 있다. 가설은 실험연구활동의 지침을 제공해준다. 가설없이는 연구를 어디서 시작해야 할 것인지 어떻게 전개할 것인지 파악하기 어렵다.

㉣ 4단계: 변수의 선정

연구대상에 영향을 미치는 많은 변수 가운데, 일정한 주요변수를 선정해 놓고, 그들 중에서 보다 중요한 변수를 순서적으로 선정하여, 그 가운데 가장 중요한 변수를 그 실험에 도입하고, 나머지는 상수(常數, constant)로 고정시켜 놓는다. 실험에 사용되는 변수는 일반적으로두가지 특징을 가져야 한다; 첫째, 측정가능해야 한다. 변수를조작적으로 정의할 때 객관적으로충분한 측정가능성을 가져야 한다. 둘째, 훌륭한 대리물(good proxy)이어야 한다. 이론적 개념이나 또는 가설적 변수를 합리적으로 대표할 수 있는 타당한 지표(valid indicator)이어야 한다. 또한 실험에 도입할 변수의 수를 적절히 결정하여야 한다.

㉤ 5단계: 변수검정의 수준결정

실험에 있어 독립변수 속성의 수준 내지 범위를 정함에 있어 어느 수준을 갖을 것인가를 결정해야 한다. 그 결정은 주로 연구자의 지식과 실험상황에 따라 이루어 진다. 여기에는 세가지 기준이 있다. 첫째, 실재적 상황에 대한 관심도 여하에 따라 그 수준은 달라진다. 둘째, 측정수준은 변수결과를 측정함에 있어 충분할 수 있을 정도로 적합한 양 또는 폭을 가져야 한다. 셋째, 독립변수의 변량을 측정함에 있어 충분한 수준이어야 한다. 예를 들어 아동의 발표력 측정함에 있어 10분 동안 발표할 것인가, 20분간 발표할 것인가, 30분간 발표할 것인가를 놓고 발표력을 측정하는 데 적정한 수준(예:시간)을 결전한다.

㉥ 6단계: 표본추출

실험을 위해 편견없는 합리적 표출을 하여야 한다. 가장 좋은 표본추출방법은 무작위표집(random sampling)을 사용하는 것이다.

㉦ 7단계: 표본의 크기

실험을 위해 얼마나 많은 수의 표본을 선택해야 할 것인가, 즉 표본의 크기를 결정하는 데는 여러 가지 요인들을 고려해야 한다. 모집단의 동질성 여부, 요구되는 신뢰도 수준, 허용 오차의 범위, 확보할 수 있는 시간-비용-인력 등을 고려해야 한다.

㉧ 8단계:실험의 세부계획

실험의 여러 필요조건을 합리적으로 구비하기 위해 세부적인 실험계획을 수립한다. 실험에 있어 상수와 변수를 잘 구별하여 확정하고, 상수에 있어서는 실험도중 어떤 변화가 일어나지 않도록 고정하여야 한다. 독립변수의 작용 및 변화 이외의 모든 조건들은 ceteris paribus의 상태가 보존되도록 깊은 배려와 계획이 요망된다. 다시 말해서, 독립변수의 작용이외에는 실험집단과 통제집단의 제조건은 ceteris paribus의 상태가 되도록 한다. ceteris paribus는 cet. par.로도 약식표현되며 이 뜻은 'other things being equal'을 의미한다. 즉 연구에 있어 일정한 독립변수의 조작영향을 제외하는 실험집단과 통제집단이 갖는 모든 조건이 동일한 상태를 뜻하는 것이다.

㉨ 제9단계: 실험대상자의 할당

실험대상물(subjects)을 하나 이상의 실험집단과 일반적으로 하나의 통제집단에 속하도록 분배한다. 실험집단과 통제집단의 구성을 위해 실험대상의 분배는 무작위적으로 하여야 한다. 만일 무작위적인 할당이 불가능하다면 유사성을 갖는 것끼리 배합(matched)하여 구성하는 것이 좋다.

㉩ 10단계:실험설계

실험설계란 실험을 하기 위한 계획이자 전략이다. 실험설계에는 다양한 유형이 있는데 현실적인 제약조건을 고려해 적절한 실험설계 유형을 택한다.

㉪ 11단계: 예비검사

본실험을 위한 예비실험을 한다. 이 결과에 따라 문제되는 실험절차 또는 방법을 개선한다. 경우에 따라 개선한 다음 다시 예비실험을 함으로써 본실험에 있어 가능한 한 어떤 오차가 없도록 만든다. 이렇게 예비실험을 하는 동안 전문가나 동료들과 충분한 토의를 거쳐 보다 합리적인 실험조사의 토대를 구축한다.

㉫ 12단계: 본실험 실시

본실험을 실시하면서 조사문제를 해결하는데 도움이 되는 필요한 자료를 체계적으로 정확히 수집한다.

㉬ 13단계:자료의 분석과 해석

실험에 의하여 수집된 자료를 계획된 통계적 기술에 의하여 분석하고 해석한다. 이는 실태조사(survey) 등과 동일한 과정이다.

8. 실험연구의 장단점

실험연구의 장단점은 다음과 같다;(Bailey,1987:214-216)

1) 장점

㉠ 실험연구를 통해서 인과관계를 명확히 규명할 수 있다. 실험연구에서는 연구자가 자신의 의도하는 바에 따라 집단을 통제하고 변수를 조작하면서 그 효과를 관찰할 수 있기 때문에 다른 어느 방법보다도 인과관계가 쉽게 파악될 수 있다.

㉡ 통제이다. 순수실험의 경우 최대한의 통제를 행한다. 통제가 가설의 검증이나 자료분석에 있어서 중요한 의미를 갖는 것은 외생적 요인들로 인한 오류(error) 가능성을 줄이기 때문에 통제되지 않은 상황에서보다 더 작은 크기의 표본을 가지고 더 많은 필요한 자료를 얻을 수 있다. 또한 조사자가 그들이 실험을 통해 발견한 것들에 대해 더 신뢰할 수 있다.

㉢ 종단적 분석(longitudinal analysis)이 가능하다. 실험은 장기간에 걸친 연구를 할 수 있는 기회를 제공해준다. 실험에서 조사자는 일반적으로 일정기간에 걸쳐 관찰하고 자료를 수집할 수 있다. 실험은 단 한시간 또는 수시간의 짧은 기간동안 이루어지거나 수개월에 걸쳐 이루어지기도 한다. 비록 짧은 기간동안 이루어지는 단기 실험이라 할지라도 서베이와 같은 횡단조사(cross-sectional study)보다 변화상황을 연구할 수 있는 기회를 더 많이 제공한다.

㉣ 연구방향을 조정할 수 있다. 실험연구는 실험조건을 연구자가 임의로 조작하여, 연구자가 원하는 방향으로 연구를 진행시킬 수 있다.

㉤ 반복적 연구가 가능하다. 실험상황의 다시 조성하게 되면 반복적으로 동일하거나 유사한 연구를 다시 수행할 수 있어 연구의 보편성과 일반성을 높일 수 있다.

2) 단점

실험적 연구의 주요 단점으로는 다음과 같은 점을 들 수 있다(Simon, 1969:240-242).

㉠ 인위적 환경(artificial environment)이다. 실험환경이 인위적으로 조성되기 때문에 현실성(reality)이 결여된다. 인위적인 실험적 상황에서 끌어낸 결과는 현존상황에 일반화할 수 없다는 제약이 뒤따른다. 비록 현지실험이 실험실실험보다 부분적으로 현실성이 있다고 하더라도, 역시 실험상황을 조작하는 것이기 때문에 실재(實在)와는 괴리가 있다.

㉡ 실험자 효과(experimenter effect)이다. 실험은 반응적인 방법(reactive method)이다. 실험자의 기대(experimenter's expectation)가 실험결과에 영향을 미칠 수 있다. 실험자가 조사대상자에게 암시를 주게 되면 그들은 실험자가 바라는 대로 응답하거나 반응한다. 따라서 실험자는 실험결과를 그가 세운 가설에 보다 일치되도록 잘못 해석한다. 실험자효과를 방지할 수 있는 한가지 방법은 이중맹검실험설계(二重盲檢實驗設計,double-blind experimental design)이다. 이 설계에서는실험자가실험대상자를 실험집단과 통제집단에 배치하는 것이 아니라 실험자가 아닌 다른 사람이 연구대상자들을 실험집단과 통제집단에 배치한다. 그래서 심지어는 실험대상자뿐만 아니라 실험자조차도 어느 집단이 진짜 실험조치를 받고 어느 집단이 가짜 조치를 받는지 또는 아무런 조치를 받지 못하는지를 알지 못한다.조사자가 어느 집단을 실험집단으로 할 것인가를 결정할 수 없는 경우에는, 조사자는, 만일 실험집단의 신분이 알려졌다면 갖게되었을 기대감에 의해, 실험결과 발견한 것을 해석하는데 편견을 갖지 않을 것이다.

㉢ 통제의 결여(lack of control)이다. 사회과학분야에서 실험을 계획하는 사람은 종종 딜레마에 빠진다. 실험대상자들을 실험실에 배치하게 되면 그들이 조사하고자 하는 바로 그 행동에 변화가 나타날 것이고, 반면에 자연적인 환경에서 실험을 하게 되면 실험에 나쁜 영향을 미치는 외생변수 모두를 통제할 수 없기 때문에 종종 갈등에 빠지게 된다. 이러한 문제 때문에 좀 더 나은 통제가 가능한 다른 분야에서 보다, 사회과학분야에서 실험이 덜 사용된다.

㉣ 표본의 크기(sample size) 이다. 사회과학은 주로 집단과 관계를 맺고 있다. 집단의 크기가 크면 클수록, 집단을 실험실에서 연구하기는 그 만큼 더 어려울 뿐 아니라, 외생변수를 통제하기도 그 만큼 더 어렵다. 표본의 크기가 큰 경우 서베이에서는 조사가 가능하지만, 실험실에서는 거의 불가능하다. 실험은 소집단의 심리상태를 연구하는 데는 적합한 방법이다.

ⓜ 표본의 비대표성이다. 실험을 위해 선정된 실험대상은 연구자가 전제하고 있는 모집단의 대상과 동일하지 않은 경우가 많다. 모집단을 충분히 대표할 수 있는 적절한 표본을 추출하여 실험대상으로 삼기는 대단히 곤란한 경우가 많다. 따라서 실험대상을 중심으로 하여 도출된 결과가 그 모집단을 그대로 대표한다고 인정하기에는 상당한 문제성이 있다.

ⓑ 비용의 과중이다. 비용 문제는 실험의 장점이 되는 동시에 단점이 된다. 어떤 실험적 연구는 다른 연구에 비해 대단히 많은 비용이 든다.

ⓢ 가치-윤리의 문제이다.실험은 가치적 또는 윤리적 문제를 제대로 다룰 수 없어 항상 가치나 윤리문제가 개입되는 인간행태문제에 관한 실험적 연구결과는 한계가 있다. 즉 가치와 윤리적인 측면에서 실험이 용인될 수 없는 점들이 있을 수 있다.

ⓞ 적용범위가 제한된다. 까다로운 실험의 조작화 조건은 그 적용범위를 극히 제약한다. 엄격한 실험적 상황의 수립으로 인한 변수의 통제와 조작이 불가능한 대상은 실제로 많이 존재한다.

ⓙ 적용가능성의 문제이다. 복잡다단한 사회현상을 단순한 실험이라는 방법을 통해 규명해 보려는 데에 실험연구의 근본적인 한계가 있다.

ⓒ 과학성이 우려된다. 자연과학의 실험에서와 같은 정도의 과학성을 사회과학 분야에서 실험을 할 경우 제대로 확보할 수 있는가도 문제로 남는다.

9. 비실험연구설계의 장단점

현실적인 한계와 용이성 때문에 사회과학 전반에 있어 실제로 비실험연구가많이 이용되고 있다. 많은 경우 연구나 관심의 대상이 되는 현상이나 변수들은 여러 이유로 통제가 불가능하거나 어려우므로 비실험연구설계를 적용하지 않은 수 없다. 심리학 사회학 교육학 사회복지학 등 많은 경우 비실험연구가 이용된다. 그러나, 비실험연구에는 세가지 제한점이 있다. 첫째, 독립변수를 조작할 수 없는 점, 둘째, 연구대상을 난선화할 수 없는 점, 셋째, 부적절한 해석을 하게 될 위험성이 있는 점이다. 다시 말해서 비실험연구는 실험연구에 비하여 연구관련상황이나 조건을 통제할 수 있는 능력이 약하거나 없으므로 연구결과로부터 인과관계를 추정하는 것은 위험성이 크다. 실험연구에서는 대부분의 경우 가설이 설정되지만 비실험연구에서는 가설이 설정되지 않는 경우가 많다. 비실험연구는 내적 타당도에 있어서 실험연구나 의사실험연구보다 낮고 외적 타당도에 있어서는 높은 편이다. 비실험연구에서는 독립변수의 조작과 난선화를 할 수 없으므로 내적 타당도를 저해하는 요인들을 거의 통제할 수 없다.

10. 실험설계 유형과 내적타당도 내적 저해요인 통제

실험설계 유형에 따라 내적타당도 내적 저해요인들이 통제되는 정도가 다르다. 이를 비교하면 다음과 같다(Campbell & Stanley, 1966; 7-27).

		내적타당도 저해요인(Source of Invalidity): 내적요인							
		역사	성장	시험	도구사용	회귀	선택	사망	선택-성장
전실험 단계	× ○	−	−						
	○ × ○	−	−	−	−	?	+	+	−
	× ○ .... ○	+	?	+	+	+	−	−	−
순수실험 단계	R ○ × ○ R ○ ○	+	+	+	+	+	+	+	+
	R ○ × ○ R ○ ○ R × ○ R ○	+	+	+	+	+	+	+	+
	R × ○ R ○	+	+	+	+	+	+	+	+

마이너스(−): 저해요인 통제가 약함 플러스(+): 저해요인 통제됨
물음표(?): 타당도가 저해될 우려가 있음 공란: 이들요인과 관계 없음

chapter_ 9 | 단일사례연구설계

Chapter 9

단일사례연구설계

1. 단일사례연구설계의 의의

단일사례연구설계(single case study design)는 시계열설계의 논리를 개입이나 정책변화가 개별적인 사례나 체계에 미치는 영향을 평가하는데 적용한다.(Rubin & Babbie, 1993: 293-297) 단일사례연구설계는 개인 가족 및 소집단을 대상으로 이들이 갖고 있는 문제를 해결하기 위한 개입(介入, intervention)이 어떠한 효과를 갖고 있는지를 과학적인 방법으로 입증하는 것이다. 여기서 개입이란 문제가 되는 조사대상자의 표적행동(target behavior)을 변화시키기 위한 프로그램, 시험자극(test stimulus), 환경변화, 행사(event) 등을 의미한다. 연구자에게는 실천가의 개입은 독립변수, 실험변수, 실험자극에 해당되고, 조사대상자의 표적행동은 종속변수내지 결과변수에 해당한다.

사회복지분야에서 단일사례연구는 주로 개인-가족-소집단들의 심리사회적 기능을 향상시키고 유지하기 위한 임상사회사업(clinical social work)에서 이론적-실천적 발전의 근거를 마련하기 위해 사용되고 있다. 임상사회사업에서 개인이나 소집단의 문제를 해결하기 위해 이론을 근거로 하여 개입을 했을 때 그러한 개입이 문제를 해결하는데 실제적으로 얼마나 효과가 있는지를 체계적으로 평가하는 것은 사회복지 실천기술을 향상시키고, 실천이론을 발전시키는데 중요한 과업이다. 단일사례연구설계는 단일사례실험(single case experiment), 단일대상설계(single subject design), 단일체계설계(single system design) 등으로 불리어지고 있다. 단일사례실험과 단일체계설계는 클라이언트 체계가 반드시 개인사례일 필요는 없으며, 가족, 지역사회 등일 수도 있다는 것을 강조하는 사람들이 사용한다. 무엇이라고 부르든지 특징은 표본의 크기가 '1'(sample size: N=1)이라는 것이다. 분석단위(unit of analysis)가 1개인, 1가족, 1지역사회, 또는 1조직이든간에, 표집요소의 수는 1이라는 것이다(the number of sampling elements is one). 따라서 이 설계의 단점은 외적타당도가 낮다는 것이다. 즉 연구결과를 일반화시킬 수 있는 가능성(generalizability)이 낮다(김영종, 2007: 333-357; 남세진 & 최성재, 1988: 132-159; 성숙진 외, 1997:349-378; 황성동, 2006: 101-124; Rubin & Babie, 1993: 292-329).

2. 단일사례연구의 배경

단일사례연구설계는 사회복지분야의 임상현장에서 활발하게 사용되고 있지만, 이미 오래 전에심리학, 정신의학, 교육학,상담학 등 인접사회과학분야에서 다양하게 사용되어 왔다.

단일사례연구는 본래 심리학 분야에서 1900년 전후에 동물행동에 대한 실험실연구에서출발한 것으로 알려지고 있다. 초기 일부 실험심리학자들은 단일사례연구를 통하여 한 개인이나 소수의 피험자를 대상으로 자극조건의 변화에 기초한 반응과지각과정을 연구하였다. Pavlov는 단일사례연구를 통하여 훈련조건과 같은 독립변수와 신체적 반응같은 종속변수 간의 인과관계에 대한 연구를 통해 학습이론을 개발하기도 하였다.(Rubin & Babbie, 1993:297-298)

실험심리학에서 시작된 단일사례연구는 개인의 독특한 정보를 특별히 중시하는 임상연구분야에 큰 영향을 미쳐 집단연구를 보완하는 차원에서 개개인의 개별적 사례를 종합적으로 연구하기 시작하였다. 정신병리학의 병인론이나 성격과 행동발달에 관한 이론들은 개별적인 사례연구를 통해서 전개되었다. Freud는 개별적인 사례를 심층적으로 연구하여 기본적 심리과정, 발달단계, 증상형성 그리고 성격과 행동 등에 관한 이론을 체계화하였다.

단일사례연구를 통해서 오랫동안 누적된 개별적인 사례연구결과들은 피실험자들의 사례에 관한 일반적 관계를 보여줌으로써 정신의학적 진단이나 분류 체계를 형성하는데 토대가 되기도 하였다. 독일의 정신의학자인 Kraepelin은 수천의 정신병 입원 환자의 사례를 체계적으로 분석하고 수집함으로써 '정신 장애(mental illness)'의 다양한 유형을 서술하였고, 정신의학적 진단에 대한 현대적 접근의 일반적 모델을 제공하였다.

단일사례연구는 1960년대 인간행동에 관한 연구분야에서 번창하였다. Skinner는 인간행동에 관한 연구에서 한 개인이나 소수의 피험자만을 대상으로 실험을 실시하고 지속적인 관찰과 빈도분석을 통해 실험조작효과를 확인하였다.

단일사례 설계는 점차 인간의 행동에 관한 연구로 확대되어 정신병원, 외래환자의 치료 등에 실험적으로 응용되었으며, 이러한 연구는 공식적으로 응용행동분석(applied behavior analysis)으로 명명되었다. 응용행동분석은 심리적 장애, 교육, 정신지체, 아동 양육 그리고 범죄와 같은 문제와 관련되어 사회적으로 임상적으로 중요한 행동을 연구하는 하나의 영역으로 정의되었다.

최근에 들어 단일사례연구는 심리학이나 정신의학분야에서의행동수정연구에서 뿐만 아니라 사회복지서비스 개입의 효과성을 평가하는 데에도 유용하게 활용될 수 있다는 인식이 증가하였다. 1970년대 말에 이르러 일부 사회복지 전문가들이 연구조사와 실천을 통합하고, 실천지향적인 연구조사를 수행하기 위해서는 단일사례연구를 적극적으로 활용해야 한다고 주장하였다. 사회복지분야에서 단일사례연구를 활용하여 소규모 표본을 대상으로 비교적 융통성있는 연구방법을 사용하여 소규모 표본을 사용하여 탐색적 연구를 수행하고, 향후 대규모 확률표본을 이용해 가설을 검증하고 이론을 형성하기 위한 연구의 토대가 되는데 기여할 수 있다. 또한 단일사례 실험의 결과를 축적하는 것은 특정 개입의 과학적 기반을 발전시키는데 있어서 뿐만 아니라, 전체 기관이나 프로그램을 평가하는 데에도 가치가 있다.

3. 단일사례연구설계와 집단연구설계의 비교

단일사례연구설계와 집단연구설계간에는 유사한 점도 있고 차이점도 있다.

전통적인 실험연구설계는 집단연구설계 내지 집단간 연구설계(between-group research design)이다. 집단연구설계와 단일사례연구의 가장 큰 차이는 연구대상이다. 일반적으로 집단연구설계는 모집단으로부터 일정 수의 표본을 추출하여 무작위로 실험집단과 통제집단에 배치한 후 집단간에 종속변수의 변화를 비교함으로써 인과관계를 검증한다. 집단연구설계의 연구대상은 다수로 구성된 집단들이다. 반면, 단일사례연구는 개인, 가족, 소집단을 대상으로 임상사회사업 분야에서 개입이나 실험처치가 어떠한 효과를 가져오는지를 과학적 방법으로 입증하는 것이다. 단일사례연구설계는 개인, 가족, 소집단, 조직, 조직, 지역사회 등 모두를 연구대상으로 할 수 있으나, 주로 개인 가족 소집단을 연구대상으로 하고 있다.

집단연구설계에서는 주된 목적이 가설을 검증하는 것이라면, 단일사례연구설계에서는 주된 목적이 어떤 표적행동에 대한 개입의 효과를 관찰하여 분석하는 것이다. 즉 변수 간의 관계를 규명하는 것이라기보다는 개입방법의 효과를 규명하려는 것이다.

집단연구설계는 실험처치가개별적인 피험자에 초점을 둔 실천현장에서는 적합하지 못하다. 즉 단지 한 개인 또는 소수의 피험자, 아동, 거주자 또는 가족이 특정한 실험처치의 주요 대상이 되는 임상적 상황에서는, 비교집단 설정, 피험자 집단의 동질성 확인, 집단 피험자의 무작위 할당, 피험자간 실험처치의 표준화 등과 같이 집단연구설계에서 요구되는 많은 사항들이 가능하지 않다.

일반적으로 집단연구설계는 실험집단과 통제집단을 각각 두고 사전검사와 사후검사값을 비교하여 실험처치의 효과를 평가하지만, 단일사례연구설계는 하나의 사례를 반복측정함으로써 실험집단과 통제집단과 같은 집단비교의 효과를 갖는다.

단일사례연구설계와 집단연구설계의 이론적 근거는 유사하지만 구체적 접근방법은 차이가 있다. 양자는 모두 독립변수가 종속변수에 미치는 영향 내지 실험처치의 효과를 비교한다는 기본원리에 있어서는 동일하다. 그러나 구체적인 접근방법에 있어서는 차이가 있다.예를 들면, 집단연구설계에서는 실험집단에만 실험처치를 실행하고, 통제집단에는 실험처치를 실행하지 않고서 사전검사와 사후검사를 비교하여 실험처치의 효과성을 평가하는데 반해, 단일사례연구설계에서는 일반적으로, 시간이 경과하면서 동일한 피험자에게 제시되는 여러가지 다른 조건들을 비교함으로써 개입 내지 실험처치의 효과를 평가하게 된다.

단일사례연구와 집단연구설계는 상호간에 상충되는 관계가 아니라 상호보완적인 관계이다. 집단연구설계가 다수의 확률표본을 이용하여 가설을 검증하고 이론을 형성하고 일반화시키는데 기여하지만, 개인이나 소집단의 개별적인 행태나 특성은 간과하게 된다. 반면, 단일사례연구는 가설검증이나 이론형성에 직접적으로 기여하지는 않지만,개인이나 소집단의 개별적인 속성이나 행태, 심리적 측면은 깊이있게 연구할 수 있다. 따라서 양자는 학문적 발전과 실천적 효용을 위해서 상호보완적인 관계에서 병행 발전시켜 나가야 한다.

4. 단일사례연구설계의 특성

단일사례연구설계는 몇 가지 특징을 가지고 있다.((Polster & Lynch, 1981:374-375, 남세진 & 최성재,1988:134-135)

첫째, 단일 대상 또는 단일사례(single subject or single case)이다. 단일사례연구설계는 하나의 대상 또는 사례를 가지고 개입의 효과를 평가한다. 집단연구설계의 경우 효과성을 평가하기 위해 실험집단외에 비교집단으로서 통제집단을 설정하고 외생변수들을 통제하는 장치를 마련한다. 그러나 단일사례연구설계는 단 하나의 사례 또는 대상을 놓고 그것을 반복해서 관찰한다. 단일사례연구설계에서 단일 사례 또는 단일 대상이란 분석단위(unit of analysis)가 1개인, 1가족, 1지역사회, 또는 1조직이든간에, 표집요소(sampling elements)의 수는 하나라는 의미이다.

둘째, 조사대상 사례는 개인 또는 집단이다. 단일사례연구설계의 조사 대상이 되는 사례는 개인이나 집단 모두 해당될 수 있다. 집단이 조사대상 사례가 되는 경우에는, 집단구성원들의 개별적인 정보들은 개별적으로 취급되는 것이 아니라집단 전체의 평균이나 전체 빈도 등으로 요약하여 단일한 사례로 취급된다. 즉 집단전체를 하나의 사례로 취급하는 것이다. 조직이나 지역사회, 문화적 단위 등 어떤 것이든 그것이 하나의 단위로 묶이면 단일사례연구의 대상이 될 수 있다.

셋째,반복측정이다. 단일사례연구설계는 별도로 통제집단을 갖고 있지 않고, 비교의 대상을 사례내부에 갖고 있다. 한 사례를 반복적으로 측정함으로써 나타나는 조사대상자의 표적행동의 변화를 관찰해 그 결과를 가지고 개입효과를 파악한다.

단일사례연구설계는 개입전의 반복측정된 결과를 통제적인 상태로 보고 개입중 또는 개입 후의 상태를 실험처치를 행한 후의 상태로 보아 개입 전과 후의 상태를 비교함으로써, 실험연구설계의 통제집단사전사후검사설계와 유사한 논리로 개입효과를 파악하려는 것이다.

즉 반복해서 측정함으로써, 개입이전의 관찰대상으로 하여금 통제집단이 수행하는 역할을 하도록 하고, 개입 도중이나 그 이후의 관찰대상으로 하여금 실험집단이 수행하는 역할을 하도록 함으로써, 마치 실험집단과 통제집단을 가지고 집단비교를 한 것과 같은 유사한 효과를 나타낼 수 있도록 한다.

단일사례연구설계에서는 개입 이전에 여러 번의 반복적인 관찰을 통하여개입이전의상태를 파악할 수 있다. 이러한 반복적인 사전검사를 통하여 내적 타당도를 저해할 수 있는 우연한 사건, 성숙요인 등을 통제할 수 있어, 실험집단과 동일한 통제집단을 설정한 것과 같은 효과를 얻을 수 있다. 그리고 개입중이나 개입후에 여러 번의 반복적인 관찰을 통하여 개입 이후의 상태를 알 수 있으므로, 이는 실험집단에 실험처치를 한 후 사후조사를 실시한 것과 같은 효과를 얻을 수 있다. 이와 같이 단일사례연구설계에서는 단일대상을 가지고 실제 통제집단과 실험집단을 설정한 것과 유사한 논리적인 효과를 가질 수 있으므로 개입(실험변수,독립변수)과 표적행동의 변화(결과변수,종속변수) 사이의 인과관계를 추정할 수 있는 탐색적 근거를 제공할 수 있다.

그러나 측정을 반복적으로 함으로써 조사대상자가 반응성(reactivity)을 나타내어 순수한 실험효과가 오염되는 경우도 있을 연구자는 유념해야 한다. 반복측정은 단일사례연구의 중요한 특징 가운데 하나이다.

넷째, 즉각적인 환류(feedback)이다. 단일사례연구설계는 사례를 진행하는 도중이나 종료 이후에 도출되는 환류 정보를 가지고 개입효과를 증진시키기 위해 노력한다. 단일사례연구설계에서는 반복적으로 연속해서 자료를 수집하기 때문에 개입으로 인한 조사대상자의 변화상태를 주기적으로 파악할 수 있다. 따라서 단일사례연구가 진행중인 도중에 수집된 자료를 검토하여,문제점을 발견하고, 이를 해결하거나 개선할 수 있으며, 이를 위해 새로운 이론과 실천기술들을 도입해 실행하고 그 결과를 평가할 수 있다. 따라서 연구자는 환류-수정의 반복적인 과정을 통해 연구가 진행되는 도중에 발생하는 상황에 대한 적응성을 높일 수 있으며, 필요한 때에 융통성을 발휘해 유효적절히 대처함으로써 개입효과를 높이고 조사목적을 성공적으로 달성할 수 있다.

다섯째, 개입효과의 규명이다. 단일사례연구설계의 주된 목적은 변수 간의 관계를 규명하기 위한 것이라기보다는 개입방법의 효과를 규명하려는 것이다. 즉 집단연구설계에서는 가설상에 설정된 변수 간의 관계를 검증하는 것이 주된 목적인데 반해, 단일사례연구설계에서는 조사대상자의 문제행동을 명확히 규정하고, 연구자가 사용한 개입방법이 조사대상자의 문제행동을 해결하는데 얼마나 효과적이었는지를 평가하기 위해 적용되는 조사설계이다.

5. 단일사례연구 수행과정

단일사례연구를 수행하는 과정은 집단연구의 경우와 달리 가설을 설정하고, 가설상의 관계성을 검증하는 것과 관련된 과정들이 생략되어 있다. 단일사례연구를 수행하는 일반적인 과정은 다음과 같다;(남세진 & 최성재, 1988:136-138)

1) 문제의 확인-규정

문제는 조사대상자가 갖고 있는 해결되어져야 할 문제이다. 이 문제는 조사대상자 자신, 가족, 성직자, 친우집단, 교사, 상사, 관련 전문가 등에 의해서 확인될 수 있다. 문제가 확인되면, 문제가 구체적으로 무엇인가를 명확하게 규정해야 한다. 문제는 가능한 구체적이고 명확하게 정의되지 못하면, 개입의 목표를 명확히 설정할 수 없고, 문제를 성공적으로 수행할 수 없다.

2) 변수의 선정

문제가 규정되면, 문제를 경험적으로 인식할 수 있는 실험에 사용될 변수를 선정해야 한다. 실험에 사용되는 변수는 측정가능해야 한다. 또한, 정의된 문제를 합리적으로 대표할 수 있는 타당한 지표(valid indicator)이어야 한다. 또한 실험에 도입할 변수의 수를 적절히 결정하여야 한다.

3) 측정 대상

선정된 변수의 속성 가운데 어느 측면을 측정할 것인가를 결정해야 한다. 측정대상은 여러 번 반복관찰이 가능해야 하기 때문에 정기적으로 측정하기에 충분할 정도로 자주 나타나는 것이어야 한다. 예를 들면, 자살방지프로그램의 경우 자살시도 횟수와 같이 매우 드물게 일어나는 사건을 매일 또는 매주 기록하려 하기 보다는, 자아긍정 횟수, 우울증 증상, 수면시간 등에 관해 측정하는 것이 바람직하다.

4) 개입목표의 설정

개입목표는 조사대상자가 갖고 있는 문제 그 자체를 완전히 해결할 것인가, 아니면 어느 정도 해결할 것인가, 또는 문제로 인해 파생되는 영향들을 감소시킬 것인가, 아니면 문제의 원인을 제거할 것인가, 어느 정도 제거할 것인가 등에 관해 결정해야 한다. 개입의 목표는 구체적이고 명확할수록, 문제해결이 용이하게 된다.

5) 조사설계

개입의 목표가 설정되고 나면 실제로 문제를 해결하기 위한 구체적으로 어떻게 사례연구를 수행할것인가에 관한 조사설계를 수립된다. 사례연구에 관한 계획을 수립함에 있어서 포함될 내용은 구체적인 설계형태(AB, ABA, BAB, ABAB, ABCD형 등), 관찰의 시기 및 횟수, 자료의 출처, 자료수집방법(관찰, 면접등), 자료기록방법(시간간격, 빈도, 지속시간, 정도 등)등에 관한 계획과 전략을 수립한다.

6) 조사실시

선택된 구체적인 설계형태에 따라서 개입을 하기 전에 그리고 하는 도중에 자료를 수집한다. 수집된 자료는 그래프로 표시하고 그래프에 나타난 변화추세를 정리한다. 조사실시과정에서 측정대상에 대해 측정을 할 때 가능한 다각적 측정(triangulation)을 행하는 것이 바람직하다. 다각적 측정이란 각각의 척도가 장단점을 갖고 있기 때문에, 연구조사자가 몇 개의 척도를 사용하여 대상의 속성을 측정하는 것을 말한다.

7) 개입의 평가(자료분석)

자료수집이 완료되고 이에 따른 그래프가 완성되면 일차적으로 그래프에 나타난 변화의 파동, 변화의 경향, 변화의 수준 등을 검토하여 개입효과를 판단하게 되며, 개입효과의 유의미성을 판단하기 위하여 후속적으로 통계기법을 활용할 수 있다.

6. 단일사례연구설계의 기본구조

단일사례연구설계에는 두 가지의 기본적인 국면이 있다. 하나는 개입 전의 기초선 단계이고 다른 하나는 개입의 국면이다.

1) 기초선 단계

기초선 단계(baseline phase)는 개입하기 전의 단계이다. 기초선(baseline)이란 연구자가 개입활동을 실시하기 전에 표적행동의 상태를 관찰하는 기간을 의미하기도 하고, 때로는 관찰된 표적행동의 상태를 나타내는 자료를 의미하기도 한다. 단일사례설계의 구조를 설명하는 데 있어서 기초선은 일반적으로 'A'로 표시된다. 기초선 단계를 설정하는 목적은 개입을 하기 전에 클라이언트의 표적문제의 정도를 파악하고, 이러한 문제가 외생요인에 기인한 것인지, 이러한 문제가 어떠한 경향을 보이고 있는지를 파악하는 것이다.

단일사례연구설계의 논리는 개입을 시작할 때 클라이언트 환경의 변화와 같은 외생요인들(extraneous factors)들이 표적문제(target problem) 개선의 원인이되지 않는다는 것을 보여주기 위해 충분한 반복적인 측정을 필요하다는 것이다. 또한 이러한 논리는 성숙이나 통계적 회귀와 같은 외생 요인을 통제하기 위해서 반복적 측정과정에서 확인된 경향(trend)을 비교하여야 한다는 것이다. 기초선 단계에서 표적문제에 영향을 미치는 외생적 사건들이 단지 개입시작과 우연히 일치할 가능성이 없음을 확실히 하기에 충분한 측정점(measurement points) 내지 관찰점(observation points)을 갖고 있을 때, 즉 충분히 관찰이 이루어질 때, 단일사례연구의 내적 타당도가 향상된다.

요구되는 이상적인 측정점의 수는 얼마나 빨리 안정적인 경향이 나타나느냐에 달렸지만, 약 5 – 10번 정도의 기초선 측정을 계획하는 것이 합리적이다. 기초선이 상당히 안정되어 있으면 3–5번의 적은 수의 측정점으로 전반적인 경향을 발견할 수 있다. 그러나 더 많은 측정점을 가질수록 관찰된 경향의 안정성에 대해 확신을 가질 수 있다. 안정된 경향이란 표적문제가 예상할 수 있고 질서있는 형태로 발생하고 있다는 것을 보여주는 것이다. 반면 개입 전 표적행동의 변화가 심할수록 기초선에 있어서의 관찰의 회수는 증가되어야 한다. 개입전의 표적행동이 일시적인 심한 변화를 벗어나 안정적인 유형을 보일 때까지 기초선의 관찰회수를 증가시키거나 또는 기초선 기간을 연장하는 것이 바람직하지만 현실적인 제약조건 때문에 기초선 연장이 불가능한 경우가 많다.

기초선의 전반적인 경향은 그래프에 시간순서대로 측정점을 표시하고, 각 측정점을 줄로 연결한 후에 전체적인 유형이 명백히 증가하고 있는지, 감소하고 있는지, 상대적으로 변화가 없는지, 또는 같은 형태가 반복되는지의 여부를 관찰하여 확인한다. 또는 기초선의 경향이 안정되지 않았는지를 확인한다.

기초선의 증가나 감소추세는 표적문제에 대한 조작적 정의에 달려있다. 만일 조작적 정의가 바람직한 지표라면, 기초선의 증가는 개선을, 기초선의 감소는 악화를 나타낸다. 반면 조작적 정의가 바람직하지 않은 지표라면 반대로 기초선의 증가는 악화를, 기초선의 감소는 개선을 의미한다.

〈 기초선 경향의 유형 〉

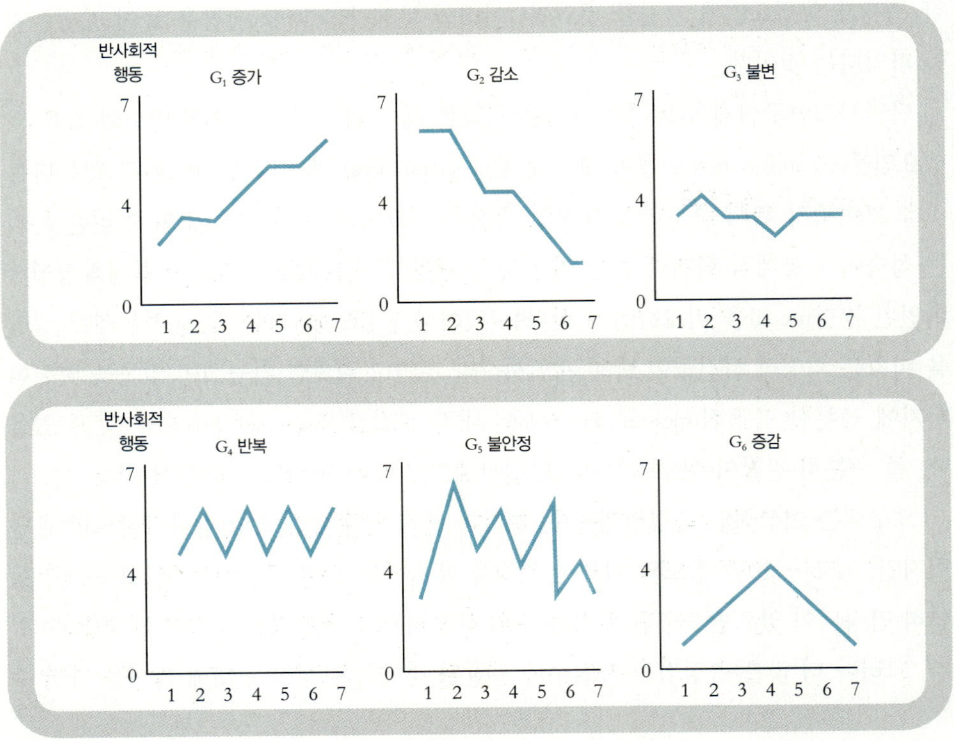

2) 개입단계

개입단계(intervention phase)는 표적행동에 대한 개입활동이 이루어지는 기간이다. 이 기간동안 표적행동의 상태에 대한 관찰이 병행되어야 한다. 관찰의 회수나 기간은 기초선과 같은 정도로 하는 것이 바람직하다. 단일사례연구설계의 구조를 설명하는 데 있어서 개입국면을 일반적으로 'B'로 표시한다.

7. 단일사례연구설계의 종류와 특성

단일사례연구설계의 형태는 A와 B의 결합의 순서에 따라 다르게 나타난다. 즉 AB, ABA, ABAB, BAB, ABCD, 복수기초선설계형태 등이 있다.(Rubin & Babbie, 1993:312-323)

1) AB설계: 기본단일설계

AB설계는 준실험설계의 시계열설계를 단일대상에 적용한 것으로 기본단일사례연구설계(basic single case study design)라고 부른다. 이 설계는 가장 간단한 단일사례설계로서 하나의 기초선 단계(A)와 하나의 개입단계(B)로 구성된다.단 하나의 기초선 단계가 있으므로 서비스를 전달하는 우선순위와 갈등이 가장 적기 때문에 연구자들이 가장 선호하는 설계이다.

기초선 단계(A)에서는 개입이 이루어지기 전의 상태이므로 아무런 개입이 없는 상태에서 단순히 표적행동의 빈도 등에 관한 관찰만 이루어지고, B국면에서는 표적행동에 대한 개입활동이 이루어지고 표적행동의 변화에 대한 관찰이 이루어진다. 이와 같이 A, B의 순서로 이루어진 설계구조의 형태를 AB설계라 하고 관찰결과 관찰점을 연결하여 그래프로 표시하는 것이 일반적이다.

〈 AB형 설계의 예 〉

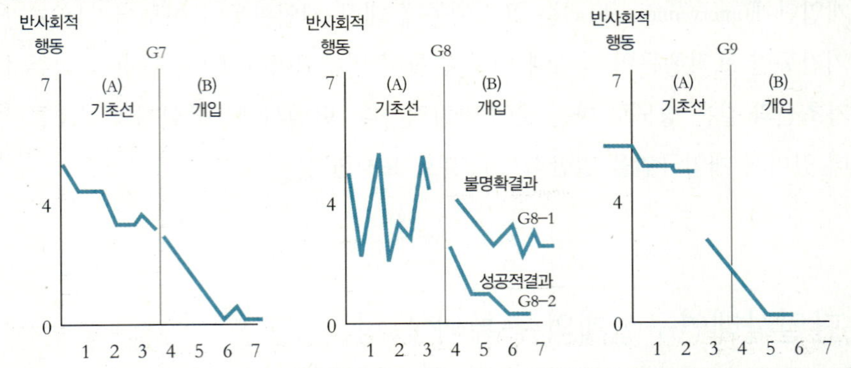

G7: 기초선이 개선되는 경향인 도중에서 개입이 도입되어 개입이 효과가 있다고 평가하기 어려운 경우.

G8: 기초선이 불안정한 가운데 개입이 효과가 있는지 불명확한 경우(G8-1)와 개입이 효과가 있다고 평가되는 경우(G8-2)

G9: 기초선이 크게 개선 가능성이 없는 경향인 반면 개입 이후 급격히 개선된 경우로 개입이 매우 효과적임을 보여주는 경우.

단일사례연구설계는 기호로 표시하기도 한다. 이 때에는 집단연구설계와 마찬가지로 O = 관찰(Observation), X = 개입 또는 실험처치(Experiment treatment)이며 i = 1, 2……n은 관찰시점을 나타낸다.

G7의 경우를 기호로 나타내면 다음과 같다.

O_1 O_2 O_3	XO_4 XO_5 XO_6 XO_7
←――→	←――――→
기초선단계(A)	개입단계(B)

AB설계는 최소한 세 개 이상의 측정점(measurement points) 또는 관찰점(observation points)이 필요하며, 관찰점간에 차이가 심하면 보다 많은 관찰점이 필요하다. 일반적으로 기초선이 안정된 경향을 보인 후에, 비로서 개입이 이루어지고, 개입 이후의 관찰도 관찰점이 안정된 경향을 보일 때까지 계속된다. 이와 같이 함으로써 개입이

전의 기초선과 개입이후의 경향들(trends) 간의 비교가 가능해 개입의 효과성 여부를 판단하기에 용이하게 된다.

AB설계는 가장 기본이 되는 단일사례연구설계이다. 이는 매우 단순하기 때문에 쉽게 임상현장에서 적용할 수 있다. 또한 기초선이 단 하나 밖에 없으므로, 서비스 전달 우선순위와 갈등을 최소화 할 수 있기 때문에 연구자들이 선호하는 설계이다.

AB설계는 개입 전후에 표적행동의 변화를 여러 번 관찰했다고 하여도, 외생변수에 대한 통제가 전혀 없는 상태에서 조사를 실시하였기 때문에, 이러한 변화가 반드시 개입 때문에 일어났다고 확신할 수는 없다. 따라서 개입시점에 외생변수가 동시에 개입하여 표적행동의 변화가 나타났을 가능성을 배제하지 못한다. 이러한 이유로 AB설계는 개입이 표적행동의 변화에 미치는 효과를 추정함에 있어 신빙성이 적다. 따라서 복수기초선설계와 같이 동일한 방법을 다수의 사례들에 적용하여, 유사한 개입사례들에서 동일한 개입효과가 나타나게 된다면, 표적행동의 변화가 외생변수의 개입 때문이 아니라, 개입의 효과라는 추정을 신빙성있게 할 수 있을 것이다. AB설계는 가능한 다른 대안적인 설계형태를 적용할 수 없을 경우에 한해 사용하는 것이 안전하다.

2) ABA설계

ABA설계는 AB설계에 개입이후 또 하나의 기초선(A)을 추가한 설계이다. AB설계에 개입을 일정 기간 실시하고나서 개입을 중단한 후 표적행동을 관찰하는 설계이다. 첫 번째 기초선 단계(A)에서 문제가 되는 표적행동의 빈도가 일관되게 높게 관찰되었다가 개입단계(B)에서 개입이후 표적행동의 빈도가 현격히 낮게 관찰되었다가 개입을 종료한 후 다시 관찰(A)하여 본 결과 표적행동의 빈도가 처음과 같이 다시 높게 나타났다면, 개입단계에서 표적행동의 빈도가 현격히 감소한 것은 개입이 효과적이었기 때문이라고 추정할 수 있다. 여기서 두 번째의 기초선 기간은 개입기간중에 나타난 성과를 확인하기 위하여 개입을 일시 중단하고 처음 기초선과 같은 상태로 돌아간다는 의미에서 반전기간(反轉期間) 또는 제2기초선이라고도 한다.

〈 ABA 설계의 예 〉

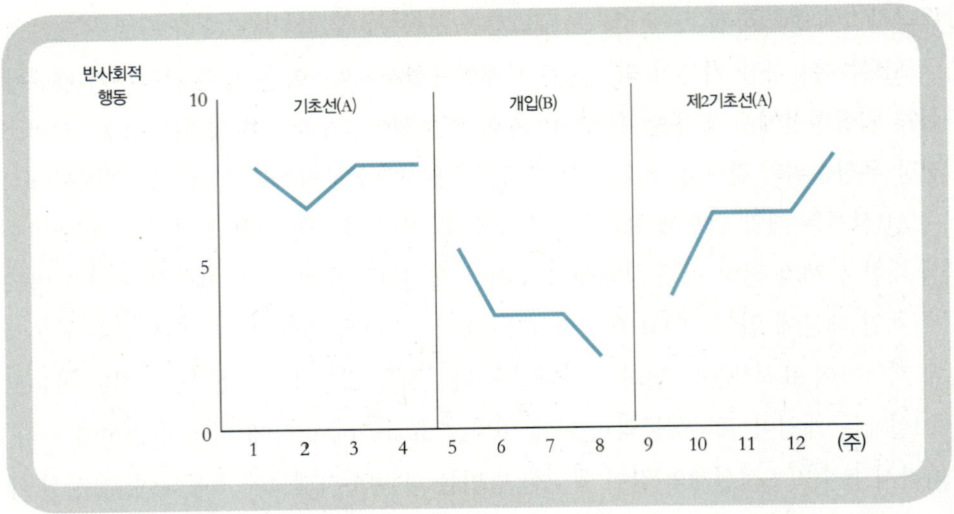

앞의 그림은 비행청소년 반사회성치료프로그램에 관한 단일사례연구결과이다. 그림에서 보면, 기초선 단계(A)에서는 반사회적 행동(표적행동) 빈도가 높다가 개입단계(B)에 있어서는 그 빈도가 현격히 줄어들었다. 개입을 중단하고 다시 관찰(A:제2기초선)을 수 차례 실시한 결과 반사회적 행동의 빈도가 다시 높게 나타났다. 이와 같이 개입을 하면 반사회적 행동의 빈도가 낮아지고 개입을 중단하면 빈도가 다시 높아지는 현상은 개입이 표적행동(반사회적 행동)을 개선하는데 효과가 있음을 신빙성 있게 추정할 수 있다.

앞의 ABA형 사례를 기호로 나타내면 다음과 같다.

O_1 O_2 O_3 O_4	XO_5 XO_6 XO_7 XO_8	O_9 O_{10} O_{11} O_{12}
⟵⟶	⟵⟶	⟵⟶
기초선단계(A)	개입단계(B)	제2기초선(A)

ABA 설계의 장점은 AB설계가 갖고 있는 단점인 개입효과에 대한 낮은 신빙성 문제를 제2기초선을 추가함으로써 개입효과 여부를 신빙성있게 추정할 수 있게 하였다는 것이다. 반면 ABA 설계에는 몇가지 단점이 있다. 첫째는 윤리적 문제이다. 표적문제를 해결하기에충분한 정도로 개입기간을 설정하지 않고, 문제를 방치한 채 연구를 위해 개입 도중에 개입을 중단하는 것은 윤리적으로 문제가 있다. 즉 개입의 효과를 평가하기 위한 목적으로 개입관계를 중단하는 것은 윤리적으로 문제가 된다.

둘째는 제2기초선(반전기간) 동안에 문제가 다시 악화되지 않는 상태가 되는 경우 ABA 설계의 적용 결과를 해석하는 데 혼란이 발생한다. 제2기초선 기간동안 표적행동이 악화되지 않는다면 개입이외의 다른 외생적인 요인들(extraneous factors)이 영향을 미친 결과인지, 아니면 개입의 효과가 지속적으로 유지되고 있는 것인지 알 수가 없다.

3) ABAB설계

ABAB설계는 외생변수를 보다 효과적으로 통제하기 위해 제2기초선(A)과 제2개입단계(B)를 추가한다. ABAB설계는 ABA설계에 또 한번 개입을 재개하거나 동일대상에 대해 AB설계를 반복해 적용한 것이다. 이와 같이 제2기초선과 제2개입단계를 추가한 설계이기 때문에 ABAB설계를 철회/반전설계(撤回/反轉設計, withdrawal/reversal design)라고도 부른다.

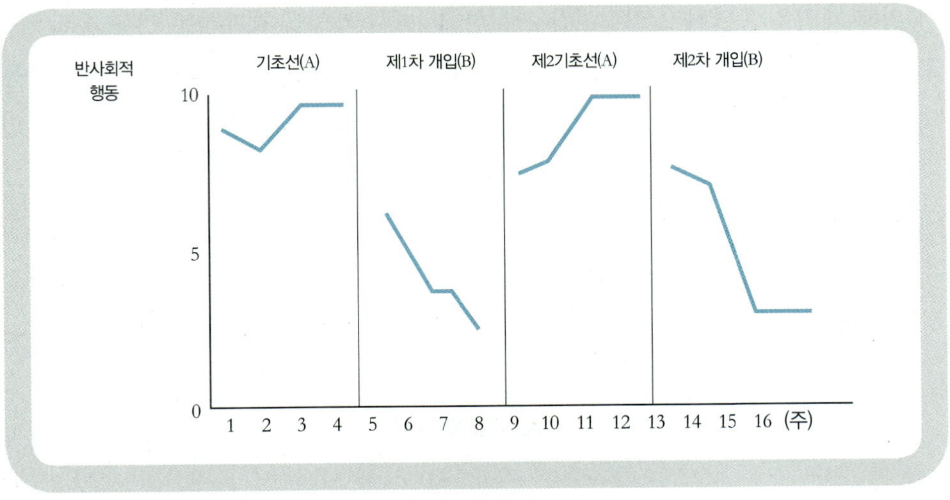

이 설계는 기초선(A) 측정 후 일정기간 동안 개입(B)을 하고 일정기간 동안 개입을 중단(A)한 후 다시 개입(B)을 하는 것이다. 만일 제2기초선단계에서 표적행동상태가 개입 이전의 제1기초선단계의 표적행동상태와 유사하다면, 개입이 표적행동에 효과가 있음을 추정할 수 있다. 또한 두 번째 개입을 한 이후 표적행동의 상태가 제2기초선 단계와 비교해 현격히 변화를 보인다면, 개입의 효과를 더욱 신뢰할 수 있으며, ABA설계에서처럼 외생요인들이 다시 영향을 미쳤다는 주장을 반박할 수 있다. 이와 같이 ABAB설계는 개입을 않은 상태와 개입을 한 상태를 두 번씩 관찰함으로써 개입이 표적행동을 변화시키는데 효과적이었다는확신을 가질 수 있으며, 개입 이외의 다른 외생요인 때문에 표적행동에 변화가 일어났을 가능성을 배제할 수 있게 된다.

ABAB설계를 기호로 나타내면 다음과 같다.

$O_1\ O_2\ O_3\ O_4$ ⟷	$XO_5\ XO_6\ XO_7\ XO_8$ ⟷	$O_9\ O_{10}\ O_{11}\ O_{12}$ ⟷	$O_{13}\ XO_{14}\ XO_{15}\ XO_{16}$ ⟷
기초선단계(A)	제1차 개입단계	제2기초선(A)	제2차 개입단계

ABAB설계는 개입(치료)의 효과를 가장 높이 확신할 수 있기 때문에 실천현장에서 유용한 설계이다. 또한 개입효과의 지속이나 중단을 평가할 수 있는 정보를 제공한다. 그러나 이 설계에도 문제점은 있다. 첫째, 윤리적인 문제이다. 제1개입단계에서 개입이 표적행동을 변화시키는데 효과가 있음에도 불구하고, 연구목적을 수행하기 위해 개입을 중단하고 일정기간 관찰한 후 다시 개입을 재개하는 것은 윤리적으로 문제가 될 수 있다. 둘째, 아래 그림과 같이, 만일 개입을 종료한 이후 표적행동의 상태가 개입이전으로 되돌아 간다면 개입효과는 일시적일 뿐이라고 추정될 수 있다. 만일 제2기초선 단계와 제2개입단계의 표적행동의 상태가 매우 유사한 경우, 그 원인을 찾는데 어려움이 있다. 이 것을 효과가 일시적이 아니라 지속적이기 때문인지 아니면 개입 이외의 다른 외생변수들이 개입되어 이러한 결과가 나타났는지 판정하기 어렵다.

〈 ABAB설계의 예 〉

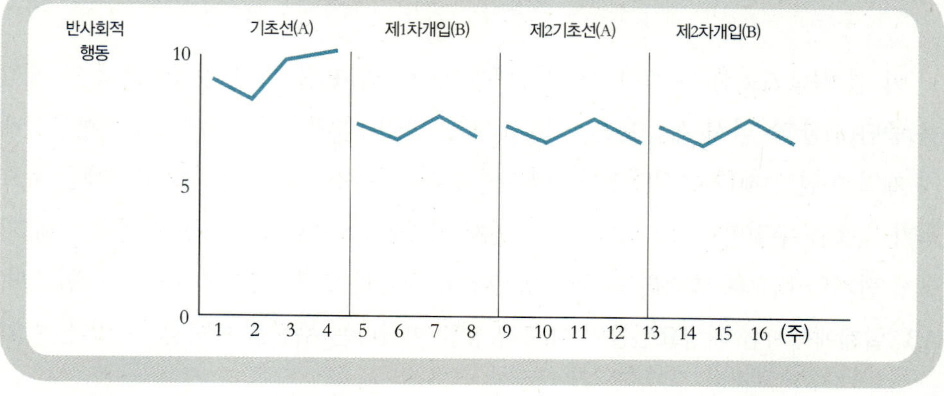

4) BAB설계

BAB설계는 처음에는 기초선기간을 설정하지 않고, 바로 개입단계(B)에 들어가고, 그 다음에 개입을 중단하는 기초선단계(A)을 갖고, 다시 개입을 재개하는 단계(B)을 갖는 설계이다.

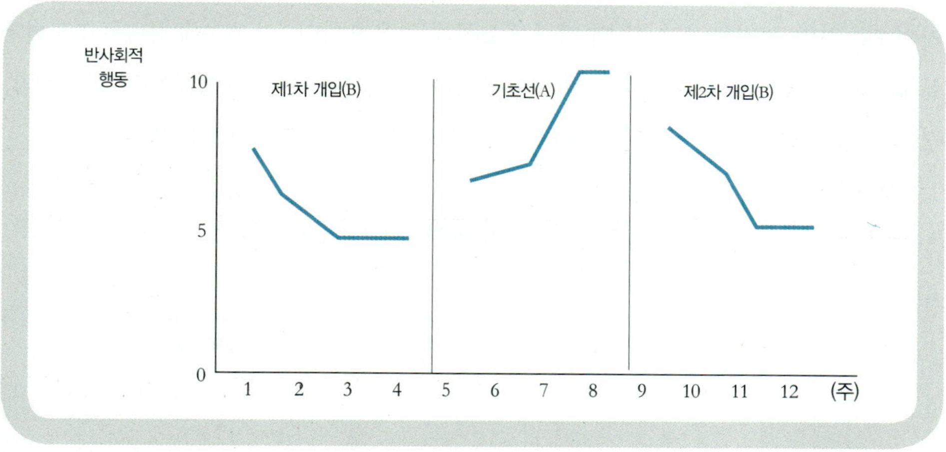

이 설계를 기호로 나타내면 다음과 같다.

XO_1 XO_2 XO_3 XO_4	O_5 O_6 O_7 O_8	XO_9 XO_{10} XO_{11} XO_{12}
← →	← →	← →
제1차 개입단계	기초선	제2차 개입단계

이 설계의 장정은 첫째로 반복된 개입을 통해 표적행동의 변화시키는 효과를 확실히 가져올 수 있으며, 시간적 여유가 없어 기초선단계에서 표적행동을 관찰할 수 없을 때, 직접 개입단계에 들어감으로써, 조속히 개입을 하여야 하는 경우에 적절한 설계이다.그러나 기초선단계에서 개입 이외의 다른 외생요인이 변화를 일으킬 수 있으며, 개입의 효과가 지속적인 경우 기초선단계와 제2개입에서 표적행동의 상태가 유사하므로 개입효과를 적절히 평가하기 어렵다.

5) ABCD설계

ABCD설계는 다중요소설계(multiple-component designs)라고도 한다. 이 설계는 하나의 기초선 자료에 대해서 여러 개의각기 다른 개입방법들을 연속적으로 도입해보는 것이다.

여기서 A는 기초선이고, B,C,D는 각기 다른 개입방법들이다. 이 설계는 개입의 변화가 미치는 영향을 분석하기 위해 여러 설계를 사용한다. 클라이언트에게 도움이 되지 않는 개입을 수정하려 하거나, 개입의 어느 부분이 실제로 표적문제에 변화를 가져오는지를 설명하고자 할 때 다중요소설계는 유용하다.(이 가운데 하나는 강도변화설계(changing intensity design)이다. 이 설계는 여러 단계을 동일한 개입을 도입하지만, 각 단계에서 개입의 양이나 실행수준을 증가시킨다.이 설계는 AB1B2B3이다.)

〈ABCD설계: 장애인근로자 고용안정의 예〉

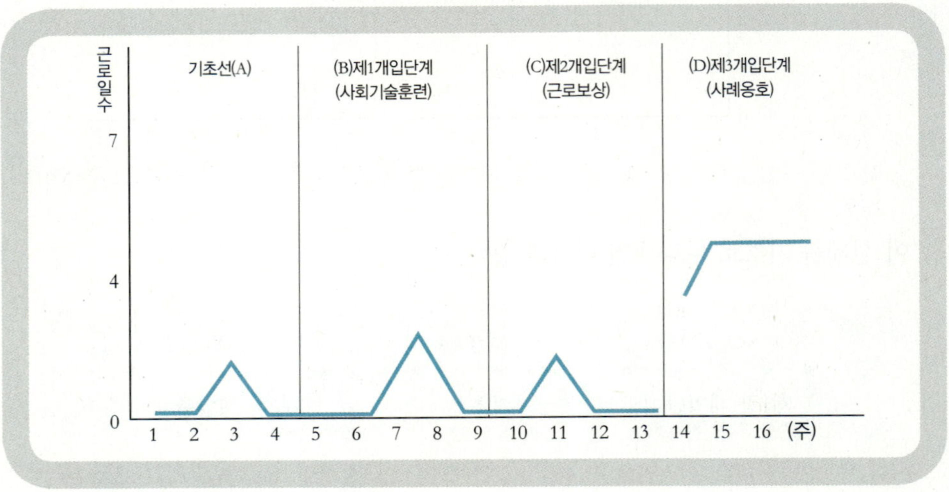

장애인근로자의 고용안정을 위한 프로그램의 효과를 예를 들면, 먼저 개입이 없는 상태에서 장애인근로자의 근로일수(표적행동)를 일정기간 관찰한다(A:기초선). 그런 후. 표적행동의 변화를 위해 사회기술훈련을 처음 도입했으나 표적행동(근로일수)에 전혀 변화가 없었고(B:제1개입단계), 그래서 사회기술훈련을 중단하고새로운 프로그램인 근로보상을 도입했으나 표적행동에 전혀 변화가 없었고,(C:제2개입단계) 그래서 다시 근로보상프로그램을 중단하고(여기까지만 하면 ABC설계임) 다시 새로운 프로그램인 사례옹호(D:제3개입)을 도입하였더니 표적행동이 크게 변화하였다(여기까지 하면 ABCD설계임).

앞의 ABC설계나 ABCD 설계는 융통성이 있어서, 이 두 설계를 사용함에 있어서 실천가는 각 연속적인 단계에 의해 옳다고 입증된 대로 개입계획을 변경할 수 있다. 그러나 이 두 설계는 이월효과(carry-over effects), 순서효과(order effects), 우연한 사건(history)고 관련된 제한점들이 있기 때문에 사용함에 있어서 주의를 요한다. 첫째, 이월효과이다. 앞의 예에서 사례옹호만 효과가 있는 것으로 나타났기 때문에 이전에 도입한 두 개입방법(사회기술훈련과 근로보상)은 필요하지 않다고 섣불리 결론을 내는 것은 위험하다. 왜냐하면, 본래 사회적 기능이 사회기술훈련에 의해(B단계) 장애인근로자가 원만한 직장생활을 할 수 있는 능력이 있음을 고용주를 설득할 정도로 향상되지 않았더라면, 고용주를 설득하는 사례옹호도 효과가 없었을지 모르기 때문이다. 즉 B단계의 사회기술훈련의 효과가 D단계인 사례옹호 단계로 이월되어(carry-over) 나타난 것일 수도 있다. 즉 이월효과일수도 있다. 둘째, 순서효과이다. 만일에,D단계의 사례옹호를 B단계나 C단계와 순서를 바꾸었다면 사례옹호는 개입효과가 없는 것을 나타날지도 모른다. 순서가 ABCD 순으로 되었기 때문에 D단계가 효과를 나타냈을지 모른다. 즉 순서효과일지도 모른다. 셋째, 우연한 사건이다. D단계인 사례옹호가 효과를 나타낸 것은 사례옹호를 하기 직전 또는 하는 과정에서 장애인고용과 관련된 외부 환경의 변화(예:정부의 장애인고용보상제 실시)와 같은 외생요인이 개입되어 사례옹호가 효과를 나타냈을 가능성도 있다.

이러한 가능성을 배제하는 방법으로는 첫째, 개입순서를 바꾸어 재현해 보는 것이다. 본래 ABCD순서로 결과를 확인하였는데 이것을 ADCB, ACDB, ABDC로 순서를 바꾸어 재현해보는 방법이다. 둘째, 구성설계(construction design)을 실시한다. A-B-A-C-A-BC-()같은 식으로 설계를 바꾼다. BC는 두 개입방법을 동시에 사용하는 혼합개입이다. ( )안은 가장 효과적으로 나타나 궁극적으로 선택되는 방법이다. 셋째, 연속설계(strip design)이다. 이는 구성설계와는 달리 혼합개입을 처음에 도입한다. A-BC-A-B-A-C-( )같은 연속설계로 바꾼다. 넷째, 대체적(代替的) 개입설계(alternating intervention design)이다. 이는 B와 C를 무작위로 대체하고 상호작용설계를 활용하는 방법이다. A-B-A-B-BC-B-BC와 같은 대체적 개입설계를 사용한다.

6) 복수기초선설계

복수기초선설계(multiple baseline design)는 하나의 동일한 개입방법(AB설계)을 여러 문제, 여러 상황, 여러 사람들에게 적용하여 같은 효과를 얻음으로써 표적행동에 대한 개입의효과를 추정하는데 신빙성을 높이려는 것이다.

복수기초선 설계도 둘 이상의 기초선과 개입단계를 사용하여 외생요인들을 통제를 하려 한다. 그러나, 둘 이상의 기초선을 설정하기 위해 개입을 중단하는 대신에 복수기초선설계에서는 둘 이상의 기초선을 동시에 시작한다. 이는 각 기초선에서 서로 다른 표적행위를 측정하거나 두 개의 다른 상황에서 또는 두 명의 다른 개인들에게서 도일한 표적행위를 측정하거나 또는 각각의 기초선에서 서로 다른 표적행동을 측정함으로써 복수기초선 설계는 수행된다. 비록 각 기초선이 동시에 시작된다 할지라도, 개입은 각 기초선의 서로 다른 서로 다른 관찰점에서 도입된다. 따라서, 개입이 첫 번째 행동, 상황, 개인에 대해 도입되는 동안에, 다른 행동, 상황, 개인에 대해서는 기초선 단계를 유지한다. 이와 같이 두 번째 행위, 상황, 개인에 대해 개입을 도입할 때, 세 번째 행동, 상황, 개인은 기초선 단계를 유지한다.(Rubin & Babbie, 1993:315-321)

복수기초선설계는 적용대상에 따라 문제간복수기초선설계, 상황간복수기초선설계, 대상자간복수기초선설계로 구분할 수 있다. 둘 이상의 문제가 똑같은 방법으로 치료되거나(문제간복수기초선설계), 같은 문제가 둘 이상의 상황에서 치료되거나(상황간복수기초선설계) 혹은 같은 상황에서 같은 문제를 가진 둘 이상의 사람이 치료받게 되면(대상자간복수기초선설계) 개입이 표적행동을 변화시키는데 효과가 있다고 신빙성있게 추정할 수 있다.(남세진 & 최성재, 1988:146-151).

(1) 문제간 복수기초선 설계

하나의 특수한 개입방법이 같은 상황하에서 같은 대상자의 다른 문제해결에 효과가 있는지를 평가하기 위한 것이다. 여기서 문제는 서로간에 상호독립적인 것이어야 하고 상관된 것이어서는 안된다. 상관된 경우 한 행동의 변화는 자동적으로 다른 행동의 변화에 영향을 미치게 되어 개입의 독립적인 효과를 약하게 만들거나 불확실하게 만들기 때문이다.

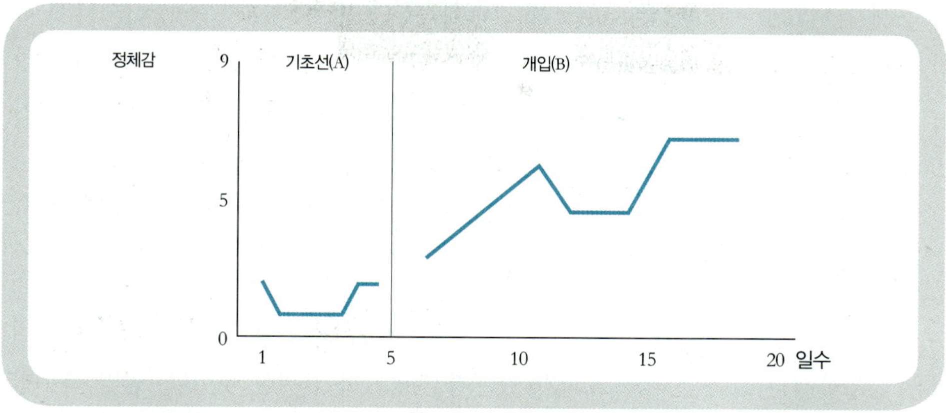

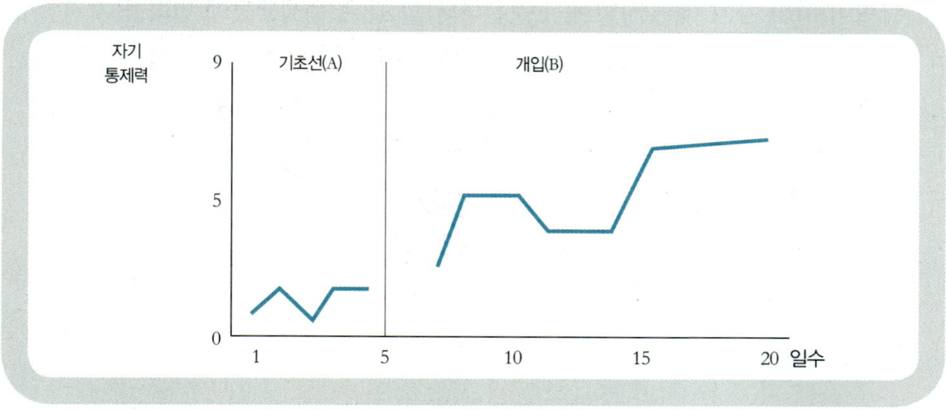

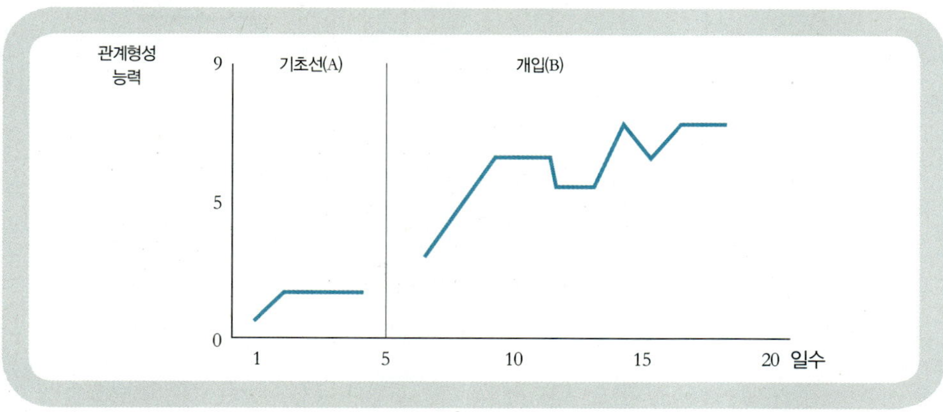

예를 들면 최근 중학교에서 징계를 받은 L군은 정체감(self-worth), 자기통제능력, 관계형성능력에 있어 큰 문제가 있기 때문에 학교사회사업가 K양은 이 문제를 해결하기 위해 복수기초선설계를 활용하여 학생지도프로그램(개입)을 실시하려 한다. 이들 세가지 문제는 9점척도를 사용한다(1=매우 낮음, 9=매우 높음).

문제가 되었던 세 개의 표적행동은 기초선기간에 비해 개입이후에 모두 크게 향상된 것으로 나타났기 때문에 개입(학생지도프로그램)이 징계학생들의 문제를 교정하는데 효과가 있다고 추정할 수 있다. 즉 개입이 표적행동들을 변화시키는데 효과가 있다과 추정된다.

(2) 상황간 복수기초선설계

이 설계는 하나의 특수한 개입방법이 같은 대상자의 같은 문제를 두 가지 이상의 다른 상황에서 치료하는 데도 효과가 있는지를 평가하기 위한 것이다. 만약 특수한 개입방법이 여러 가지 다른 상황에서 같은 사람의 같은 문제행동에 변화를 가져왔다면 개입방법이 문제행동의 변화에 인과적인 영향을 미쳤는지 여부를 확신을 가지고 판단할 수 있다.

〈 학급내 상황 〉

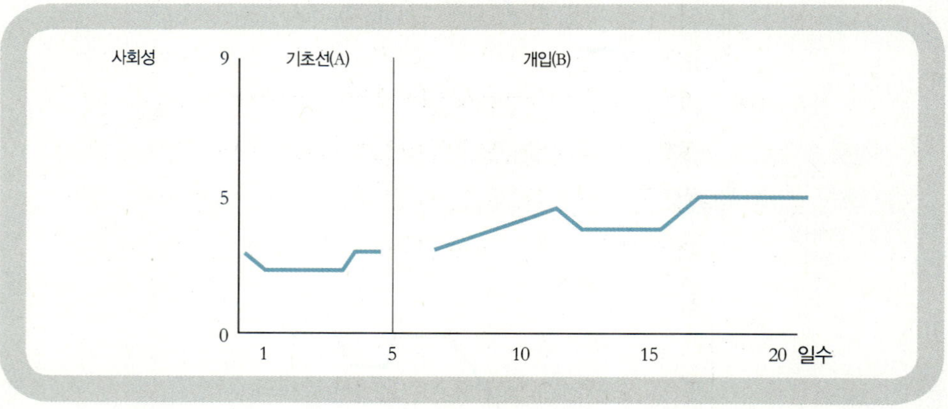

〈 동아리내 상황 〉

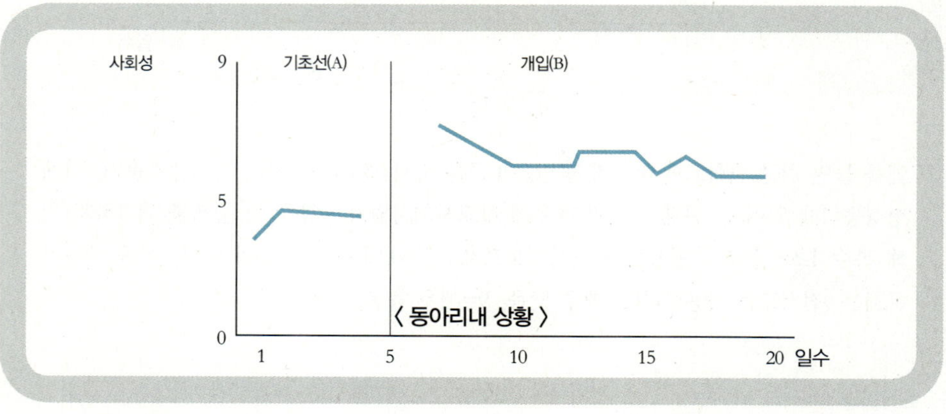

〈 학교밖 상황 〉

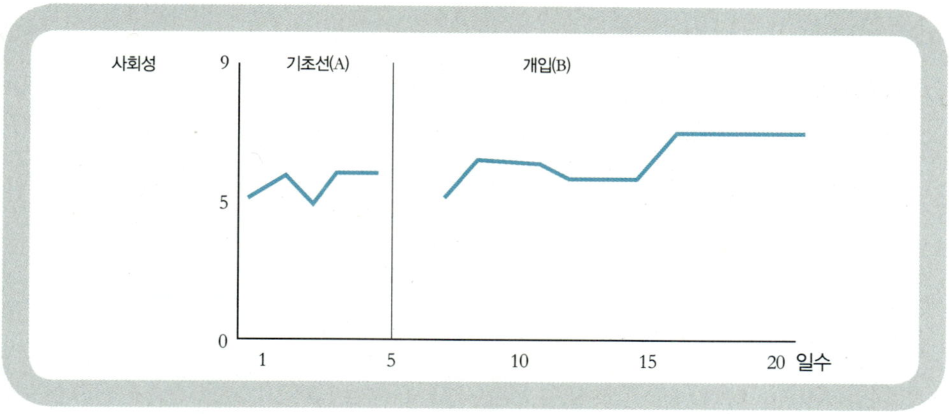

예) 학교사회사업가 K양은 집단활동에 잘 참여하지 않아 늘 소외되어 있는 P군에게 사회성 개발프로그램(개입)을 실시하고자 한다. 프로그램을 학급내에서, 동아리내에서, 학교밖에서 적용하려 한다. 척도는 9점척도를 사용한다.(1=매우 낮음, 9=매우 높음)

그림에서 나타난대로 사회성개발프로그램을 세가지 서로 다른 상황에 실시한 결과 이 프로그램은 학생의 사회성을 개발하는데 효과가 없는 것으로 나타났다. 개입이 표적행동을 변화시키는데 효과가 없다고 추정할 수 있다.

(3) 대상자간 복수기초선설계

이 설계는 특정 개입방법이 같은 상황하에서 같은 문제를 가진 두명 이상의 다른 대상자에게 적용될 때 그 개입방법은 효과가 있는지를 평가하기 위한 것이다. 같은 상황에서 같은 문제를 가진 다른 사람들에게 특정의 개입방법을 적용했을 때 기초선과 개입기간에 있어서 행동 변화의 차이가 나타났다면 이러한 행동의 변화는 개입으로 인한 것이라는 확신을 가질 수 있다.

예를 들면, 우울증치료프로그램을 세 명의 다른 노인들(갑, 을, 병)에게 프로그램을 적용하여, 프로그램의 효과성을 파악하려 한다. 척도는 9점척도로 한다.(1=매우 낮음, 9=매우 높음)

〈 노인 '갑' 〉

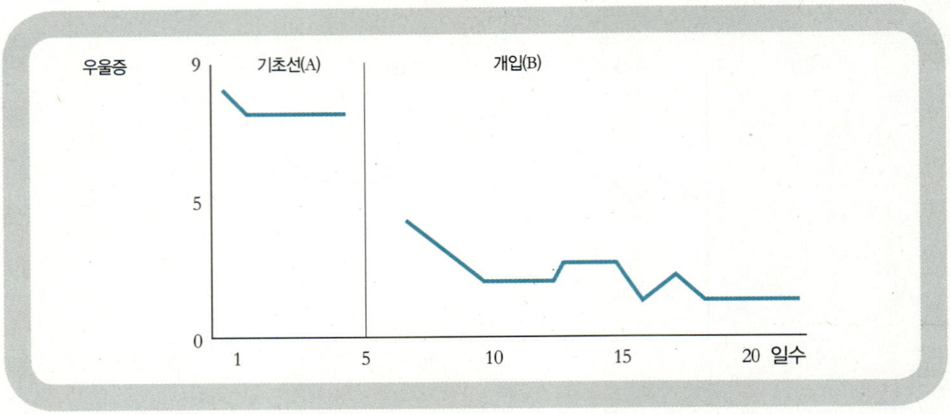
우울증
9
5
0
기초선(A)
개입(B)
1
5
10
15
20 일수

〈 노인 '을' 〉

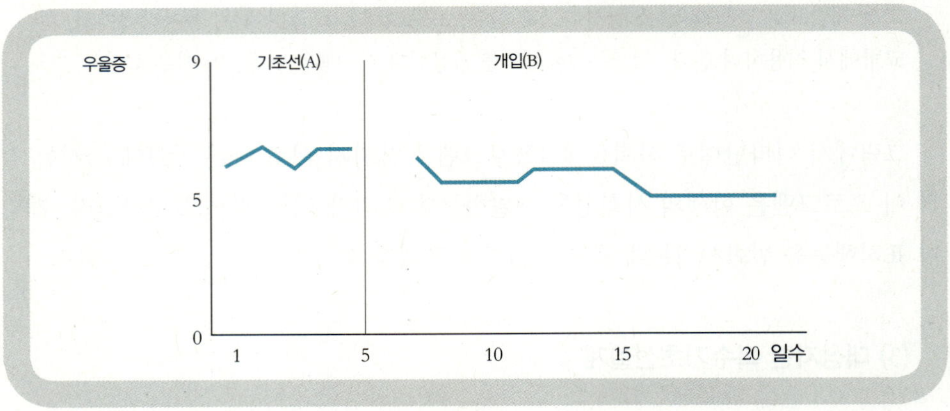
우울증
9
5
0
기초선(A)
개입(B)
1
5
10
15
20 일수

〈 노인 '병' 〉

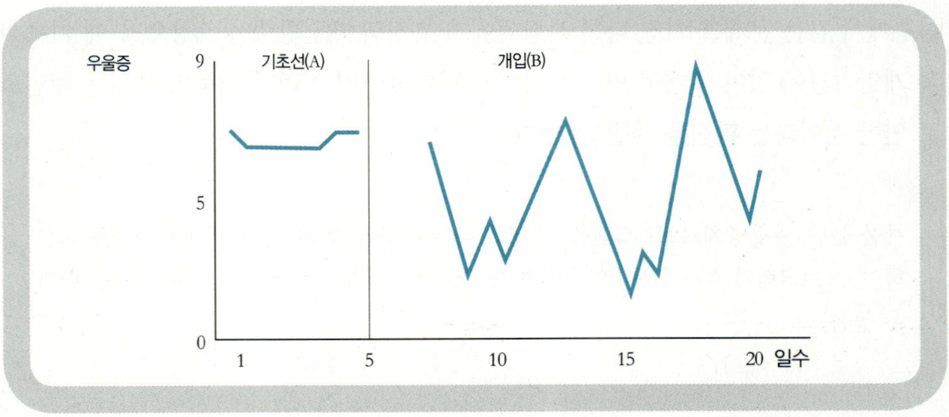
우울증
9
5
0
기초선(A)
개입(B)
1
5
10
15
20 일수

앞의 그림에서와 같이, 우울증치료프로그램이 노인 '갑'의 경우에는 효과가 있고, 노인 '을'의 경우에는 효과가 없고, 노인 '병'의 경우에는 판단하기 어려운 결과이다. 따라서, 개입결과가 피험자에 따라 큰 차이가 나기 때문에, 이 프로그램이 노인의 우울증을 경감시키는 데 효과가 있는지 없는지 여부를 판단하기는 어렵다.

8. 단일사례연구의 자료기록방법

단일사례연구에서 자료는 개입의 전, 도중, 후에 있어서 행동의 변화를 비교할 수 있도록 계량화되어 기록된 정보를 말한다. 자료를 기록하는 방법은 다음과 같다.(남세진 & 최성재,1988:151-156)

1) 자료기록 준비

(1) 행동관찰규정 준비

피험자의 행동은 표준화된 양식에 의해 관찰되고 기록되어야 한다. 행동관찰규정(behavior observation code)은 표적행동에 관한 구체적인 판단기준과 자료기록에 관한 규정으로 이는 조사가 시작되기전에 준비하여야 한다. 행동관찰규정에는 표적행동에 대한 조작적 정의, 기록원칙, 기록의 예 등이 포함되어 있다.

(2) 관찰기록자의 선정

모든 기록방법은 표적행동의 직접적인 관찰에 의하여 기록되어야 한다. 관찰자는 다양할 수 있지만 단일사례연구의 경우 실천현장에서 활동하는 사람들이나 연구자가 관찰하고 기록하는 것이 바람직하다.교사 부모 배우자 동료등과 같이 조사상황의 자연적 환경에 속하는 사람들을 활용하여 관찰기록을하는 것도 손쉽고 경제적일 수 있다. 때로는 경험자만이 알 수 있는 개인적 생각이나 느낌은 피험자가 스스로 기록하도록 하는 것이 바람직하다.

2) 자료관찰 및 기록방법

(1) 시간간격기록(interval recording)

시간간격기록은 일정한 관찰기간을 같은 간격의 짧은 시간으로 나누어 조사대상자의 표적행동을 직접 관찰–기록하는 것인데 시간간격이 짧을수록 더 정확히 관찰될 수 있다. 기록하는 방법은 정해진 시간간격내에 처음 일어나는 행동만 기록하고 그후에 몇 번이 일어나도 그것은 기록하지 않는다. 시간간격기록은 정해진 시간간격내에 표적행동이 일어났느냐 일어나지 않았느냐를 기록하는 것이다. 시간간격기록은 빈도가 아주 높은 행동의 관찰에 적합하다.관찰의 신뢰도를 높이기 위하여 두 명의 관찰자를 두어야 한다. 관찰의 신뢰도는 두명의 관찰결과가 전체관찰의 수(전체 시간간격 수)를 비교해 산정한다.

$$\text{관찰의 신뢰도(일치도)} = \frac{\text{일치하는 관찰의 수}}{\text{전체관찰의 수}} \times 100$$

(2) 빈도기록(frequency recording)

빈도기록은 정해진 관찰기간 동안에 일어난 표적행동의 빈도를 기록하는 것이다. 이는 빈도가 높은 행동이나 낮은 행동의 관찰에 적절하며 관찰기간을 길게 할 수 있는 것이 특징이다. 빈도기록의 신뢰도는 두명의 기록자간의 관찰결과의 일치도로써 계산된다.

$$\text{관찰의 신뢰도(일치도)} = \frac{\text{관찰된 빈도의 낮은 수치}}{\text{관찰된 빈도의 큰 수치}} \times 100$$

(3) 지속기간 기록(duration recording)

지속기간기록은 정해진 관찰기간 동안에 일어난 모든 단위행동의 지속시간을 직접 관찰하여 기록하는 방법이다. 이는 문제행동의지속기간이 관심의 대상이 될 때 사용되며 일반적으로 빈도와 같이 관찰된다. 신뢰도는 2인의 관찰자간의 관찰지속기간기록의 일치도로써 계산된다.

$$\text{관찰의 신뢰도(일치도)} = \frac{\text{일치하는 관찰의 수}}{\text{전체관찰의 수}} \times 100$$

(4) 정도기록(magnitude recording)

정도기록은 정해진 관찰기간내에 발생한 표적행동의 양, 수준 또는 정도 등을 관찰하여 미리 설정한 정도측정척도에 의하여 판단하여 정도를 나타내는 수치를 기록하는 것이다.

신뢰도는 두 명의 관찰자간의 문제행동의 빈도일치도와 정도일치도로써 평가된다.

$$빈도일치도 = \frac{일치빈도}{일치빈도 + 불일치\ 빈도} \times 100$$

$$정도일치도 = \frac{정도가\ 일치되는\ 관찰수}{일치되는\ 관찰수 + 불일치되는\ 관찰수} \times 100$$

(5) 간헐점검기록

간헐점검기록은 간헐적으로 특정의 관찰시간을 정하여 관찰하는 순간에 표적행동을 하고 있는지 않는지를 기록하는 것이다. 가장 쉬운 기록방법이다. 간헐점검기록의 신뢰도는 2인의 관찰자간의 관찰일치도에 의해서 판단되며 관찰의 일치도는 빈도기록에 있어서와 같은 원리이다.

(6) 영구적 생산물기록(permanent product recording)

영구적 생산물기록은 반드시 직접관찰을 필요로 하지 않으며 표적행동에 의하여 만들어진 것을 관찰하여 표적행동이 일어났음을 확인함으로써 이루어진다. 영구적 생산물기록의 예는 사회복지서비스 이용기록, 교사 기록, 비워진 쓰레기통 등이다.

9. 개입의 평가

개입을 평가하기 위한 기준과 개입의 유의성 분석은 다음과 같다(Rubin & Babbie, 1993: 323-328; 남세진 & 최성재, 1988: 155-159).

1) 개입평가기준

개입평가기준은 개입을 평가함에 있어서 기본적으로 고려해야 할 일종의 준거틀이다. 개입결과를 평가하기 위한 준거틀로는 변화의 파동(variability), 변화의 경향(trend), 변화의 수준(level)을 기본적으로 고려해야 한다.

(1) 변화의 파동(variability)

변화의 파동은 관찰된 표적행동의 특성이 시간의 경과에 따라 파동을 일으키며 변화되는 정도를 말한다. 변화의 파동이 심한 경우는 관찰의 회수가 많아야 변화의 일정한 유형을 판단할 수 있다. 표적행동의 변화의 파동이 심할 경우에는 관찰의 회수를 어떤 안정적인 유형이 나타날 때까지 증가시키는 것이 바람직하다. 변화의 파동이 심한데관찰의 회수가 적은 경우, 그 조사결과를 가지고는 개입효과를 파악하기 어렵다.

〈 개입효과를 판단하기 어려운 경우 〉 〈개입효과를 판단하기 쉬운경우〉

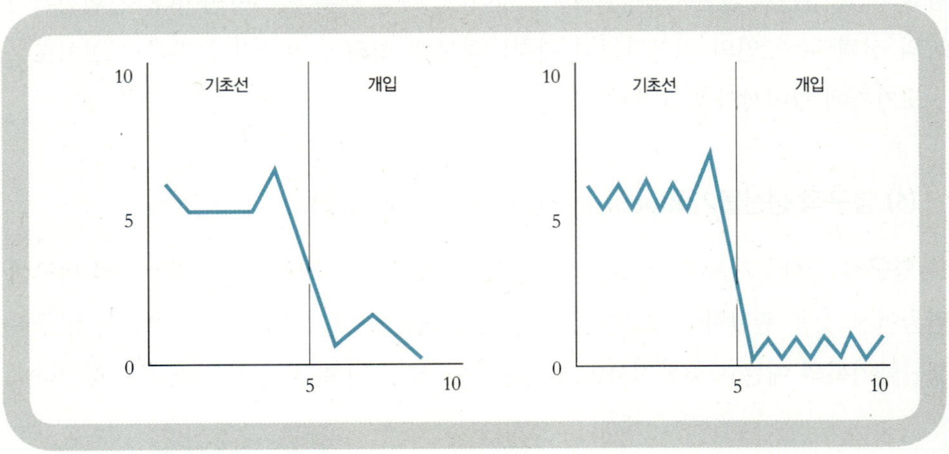

(2) 변화의 경향(trend)

개입의 효과를 평가하는 데 있어서 기초선의 변화의 경향을 개입기간에 있어서의 변화의 경향과 연결시켜 검토해야 한다. 기초선기간과 개입기간 동안 경향의 방향이 일치되는 경우는 개입영향을 판단하기 어렵고, 반면 서로 상반되는 경우에는 개입영향을 판단하기 쉽다.

〈기초선과 개입기간의 변화경향이 유사해 개입영향을 판단하기 어려운 경우〉

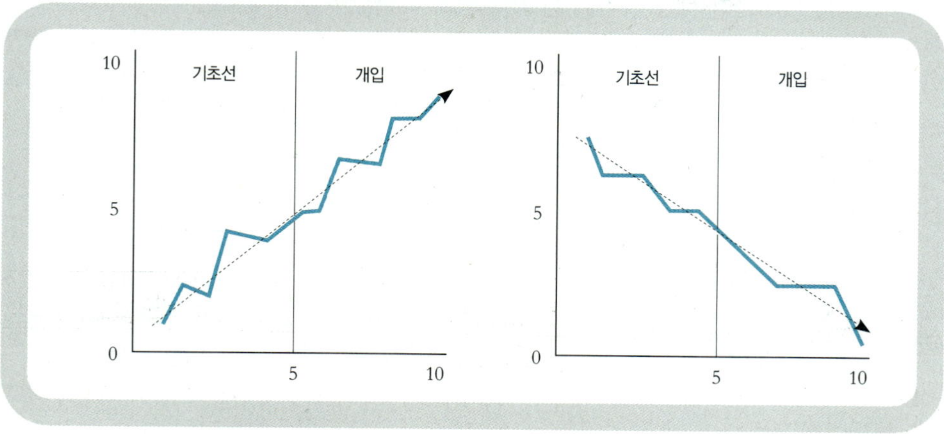

〈기초선과 개입기간간의 변화경향이 상반되어 개입영향을 판단하기 쉬운 경우〉

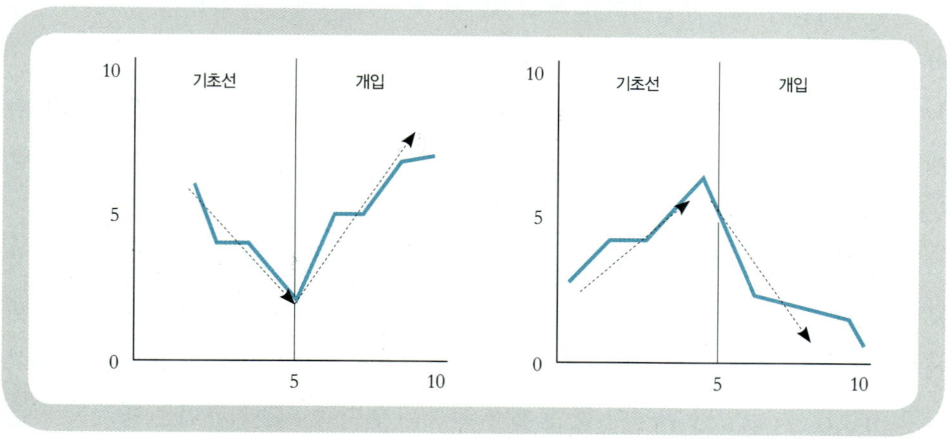

(3) 변화의 수준

변화의 수준은 관찰된 행동특성의 점수의 위치를 말한다. 기초선에 있어서의 점수의 수준과 개입기간에 있어서의 점수의 수준사이에 차이가 클수록 개입의 효과에 대한 확신이 높아진다.

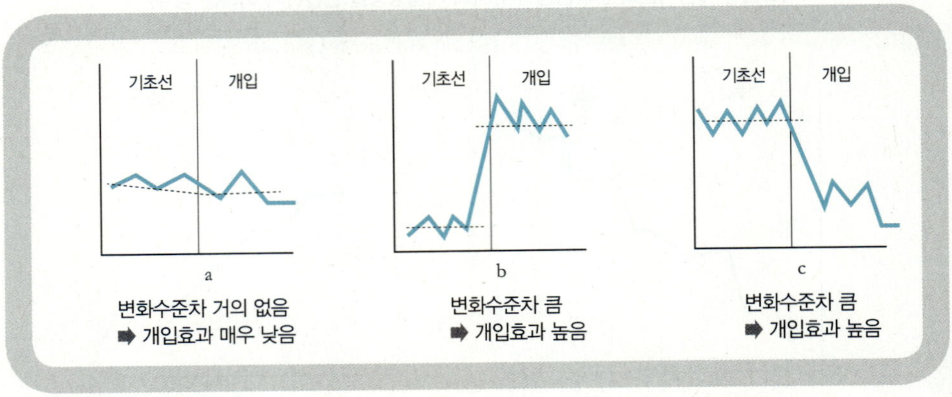

2) 개입의 유의성 분석

단일사례실험에서 개입결과를 분석하면서 제기되는 개입의 유의성 문제는 다음과 같다.

첫째, 시각적 유의성(visual significance)이다. 오로지 개입이 도입되거나 중단되 후에만 표적문제의 수준과 경향이 변화하는 일련의 사건들을 보여주는 시각적 유형(visual pattern)이 그래프상에 나타나 있는가? 이는 시각적 분석을 통해 평가된다.

둘째, 통계적 유의성(statistical significance)이다. 개입단계동안 관찰된 자료가 단지 표적문제에 있어 정상적이고 우연한 파동의 일부일 확률은 얼마인가? 즉 개입단계에서 관찰된 가료가 기초선을 연장하고 개입을 도입하지 않아도 우리가 일어날 것이라고 기대할 수 있었던 파동이 될 통계적 확률은 얼마나 되는가? 이는 통계학적 분석을 통해 평가된다.

셋째,실질적 유의성(substantive significance)이다. 만일 표적문제의 변화가 시험적으로 시도된 개입과 관련되었다면, 개입으로 인한 표적문제의 그 변화의 양이 실질적이거나 임상적 관점에서 보면 중요한가? 이는 실용적 분석을 통해 평가된다.

chapter_ 10

욕구조사

Chapter 10

욕구조사

많은 사회과학자들은 이상적인 사회를 논한다. 이상적인 사회는 여러 가지로 정의되지만, 모든 인간이 자신이 원하는 바를 자유롭게 추구하고 충족시킴으로서, 인간으로서의 존엄성을 유지하면서 행복하게 살아갈 수 있는 사회를 의미한다. 모든 인간은 항상 개인적으로, 사회적으로 이러한 이상적인 상태를 추구하고, 이상적인 상태를 실현하기 위해 노력을 하지만, 현실적인 여러 문제들로 인하여 이러한 상태를 완전하게 실현할 수 없게 된다. 인간이 추구하는 이상적인 상태와 현실적인 삶의 상태간의 차이에서 욕구는 발생하게 되고, 인간은 이러한 욕구를 충족시키기 위해 개인적으로나 사회적으로 부단한 노력을 하고 있다. 사회구성원 다수의 욕구가 충족되지 않은 상태로 오래 지속될 때 사회문제로 발전하게 된다.

사회복지란 인간의 충족되지 않은 기본적 욕구와 사회적 욕구를 충족시켜줌으로써, 이상적인 상태를 구현하려는 사회적 노력이다. 따라서 사회복지기관들이 사회구성원들의 충족되지 않은 욕구를 정확히 파악하고, 이를 충족시킬 수 있는 프로그램이나 정책대안을 마련하고 집행하여야 한다. 문제는 인간의 욕구는 겉으로 들어난 경우도 있지만, 대부분 잠재되어 있는데 있다. 겉으로 들어난 욕구는 확인하면 되지만, 대부분의 잠재된 욕구는 알 수 없기 때문에 찾아내야만 한다. 욕구조사(needs assessment)란 사회구성원들의 잠재된 욕구를 찾아내는 활동이다. 따라서 욕구조사는 기본적으로 다음과 같은 내용을 포함하고 있어야 한다; 욕구충족의 대상은 누구인가? 충족시켜 주어야 할 욕구는 무엇인가? 어떻게 소비자의 욕구를 충족시킬 것인가?(김성이 & 채구묵, 1997: 8-37, 남세진 & 최성재, 1988: 160-169), 성규탁, 1993: 139-166; 김영종, 2007: 399-420; 황성동, 2006: 183-198; Rubin & Babbie, 1993: 556-561).

1. 욕구의 의의

욕구(need)란 무엇인가에 대한 정의는 매우 다양하다. 일반적으로 욕구란 개인이나 집단이 인간의 생존과 성장 발전을 위해 필요하여 구하는 것을 말한다. 칸은 "욕구란 주어진 한 시점에서 개인이나 집단이 역할을 제대로 수행하고, 사회적 요구에 적절히 대응하며, 사회의 전반적 진행과정에 적절히 참여하고, 적절한 수준의 활동력 및 생산력을 유지하기 위해 필요하여 구하는 것"이라고 정의한다. 예를 들면, 욕구의 대상으로 의복, 음식, 주택, 의료, 쾌적한 환경, 소득, 지식, 고용, 사회참여, 자유 등을 들 수 있다. 이러한 대상들은 그 자체로는 욕구가 되지않고, 개인이나 집단이 필요하여서 이것들을 구할 때 비로소 욕구라 할 수 있다.

이러한 욕구를 특정 개인이나 소수의 개인들만이 갖고 있을 때 이는 개인적 욕구가 되고, 반면, 사회구성원 다수가 이러한 욕구를 갖게되면 이는 사회적 욕구가 된다. 현대산업사회가 시작되기 이전의 농업사회에서는 주로 개인의 기본적 욕구충족이 문제가 되었으나, 현대산업사회에서는상대적 박탈, 대량실업, 산업재해, 직업병, 성차별, 노인빈곤, 청소년비행 등과 같이 사회구성원 다수가 처한 사회적 위험에 기인한 사회적 욕구가 주된 관심의 대상이 되고 있다. 현대산업사회에서 사회적 위험이 점차 심각해지고, 그에 따라 사회적 욕구가 증가하게 되며, 결과적으로 사회복지가 해결해야할 욕구와 문제가 복잡해지고 있다.

2. 욕구 유형

욕구에 관한 이론으로 가장 널리 소개된 것은 Maslow의 욕구단계이론(Hierarchy of Needs Theory)이다.(Huitt,1998:1-4) Maslow는 인간의 욕구를 크게 결핍욕구(deficiency needs)와 성장욕구(growth needs)로 나누고, 이를 다시 5개의 범주로 나누어 계층화하였다. 그에 따르면 결핍욕구내에서는 상층욕구로 이동하기 위해선 반드시 하층욕구가 충족되어야 하며, 일단 어느 한 욕구가 충족되어지면, 사람들은 그 결핍을 벗어나게 된다. 이러한 결핍욕구가 충족된 경우에만, 사람들은 성장욕구를 추구하게 된다. 결핍욕구는 생리적 욕구(physiological needs), 안전의 욕구(safety needs), 소속과 사랑의 욕구(belongingness and love needs), 그리고 존중의 욕구(esteem needs)로 구성되어있다. 성장욕구는 자아실현욕구(self-actualization needs)이다. 나중에 Maslow는 성장욕구를 인식적 욕구(cognitive needs), 심미적 욕구(aesthetic needs), 자아실현욕구(self-actualization needs), 초월욕구(transcendence needs)로 다시 구분하였다.

〈 Maslow의 욕구계층이론(Maslow's Hierarchy of Needs) 〉

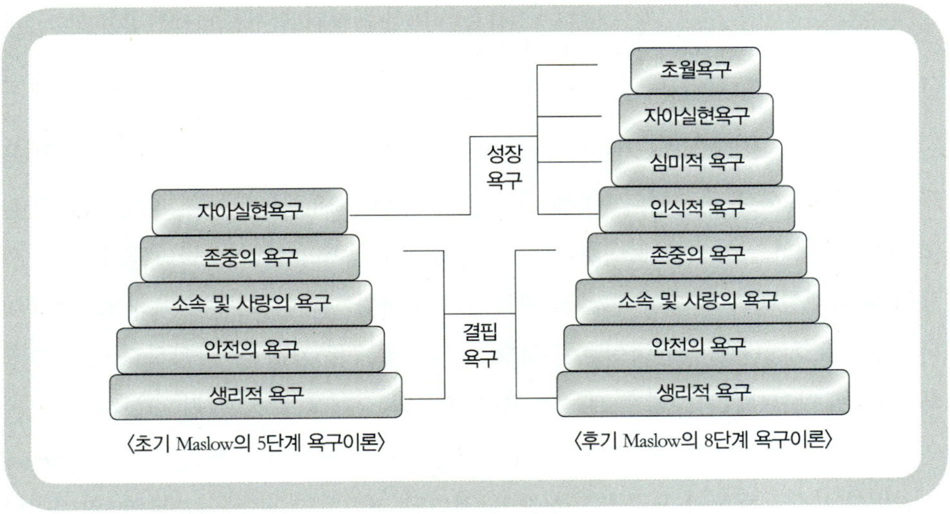

Maslow가 주장하는 각 욕구단계별 구체적인 욕구내용은 다음과 같이 정리한다.

Maslow의 욕구유형과 내용(음영부분은 후기 8단계의 욕구이론에 추가된 욕구)

욕구유형		욕구 내용(음영부분은 후기 8단계의 욕구이론에 추가된 욕구)
성장욕구	초월욕구	타인의 자아실현과 잠재력 발견을 원조(to help others find self-fulfillment and realize their potential)
	자아실현 욕구	잠재능력 발휘하고 성장하려는 욕구:자아실현, 잠재력 발견, 창조력, 자아개발, 승진, 조직몰입, 의사결정참여
	심미적 욕구	균형, 질서, 아름다움
	인식적 욕구	지식, 이해, 탐험(to know, to understand, and explore)

결핍욕구	존중의 욕구	자신에 대한 긍정적 평가나 인정받으려는 욕구:성취, 유능, 승인, 인정, 자신감, 직무수행에 따른 적절한 보상,
	소속 및 사랑의 욕구	인간관계에서 충족되는 욕구:소속, 교제, 수용, 우정, 사랑하기, 사랑받기, 상사관계, 동료관계
	안전의 욕구	물리적-심리적 위협으로부터 벗어나려는 욕구:주택, 의복,궁핍으로부터 보호, 기초생활보장, 연금, 의료보험, 안정적 고용보장, 경력보장, 고충처리, 산업안전시설,
	생리적 욕구	생존하기 위해 충족되어야 할 생물학적 욕구:배고픔, 갈증, 맑은 공기, 신체적 안락, 휴식, 급여, 작업환경,

Bradshaw는 욕구인식의 기준에 따라 욕구를 규범적 욕구, 체감적 욕구, 표현적 욕구, 비교적 욕구로 구분한다. 첫째, 규범적 욕구(normative need)이다. 이는 전문가들이 그들의 경험과 지식을 토대로 어떤 수준이 충족되어야 한다는 규범을 정하고, 이 규범과 현재상태와의 차이에 의해 파악된 욕구이다. 둘째, 체감적 욕구(felt need)이다. 이는 표적집단의 성원들이 누구보다 자신의 욕구를 가장 잘 파악하고 있다고 전제하고, 표적집단성원들에게 그들의 욕구 종류와 상태에 관해 직접 질문하거나, 지역사회공개토론회를 통하여 이에 관해 파악된 욕구이다. 셋째, 표현적 욕구(expressed need)이다. 이는 체감적 욕구가 행동으로 전환된 것, 즉 요구(demand)로서, 표적집단의 의사가 실제 외부로 표현되거나 행위로 파악된 욕구이다. 만일, 특정 서비스에 대한 대기자 명단(waiting list)에 많은 사람들이 올려져 있다면, 그 서비스에 대한 욕구가 많다고 파악된다. 넷째, 비교적 욕구(comparative need)이다. 이는 동일한 특징을 가진 사람들간의 서비수 수혜 여부를 비교하여 파악된 욕구이다. 만일동일한 처지에 있는 다른 사람은 서비스를 받고 있는데 어떤 사람은 서비스를 받고 있지 않다면 그 사람은 욕구가 있다고 파악한다.

Roth는 'X(달성하고자 하는 상태) - A(현재상태) = N(욕구)'라는 공식을 제시하고, 달성하고자 하는 상태가 무엇이냐에 따라 5가지 욕구를 구분한다.

㉠ 이상적 상태 - 현재 상태 =목적상 차질; ㉡ 희망하는 상태 - 현재 상태 = 소원상의 차질

㉢ 기대하는 상태 - 현재 상태 = 기대상의 차질; ㉣ 규범 - 현재 상태 = 규범상의 차질

㉤ 소한의 충족상태 - 현재 상태 =본질적인 차질

3. 욕구조사의 의의

욕구조사(Need Assessment)는 특정 지역사회주민이나 특정 집단들을 위한 새로운 정책대안이나 프로그램을 개발하기 위해 또는 기존의 정책대안이나 프로그램을 보완하기 위해 대상집단의 욕구의 종류와 수준을 파악하는 조사이다. 욕구조사의 주된 부분은 조사대상이 어떠한 욕구를 갖고 있는가를 파악하고, 그 욕구의 수준과 서로 다른 욕구간의 우선순위를 파악하는 것이다.

욕구조사는 사회복지분야뿐만 아니라 행정서비스 개선을 위한 시민욕구조사, 제품 품질 개선을 위한 소비자욕구조사, 노무관리 개선을 위한 근로자욕구조사 등 여러 분야에서 널리 활용되고 있다. 사회복지분야에서 대표적인 욕구조사 가운데 하나가 지역사회주민을 대상으로 하는 욕구조사이다.

욕구조사를 실시하는 목적은 대상집단의 욕구를 충족시키고, 사회문제를 해결하고 예방하기 위한 정책대안이나 프로그램을 개발하고 수정하며 기관운영에 도움이 되는 기초자료를 제공하는 데 있다. 이러한 목적을 달성하기 위한 세부적인 목표는 다음과 같다;

i) 욕구의 유형을 파악함으로써 어떠한 정책대안이나 프로그램이 필요한지를 파악한다.

ii) 욕구의 우선순위를 파악함으로써 정책대안이나 프로그램의 상대적 중요성을 파악한다.

iii) 프로그램의 상대적 중요성에 따라 인적자원과 물적자원을 할당할 기준을 수립한다.

iv) 현재 수행중인 프로그램이나 정책의 타당성을 평가할 수 있는 기초자료를 파악한다.

v) 기관들이 실시하고 있는 프로그램이나 서비스들의 중복을 방지하고, 상호연계할 수 있는 방안을 강구한다.

vi) 욕구조사를 통해 조직내에서 기관의 정체성을 확인한다.

vii) 욕구조사를 통해 기관의 활동과 프로그램을 대상집단이나 지역사회에 홍보한다.

4. 욕구조사의 필요성

욕구조사를 왜 해야 하는가에 대한 주장은 조사대상, 조사목적 등에 따라 서로 다르지만 일반적으로 제기되는 필요성을 정리하면 다음과 같다;

첫째, 기관중심적이고 기관편의적인 프로그램이나 정책의 운영에서 벗어나, 수혜대상자의 욕구를 바탕으로 한 수혜자-중심적이고 수혜자-친화적인 프로그램이나 정책을 운영하기 위해 욕구조사를 수행할 필요가 있다.

둘째, 기관운영을 체계적이고, 전문적으로 수행하기 위해 욕구조사가 필요하다. 프로그램이나 정책을 집행하기 전에 대상집단의 욕구를 파악하여 프로그램이나 정책을 기획하고 이를 집행한 후, 집행결과가 얼마만큼 대상집단의 욕구를 충족시켰는가를 평가함으로써, 기관운영의 체계를 확립하고, 전문성을 제고할 수 있다.

셋째, 기관자원을 효율적으로 운영하고, 체계적인 조직화를 이룩하기 위해 욕구조사가 필요하다. 욕구조사를 통해서 욕구의 우선순위를 파악하고 이를 기초로 프로그램의 상대적 우선순위를 정한 후 그에 따라 인력과 예산을 배정하고, 조직을 구성함으로써 기관자원을 효율적으로 운영할 수 있다.

넷째, 역동적인 환경변화에 적극 대응하기 위해 욕구조사가 필요하다. 욕구조사를 통해서 대상집단의 욕구변화를 파악하고, 이를 프로그램이나 정책운영에 반영함으로써, 기관운영의 융통성을 기할 수 있을 뿐 아니라 적시에 적절한 프로그램이나 정책을 개발할 수 있도록 하여준다.

다섯째, 프로그램이나 정책대안 상호간의 연계성을 향상시키고, 관련 기관과의 협력체제를 구축하기 위해 욕구조사결과 나타난 유익한 정보를 공유할 필요가 있다. 욕구조사결과를 상관분석하여, 프로그램이나 정책대안들을 상호간에 연계시키고, 욕구조사결과를 지역사회나 관련 기관들에 공개하여 유익한 정보를 공유함으로써, 사업적, 인력적, 자원적 측면에서 기관간 협력체제를 구축할 수 있다.

여섯째, 프로그램이나 정책대안의 필요성을 적극적으로 옹호할 필요가 있다. 욕구조사결과를 통해서 대상집단의 욕구를 충족시키고 문제를 해결하기 위한 프로그램이나 정책대안의 당위성을 입증하고 적극 추진해야할 필요성을 제시할 수 있는 근거가 될 뿐만 아니라 관련 기관의 지원을 확보할 수 있는 수단을 제공해준다.

일곱째, 기관의 정체성을 확립하고 존립근거를 마련해야 할 필요성이 있다. 욕구조사결과 기관이 수행해야할 사업이 무엇인가를 인식함으로써 기관의 정체성을 확립할 수 있고, 기관과 관련된 욕구가 확인됨으로써 기관이 존립해야 하는, 경우에 따라서는 확대 개편되어야 하는, 당위성을 주장할 수 있는 근거를 마련할 수 있다.

5. 욕구조사에 포함될 내용

욕구조사에 포함될 내용은 조사대상과 조사목적에 따라 달라질 수 있다. 일반적으로 욕구조사에 포함되는 내용들은 다음과 같다.(김성이 & 채구묵, 1997:25-37)

1) 기초자료

기초자료는 지역사회나 집단의 일반적인 특징에 관한 개략적인 정보를 제공한다. 예를 들면 지역적 특성, 인구수, 연령분포, 가족수, 성별분포, 연령, 혼인, 거주형태, 종교분포, 소득수준, 빈곤율, 주택보급율, 국민기초생활보장대상자 수 등이다. 이들 특성들은 통계자료분석시 통제변수(control variables)로서 활용된다.

2) 욕구파악을 위한 자료

욕구파악을 위한 자료는 기존의 서비스를 평가하고 새로운 서비스를 개발하는데 필요한 자료이다.

(1) 현재의 삶의 상태를 파악하는 자료

사회적, 경제적, 교육적, 가정적, 고용적, 건강적, 개인적 현재 상태를 파악하는 자료는 욕구수준을 측정하고 효과성을 평가하는 기준으로 활용된다. 대상집단의 다양한 생활영역에서 현재 상태를 파악하고, 가정한 바람직한 상태와 현재 상태와의 차이를 통해서 욕구수준을 측정한다. 이는 서로 다른 생활조건에 맞는 프로그램이나 정책대안을 개발하거나 기존의 것들을 수정하고 보완하기 위한 기초자료로도 활용된다. 또한 현재의 삶의 상태는 프로그램이나 정책대안이 집행된 이후의 대상집단의 삶의 상태와 비교하여 이들 프로그램이나 정책대안의 효과성을 평가하는 기준으로도 활용된다.

예를 들면, 장애인고용율이 어떠한지, 법정 의무고용율은 준수하는지, 여성가장의 취업률은 얼마인지, 학교폭력사례수는 얼마인지, 아동학대가 신고된 수는 얼마인지, 국민기초생활보장대상자의 월평균 소득액은 얼마인지, 건강상태는 어떠한지, 고용되어 있는지, 자녀와의 대화는 얼마나 하는지, 산업재해발생율은 얼마인지, 시설아동의 영양상태는 어떠한지, 직장에 대해 얼마나 만족하고 있는지, 청소년비행발생율은 어떠한지 등에 관한 자료이다.

(2) 기존의 프로그램이나 정책대안을 평가하기 위한 자료

기존의 프로그램이나 정책대안에 대한 인지도, 이용도, 장단점, 서비스 자세, 자격조건, 경제적 부담 등을 파악하여, 부족한 점을 보완하고, 문제점을 개선하여 발전시키기 위한 정보를 제공한다. 이들 자료는 새로운 프로그램이나 정책대안을 개발하거나, 효과적이고 효율적인 운영을 위해 관리자를 훈련하거나, 서비스 개선을 위한 방안을 강구는데 활용될 수 있다. 예를들면, 프로그램이나 구체적인 정책대안에 대해 알고 있는지 여부, 만일 알고 있다면 어느 정도 알고 있는지, 수혜를 받은 적이 있는지, 얼마나 자주 받았는지, 관리자들의 서비스 자세는 어떠한지, 수혜과정에 장애요소는 있는지, 수혜자격을 결정하는 자산조사나 상태조사가 지나치게 엄격한지, 혜택을 받기 위한 경제적 부담이 지나치지 않는지 등에 관한 자료이다.

(3) 신규 프로그램이나 정책대안 개발하기 위한 자료

대상집단의 구성원들이 갖고 있는 욕구가 무엇인가를 확인하고, 이들 욕구들의 상대적 중요성을 파악한 후, 새로운 프로그램이나 정책대안을 개발하기 위한 정보를 얻기 위한 자료이다. 예를 들면, 대상집단이나 지역의 심각한 문제가 무엇이고 그 원인은 무엇인지, 단기적으로는 어떠한 서비스를 받기를 원하는지, 장기적으로는 어떠한 서비스를 필요로 하는지, 하위집단별로 갖고 있는 욕구는 무엇인지, 즉 독거노인들의 가사상태는 어떠한지, 장애인들이 겪고 있는 고충은 무엇인지, 얼마나 심각한지, 방과 후 아동들의 생활은 어떠한지, 재가장애인들을 지역사회내에서 재활시키기 위한 시설은 있는지 등에 관해 파악하여 새로운 프로그램이나 정책대안을 개발하는데 활용하는 자료이다. 욕구조사결과를 토대로 프로그램이나 정책대안을 수립할 경우 수혜자의 입장에 기획을 하게 됨으로써 수혜자-중심적이고(client-centered), 수혜자-친화적인(client-friendly) 프로그램이나 정책대안이 될 수 있다.

3) 사회자원을 활용하기 위한 자료

프로그램이나 정책대안을 개발하고, 개발된 이후 보다 실현가능성을 높이는데 기여할 수 있는 자료들이다.

(1) 의사소통망에 관한 정보

프로그램이나 정책대안의 존재여부와 그 내용을 수혜자들에게 잘 알려줄 수 있는 공식적-비공식적 의사소통망(communication network)과 매체를 파악해야 한다. 예를 들면, 읍면동사무소, 지역사회신문, 지역사회의 통반장 회의, 노인학교, 사회복지관, 교육기관, 종교기관, 사회교육기관 등에 관한 자료이다.

(2) 지역사회자원에 관한

프로그램이나 정책대안은 이에 관한 욕구와 그 욕구를 충족시키기 위한 자원간에 균형을 이루어야 한다. 따라서 프로그램이나 정책대안을 계획할 때에는, 먼저 활용할 수 있는 인적자원과 물적 자원을 파악해야 한다. 예를 들면, 경제적 후원을 할 수 있는 기관과 개인들은 누구인지, 공동모금이나 정부예산과 같은 공공재원이 존재하는지, 수익사업을 한다면 어떤 종류의 사업을 할 것인지, 서비스 담당직원들의 교육을 맡아줄 전문인력이 있는지, 프로그램을 실시할 시설공간과 시설물은 확보할 수 있는지 등에 관한 자료이다.

(3) 정치적 자원에 관한 정보

프로그램이나 정책대안이 성공적으로 채택되고 집행되기 위해서는 지역사회주민들 뿐만 아니라 지도자들의 지지가 필요하다. 예를 들면, 지역사회주민들이 얼마나 찬성하는지 아니면 얼마나 반대하는지, 지역사회지도자나 정치가들의 지지도는 어떠한지에 관한 자료이다.

6. 욕구조사의 종류

욕구조사는 조사를 실시하는 사회복지기관의 형태나 프로그램의 형태에 따라 달리 구분되고 있다.

1) 수혜자-중심적 욕구조사

수혜자–중심적(client–oriented) 욕구조사는 아동, 청소년, 노인, 장애인, 여성 등과 같은 특정 인구집단을 위하여 서비스를 제공하거나 프로그램을 운영하는 기관에 의하여 실시되는 조사이다. 이 조사에서는 먼저 특정 인구집단을 정하고, 그 집단구성원들이 원하고 있지만 현실적으로 충족하지 못하고 있는 것들이 무엇인지, 문제는 무엇인지를 확인하고, 이러한 문제를 해결하기 위하여 필요한 프로그램이나 정책대안을 구상하고, 어느 수준의 서비스가 제공되어야 할 것인지를 추정한다. 예를들면, 노인복지관에서 관내 노인들을 대상으로 그들의 욕구와 생활상의 문제를 조사하는 것이다.

2) 서비스-중심적 욕구조사

서비스–중심적(service–oriented) 욕구조사는 의료서비스, 직업훈련, 재활훈련 등과 같은 특정한 서비스를 제공하고 있는 기관에 의해 실시되는 조사이다. 이 조사에서는 먼저 표적집단이 갖고 있는 특정한 문제를 해결할 수 있는 시설과 기술인력을 조사기관이 갖추고 있을 때, 특정 문제가 발생할 가능성이 높은 표적집단을 설정하고, 그들을 대상으로 욕구와 문제의 유형, 그리고 문제의 심각성 등에 관한 조사를 실시하고, 조사결과를 토대로 서비스의 종류와 수준을 추정하는 조사이다. 예를들면, 장애인직업전문학교에서 장애인들을 대상으로 직업재활에 관한 욕구를 조사하고, 그 결과를 토대로 직업재활프로그램을 구상한다.

3) 지역사회-중심적 욕구조사

지역사회–중심적(community–based) 욕구조사는 수혜자–중심적 욕구조사와 서비스–중심적 욕구조사를 통합한 것으로 지역사회주민들의 전반적인 욕구와 문제를 확인하고, 욕구와문제해결의 우선순위를 파악한 후, 구체적으로 어떠한 서비스를 누구에게 어느 수준으로 제공할 것인가를 추정하는 것이다. 사회복지적 욕구에 관한 포괄적이고 많은 정보를 얻을 수 있지만, 조사대상이 광범위할 경우 실시하는데 어려움이 있다. 이런 경우는 모집단을 대표하는 표본을 선정해 이들을 대상으로 조사하고, 이를 토대로 지역사회 전체 주민의, 즉 모집단의 욕구와 문제를 추정하게 된다.

7. 욕구조사의 자료수집방법

욕구조사를 통해 자료를 수집하는 방법은 여러 가지가 있다. 이들 방법들의 장단점을 비교해 적절한 방법을 선택하여 대상집단의 욕구를 파악해야 한다. 욕구조사를 위한 주요 자료수집방법은 지역사회공개토론회, 주요정보제공자조사, 사회지료분석, 서베이조사, 델파이법, 2차적 자료조사 등이 있다.(성규탁, 1993:149-166)

1) 지역사회공개토론회(community forum)

지역사회공개토론회는 어느 한 지역에 거주하거나 활동하는 사람들이 특정 관심사나 지역사회의 문제에 관해서 그들의 의견을 발표하는 공개적인 모임이다.

지역사회에 거주하거나 활동하는 사람들은 생활하는 가운데 그들이 직접 경험하거나 관찰하거나 또는 다양한 의사소통 매체를 통해서 지역사회의 주민 다수가 갖고 있는 욕구나 문제에 대해 알고 있다. 따라서 지역사회의 모든 사람들이 참여할 수 있는 공개적인 모임을 주선하여 이 모임에서 논의되는 내용을 수렴하여 지역사회의 욕구나 문제들을 파악하는 것이 욕구조사방법으로서의 지역사회 공개토론회이다.

이 방법의 장점은 다음과 같다; i)자료수집에 소요되는 비용이 상대적으로 적어 비용적으로 경제적이다; ii)자료수집에 소요되는 시간도 상대적으로 적게 들어 시간상으로도 경제적이다; iii)광범위한 지역, 계층 및 집단들의 의견을 수렴할 수 있다. iv)지역사회를 위한 프로그램이나 정책개발을 자극할 수 있다; v)의견을 발표하는 사람이 개인적이냐 집단이나 기관을 대표하느냐에 따라 의견내용을 구분하여 확인할 수 있다; vi)서베이조사를 준비하는 탐색적인 기회가 될 수 있다; vii)프로그램이나 정책실시상에 주민의 지지나 협조를 얻을 수 있는 계기가 된다.

단점은 다음과 같다; i)의견을 발표하는 사람의 수가 적다. 주민이 모두 참석할 수 없을 뿐 아니라 설령 참석했다 하더라도 모두 의견을 발표할 수 있는 기회를 갖기 어렵다; ii)관심있는 사람들만 참석하기 때문에 이들만의 욕구가 반영되는 표집자 편의(selection bias) 현상을 나타내어 표본의 대표성을 확보하기 어렵다; iii) 자기선택(self selection)으로 인한 표본의 편의(bias)현상이 나타나는 것이고, 참석자의 소수만이 의견을 발표하게 되는 것이다. 이러한 단점들은 소규모 토론회를 여러 번에 걸쳐 여러 지역에서 실시하면 극복할 수 있다.

2) 주요 정보제공자조사(key informant method)

주요 정보제공자는 지역사회의 종교지도자, 지역사회의 유지, 인접직종의 전문직 종사자, 지역사회복지기관 종사자, 지역사회나 관련 분야의 공직자, 자문위원 등과 같이 프로그램의 운영이나 서비스 전달은 직접 하지 않지만, 그 지역사회에서 오랫동안 거주 또는 활동하였거나, 대상집단과 관련된 직종에서 장기간 종사하였거나, 기타 그 지역의 사정을 잘 알고 있어서, 지역사회주민이나 대상집단의 욕구와 문제를 잘 파악하고 있는 사람들이다. 이들을 대상으로 지역사회주민들이나 대상집단의 욕구를 조사하는 방법이 주요 정보제공자조사이다.

이 방법의 장점은 비용이 적게 들고, 표본을 쉽게 선정할 수 있으며, 지역의 전반적인 문제를 쉽게 파악할 수 있다는 점이다. 단점은 주요 정보제공자를 선정하는 과정이 인위적이 되기 쉬우며 따라서 표집자 편의현상이 나타날 수 있고, 이들이 지적하는 문제들이 일반주민들의 욕구와는 다른 특수집단의 욕구가 될 가능성도 있다.

3) 사회지표조사(social indicator analysis)

사회지표는 개인의 집합체의 어떤 면에 대한 계량적 측정치를 말한다. 사회지표조사에서는 일정한 지역이나 대상집단의 생활상태나 문제에 관한 공공기록문서와 보고서(예: 인구조사자료나 보건복지자료)에 기록된 통계자료를 바탕으로 욕구를 추정하는 방법이다. 이들 공용자료에 나타난 사회경제적지위(socio-economic status)나 저소득지역에 관한 지표는 지역사회주민이나 대상집단의 욕구를 나타낼 수 있다. 예를 들면 소득수준, 빈곤인구비율, 실업률, 영아사망률, 주택보급률, 공공부조수혜자

수 등이다. 사회지표는 지리적 범위에 따라 전국지표, 시지표, 또는 특정 지역지표 등으로 나누어질 수 있으며, 대상별로도 장애인, 아동, 청소년, 노인 등에 관한 지표로도 나누어질 수 있다. 일반적으로 가장 잘 알려진 사회지표의 출처는 5년에 한번씩 실시하는 인구조사보고서이다. 여기에는 인구밀도, 연령, 소득, 직업종류, 주거형태, 거주기간 등과 같이 인구와 주민의 특성에 관한 자료가 있다. 인구조사자료는 지역단위별로 지표를 산정할 수 있으나, 매년 변화되는 추이를 파악할 수 없는 문제가 있다. 사회보험, 공공부조, 사회복지서비스와 같은 사회복지에 관한 지표는 보건복지통계연보에서 찾아볼 수 있다.

4) 일반인구조사(general population survey)

일반인구조사는 일정 지역내 주민이나 대상집단 가운데 이들을 대표할 수 있는 일부 사람들을 표본으로 선정하여, 이들의 욕구나 문제를 설문지나 면접을 통해 조사하고, 이 자료를 기초로 모집단인 지역사회주민이나 대상집단 전체의 욕구와 문제를 추정하는 방법이다.

표본에서 나타난 욕구가 전체대상을 대표하는 정확성을 갖기 위해서는 표본이 확률적 표집방법으로 선정되어야 하고 표본의 크기가 적절해야 하며, 조사도구인 설문지나 면접조사표가 타당하고 신뢰할 수 있어야 한다.

이 방법의 장점은 실제적인 서비스 수혜자 또는 잠정적인 수혜자가 인식하는 욕구를 직접 파악할 수 있고, 표본을 통하여 대상자 전체의 욕구를 파악할 수 있다는 것이다. 단점은 비용이 많이 들고, 우편으로 설문지를 송부하는 경우 회수율이 낮고, 사회적으로 바람직한 응답만을 얻게 되는 문제가 발생할 수 있다.

5) 표적인구조사(target population survey)

표적인구조사는 일반인구 가운데 일정한 특성을 가진 사람들만 선정하여 이들의 욕구를 조사하는 방법이다. 표적인구조사는 일반인구조사와 유사하나, 일반인구를 몇 단계로 나누어 그 가운데 일부를 선정하기 때문에 표본의 크기가 상대적으로 작다.

예를 들면 일반인구 가운데 최저생계비 이하의 소득을 가진 고졸이하 학력의 60

세 미만 18세 이상의 남자들을 표적인구로 선정한다면 일반인구는 최저생계비 이하--고졸 이하--18세 이상 60세 이하 연령--남자 순으로 단계적으로 걸러지기 때문에 표적인구의 표본의 크기가 상당히 작아진다.

이 방법은 유사한 조사에서 사용된 조사방법과 조사도구를 활용할 수 있으며, 조사결과의 타당성이 상대적으로 높은 장점이 있는 반면, 표적인구로부터 얻은 정보는 그 집단 이외에는 적용할 수 없다는 단점이 있다.

6) 델파이 기법(delphi technique)

델파이 기법은 어떤 문제에 대해 올바른 판단을 하기 위해 체계적으로 전문가들의 합의점을 찾는 방법이다. 1차 설문에 대한 응답을 정리하고, 2차 설문에서 1차 응답을 재확인하는 식으로 진행된다. 델파이 기법은 광범위하고 장기적인 정책이나 프로그램을 수립하는 데 종종 사용된다. 이 기법으로 욕구의 유형을 파악할 수 있고, 사회문제에 대한 상이한 판단을 야기하는 요인을 조사할 수 있으며, 응답자로 하여금 다양하고 상호관련된 욕구들을 파악할 수 있도록 한다. 설문에 대한 응답은 무기명으로 하고, 통제된 환류과정을 통해 정보를 수집하고, 집단의 반응을 통계적으로 분석하여 집약한다.

델파이 기법의 구체적인 절차는 다음과 같다: ㉠일단의 전문가를 선정한다. ㉡주요 관심사에 관한 설문지를 작성한다. ㉢설문지를 우송한다. ㉣회수된 응답내용을 합의된 부분과 합의되지 않은 부분으로 나누어서 통계적으로 집계한다(우선순위, 빈도, 중요성 점수의 평균치 등 이용). ㉤1차분석의 결과에서 합의도가 낮으면, 1차 판단을 내린 데 대한 전문가들의 여러 이유를 포함한 두 번째 설문지를 다시 응답자들에게 보내어, 1차분석의 결과를 참조한 각자의 의견을 묻는다. ㉥회수된 응답을 재분석한다. ㉦이러한 절차를 일정한 정도의 합의점에 도달할 때까지 반복한다.

이 기법의 장점은 참가자를 익명으로 할 수 있어 특정인의 영향을 줄일 수 있고, 익명으로 하기 때문에 집단의 의견에 개인을 순종시키려는 집단의 압력을 줄일 수 있고, 응답자의시간을 효율적으로 이용할 수 있는 점 등이다. 단점은 반복적인 과정을 거치므로 시간이 많이 걸리고, 극단적인 판단은 의견의 일치를 얻기 위해서 제외되는 경향이 있어 창의적인 의견들이 손상될 수 있다.

7) 2차적 자료분석(secondary data analysis)

1차적 자료분석방법은 지역사회주민이나 전문가들로부터 직접 자료를 수집해 분석하는 방법이다. 반면 2차적 자료분석은 지역사회내의 복지기관이나 연구소 등의 사회단체가 행정 및 관리를 위해 서비스 수혜자와 관련된 사항을 수집하였거나 기록한 정보를 검토하여 수혜자의 욕구를 파악하는 것을 말한다. 이차적 자료가 될 수 있는 것은 인테이크자료, 면접상황기록표(face sheet), 기관의 각 부서별 업무일지, 면접기록표(case record), 서비스 대기자명단(waiting list) 등이다. 이러한 자료들로부터 빈번한 사회문제, 문제의 경향, 서비스의 수요 등을 알 수 있다.

이 방법의 장점은 비용이 적게 들고, 조사에 신축성을 기할 수 있으며, 다른 욕구조사방법을 보완할 수 있다. 단점은 대부분의 이차적 자료는 욕구나 문제를 파악하기 위해서 만들어지지 않았으며, 일부 자료는 비밀을 보장해야 할 필요성이 있기 때문에 외부에 공개가 되지 않는 경우가 있다. 또한, 자료가 공개된다 하더라도, 자료의 기록양식이 통일되어 있지 않기 때문에 필요한 자료를 통일되게 정리하기 어렵다. 이차적 자료는 대부분 기존의 서비스 이용자를 중심으로 분석되었기 때문에, 이를 미래의 수혜대상자들에게 그대로 적용하기는 곤란하다.

8) 프로그램운영자 또는 서비스제공자 조사

프로그램운영자나 서비스제공자로부터 지역사회주민이나 대상집단의 욕구에 관해 조사하는 방법이다. 이 방법은 약물중독자나 학대아동, 미혼모 등과 같이 사회적으로 드러내기 어려운 대상집단의 욕구나 문제에 관한 정보를 얻을 수 있으며, 대상집단의 욕구나 문제를 현장경험이 있는 전문가들의 판단을 바탕으로 파악할 수 있는 장점이 있는 반면, 이들이 제공한 욕구내용이 제공자의 계급적 편견에 의해 영향을 받을 수 있으며, 전문가의 좁은 식견으로 판단된 내용일 수도 있다.

9) 통합적 방법

통합적 방법은 여러 가지 욕구조사방법을 각각 별도로 시행한 다음 그 결과를 종합하여 지역사회주민이나 대상집단의 욕구를 파악하는 방법이다.[43] 이 방법은 타당

---

43) 〈 지역복지관의 욕구조사방법 사례 〉

성과 신뢰도가 있는 유용한 욕구자료를 얻을 수 있는 장점이 있는 반면, 시간과 비용이 많이 들고 조사결과가 상충되게 나올 경우 판단이 어렵게 된다.

(1) 일반인구조사: 일반지역주민의 생활실태와 사회복지 프로그램 욕구를 알아보기 위하여 복지관 인근지역에 위치한 000구 10개동 전체 가구를 모집단으로 하였다. 표본 추출은 10개동의 통 분포를 고려하여 20개 지역으로 나눈 후 인구수의 비례에 따라 지역별로 할당된 표본수 만큼 무작위 표집하는 층화표집을 하였다.

(2) 주요정보제공자 조사
지역사회주민의 욕구와 문제를 파악하기 위하여 10동과 000구청의 공무원 및 지역 유지들의 명단을 확보한 후 지역별로 할당된 표본수 만큼 협조를 의뢰하여 설문지를 배포하였다. (3) 표적집단(기초생활보장대상자) 조사
국민기초생활보장대상자들의 생활상의 어려움과 재가복지서비스에 대한 욕구 우선순위를 알아보기위하여 효율적 서비스 제공이 가능한 10개동의 국민기초생활보장대상자 명단을 각 동사무소의 협조로 확보한 후 전체 표본수를 거주 인구수에 비례하여 배당하였다. 이들에 대해 면접조사가 이루어졌다.

chapter_ 11 | 프로그램 평가조사

Chapter 11

프로그램 평가조사

최근 사회복지현장과 학계에서 프로그램 평가의 중요성에 대한 논의가 활발하게 전개되고 있다. 사회복지분야에 대한 국민들의 인식이 높아지고, 복지에 대한 권리의식이 증진되어가며, 사회적으로 귀중한 인적자원과 물적자원이 정부나 민간으로부터 사회복지프로그램에 많이 유입되면서, 사회복지프로그램에 대한 평가의 중요성이 사회복지기관의 책임성의 문제와 함께 대두되고 있다.

프로그램에 대한 평가는 사회복지기관의 목적달성과 정체성확립에 직접적으로 영향을 미치며, 사회복지기관의 사회적 책임성과도 밀접한 관계를 갖고 있다. 프로그램을 운영하고 있는 사회복지기관이 제공하는 서비스가 이렇게 많은 자원들을 사용할 만큼 과연 가치가 있고 중요한 것인가, 기관들이 운영하는 하고 있는 프로그램들이 지역사회주민이나 대상집단의 욕구나 문제를 정확하게 반영하고 있는지 또는 얼마만큼 그들의 욕구를 충족시키고 문제를 해결할 수 있는지, 현재 제공하고 있는 프로그램의 내용이 양적으로도 충분하고 또한 질적으로도 양호한지, 프로그램이 운영되는 시간과 장소는 수혜자들이 쉽게 접근할 수 있도록 마련되어 있는지, 프로그램의 수혜자격은 합당하게 규정되어 있는지 등에 관한 의문이 사회복지현장 곳곳에서 제기되고 있다.

최근에는 프로그램에 대한 평가가 사회복지기관들이 기관운영을 효율적이고 효과적으로 운영하기 위한 내부적인 필요성에서 그 중요성이 강조되고 있다. 프로그램에 대한 평가가 사회복지기관에 확고히 자리잡은 전문적인 책임영역이 된 것이다(남세진, 1988: 169-185; 김영종, 2007: 421-444; 채서일, 1992: 656-666; 황성동, 2006: 199-216; Rubin & Babbie, 1993: 556-563).

1. 프로그램 평가의 이론적 배경

1) 프로그램 평가의 정의

평가에 관한 정의는 다양하게 이루어 진다.(김형식,1997:30-50) 일반적으로, 평가란 특정 활동에 관해 정보를 수집하고 분석하며 해석함으로써 그 가치를 판단하는 것이다. 프로그램 평가란 프로그램의 효과성, 효율성, 적절성, 만족도 등을 체계적으로 분석하여 결정권자로 하여금 합리적인 결정을 내릴 수 있도록 정보를 산출하는 사회적 과정이다.

프로그램 평가는 평가의 주체가 내부평가자인 경우도 있고 외부컨설턴트인 경우도 있다. 평가의 대상은 프로그램의 효과, 프로그램 운영과정, 프로그램의 효율, 프로그램의 내용, 프로그램 운영자 등이 대상이 된다. 평가는 프로그램을 시작 전, 진행 도중, 종료 후에 필요에 따라서 실시하며, 경우에 따라서는 통합적으로 실시한다.

프로그램 평가는 일반적으로 다음과 같은 특징을 갖는다. 첫째, 효과성, 효율성, 이용자만족도, 접근가능성 등을 기준으로 프로그램 진행결과를 체계적으로 분석하는 행위이다. 둘째, 프로그램 전반에 관한 결정을 하기 위한 총괄적인 정보수집과정이다. 셋째, 프로그램의 가치, 양과 질, 장단점 등에 관해 체계적으로 분석하는 연구활동이다.

2) 프로그램 평가의 목적

프로그램 평가는 다음과 같은 목적을 달성하기 위해 실시된다.(최일섭 & 이창호,1993:292-295, 성규탁,1993:187,김형식,1999:39-47) 첫째, 프로그램과정상 환류적 목적으로 프로그램 평가를 수행한다. 이는 프로그램 수행과 관련해 합리적인 결정을 내림으로써 프로그램을 바람직하게 추진하기 위해 프로그램 평가를 실시한다. 프로그램 성공여부에 대해 평가를 실시하고, 평가결과를 환류(feedback or feedforward)시킴으로써, 프로그램을 계속 현행 수준으로 유지할 것인지, 축소할 것인지, 확대할 것인지, 아니면 중단할 것인지에 대한 합리적인 판단을 하게 된다.

둘째, 기관운영의 책임성을 이행할 목적으로 프로그램 평가를 수행한다. 기관예산을 포함한 물적 자원과 인적 자원이 사용되었는데, 이들 자원들이 본래 의도한 목적을 얼마나 달성하였는지, 주어진 목적을 달성하는데 사용된 자원의 양은 얼마나 되는지 등에 관한 효율성과 효과성을 평가하여, 그 내용을 공표함으로써, 책임성을 이행하였음을 보여줄 수 있다.

셋째, 이론을 형성하기 위해 프로그램 평가를 실시한다. 실험의 예를 들면, 프로그램 실시 이전에 표적집단의 표적행동을 관찰하고, 프로그램을 실시한 후 다시 관찰하여, 프로그램 실시 전후의 표적행동의 차이를 측정한 후, 이 프로그램의 실시가 표적집단의 표적행동에 어떠한 영향을 미쳤는지를 논리적으로 평가함으로써, 실험변수와 결과변수 간의 인과관계를 검증하여 이론을 형성할 수 있다.

넷째, 형성평가의 경우, 프로그램 진행과정을 개선할 목적으로 프로그램을 평가한다. 프로그램계획단계에서는 계획과정을 평가하여 프로그램이 대상집단의 욕구를 반영할 수 있도록 하고, 집행과정을 평가하여 프로그램 진행상 장애요인을 해소시켜 원활한 진행이 되도록 하고, 집행이 완료된 때에는 그 결과를 환류시켜 앞으로 보다 나은 프로그램이 될 수 있도록 한다.

다섯째, 설계적인 목적으로 프로그램을 평가한다. 새로운 프로그램을 개발하거나, 현재 시행중인 프로그램의 설계를 명백히 하거나, 채택딘 방법론을 합리화하거나, 새로운 프로그램의 개발과 시행에 소요되는 경비를 산출하거나, 프로그램의 논리성을 규명하거나, 기관의 구조를 검토하거나, 기관의 목적을 검토하기 위하여 프로그램을 평가한다.

여섯째, 합리적인 자원배분을 목적으로 프로그램을 평가한다. 프로그램의 평가결과에 따라 자원을 할당함으로써 자원배분이 합리적으로 이루어질 수 있다. 효과가 크거나 장기적으로 효과가 지속되는 프로그램과 효과가 작거나 단기적인 효과밖에 없는 프로그램간에는 차별적인 자원할당이 이루어져야 한다.

일곱째, 서비스전달체계를 개선할 목적으로 프로그램을 평가한다. 서비스가 전달되는 과정을 평가하여 서비스 지체(lag)가 발생되거나, 수혜자의 접근이 어렵거나, 본래 의도한 목적과는 다른 방향으로 진행될 경우 이를 시정하여 프로그램진행과정에서 서비스 전달이 원활하게 이루어 지도록 한다.

3) 프로그램 평가의 중요성

사회복지프로그램에 대한 평가는 여러 측면에서 그 중요성을 부여받는다. 첫째,

사회복지 책임성에 대한 사회적 요구가 심각히 제기되는 시기에 프로그램 평가는 중요시 된다. 우리나라 뿐만 아니라 많은 선진국가들이 복지국가를 지향하면서 사회복지분야에 많은 공적자원과 민간자원을 투입해오고 있다. 이러한 가운데 사회복지분야에 투입된 이들 귀중한 사회적 자원들에 대한 효과성, 효율성, 노력성, 질, 양, 만족성, 편리성 등에 대한 의문이 사회 일각에서 지속적으로 제기되고 있다. 사회복지에 대한 책임성이 지속적으로 요구되고 있는 것이다. 이러한 사회복지에 대한 책임성의 논란에 부응하기 위해서 정부나 사회복지기관들이 운영하는 사회복지프로그램에 대한 체계적이고 객관적인 평가가 중시되게 되었다.

둘째, 사회복지기관들이 기관의 정체성을 확립하는데 프로그램에 대한 평가가 중시된다.최근 사회복지계에 정체성의 위기라는 말이 가끔 들리고 있다. 사회복지기관들이 본연의 목적사업에 얼마나 충실하고 있는지에 대한 의문에서 비롯된 것이다. 이러한 때에 사회복지기관들은 자신이 운영하고 있는 프로그램들이 기관이 정관상에 명시한 조직목적에 얼마만큼 적합한지를 객관적으로 평가하고, 평가를 한 결과 프로그램이 조직목적에 적합한 것으로 나타난 경우, 그 평가내용을 대내외적으로 공표함으로써 기관의 정체성을 확립하는데 기여할 수 있다.

셋째, 사회복지기관들이 내부적인 기관운영을 효과적이고 효율적으로 수행하기 위해서프로그램에 대한 평가가 중요시 된다. 프로그램을 수행하는데는 기관내의 인적 자원과 물적자원이 소요되게 된다. 따라서 프로그램의 내용이 무엇이고, 그 내용이 어떻게 계획되고 집행되고 있는가는 기관의 운영에 직접적인 영향을 미치게 된다. 프로그램이 어떻게 수행되는가를 알기 위해서는 프로그램에 대한 평가가 있어야 한다. 프로그램의 평가는 기관운영의 효과성과 효율성을 확보하는데 중요하다.

넷째, 사회복지기관의 전문성을 형성하는데 프로그램의 평가가 중요하다. 현대산업사회에서 사회복지프로그램은 전문성을 갖추어야 한다. 오늘날에는, 농업사회에서와는 달리, 사회적 욕구와 문제가 매우 복잡하게 형성되어 있다. 프로그램 평가과정에서 프로그램들이 복잡다양한 사회적 욕구와 문제를 체계적이고 통합적으로 충족시키고 있는지를 평가함으로써, 기관의 전문성을 형성하는데 기여할 수 있다.

다섯째, 프로그램운영이 수혜자-친화적 내지 수혜자-중심적이(client-friendly or client-centered) 되도록하는데 있어서도 프로그램의 평가가 중요하다. 프로그램의 내용이나 운영이 수혜자의 욕구에 적극 부응하여 수혜자에게 편리하고 수혜자를 중심으로 운영되고 있는지, 아니면 기관의 편의대로 또는 기관–중심적으로 운영되고 있는지를 평가하여, 평가결과가 가능한 수혜자–친화적이고 수혜자–중심적으로 운영되도록 하는 데 기여할 수 있다.

여섯째, 프로그램의 운영방향을 일관성있게 설정하여주고 혼란을 방지하는데 있어서 프로그램 평가가 중요하다. 프로그램의 평가지표가 미리 제시되는 경우 기관 운영자는 프로그램운영을 평가지표에 따라 일정한 방향으로 일관성있게 할 수 있다. 만일 평가지표와 같은 구체적이고 명확한 운영지침이나 기준이 제시되지 못하는 경우, 프로그램운영이 비일관적으로 될 가능성이 있으며, 뿐만 아니라 프로그램이 종료된 이후 프로그램의 성패 여부에 대한 여러 의견들이 난무해 기관 안팎으로 혼란을 초래할 수 있다.

일곱째, 사회복지프로그램과 관련해 객관적인 이론을 정립하는데 있어 프로그램 평가가 중요하다. 프로그램의 효과성이나 효율성에 관한 평가를 단일사례연구나 인과관계에 관한 통계분석과 같은 방법을 통해 수행할 경우 프로그램 내용에 대한 경험적 검증이 이루어져 논리적인 이론 형성에 기여하게 된다.

4) 프로그램 평가의 종류

프로그램 평가의 종류는 기준에 따라, 학자에 따라 다양하게 소개되고 있다.(최일섭 & 이창호, 1993: 295–297; 김형식, 1999: 39–43)

(1) 목적에 따른 분류

평가를 실시하는 목적에 따라 형성평가, 총괄평가, 통합평가로 나뉜다. 형성평가(formative evaluation)는 프로그램을 형성하는 데 초점을 맞춘 평가이다. 이는 프로그램의 개발이나 시행중인 프로그램을 개선하기 위해 프로그램 운영 도중에 이루어지는 평가로, 서비스전달체계를 향상시키거나 서비스의 효율성을 증진시키기 위해 실시한다. 반면 총괄평가(summative evaluation)는 프로그램이 종료된 이후 행해지는 평가로서, 어느 프로그램을 시작할 것인지, 지속할 것인지, 종결할 것인지, 또는 여러 개의 대안적인 프로그램들 가운데 어느 것을 택해야 하나 하는 등 총괄적인 의사결정을 할 경우 실시하는 평가이다. 통합평가는 형성평가와 총괄평가를 통합한 평가이다. 통상적으로는 총괄평가적 접근으로 평가를 한 후 과정평가적 접근을 통해서 프로그램운영과정의 타당성과 인과관계를 정밀하게 검사함으로써 총괄평가에서 얻은 정보의 타당성과 신뢰도를 평가한다. 단일사례연구가 한 예가 된다.

(2) 기관평가와 개인평가

기관평가는 프로그램을 평가하고 서비스 전달의 진행상황을 확인하기 위해 행해진다. 반면 개인평가는 프로그램 운영자인 개인에 대한 평가로 자기평가(self-evaluation), 동료평가(peer-evaluation), 행정가에 의한 구두평가 등이 있다.

(3) 평가 규범에 따라 분류

효과성평가, 효율성 평가, 형평성 평가로 나뉜다. 효과성(effectiveness) 평가는 프로그램의 목적달성도를 평가하는 것이다. 즉 프로그램이 의도한 목적을 얼마나 달성하였느냐를 평가하는 것이다. 효율성(efficiency) 평가는 비용최소화 또는 산출극대화를 평가한다. 즉 투입과 산출을 비교하여 평가한다. 형평성(equity) 평가는 프로그램의 효과와 비용이 사회집단간에 또는 지역간에 공평하게 배분되었는지를 평가하는 것이다.

(4) 평가범위에 따라 단일평가와 포괄적 평가 분류한다.

단일평가는 i)표적문제의 개념화 및 개입의 설계와 관련된 평가, ii)프로그램 집행의 평가, iii)프로그램의 효용성에 대한 평가를 각각 분리하여 어느 하나에 대해 행해지는 평가이다. 포괄적 평가는 i)과 ii)와 iii)을 모두 포함해서 행해지는 평가이다.

(5) 평가시점에 따라 분류

사전평가와 사후평가로 나뉜다. 사전평가는 프로그램이 종료되기 이전에 행해지는 평가로서 적극적 평가라고도 한다. 반면, 사후평가는 프로그램이 종료된 이후에 행해지는 평가로서 소극적 평가라고도 한다.

(6) 평가자 또는 평가주체에 따라 분류

자체평가, 내부평가, 외부평가로 나뉜다. 자체평가(self-evaluation)는 프로그램 담당자 스스로 행하는 평가로, 많은 정보를 얻을 수 있고 평가비용을 절약하며 장기적으로 계속할 수 있으나 공정성을 확보하는데 문제가 있다. 내부평가(in-house evalustion)는 프로그램을 직접 담당한 사람이 아닌 기관내부의 책임자나 동료에 의해 이루어지는 평가이다. 외부평가 또는 고문평가(consultant evaluation)는 프로그램을 담당하는 기관의 외부에서 속한 사람에 의해 행해지는 평가이다.

(7) 평가의 성질에 따라 분류

계량적 평가(quantative evaluation)와 질적 평가(qualitative evaluation)으로 나뉜다.

(8) 프로그램단계에 따라 분류

i) 표적문제의 평가로 이는 문제나 욕구의 내용, 사람들의 특성, 해결 정도, 문제해결에 대한 사람들의 태도 등을 평가한다. ii) 의제 평가로 이는 문제가 아젠다의 지위에 올라갔는지(agenda setting), 아젠다 형성과정에 영향을 미치는 세력들은 누구인지, 고통받는 사람의 욕구는 제대로 반영되었는지에 대해 행해지는 평가이다. iii) 프로그램결정평가로 이는 프로그램에 대한 결정 내용과 결정과정에 대해 행해지는 평가로서 수혜자의욕구나 문제를 반영하고 있는지, 결정된 프로그램의 내용이나 운영이 사회적 형평성, 능률성, 공정성, 기술성을 확보하고 있는지 등을 평가한다. iv) 프로그램설계평가로 이는 문제에 의해 영향을 받는 자, 해결대책, 필요비용, 비용조달방법 등에 대해 행해지는 평가이다. v) 프로그램집행 평가로 이는 자원부족이나 프로그램수행능력 결핍, 표적집단에 대한 서비스 전달체계나 전달전략 등에 대해 행해지는 평가이다. vi) 프로그램영향평가로 이는 프로그램집행 이후의 프로그램효과, 의도한 목표성취 정도, 의도하지 않은 효과 등에 대해 행해진 평가이다. vii) 평가가능성 평가로 이는 프로그램 평가가 이루어질 수 있을 것인지에 대해 종합적으로판단하는 것으로 평가의 필요성, 평가비용과 평가이익간의 비교, 평가실현가능성 등에 대해 행해지는 평가이다.

(9) 평가의 평가 또는 메타평가

이는 제시된 평가계획서나 완성된 평가를 다른 평가자에 의해서 다시 점검을 받는 것을 말한다. 평가의 평가는 형식적으로는 형성평가나 총괄평가로 수행될 수 있다. 평가의 신빙도, 타당도, 유용도 외에 평가의 시기, 보고서의 문체, 적절성, 평가비용 등도 검토대상이 된다.

(10) 기타

그밖에 여러 학자들이 평가의 유형을 논하였다. 이 가운데 Owen은 평가의 목적에 따라 다음과 같이 구분한다. 첫째, 효과평가(impact evaluation)는 서비스수혜자의 욕구를 얼마만큼 충족시켰는가를 파악하여 프로그램을 계속할 것인지, 다른 기관에 이전할 것인지를 결정하기 위해 실시되는 평가이다. 둘째, 프로그램 관리평가(Evaluation in Program Management)는 정기적으로 프로그램 운영을 검토하여 프로그램관리자나 후원기관에 보고하기 위해 실시하는 평가이다. 셋째, 과정평가(process evaluation)은 현재 진행되고 있는 프로그램을 보다 효과적이고 효율적으로 개선하기 위해서 시도되는 평가이다. 넷째, 디자인 평가(design evaluation)는 평가자가 프로그램 특성들을 명확히 기술하는 과정에 개입하여 프로그램의 논리성, 합리성, 타당성 등을 평가한다. 다섯째, 개발평가(evaluation for development)는 새로운 프로그램을 개발하기 위해 수행되는 예비적인 평가이다.

2. 프로그램 평가의 체계

1) 프로그램평가의 기준

평가의 기준이란 평가를 위한 척도이다. 이는 프로그램의 어느 측면을 평가의 대상으로 삼아야 할 것인가에 대한 기준을 의미한다. 평가의 목적이 다양하고 학자들의 주장이 서로 다르기 때문에 통일된 평가기준에 대한 합의점이 아직 존재하지 않는다. 여기서는 평가의 기준에 관한 다양한 학자들의 주장을 정리하고 이를 토대로 새로이 평가기준을 재정리하면 다음과 같다(김형식, 1999:135-140, 성규탁, 1993:222-231).

① 합법성(legitimacy)

합법성 은 사회복지프로그램이 관련된 법률과 기관의 운영규칙의 범위내에서 법률목적에 얼마나 적합하게 운영되었느냐에 따라 평가된다. 프로그램 담당자들이 업무를 수행할 때 법률과 기관의 프로그램운영규칙에 적합하게 수행하여야 한다. 법률상으로나 운영규칙에 명시되지 않은 사항에 대해서 재량권을 행사할 경우에는 재량권행사의 기준의 공개하여 프로그램 운영상 투명성을 보장해야 한다.

② 노력성(effort)

노력성은 다양한 프로그램과 관련된 사람들이 프로그램을 위해 얼마나 열심히 일하고 있는지에 의해 평가된다. 예를 들면, 다양한 프로그램 활동에 사용된 사회복지사 및 지도감독자의 활동시간과 활동내역, 프로그램운영 공간이나 장비, 수혜받은 클라이언트의 수, 위탁사업의 수, 지역사회공개토론회 개최 횟수, 범죄예방을 위해 나눠준 휘슬의 수, 소식지 발간 횟수 및 배포 수 등에 관한 정보를 제공한다.

③ 효과성(effectiveness)

효과성은 목적달성도(degree of goal achievement)이다. 이는 프로그램이나 프로젝트의 성공 여부로 나타난다. 예를 들면, 학습동기화프로그램에서 효과성 측정은 프로그램의 목적이 되는 학습부진아동의 학습흥미 유발, 아동의 스트레스 감소, 학업수행에 장애가 되는 대인관계 개선 등에 의해 측정된다. 계량적 평가에서는 효과성을 비용-효과분석(cost-effectiveness analysis)을 통해 측정하기도 한다.

④ 효율성(efficiency)

효율성은 투입(input)과 산출(output)의 비율로 측정된다(효율성 = 산출/투입). 즉 프로그램의 수행이 얼마나 많은 투입으로 수행되었느냐로 평가되어 진다. 여기서 투입은 예산과 같은 금전적인 비용뿐만 아니라 참여한 일선 사회복지사와 지도감독자 등의 인력자원과 그들이 사용한 시간 등도 포함한다. 사회복지분야에서의 산출은 달성된 프로그램의 목표를 통해 측정된다. 효율성 평가는 주어진 목표와 관련하여 제한된 인적-물적 자원을 어떻게 활용할 것인가와 관계가 있다. 효율성은 달리 비용최소화(cost-minimization) 또는 산출극대화(output maximization)의 정도로도 표현한다.

⑤ 적절성(adequacy)

적절성은 실현가능성이라고도 표현할 수 있다. 즉 현실적으로 적합하게 가능한 범위내에서 프로그램이 계획되고 운영되어야 한다. 너무 지나친 목표를 세우거나 달성하려 하지 않고, 주어진 여건하에서, 사용가능한 기관의 자원과 기술을 활용하여, 대상집단이나 지역주민의 욕구해결에 필요한 프로그램의 크기와 범위를 정하여 운용함을 말한다.이는 프로그램 운영의 중단이나 축소로 인한 신뢰성 상실을 방지하기 위한 척도가 된다. 또한 서비스 이용비용도 적절해야 한다. 수혜자의 형편에 따라 무료로 하거나 또는 소정의 이용비용을 차등적으로 징수한다.

⑥ 접근가능성(accessibility)

접근가능성은 프로그램을 필요로 하는 모든 사람들이 시간적으로나, 장소적으로나, 비용적으로나, 심리적으로나 손쉽게 서비스전달체계에 접근할 수 있는 정도에 의해 평가된다. 서비스가 필요한 사람들이 쉽게 찾아갈 수 있는 장소에 위치하고 있고, 서비스 이용료가 무료이거나 저렴하여 경제적 부담없이 이용할 수 있고, 시간상으로 편리한 때에 이용할 수 있으며, 서비스를 이용함에 심리적 거부감을 느끼지 않고 편안한 마음으로 이용할 수 있을 때 접근가능성은 높다고 평가된다.

⑦ 만족성(satisfaction)

만족성은 프로그램에 대한 만족하는 정도이다. 이는 프로그램을 이용한 사람들이 얼마나 그 프로그램에 대해서 만족하는지, 전달된 서비스나 기술들이 실제 자신의 문제해결에 도움이 되었는지, 프로그램에 대해 당초 기대했던 것이 얼마나 성취되었는지 등에 관해 질문함으로써 평가된다. 만족의 대상은 서비스수혜과정이 될 수도 있고, 수혜결과가 될 수도 있으며, 의사소통과정이 될 수도 있다. 만족성에 대한 평가는 같은 내용의 서비스에 대해서도 수혜자에 따라서 서로 다른 평가가 나올 수 있어 상당히 주관적일 수 있다.

⑧ 지속성(continuity)

지속성은 수혜자들이 서비스가 중단되거나 분열되지않고 지속적으로 제공받을 수 있는 정도로 평가된다. 이를 위해서는 서비스전달체계가 통일되고, 기관내와 기관간의 원활한 의사소통이 이루어져 협력체계가 형성되어야 한다. 예를 들면, 수혜자와 사회복지사간의 안정된 관계, 원활한 의사소통, 서비스에서 이탈된 수혜자에 대한 적극적 추적, 다른 서비스가 필요한 때는 다른 기관에 신속히 의뢰하는 등 수혜자들이 지속적으로 필요한 서비스를 받을 수 있도록 한다.

⑨ **적합성**(fitness)

적합성은 프로그램이 서로 다른 수혜자의 욕구(needs)에 맞도록 되어 있는 정도로 평가된다. 미혼모 프로그램의 경우, 산전보호, 산후진료, 학교교육, 취업, 입양 등에 이르는 전반적인 지원이 주어져야 한다. 기관은 수혜자가 적합한 서비스를 받았는지, 아니면 적합한 서비스기관에 의뢰되었는지를 확인하고, 모든 서비스를 밀접하게 상호연결시키고 필요한 서비스 종류를 선택해 이용할 수 있도록 하여야 한다.

⑩ **포괄성**(comprehensiveness)

포괄성은 사람마다 서로 다른 다양한 욕구나 문제를 충족시키거나 해결하기 위해 필요로 하는, 얼마나 다양한 서비스를 제공하고 있는가에 의해 평가된다. 포괄성을 위해서는 서로 다른 다양한 프로그램을 만들어 대처하는 방법과, generalist를 활용하는 방법, 또는 전문가 팀을 활용하는 방법 등이 있다.

⑪ **통합성**(integration)

통합성은 서로 연관된 서비스를 통합해서 제공하고 있는 정도로 평가된다. 표집집단이나 지역사회주민들이 여러 가지 욕구와 문제를 겪고 있을 때, 단편적이고 분리된 서비스가 제공되는 것이 아니라, 한 명의 프로그램운영책임자 아래 여러 서비스들이 상호 연계되어 통합적으로 이루어진다면 보다 큰 복지효과를 낼 수 있다. 서비스 통합을 위해서는 조직체 내부에서는 각 부서나 팀 간에, 외부에서는 서비스전달기관간의 긴밀한 의사소통과 협력체계가 구축되어야 한다. 예를 들면, 저소득아동보육프로그램의 경우, 급식서비스-영양서비스-가족계획서비스-교육서비스 등이 상호 연계되어 통합적으로 제공되어야 한다.

⑫ **사회적 형평성**(equity)

사회적 형평성은 수직적 형평성과 수평적 형평성으로 평가된다. 수직적 형평성(vertical equity)은 서로 다른 처지에 있는 사람들은 서로 다르게 대우해주는 것이다. 예를 들면, 프로그램서비스 이용비용을 국민기초생활보장대상자에게는 무료로 하지만 다른 사람에게는 일정액을 서비스이용비로 징수하는 것이다. 수평적 형평성(horizontal equity)은 같은 처지에 있는 사람은 똑 같이 대우해주는 것이다. 예를 들면,국민기초생활 수급자 가운데, 같은 소득과 재산을 가진 사람들에게는 같은 생계급여를 제공해주는 것이다.

2) 평가의 단계

Rubin & Rubin은 평가의 단계를 다음과 같이 설명한다. 첫 번째 단계는 개념화(conceptualization)이다. 개념화는 평가가 해답할 문제를 정의하는 것이다. 두 번째 단계는 측정(mesurement)이다. 측정을 통해서 평가자는 문제의 정도, 문제해결을 위해 취해진 조치의 양, 지역사회에서 반응수준을 결정한다. 세 번째 단계는 표본추출(sampling)이다. 표본을 추출함에 있어서, 평가자는 이러한 정보가 프로그램에 의해 영향을 받는 모든 사람들을 정확하게 모사할 수 있는 방식으로 제한된 수의 사람들이나 관찰대상들로 보터 정보를 얻는다. 네 번째 단계는 설계(design)이다. 설계는 누구로 부터 언제 자료를 수집하는가를 나타낸다. 좋은 설계의 목적은 지역사회조직이나 다른 요소들에 의해 취해진 조치에 기인하는지 여부를 결정한다. 다섯 번째 단계는 자료수집(data gathering)이다. 평가자는 관찰, 조사, 집중면접와 기존 정보의 분석을 통해서 자료를 수집한다. 여섯 번째 단계는 자료분석과 제출(data analysis and presentation)이다. 평가자는 자료의 분리된 작은 조각을 결합해 취해진 조치와 그 조치의 결과 간의 관계를 결정한다. 그 조사는 요약되어 기술적으로 훈련되지 않은 사람들도 발견된 사실들을 이해할 수 있도록 한다.

Ward의 평가단계를 다음과 같이 설명한다(Skidmore, 1983:89-90)

㉠ 프로그램의 목표를 결정한다.

㉡ 평가를 실시하기 위해 재정자원을 할당한다.

㉢ 평가기술요원을 고용한다.

㉣ 평가고문과 계약을 체결한다.

㉤ 목표를 조직목표달성을 위한 측정가능한 지표로 전환시킨다.

㉥ 평가개념에 관해 관리자와 참모를 훈련시킨다.

㉦ 평가체계를 설계한다.

㉧ 정보체계를 개발하고, 이를 정당화하고, 집행한다.

㉨ 서비스를 받고 있는 수혜자와 서비스를 받고 있지 않는 유사집단의 지표에 관한 자료를 수집한다.

㉩ 두집단에 관한 자료를 목표기준과 비교한다.

㉠ 평가를 개발하고 집행함에 있어서 각 전문분야의 전문가들의 활동을 조정 한다.

㉡ 평가결과를 보고한다.

3) 프로그램 평가의 기법

사회복지현장에서 프로그램의 평가에 다양한 방법들이 활용되고 있다.(장인협 & 이정호, 1999:130-136)

(1) 모니터링 기법

모니터링 기법(monitoring technique)은 프로그램의 운영을 직접 평가하기 위하여 사용되는 방법으로서 책임성감사, 행정감사, 시간-활동조사가 있다. 첫째, 책임성감사(accountability audit)는 프로그램을 위해 사용된 비용과 자원할당, 수혜과정의 일관성, 신빙성, 정확성 등을 검토하는 평가기법이다. 이는 프로그램 비용을 추적하는 일반회계감사와 프로그램 수혜자를 추적하는 사회회계감사로 나뉜다. 둘째, 행정감사(administrative audit)는 프로그램을 수행하는 사회복지사나 지도감독자들이 실제 수행한 업무실적을 검토하는 평가기법이다. 프로그램운영방침과 실천상의 적합성을 평가하고, 직무에 관한 책임과 권한이 적절한지를 평가하며, 조직의 활동상황을 평가한다. 셋째, 시간-활동조사(time-motion studies)는 프로그램 활동에 투입된 전체 시간과 프로그램 목표달성과 직접 관련된 활동시간을 비교 검토하여 프로그램 운영을 평가하는 방법이다.

(2) 사회조사기법

사회조사기법(social study technique)으로는 실험, 서베이, 사례연구 등이 있다. 첫째, 실험(experiment)은 프로그램 활동과 프로그램 목표달성간의 관련된 인과관계의 존재 여부를 증명하고자 하는 것이다. 순수실험설계, 유사실험설계, 단일실험설계 등을 활용하여 평가에 필요한 자료를 수집한다. 둘째, 서베이(survey)는 표적집단에 대해 표본을 선정하고, 표본에대해 자료를 수집하고 분석하여 프로그램에 대한 평가를 실시한다. 수집된 자료를 프로그램 수혜계층과 비수혜계층으로 구분할 수 있다면 양자간의 표적행동의 차이를 비교해 프로그램의 효과를 평가할 수 있다. 셋째, 사례연구(case study)는 하나 혹은 몇몇의 요소에서 정보를 얻기 위해서 참여관찰, 면접, 내용분석법 등과 같은 다양한 자료수집방법을 이용하여 자연상황에서 평가를 위한 자료를 수집하는 것이다. 본래 사례 연구는 지식형성과정의 탐구, 분류, 가설 발전 단계에서 적합한 조사방법이다.

(3) 비용분석기법

비용분석기법(cost analysis technique)에는 비용회계, 비용편익분석, 비용효과분석이 있다. 첫째, 비용회계(cost accounting)는 프로그램 비용을 프로그램 산출과 관련시키는 것이다. 여기서 산출이란 입양아동의 수, 면접횟수 같이 측정할 수 있는 프록램의 활동이다. 둘째, 비용편익분석(cost-benefit analysis)은 비용과 프로그램 활동의 결과를 금전적인 단위로 관련시키는 방법이다. 여러 가지 대안적 프로그램과 전략등의 상대적인 효과성을 평가하는 기법이다. 그 목적은 비용(자원)과 구체적인 목표의 달성(편익)과의 관계를 확인하는 것이다. 셋째, 비용결과분석(cost-outcome analysis)은 프로그램 비용과 결과를 관련시키는 방법이다. 여러 가지 대안적 프로그램 투입비용의 상대적인 효율성을 측정하는 것이다.

4) 프로그램 효과의 측정

프로그램 효과는 프로그램평가에 있어서 가장 중요한 요인으로 일반적으로 프로그램이 종료된 이후의 표적집단이나 지역사회주민들의 욕구와 문제의 상태와 프로그램이 시작되기 이전의 상태를 비교해서 프로그램의 효과가 측정된다. 이들 욕구와 문제의 상태는 종속변수이자 결과변수에 해당하고, 프로그램의 실시나 개입은 독립변수, 원인변수 또는 실험변수에 해당한다.

(1) 측정대상

효과측정의 대상은 프로그램실시로 인한 수혜자의 욕구상태와 표적행동의 변화이다. 부수적으로 프로그램 실시 과정에서 나타나는 서비스전달체계상의 변화도 프로그램 효과를 설명함에 있어 측정된다. 이들 효과의 측정은 관찰, 면접, 프로그램

운영기관의 기록물과 같은 이차적 자료분석, 프로그램 이용자들에 대한 욕구에 대한 설문조사 등을 적절히 활용해 수행될 수 있다.

수혜자의 욕구상태와 표적행동의 변화는 수혜자의 기본적 욕구가 충족되었는지 여부와 얼마나 충족되었는지의 정도, 건강상태나 심리상태 또는 빈곤상태 등과 같은 수혜자의 신체적-정서적-경제적 상태에서의 변화의 정도, 지역사회나 대상집단들이 집단적으로 갖고 있던욕구와 문젱의 해결 정도 등을 프로그램 실시 전후에 측정하여 양 측정치간의 차이를 비교분석함으로써 효과성이 평가된다.

특정 프로그램이 진행되는 과정에서 서비스에 대한 접근가능성, 프로그램의 안정성 및 지속성, 수혜자와 운영자간의 의사소통 및 책임감, 서비스의 통합성 등과 관련되는 사항이 이전의 상태와 비교해서 어떻게 변화하였는지, 그 변화의 정도를 측정하여 비교함으로써 서비스전달체계상에 나타난 프로그램의 효과를 측정할 수 있다.

(2) 효과측정 관련 자료 원천

프로그램 효과를 측정하기 위한 자료의 원천(source)은 다양하다. 누가 자료를 제공하였는가 또는 어디에서 수집하였는가는 프로그램 효과를 평가하는 데 직접적으로 필요한 자료를 정확히 얻을 수도 있고, 얻지 못할 수도 있다. 프로그램 평가의 주된 목적은 수혜자의 욕구와 문제상태의 변화이다 따라서 평가자료의 가장 중요한 원천은 수혜자 자신이 된다. 수혜자에 대한 관찰, 설문지, 면접 등을 통해 필요한 자료를 수집한다. 수혜자를 대상으로 자료를 수집할 경우 응답내용의 신뢰성과 타당성을 확보하기 위해 노력해야 한다.

프로그램을 직접 담당해 운영한 담당자 또는 실천가(practioner)도 중요한 자료의 원천이 된다. 이들은 프로그램운영과정에서 직접 개입하여 서비스를 제공한 사람들로서 이들로부터 나온 자료들은 효과를 측정하는데 전문적이고 신뢰할 수 있는 자료가 된다. 이들에 대한 설문조사나 면접등을 통해 직접적으로 자료를 수집하거나, 이들이 작성한 사례기록(case record)이나 평가지표 등을 통해 프로그램 효과를 측정하는데 필요한 자료를 수집할 수 있다. 그러나 이러한 자료는 특정 전문분야에 한정된 편협한 내용이 될 수도 있어 전반적인 평가를 하는데는 부족할 수 있다.

가족, 친척, 종교인, 교사, 직장동료, 친구, 이웃사람 등과 같은 수혜자의 주변 사람들이 프로그램 운영과정에 있어서 수혜자의 욕구와 문제를 해결하는데 어느 정도 기여하고 있다면 이들로 부터도 필요한 자료를 얻을 수 있다. 이들의 경우 프로그램 진행과정에 직접적으로 개입하고 있지 않기 때문에 객관적인 정보를 제공할 수도 있다.

그밖에 이차적 자료도 프로그램 효과를 측정하는데 중요한 정보를 제공할 수 있다. 수혜자와 관련된 병원, 사회복지기관, 경찰관서, 아동상담소, 부녀상담소, 학교, 교회, 전문판정기관 등에 있는 의사의 진료기록, 사건조서, 상담일지, 학교생활기록부, 산재판정 등과 같은 자료들도 프로그램의 서비스가 수혜자에 미치는 효과를 판단하는데 중요한 자료가 될 수 있다.

3. 프로그램 평가조사(program evaluation research)

1) 프로그램 평가조사의 정의

프로그램평가조사는 평가조사의 일종이다. 평가조사는 개입기술과 프로그램이 본래 의도한 목적을 어느 정도 달성하였는지에 관해 조사하는 응용조사(applied research)이다. 평가조사는 특정 개입기술이나 프로그램을 개선하거나 향후에도 계속 사용하거나 실시할 것인지에 관해 판단하기 위하여 개별적인 개입기술이나 프로그램이 그 목표하는 바를 어느 정도 달성하였는지를 측정하는 조사이다.

평가조사는 기본조사와 방법론상 차이는 없다는 점은 유사하지만, 다음과 같은점에서 차이가 있다. 첫째, 기본조사는 대체로 이론형성이 주된 목적인 순수조사인 반면, 평가조사는 조사결과를 사회현장에 응용하는 것을 주된 목적으로 하는 응용조사이다. 둘째, 기본조사는 조사문제가 조사자의 개인적 관심에 따라 결정되는 반면, 평가조사는 조사문제가 프로그램의 효과성 조사로 이미 설정되어 있다. 셋째, 기본조사는 사실의 발견에, 평가조사는 사실과 기준의 비교에 관심을 두고 있다. 넷째, 기본조사에서는 조사자가 조사목적을 달성하기 위해프로그램을 조작하지만, 평가조사에서는 조사목적을 위해 프로그램을 조작하기 힘들다. 다섯째, 대개의 경우 기본조사결과는 공개하지만, 평가조사의 결과는 공개하지 않는다.

평가조사는 평가대상에 따라 단일사례연구와 사업평가조사로 나뉜다. 단일사례연구(single-subject study)는 개인이나 가족과 같은 소집단에 대한 개입효과를 평가하기 위한 조사인 반면, 프로그램평가조사(program evaluation research) 또는 사업평가조사는 프로그램의 서비스 효과를 평가하는 조사이다.[44)]

프로그램평가조사는 평가 결과를 환류(feedforward or feedback)시켜 바람직한 목표를 수립하고,프로그램운영을 개선하며, 프로그램의 효과성과 효율성을 제시함으로써 사회적 책임성을 이행하고, 프로그램평가 결과 타당성이 있는 것으로 확인된 검증된 가설들로 이론으로 발전시키기 위해 실시하는 조사이다.

2) 프로그램평가조사의 모델

프로그램평가조사모델은 기존의 평가조사모델을 활용하여 사용목적에 따라 총괄평가조사모델과 형성평가조사모델로 구분할 수 있다.(김형식,1999:88-105)

(1) 총괄평가조사모델(summative evaluation research model)

총괄평가는 목적지향적 평가(objective-oreinted evaluation)이라고도 불리운다. 이는 프로그램운영이 끝날 때 행해지는 평가로서 성질이 비슷한 새로운 프로그램을 다시 시작할 것인지 또는 종결할 것인지 등을 결정짓는 데 유용하다. 총괄평가조사는 다음과 같은 절차적 조사단계를 거쳐 평가문제에 대한 해답을 얻는다.

1단계: 이 기관이 표명한 사명은 무엇인가?

- 이 기관이 개입 또는 해결하고자 하는 지역사회의 문제는 분명히 규명되어 있는가?
- 서비스 표적집단은 규명되어 있는가?
- 서비스가 달성하고자 하는목표는 분명히 확인되었는가?
- 서비스의 방법은 분명히 설명되었는가?

2단계: 프로그램의 목적(goals)은 무엇인가?

- 목적달성을 위한 업무활동, 표적집단, 소요인력, 예산 등을 정확히 기술하고 있는가?
- 표적집단에 기대되는 예상효과, 해결 할 문제, 서비스 전달방법을 구체적으로

44) 최초의 평가조사는 미국의 Theis여사가 양연기관에서 아동에 대한 서비스의 효과를 분석한 조사로 알려지고 있다.

명시하고 있는가?

3단계: 프로그램의 목표(objectives)는 무엇인가?

- 목적달성을 위한 측정가능한 목표는 프로그램의 목적과 관련이 있는가?
- 서비스가 어떻게 전달될 것이라는 과정적 목표가 명시되어 있는가?
- 서비스 대상자들에게 나타날 서비스 효과의 목표가 구체적으로 명시되었는가?

4단계: 프로그램 목표가 달성되었는지 여부를 어떻게 결정하는가?

- 프로그램 목표달성의 여부를 측정하기 위하여 어떤 척도를 사용할 것인가?
- 프로그램 각 과정에 과정목표를 세우고 그 효과를 척도를 사용해 측정하였는가?
- 수행하는 업무는 프로그램의 목표달성과 관련이 있는가?

5단계: 수혜자를 대상으로 한 목표는 달성되었는가?

- 수혜자와 공동으로 합의한 특정한 서비스 목표가 있었는가?
- 공동의 서비스 목표달성을 위해 특별히 채택한 방법이 있었나?
- 이러한 목표달성의 여부를 확인하기 위해 정기적으로 평가를 하였나?
- 프로그램담당자들은 자신들이 전달하는 서비스의 효과성을 정기적으로 평가하는가?

6단계: 평가자료를 어떻게 활용할 것인가?

- 프로그램의 목적과 목표는 달성수준을 평가할 수 있도록 체계적으로 정리하였는가?
- 평가의 자료가 해석의 과정을 거칠 수 있도록 충분한 시간을 할애했는가?
- 내생적 요인들은 얼마나 평가결과에 영향을 미쳤으며, 외생적 요인들은 어떻게 영향을 미쳤는가? 외생적 요인들을 통제하였는가?
- 프로그램의 긍정적-부정적 측면을 고려할 때 어떠한 조치를 취해야 되는가?
- 평가의 결과를 어떻게 활용해야 할 것인가?

(2) 형성평가모델(formative evaluation resrarchmodel)

형성평가(formative evaluation)는 결정지향적 평가(decision-oriented evaluation)라고도 한다. 이는 프로그램 운영 도중에 이루어지는 조사로서, 계속되는 프로그램을 수정-보완하여 프로그램을 개선할 목적으로 수행되는 조사이다. 형성평가는 다음과 같은 절차적 조사단계를 거쳐 평가문제에 대한 해답을 얻는다;

1단계: 프로그램 운영에 있어서 무엇이 문제이며, 누가 이 문제에 대하여 관심을 가지고 있는가?

- 문제가 무엇인가를 규명한다.
- 누가 이 문제에 대해 관심을 가지고 있으며, 그 이유는?
- 필요한 정보, 자료는 무엇인가?

2단계: 필요한 정보는 어떻게, 어디에서 수집하는가?

- 얼마나 신빙성이 있는 자료인가?
- 정보수집에 가장 협력을 거부할 사람은 누구겠으며, 그 이유는?
- 정보수집을 위한 자원은 확보되어 있는가?

3단계: 수집된 정보의 질은 어떠한가?

- 이 정보는 얼마나 타당성과 신뢰성이 있는가?
- 기관이 보유한 자료를 필요한 정보를 얻기 위해 사용할 수 있는가?
- 새로운 정보수집도구를 도입해야 하는가?
- 얼마나 자주 정보를 수집하고, 보고를 해야 하는가?

4단계: 정보를 수집하고 보고한 사람은 누구인가?

- 어떻게 정보가 수집되었으며, 어떠한 형태로 보고될 것인가?
- 정보의 신뢰도와 타당도를 어떻게 검토할 것인가?
- 이 정보를 어떻게 결정과정에 활용할 것인가?
- 이 정보의 신용도를 어떻게 결정할 것인가?

(3) 총괄-형성 혼합모델

혼합모형을 사용하게 되면 프로그램의 발전 및 시행단계마다 나타나는 특성이나 문제에 적절한 평가방법을 융통성있게 사용할 수 있다. 프로그램 시행의 초기단계에서는 신속한 환류를 제공할 수 있는 형성적 평가방법이, 프로그램 종결 후에는 프로그램 성공의 여부에 관심을 가지고 있는 여러 계층을 위한 과학적이고 객관적인 자료를 제시할 수 있도록 총괄평가의 방법이 필요할 것이다.

3) 프로그램평가조사의 절차

프로그램 평가조사의 절차는 일반적인 평가조사의 절차와 유사하지만, 일반적으로 다음과 같은 절차에 따라 수행된다.

㉠ 프로그램평가조사를 계획한다.
㉡ 평가목적, 주체, 대상, 방법, 시기 등을 결정한다.
㉢ 프로그램 내용을 파악하기 위해 문헌조사를 실시한다.
㉣ 프로그램의 책임자 및 담당자의 이해와 협조를 요청한다.
㉤ 프로그램의 목표 확인한다.
㉥ 조사대상의 변수 선정한다.
㉦ 이용가능한 자료 및 측정도구를 결정한다.
㉧ 새로운 측정도구의 개발한다.
㉨ 적절한 조사설계형태의 선정한다.
㉩ 조사의 수행한다.
㉪ 결과의 분석하고 해석한다.
㉫ 결과를 보고하고 환류(feedforward or feedback)한다.

chapter_ 12 | 질적 연구방법론

Chapter 12

질적 연구방법론

1. 질적 연구의 의의와 특성

1) 질적 연구(qualitative research)의 의의

최근 계량적인 분석방법에 대한 제한점이 논의되면서 질적 연구 또는 질적 접근방법이 하나의 대안으로서 제시되기도 하고, 때로는 계량적 분석방법의 부족한 점을 보완할 수 있는 방법으로서 중시되고 있다. 그러나 질적 연구는 아직 체계가 형성되고 발전되고 있는 분야로서 질적 연구가 무엇이고 어떻게 수행되어야 한다는 데는 의견의 일치가 이루어지지 않고 있다. 질적 연구에 대한 보다 깊은 이해를 위해서는 이와 대비되는 양적연구에 대한 이해가 있어야 한다. 양자간의 공통점과 차이점을 비교분석한 후, 질적 연구의 의미와 특성을 살펴보고, 구체적인 질적 연구방법의 유형들을 고찰하며, 자료를 분석 정리하고 보고하는 과정을 논의하는 것은 의미있는일이다.

연구방법론은 연구논리와 연구기법으로 구성된다. 연구논리는 연구의 방향과 절차에 중대한 영향을 미친다. 대체로 양적 연구는 실증주의적 인식론에 바탕을 둔다. 실증주의는 모든 사람은 같은 세상을 산다고 전제하기 때문에 객관성과 보편성을 강조하며, 가설의 수립과 검증을 통해서 진리를 밝혀낼 수 있다고 주장한다. 반면, 질적 연구는 현상학적 인식론에 근거를 둔다. 현상학적 인식론에서는 서로 다른 집단들은 서로 다른 세상을 살고 있다고 전제하기때문에 주관성과 상황적 변화를 중시하며, 가설의 수립과 검증을 통해 보편적인 진리를 밝혀내기가 어렵다고 본다.

질적 연구에 대한 명확한 정의는 존재하지 않으며, 오랫동안 여러 학자들에 의해 다양하게 정의되고 있다. 질적 연구란 양적 연구로는 발견하거나 분석하기 어려운 문제를 효과적으로 관찰하고 분석하며, 복잡한 사회현상을 심층적으로 규명하고 해석하기 위한 사회과학 연구방법의 한 패러다임을 말한다.

질적 연구는 사회적 실체와 현상이 어떻게 해석되고, 이해되고 경험되며, 생성되는가에 관심을 둔다는 점에서 넓은 의미로 해석주의자적인 과학철학에 근거를 두고 있다. 질적 연구는 자료를 만들어내는 방법이 융통적이고, 자료가 창출되는 사회적 체계에 보다 관심을 기울인다. 질적 연구는 분석과 설명방법에서 복합성, 세부사항, 그리고 체계를 이해하는 데 중점을 둔다. 질적 연구는 풍부하고, 상황적이며, 세부적인 자료를 바탕으로 완숙한 이해를 창출해 내는 데 목적을 둔다. 이러한 점에서 피상적인 유형, 추세나 상관관계의 묘사보다는 본질적인 형태의 분석과 설명을 보다 강조한다. 질적인 연구에서도 통상적으로 일정한 형태의 계량화(quantification) 기법이 적용되기는 하지만, 통계적인 분석이 핵심적인 것으로 간주되지는 않는다. 질적 방법론과 양적 방법론이 상호배타적으로 경직되게 선택되어야 하는 것은 아니며 모든 연구자들이 다양한 형태의 연구방법결합, 즉 양적 방법에 질적 방법, 질적 방법에 질적 방법, 또는 양적 방법에 양적 방법을 결합시키는 것 등을 심각히 고려해야 한다(김영종, 2007: 321-332; 황성동, 2006: 217-237, Rubin & Babbie, 1993:357-400; Mason, Jennifer, 1999:18-24).

2) 질적 연구의 특징

질적 연구들은 모두 동일한 수준에서 질적인 특징을 갖추고 있지 않다. 같은 질적 연구로 불리우지만 연구에 따라서는 보다 질적인 특징이 강한 연구가 있고 약한 연구가 있다. 질적 연구는 일반적으로 다음과 같은 특징을 갖고 있다(신옥순, 1991:43-49).

첫째, 질적 연구에서는 자연적인 환경으로부터 직접적으로 자료를 수집하며, 연구의 주된 도구는 연구자 자신이다. 질적 연구자들은 그들이 관심을 갖고 있는 연구의 대상이 생활하거나 활동하는 현장에 직접 들어가 자료를 수집한다. 왜냐하면 사람의 행동이란 그 행동이 일어나고 있는 바로 그 상황에 의해 상당한 영향을 받기 때문에, 연구자는 가능한 그 현장을 직접 찾아가서 직접 보고 연구를 해야 한다.

둘째, 질적 연구는 기술적(記述的, descriptive)이다. 자료는 숫자가 아닌 말이나 그림의 형태를 띤다. 연구보고서는 구체적인 방법으로 기술하기 위해 면접내용을 전사한 자료, 현장노트, 사진, 비디오테이프, 메모, 개인적 소품, 다른 공식적인 기록 등과 같은 다양한 자료를 직접 인용한다. 이해를 돕기 위해서, 질적 연구자들은 구체적인 대화 내용을 담은 자료들을 숫자의 형태로 변형(reduction)시키지 않는다. 질적 연구자들은 그 자료들이 기록될 당시의 바로 그 상태에서 자료를 분석하고자 노력한다. 기술(記述, description)은 상세하고 구체적인 내용설명이 이루어질 때만 자료수집방법으로서 의의가 있다.

셋째, 질적 연구자들은 결과나 산물에 관심을 갖기 보다는, 그 결과에 이르는 과정에 더 많은 관심을 기울인다. 어떻게 특수한 용어와 명칭이 적용되는가? 어떻게 특정 개념들이 상식적으로 수용되어 지는가? 특정 행동이나 사건이 어떠한 역사적 전개과정에 따라 발생되고 있는가? 질적인 연구는 연구자와 연구대상자간의 상호작용과정에서 풍부하고 깊이 있는 자료를 수집할 수 있다.

넷째, 질적 연구자들은 모은 자료를 귀납적으로 분석하는 경향이 있다. 질적 연구자들은 그들이 개별적으로 수집한 구체적인 자료들을 통합하고 분석함으로써 이론적 체계를 형성한다. 이러한 방법으로 개발된 이론은 바닥에서 위로 형성된 것으로, 상호관련이 있는 여러 증거자료로부터 만들어진 것이다. 이러한 이론을 현실기반이론(grounded theory)이라 부른다. 질적 연구자에게 자료분석과정은 깔때기 모양과 같다. 처음 시작하는 단계에서는 광범위한자료들이 수집이 되지만, 연구가 진행되어 갈수록 보다 제한적이고 세부적인 내용의 자료가 수집되기 때문이다. 질적 연구자는 연구가 시작되기 전에는 연구문제를 발견하기에 충분한 만큼의 내용이 알려져 있지 않기 때문에 중요한 연구문제는 연구를 진행하는 과정에서 찾아내게 된다.

다섯째, 질적 연구자들은 연구대상자들에게 다음과 같은 질문을 계속적으로 한다. 즉 그 사람들은 어떤 경험을 하고 있는가? 그 사람들은 어떻게 자신의 경험을 해석하는가? 그 사람들 자신은 그들이 살고 있는 세계를 어떻게 구성하는가? 사람들은 그들의 삶에 대해 어떤 생각을 가지는가? 혹은 그들이 당연하게 생각하는 일은 무엇인가? 질적 연구자들은 사람들이 그들의 삶에 의미를 부여하는 방법에 관심을 가진다. 즉 질적 연구자들은 참여자들의 관점에 대해 관심을 갖는다.

2. 질적 연구 유사용어

질적 연구에서는 유사하게 보이는 연구조사방법에 서로 다른 명칭을 사용하는 경우가 많다.(Rubin & Babbie, 1998:408-412)

1) 현실기반이론(Grounded Theory)

Glaser와 Strauss는 귀납적인 과정을 거쳐 현실적인 자료에 근거하여 개발된 이론을 현실기반이론(grounded theory) 또는 근거이론, 기초이론이라 부른다. 선험적인 가정으로 부터 연역적 추론을 거쳐 만들어진 이론과는 대조적으로, 현실기반이론은 경험적인 세계의 관찰에 근거하여 만들어진 이론이다. 현실기반이론은 기본적으로 다른 질적 연구조사자가 사용하는 것과 같은 현장관찰방법을 사용한다. 이는 참여관찰이나 개방형 면접과 같은 것이다.

현실기반이론은 귀납적인 과정을 주로 강조하지만, 지속적인 비교(constant comparison)를 사용하여 연역적인 과정또한 포함시킨다. 연구조사자는 귀납적 관찰에서 유형을 발견해내면서 그 유형에 기초한 개념과 작업가설(working hypothesis)을 발전시킨다. 그리고 나서 더 많은 사례를 찾고 더 많은 관찰을 하여 그 관찰을 이전의 관찰에서 발전시킨 개념 및 가설들과 비교한다.

현실기반이론이 지속적 비교를 사용한 예를 들면, 먼저, 실천가들에게 가장 성공적인 사례의 기억을 되살려서 그 사례에 사용했던 개입방법을 이야기하도록 요청하는 것이다. 모든 면접에서 공통적인 유형이 발견되었다고 가정하자. 여기서 행동주의적 개입방법을 사용하는 것이 이 분야에서 효과적인 실천과 비효과적인 실천을 구분한다는 작업가설을 발전시킨다. 가설이 경험세계에 보다 기반을 두도록 하기 위해 몇 명의 실천가를 더 면접한다. 현실기반이론 과정을 계속하면서, 연구자는 더 많은 실천가들과 면접을 하고 다른 유형의 사례에 대해 묻는다. 이 시점에서 연구자는 모든 사례가 부모와 함께 살고 있는 클라이언트라는 것을 깨닫는다.

연구자가 현실기반이론 과정을 완수했을 때 쯤에는 많은 다른 실천가를 면접하여 많은 다른 유형의 사례를 물어봤을 것이다. 이렇게 추가적인 면접을 통해서 연구자는 가설을 여러 번 더 수정했을 수도 있다.

2) 민속지학(ethnography)

본질적으로 모든 질적 탐구가 현실기반이론 접근법과 일치하지만 일반적으로 다른 명칭을 갖고 있다. 어떤 경우에는 질적 연구가 매일의 구체적인 생활이 실제로 자연스럽게 펼쳐질 때의 생활을 관찰하는 것을 강조하기 위해 자연주의적 연구조사(naturalistic research)라고도 부른다. 다른 경우에는 그 문화 속에서 생활하는 사람들의 관점에서 문화를 연구한다는 것을 강조하기 위해 민속지학적 연구조사(ethnographic research) 또는 민속지학이라고도 부른다. 예를 들어, 아동복지시설의 문화를 그 기관의 생활지도교사나 시설아동의 관점에서 연구한다든지, 또는 장애인근로자들의 노동문화를 장애인이면서 근로자의 관점에서 연구하는 것이다.

어느 민속지학적 연구조사자는 사람들의 규범, 명명(命名,labeling), 언어적 표현, 이해, 가정을 사용하는 데 초점을 두는 연구를 민속학적 방법론(ethnomethodology)이라 부른다.(Platton,1990:88) Loafland는 분석적 민속지학(analytic ethongraphy)의 특징을 다음과 같이 설명한다; 1)궁극적으로 인간의 사회생활의 유형에 대한 일반적 명제를 구축하는 데 헌신한다. ii)기본적으로 어떤 대상이라도 공정한 탐구의 대상이라는 견해를 갖는다. iii)연구자는 가능한 한 자신을 연구자가 이해하기를 원하는 사람들의 위치에 놓는다(易地思之). 연구자는 그 사람들이 생활에서 일어나는 일에 반응하는 동안 가능한 그들 가까이 위치한다. iv)실제로 진행되고 있는 일을 정확하게 파악할 기법을 발전시키고 사용한다. v) 각 연구조사에 새로운 관찰과 새로운 분석을 만들려는 목적을 갖고 있다. vi) 관찰한 자료의 제시와 그 자료를 대표하고 이해할 수 있도록 하는 이론적 개념의 정교화간에 균형을 유지한다.(민속지학의 자세한 내용은 제7장 자료수집의 '민속지학과 민속방법론' 참고)

3) 현상학(Phenomenology)

현상학이란 용어는 민속지학, 민속학방법론 또는 다른 질적탐구의 용어에서 내포하고 있는 철학적 가정을 설명하는데 사용될 수 있다.

현상학에는 몇 가지 세부적인 형태가 있다. 첫째, 자기발견적 탐구(heuristic inquiry)이다. 자기발견적 탐구에서 연구조사자는 공평한 관찰자가 되도록 노력하고, 실제로 연구하고 있는 현상을 직접 경험하며, 그 현상을 경험하면서 갖고 있는 자신의 생각과 감정을 조사하기 위해 자기성찰(introspection)을 행한다. 둘째, 해석학(hermeneutics)이다. 해석학은 해석의 과정을 강조한다. 해석의 과정에서 연구조사자는 매우 많은 복잡하고 구체적인 내용으로부터 일정한 유형을 찾고자 노력한다. 셋째, 훼르스텐(verstehen)은 이해란 말이다. 질적 탐구는 연구자가 관찰하는 사람들을 그 사람들의 관점에서 이해하려는 시도이다. 즉 연구자가 관찰하는 대상이 그들에게 주는 특별한 의미를 이해하고자 하는 시도이며, 이는 사회복지 실천 개념인 감정이입(empathy)과 상당히 유사하다.

3. 질적 연구방법과 양적 연구방법의 비교

질적 연구방법(qualitative research method)과 양적 연구방법(quantitative research method)은 현상이나 사건을 체계적으로 조사하고 탐구하기 위한 방법이란 점에서는 같지만, 각각의 방법들이 적합한 상황과 연구기법들에 있어 차이가 있다. 양자간의 관계는 이질적이지만 보다 나은 조사와 탐구를 위해서는 각자가 갖고 있는 장점들을 가지고 단점들을 보완해 나갈 필요가 있다. 여기서는 질적 연구와 양적 연구간의 차이점을 중심으로 양자를 비교해 본다(조용환, 2000: 19-36; Rubin & Babbie, 1993: 29-33).

1) 연구의 체계

사회적 현상이나 사건은 매우 복잡하기 때문에 그들간의 관계나 체계를 '있는 그대로' 완전하게 이해하기는 어렵다. 따라서 연구자는 이러한 복잡한 현상이나 사건의 체계를 어느 정도 단순화시키고, 어느 정도 범위를 제한하고 연구를 진행하느냐 하는 문제에 직면한다. 질적 연구는 현상의 체계를 단순하게 만들거나 범위를 제한하려 하지 않고, 복잡한 현상을 가능한 '있는 그대로' 개방적인 상태에서 파악하려 한다. 반면, 양적 연구는 제한된 체계에서 사소하거나 예외적인 현상들을 배제하고 단순화시켜 연구자가 가설상에 설정한 관계를 확률적으로 규명하려 한다. 양적 연구는 연구자가 선택한 변수 이외의 변수는 연구에서 가능한 한 배제하는 반면, 질적 연구는 변수를 일정 수로 제한하지 않고 고려할 가치가 있는 모든 변수들을 최대한 포함시키려고 노력한다.

또한, 질적 연구가 연구의 체계와 현장의 체계를 최대한 일치시키려고 노력하는

데 비해서, 양적 연구는 실제 외생적인 요인들에 의해 영향을 받고 있는 현장의 체계와 연구의 체계를 분리하여 진행한다.

질적 연구자는 연구의 체계를 인위적으로 설계하지 않고 현상이 전개되는 자연적인 체계 또는 일상적인 체계에 연구자가 참여하는 접근방식을 취하기 때문에,현상을 관찰하여 기술할 때 풍부한 정보를 제시할 수 있다. 반면 양적 연구는 보다 체계적이고 객관적인 것은 사실이지만, 그 때문에 미리 설계된 연구의 체계에서 벗어나는 상황에 대한 정보를 제시하기 어렵다.

2) 연구자와 연구대상간의 관계

양적연구과정에서는 조사대상자의 개인적 형편이나 정서를 고려하지 않고 단지 응답자로만 취급하며, 응답은 하나의 통계적 단위로 처리된다. 또한 연구자는 조사의 전과정에서 객관성을 유지함으로써 연구자의 개인적 영향 즉 연구자효과(researcher effect)를 최소화시키고, 같은 조건이라면 다른 연구자들도 동일한 연구결과를 산출할 수 있기 때문에 연구자는 언제든지 교체될 수 있다.

반면에, 질적 연구에서는 연구과정에서 연구자와 연구대상 모두 다른 사람으로 대체하여서는 안된다. 조사대상자는 서로 다른 집단으로 서로 다른 세상을 살아가고 있다고 전제하기 때문에, 다른 사람으로 대체되는 경우에는 전혀 다른 결과가 발생하게 된다. 연구자도 상당히 주관적으로 조사를 수행하기 때문에 다른 연구자로 대체되는 경우 조사의 일관성을 유지하기 어렵다.[45)]

연구대상의 행동을 관찰하는 경우, 양적 연구에서 연구자는 외부 세계와 차단된 공간에서 실험을 하거나 또는 일정한 거리를 두고 관찰을 수행하는 반면, 질적 연구에서 연구자는 연구대상자와 긴밀하게 상호작용하면서 연구를 진행한다.

3) 주관성과 객관성

질적 연구는 주관적인 반면, 양적 연구는 객관적이다. 실증주의적 인식론에 기반을 둔 양적 연구는 관찰자에 상관없이 사물이 보편적으로 실제 존재한다고 믿는 반

---

45) 질적인 접근에서는 연구대상(research subject)이라는 용어보다는 제보자(informant), 참여자(participant), 현지인(the native) 또는 그 사람들(the people)이라는 용어를 자주 사용한다. 보통 사람들의 민속적 지식(folk knowledge)이 과학적 지식과 일치하지 않을 수도 있지만 그 나름대로 가치가 있다고 본다.

면에, 현상학적 인식론에 기반을 둔 질적 연구는 관찰자에 따라 사물이 서로 다르게 인식된다고 본다.

양적 연구는 계량적이고 객관적인 지표를 통해 현상의 구조를 개괄적으로 보여주기는 하지만, 주관적인 내면의 세계를 심층적으로 보여주지는 못한다. 따라서, 질적인 연구를 통해 주관적인 내면 세계를 심층적으로 파악할 필요가 있다.

주관적이란 말은 개인적이란 말과 다르다. 개인의 식견은 타인의 식견과 상호작용하면서 일정하게 형성되기 때문에 주관성이란 사회문화적인 특징을 갖는다. 누구든지 동일한 절차를 밟아 동일한 상황을 관찰하면 동일한 결과가 나온다는 간주관성(間主觀的, intersubjectivity)이 제기되기도 한다. 질적 연구자들은 양적 연구자들이 강조하는 객관성에 많은 의문을 제기한다. 객관성의 가장 큰 취약점은 '누가 보아도 그렇다'는 주장은 그렇게 보지 않는 단 한 사람의 출현으로 쉽게 붕괴된다는 점이다.

4) 일반화

대체적으로 양적 연구는 일반화 가능성이 높은 반면에, 질적 연구는 일반화 가능성이 낮다고 평가된다. 질적 연구자들이 연구의 일반화 가능성을 높이기 위해서 양적 연구방법을 부분적으로 사용하는 경향이 있으나, 질적 연구의 일반화 문제는 다음과 같은 것을 고려하는 것이 바람직하다. 첫째, 질적 연구의 일반화가 이루어지기 위해서는 질적 연구 특유의 장점을최대한 살려야 한다. 이를 위해서는 연구의 폭보다는 깊이를 중시해야 한다. 둘째, 일반적으로 일반화는 무작위화(randomization)에 기초한 확률적 표집(probability sampling)절차를 통해 달성할 수 있는데 반해, 질적 연구와 양적 연구는 그 절차가 서로 다르게 나타난다. 질적 연구는 모집단을 소규모로 설정하고 그 모집단 내의 모든 사례를 총체적으로 연구하거나, 양적 연구의 확률적 표집(probability sampling)과 성격이 다른 '준거적 선택(criterion-based selection)'을 통해 연구사례를 선정한다.[46] 확률적 표집은 연구자가 사전에 일방적, 일회적으로 실시하고, 사

---

46) 준거적 선택의 종류: 모든 사례 선택(comprehensive selection)--연구자가 확인할 수 있는 모든 사례를 선택; 할당선택(quota selection)--모집단의 하위집단을 확인한 다음 각각 몇 사례씩 할당하여 선택; 네트웍 선택(network selection)--한 집단/사람으로 하여금 다음 집단/사람을 선택하게 한다. 집단내 분석도가 높거나 집단간 경계가 불확실할 때 유용함; 극단적 사례선택(extreme case selection)--모집단이 뚜렷이 양분되어 있거나 분포의 스펙트럼을 이루고 있을 때 양극단을 선택함으로써 대다수 중간 집단의 특성까지 추정; 전형적 사례선택(typical case selection)--모집단 특유의 속성을 가장 많이 가지고 있는 사례를 선택; 유일한 사례선택(unique case selection)--특이하거나 희귀한 현상의 연구에 유용함. 특이성과 희귀성을 파악함으로써 일반성

례들이 내용적으로 유사하다는 것을 전제로 하지만, 준거적 선택은 연구과정 내내 지속적으로 연구자가 현장의 연구대상자와 상의하거나 협상을 하면서 이루어지며, 서로 다른 집단의 사람들을 연구대상으로 하기 때문에 내용적으로 유사하다고 전제하기 어렵다. 경우에 따라서는 확률적 표집보다는 준거적 선택이 더 적절한 경우도 있다; 모집단의 특성과 분포가 확인되지 않았을 때, 표집범주 사이에 자연적 경계가 없거나 불분명할 때, 연구자가 각 표집범주에 고루 접근할 수 없을 때, 표집 내부의 분포가 불규칙적일 때, 표집 내부에 예외가 많을 때, 하나 또는 일부 사례만 연구목적에 부합할 때, 일반화가 연구의 중요한 목적이 아닐 때.(Goetz & LeCompte, 1984) 셋째, 양적 연구에서 의미하는 일반화는 재검토되어야 한다. 질적 연구의 논리에 따르면, 특정 연구결과를 일상적인 상황에 적용하기 위해서는 그 연구가 일상적인 상황 속에서 이루어져야 한다. 일상적인 상황과 다른 통제된 특정 상황속에서 연구된 내용은 바로 그 통제된 특정 상황에서만 연구결과로서 적합성을 가진다. 양적 연구를 대표하는 실험연구의 경우 '만약 다른 조건이 동일하다면(ceteris paribus)'이라는 전제를 설정한다. 그러나 다른 조건이 모두 동일한 상황은 거의 존재하지 않는다. 따라서 한 실험의 결과를 다른 일상적 상황에 적용하는 것 자체가 근본적인 한계를 안고 있다.

5) 가설과 이론

양적 연구에서는 연구자가 연구에 앞서 가설을 설정하고 그 가설을 검증하기 위해서 자료를 수집하고 분석한다. 그러나, 질적 연구에서는 연구에 앞서 가설을 설정하지 않고, 연구도중에 잠정적인 가설들이 부단히 형성, 기각, 수정된다. 그러나 연구자가 연구대상에 대해 어느 정도 사전 지식을 가지고 있을 때에는 잠정적인 가설을 연구에 앞서 설정할 수도 있다.[47)]

양적 연구에서는 기존의 이론을 검증할 자료를 구하는 반면, 질적 연구에서는 자

과 정상성도 어느 정도 추정할 수 있음; 유명한 사례선택(reputational case selection)--대중적 평판이나 전문가의 조언에 따라 선택; 이상적 사례선택(ideal case selection):최선의 사례를 먼저 선택한 다음 그에 버금가는 사례를 차례로 선택; 대조적 사례선택(comparable case selection)--한 사례와 대비되는 사례를 선택하여 비교함; 연계적 사례선택(progressive and sequential selection)--한 사례를 선택한 다음 그 사례와 다르거나 대립적인 사례를 계속 선택.(Goetz & LeCompte, 1984)

47) 문화기술지(ethnography)는 그 폭과 깊이에 따라서 포괄적 문화기술지(comprehensive ethnography), 주제중심의 문화기술지(topic-oriented ethnography), 가설검증적 문화기술지(hypothesis-oriented ethnography)로 나뉜다.(Hymes, 1978)

료에 기반을 둔 이론을 산출한다. 질적 연구의 이론은 자료에 기반을 둔 구체적인 이론이라는 측면에서 현실기반이론(grounded theory)이라고도 불리운다.[48)]

6) 질적 연구방법과 양적 연구방법 대비

다음 표는 질적 연구방법과 양적 연구방법을 대비한 표이다(신옥순,1991:75-77).

	질적 연구	양적 연구
사용되는어휘	문화기술, 현장연구, 연성자료, 상징적 상호작용, 내적 관점, 자연주의적, 민속방법론, 기술적, 참여관찰, 현상학적, 기록적, 사례연구, 생태학적	실험적, 경성자료, 외적관점, 경험적, 실증주의자, 사회적 사실, 통계적
주된 개념	의미, 상징적 이해, 차단(bracketing), 상황의 정의, 일상생활, 이해, 과정, 협상된 질서, 실제적인 목적, 사회적 구성	변인, 조작적 정의, 신뢰도, 가설, 타당도, 통계적인 의미, 모사(replication)
관련 인물	Max Weber, Barney Glaser, Harry Wolcott, Herbert Meat, Estelle Fuchs	Emile Durkheim, Fred Kerlinger, Lee Cronbach, Donald Campbell,
이론적 관련성	상징적 상호작용, 문화, 민속방법, 이상주의, 현상학	구조적 기능주의, 논리적 경험주의, 실제주의, 실증주의, 체제이론, 행동주의
학문적 관련성	사회학, 인류학, 역사학	심리학, 경제학, 사회학, 정치학,
목 표	- 각성시키는 개념을 개발 - 다양한 현실세계를 기술 - 근거있는 이론을 개발 - 이해를 높임	- 이론 검증 - 사실을 구성 - 통계적 기술 - 변인들 간의 관계 제시 - 예언
설 계	- 나타나고 있는(evolving) 융통성있고 일반적임 - 진행해 나갈 연구과정에 대한 예감임	- 구조화되고 미리 예정되고 세부적이고 형식적임
연구계획서	- 간략함 - 사색적임 - 연구할 만한 영역을 제시 - 약간의 자료가 수집된 후에 기록됨 - 문헌고찰 부분이 별로 없음 - 접근법의 일반적 이 포함됨	- 방대함 - 초점이 자세하고 세부적임 - 절차가 자세하고 새부적임 - 방대한 문헌고찰이 포함됨 - 자료수집 전에 작성됨 - 가설이 됨

48) grounded theory는 현실기반이론, 현장이론, 근거있는 이론, 기초이론 등으로 다양하게 해석되고 있으나 본서에서는 이론이 현실의 자료를 기반으로 만들어졌다는 측면을 강조해서 현실기반이론이라 부르기로 한다.

	질적 연구	양적 연구
자료표본	– 기술적 – 개인적 기록 – 현장 노우트 – 사진 – 사람들이 한 말 – 공식적 문서와 다른 작품들 – 작음 – 비대표적임 – 이론적인 표집	– 양적 – 양화가 가능한 부호화 – 계산하고 측정함 – 조작화된 변인들 – 통계적 – 큼 – 계층화되어 있음 – 통제집단이 있음 – 정확함 – 무선 선정 – 외생변인에 대한 통제
기 법	– 관찰 – 다양한 기록과 사물들 검토 – 참여관찰 – 개방식 면접	– 실험 – 조사연구 – 구조화된 면접 – 유사실험 – 구조화된 관찰 – 자료세트
대상자와의 관계	– 공감적 – 신뢰를 강조 – 평등함 – 강력한 접촉 – 친구관계	– 제한됨 – 다기간적임 – 격리됨 – 거리를 유지 – 대상자 – 연구자 관계
도구와 기구	– 녹음기 – 전사기 (종종 연구자가 유일한 도구이다)	– 목 록 – 컴퓨터 – 질문지 – 척 도
자료분석	– 지속적임 – 모형, 주제, 개념 – 귀납적임 – 분석적 귀납법 – 연속적 비교법	– 연역적임 – 자료수집이 끝날 때 이루어짐 – 통계적임
문제점	– 시간이 많이 듬 – 자료축소가 어려움 – 신뢰성 – 표준화된 절차가 없음 – 많은 사람들을 대상으로 하는 연구가 어려움	– 다른 변인의 통제가 어려움 – 구체화(reification) – 침범성, 강요적임 – 타당성

4. 질적 연구의 종류

1) 참여관찰(현장연구조사)

(1) 참여관찰의 의의와 유형

참여관찰(participant observation)이란 피조사자의 생활이나 활동영역에 참여하여 관찰을 수행하는 것이다.

참여관찰은 연구자로 하여금 가설을 구성하고 독립변수와 종속변수를 분리시키는데 필요한 기본적 정보가 어떤 것인지를 정하는 데 도움을 준다. 또한, 자료가 연구자에 의해 직접 구해지기 때문에 연구대상자의 보고능력이나 의지 등에 의해 방해받지 않는다. 어린 아이들은 언어구사력이 떨어져 설문조사 같은 것은 할 수 없지만 참여관찰을 한다면 자료를 구할 수 있다. 참여관찰은 현지에서 연구와 관찰이 이루어지기 때문에 자료가 세밀하고 정교하다. 하지만 참여관찰은 표본의 대표성 및 관찰양식을 감안할 때 다른 연구방법에 비해 외적 타당도가 떨어진다. 그리고 관찰자료에 대한 연구자 자신의 선입관이 개입될 여지가 있다. 또한 관찰자임을 공개하느냐 여부에 따라 연구대상자들이 연구에 대한 반작용을 나타낼 수 있다. 관찰되는 과정 자체가 연구대상자의 행위에 영향을 미치는 것이다. 즉 반응성(reactivity)의 문제가 나타날 수 있다.

참여관찰은 연구자가 상당한 기간을 직접 현장에 참여하면서 자료 수집을 하게 되므로, 연구에 공간적-물리적 제약이 따르게 되며, 주요 연구대상이 소수의 개인이나 집단, 조직체, 지역공동체들로 한정된다.

참여관찰은 관찰자의 참여정도와 공개여부에 따라 완전관찰자, 참여관찰자, 관찰참여자, 완전참여자의 4가지 유형으로 나뉜다. 이런 유형은 다음과 같은 면에서 차이가 있다; 첫째, 연구자가 연구 대상 모두에게 알려져 있는가 아니면 연구 대상의 일부에게만 알려져있는가 혹은 전혀 알려져 있지 않은가. 둘째, 연구에 대하여 얼마나, 무엇을 알고 있는가. 셋째, 연구자에 의하여 그 장면에서 해야할 활동과 그렇지 않을 활동의 종류 및 참여자의 구성원과 개념 범주에 연구자가 어떻게 관련되어 있는가. 넷째, 연구자의 성향이 무엇이고 연구자가 의식적으로 내부자(insider) 혹은 외

부자(outsider)의 성향을 채택하는가[49](Gold, 1969:30-39)

① 완전참여자(complete participant)

현장연구조사에서 관찰대상자들은 완전참여자의 진짜 신분과 목적을 모른다. 완전참여자는 필수적인 매일의 역할을 성공적으로 할 수 있거나 하도록 배울 수 있는 상황에서, 관찰대상의 어떤 생활영역이든 자신이 관심있으며 받아들일 수 있는 영역에서 가능한 한 자연스럽게 관찰대상들과 상호작용한다. 어떤 경우에든 완전참여자의 역할을 맡으면 연구자가 아니라 참여자로 보이도록 한다. 참여하는 관찰자가 어떤 일을 하든 하지 않든 관찰되는 대상에 영향을 미치게 될 것이고 이는 불가피하다.

② 관찰참여자(participant-as-observer)

관찰참여자의 역할을 하는 연구조사자는 연구를 하는 집단에 완전히 참여하지만, 자신이 연구조사를 수행하고 있다는 것을 분명히 한다. 연구자는 조사대상 집단의 일원으로 활동하면서, 집단 동료에게 자신이 무엇을 하고 있는지를 알린다.

③ 참여관찰자(observer-as-participant)

참여관찰자는 자신을 연구조사자로 신분을 밝히고 사회과정에서 참여자들과 상호작용을 하지만 실제 전혀 참여자인 척하지 않는다. 노숙자에 관해 조사하는 연구자는 노숙자들을 면담하고, 그들이 생활하는 곳을 방문하고 숙식하는 것을 보며, 병든 노숙자를 병원에 동행 하면서 필요한 정보를 얻는다. 그러나 조사대상집단에 완전히 참여하지는 않는다.

④ 완전관찰자(complete observer)

완전관찰자는 어떤 방식으로든 사회과정의 일부가 되지 않으면서 사회과정을 관찰한다. 연구대상은 연구조사자가 비관여적이기 때문에 자신이 연구대상이라는 것

---

49) 참여관찰은 현지관찰(field observation)이라고도 한다. 이는 모든 질적 연구방법과 같이 어떤 현상을 측정하고 수량화하기보다는 기술하고 설명하는 연구방법이다. 현지관찰방법은 연구자의 참여 여부와 관찰의 공개성 여부에 따라 공개적 관찰, 비공개적 관찰, 공개적 참여, 비공개적 참여의 네가지로 나눌 수 있다.

		관찰의 공개성 여부	
		공개적	비공개적
연구자의 참여여부	관찰	공개적 관찰	비공개적 관찰
	참여	공개적 참여	비공개적 참여

을 인식하지 못할 수도 있다. 완전관찰자가 완전참여자보다 연구대상에 영향을 미칠 가능성이 적은 반면, 연구대상을 완전히 이해하게 될 가능성도 적다. 관찰은 피상적이고 일시적이 될 수 있다.

(2) 참여관찰의 단계

첫째, 연구장소를 선택한다. 연구장소는 연구문제의 성격에 따라 좌우되는데, 가능한 오랜 시간을 두고 관찰이 가능한 영구적이고 안정성 있는 장소이어야 한다.

둘째, 연구대상에게 접근한다. 연구장소가 얼마나 공적인가, 관찰대상자들이 관찰되는 것을 얼마나 꺼리는가에 따라 접근의 용이성이 결정된다. 이 과정에서는 현장에 대한 사전예비지식을 습득해야 한다. 연구자의 역할을 확립하고, 현장의 피조사자들과 친근한 신뢰관계를 수립하는 것은 기본이다.

셋째, 표집을 한다. 대부분의 현지관찰은 의도적 표집(purposive sampling)을 사용한다. 주로 연구문제나 연구목적이 표본의 크기를 결정하는 중요 변수로 작용한다.

넷째, 자료를 수집한다. 연구계획에 따라 현장작업을 실시한다. 현장작업을 조직화하여 작업이 일사불란하게 이루어질 수 있도록 하고, 표본을 추출한다. 대부분 비확률표집을 실시한다. 추출된 표본을 대상으로 자료를 수집한다.

다섯째, 현장에서 철수(exiting)한다. 이 때 연구를 공개적으로 해왔다면 상관없지만, 비공개적이었던 경우에는 각별히 유의할 필요가 있다. 철수상황 자체가 연구대상자들에게 영향을 미칠 수 있을 뿐 아니라, 연구대상자들이 몰래 관찰된 사실을 안다면 연구자에 대해 나쁜 감정을 폭발시킬지도 모르기 때문이다.

여섯째, 자료를 분석하고 보고한다. 자료의 처리-분석-해석을 한 뒤 보고서 작성을 마침으로써 참여관찰을 완결한다.

(3) 참여관찰의 장점과 단점

참여관찰의 장단점은 다음과 같다;(Rubin & Babbie, 1998:450-454)

① 이해의 깊이

참여관찰은 특히 태도와 행위에 있어 미묘한 차이를 연구하고 일정 시간에 걸친 사회과정을 조사하는데 효과적이다. 이런 이유로 이 방법이 갖고 있는 주요한 장점은 이해의 깊이에 있다.

관찰과 개념화는 그 자체로 가치가 있다. 앞으로의 질적 및 양적 연구조사를 위한 기초를 제공할 수 있다. 개념을 정의하는 대신에 참여관찰자는 일반적으로 구체적인 예시를 제공한다.

유연성은 참여관찰의 또 다른 장점이다. 이 연구방법에서는 언제라도 자신의 연구조사설계를 수정할 수 있다. 연구자는 언제나 상황이 일어날 때마다 참여관찰에 참여할 준비가 되어있다. 반면에, 설문조사나 실험은 그렇게 쉽게 시작할 수 없다.

참여관찰은 상대적으로 비용이 적게 들 수 있다. 참여관찰은 일반적으로 한 사람의 연구조사원이 공책과 연필을 가지고 수행할 수 있다.

참여관찰의 단점은 첫째, 양적이라기보다는 질적이어서 대규모 모집단에 대해 정확하게 서술할 수 없는데 있다. 그럼에도 불구하고 태도를 형성하는 과정에 대해 중요한 통찰력을 제공할 수 있다. 둘째, 질적 참여관찰에서 끌어낸 결론은 많은 경우 확정적이라기보다는 제안적이라고 받아들인다. 이는 주관성과 일반화가능성 및 다른 문제들 때문이다.

② 주관성(subjectivity)

참여관찰척도가 비록 깊이는 있지만 많은 경우 매우 개인적이기도 하다. 그러므로, 참여관찰에서는 순수히 서술적인 척도에도 주의를 해야 한다. 어떤 경우에든 특징을 서술한 사람들이 어떤 사람들인지에 대해 완전히 이해하기 위해 참여관찰자가 진술한 특성을 연구해야 한다. 비록 연구조사자의 의견에 동의하지 않더라도 연구조사에서 가치를 끌어낼 수 있을 것이다.

③ 일반화가능성(generalizability)

과학의 주요 목표 중의 하나는 일반화(generalization)이다. 일반화 가능성은 참여관찰에서 문제가 된다. 첫째, 연구조사자가 하는 관찰과 측정이 개인적 성격을 갖고 있어서 다른 별개 연구조사자에 의해 반드시 재현되지 않는 결과가 나올 수 있다. 관찰이 부분적으로 특정한 관찰자에 의존한다면 관찰은 증명이나 진실보다는 통찰력의 원천으로서 더 가치가 있게 된다. 둘째, 참여관찰자는 연구대상의 문제에 대해 완전하고 깊이 있게 이해하기 때문에 대단히 포괄적으로 이해할 수 있다. 그러나 바로 이 포괄성 때문에 참여관찰에 의한 이해는 정밀한 표본추출과 표준화된 측정에 기초한 결과보다 일반화 가능성이 적다.

(4) 참여관찰에 적합한 주제

참여관찰이 갖는 장점 중 하나는 연구자가 포괄적인 관점을 가질 수 있게 해 준다는 것이다.(Rubin & Babbie, 1998:412-413) 연구자는 연구하는 사회현상에 직접 가서 가능한 한 완전하게 관찰함으로써 그 현상을 더 깊고 완전하게 이해하 수 있다. 그래서 이 관찰양식은 단순하게 양화할 수 없는 연구주제에만 적합한 것은 아니지만 특히 그런 연구조사 주제에 적합하다. 참여관찰자는 다른 방법을 사용하는 연구조사자들이 파악하지 못하는 여러 가지 태도와 행위에서의 미묘한 차이를 인식할 수 있을 것이다.

참여관찰조사는 자연스런 상황에서 태도와 행위를 가장 잘 이해할 수 있는 주제를 연구하는 데 특히 적합하다. 실험과 설문조사는 어느 정도 인위적인 상황에서 행위와 태도를 측정할 수 있으나 모든 행위를 이 방법으로 가장 잘 측정할 수는 없다. 예를 들어, 참여관찰은정신병원에서 정신지체인의 생활을 연구하는 데 적합한 방법이다.

마지막으로, 참여관찰은 일정기간에 걸친 사회과정을 연구하는 데 특히 적합하다. 참여관찰자는 후에 사건을 재구성하고자 하기보다는, 실제로 사건이 일어나는 과정에서 조사하는 위치에 있을 수 있다. 참여관찰방법을 사용하는 다른 예는 상대적으로 제한된 지역과 시간 내에서 발생하는 항의 시위, 기관의 이사회의, 노사협상, 공청회 및 그와 유사한 사건들이다.

(5) 참여관찰의 연구조사 윤리

참여관찰은 연구조사와 관련해서 부딪히게 되는 윤리적 문제가 상당히 많다.((Rubin & Babbie,1998:454)

Loafland가 사회연구조사에서 제시한 윤리적 문제의 중요성을 일부 소개하면 다음과 같다;

- 사람들이 자신이 하는 말을 기록한다는 것을 모를 때 그들과 대화하는 것이 윤리적인가?
- 여러분이 싫어하는 사람들에게 여러분의 목적을 위해 정보를 얻는 것이 윤리

적인가?

- 원조를 심각하게 필요로 하는 것을 보고서 그에 직접적으로 반응하지 않는 것이 윤리적인가?
- 어떤 상황에 있으면서 그 상황에 전적으로 헌신하지 않는 것이 윤리적인가?
- 다른 인간에 대해 계산된 위치를 발전시키는 것, 즉 인간관계를 전략적으로 하는 것이 윤리적인가?
- 파벌로 나뉜 상황에서 한 쪽 편이 되거나 한 쪽편이 되지 않으려고 하는 것이 윤리적인가
- 사람들에게 그들의 생활과 마음에 접근하는 대가로 지부라는 것이 윤리적인가?
- 다른 사람들에게 접근하거나 알기 어려운 상황을 이해하기 위해 사람들을 협력자나 정보제공자로서 이용하는 것이 윤리적인가?

2) 심층면접

심층면접(intensive interview)은 개인면접과는 달리 면접시간이 길고, 따라서 그 내용도 깊다. 응답의 이유, 의견, 가치, 동기, 경험 등의 정보뿐 아니라 응답자의 비언어적 반응까지도 관찰이 가능하다.

심층면접은 다른 서베이와 비교해서 매우 상세한 정보를 얻을 수 있다. 또한 집단의 속성에 따라 심층면접의 방법을 통해서만 조사가 가능한 집단도 존재한다. 하지만 무작위 표집방법을 사용하지 않고, 표본의 수도 작기 때문에 면접의 결과를 일반화시키는 데 무리가 따른다. 또한 조사과정에서 면접원의 편견이 개입될 여지가 있으므로 결과의 주관성도 문제가 된다.

질적 연구와 관련해서 하게 될 심층면접은 설문조사에서의 면접과 다르다. 설문조사에서 설문지는 언제나 구조화되어 있고, 일반적으로 폐쇄형 질문을 많이 이용한다. 그러나 심층면접은 거의 전적으로 개방형이며 구조화되어 있지 않을 가능성이 많다.

Platton은 세가지 형태의 질적이며 개방형인 면접을 제시한다; 비공식 대화면접, 일반면접지침 접근법, 표준개방형 면접(Rubin & Babbie, 1998:423-430).

(1) 비공식 대화면접

비공식 대화면접은 현장관찰의 과정 중에 면접자와 응답자 사이에 자연스럽게 일어나는 계획되지 않고 예상되지 않은 상호작용이다. 이는 가장 개방적인 형태의 면접이다. 이 형태의 면접을 할 때, 연구자와 대화를 나누는 사람은 그 상호작용을 면접으로 생각조차 하지 않을 수 있다.

연구자가 비공식 대화면접을 수행할 때, 연구자는 극단적으로 유연하여 어떤 방향으로든 적절한 방향에서 관련 정보를 추구할 수 있어야 한다. 연구자의 질문은 특정 상황의 특정 시점에서 연구자가 우연히 관찰한 것이나 특정상황에서 사람들이 우연히 연구자에게 대화하는 것에서 자연스럽게 계획하지 않고 이루어져야 한다. 다시 말해서, 이 면접은 연구자가 현장관찰을 시행하고 있으면서, 연구자가 관찰하고 있는 사람들이 현재 일어나고 있는 일에 대해 어떻게 생각하는지에 대한 이해를 극대화하고자 할 때 자연스럽게 일어나는 면접의 유형이다.

(2) 면접지침 접근법

현장관찰을 수행하는 과정에 자연스럽게 발생하는 계획하지 않은 면접 외에 질적 탐구는 미리 계획하여 비공식 대화면접보다는 더 구조화된 면접을 사용할 수 있다. 모든 질적 면접이 개방형이며 응답자가 자신의 말로 자신의 견해를 표현하도록 허용하지만 질적 면접은 개방형 질문의 순서와 표현을 미리 결정하는 정도에 따라 다를 수 있다.

대단히 구조화되어 있는 면접은 응답의 비교가능성을 극대화하고 각 응답자로부터 모든 관련질문에 대해 완전한 자료를 수집하기 위해 모든 응답자에게 확실하게 같은 질문을 같은 순서로 하고자 시도한다. 또한, 더 구조화 되어 있을수록 여러 면접자가 면접을 시행하는 과정에서 면접자의 편견과 비일관성도 줄일 수 있다. 또한, 더 구조화되어 있을수록 연구조사자가 면접자료를 조직하고 분석하는 일을 쉽게 하고, 연구조사보고서를 읽는 사람이 연구에서 사용한 면접방법과 도구의 질을 판단하도록 돕는다.

그러나, 고도로 구조화된 접근법의 단점은 면접이 부자연스러워지고 대화같은 성격이 감소하며, 면접자가 예상하지 못했던 중요한 상황에 대해서나 응답에 대해 추가로 질문을 할 수 있는 유연성이 줄어든다는 것이다. 완전히 구조가 없는 비공식 대화면접에서 보다 더 구조를 갖추면서도 상대적으로 높은 유연성을 유지하는 방법은 면접지침법을 사용하는 것이라고 제안한다.

면접지침은 개략적으로 면접자가 면접에서 다루어야 하는 주제와 쟁점을 열거한다. 면접지침은 면접자가 질문의 순서와 표현을 각 면접에 맞추도록 해준다. 따라서, 면접지침은 여러 면접자가 동일한 내용을 다루고 동일한 미리 결정된 주제와 쟁점에 동일하게 초점을 맞추는 것을 분명히 한다. 이와 동시에 여전히 대화방식을 유지하고 예상하지 못한 상황과 반응에 대해 자유롭게 심층규명하도록 한다.

면접지침은 지침이 얼마나 구체적인가에 따라 다양하다. 연구자가 면접지침을 얼마나 구체적으로 하든지에 관계없이 연구자는 면접자가 어떤 면접이든 시작하기 전에 완전히 그 내용과 목적에 익숙해지도록 분명히 해야 한다.

(3) 표준화 개방형 면접

연구자는 모든 면접을 면접자의 영향과 편견을 최소로 하면서 일관되고 철저하게 시행되도록 하고자 할 것이다. 연구자가 이를 목표로 할 때, 가장 좋은 방법은 표준화 개방형 면접을 실시하는 것이다. 이 방법은 또한 자원이 부족하여 연구자가 많은 수의 응답자와 포괄적으로 구조화되지 않은 면접을 추구할 충분한 시간이 없을 때나, 연구자가 개인들을 오랜 시간에 걸쳐서 추적하여 면접을 시행하는 방법이 변화되어서 변화를 관찰하게 될 가능성을 줄이고자 할 때도 필요하다.

이에 따라, 표준화 개방형 면접은 면접에서 하게 될 질문을 미리 정확하게 써 놓은 질문들을 사용한다. 또한 질문의 표현과 순서에 대해 많은 주의를 기울인다. 대단히 능숙한 면접자를 이용하는 연구에서는 심층규명에 더 유연할 수도 있지만 심층규명은 면접표에 지시된 곳에서만 허용된다.

3) 기타 질적 연구방법

(1) 역사연구

역사연구는 어느 특정 시대나 지역, 특별한 소그룹이나 하나의 국가에 대한 관심을 넘어서 통시적으로 사회적 형태의 발전을 추적하고, 그러한 문화간의 발전적 과정을 비교하는 연구이다. 역사연구는 사회적 형태의 발전을 추적하고, 그러한 문화간의 발전적 과정을 비교하는 연구이다. 역사연구는 어떤 현상의 변화, 발전과정을 통시적으로 고찰하면서 과거의 시대적 상황과 현상과의 관계를 설명하여 그 현상에 대한 이론을 체계화하는데 그 목적이 있다.

역사연구는 크게 네 영역으로 나뉜다; 첫째, 특정 시대의 인물에 관한 전기적 연구(biographical study)이다. 한 개인의 생애, 성격, 업적, 논저 등에 대해 연구하는 것이다. 둘째, 기관 단체 제도에 관한 역사적 연구이다. 셋째, 특정 사조, 사상에 관한 역사적 연구로 자유주의 신자유주의 등에 관한 연구가 해당된다. 넷째, 지역별 역사 또는 이들 간의 비교사 연구이다. 서로 다른 지역의 사회복지 발달과정을 연구하거나 비교연구하는 것을 예로 들 수 있다.

(2) 포커스 그룹 면접

포커스 그룹(focus group)이나 집단면접은 수용자나 소비자의 태도와 행위를 이해하기 위해 동원되는 연구전략이다. 6명에서 12명의 사람을 동시에 면접하는데, 핵심 주제에 대해 상대적으로 자유로운 토론을 하게 되고, 응답자들을 이끄는 한 사람의 사회자가 있다.

포커스 그룹 면접(Focus Group Interview, FGI)은 어떤 주제나 현상에 대한 예비적인 정보를 수집하는 데 주로 사용되며, 예비조사로서 다른 연구방법을 이용하는 조사를 발전시키기 위한 아이디어를 발견하는 데 쓰인다. 적은 비용으로 효과적인 자료를 얻기 위한 조사방법이기도 하다. 그룹의 반응은 대개 개인의 반응보다 더 완전하며 제약을 덜 받고, 참가자들은 타인의 견해에 자신의 견해를 덧붙임으로써 눈덩이 효과(snowball effect)를 낳기도 하며, 대면적 상황에서는 응답을 꺼리는 사람들도 단체 속에서 활발한 의견 표현을 할 수 있기 때문에, 포커스 그룹 연구에서는 특히 사회자의 역할이 중요하다. 포커스 그룹 연구는 질적인 자료, 즉 '왜'와 '어떻게'라는 질문에 대한 답을 수집하려는 의도로 이루어지기 때문에 양적 자료를 수집하는 데 부적합하므로 수량화가 중요할 경우에는 다른 연구기법들을 가지고 보충해야 한다.

(3) 사례연구

사례연구(case study)는 특수한 상황, 사건, 프로그램, 현상등의 구체적 현실세계의 문제에 초점을 맞추어 연구의 결과를 자세히 기술하는 것으로서 새로운 해석과 의미를 얻어내기 위한 조사방법이다. 사례연구는 기존 가설을 검증하기보다는 새로운 관계를 귀납적 추론을 통해 찾아내고자 할 때 사용되며, 구체적이고 기술적인 특징을 갖고 있다.

사례연구(case study)를 단순히 질적 연구방법이라고 믿는 것은 잘못된 것이다. 사용된 관찰양식이 사례연구를 구분하는 것은 아니다. 그 대신에 사례연구는 한 특정한 사례(또는 다중사례연구에서는 여러 사례)에 대해 집중적으로 초점을 두고, 그 사례에관해서는 양적인 연구조사방법을 사용하여 수집한 증거까지 포함한 다양한 증거를 모두 이용한다는 특징을 갖고 있다.(Rubin & Babbie, 1998:439-440) 증거의 출처는 기존 문서, 관찰 및 면접이 될 수 있다. 증거는 그 사례에 대해 사람들에게 설문조사를 하거나 또는 일부 변수를 조작하여 얻을 수 있다. 많은 다른 유형의 분석단위는 사례연구 조사에서 사례를 구성할 수 있다. 따라서, 사례는 개인, 프로그램, 의사결정, 조직, 동네, 사건 또는 다른 것이 될 수도 있다.

단일사례연구설계에서와 같이 사례연구에서 논리적 초점은 다른 사례에 대한 통계적인 일반화에 있는 것이 아니다. 대신에 초점은 사례연구의 결과를 특정한 이론에 연결시키는 것이다. 이는 사례연구에서 모든 다양한 증거자료가 어떻게 이론과 일관성을 갖는지를 보여주는 것이다. 사례연구는 하나의 사례만이 있기 때문에 이론을 적절하게 검증하는 것은 아니다.사례연구는 실행상의 문제를 확인하고 그 문제를 처리하는 방법을 밝힐 수 있을 것이다.

사례연구는 다음과 같은 단계로 이루어진다; 첫째, 설계단계에서는 연구의 목적 및 대상, 절차, 자료수집방법 등을 정한다. 둘째, 예비연구단계에서는 연구설계시 예상치 않았던 변인들을 다시 고려하고, 절차 및 논리상의 문제점들을 미리 발견할 수 있도록 한다. 셋째, 자료수집단계에서는 문서, 면접, 관찰, 참여, 물리적 가공물들을 통해 자료를 수집한다. 대체로 많은 정보원을 사용하는 사례연구가 한 명의 정보원을 사용하는 사례연구보다 높이 평가를 받는다. 넷째, 자료분석 단계는 사례연구의 경우 자료를 분석하는 구체적인 공식이나 길잡이가 없으므로 특히 주의를 기울여야 한다. 다섯째, 보고서 작성단계로 보고서의 독자를 고려해서 작성하여야 한다. 전통적인 연구보고서는 연구문제, 방법, 결과, 논의가 포함된다.

사례연구는 연구자가 주제에 대한 최대한의 정보를 얻고, 어떤 사건의 발생 원인 등을 알아보는 데 유용하다. 또한 다양한 증거들을 다룰 수 있다. 체계적 면접,직접적 관찰, 서베이 등이 모두 사례연구에 쓰일 수 있다.

그러나 사례연구에서는 연구자의 편견이 연구의 객관성을 저해할 수 있고, 표본의 대표성이 없으므로 일반화가 쉽지 않다. 또한 연구에 소요되는 시간이 길고, 처리하기 어려울 정도로 많은 양의 자료를 만들어 낸다.

(4) 민속지학

민속지학(ethnography)이란 연구자가 오랜 기간 동안 한 장소에서 연구대상자와 자연스럽게 함께 거주하면서 관찰하는 과정을 말한다. 인류학자 등에 의해 처음으로 시행된 민속지학은 사회과학 전반에 걸쳐 시행된다. 민속지학에서는 관찰, 면접, 일지 기록, 현존 서류의 분석, 사진, 비디오 녹화 등 상당히 다양한 연구기법이 사용되는데, 현지관찰, 포커스 그룹, 심층면접, 사례연구 중 몇가지를 중첩적으로 사용한다.

때로는 민속방법론(ethnomethodology)이라고도 불리운다. 이 방법은 사회적 상호작용에 참여하고 있는 보통사람들이 그 상호작용의 과정을 통하여 사회라는 것을 형성, 유지, 변화시키고 있다는 점을 착안하여, 사회현상을 당연시하지 말고 그 상호작용 과정 자체의 본성을 파악하여야 한다는 입장을 견지하고 있다. 따라서 자연스러운 대화를 관찰하기 위하여 정체를 감춘 참여관찰과 문헌연구 등을 이용하여 상호작용과 활동에 참여하는 사람들이 사용하는 여러가지의 가정들과 관행 및 기법 등을 분석한다.

(5) 참여행동조사

참여행동조사(Paricipatory Action Research, PAR)는 문제인식과 해결과정에서 조사자 참여자가 함께 문제를 분석 · 해결하는 조사방법이다. 조사자와 참여자가 함께 집합적으로 토론과 상호작용을 통해 지역사회 문제의 구조적 원인을 교육과정으로 사회변화와 임파워먼트(empowerment)를 목적으로 한다.

5. 질적 연구의 일반적 과정

질적 연구의 과정은 양적연구와 같이 엄격하게 규정된 절차에 따라 진행되지는 않는다. 그러나 이것이 질적 연구에 진행과정의 절차에 논리나 형식이 존재하지 않음을 의미하는 것은 아니다. 단지 질적 연구에서는 수집하는 자료의 특성상 분석하는 절차에서 엄격한 형식이 효율적이지 못하다는 것을 의미한다. 따라서 질적 연구에서는 논리적인 연구의 절차를 신축적으로 반복사용하며, 연구의 절차보다는 연구의 내용에 더 큰 비중을 두고 있다는 점이 다르다. 일반적으로 질적분석에서는 Glaser와 Strausse가 제시한 경험에 근거한 현실기초이론(grounded theory)의 형성방법을 많이 사용하고 있다. 이들의 연구과정은 문제의 구성과 이론의 탐색, 자료의 수집 및 분석, 그리고 가설과 이론의 구축으로 요약될 수 있다. 또한 자료의 수집과 동시에 수행되는 분석의 과정은 표집, 관찰, 정리, 부호화, 목록부호화, 분석적 메모, 추상화의 단계로 수행된다. 이러한 질적 연구과정의 특징은 양적연구에서와 같이 문제의 구성에서 가설검증에 이르는 단계가 한번 수행되면 다시 거슬러 올라갈 수 없는 것과는 대조적으로 언제든지 모든 단계를 다시 반복적으로 수행하게 되고(feedback), 이러한 과정을 거쳐 점점 정교한 연구의 과정으로 새로 태어나게 된다는 점에 있다.

〈 질적 연구의 일반적 과정 〉

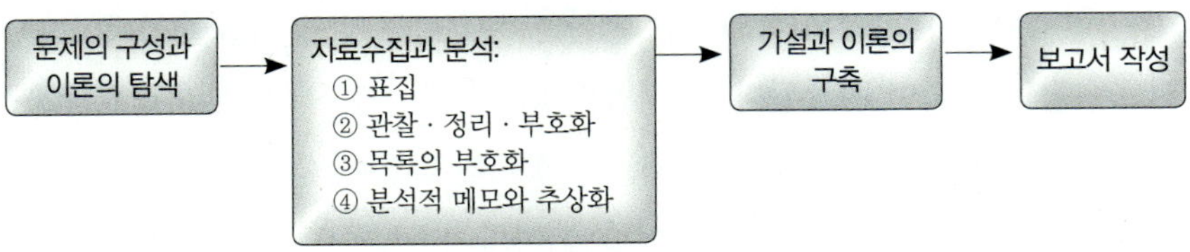

1) 문제의 구성과 이론의 탐색

질적 연구의 문제구성과 이론적 배경의 탐색은 양적연구와 유사하게 진행된다. 그러나 특이한 점은 첫째, 양적연구에서는 문제를 구성할 때 객관적인 태도를 가질 것과 연구대상에 대한 편견을 미리 제거할 것이 요구되는 반면, 질적 연구에서는 연구자 자신이 편견을 가지고 있음을 인정하고 그것을 관찰의 시발점으로 삼는다는 것이다. 이는 질적 연구가 편견에서 시작하여 계속적인 관찰과 그 결과의 해석을 통하여 편견을 제거해 나가는 과정임을 말해준다. 둘째는 양적연구에서는 자료의 수집에 앞서 이론에 근거한 연역적인 가설의 설정이 필수적인데 비하여 질적인 연구에서는 기존 연구된 연구결과와 이론에 입각한 어느 정도의 문제구성이 어떠한 자료를 수집할 것인가를 결정하는데는 필요 하지만 가설의 설정은 요구되지 않으며, 자료수집이 근거하는 이론 자체도 자료의 수집을 엄격히 제한하지 않고 자료수집과 분석의 절차에서 계속적으로 비교검토되는 자원으로 사용된다는 점이다.

2) 자료의 수집과 분석

(1) 표집

관찰을 하기에 앞서 연구 대상을 선정하는 과정으로 질적 연구에서의 표집은 목적을 가지고 임의적으로 선정한다. 이때 중요한 것은 양적연구에서와 같이 표집이 가지는 대표성에 있는 것이 아니라 구성된 문제의 특성을 가장 잘 나타내는 대상인가에 있다. 또한 질적 연구는 연구대상의 협조가 절대적이므로 연구대상에의 접근가능성이 중요한 문제이다.

(2) 관찰, 정리 및 부호화

표집이 선정되면 관찰이 시작되지만 관찰을 시작하기 전에 자료를 수집하는 연구자는 자료수집의 기술이 전제된다. 질적 연구의 자료는 연구대상과의 상호작용을 통하여 연구대상의 주관적 의미를 탐구하는 과정이기 때문에 연구자의 자료수집 기술은 자료의 신뢰성과 타당성에 커다란 영향을 미치게 된다. 구성된 문제에 따라 선정된 질적 연구의 관찰기법에 의하여 수집되는 자료는 다른 자료와의 비교를 위하여 정리되고 부호화되어야 한다. 이때 질적 연구자료의 부호화과정은 양적연구에서과 같이 엄격하고 완전히 구조화된 지침에 의하여 이루어질 필요는 없다. 비교는 일종의 측정 역할을 하고 또한 주어진 현상의 위상을 제시해 줌으로써 개별사례에 의한 잘못된 일반화 또는 해석의 오류를 피하기 위한 필수적인 요소이다.

(3) 목록의 부호화(inventory coding)

일단 부호화된 자료는 그 자료가 어떤 의미를 갖는지를 알기 위하여 분류가 필요하다. 이것은 자료 또는 관찰된 내용이 어떠한 영역에 속하며 연구결과의 해석과 설명에서 어떤 의미를 갖는 것인지를 미리 파악해두기 위한 분류에 불과하다. 이때 부호화된 자료의 분류를 위한 일정한 틀이 요구되며, 이러한 틀은 관찰에 들어가기 전에 어느정도 만들어지는 것이 일반적이다. 그러나 더욱 중요한 것은 미리 만들어진 분류의 틀은 그 자체가 연구를 구속해서는 안된다는 것이다. 이러한 틀은 연구의 진행과 함께 조정되고 바뀌는 것이 보통이다. 목록부호화 과정에서는 자료들이 관찰대상의 연령별로, 시간별로, 지역별로, 기타 각종 특성별로 정리되고 비교되기 때문에 이 과정에 이르면 어떤 관찰이 빠졌는지, 다음에는 어떤 관찰을 해야 되는지, 그리고 어떻게 관찰을 해야 되는지 등에 대한 정보가 제공된다. 이러한 과정은 관찰이 모두 끝난 후에 진행되는 것이 아니라 관찰이 진행되는 과정에서 연속적으로 수행되기 때문에 관찰, 정리, 부호화 및 목록부호화의 과정은 끊임없이 반복되고 feedback되는 과정이다.

(4) 분석적 메모와 추상화

수집된 자료와 내용이 다음의 관찰로 연결되기 위해서는 그것이 연구의 틀에서 볼 때 어떤 의미를 갖는 것인지 그리고 그것을 어떻게 설명할 수 있을 것인지에 대하여 생각하고 그 내용을 즉시 즉시 메모해 두는 것이 필요하다. 즉 현지에서 분석적 메모를 작성하는 것은 질적 연구가 자료의 수집 및 분석이 동시에 이루어지는 본질을 나타내는 것이다. 바로 이러한 특성때문에 질적 연구에서는 연구자 자신이 직접 연구에 참여하는 것이 중요하다. 분석적 메모의 내용은 목록부호화에서 이루어진 분류에 의미를 부여하고, 분류간의 관계에 대한 정보를 제공해주기 때문에 추상화의 수준이 한단계 높은 다음 단계의 가설 및 이론구축에 중요한 역할을 한다.

3) 가설과 이론의 구축

현장에서 관찰된 자료들은 자료수집 및 분석의 계속적인 과정을 통하여 자연스럽게 이론으로 통합된다. 문제를 구성하고 관찰에 들어갈 때에는 엉성하고 조잡하지만 관찰과 분석의 과정이 반복되고 feedback되면서 경험에 근거한 실질적인 가설과 이론이 자연스럽게 도출되고 구성되는 것이다. 즉 문제의 구성에서 관찰과 분석으로 그리고 추상화의 과정이 feedback을 통하여 반복되면서 추상성의 수준은 높아지고 정교한 이론이 형성된다.

4) 보고서의 작성

연구의 과정이 끝나게 되면 보고서를 작성하게 된다. 질적 연구의 보고서 역시 연구의 과정과 마찬가지로 엄격하게 정해진 형식은 존재하지 않는다. 이 역시 엄격하게 통제된 표현양식이 질적자료의 수집과 분석과정을 기술하는데 적합치 않기 때문이다. 그러나 일반적으로 질적 연구의 보고서 역시 양적연구에서와 같이 문제의 제기와 기존 이론의 탐색, 연구의 방법 및 분석과 요약으로 구성되는 것이 일반적이다. 여기에 질적 연구의 보고서가 양적연구와 크게 다른 것은 질적 연구의 본질이 자료수집과 분석의 동시 진행이기 때문에 기술에 있어서도 자료수집의 방법 및 절차와 분석이 동시에 기술된다는 것이다. 또한 분석의 기술에 있어서도 양적연구의 통계적 추론과는 달리 연구대상의 의미구축에 대한 풍부한 자료의 정리, 분류 및 추상화에 있기 때문에 분석적 서술(analytic narrative)의 방법을 많이 활용한다. 분석적 서술이란 목록부호화와 분석적 메모 및 추상화의 과정에 의하여 제시되는 분류간의 관계나 형성된 가설 등을 뒷받침하기 위하여 현장기록중 가장 적절한 전형적 자료를 직접 인용하여 사용하는 것이다.

6. 질적 연구의 자료분석

자료분석이란 연구자의 관심사에 대한 이해를 높이고 연구자가 발견한 내용을 다른 사람에게 제시할 수 있도록 수집한 면접 전사본이나 현장기록 등을 체계적으로 탐구하고 정리하는 과정이다. 이 과정에서는 자료를 탐구하고 조직하여 몇 개의 손쉽게 다룰 수 있는 단위로 쪼개고 종합하고 유형을 찾아내고 중요한 내용을 파악하여 하고 싶은 말을 결정한다. 이 과정의 마지막 산물은 책이나 논문을 쓰거나, 발표 혹은 활동계획을 짜는 것이다. 자료분석을 통해 연구자는 산만하게 기술하는 단계에

서 책이나 논문을 작성하는 단계로 움직이게 된다.(신옥순, 1993:233-276)

1) 현장에서 자료수집과 동시 진행되는 분석

자료수집과 동시에 진행되는 분석을 용이하게 하고, 현장을 떠난 후 최종적 분석에 도움이 될 수 있다.

① 연구의 초점을 좁힐 수 있는 결정을 내리도록 스스로에게 강요하는 것이 좋다. 처음에는 폭넓게 자료를 모으고, 연구의 초점을 얻고 난 후, 자료수집의 범위를 좁혀 나간다. 대부분의 연구에서 자료수집이란 깔때기 모양과 같다. 주어진 주제나 현장, 그리고 사람들에 대해 더 많은 자료를 모을수록 그 문제에 대해 보다 깊게 생각할 수 있고 최종적인 분석을 더욱 실리적으로 할 수 있다.

② 다양한 연구의 질적 연구 가운데 수행하고 싶은 연구의 유형을 정하도록 스스로에게 강요해야 한다.그러나 미리 정하기는 어렵다. 왜냐하면 연구자가 다양한 유형들을 구분할 수 있을지라도, 자기의 연구에서 단지 살아남는 것 이상의 능력을 가지기가 어렵기 때문이다.

③ 분석적 질문을 전개하는 것이 좋다. 연구자는 현장에 들어간 바로 후에, 자기가 도입한 질문들이 적합한지 그리고 어느 질문이 재구성되어야 하는 지 평가해 보아야 한다.

④ 앞의 관찰기간에 발견한 내용에 비추어 자료수집을 계획하는 것이 좋다. 정기적으로 현장기록을 검토한 후, 다음 자료수집의 구체적인 방향을 확정하는 것이 좋다.

⑤ 연구자의 머리에 떠오르는 아이디어에 대해 관찰자의 코멘트를 많이 쓰는 것이 좋다.

현장기록에는 관찰자의 코멘트가 들어 있어야 한다. 관찰자 코멘트 부분은 연구자 자신의 생각이나 느낌을 기록하는 부분이다.

⑥ 발견한 것에 대해 메모를 남긴다. 현장에서 다섯 번 내지 여섯 번 정도 있어 본 후에 , 자료를 전면적으로 검토해 보고 나타나는 내용에 대해, 두 페이지 정도의 요약문을 써 두도록 노력해야 한다.

⑦ 다양한 생각과 주제를 연구대상자에게 시도해 본다. 도움을 줄 사람을 택하는

데 선택적이어야 한다. 모든 사람에게 요청해서도 안되고 연구자가 듣는 모든 것이 유용한 것도 아니지만, 적당한 상황 아래의 주된 정보제공자는 연구자의 분석에 도움을 줄 수 있다.

⑧ 현장에 있는 동안 문헌탐구를 시작하는 것이 좋다. 어느 정도 현장경험을 한 후에 연구분야에 관한 실제적인 문헌을 탐구하는 것은 분석에 도움이 될 수 있다.

⑨ 은유와 유추, 그리고 개념들을 중심으로 연구를 진행한다. 현장에서 관찰된 구체적인 인간관계나 사건을 보다 높은 추상적 수준으로 끌어올리는 것이다.

2) 현장에서 자료수집 후 분석 이전의 지적사항

자료수집 후의 분석으로 넘어가기 전에 지적해야 할 사항이 있다. 첫째, 사색하기를 두려워하지 말아야 한다. 둘째, 누설하지 말아야 한다. 일단 누설하면모든 사람들이 아는 것은 더 이상 기록에 옮길 만한 중요성이 없어 보인다. 셋째, 자료수집 기간 중 자료를 검토할 때, 표시를 해 두는 것이 좋다. 노트 여백에 아이디어를 기록해 두는 것도 좋다.

3) 자료수집 후의 분석

마지막 관찰과 마지막 현장기록을 끝낸 후의 분석이다.

① 부호화 범주(coding category)의 개발-- 질적 연구자가 자료를 조직하고 부호체계를 개발하는 일이다.

② 자료의 기계적 처리--자료의 기계적인 처리란 자료들을 파일이나 철, 혹은 카드 등을 가지고 물리적으로 분류함으로써 수집된 자료에 보다 쉽게 접근할 수 있도록 해주는 실제적인 방법을 뜻한다.

4) 현장연구조사 자료분석

현장연구조사에서 중요한 측면 가운데 하나는 연구자가 관찰하기에 중요한 것이 무엇인가를 어떻게 결정하는가? 그리고, 연구자가 관찰에 기초하여 분석적 결론을 어떻게 구성하는가?현장연구조사에서는 관찰과 분석이 서로 얽혀 있는 과정이다.

귀납적 논리(inductive logic)로 돌아간다. 현장연구조사는 논리의 양식이 특히 명백하고 중요한 주제이다.(Rubin & Babbie, 1998:434-439)

아마도 가장 일반적인 지침으로서 연구자는 특히 유사성과 상이성을 찾을 것이다. 한편으로, 연구자는 연구대상에 일반적으로 공통된 상호작용과 사건의 유형을 찾으며, 또 한편으로는 연구대상에 일반적으로 공통된 상호작용과 사건의 유형을 찾는다.

현장연구조사자는 보편적인 것(universals)을 발견하는 데 특히 관심을 기울인다. 연구자가 처음에 보편적인 것에 주목하면서 관찰하고 있는 상황에서 보편적인 것들이 진정으로 보편적인 것인지를 보다 의도적으로 관찰한다. 만약 보편적인 것들이 본질적으로 보편적이라면 연구자는 왜 그렇게 되어야 하는지 묻게 된다.

다른 한편으로, 현장연구조사자는 계속해서 차이점에 주의를 기울인다. 연구자는 자신이 기록해 온 일반적인 규범에서 일탈하는 것을 찾아야 한다. 왜 그들은 규범에서 벗어나는가? 그들은 어떤 측면에서 다른 참여자들과 다른가? 때로 연구자는 쉽게 발견할 수 있는 규범이 전혀 없는 행위의 측면을 발견하게 된다. 연구자의 목적은 일반적인 유형을 발견하는 것이다.

Loafland는 연구조사의 주제에서 유형을 찾는 6가지 방법을 제안한다. 관찰에서 의미를 끌어내는 몇 가지 방법이다; 빈도(frequencies), 크기(magnitudes)--정도나 수준, 구조(structure)--유형, 과정(process)--순서, 원인(causes), 결과-영향이나 변화

현장연구조사자에게 이론적 명제의 형성, 경험적 사건의 관찰, 그리고 이론의 평가는 모두 일반적으로 지속적인 한 과정의 부분들이다. 연역적인 이론이 실제 현장관찰보다 선행할 수는 있지만 연구자가 단순히 이론을 검증하고, 그렇게 놔두는 일은 거의 없다. 그보다는 관찰과정에서 이론이나 일반화된 이해를 발전시킨다. 연구자는 각각의 새로운 경험상의 관찰이 일반적인 사회과학원칙에서 무엇을 나타내는지 의문을 가진다. 그러면 그렇게 연구자가 일시적으로 내린 결론은 추가관찰을 위한 개념적 틀이 된다.

현장연구조사의 고유한 장점은 현장연구조사의 자료수집과 자료분석 사이의 상호작용이 일반적으로 다른 연구조사방법보다 더 유연하다는 것이다. 현장연구조사자는 관찰이나 이론적 관점의 개발, 또는 연구대상의 변화에 따라 연구조사설계를 계속 수정할 수 있다.

현장연구조사가 갖고 있는 이런 장점은 그에 수반하는 위험을 대가로 한다. 연구자는 관찰대상에 대해 이론적 이해를 발전시키면서 자신의 이론적 결론을 지지하는 것만을 관찰하게 될 위험이 끊임없이 존재한다. 이런 위험은 여러 가지 방법을 통해 부분적으로는 피할 수 있다; 첫째, 연구자는 양적인 관찰로 질적인 관찰을 보강할 수 있다. 연구자가 다른 조건하에서보다 어떤 특정 조건하에서 종교적으로 더 많이 개종할 것으로 예상한다면 연구자는 개종에 대해 구체적인 조작적 정의를 하고 여러 조건하에서 개종자의 수를 계산하기 시작할 것이다. 이러한 대략의 수량화(數量化)로도 선택적 인지와 오역을 방지하는 안전망을 제공할 수 있다. 둘째, 과학의 규범중 하나가 간주관성(intersubjectivity)이다. 현장연구조사자는 자신의 이론적 결론을 정교화하기 시작하면서 다른 사람들의 도움을 얻을 수 있다. 연구자는 동료들에게 일정 기간에 걸쳐 그 집단의 모임에 몇 번 참석하여 관찰하도록 부탁할 수 있다. 셋째, 자기의 생각과 감정을 검토하는 자기성찰(introspection)은 연구자가 관찰하는 대상을 이해하기 위해 자연스럽고 중요한 과정이다. 연구자는 연구대상의 위치에서－타인의 역할 취하기－ 스스로에게 자신이라면 어떻게 느끼고 어떻게 행동할 것인지를 물을 수 있어야 한다. 어떤 '역할 취하기'로 영향을 받으면서, 자기성찰은 주위에 일어나고 있는 일에 대해 통찰력을 얻을 수 있게 해준다.

Kahane은 일반적으로 자료를 분석하는 과정에서 범하기 쉬운 함정들을 다음과 같이 소개한다.

① 지역주의(provincialism)－－현장연구조사자가 자신의 관점에서 의미있게 해석할 위험이 언제나 존재한다.

② 원주민화(going native)－－지역주의의 정반대의 극단이다. 연구조사자가 자신이 관찰하고 있는 문화와 과도하게 동일시한 결과 자신의 정체감과 분석적인 자세를 잃어버릴 때 일어난다.

③ 감정적 반응(emotional reactions)－－아동학대나 아내구타와 같이 연구조사자가 일반적으로 자신들이 강한 개인적인 반응 또는 이념적인 견해를 갖고 있는 쟁점을 조사할 때, 연구조사자가 관찰대상에 감정적으로 반응할 때 일어날 수 있다.

④ 성급한 결론(hasty conclusion)－－이 결론이 근거자료에 따라 본질적으로 불가피한지 판단해야 한다.

⑤ 의심스러운 원인 (questionable cause)--X외에 무엇이 Y를 야기했을까? 경제침체기라고 하더라도 사장의 사업기술 부족으로 기업이 도산했다고 결론내리는 경우가 많다.

⑥ 보이지 않는 증거(suppressed evidence)--관찰을 했다고 연구자가 합당하게 추정할 수 있으면서도 언급하지 않은 관찰 뿐 아니라 결론에서 이야기하지 않은 관찰에도 주목하라.

⑦ 그릇된 문제제기(false dilemma)

7. 질적 연구의 보고서 작성

연구의 과정이 끝나게 되면 보고서를 작성하게 된다. 질적 연구의 보고서 역시 연구의 과정과 마찬가지로 엄격하게 정해져 있는 형식은 존재하지 않는다. 이 역시 엄격하게 통제된 표현양식이 질적자료의 수집과 분석과정을 기술하는데 적합치 않기 때문이다. 그러나 일반적으로 질적 연구의 보고서 역시 양적연구에서와 같이 문제의 제기와 기존 이론의 탐색, 연구의 방법 및 분석과 요약으로 구성되는 것이 일반적이다. 여기에 질적 연구의 보고서가 양적연구와 크게 다른 것은 질적 연구의 본질이 자료수집과 분석이 동시에 진행되는 것이기 때문에 기술에 있어서도 자료수집의 방법 및 절차와 분석이 동시에 기술된다는 것이다. 또한 분석의 기술에 있어서도 양적연구의 통계적 추론과는 달리 연구대상의 의미구축에 대한 풍부한 자료의 정리, 분류 및 추상화에 있기 때문에 분석적 서술(analytic narrative)의 방법을 많이 활용한다. 분석적 서술이란 목록부호화와 분석적 메모 및 추상화의 과정에 의하여 제시되는 분류간의 관계나 형성된 가설 등을 뒷받침하기 위하여 현장기록중 가장 적절한 전형적 자료를 직접 인용으로 사용하는 것이다.

질적 자료를 가지고 쓰는 일은 개념적인 자료를 가지고 쓰는 일보다 다소 쉽다. 현장연구와 분석을 통하여 한 더미의 부호화된 기술적 자료를 얻으면 이것이 하나의 출발점이 된다. 종이 위에 몇 자의 글이 적혀 있기 때문이다.

연구자가 무엇을 얻어 내고 싶은가에 따라 무엇을 쓰고 어떻게 조직하느냐가 결정된다. 예컨대, 학위논문을 쓰고 있다면 어느 정도 관습에 따라야 한다. 소논문과 연구보고서의 경우, 보다 자유스럽게 유형을 정할 수 있다. 그러나 언제나 시작과 중간과 끝이 있어야 한다. 시작부분에서는 이 논문에서 다룰 내용을 소개한다. 중간 부분에서는 연구자의 관점을 개발시키고 논의하고 제시한다. 즉 연구자 자신의 생각을 논한다. 자신의 주장에 대한 증거를 가지고 독자들을 확신시키기 우해 자료를 배열한다. 결론 부분에서는 앞에서 한 말을 요약하고 몇 개의 다른 관점을 함께 묶거나 연구결과로부터 다른 연구를 위한 시사점을 제시한다.(신옥순, 1993:277-294)

chapter_ 13 | 확률통계와 자료분석

Chapter 13

확률통계와 자료분석

I. 확률의 개념

확률이란 용어는 우리가 진술하려는 불확실성에 대해 양적인 측정을 하는 데 사용되며, 어떤 사건이 발생할 상대적 가능성을 의미한다. 실험이나 관찰과 같은 시행을 수행하는 과정에서 동일한 조건에서 여러 번 반복할 수 있고, 그 결과가 우연에 의하여 결정되는 사건(event) A가 있을 때, 그 사건 A가 일어날 가능성을 수치로 나타낸 것을 그 사건 A가 일어날 확률(probability)이라고 하고, P(A)라고 표현한다. 다시 말하면 확률이란 0과 1사이의 숫자로서 어떤 사건이 일어날 가능성을 말한다. 여기서 사건은 어떤 실험이나 관찰과 같은 시행에서 일어날 수 있는 모든 결과의 집합인 표본공간(sample space)의 부분집합이다(Gujarati, 1988: 625–626; Maddala, 1999: 12–14; 채구묵, 2004: 121–152; Weiers, 2006: 154–188).

확률에는 수학적 확률과 통계적 확률이 있다. 수학적 확률(mathematical probability)은 어떤 시행에서 사건 A가 일어나는 경우의 수를 일어날 수 있는 모든 경우의 수로 나눈 값으로, 이는 확률에 대한 고전적 견해이다. 수학적 확률은 각 경우가 일어나는 것이 모두 같은 정도로 기대된다는 가정에 근거하고 있으며, 셀 수 있는 경우에 사용된다.

수학적 확률 P(A) = (사건 A가 일어나는 경우의 수) / (일어날 수 있는 모든 경우의 수)

사회과학에서 주로 사용하는 확률은 통계적 확률이다. 통계적 확률(statistical probability)은 동일한 시행을 n번 반복하였을 때의 사건 A가 일어날 횟수를 r_n이라 할 때, n을 무한대로 크게 함에 따라 상대도수(relative frequency, 상대빈도) $\frac{r_n}{\sqrt{n}}$이 일정한 값 P에 가까워지면 이 값 P를 사건 A의 통계적 확률이라 한다.

$$\text{통계적 확률 } P(A) = \lim_{n\to\infty}\frac{r_n}{\sqrt{n}} = P$$

통계적 확률은 대부분 과거의 자료나 경험에 의해 추정되기 때문에 경험적 확률이라고도 한다.

기하학적 확률은 수학적 확률과는 달리 셀 수 없는 경우에, 영역의 크기로 가지고 정의된다.

기하학적 확률 P(A) = (사건 A가 일어나는 영역의 크기) / (일어날 수 있는 전 영역의 크기)

어떤 전체 영역 안에서 일어날 것이 같은 정도로 기대되는 사건 중 사건 A가 일어나는 영역의 크기를 일어날 수 있는 전 영역의 크기로 나눈 값인 P(A)를 사건 A의 기하학적 확률이라고 한다.

1. 표집분포와 표준오차

표본을 추출함에 있어서, 비록 시간과 비용이 더 소요되지만, 바람직한 표집방법은 확률표집이다. 확률표집은 무작위표집이 이루어지기 때문에 표본의 통계치로 모집단의 모치수를 추정할 수 있으며, 표본 분석결과를 일반화할 수 있다. 확률표집을 이해하기 위해서는 표집분포와 표준오차에 대한 이해가 선행되어야 한다.

① 표집분포(sampling distribution)

표집분포란 표본의 분포를 말한다. 모집단 변수가 이산변수가 아니라 연속변수인 경우 표집분포는 표본들의 통계치 또는 평균치들의 분포를 말한다. 확률이론에 의하면 동일한 크기의 무작위 표본이 독립적으로 수없이 추출되면 이들 표본들의 평균치는 각기 다르게 나타나고, 동시에 무수한 표본들의 평균치들은 모집단의 평균치를 중심으로 고르게 분포되어 정상분포(normal distribution)를 이루고, 표집분포의 평균은 (표본 평균치들의 분포의 평균은) 모집단의 평균치와 동일하다는 결론에 이르게 된다. 이러한 정상분포를 이루는 표집분포의 모양을 정상분포곡선(normal distribution curve)이라 한다. 정상분포곡선을 활용하여 실제조사에서 얻은 표본의 통계치와 모집단의 모치수와의 차이, 즉 표준오차를 계산하게 된다.

〈 정상분포곡선과 표준점수 〉

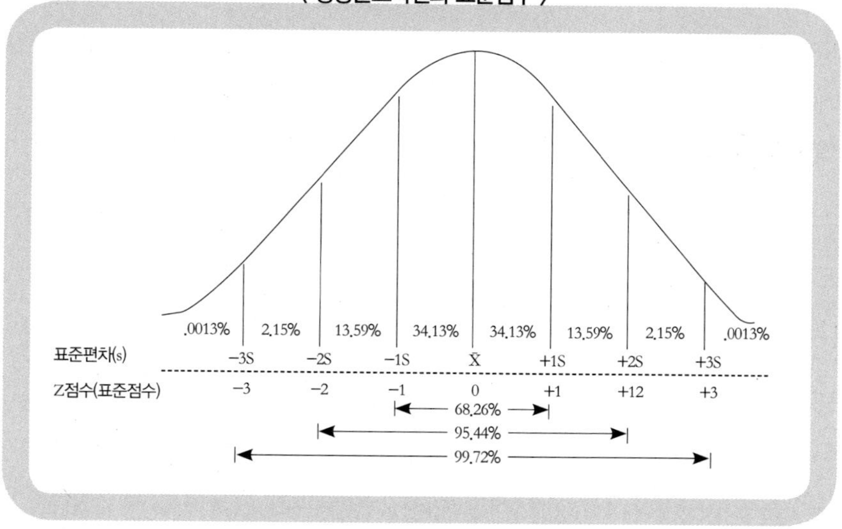

정상분포곡선은 다음과 같은 특징을 지닌다. I) 좌우대칭형이다. ii) 종모양(bell-shaped)을 이룬다. iii) 꼭지가 하나이다(unimodal). iv) 평균값, 중앙값, 최빈값이 분포의 중앙에서 일치한다. v) 평균선은 종모양의 분포를 완전히 절반으로 나눈다.

여기서 표준편차(standard deviation)란 변수들의 값이 평균으로부터 얼마나 떨어져 있는가를 나타내는 변량(variance)의 평방근으로 평균에서 떨어진 거리를 명확히 보여준다.

$$s = \sqrt{\frac{\sum_{i=1}^{n}(Xi-\bar{X})^2}{n-1}}$$

(s = 표본의 표준편차, $\bar{X}$ = 평균, Xi = 실제 점수, n = 표본의 크기 또는 사례수)

표준점수(standard score)는 Z−score라고도 부르는데 산술평균치로부터의 특정점수의 편차를 표준편차 단위(standard deviation unit)로 나타낸 것이다. 실제 점수가 의미를 갖기 위해서는 어떤 준거집단의 점수분포와 비교되어야 한다.

$$Zi = \frac{Xi-\overline{X}}{s}$$

표준점수(z-score or standard score)의 분포는 평균이 0이고 표준편차가 1인 표준정상분포(standard form of normal distribution)를 이룬다.

정상분포곡선과 표준정상분포곡선에 근거해서 전체 면적을 1.00 또는 100%로 보고 평균과 Z-점수 사이의 면적을 구하면 실제 점수가 전체 중에 차지하는 위치를 알 수가 있다.

앞의 그림에서 볼 수 있듯이

> 전체의 68.26%가 $\bar{X} - 1S < Xi < \bar{X} + 1S$ 또는 $-1 < Zi < +1$ 사이에 위치하고,
> 전체의 95.44%가 $\bar{X} - 2S < Xi < \bar{X} + 2S$ 또는 $-2 < Zi < +2$ 사이에 위치하고,
> 전체의 99.72%가 $\bar{X} - 3S < Xi < \bar{X} + 3S$ 또는 $-3 < Zi < +3$ 사이에 위치한다.

신뢰수준(confidence level)이란 통계치가 모치수의 특정 구간 내에 위치하는 것을 말하는 것으로 통계치의 정확성을 표현한다. 보통 95%의 신뢰수준을 사용한다. 95%의 신뢰수준은 100번 조사를 하면 5번 정도 같은 결과가 나오지 않을 것임을 의미한다. 95%의 신뢰수준은 0.05%의 유의수준에서 통계적으로 유의미하다는 것을 말한다. 95% 신뢰수준은 1.96s 이다. 신뢰구간(confidence interval)은 표본 통계치가 실제 모치수의 어떤 범위에 포함되는지의 구간을 나타내는 지수이다.

② 표준오차(standard error)

표준오차는 표집분포의 표준편차(standard deviation)이다. 표준편차란 어떤 집단의 요소들이 지니는 특성, 속성이 꼭 같지 않고 널리 분포되어 있을 때 각 요소의 값이 전체의 평균치로부터 떨어진 거리를 편차라 하고 각각의 값의 편차들의 제곱을 평균하여 다시 제곱을 풀어 준 값을 이른다.

$$SE = \frac{s}{\sqrt{n}}$$ (s=표본의 표준편차, n=표본크기, SE=표준오차)

표준오차의 값은 이론상 표본의 크기와 반비례한다. 표본의 크기가 커질수록 표준오차는 줄어든다. 모집단의 구성비에 대한 표본의 대표성이 클수록 그리고 모집단에 대한 표본의 유사성이 높을수록 오차는 적어진다.

표준오차의 기능은 표본의 추정치가 어느 정도 모집단의 모치수 근처에 분포될지 그 정도를 알려주는 일이다. 표준오차는 신뢰간격(구간)을 계산하는 데 사용된다.

68%의 신뢰수준 ➡ $\mu_0 \pm 1s$: 모치수 ± 1s 사이의 범위에 속할 확률이 68%
95%의 신뢰수준 ➡ $\mu_0 \pm 2s$: 모치수 ± 1.96s 사이의 범위에 속할 확률이 95%

II. 통계의 개념

1. 통계의 의의

통계란 모든 사회 및 자연현상을 나타내주는 의미를 가진 수치이다. 개별 자료로는 잘 알 수 없지만 많은 자료를 모아 서로 비교하면 하나의 현상이 명확하게 파악되고 이러한 통계를 이용하면 앞으로 일어날 상황도 예측할 수 있게 된다.

통계적 방법이란 관심의 대상이 되는 집단 전체의 특성을 파악하기 위해서 그들 중 일부를 추출하여 조사한 뒤, 그 결과를 토대로 집단 전체에 대한 의사결정을 하는 것이다. 이때 관심의 대상이 되는 모든 개체들의 전체 집합을 모집단(population)이라 하고, 통계적 분석을 위하여 모집단에서 추출한 일부를 표본(sample)이라고 한다. 즉 표본은 모집단의 부분집합(subset)이다(김상균 외, 2000: 13-15). 예를 들면, 관심의 대상이 우리나라 국민기초생활보장제도 수급권자 가구의 소득인정액이라면, 모집단은 우리나라 국민기초생활보장수급권자 전체 가구가 모집단이 된다.

표본(sample)이란 전체 모집단의 부분집합 또는 부분이다. 표본은 반드시 전체 그 자체라기보다는 전체의 근사치(approximation of the whole)로서 항상 간주되어야 한다. 사실 많은 통계적 노력은, 표본에 관해 어느 변수의 특정 값(예: 평균소득)이 주어졌을 때, 이 값이 전체 표본상에 퍼져있는 확률을 결정하는 데 향해 있다. 달리 표현하면, 표본의 값이 얼마나 좋은 모집단의 참값의 추정치가 되느냐에 관한 문제이다.

〈모치수와 통계치의 관계〉

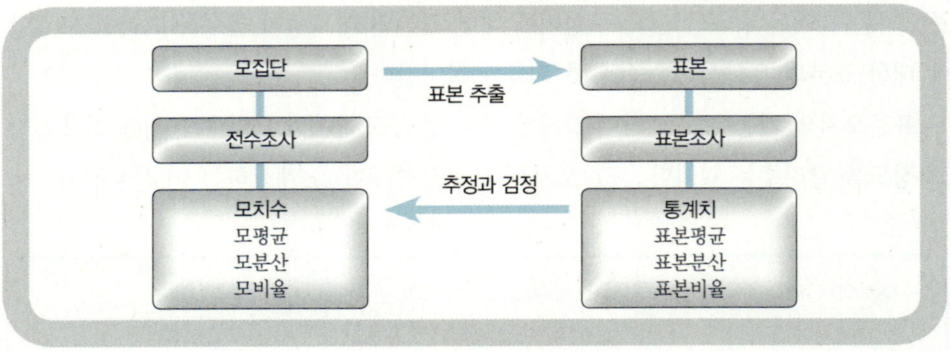

모치수(母値數, parameter) 또는 모수란 모집단에서 특정 변수가 갖고 있는 특성을 요약하고 묘사한 것이다. 조사연구는 표본의 특징인 통계치를 통해 모치수를 추정하는 것이다. 모치수의 예로는 모평균, 모분산, 모비율 등을 들 수 있다.

통계치(統計値, statistic)란 조사표본에서 특정 변수가 가지고 있는 특성을 요약하고 묘사한 것이다. 일반적으로 모집단을 조사하는 것은 비효율적이고 어렵기 때문에 표본의 통계치를 근거로 모집단의 모수를 확률적으로 추정한다. 통계치의 예로는 표본평균, 표본분산, 표본비율 등을 들 수 있다.

일반적으로 우리들은 모집단의 특성을 나타내는 모치수를 알기 위하여 모집단에서 추출된 표본의 통계치를 계산하고, 이를 토대로 하여 모치수에 대한 의사결정을 하게 된다.

2. 통계의 종류

1) 기술통계(descriptive statistics)

모집단에서 표본이 추출되면 먼저 이들 표본자료들을 정리 · 요약 · 분석을 하게 된다. 이와 같이 관측된 자료를 연구목적에 적합하게 정리 · 요약 · 분석하는 등의 자료처리 혹은 자료의 기술(description) 영역에 속하는 통계방법을 기술통계라고 한다. 기술통계는 주로 수집한 데이터의 주요 특성을 분석하고 기술한다. 따라서 기술통계에서는 변인의 분포(distribution), 집중경향(central tendency), 산포도(dispersion)를 분석한다. 분포에서는 변인의 모양을 왜도(skewness)와 첨도(kurtosis) 두 가지 값을 통해 분석한다. 집중경향에서는 분포의 특성을 평균값(mean), 중위값(median), 최빈값(mode) 세 값을 통해 분석한다. 산포도에서는 범위(range), 분산(variance), 자승의 합(sum of square), 표준편차(standard deviation) 등을 통해 각 점수들이 평균값으로부터 얼마나 퍼져 있는지를 분석한다.

2) 추리통계(inferential statistics)

모집단에서 추출된 표본의 정보를 토대로 모치수를 추정하고, 합리적인 의사결정을 하는 영역에 속하는 통계방법을 추리통계라고 한다. 추리통계는 수집한 데이터에서 표본을 추출하고, 특성을 파악하여 전체 데이터인 모집단의 특성을 추리하는 것이다. 즉 표본의 특성을 파악하고 이를 모집단의 특성으로 일반화할 수 있는지 여부를 판단하여 모집단의 특성을 추정하는 통계방법이다. 이와 같이 모치수를 추정하고 합리적인 의사결정을 하는 것을 통계적 추론(statistical inference)이라고 한다. 통계적 추론은 표본에서 얻어진 정보를 기초로 하여 이루어지기 때문에 불확실성 하에서 얻어진 결론이다. 이 결론은 어느 정도의 확실성을 가지고 성립될 뿐이므로 통계적 추론에는 항상 확률(probability)의 개념이 도입된다. 이와 같이 추리통계는 표본의 결과가 모집단에서도 나타날 가능성을 확률적으로 판단해준다. 추리통계는 추론통계 또는 추측통계라고도 불린다.

추리통계방법은 모수통계방법과 비모수통계방법으로 구분된다.

모수통계방법(母數統計, parametric statistics)을 사용하기 위해서는 측정 수준(level of measurement), 선형성(linearity), 변량의 동질성(homogeneity of variance) 등이 전제되어야 한다. 모수통계방법에는 t-검증, 변량분석(ANOVA), 회귀분석(regression analysis) 등이 있다.

비모수통계방법(非母數統計, non-parametric statistics)은 측정 수준(level of measurement), 선형성(linearity), 변량의 동질성(homogeneity of variance) 등이 전제되어있지 않을 때 사용이 된다. 현실적으로 비모수통계방법은 자료가 정규분포가 아니거나 정규분포로 적절히 변환되지 못할 때, 자료의 표본 수가 적을 때, 변인의 척도가 명명척도나 서열척도일 때 유용하게 사용된다. 대표적인 비모수통계방법은 카이스퀘어(χ2, chi-square)분석방법이며, 그 밖에 이항분포검정, 무작위검정(Runs test) 등이 있다.

3) 기술통계와 추리통계의 관계

기술통계와 추리통계는 연속적 관계에 있다. 기술통계에서 표본의 특성을 파악하여 분석 · 정리하고, 추리통계에서는 기술통계에서 파악된 통계치를 모집단의 특성으로 일반화할 것인지 여부를 판단한 후 표본의 특성을 모집단의 특성으로 추정할 것인지에 관한 의사결정을 한다. 이러한 과정을 정리하면 다음과 같다.

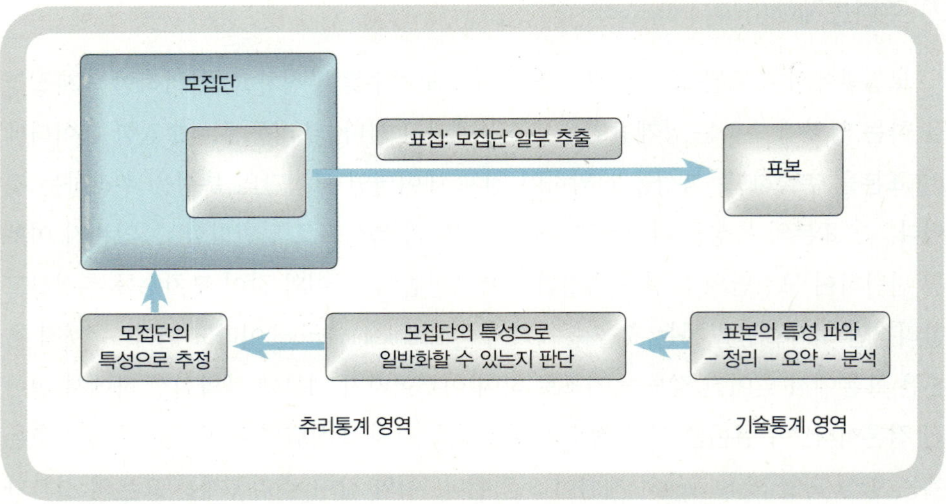

III. 자료분석 방법(SPSS 활용)

자료분석방법에는 기술통계방법과 추리통계방법이 있다. 이들 자료분석방법은 다양한 통계프로그램으로 분석될 수 있다. 미국의 경우 SAS(Statistical Analysis System), SPSS(Statistical Package for Social Science), Minitab, SYSTAT, LIMDEP 등이 있다. 미국에서 널리 사용되는 통계프로그램은 SAS이나, 사회과학분야에서는 SPSS도 많이 사용된다. 우리나라의 경우에는 SPSS의 사용이 보편화되어 있다. 이 절에서는 우리나라의 사회복지현장에서 널리 사용되는 SPSS를 활용한 자료분석 방법을 일부 소개하기로 한다[50](박용권, 2012: 172–430; 이윤로, 2014: 71–232; 정충열, 1998: 102–482; 우수명, 2001: 133–368; 이인재 외, 1997: 63–270; 정영혜 외, 2000: 65–322; 채구묵, 2004: 35–367;

50) 이 절의 자료분석에는 최근 필자가 수행한 연구용역사업의 데이터의 일부가 사용되었음.

채서일 외, 1996: 52-296; Maddala, 1992: 59-200; Pindyck & Rubinfeld, 1981: 3-318; Weiers, 2006: 303-680).

1. 빈도분석

빈도분석(frequency analysis)은 데이터의 내용들이 도수분포표상에서 어떠한 분포적 특성을 가지고 있는지를 파악하는 데 활용이 된다. 빈도표에는 빈도뿐만 아니라 퍼센트, 유효 퍼센트, 누적 퍼센트가 제시된다. 퍼센트는 빈도를 총 케이스로 나누어 100을 곱한 값이다. 유효 퍼센트는 변수의 값이 유효한 개체수를 전체로 보았을 때의 퍼센트를 나타낸다. 따라서 시스템 결측값으로 처리된 개체수는 분석에 포함되지 않는다. 누적 퍼센트는 유효케이스에 대하여 해당 변수값 이하의 값을 가진 개체의 비율을 나타내는 것으로서 가장 높은 값의 누적 퍼센트는 항상 100이 된다.

빈도분석의 대화상자에서 도표를 선택하면 막대도표, 원도표, 히스토그램과 같은 도표를 통하여 빈도를 분석할 수 있다.

최종 학력					
		빈도	퍼센트	유효 퍼센트	누적 퍼센트
유효	중학교 재학 중	3	1.1	1.1	1.1
	고등학교 재학 중	203	76.9	77.2	78.3
	고등학교 중퇴	1	.4	.4	78.7
	고등학교 졸업	8	3.0	3.0	81.7
	전문대(2-3년제) 재학 중	17	6.4	6.5	88.2
	전문대(2-3년제) 휴학	2	.8	.8	89.0
	전문대 중퇴	1	.4	.4	89.4
	전문대(2-3년제) 졸업	8	3.0	3.0	92.4
	대학교(4년제) 재학	17	6.4	6.5	98.9
	대학교(4년제) 휴학	3	1.1	1.1	100.0
	합계	263	99.6	100.0	
결측	시스템 결측값	1	.4		
합계		264	100.0		

2. 기술통계

빈도분석에서는 도수분포표가 산출되지만 이를 생략하고 필요한 통계량만을 산출하고자 할 때 사용된다. 변수의 값이 매우 다양할 때 빈도분석을 이용하면 매우 긴 테이블이 산출되므로 시간이 많이 소요되며 불필요한 결과의 양만 많아진다. 기술통계는 빈도분석에서 산출할 수 있는 거의 모든 통계량만을 간단히 산출해 낼 수 있다. 기술통계에서는 범위, 최소값, 평균뿐만 아니라 대화상자의 옵션을 선택하면 표준편차, 분산, 왜도, 첨도 등을 제시할 수 있다.

기술통계량												
	N	범위	최소값	최대값	평균		표준편차	분산	왜도		첨도	
	통계량	통계량	통계량	통계량	통계량	표준오차	통계량	통계량	통계량	표준오차	통계량	표준오차
만 연령 등급	148	5	1	6	3.20	.120	1.46	2.13	−.19	.199	−.63	.39
자립 의지합	264	3.63	1.38	5.00	3.69	.041	.67	.45	−.31	.15	.23	.29

표준편차(standard deviation)는 통계집단의 변수의 분산 정도를 표시하는 분포도지수의 하나로, 각 변수가 그 평균값을 중심으로 보았을 때 각 관측값이 평균적으로 어느 정도 평균값에서 벗어나 있는지를 계산하는 지표이다. 통계집단 변수의 분산의 정도를 표시하는 분포도지수에는 범위, 사분위, 평균편차, 표준편차, 분산의 5가지가 있는데 이 가운데 표준편차가 가장 많이 사용된다. 표준편차는 각 변량과 그 산술평균치의 차이를 제곱한 다음, 그 수치들의 산술평균의 제곱근을 구한 것이다.

분산(variance)이란 변수의 흩어진 정도를 계산하는 지표로 단순히 표준편차를 제곱한 값이다. 분산은 표준편차와 같은 개념이다.

왜도(skewness)란 자료의 분포 모양이 평균을 중심으로 한쪽으로 치우쳐 있는 경향을 나타내는 정도로 분포의 비대칭의 정도, 즉 분포가 기울어진 방향과 그 기울어진 정도를 나타내는 척도이다. 긴 꼬리가 왼쪽에 있으면 왜도 값이 '0'보다 작은 음(−)의 왜도분포(negative skewed distribution)를 이루고, 긴 꼬리가 오른쪽에 있으면 왜도값이 '0'보다 큰 양(+)의 왜도분포(positively skewed distribution)를 이룬다. 왜도의 값이 '0'이면 좌우가 대칭인 분포를 가진다. 왜도값의 절대치가 크면 클수록 분포의 비대칭 정도가 커진다. [여기서 최빈값(mode)는 가장 많이 나오는 값이고, 중앙값(median)은 주어진 값들을 크기 순서대로 정렬했을 때 중앙에 위치하는 값임]

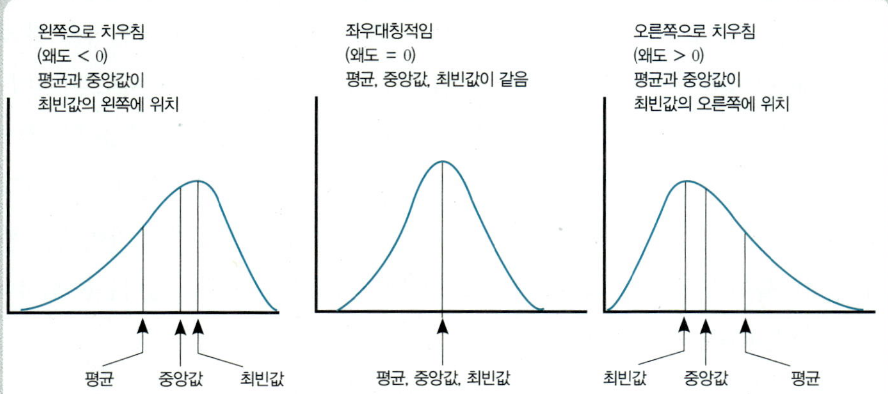

첨도(kurtosis)란 자료의 분포 모습이 정규분포보다 더 중앙에 집중하는가를 나타내는 정도이다. SPSS 프로그램에서 첨도의 값이 '0'(SPSS 교정 전 '3')이면 자료의 분포가 정규분포를 이루고, '0'(SPSS 교정 전 '3')보다 크면 뾰족함을 이루고, '0'(SPSS 교정 전 '3')보다 작으면 평평함을 이룬다.

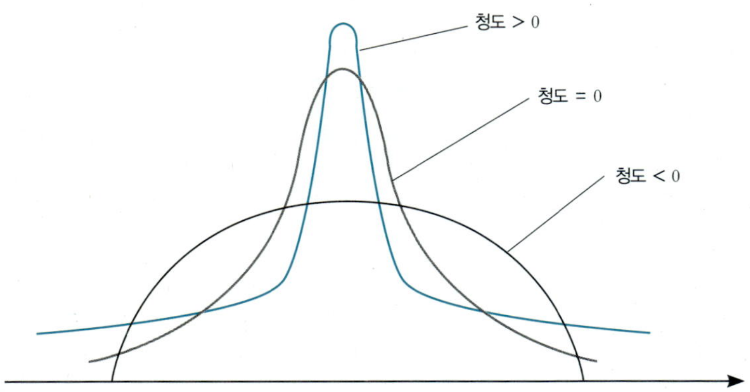

3. 교차분석

교차분석(crosstab)은 명목 및 서열척도의 범주적 변수(categorical variables)들을 분석하기 위한 것으로서 한 변수의 범주를 다른 변수의 범주에 따라 빈도를 교차분류하는 교차표(cross tabulation)를 먼저 작성하고 두 변수 간의 독립성과 관련성을 분석한다. Pearson 카이제곱 검정을 통하여 두 변수가 독립적인지 아니면 서로 관련이 있는지 여부를 판단한다. 카이제곱 통계값의 유의확률이 설정한 유의수준(통상적으로 0.05)보다 작으면 두 변수 간에 관계가 없다는(독립적이라는) 귀무가설(H0)을 기각하고(reject) 두 변수 간에 관계가 있다는 대립가설(H1)을 채택한다. 반면 카이제곱 통계값의 유의확률이 설정한 유의수준보다 크면 두 변수 간에 관계가 없다는(독립적이라는) 귀무가설(H0)을 채택(accept)한다.

종교 유무 * 자립준비지원프로그램 참여 교차표				
빈도				
		자립준비지원프로그램 참여		전체
		없음	있음	
종교 유무	없음	34	54	88
	있음	77	95	172
전체		111	149	260

카이제곱 검정					
	값	자유도	점근 유의확률 (양측검정)	정확한 유의확률 (양측검정)	정확한 유의확률 (단측검정)
Pearson 카이제곱	.894a	1	.344		
연속수정b	.661	1	.416		
우도비	.899	1	.343		
Fisher의 정확한 검정				.357	.208
선형 대 선형결합	.891	1	.345		
유효 케이스 수	260				

카이제곱 검정 유의확률이 0.344로 이 값이 설정한 유의수준 0.05보다 크므로, 종

교 유무와 자립지원준비프로그램 참여 여부 간에 관계가 없다는(독립적이라는) 귀무가설(H0)을 채택한다.

4. T-검정

T-검정(T-test)은 두 집단 간의 평균의 차이가 통계적으로 유의미한지를 파악할 때 사용하는 통계방법이다. T-검정은 각 표본의 분산과 두 표본을 합한 전체 집단의 분산을 이용하여 평균의 차이가 어느 정도 유의한가를 테스트하는 것이다. 예를 들면, 남성과 여성 간에 자기효능감에 차이가 있는지를 파악하고자 할 때 T-검정을 활용할 수 있다.

대응표본 통계량

		평균	N	N	평균의 표준오차
대응 1	자립준비지원프로그램 참여	.58	262	.495	.031
	자립체험지원프로그램 참여	.55	262	.499	.031

대응표본 상관계수

		N	상관계수	유의확률
대응 1	자립준비지원프로그램 참여 & 자립체험지원프로그램 참여	262	.847	.000

대응표본 검정

		대응차					t	자유도	유의확률(양쪽)
		평균	표준편차	평균의 표준오차	차이의 95% 신뢰구간				
					하한	상한			
대응 1	자립준비지원프로그램 참여 - 자립체험지원프로그램 참여	.031	.275	.017	-.003	.064	1.796	261	.074

대응표본 T-검정의 결과 유의확률이 0.074이므로 유의수준 0.05에서 귀무가설

[(H0): 자립준비지원프로그램 참여 정도와 자립체험지원프로그램 참여 정도는 차이가 없다]을 기각하지 못하고 채택하게 된다. 자립준비지원프로그램 참여 정도의 평균값은 0.58이고, 자립체험지원프로그램 참여 정도의 평균값은 0.55로 차이가 거의 없다. 두 변수 간의 상관계수도 0.847로 매우 높다.

5. 분산분석

분산분석(analysis of variance, ANOVA)은 두 표본 이상의 평균치에 대한 차이를 검정하는 통계기법이다. 분산(variance) 또는 변량은 얼마나 값들이 흩어져 있는지 알려주는 분산도의 일종으로 표준편차의 제곱이다. 모집단 분산(population variance)은 모집단 안에 있는 사례들 간의 분산이고, 표본분산(sample variance)은 표본으로 추출된 사례들 간의 분산이다. 분산분석을 통한 가설검정은 결국 표본의 집단 간 평균치가 우연인지, 모집단의 본질적 차이로 인하여 표본에 그렇게 나타나는 것인지를 분석하는 것이다.

체계적 분산(systematic variance)은 연구하고자 하는 어떤 변인의 영향에 의하여 발생하는 분산으로 집단 간 분산(between-group variance)이라고 한다. 오차분산(error variance)은 표본에 나타난 우연히 발생하는 분산을 뜻하는 것으로, 각 측정변수의 분산의 총합에서 체계적 분산을 뺀 나머지 분산으로 집단 내 분산(within-group variance)이라고 한다. 집단 간 분산은 각 집단의 평균들이 전체평균으로부터 얼마나 떨어져 있는가를 측정하는 것이며, 집단 내 분산은 각 집단의 평균치를 중심으로 그 집단에 포함되어 있는 측정치들이 얼마나 분산되어 있는지를 측정하는 것이다. 이 분산분석을 이용하여 표본들이 동일한 평균을 가진 모집단에서 추출된 것인지 여부를 추론할 수 있게 된다.

분산분석을 이용하기 위해서는 각 표본집단에 해당하는 모집단의 분포가 정규분포(normal distribution)를 이루어야 하고, 이들 각 집단에 해당하는 모집단은 똑같은 분산을 가져야 하며, 서로 독립적이어야 한다는 전제조건을 갖추고 있어야 한다. 그러나 충분한 표본크기라면 정규분포를 이루어야 한다는 정규성(normality)의 가정은 불필요하다.

일원배치 분산분석					
자립 자신					
	제곱합	df	평균 제곱	F	유의확률
집단 간	7.009	9	.779	.865	.557
집단 내	227.676	253	.900		
합계	234.684	262			

학력수준에 따라 자립 자신감 평균치 차이가 있는지를 일원배치분산분석을 통하여 검정한 결과, 유의확률이 0.557이므로 유의수준 0.05에서 귀무가설[(H0): 학력수준에 따라 자립 자신감은 차이가 없다.]을 기각하지 못하고 채택한다. 따라서 학력수준에 따라 자립에 대한 자신감의 정도는 의미 있는 차이가 없다.

6. 상관관계분석

상관관계분석(correlation analysis)은 변수와 변수 간의 상관관계를 분석한다. 상관관계란 둘 또는 그 이상의 변수에 있어서 한 변수가 변동함에 따라 다른 변수가 어떻게 변동하는 지와 같은 변동의 연관성, 즉 변동 크기와 방향을 말한다. 상관관계분석은 한 변수가 다른 변수와의 관련성이 있는지 여부와 관련성이 있다면 어느 정도의 관련성이 있는지를 알고자 할 때 이용하는 분석기법이다.

상관분석은, 보다 정확히 표현하면, 변수들 간에 존재하는 선형관련성의 정도를 측정하여 분석하는 방법이다. 이러한 선형관련성의 정도를 측정하는 척도가 상관계수(correlation coefficient)[51]이다.

상관계수는 변수 간의 관계의 정도와 방향을 수치로 요약해주는 지수이다. 상관계수는 그리스 소문자(gamma)란 기호로 나타내는데, 이는 −1.00과 +1.00 사이에서 변화한다(−1+1). 상관계수 0.00은 관계가 없음을 또는 예측에 있어 0% 정확도를 의미한다. 상관계수 +1.00은 두 변수 간의 긍정적인 관계를 100%의 정확도를 가지고

51) 상관계수는 분석대상 변수가 어느 수준의 척도이냐에 따라 서로 다른 계수가 사용된다. 등간 및 비율척도 수준인 경우에는 피어슨 상관계수, 서열척도 수준일 경우에는 스피어만 상관계수나 감마계수 그리고 명목척도 수준인 경우에는 파이계수나 람다계수가 사용된다. 이 가운데 널리 사용되는 계수는 피어슨 상관계수이다.

예측하는 것을 의미한다. 그리고 상관계수 −1.00은 두 변수 간의 부정적인 관계를 100%의 정확도를 가지고 예측하는 것을 의미한다.

달리 설명하면, 상관계수는 두 변수 간의 선형관계정도(linearity)와 관계의 방향을 나타낸다. 상관계수의 절대값이 1에 가까울수록 직선에 가까운 정도를 나타낸다. 즉 상관계수가 0에서 1이나 −1에 가까울수록 직선적인 관계에 가깝다. 상관계수의 절대값이 1인 경우는 직선관계를 나타낸다. 만일 두 변수 간의 관계가 직선관계라면 사람들은 그 관계를 100%의 정확도를 가지고 예측할 수 있다. 상관계수의 +와 −는 관계의 방향을 나타낸다. +는 긍정적인 관계를 −는 부정적인 관계를 나타낸다.

상관계수			
		자기효능감	우울감
자기효능감 합	Pearson 상관계수	1	−.368**
	유의확률(양쪽)		.000
	N	262	260
우울감 합	Pearson 상관계수	−.368**	1
	유의확률(양쪽)	.000	
	N	260	262
**. 상관계수는 0.01 수준(양쪽)에서 유의함.			

자기효능감과 우울감의 상관계수는 −0.368**로 유의수준 0.01에서 의미가 있다. 즉 유의수준 0.01에서 자기효능감과 우울감 간에 관계가 없다는 귀무가설(H0)은 기각되었고, 두 변수 간에 관계가 있다는 대립가설(H1)이 채택되었다. 두 변수 간의 관계의 방향은 '−'이므로 서로 부정적인 관계를 갖고 있다. 즉 자기효능감이 높은 아동은 우울감이 낮고, 우울감이 높은 아동은 자기효능감이 낮다. 관계의 정도 내지 강도는 중간보다 다소 낮은 수준이다.

7. 회귀분석

회귀(regression)란 용어는 19c 말 부모의 신장과 자녀의 신장 간의 관계를 연구한

영국의 갈톤(Galton)이란 학자에 의해 만들어졌다.

회귀분석(regression analysis)은 독립변수와 종속변수 간의 인과관계(causal relation) 또는 인과성(causality)을 분석하기 위해 널리 사용되는 통계방법이다. 상관관계분석이 두 변수 간에 변동 크기가 어느 정도이고 서로 긍정적인 관계인지 아니면 부정적인 관계인지 그 방향을 알려주지만 인과관계를 규명하지 못하는 반면, 회귀분석은 특정 변수가 다른 변수에 어떠한 영향을 얼마나 미치는지 그 구체적인 방향과 크기를 제시함으로써 독립변수와 종속변수 간의 인과관계를 명확하게 분석할 수 있도록 하여 준다.

회귀분석은 둘 또는 그 이상의 변수들 간에 존재하는 관련성을 분석하기 위하여, 관측된 자료에서 이들 간의 수학적인 함수관계식을 통계적 방법으로 추정하는 방법이다. 회귀분석은 한 변수를 이용하여 다른 변수의 값을 설명하거나 예측할 수 있는 모형으로 자료를 분석하는데, 이때 설명하는 변수를 독립변수(independent variable, 일반적으로 X로 표시) 또는 설명변수라고 하고 설명이 되거나 예측이 되는 변수를 종속변수(dependent variable, 일반적으로 Y로 표시) 또는 반응변수라고 한다[일반적으로 회귀분석에서 종속변수와 독립변수는 모두 양적인 비율척도나 등간척도임을 전제로 한다. 때로는, 독립변수의 경우, 서열척도나 더미변수(dummy variable)로 변환된 명목척도가 사용되기도 하나 분석과 해석에 주의를 필요로 한다].

회귀분석은 종속변수의 변화를 독립변수들의 선형조합으로 설명하려는 분석기법으로, 이들 변수들 간의 상호관계를 분석하고, 독립변수의 변화로부터 종속변수의 변화를 예측하기 위해 사용이 된다. 종속변수에 영향을 미치는 변수를 규명하고 이들 변수들에 의해서 하나의 선형방정식(linear function)을 도출하는데 도출된 선형방정식을 회귀방정식(regression equation)이라고 한다. 회귀분석은 이 회귀식이 과연 종속변수를 어느 정도 예측해 줄 수 있으며 회귀식에 포함된 독립변수 가운데 어느 독립변수가 가장 예측력이 높은지도 검증한다. 회귀분석의 궁극적인 목적은 종속변수를 예측할 수 있는 하나의 선형방정식을 도출하는 데 있다.

독립변수가 1개인 경우를 단순회귀분석(simple regression analysis)이라 하고, 독립변수가 여러 개인 경우를 다중회귀분석(multiple regression analysis)이라고 한다[a는 상수(constant), 기울기인 bi는 회귀계수(regression coefficient)라고 한다].

단순회귀분석 $Y = a + b_1X_1$
다중회귀분석 $Y = a + b_1X_1 + b_2X_2 \ldots\ldots\ldots b_iX_i$
[X_i = 독립변수(설명변수), Y = 종속변수, b_i = 회귀계수(기울기), a = 상수)]

선형회귀분석을 실행하기 위해서는 분석대상이 되는 자료가 다음의 전제조건을 갖추어야 한다.

i) 선형성: 주어진 X값을 가지는 Y의 기댓값이 모두 일직선 위에 있다.
ii) 정규성: 같은 X값을 가지는 개체들의 Y값은 정규분포를 따른다.
iii) 등분산성: 모든 X에서 Y의 분산이 모두 같다.
iv) 독립성: 각 개체는 서로 독립이다.
v) 독립변수 X는 오차 없이 측정 가능한 수학적 변수이고, 종속변수 Y는 측정오차를 수반하는 확률변수이다.

회귀분석에서 몇 가지 유의할 점이 있다. 다중회귀분석에서 독립변수 간에 경향이 지나치게 일치하거나 상관이 높은 경우 다중적인 상관관계인 다중공선성(multicolinearity)의 문제가 발생할 수 있다. 다중공선성이 존재할 경우 회귀방정식모형의 F값은 높아서 유의미하게 나오는데, 회귀계수에 대한 t값이 낮아져 통계적으로 유의하지 않게 되는 현상이 나타나 분석과정에서 왜곡이 발생할 수 있다.

다중공선성 문제를 해결하기 위한 방법으로는 통상적으로 단순상관관계가 높은 독립변수들 가운데 어느 한 독립변수를 회귀방정식에서 제거하는 방법을 사용한다. 때로는 문제가 되는 변수를 변형시키거나 아니면 그 변수를 새로운 변수로 대체하기도 한다.

표준화 회귀계수 또는 베타(beta, β)값은 종속변수와 독립변수를 평균과 표준편차를 이용해 산출한 표준화(Z값)를 이용하여 얻은 회귀계수로, 다중회귀분석에서 독립변수의 상대적 영향력을 나타낸다.

R^2(R–square, R 제곱)는 회귀모형의 설명력을 나타내는 것으로 독립변수가 종속변수의 변량을 설명하는 정도를 의미한다. 만일 R^2=0.67이라면 독립변수가 종속변수의 변량을 67% 설명한다는 것이다.

다중회귀분석(종속변수: 아동의 자기효능감)

모형	비표준화 계수		표준화 계수	t	유의확률
	B	표준오차	베타		
(상수)	−.343	1.182		−.290	.772
성별 (1=여자, 0=남자)	−.050	.112	−.035	−.448	.655
연령	.003	.004	.041	.627	.531
주위 지지	.403	.050	.442	8.025	.000
(F값: 17.01, 유의확률=0.000)					

F값을 검정한 결과 이 회귀식은 유의수준 0.05에서 유의미하다. 분석에 포함된 독립변수 가운데 유의수준 0.05에서 '주위 지지'만이 자기효능감에 의미 있는 영향요인이다. 귀무가설(H0: 주위 지지는 자아존중감과 관련이 없다.)은 기각되고, 대립가설(H1: 주위 지지는 자아존중감과 관련이 있다.)이 채택이 된다. 따라서 주위 지지가 높을수록 아동의 자기효능감은 높아진다. 반면 성별과 연령은 유의수준 0.05에서 의미가 없기 때문에 이들 변수가 자기효능감과 관련이 없다는 귀무가설을 채택한다.

회귀분석 가운데 종속변수가 더미변수(yes or no)인 경우에는 로지스틱 회귀분석(logistic regression Analysis, 로짓분석 Logit analysis)이나 프로빗 분석(probit analysis)을 하여야 한다. 로지스틱 회귀분석은 선형 회귀 분석과는 다르게 종속 변수가, 다항형도 있으나, 주로 유효한 범주의 개수가 두 개인 이항형(binomial) 범주로 되어 있다. 따라서 대상이 되는 데이터의 종속 변수(Y)의 값은 0과 1(예: 1=성공, 0=실패)로 입력이 되며, 가능성(likelihood)에 영향을 미치는 유의미한 변수들을 검증한다.

8. 기타 통계분석

1) 신뢰도 분석

척도의 신뢰도(reliability)는 측정결과의 일관성(consistency)을 의미한다. 신뢰도란 어느 한 개념이나 변수를 유사한 측정도구로 여러 번 측정하거나 한 가지 측정도구로 반복 측정했을 때 일관성 있는 결과를 산출하는 정도와 관련된다. 즉 일관성 있는 결과가 산출될수록 그 척도의 신뢰도는 높다.

일반적으로 많이 사용되는 척도의 내적 일관성, 즉 신뢰도 분석방법은 크론바하 알파[Cronbach's α(Alpha)] 계수이다. 크론바하 알파 계수는 0에서 1 사이의 값을 가지며, 높을수록 신뢰도가 높다. 통상적으로 크론바하 알파 계수의 값이 0.7 이상이 되면 적정하다고 보나 최소한 0.6은 넘어야 한다. 0.8 이상이면 신뢰도가 좋은 편이고, 0.9 이상이면 매우 좋은 편이다.

2) 요인분석

요인분석(factor analysis)은 변수들 간의 상관관계를 이용하여 서로 유사한 변수들끼리 묶어주는 방법이다. 요인(factor)이란 여러 변수들이 공통적으로 가지고 있는 개념적 특성을 의미한다. 요인분석은 상관관계가 높은 변수들끼리 동질적인 몇 개의 집단으로 묶어줌으로써 자료의 축소(data reduction)를 가져와 정보를 함축적으로 사용할 수 있게 하는 동시에 불필요한 변수들을 제거하고, 측정도구의 타당성을 검증하고, 요인들 간의 다른 구조를 파악할 수 있게 해준다.

3) 판별분석

판별분석(discriminant)은 각 개체들이 2개 이상의 모집단으로부터 섞여 있을 때, 각각의 사례에 대하여 그것이 두 개 이상의 그룹 중 어느 모집단에 속하는지를 판별하는 분석방법으로 다중회귀분석의 일환이다. 예를 들면, 청소년들 부모를 최종학력을 기준으로 고졸 이하, 대졸, 대학원 졸 이상의 3개 모집단으로 분류했을 때 청소년의 SNS 사용 빈도와 수면시간을 알고서 어떤 개인이 어느 모집단에 속하는지를 판별해 보는 분석방법이 여기에 속한다.

chapter_ 14

조사계획서 및 조사보고서 작성

Chapter 14

조사계획서 및 조사보고서 작성

사회복지조사는 조사기획 → 조사설계 → 질문지 개발 → 자료조사 → 결과 분석 → 보고서 작성이라는 일련의 과정을 거친다. 조사계획서 작성은 조사의 방향을 설정하는 중요한 단계이다. 조사보고서작성은 조사결과를 분석정리하여 독자들에게 알려주는 단계이다(김영종, 2007: 445-460; 남세진 외, 1988: 454-464; 성숙진 외, 1998: 593-628; 채서일, 1992: 673-687).

1. 조사계획서 작성

1) 조사계획서 의의

조사계획서는 조사의 목적 설정, 조사내용의 소개, 조사대상 선정계획, 자료수집 방법과 조사도구 계획, 조사일정, 조사비용 등을 명확히 밝힘으로써 조사담당자, 조사의뢰자, 조사감독자 및 기타 이해관련자들이 조사수행에 필요한 사항이나 자원을 미리 준비하고, 조사의 흐름과 방향을 이해하며, 조사실시 여부에 대한 의사결정을 하는 데 필요한 정보를 제공하는 문서이다.

조사계획서는 조사설문의 내용과 조사의 중요성을 제시하고, 조사를 담당할 사람이나 기관들과 그들이 수행해야할 활동내용을 소개하며, 조사과정에서 필요한 인적, 물적 자원이나 정보를 제시하고, 어떻게 조사목적상 필요한 자료를 수집하고, 어떻게 처리하고, 분석하고,해석하는가를 제시한다. 조사계획서는 조사를 누가, 무엇을,

언제, 왜, 어디서, 어떻게(5W1H) 행할 것인가에 대해서 설명하여야 한다. 또한 조사를 통해서 얻을 수 있는 이익에 관해 설명을 한다.

조사과정을 감독하는 사람이나 조사를 의뢰한 사람은 조사 계획서를 통해서 조사목적의 적절성, 조사설계의 명확성, 기초자료의 범위, 조사업무의 수행가능성, 조사결과의 사회적 이익 등에 관해서 평가할 수 있다.

2) 조사계획 절차

체계적인 조사계획의 구체적 절차는 조사자가 조사목적을 설정하고, 조사내용을 결정하며,자료수집방법과 조사도구를 계획하고, 조사담당자를 내정하고, 분석방법을 결정하며, 조사보고서를 작성하고, 조사일정과 예산을 결정한다.

체계적인 조사계획의 구체적 절차는 첫째, 조사목적을 설정하는 단계로, 여기에서는 조사의 정당성을 인식하고 조사목적을 규명한다. 둘째, 조사내용을 결정하는 단계로, 조사를 통하여 얻어야 할 정보들을 조사자나 전문조사기관의 내부자료를 분석하여 얻게 된다. 셋째로 조사방법을 결정하는 단계로, 자료수집방법을 결정하고 이를 통한 분석기법에 대한 고려를 하게 된다. 넷째, 조사일정 및 예산에 대한 결정을 하는 단계로, 조사일정이 늦어짐으로 인한 연구가치의 하락을 방지하기 위해서는 특히 조사일정을 엄수하는 것이 중요하다. 또한 조사와 관련하여 소요되는 비용이 당초 예산범위를 초과하지 않도록 하는 것도 유의해야 한다.

(1) 조사목적의 설정

조사를 실시함에 있어 먼저 조사를 실시하는 목적을 설정하고, 이를 구체화하는 목표를 세워야 한다. 일반적으로 조사의 목적은 탐색, 기술, 설명, 인과관계파악, 예측 등을 들 수 있다. 특정한 사회조사를 계획함에 있어 조사의 목적이 특정 현상을 좀 더 이해하기 위해서 또는 연구의 타당성을 검토하기 위한 탐색적 목적인지, 상황이나 사건을 기술하는 기술적 목적인지, 현상에 대한 원인과 결과를 조사하는 설명적 목적인지, 아니면 미래의 상태를 진술하려는 예측적 목적인지 여부에 관해 결정해야 한다.

조사목적을 구체적으로 달성하기 위해서 조사목표를 수립한다. 하나의 조사목적에는 여러개의 조사목표가 있을 수 있다. 조사목표는 상위조사목표와 하위조사목표로 나뉜다. 상위목표는 조사의 주된 목표로 이는 세부적인 하위목표로 나뉜다. 조사목표를 수립함에 있어서 조사자는 조사문제의 해결이 바로 조사목표가 되도록하며, 이는 바로 조사결과로 얻어내야 할 최종적인 해답이 되도록 하여야 한다. 조사목표를 달성하지 못하면 조사의 효용이 거의 없을 뿐만 아니라 조사자의 신뢰도도 상실하게 될 것이다.

예를 들면, 장애인 근로자의 자활과 관련된 조사에서 조사목적과 목표는 다음과 같이 설정할 수 있다;

ⓐ 조사목적: 장애인근로자의 고용안정을 기하기 위한 방안을 강구한다.(설명적 목적)

ⓑ 상위조사목표: 장애인근로자의 이직요인을 발생시키는 요인을 조사한다.

ⓒ 하위목표: 장애인근로자의 인구통계학적 특성들을 조사한다.

- 장애인근로자의 직무내용을 조사한다.
- 장애인근로자의 직무환경을 조사한다.
- 장애인근로자의 조직특성을 조사한다.
- 장애인근로자의 이직경험을 조사한다.

(2) 조사 내용 소개

조사계획의 두 번째 단계는 조사를 통해 얻어야 할 정보의 내용들을 규명하는 단계이다. 정보의 내용이 지나치게 방대하면 시간과 비용의 낭비를 가져오고, 반면 지나치게 적으면 조사문제의 해결에 필요한 해답을 충분히 구할 수 없다. 따라서, 조사시간과 비용을 가능한 줄이면서 조사문제의 해결에 필요한 정보들을 포함시켜야 한다.

일반적으로 조사의 내용을 소개함에 있어 먼저 조사의 목적을 간단히 요약한 후 세부사항들을 항목별로 자세히 설명한다. 세부사항은 설문지나 면접조사표 관찰조사표를 통해 나타난다. 세부적인 조사내용에 무엇을 포함시킬 것인지를 조사계획서에 포함시킨다.

조사내용에 대한 척도는 평급척도, 평위척도, 총화척도, 누적척도 등 가운데 어느 척도를 어느 경웨 사용할 것인지 여부에 대해서도 결정을 해야 한다.

앞의 예에서, 장애인근로자의 조직의 특성들에 대한 내용으로 승진체계, 부서갈

등, 봉급수준 등을 포함시키기로 결정할 수 있다. 이는 설문지상에서 다음과 같이 구체적으로 표현된다.

	전혀 그렇지 않다	보통	매우 그렇다
귀하 회사의 승진체계에 대해 만족하십니까?			
귀하의 회사내 부서간의 갈등이 심합니까?			
귀하는 현재의 봉급에 만족하십니까?			

척도는 사회경제적 변수(SES:Socio-Economic Status variables)들을 제외하고는 5점 평점을 사용하는 총화척도를 채택하기로 한다.

(3) 조사대상 선정 계획

조사계획의 세 번째 단계는 조사대상을 결정하는 것이다. 조사대상을 특정 모집단 전체를 대상으로 할 것인지, 모집단을 대표하는 표본으로 할 것인지, 표본은 어떤 방법으로 수집할 것인지, 표본의 크기는 얼마로 할 것인지 등에 대해 결정을 하여야 한다.

때로는, 특히 지역사회 특정 인구계층을 대상으로 하는 경우, 조사대상을 선정함에 있어서 일반집단-위험집단-표접집단-클라이언트 순으로 체계적으로 조사대상자를 식별할 필요도 있다.

앞의 예에서, 조사대상을 전국적으로 장애인근로자를 1인 이상 고용하고 있는 사업체를 모집단으로 하여, 지역별, 산업별, 규모별 순서로 층화표집하기로 계획한다. 이를 위해먼저 지역을 기준으로 15개 광역단위를 기준으로 전체 장애인 고용사업체 수에 비례해 표본 대상을 설정하고, 각 광역단체내에서 산업별 분류에 따라 제조업 사업체와 비제조업 사업체를 업체 비율별로 할당하고, 마지막으로, 장애인 의무고용 적용대상 사업체인 상시근로자 300인 이상 사업체와 비적용대상 사업체인 300인 미만 사업체를 각각 반씩 표본추출하기로 계획한다.

(4) 자료수집방법과 조사도구 계획

조사계획의 네 번째 단계는 자료수집방법과 조사도구를 결정하는 것이다. 자료수집방법으로 관찰, 우편조사, 면접조사, 전화조사, 온라인조사, 내용분석법 등 가운데 어떤 방법을 택할 것인지를 결정하고, 결정된 자료수집방법의 장단점을 검토한다. 이에 따라 조사도구로서 설문지, 면접조사표, 관찰조사표, 온라인조사표 등 가운데 적절한 도구를 택하여 어떻게 작성할 것인가를 결정한다. 또한 예비조사를 실시할 것인지 여부에 대해서도 결정해야 한다.

앞의 예에서, 자료수집방법은 우편조사를 택한다. 조사도구는 설문지이다. 설문내용의 신뢰성을 확보하기 위해서 100명을 대상으로 예비조사를 실시하기로 하고 그 결과에 따라 설문내용을 수정하여 보완하기로 한다.

(5) 조사담당자 내정

조사계획의 다섯 번째 단계는 실제 조사를 담당할 사람이나 기관을 결정하는 것이다. 조사자는 자신이 직접 조사를 수행할 것인지, 기관내 직원들과 협력하여 조사할 것인지, 조사요원들을 고용하여 조사를 할 것인지, 아니면 조사전문기관에 의뢰하여 조사를 실시할 것인지를 결정한다. 조사담당자에 대해 계획을 할 때에는 조사담당자의 성명, 담당부서, 직위, 경력, 담당역할 등에 대해 기술한다.

앞의 예에서, 조사는 사업체의 인사담당자에게 의뢰해서 인사담당자가 해당 장애인근로자들에게 설문지 응답을 개별적으로 부탁하여 장애인근로자들이 직접 작성한 후 반송용 봉투에 넣어 우편으로 발송해주도록 한다.

(6) 분석방법 결정

조사계획의 여섯 번째 단계는 분석방법을 결정하는 것이다. 실험방법을 택할 것인지 아니면 비실험방법을 택할 것인지 여부를 결정한다. 통계분석방법을 택할 경우 조사담당자가 수집한 자료를 어떻게 어느 정도 수준까지 분석할 것인지를 계획하여야 한다. 즉단순통계분석수준에서 그칠 것인지, 아니면 추리통계분석까지 할 것인지 여부를 결정해야 한다. 최근에는 두가지 분석을 함께 사용하는 경우가 많다.

앞의 예에서, 통계분석방법 가운데, 표본의 특징과 분포를 파악하기 위한 경우는 단순통계분석을 사용하고, 이직요인에 어떠한 변수들이 어떻게 영향을 미치고 있는가를 추정함에 있어서는 추리통계분석을 행한다. 특히, 다중회귀분석방법을 통해서 이들 변수 간의 인과관계를 추정한다.

(7) 조사보고서 작성

사회조사는 조사결과를 서면으로 기록하여 관련 당사자들에게 전달하거나, 학회나 사회에 발표하거나, 학술지 등에 게재함으로써 그 의미를 갖게 된다. 이 가운데 조사보고서를 작성하는 것이 일반적이다. 조사보고서를 어떤 형식으로 작성할 것이며, 어떠한 내용을 포함할 것인지를 조사자는 미리 계획하여야 한다.

(8) 조사일정과 예산

조사계획 상에는 조사일정과 조사에 필요한 예산을 산정하여야 한다. 조사일정이 지연됨으로써 조사가치가 하락하는 것을 방지하여야 한다.조사일정은 PERT나 Gantt 차트를 이용해 나타낼 경우 조사일정을 파악하기가 용이하다. PERT는 조사작업 전반을 구성하는 각 분야를 보다 세분화된 작업으로 분할하여 작업의 순서, 소요기간, 기타 제반사항들을 네트워크 형태로 표시함으로써 조사행위간의 유기적인 관계를 나타내고, 일정을 조정하는데 필요한 결정을 내리는 데 도움을 준다.

PERT는 사건(event)의 시작와 종결을 나타내는 와 사건과 사건간의 활동을 나타내는를 사용하여 나타낸다. PERT는 사건과 사건간에 어떻게 연결되어 있고, 조사의 시작에서 종결에 이르기 까지 사건과 사건이 어떻게 연결되어 있고, 얼마나 오랜 시간들이 걸리는지를 파악할 수 있으며 조사일정을 조정하는데도 유익하다.

$$Te = \frac{To + 4Tm + Tp}{6}$$

Te(기대시간)
To(낙관적인 시간: 가장 상황이 좋을 때 걸리는 시간)
Tm(최빈시간: 반복했을 때 가장 빈번히 걸리는 시간)
Tp(비관적인 시간: 가장 상황이 좋지 않을 때 걸리는 시간)

PERT에서는 활동에 걸리는 기대시간을 다음과 같이 산정한다. 조사의 시작에소 종료까지 이르는 경로 가운데 가장 오랜 시간이 걸리는 경로를 임계경로(critical path) 또는 주요경로라 부른다. 이는 조사활동을 수행하기 위해 최소한 확보해야 할 시간을 의미한다.

PERT를 사용해 조사계획을 간략히 수립하면 다음과 같다.

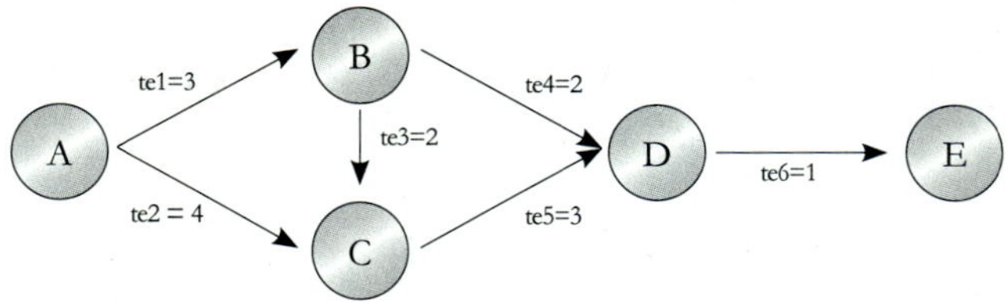

A: 조사계획팀 구성, B: 조사내용 논의, C: 자료수집, D: 자료분석,E:보고서 작성
te=기대시간(주), 임계경로: A →B →C →D →E (8주), 즉 이 조사를 수행하기 위해 최소한 확보해야 할 시간은 8주이다.

Gantt 차트도 계획된 작업과 그 성과를 같은 시간축에 직선으로 나타내어 조사순서계획, 일정계획 및 조사작업할당을 통제하고 관리하는 도표이다.

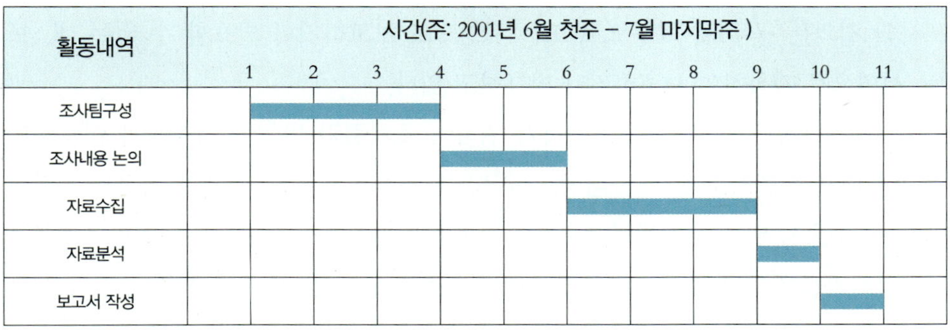

또한 조사와 관련하여 소요되는 비용이 당초 예산범위를 초과하지 않도록 하는 것도 유의해야 한다. 따라서 조사계획을 할 때 조사에 필요한 예산을 수립하여 조사 진행에 차질이 없어야 한다. 조사비용은 표본의 크기, 자료수집방법, 조사원의 전문성, 조사대상, 조사내용의 정확성 등에에 의해서 좌우된다. 조사비용은 조사인력관리비용, 조사자료비용, 기타 비용으로 구성된다. 조사인력관리비용이란 노무비용으로 조사관리자, 설문작성자, 조사면접자, 자료입력자, 자료분석자 등 조사를 수행하거나 관련 활동을 직접 수행하는 사람들에 지급되는 비용이다. 조사자료비용이란 자료수집을 위한 출장조사비, 전화비, 우편료, 인터넷사용비, 전산처리비, 소모품비 등이다. 기타 비용은 조사수행과정에서 사용되는 조사관련 홍보비, 조사도구나 장비의 구입비나 임대료, 조사보조요원의 활동비 등이다. 조사계획을 수립할 때 이러한 비용들을 미리 예측하여 조사와 관련된 재정계획을 수립해야 한다. 재정계획에는 지출항목마다 산출근거를 제시하여야 한다.

2. 조사보고서 작성

1) 조사보고서 의의

사회조사는 실천적인 목적과 이론형성적인 목적이 있다. 사회조사는 사회적인 욕구와 문제가 무엇인가를 확인하고, 이들의 심각도를 파악하며, 나아가 이러한 욕구를 충족시키고 문제를 해결하기 위해 필요한 정보를 수집하고, 분석하고, 해석하며, 나아가 주어진 현상과 사실에 적용할 수 있는 지배적인 원리를 정립하여 이론을 형성하려는 일련의 활동이다. 따라서, 실천적이든 이론형성적이든간에, 사회조사는 그 결과를 공식적으로 보고하거나 발표하여야 본래의 목적을 달성할 수 있다. 사회조사의 결과는 구두로, 화상으로 또는 서면으로 보고하거나 발표할 수 있는 데, 보통, 서면으로 기록하여 보고하거나 발표하고 있다.

조사보고서란 조사목적을 달성하기 위하여 조사결과 발견한 사항들과 이로부터 추론한 내용을 조사문제, 조사대상, 조사방법, 조사절차 등과 함께 체계적으로 정리하여 독자인 내부의 행정책임자, 조사의뢰기관, 지역사회주민, 일반시민, 학계 등 관련당사자들에게 직접 제시하는 문서이다. 조사보고서는 대부분 서류나 책자로 작성되지만, 최근에는 컴퓨터 file로 저장하여 보고되는 경우도 있다(김영종, 2007: 449-453; 황성동, 2006: 307-320; 소영일, 1995: 679-694, 남세진 & 최성재, 1988:454-464).

2) 조사보고서의 유형

조사보고서는 조사와 관련된 사항이나 조사결과를 독자들에게 알리는 데 그 목적이 있다. 조사보고서는 조사의 수준과 목적에 따라 탐색적 조사보고서, 기술적 조사보고서, 설명적 조사보고서, 제안적 조사보고서로 구분할 수 있다. 첫째, 탐색적 조사보고서(exploratory research report)는 조사문제를 규명하거나 가설을 정립하는데 도움을 줌으로써 향후 보다 논리적이고 정교한 조사를 실시하도록 하기 위해 수행되어진 조사의 결과를 보고하는 문서이다. 탐색적 조사보고서에서는 보고가 탐색적 목적을 갖고 있으며, 여기서 내린 결론은 단정적인 것이 아니라 잠정적인 것임을 밝혀야 한다.

둘째, 기술적 조사보고서(descriptive research report)는 조사문제와 관련된 사회적 현상의 특성과 변수 간의 상호관계성을 서술하기 위해서 수행되어진 조사의 결과를 보고하는 문서이다. 기술적 조사보고서에서도 보고의 목적이 기술적인 것임을 밝혀야 하고, 기술하는 내용이 모집단 전체에 관한 것인지 아니면 표본에만 한정된 것인지도 제시하여야 한다. 변수 간의 관계를 기술함에 있어서는 통계적 오차의 범위에 관해서도 기술해 주어야 한다.

셋째, 설명적 조사보고서(explanatory research report)는 변수 간의 인과관계를 밝히기 위해 수행된 조사의 결과를 보고하는 문서이다. 설명적 조사보고서에서도 보고의 목적이 설명적인 것임을 밝혀야 하고, 원인과 결과간의 관계를 설명함에 있어서, 독자들이 이 관계를 어느 정도 신뢰할 수 있는지를 판단할 수 있는 근거를 제시해주어야 한다. 또한 인과관계를 설명하는데 활용한 추리통계분석 결과를 간략히요약해 정리하고, 세부적인 통계분석결과는 부록에 첨부하여 제시하는 것이 바람직하다.

넷째, 제안적 조사보고서(suggestive research report)는 수집된 자료의 분석결과에 따라 특정한 정책대안이나 개입방안을 창안하여 보고하는 문서이다. 제안적 조사보고서에서도 보고의 목적이 제안적인 것임을 밝혀야 하고, 제안하고 있는 정책대안이나 개입방안들이 자료분석을 통해 어떻게 도출되어졌나하는 과정을 논리적으로 제시하여야 한다.

조사보고서는 조사의 수준과 목적에 따라 앞에서와 같이 구분할 수 있다. 이들 조사보고서는 독립적으로 조사수준에 따라 작성되기도 하지만, 가끔은 서로 다른 유형의 조사보고서들이 하나로 결합하여 사용되어진다. 예를 들면, 실천적인 조사보고서의 경우, 조사대상의 특성과 관계성뿐만 아니라 변수 간의 인과관계도 함께 분석되고 특정 개입방안을 제안하기도 한다. 기술적-설명적-제안적 특성이 결합된 조사보고서인 것이다.

3) 조사보고서 작성

조사보고서를 작성함에 있어 일반적으로 고려해야 할 기준이 있다. 조사보고서는 보고서 이용자가 필요로하는 모든 정보를 포함하여야 하며(포괄성), 내용이 정확하여야 하고(정확성), 내용이 분명하게 전달되어야 하며(명확성), 간결하게 내용을 전달하여야 하고(효율성), 주관적 판단이나 편견이 없어야 하며(객관성), 조사윤리를 위반해서는 안된다(윤리성).

조사보고서는 조사의 목적, 보고대상, 보고방법 등에 따라 서로 다른 형태를 취하게 되지만 일반적으로 유의해야 할 사항과 작성 요령은 다음과 같다.

첫째, 조사보고서는 보고대상에 적합하게 작성되어야 한다. 조사보고서를 작성하기 전에 작성자는 먼저 보고대상자가 누구인가를 확인하고, 보고대상자의 수준을 고려하여 보고서를 작성해야 한다. 보고대상자가 복지기관의 관장인지, 정부기관인지, 학계인사인지, 프로젝트 후원자인지, 지역사회주민인지, 일반시민인지, 등을 고려하여 보고대상자가 가장 잘 이해할 수 있는 용어와 문체와 형식을 사용하여야 한다.

둘째, 문장표현에 주의를 기해야 한다. 조사보고서는 정확하고 간결하게 표현되어야 하며, 감정적인 표현은 가능한 사용하지 않아야 한다. 문장의 시제는 과거와 현재를 혼용하되, 기존의 연구결과를 인용하거나 자신이 수행한 조사방법 및 조사절차를 언급할 때는 과거시제를 사용한다. 그러나 자신의 조사결과를 언급할 경우는 현재향을 사용한다.

셋째, 통계자료분석의 결과는 가능한 수표나 도표를 사용하여 제시한다. 수표나 도표를 사용할 경우에는 주로 많이 사용하는 양식을 사용하는 것이 좋으며, 보고대상자가 수표나 도표를 정확히 이해할 수 있도록 적절한 해석과 설명이 있어야 한다.

넷째, 조사보고서는 정확하고 명료해야 한다. 조사보고서가 표현상으로나 문법적으로도 정확하여야 하며, 논리적으로도 질서정연해야 한다. 또한 사용되는 용어가 정확해야 하며, 문구도 간결하고 문장배열도 체계적이어야 한다.

다섯째, 조사보고서에는 간결해야 한다. 조사보고서에는 필요한 내용만이 선별적으로 기록되어야 한다. 조사문제와 직접 관련이 없는 내용은 가능한 생략을 하고, 사회적으로 이미 널리 알려져 있는 내용이나 조사방법들은 간략히 취급하여야 한다.

4) 조사보고서의 기본 구조

조사보고서가 갖추어야 할 기본 구조가 어떠한 것이냐에 대한 일치된 의견은 없다. 그러나 대부분의 경우, 조사보고서는 다음과 같은 요소들을 기본적으로 포함하고 있다.

(1) 표제

표제에는 조사제목,조사자 혹은 조사기관의 이름, 의뢰조사인 경우 조사의뢰기간의 이름, 그리고 작성일자 등을 표기한다.

(2) 목차

목차는 보고서의 세부 내용을 나타내는 세부 제목들을 순서에 따라 나열하고, 해당 면을 표시하여 독자들이 쉽게 내용을 찾을 수 있도록 한 것이다. 수표나 도표가 많은 경우에는 목차 뒤에 별도로 표목차를 만들어 놓는 것이 좋다.

(3) 개요(槪要)

개요란 조사보고서의 전체 가운데 중요한 부분을 요약해 정리함으로써 짧은 시간 내에 조사보고서의 전체 내용을 개관할 수 있도록 작성한 부분이다. 개요에는 조사배경, 조사목적, 조사문제, 가설, 조사내용, 조사방법, 주요 조사결과 및 발견사항, 결론 및 제언 등에 관한 요약문이 포함된다. 제언의 경우 보고대상자가 요구하지 않는 경우에는 생략되기도 하며, 탐색적 또는 기술적 조사보고서에서는 가설이 생략된다.

개요에서 언급되지 않은 주제는 조사보고서의 본문에서 다루어져서는 안되며, 개요에 요약된 연구결과는 본문에서의 연구결과와 일치하여야 한다.

(4) 서론

서론에서는 조사의 취지 또는 필요성, 조사의 목적, 조사범위, 기존의 연구와 비교, 용어의 설명 등을 서술한다. 효과적이고 체계적인 사회복지서비스가 이루어지지 못한 원인이 사회적 욕구와 문제에 대한 실증적 현장조사의 부재에 있음을 거론하고, 따라서 이번 조사가 필요하게 되었다는 언급이 있어야 한다. 또한, 조사의 목적이나 주요 관심사를 구체적으로 언급해야 하며, 조사문제와 가설 그리고 조사의 범위 등에 대해서도 간략히 언급해야 한다.

서론부분에서는 사용된 용어 가운데 보고대상자가 정확히 이해하지 못할 것으로 예상되는 용어들에 대해 정의를 내리고, 이것을 설명하기도 한다. 또한 지금까지 수행된 유사한 조사와 이들 조사와의 유사점과 차이점이 무엇인가에 대한 언급도 있어야 한다.

(5) 본문

본문에는 서론에서 간략히 언급한 내용을 상세하게 기술해야 한다.

① 조사의 목적

조사의 목적이 탐색적 목적인지, 기술적 목적인지, 설명적 목적인지, 제안적 목적인지 여부를 밝혀야 한다.

② 문제와 가설

조사문제를 서술하고, 만일 가설검증을 포함하는 연구라면, 가설에 대해 설명해야 한다. 또한 가설에서 사용된 개념들을 개념적으로 정의한 후, 조작적 정의를 행한다.

③ 이론적 배경

조사문제와 조사방법에 대한 이론적 배경을 서술한다. 이론적 배경에 대한 고찰은 기존의 연구결과를 검토하고 비교함으로써 수행된다. 기존의 연구결과는 이론적 배경을 제공해줄 뿐만 아니라, 조사보고서의 내용이 독창적이라는 사실을 밝히는 근거를 제공하고, 본 조사가 사회복지분야의, 또는 여타 사회과학분야의, 영역내에 속하는 조사임을 확인하고, 기존의 연구가 갖고 있는 논리적 불합리성이나 내용상 불충분함을 지적함으로써 본 조사의 당위성을 입증하는 계기를 마련해준다. 이러한 측면에서 본 조사가 사회적으로, 또는 학문적으로 어떻게 기여할 수 있는지를 제시할 수 있도록 한다.

④ 조사설계 및 연구방법

㉠ 조사설계

조사보고서상의 이 부분에서는 조사목적을 달성하기 위해 취해진 논리적 전략을 제시한다. 즉 조사를 통해 발견하려는 것이 무엇이었고, 이것을 발견하는데 가장 효과적이고 효율적인 방법이 무엇이었는가를 설명한다. 조사설계에는 통상적으로 조사목적, 조사주제, 조사문제, 조사대상, 설문지구성, 자료수집방법, 자료분석, 보고서작성 등이 어떻게 논리적 체계 속에 구성되었는지를 보여준다. 또한 이러한 조사설계가 갖고 있는 장점과 단점에 대해서도 언급한다.

㉡ 자료수집방법

이 부분에서는 조사목적을 달성하는 데 필요한 자료를 어떤 방법으로 수집했는가를 설명한다. 실험에 의해 자료를 수집했는지 아니면 실험방법이 아닌 다른 방법에 의해, 즉 질문지법, 면접법, 내용분석법 등에 의해 자료를 수집했는지, 만일 특정 방법으로 자료를 수집했다면 구체적으로 어떠한 절차를 밟아 어떻게 자료를 수집했는지를 세부적으로 제시하여야 하며, 특정 방법을 선택한 이유와 수행절차가 정당함도 함께 설명하여야 한다. 또한 본조사에 앞서 예비조사(pilot study)가 실시되었는지 여부와 누구에 대해 조사를 하였고, 조사결과가 본조사를 실시하는데 어떻게 활용되었는지를 설명한다.

ⓒ 표본추출

이 부분에서는 조사대상자가 대상집단 전체인 모집단인지 아니면 모집단의 일부인 표본인지에 대해 설명한다. 만일 표본인 경우에는 표집단위(sampling unit), 표집틀(sampling frame), 표본추출절차, 표본크기, 응답율 등에 대해서 구체적인 설명이 있어야 하며, 이러한 결정을 하게된 이유를 밝혀야 한다. 또한 확률표집을 했는지, 아니면 비확률표집을 했는지에대해서도 설명하여야 하며, 확률표집을 한 경우 무작위성(randomness)을 어떻게 확보했는지도 제시하여야 한다. 나아가 구체적으로 단순무작위표집, 체계적 표집, 층화표집, 군집표집 가운데로 어느 방법을 사용하였으며, 구체적인 표집과정을 밝히고, 이러한 표집방법이 다른 방법과 비교할 때 갖고 있는 장단점이 무엇이었는지도 언급한다.

ⓔ 통계적 자료분석방법

이 부분에서는 수집된 자료를 통계기법을 활용해 어떻게 분석하였는지를 설명한다. 탐색적 조사보고서에서는 통계적 분석이 특별히 사용되지 않을 것이다. 기술적 조사보고서에서는 변수들의 특성과 관계성을 단순통계기법을 활용해 분석한 결과를 정리한다. 설명적 조사보고서에서는 단순통계분석뿐만 아니라 추리통계기법을 활용하여 분석한 변수 간의 인과관계가 정리되어진다. 인과성을 추론함에 있어서는 분석결과를 신뢰할 수 있는 정도를 아울러 밝혀준다.

조사자는 보고서상에 자신이 사용한 통계기법에 대해 정당화시킬 수 있어야만 한다. 통상적인 통계기법은 간략히 소개하면 된다. 그러나, 만일 특수한 통계기법을 사용했다거나 또는 통상적인 통계기법을 재구성하여 독특한 방식으로 사용했다면 조사자는 이를 구체적으로 설명하여야 한다. 또한, 기존의 변수를 조작하여 새로운 변수를 만들어내 사용한 경우, 그 과정과 이유 그리고 결과에 대해 설명을 한다.

㉤ 조사결과

이 부분은 조사보고서의 핵심이 되는 부분이다. 조사결과는 조사과정을 통해 조사자자가 발견한 사실들로서, 조사문제에 대한 해답을 제공하고, 가설을 검증하는데 기초가 되는 자료들이다.

조사결과를 표현함에 있어서 논리적으로 문제가 없어야 한다. 조사결과는 보고대상자가 누구인가를 확인하고, 그들이 가장 잘 이해할 수 있는 용어와 문체를 사용하여 보고하여야 한다. 조사결과는 장 또는 절별로 내용을 구분하여 정리하고, 각각의 장 또는 절별로 소결을 만들게 되면 내용상 혼선을 방지하고 체계적으로 정리될 수 있다.

조사결과는 가능한 상세하게 작성되어야 하지만, 조사목적과 직접적으로 관련이 없는 부분에 대해서는 생략하여야 한다. 통계적 조사결과는 컴퓨터로 처리한 통계분석결과를 그대로 사용하게 되면 양이 너무 방대할 뿐만아니라 문제의 핵심을 파악하기 어려우므로, 통계분석의 결과를 수표나 도표를 사용해 정리하면, 간결하게 정리가 될 뿐만아니라 내용을 이해하는데도 많은 도움이 된다. 상세한 통계분석 결과는 부록에 별도로 첨부하는 것이 좋다.

(6) 결론 및 제언

본문에서 조사결과가 정리되고 나면, 이를 토대로 결론을 내리고 제언을 하게 된다. 이 부분에서는 전체적으로 조사목적, 조사과정, 조사방법, 조사내용 등을 간략히 정리하고, 조사결과를 토대로 결론을 내린다. 결론부분에서는 조사상의 제한점과 오류발생가능성을 정직하게 제시하여야 한다. 이는 조사결과에 대해서 보고대상자가 본 조사의 가치와 결론의 신빙성 여부를 판단할 수 있도록 하여주고, 조사결과를 어느 정도 일반화시킬 수 있을 것인가를 알려주는 기회가 된다. 또한, 조사윤리를 침해하지 않기 위해서 노력한 결과도 언급한다.

결론은 조사문제에서 제시한 질문에 대한 해답이 되어야 하며, 따라서 각각의 조사문제에 대해서는 각각 서로 다른 결론이 나와야 한다. 그러나 서로 다른 문제에 대한 서로 다른 결론들도 서로 긴밀히 연계되어 종합적으로 조사목적을 달성하는데 기여할 수 있어야 한다. 만일, 어떤 조사문제에 대해 해답을 얻을 수 없는 경우에는, 그 이유를 논리적으로 명백하게 언급하여야 한다.

(7) 참고문헌

이 부분에서는 조사를 계획하고 실시하고 평가하는 과정에서 참고한 자료의 출처를 밝힌다. 최근에는 문헌자료뿐만 아니라 인터넷상의 사이버 자료들도 많이 원용되는데 이러한 자료들도 그 출처를 밝혀주어야 한다.

(8) 부록

부록에는 통계분포, 사회지표, 프로그램 소개, 이용자 현황, 설문지 원본 등과 같이 복잡하거나, 세부적이거나, 전문적인 지식을 필요로 하는 자료, 또는 부수적인 자료를 첨부한다.

참고문헌

경희대학교 사회과학연구원, 「알기 쉬운 조사방법론」, 한국언론자료간행회, 2000.

김광용, "Web Information Center와 Internet Survey", Internet Survey Workshop자료집, 한국조사연구학회, 2000.

김 렬, 「사회과학조사방법론」, 박영사, 1999.

김성이 · 채구묵, 「욕구조사론」, 아시아미디어리서치, 1997.

김영석, 「사회조사방법론」, 나남출판, 1999.

김영종, 「사회복지조사방법론」, 학지사, 2007.

김정기 외, 「사회조사분석론」, 창원대학교 출판부, 1999.

김형식, 「사회복지프로그램 평가기법」, 아시아미디어리서치, 1997.

남세진 · 최성재, 「사회조사방법론」, 서울대학교출판부, 1988.

박용치, 「현대조사방법론」, 경세원, 1997.

삼성복지재단, 사회복지프로그램 사례집, 삼성복지재단, 1994.

성규탁, 「사회복지행정론」, 법문사, 1993.

성숙진 외, 「사회복지조사방법론」, 나남출판, 1998.

소영일, 「연구조사방법론」, 박영사, 1995.

신옥순, 「교육연구의 새 접근」, 교육과학사, 1991.

오인환, 「사회조사방법론: 오차요인 집중연구」, 나남, 1992.

오혜경, 「사회조사방법론」, 아시아미디어리서치, 1998.

이계오, "통계조사의 현황과 전망", 「조사연구」, 한국조사연구학회, 2000.

_____, "컴퓨터 이용 통계조사의 현황과 전망", 「조사연구」, 한국조사연구학회, 2000.

이관우, 「조사분석방법론」, 형성출판사, 1976.

이인재 외, 「사회복지통계분석」, 나남, 1997.

이해영, 「사회과학연구방법론」, 학현사, 1999.

이홍탁, 「사회조사방법론」, 법문사, 1994.

장인협 · 이정호, 「사회복지행정론」, 서울대학교출판부, 1999.

정창수, 「사회과학방법론」, 대영출판부, 1996.

조동기, "사이버공간과 사회조사: 온라인 사회조사의 쟁점과 과제", 「조사연구」, 한국조사연구학회, 2000.

조용환, 「질적 연구방법과 사례」, 교육과학사, 2000.

조흥식 외, "난국지역주민 욕구조사", 신림종합사회복지관, 2000.

채서일, 「사회과학조사방법론」, 학현사, 1992.

한승준, 「사회조사방법론」, 대영문화사, 2000.

홍두승, 「사회조사분석」, 다산출판사, 2000.

황성동, 「사회복지조사방법론」, 학지사, 2006.

Ader, Herman I. & Mellenbergh, Gideon J., Research Methodology in the Social Behavioral and Life Science, Sage Publications, London, 1999.

Anastas Jeane W. & MacDonald, Marian I., Research Design for Social Work and Human Services, Lexington Books, M.Y., 1994.

Babbie, E. R., Practice of Social Research, Wadsworth Publishing Company, C.A., 2000.

Bailey, Kenneth D,, Methods of Social Research, N.Y., 1987.

Bernal, J.D., Science in Historym MIT Press, Cambridgem 박정호 역, 한울, 1995.

Blalock, Hubert M., Social Statistics, McGraw-Hill Book Company, N.Y., 1979 Campbell, Donald T. & Stanley, Julian C, Experimental and Quasi-Experimental Designs for Research, Houghston Mifflin Company, 1966.

Cook, Thomas D. & Campbell, Donald T., Quasi-Experimentation: Design & Analysis Issues for Field Settings, Houghston Mifflin Company, Boston 1979.

Cuttani, Joaquin & Demarco, Gustavo, "The Shift to Funded Social Secruity System," Privatizing Social Security, University of Chicago Press, Chicago, 1998.

Deniel, Wayne & Terrell, Jarnes G., Business Statistics, Houghston Miffline Company, Boston, 1975.

Davis, James E, Logic of Causal Order, Sage Publication, London, 1985.

Everitt, Arigeia & et.al., Applied Research for Better Practice, Macmillan Coompany, NY., 1987.

Flexner, Stuart Berg. Random House Dictionary of the English Language, Random Housem N.Y., 1987.

Goetz, J & LeCompte, M., Ethnography and Qualitative Design in Educational Research Academic Press., N.Y., 1984.

Gold, Raymond L, Issues in Participant Obervation Reading, Addison-Wesley, M.A., 1969.

Gujarati, Damodar N., Basic Econometrics, Mc Graw Hill Book Company, N.Y., 1988.

Huitt, Willian G., Maslow;s Hierarchy of Needs, valdosta.edu./col/regsys.

Kennedy, Peter, A Guide to Enometrics, MIT Press, Cambridgem 1985.

Daddala, G.S., Introduction to Econometrics, Macmillan Publishing Company, N.Y., 1988.

Mansfield, Edwin, Statistics for Business and Economics: Methods and Applications, W.W. Norton & Compay, N.Y., 1988.

Mason, Jennifer, Qualitative Researching, Sage Publictigons, 김두섭 역, 나남, 1999.

Meier, Kenneth J., & Brudney I., Applied Statistics for Public Administration, Duxbury Press, M.A., 1985.

Newman, Isadore & Benz, Carolyn, Qualitative–Quantitative Research Methodology, Southern Illinois University Press, Carbondale, 1997.

Padgett, Deborah K, Qualitative Method in Social Work Research, Sage Publications, Inc., 유태균 역, 나남, 1998.

Pyndick, Robert S & Rubinfeld, Daniel L, Econometric & Models: Economic Forecasts, McGraw–Hill/Irwin, 1981.

Raymond, Mark, Research Made Simple: A Handbook for Social Workers, Sage Publications, London, 1996.

Rosenay, Pauline Marie, Postmodernism and the Social Sciences, Princeton University Press, N.Y., 1992.

Rubin Allen & Babbie Earl, Research Methods of Social Work, Brooks/Cole Publishing Company, C.A., 1993.

Sandy, Robert, Statistics, McGraw–Hill Publishing Company, N.Y., 1990.

Sayer, Andrew, Method in Social Science, Routledge, London, 이기홍 역, 1999.

Schieher, Sylvester J. & Shoven John B., "The Economics of U.S. Retirement Policy". Public Policy Toward Pension, Twentieth Century Fund Book, London, 1997.

Skidmore, Rex A, Social Work Administration, Prentice–Hall, N.J., 1983.

Webb, Wilse, B., "The Choice of the Problem," Statistical Issue: A Reader for the Behavioral Science, Brooks/Cole Publishing Company, C.A., 1979.

찾아보기

ㄴ

ㅈ

ㅍ

ㅎ

영문

T

W

Z

번호

저자 약력

김 기 원

학력

고려대학교 법과대학 행정학과 졸업(B.A.)
University of Texas(Dallas) 석사(M.A.), Political Economy(Social Policy)
University of Texas(Dallas) 박사(Ph.D.), Political Economy(Social Policy)

약력

서울장신대학교 사회복지학과 교수
한국사회복지정책학회 이사 역임
한국사회복지학회 이사 역임
한국사회복지행정학회 이사 역임
한국기독교사회복지학회 부회장 역임
한국연구재단 연구과제 선정위원 역임
한국사회복지교육협의회 교과목지침서 책임집필위원 역임
University of Texas(Dallas) Research Assistant 역임
서울대학교, 고려대학교 등 사회복지학 관련 강사 역임
노동부 근로복지공단 정책자문위원 역임
사회복지공동모금회 중앙회 배분위원 역임
중앙아동 · 청소년자립통합사업단 자문위원
보건복지부 지방자치단체복지단체 평가단 평가팀장 역임
한국장애인고용촉진공단 연구자문위원 역임
기획예산처 Voucher 도입 과제 자문위원
행정고등고시 출제위원 및 평가위원 역임
7급 및 9급 공무원임용시험 출제위원 역임
사회복지사 1급 국가시험 출제위원 및 정답심사위원 역임

저서 및 논문

단독저서: 공부조론(학지사, 문화관광부 우수학술도서로 선정)
사회복지정책론(학지사)
사회보장론(정민사)
사회복지법제론(나눔의 집)
사회복지조사론(교육과학사)
최근 사회복지입법의 분석적 이해(정민사)
기독교사회복지론(교육과학사)
한국사회복지정책론(나눔의 집) 외 공저 다수

논문: 한국노동복지정책의 소득분배효과(사회복지연구)
장애인근로자의 이직요인 비교연구(한국사회복지학)
실업정책대안 개별화 필요성에 관한 연구(사회복지정책) 외 다수

사회복지조사론

2016년 8월 25일 1판 1쇄 인쇄
2016년 8월 30일 1판 1쇄 발행

저 자 : 김 기 원
발행인 : 김 동 규
발행처 : 교육과학사

경기도 파주시 광인사길 71
전화: (031) 955-6956~8 팩스: (031) 955-6037
Home-page: www.kyoyookbook.co.kr / E-mail: kyoyook@chol.com
등록: 1970년 5월 18일 제2-73호

정가 26,000원

ISBN 978-89-254-1079-1

Printed in Korea.